中国城市科学研究系列报告

中国城市公用事业发展报告

2015

王俊豪　等著

中国建筑工业出版社

图书在版编目(CIP)数据

中国城市公用事业发展报告 2015/王俊豪等著. —北京：中国建筑工业出版社，2016. 2

中国城市科学研究系列报告

ISBN 978-7-112-19092-8

Ⅰ. ①中… Ⅱ. ①王… Ⅲ. ①城市-公用事业-发展-研究报告-中国-2015 Ⅳ. ①F299. 24

中国版本图书馆 CIP 数据核字(2016)第 030359 号

责任编辑：石枫华 李 杰 兰丽婷

责任校对：张 颖 姜小莲

中国城市科学研究系列报告

中国城市公用事业发展报告 2015

王俊豪 等著

*

中国建筑工业出版社出版、发行（北京西郊百万庄）

各地新华书店、建筑书店经销

北京红光制版公司制版

北京云浩印刷有限责任公司印刷

*

开本：787×1092 毫米 1/16 印张：33¼ 字数：652 千字

2016 年 1 月第一版 2016 年 1 月第一次印刷

定价：**98.00** 元

ISBN 978-7-112-19092-8

(28210)

指 导 委 员 会

主　　任：仇保兴

副 主 任：张小宏

委　　员：（以姓氏笔画为序）

王天锡　刘贺明　张　悦　邵益生　肖家保　秦　虹

章林伟　谭荣尧

撰稿单位和主要撰稿人

撰稿单位：浙江财经大学中国政府管制研究院

主要撰稿人：王俊豪　唐要家　李云雁　王　岭　朱晓艳　王建明

张　雷　徐　骏　周小梅　程怀文　张肇中

支 持 单 位

住房和城乡建设部城市建设司

中国城镇供排水协会

中国城市燃气协会

中国城市环境卫生协会

中国城镇供热协会

中国城市科学研究会城市公用事业改革与监管专业委员会

中国能源研究会能源监管专业委员会

经 费 资 助

浙江省2011协同创新中心“浙江财经大学城市公用事业协同创新中心”

浙江省哲学社会科学重点研究基地“浙江财经大学政府管制与公共政策研究中心”

浙江省重点创新团队“管制理论与政策研究团队”

服务国家特殊需求博士人才培养项目“浙江财经大学城市公用事业政府监管博士人才培养项目”

序

城市公用事业是由为城镇居民生产生活提供必需的普遍服务的众多行业组成的集合，行业涉及面广、行业间跨度较大。本书主要研究城市供水、排水与污水处理、燃气、垃圾处理、供热、电力等城市公用事业中最为重要的核心行业。城市公用事业在城市经济发展和社会生活中具有基础性地位，主要表现在：城市公用事业所提供的产品和服务是城市生产部门进行生产和人们生活的基础性条件，城市公用事业不但为制造业、加工业、商业和服务业等各行业的生产活动提供必要的供水、供气、城市道路等基础条件，也为城市居民提供必要的生活基础。同时，城市公用事业所提供的产品和服务的价格构成了其他行业产品和服务的成本，其性能和价格的变化，必然对其他行业产生连锁反应。因此，城市公用事业的基础性，意味着城市公用事业具有先导性，要发展城市经济，提高城市文化、生活水平，就要求优先发展城市公用事业。

改革开放以来，伴随高速经济增长和城市化快速推进，我国城市公用事业在不断深化改革过程中也取得了快速发展。特别是近年来，我国注重新型城市化建设，对城市公用事业的发展既提出了数量要求，更强调了质量要求。为了从动态上反映我国城市公用事业发展的实际情况、法规政策环境和行业企业所作的改革探索，我们从今年开始撰写出版《中国城市公用事业年度发展报告》。希望对城市公用事业相关政府部门、研究机构及其研究人员提供参考。

由于本书是第一本系统反映我国城市公用事业发展的年度报告，因此，为了回顾和总结我国城市公用事业发展历程，本书的时间跨度较大，许多史料和数据起始于 1978 年我国改革开放到 2014 年，部分内容还反映了 2015 年的情况。本报告的结构框架可分为以下四部分：

第一部分为总论，由第一章、二章组成，从总体上回顾了我国改革开放以来，城市公用事业市场化改革和监管体制创新的历程，分析城市公用事业改革面临的挑战和对未来的展望。同时，从总体上分析了六个主要城市公用行业的基础设施建设、生产与供应情况，并对“十三五”期间的需求与预测情况作了分析。

第二部分为行业报告，由第三章至第八章组成，这是本报告的主体，详细讨论了城市供水、排水与污水处理、燃气、垃圾处理、供热、电力等六大行业市场化改革历程、投资建设、生产供应及行业结构的特征和发展状况，对已经取得的成就作了评价，同时分析了各行业存在的主要问题，并基于行业特征、历史数据和未来经济发展前景作了需求与预测分析。

第三部分为第九章，是一个相对独立的部分，主要是对2000年以来城市公用事业主要法规政策解读，内容包括城市公用事业综合性（跨行业）法规政策解读和六大重要行业的法规政策解读。最后还对综合性（跨行业）法规政策和六大重要行业的法规政策名称作了列表，以便读者查阅。

第四部分为第十章，也是一个相对独立的部分，专题分析城市公用事业典型案例，从六大行业各选取2个案例共12个案例进行分析，根据具体案例的特点，分析内容包括案例（项目）背景、特许经营过程、项目运行状况、政府监管政策措施、经验借鉴（启示），有的案例还对存在问题作了分析。在这些案例中，多数属于公私合作制（PPP）项目案例，对我国当前和今后相当一个时期里推行PPP具有较好的参考与借鉴价值。

本书是集体智慧的结晶和多方支持的成果。本人首先对撰写并出版本书提出建议和要求，对本书的框架结构和重要内容提出修改意见。住房和城乡建设部城市建设司张小宏司长对本书大力支持，并担任了本书指导委员会副主任。住房和城乡建设部城市建设司张悦巡视员、刘贺明副司长、章林伟副司长、中国城镇规划设计研究院党委书记（副院长）邵益生研究员、住房和城乡建设部政策研究中心主任秦虹研究员、中国城市燃气协会王天锡理事长、中国城市环境卫生协会肖家保理事长、国家能源局监管总监谭荣尧研究员等指导委员会委员也对本书大力支持，还提出了不少建设性的意见建议。撰写本书需要大量的文献资料和调研工作，本书的顺利完成还得益于中国城镇供排水协会、中国城市燃气协会、中国城市环境卫生协会、中国城镇供热协会等单位的大力支持，提供了许多实际资料。一年多来，浙江财经大学中国政府管制研究院在王俊豪教授的带领下，十多位研究人员为本书调研、撰稿、修改定稿做了大量的工作，投入了许多时间和精力。没有大家的通力合作就不可能完成本书。最后，本书能在较短的时间内高质量出版还得益于中国建筑工业出版社的大力支持。

本书是浙江省2011协同创新中心“浙江财经大学城市公用事业协同创新中心”、浙江省哲学社会科学重点研究基地“政府管制与公共政策研究中心”、浙江省重点创新团队“管制理论与政策研究团队”的资助成果。同时，本书也是住房和城乡建设部支持的服务国家特殊需求博士人才培养项目“城市公用事业政府监管博士人才培养项目”的研究成果。

由于本书的时间跨度较大，涉及的行业较多，研究内容十分丰富，而完成时间相对较短，同时，本书是我们第一本完成的中国城市公用事业年度发展报告，许多工作具有探索性，尽管我们作了最大努力，但难免存在不少缺陷，敬请专家学者和广大读者批评指正。

国务院参事

住房和城乡建设部原副部长

中国城市科学研究会理事长

2015年10月20日

前　言

本书是第一本系统反映我国城市公用事业发展的年度报告。改革开放以来，伴随高速经济增长和城市化快速推进，我国城市公用事业在不断深化改革过程中也取得了高速发展。为了回顾和总结改革开放以来我国城市公用事业发展历程，本书的时间跨度较大，许多史料和数据起始于1978年到2014年，部分内容还反映了2015年的情况。

本书从总体上回顾了我国城市公用事业市场化和政府监管体制改革的历程，分析了城市公用事业面临的挑战和对未来的展望。详细讨论了城市供水、排水与污水处理、燃气、垃圾处理、供热、电力等六大行业市场化改革历程、投资建设、生产供应及行业结构的特征和发展状况，对已经取得的成就作了简要评价，同时分析了各行业面临的主要问题，并基于行业特征、历史数据和未来经济发展前景作了需求与预测分析。本书对2000年以来城市公用事业主要法规政策作了解读，内容包括城市公用事业综合性（跨行业）法规政策解读和六大行业的法规政策解读。本书还从六大行业选取了12个典型案例进行专题分析，内容包括案例（项目）背景、特许经营过程、项目运行状况、政府监管政策措施、经验借鉴（启示）等。这些案例多数属于公私合作制（PPP）项目案例，对我国推行PPP具有较好的参考与借鉴价值。

目　录

第一章　城市公用事业改革历程 …… 1
第一节　城市公用事业市场化改革 …… 2
第二节　城市公用事业监管体制改革 …… 20
第三节　挑战与展望 …… 32
第二章　城市公用事业发展成就 …… 39
第一节　城市公用事业基础设施建设 …… 40
第二节　城市公用事业生产与供应 …… 45
第三节　城市公用事业需求与预测 …… 52
第三章　供水行业发展报告 …… 57
第一节　供水行业市场化改革 …… 58
第二节　供水行业投资与建设 …… 74
第三节　供水行业生产与供应 …… 92
第四节　供水行业结构 …… 100
第五节　供水行业需求与预测 …… 112
第四章　排水与污水处理行业发展报告 …… 115
第一节　排水与污水处理行业的市场化改革 …… 116
第二节　排水与污水处理行业投资与建设 …… 136
第三节　排水与污水处理行业生产与供应 …… 145
第四节　排水与污水处理行业结构 …… 149
第五节　排水与污水处理行业需求与预测 …… 163
第五章　燃气行业发展报告 …… 173
第一节　燃气行业的市场化改革 …… 174
第二节　燃气行业投资与建设 …… 183
第三节　燃气行业生产与供应 …… 194
第四节　燃气行业结构 …… 212
第五节　燃气行业需求与预测 …… 221
第六章　垃圾处理行业发展报告 …… 227

第一节　垃圾处理行业的市场化改革 …… 228
第二节　垃圾处理行业的投资与建设状况 …… 241
第三节　垃圾的产生与处理情况 …… 254
第四节　垃圾处理行业结构 …… 280
第五节　垃圾处理行业需求与预测 …… 288
第七章　供热行业发展报告 …… 295
第一节　供热行业市场化改革 …… 296
第二节　供热行业投资与建设 …… 305
第三节　供热行业营利性 …… 322
第四节　供热行业监管体制及其改革 …… 342
第八章　电力行业发展报告 …… 361
第一节　电力行业市场化改革 …… 362
第二节　电力行业投资与建设 …… 370
第三节　电力行业生产与供应 …… 385
第四节　电力行业结构 …… 395
第五节　电力行业需求与预测 …… 406
第九章　政策解读 …… 415
第一节　综合性法规政策解读 …… 416
第二节　供水行业法规政策解读 …… 425
第三节　排水与污水处理行业法规政策解读 …… 429
第四节　燃气行业法规政策解读 …… 435
第五节　垃圾处理行业法规政策解读 …… 442
第六节　供热行业法规政策解读 …… 448
第七节　电力行业法规政策解读 …… 451
第八节　综合性法规政策和主要行业法规政策列表 …… 455
第十章　城市公用事业典型案例分析 …… 463
第一节　供水行业案例分析 …… 464
第二节　排水与污水处理行业案例分析 …… 470
第三节　燃气行业案例分析 …… 484
第四节　垃圾处理行业案例分析 …… 496
第五节　供热行业案例分析 …… 507
第六节　电力行业案例分析 …… 516

第一章　城市公用事业改革历程

城市公用事业是为城镇居民生产生活提供必需服务的行业，主要包括城市供水排水、污水处理、供气、垃圾处理、集中供热、城市道路和公共交通、供电、环境卫生以及园林绿化等。本书研究的城市公用事业主要包括城市供排水、污水处理、燃气、垃圾处理、供热和供电等行业。改革开放以来，伴随高速经济增长和城市化快速推进，中国城市公用事业在不断深化改革的过程中求发展。而在实施城市公用事业市场化改革的进程中，如何建立有效的监管体制是确保市场化改革顺利进行的前提。本章主要回顾中国城市公用事业市场化改革和监管体制改革历程，并分析城市公用事业改革面临的挑战和对未来的展望。

第一节　城市公用事业市场化改革

中国城市公用事业市场化改革主要包括政企分离、产业结构重组以及经营权改革、所有权改革和融资改革。

一、城市公用事业的政企分离和产业结构重组

为促进城市公用事业市场化改革，20 世纪 90 年代初，中共十四届三中全会的《关于建立社会主义市场经济体制若干问题的决定》提出要建立现代企业制度。一批城市公用企业按照公司法的要求成立了有限责任公司，并以产权为纽带，组建大型城市公用事业集团。在政策推动下，海口管道燃气股份有限公司于 1992 年完成了股份制改革，是中国燃气产业第一个股份制企业。也是以这个时期为契机，深圳公用事业大力发展企业集团。以深圳水务集团为例，深圳水务集团是建立大型城市公用事业集团的典型。随着特区人口的增长和经济的高速发展，对自来水的需求量也不断增加，自来水的供求矛盾十分尖锐。1996 年 10 月，原自来水企业改制为深圳市属国有大型独资有限责任公司，为国家大型一类供水企业。1998 年，深圳市政府决定，市自来水建设投资体制由过去政府投资为主改为由企业投资为主，积极实施跨区域经营战略。2001 年，深圳市以自来水公司为基础，牵头组建了总资产约 60 亿的大型水务集团。经过不断发展，形成了公用事业的几大集团，如深圳市能源集团、深圳市水务集团、深圳市燃气集团、深圳市公共交通集团等，从而迅速提高了深圳公用事业领域的资本存量规模，提高了公用服务的供给能力。

在建立现代企业制度的同时，开始打破部分城市公用事业的垂直一体化垄断经营格局。部分城市对管道燃气行业和自来水行业进行了分割重组，把诸如自来水和管道燃气的设备生产等具有竞争性的业务推向市场，并对具有竞争性特点的业务进行分割重组。例如，上海管道燃气行业经过两次分割重组，把燃气制气和销售企业分解为几个企业，分别在不同的区域经营。虽然这种改革尚未形成真正的有效竞争，但是，这为进一步改革打下了很好的基础。

2000 年 10 月上海燃气企业正式进行重组，分别组建了市南、市北、浦东三家独立核算、自负盈亏的区域性销售有限公司，三个销售公司分别负责区域内燃气输配、销售、服务，包括燃气用户的申请、安装，输配管网的管理、抢修和日

常养护以及抄表、账款回收等业务。同时还组建了吴淞、浦东、石洞口三个自主经营、独立核算的燃气制气有限公司；将原来燃气第一、第二两个管线工程公司和燃气设计院划入城建（集团）公司，面向市场，通过竞标取得市场份额；因燃气结构调整而停产的杨树浦煤气厂改制为主要生产环保产品的全绿实业公司；改制成立多元投资的石油液化气经营有限公司，与上海申能公司共同组建上海天然气高压输配有限公司，负责上海天然气高压管网的建设、管理、运营，准备迎接“西气东输”；表具、灶具生产企业脱离母体，独立经营，公平竞争。上海燃气裂变重组后，新组建了燃气调度监测中心，负责全市燃气年、季峰谷调度和应急指挥调度，监控供气压力和气质，组织制气、销售企业竞价上网，组织实施天然气转换①。

从 2000 年底开始，在全市燃气销售总量中拿出一定的比例，让制气企业竞价组织生产、上网销售。竞价部分燃气供应量的价格将低于政府规定的出厂价格。实施人工燃气制气的竞价上网，将降低燃气制气企业的生产成本，减少政府补贴。上海市燃气产业市场结构重组模式的主要特点为：一是主业和辅业分离（全面开放燃气的施工、安装、设计、设备生产等领域，形成完全竞争市场）；二是主业垂直分割（燃气生产与输送相分离，制气企业实现竞价上网，平等竞争）；三是销售公司为区域性公司，虽然业务不交叉，但独立核算、自负盈亏，存在着比较竞争关系。重组后的燃气企业在市场机制的推动下，将会产生提高生产效率、改善产品和服务质量的激励。虽然通过分割重组，上海市管道燃气产业竞争尚不够充分，各区之间基本上还是“分区垄断”。但是，这种重组毕竟使得管道燃气产业由传统的垄断性经营向竞争性经营转变，并为中国管道燃气产业的重组提供了很好的实践经验。

与城市管道燃气行业相似，2000 年，上海市把原有的上海市自来水总公司按地域范围分割为 4 个完全独立的自来水公司，即上海市自来水市南有限公司、上海市自来水市北有限公司、上海市自来水浦东有限公司和上海市自来水闵行有限公司，上海市政府对这 4 个自来水经营企业实行统一定价，以比较各个自来水经营企业的绩效。这是对中国自来水产业市场结构重组实践的一个创新，有利于促进各企业提高经营效率。但遗憾的是，在上海市自来水产业这种新的市场结构状态下，由于仍然实行区域性垄断经营，企业之间不存在业务上的竞争关系，消费者也没有选择自来水经营企业的机会，因此，未能真正实现规模经济与竞争活力相兼容的有效竞争。尽管城市自来水产业重组有利于引入竞争机制，提高企业运营效率。但考虑到城市自来水质量安全的要求，目前中国多数城市自来水产业

① 冯颖．体制创新 裂变重组——上海燃气行业改革始末［J］．城市煤气，2001，4.

还是以纵向一体化经营为主要特征。

与此同时，电力产业也在不断推进政企分离和产业重组的改革。在深化电力产业管制体制改革的过程中，为实现政企分开，1997 年 3 月，根据国务院国发 48 号文件，成立了国家电力公司，由它经营管理原电力部直属或管理的全部电力企业集团公司、省级电力公司及其他电力企业的股权，而各省级电力公司又拥有绝大多数的地区配电公司，这样，国家电力公司实际上就拥有全国半数以上的发电能力和绝大部分的输电、配电供应网络，这就决定了它是一个对发电、输电、配电、供电实行资产和经营垂直一体化的巨型垄断企业。在中国没有另一家电力企业能与它开展平等、有效的竞争。虽然国家经贸委等部门提出要实行“厂网分开，竞价上网”等改革措施，但由于国家电力公司实行发电、输电、配电和供电垂直一体化经营，在这种垄断性市场结构下，“厂网分开，竞价上网”在很大程度上就成为国家电力公司的内部管理问题。进一步说，由于国家电力公司完全拥有电网，作为同一个所有者和利益共同体，国家电力公司很难避免偏重本系统的发电单位，而歧视本系统以外的独立发电企业。这就必然使“厂网分开，竞争上网”的改革效果大打折扣。

根据国家对电力产业改革的总体部署，国务院于 2002 年 3 月份正式批准了《电力体制改革方案》，并决定由国家计委牵头，成立电力体制改革工作小组，负责组织电力体制改革方案实施工作。电力体制改革的总体目标是，打破垄断，引入竞争，提高效率，降低成本，健全电价机制，优化资源配置，促进电力发展，推进全国联网，构建政府监管下的政企分开、公平竞争、开放有序、健康发展的电力市场体系。

电力体制改革的主要内容是，为在发电环节引入竞争机制，首先要实现“厂网分开”，将国家电力公司管理的电力资产按照发电和电网两类业务进行划分。原国家电力公司管理的发电资产被直接改组或重组为规模大致相当的 5 个全国性的独立发电公司，将逐步实行“竞价上网”，开展公平竞争，它们是中国华能集团公司、中国大唐集团公司、中国华电集团公司、中国国电集团公司和中国电力投资集团公司。以 2000 年的财务决算数为依据，这 5 家发电集团公司的资产规模、质量大致相当，地域分布基本合理，在各区域电力市场中的份额均不超过 20%，平均可控发电容量为 3200 万 kW，权益容量为 2000 万 kW 左右。详见表 1-1。

电网环节分别设立了国家电网公司和中国南方电网有限责任公司。国家电网公司下设华北、东北、华东、华中和西北 5 个区域电网公司。国家电网公司主要负责各区域电网之间的电力交易、调度，参与跨区域电网的投资与建设；区域电网公司负责经营管理电网，保证供电安全，规划区域电网发展，培育区域电力市场，管理电力调度交易中心，按市场规则进行电力调度。区域内的省级电力公司改组为区域电网公司的分公司或子公司。而中国南方电网有限责任公司的经营范围为云南省、贵州省、广西壮族自治区、广东省和海南省。

五大发电集团公司的基本情况 表 1-1

发电集团	中国华能集团公司	中国大唐集团公司	中国华电集团公司	中国国电集团公司	中国电力投资集团公司
可控容量（万 kW）	3797	3249	3134	3078	3015
权益容量（万 kW）	1938	2121	2116	2045	2222
可控资产（亿元）	1264.62	721.03	760.35	735.48	801.20
权益资产（亿元）	572.68	447.66	497.63	459.95	588.75
职工人数（人）	37712	73368	78448	77305	73847
已拥有独立发电公司	华能国际电力开发 51.98% 华能国际电力股份 42.58%	北京大唐股份 35.42%	山东国际电源开发 35.42%	国电电力股份 34%+9.9%	中电国际 100% 上海电力股份 76.27%
进入的水电流域公司	澜沧江水电开发 56%	龙滩水电 65%	乌江水电开发 51%	清江水电开发 34.20% 大渡河水电开发 90%	黄河上游 87.1% 玉凌水电 56.25%
进入的上市公司	浙江东南股份 25.57%	广西桂冠 54.54% 湖南华银 48.03%	黑龙江电力股份 40.19%	湖北长源股份 37.64%	山西漳泽电力股份 41.27% 重庆九龙电力股份 26.48%

资料来源：姜诏俊．电力业公司化改革后的公司治理调研报告；载迟福林主编．处在十字路口的中国基础领域改革．中国经济出版社，2004：52～53。

此外，还成立了中国电力工程顾问集团公司、中国水电工程顾问集团公司、中国水利水电建设集团公司和中国葛洲坝集团公司等 4 家辅业公司。这 11 家新组建的大型电力公司在 2002 年 12 月正式挂牌成立。同时，为加强对电力企业的有效监管，成立了国家电力监管委员会，它是中国垄断性产业中第一个具有专业性的政府监管机构。

从整体来看，经过 2002 年～2007 年的改革推进，中国电力体制改革取得重大进展，政企分开、厂网分开基本实现，发电领域竞争态势已经形成。

2007 年 4 月，国务院办公厅转发电力体制改革工作小组《关于“十一五”深化电力体制改革的实施意见》。除了巩固厂网分开改革成果，稳步实施主辅分离改革外，推进区域电力市场平台建设和大用户与发电企业直接交易为主要内容的电价改革。这个时期的改革，对完成中国电力企业破除垄断、实现电力市场化改革，特别是对确立具有中国特色的电力运营模式无疑具有决定性意义①。中国在电力产业实行政企分离，特别是对原国家电力公司的战略性重组政策，为电力市场形成有效竞争格局奠定了重要的基础。

然而，总体来看，近年来，中国电力改革的步伐似乎没有真正迈开，电力行业基本上仍采取长期以来垂直一体化的组织结构，由国家电力公司和它的合作投资方垄断大部分电力产品或服务的所有环节。2015 年 3 月，国家发改委公布新一轮电力体制改革方案，以期在打破电力行业垄断方面有所突破。

二、 城市公用事业经营权改革

经营权改革，即通过特许投标将国有资产承包或租赁给民营企业，实现国有民营。这一民营化形式的特点是不改变国有资产所有制，只改变其经营权。

为缓解市政公用资金严重不足的矛盾，多年来，中国城市公用事业注重把政府引导与市场运作结合起来，把政府投入与招商引资结合起来，积极运用 BOT 等方式盘活存量、优化增量，加大了利用外资和各类社会资金的力度，多元化投资的步伐进一步加快。通过特许投标的城市公用事业经营权改革主要采用 BOT（建造—运营—移交）和 TOT（转让—经营—转让）模式。此外还有 PPP（公私合作制）、MBO（管理层收购）、BT（建设—移交）、BOO（建设—经营—拥有）、ROO（改造—经营—拥有）等。特许权经营是没有固定程式的一种投融资方式，可以因地制宜、因时制宜，发展出许多品类。

实施特许经营权制度应包括已经从事这些行业经营活动的企业和新设立企业、在建项目和新建项目。通过特定的程序，由政府特别授权许可符合条件的企业在一定时间和范围内经营某项城市公用事业，并由城市公用事业主管部门代表政府与被授予特许经营权的企业签订特许经营协议，明确各自的权利、责任和义务。城市公用事业特许经营应优先保证社会公共利益不受损害，特许经营者确保

① 张建君．中国电力行业市场化改革研究［J］．中共中央党校学报，2011，6.

提供持续、安全、优质、高效、价格合理的服务，通过合法经营取得合理回报并承担相应的经营风险和法律责任。凡投资建设特许经营范围内的城市公用项目，项目建设单位须首先获得特许经营权，按规定签订协议后方可实施建设。由于特许经营权制度采取了竞争性招投标的方式引进了效率较高的私营部门参与，因而能够降低成本、提高效率。这种运营模式对城市供排水、污水处理、管道燃气、供热、处理垃圾和供电等都具有适用性。目前，城市公用事业经营权改革在不同地区间其进程还存在差异，但多数地区民营经济参与 BOT 模式的条件基本成熟，而在特许经营模式选择上不同城市应本着因地制宜的基本原则。

BOT 投融资方式在世界范围内都处在探索阶段。1984 年，中国第一个 BOT 基础产业项目是由香港合和实业公司和中国发展投资公司等作为承包商在深圳建设的沙角 B 电厂。自 2002 年，广东、福建、广西、四川、湖北、江西、上海等地出现一批 BOT 项目。

在城市公用事业中，国内民营经济参与 BOT 项目融资的典型案例是：2002 年 6 月，民间资本占到 85%的上海友联联合体，在中国最大规模污水处理企业——上海竹园第一污水处理厂国内投资人招商中一举中标，以 BOT 形式，在 20 年专营期内，投资建设、运营这家日处理能力达 170 万吨的大型污水处理厂。中标的友联联合体，是由私营企业友联企业发展公司为主，联合另两家企业组合而成的。据专家分析，由于此次污水处理项目建设以民间资本投入为主，有利于建立投资约束机制。在保证达到政府规定的技术、工艺标准的情况下，投资方将会尽可能使投资额控制在最合理的范围内。

2002 年 5 月，受南昌市政府授权，南昌市市政公用事业局向社会公开招标，选择青山湖污水处理厂一期工程的设计、投资、建设和运营的投资商。经综合评议，最终确定由德国柏林水务国际股份有限公司和北京城建三建设发展有限公司组成的联合体中标。该项目是德国在中国城市基础设施建设领域投资的第一个 BOT 项目，也是江西省第一个 BOT 项目。2004 年 9 月竣工后只经过一个月的试运行，污水处理的出水水质即达到了特许权协议中规定的国家排放标准。正式运行以来，处理着南昌市约 40%的城市污水，生物处理段污水处理能力为 33 万立方米/天，每年可处理约 1.2 亿吨污水，为中国其他城市基础设施建设的投资多元化提供了样板①。

2002 年 7 月，成都市市政公用局将 6 条公共汽车线路的特许经营权进行拍卖，将原有国有公交公司独家经营的公共汽车线路有偿出让。

从中国城市公用事业经营权改革来看，具有以下特点：

---

① 许晓明，欧阳兵．地方政府公共服务模式的成功探索［J］．江西行政学院学报，2010，1.

1. 经营权改革呈现地区的差异性

改革开放初期，中国沿海的部分地区就开始在城市公用事业领域实施特许经营权改革。例如，1984 年广州采用 BOO 方式投资建设广州市佛山柴油发电厂，深圳采用 BOT 方式建设沙角 B 电厂。

由于城市公用事业经营权改革存在区域性差异，以下根据我们 2009 年的调研，选择几个代表性的省市以反映中国目前城市公用事业经营权改革现状。

从东部较发达的江苏省的情况看，2009 年 6 月底，省辖城市的 5 大公用事业改革进展情况是，14 个供水企业中有 8 个企业实行了股权出让、中外合资、股份制等市场化改革，占 57.2%，通过改革方式实现融资 14.3 亿元。24 个供气企业中有 20 个企业实行了股权出让、中外合资、股份制等市场化改革，占 83%，通过改革方式实现融资 17 亿元。6 个供热企业中 2 个实行了股权出让、中外合资、股份制等市场化改革，占 33%，通过改革融资近 1 亿元。在污水处理行业，23 个污水处理单位中有 12 个单位实行了事改企、股权出让、BOT、TOT 等市场化改革，占 52%，通过改革方式实现融资 18 亿元。14 个垃圾处理单位中有 7 个单位实现了事改企、股权出让、BOT、TOT 等市场化改革，占 50%，通过改革方式实现融资 16 亿元。南京市在城市公用事业中具有经营特性的行业（包括公交、燃气和自来水等）等方面进行全面开放，通过 BOT 和 TOT 等模式进行运作。

在中部的湖南省，国有天然气企业是较早实行市场化运作的市政公用行业之一，尤其是在天然气项目建设运作中，市场运作程度较高，管道天然气已全面实行特许经营。2004 年 10 月，长沙市将当时仅有的 2 个污水处理厂 20 年特许经营权，以 2.67 亿元的价格转让给了四川、安徽两家民营企业。这是长沙打破垄断，引入社会资本，加快发展公用事业的又一成功之举。目前，在供水、排水、供气、公交 4 个公用事业领域，长沙通过建立“市政公用行业特许经营制”，在保证广大市民利益的前提下，已全部对社会资本开放①。与新奥燃气控股有限公司合资，分别组建成立了长沙、湘潭、株洲新奥燃气有限公司，取得三市的天然气特许经营权。截至 2009 年 6 月，14 个市州管道燃气、公共交通项目已基本实行特许经营，污水和垃圾处理项目分别有 34%、22%实行特许经营，全省城镇污水三年行动计划 119 个项目中 63%以上采用 BOT、TOT 方式转让经营权。

而在安徽省，城市公用事业民营化改革在 2000 年先后起步，至 2005 年基本结束。安徽省的基本特点是，由于各地市之间、各行业之间的现状、水平不一，

---

① 天则公用事业研究中心．长沙公用事业成功“变脸”：供水排水供气公交经营全部放开［N］．湖南在线，2004-10-23.

改革进程出现了分化。例如，合肥市供水、燃气、供热和公交四大集团，始终坚持国有独资或控股为主，走按照市场化运作模式做大做强的国企改革路子。根据有关数据统计，2009年，安徽省城市公用事业中已经签订特许经营协议的企业仅占已改企业总数的33.7%。而且各行业间也差别较大，污水处理行业最高，签订特许经营协议的企业占行业已改企业总数的58.7%；供热行业最低，仅占行业已改企业总数的14.3%。尽管供气行业改革程度最高（已改行业占行业企业总数的65.8%），但已签订特许经营协议的企业只占行业改革企业总数的26.6%，不到1/3①。

2. 民营经济参与BOT模式的条件已成熟

从国内民营经济为BOT项目融资的现状可以看出，目前中国吸引国内的民营经济参与BOT模式的推广已经具有较成熟的条件：第一，民营企业是良好的市场主体。民营企业是独立的法人，有明晰的产权，符合"自主经营、自负盈亏"的原则。由于它有良好的激励机制和约束机制，所以在市场经济条件下它能自觉地按照市场信号开展业务活动。在对待风险的问题上，它能客观地分析、理性地决策。第二，现阶段中国的民营经济成分已经初具规模，具有一定承担BOT项目的能力。从资金实力来看，让中国的私营经济在BOT上施展才能在现阶段是完全有可能的。BOT方式应由过去吸引外资为主向吸引本国民间资本转变。第三，与外资相比，本国民间资本投入，既不存在外汇支付问题，也不涉及对国家主权的影响。并且，国内民营企业在国内的经营经验和对国内情况的充分了解，较容易与政府沟通，对一些具体问题能较快地与政府达成共识。第四，BOT本是国外已经发展成熟了的模式，而且中国已经进行过尝试并取得了经验，中国完全有能力依靠自己的力量推广BOT模式。

3. 不同城市选择不同的特许经营模式

总结各城市公用事业发展模式的经验有三点：

第一，对不同的城市区域选择不同的投资模式。比如在城市的新城区和开发区建设公用事业项目，由于基础设施需新建，新开工的工程量多和投资规模庞大，就宜用BOT模式；而老城区基础设施只是部分保留或改造，新老管网系统更替复杂，利益相关方协调难度大，就宜用TOT模式。

第二，对不同层级的城市运用不同的投资模式。比如在大城市，由于投资理念和投资环境的优势，运用BOT模式往往能奏效，而在小县城，由于项目建设量小和现代投资条件的欠缺，就应运用TOT模式甚至直接由政府主持项目建

① 贾海峰，张文文．供气供水供暖和垃圾处理四大行业将引入民资［N］．21世纪经济报道，2009-9-1.

设，这一点对目前全国正在进行的县城污水处理项目开工建设尤其具有现实意义。

第三，对发达程度不同的城市运用不同的投资模式。比如在东部沿海城市运用BOT模式较有可行性，这是由于在这些城市开工建设，投资商有利可图，而在中西部城市运用TOT模式较有可行性，这是由于在这些城市尤其是西部城市开工建设新项目不但周期长，而且风险较大，如果选择直接把项目交给投资商去运营，经若干年后再收回，对投资商和政府而言都会产生双赢的回报。

三、 城市公用事业所有权改革

所有权改革包括将国有城市公用企业资产整体出售给民营企业或被民间企业、外资兼并，以及允许民营企业（包括外资）进入城市公用事业。

城市公用事业所有权改革就是要设计符合经济规律的产权制度，有利于节约交易费用，有利于竞争，有利于资源配置效率的整体提高。政府按照民主和法治的程序制定基本政策，对产权的权利束进行合理组合，创新产权制度，在确保公平和公共利益的前提下，切实注重效率的提高；同时要改革所有制形式，吸收多元投资主体，创造城市公用事业领域的竞争性格局，利用私人部门管理和技术特长，确保高效率地提供优质产品和服务。也就是说，要调动政府和企业的双重积极性，既保障公平又获得效率。

1. 民营企业收购城市公用事业中的国有企业资产

对于城市公用事业中的竞争性领域，应该可以按照一般竞争性产业的国有企业的民营化改革一样，按照国有国营向民有民营的方式转变。民有民营就是使国有企业通过拍卖或由私营企业兼并、收购等方式改组成私营企业。也就是通过产权置换、转让等，将一部分国有资产出售，转变产权关系，出售所得上缴国库。积极鼓励城市公用事业中竞争性业务投资多元化，加速资产民营化进程。

对此，在政府相关政策的支持下，城市公用事业首先进行主辅分离改革，精干壮大主业，放开搞活辅业，以提高国有企业核心竞争力。就国有大中型企业辅业改制分流的形式而言，可通过合资、合作、出售等方式，逐步实施产权主体多元化。而且，具备一定市场生存能力的改制企业，可直接改制为非国有法人控股的法人实体；暂时不具备条件的改制企业，可保持国有法人的控股地位，但必须产权明晰、独立核算、面向市场、自负盈亏。也就是说，待条件具备后，可以再改制为非国有法人控股的法人实体。

而对于一些国有资本增资能力不足或经营不善的城市公用企业，则鼓励民间企业或外资进行兼并。例如，2002年上海浦东自来水公司50%国有股股权以高出底价 2.63 倍的价位溢价转让于法国威望迪集团，成为中国第一个集制水、输配、销售为一体的中外合资的自来水公司。2006 年 7 月，厦门市燃气总公司在厦门市产权交易中心发布招商公告，8 月，香港华润集团以人民币 6.5 亿的报价中标，取得了新的合资公司 49％的股权；同时成立厦门华润燃气有限公司特许经营厦门城市管道燃气建设和管理。

2. 民营企业直接进入城市公用事业

在中国城市公用事业中，竞争性业务领域应该可以向民营企业完全放开，允许民营企业独资进入经营。这里包括放松对国外企业和国内民营企业进入的限制。对于多数国外经营城市公用事业的企业，直接进入竞争性业务领域在经济实力上应该不存在障碍。而至于国内民营企业，经过 30 多年的改革开放，中国民营经济发展迅速，许多民营企业也已经拥有了相当的经济实力，中国已经涌现了一大批有实力的民营企业。不仅如此，民营企业还拥有较完善的激励机制，更适应市场运行的规则。因此，应该尽快向国内民营企业开放城市公用事业中的竞争性的行业或业务，允许民营企业以独资形式进入这些行业或业务进行经营。

尽管中国目前民营企业有能力进入城市公用事业，但完全以独资的方式进入城市公用事业的民营企业还比较少，这个问题主要出在人们对民营企业的认识上。根据传统观念，由于城市公用事业属于基础设施领域，通常认为，如果民营企业（包括国外企业和国内民营企业）独资进入城市公用事业，民营企业所提供产品的质量和安全可能难以得到应有的保障。但是，正如前面所强调，民营企业以独资形式进入的是城市公用事业中具有竞争性的生产环节，这部分生产经营活动与一般竞争性产业一样，由于竞争的存在，对于经营企业而言，为能在产业中生存下来并获得相应的利润，必然存在内在的约束，确保所提供产品的质量和安全，并且通过竞争，还可进一步降低产品或服务的价格。事实证明，只要在政府监管政策的约束下，民营企业进入城市公用事业经营不仅不会对产品供给的质量和安全产生负面影响，而且应有利于城市公用事业经营绩效的提高。以合资经营方式进入城市公用事业的民营企业的经营绩效在一定程度上也证实这一点。

在 2002 年～2005 年间，城市公用事业的主管部门出台了一系列政策和法规，明确鼓励民间资本进入城市公用事业的建设、运营和管理。中国城市公用事业的市场化改革正是在这一系列法规政策的引导下得到迅速发展。显然，这一阶段是以中央政府为主导，引导、推动和规范城市公用事业市场化改革的时期。

这个时期，民间资金和外资直接进入部分城市公用事业领域经营。例如，上海第一家进入社区的民营燃气服务中心——梅园社区燃气服务中心于2002年3月在浦东梅园新村街道内开业。梅园社区燃气服务中心隶属新成立不久的民营企业上海东气燃气工程有限公司。这样的改革在上海整个燃气行业中属于首创①。又如，在浙江省，“洋水务”进入浙江省新昌水市场，2002年3月，中外合资新昌中法供水有限公司正式在浙江新昌落户，这是该县首次引进外资开发引水工程项目和经营供水市场，据悉，这在全省也属首例。此举打破了长期以来城市用水由国有单位独家经营的局面。随着经济社会的迅速发展，新昌县原有4万吨/日的供水规模已不能满足要求。为改善这一状况，新昌县通过引进资金和技术，组建企业化的供水公司，解决生产和生活用水紧张问题。新昌县通过多方招商，将世界上规模最大的水务集团之一的法国里昂水务集团下属的子公司中法水务投资有限公司引来作为合作伙伴，并与新昌水务发展有限公司共同组建了新昌中法供水有限公司，负责开发建设投资1亿多美元的引水供水工程项目。该项目投产后，新昌县城市日供水能力达到16万吨②。

河北廊坊的民营企业新奥燃气公司进入城市燃气市场便是民营企业进入城市公用事业领域较成功的案例。2003年5月，新奥集团旗下的新奥燃气控制有限公司，依靠专业优势和雄厚的资本作后盾，在中国中小城市燃气市场上一路抢得先机，在河南市场又与新乡市政府签订了30年的特许经营权协议，为民营资本进入燃气市场作了很好的示范。目前，新奥燃气在全国拥有75个城市管道燃气项目，超过300万居民用户及8000余家工商业用户，天然气最大日供气能力达1500万方，市场覆盖城区人口超过4300万。汽车加气业务发展迅速，已获得国家批准建设权的加气站212座，已建成并运营的汽车加气站120余座，在加气站市场开发利用、工程建设和运营服务等方面积累了丰富的经验③。

市场经济比较发达的广东省，公用事业领域已向民间投资开放。凡对外资开放的领域和国家未明确限制的投资领域，都要对民间投资开放，鼓励和引导民间投资参与能源、交通、供水、污水处理等公共事业建设。据资料反映，上海对公用事业投资的资金有50%来自民间。目前在深圳，除国家有关政策、法规限制开放的领域外，所有经营性领域的投资均已向社会资本开放。尤其是过去未“放开”的水务、公交、燃气等公用事业领域，如今各种资本都可参与投资运营。

① 佚名．上海：燃气服务走民营之路——首家服务中心今在梅园新村开业［N］．新民晚报，2002-3-22.

② 佚名．打破城市供水国有单位独家经营局面——“洋水务”进入新昌水市场［N］．浙江日报，2002-3-22.

③ 中国国际金融有限公司研究部，《中国燃气行业投资策略报告》，2010-1-5.

国外水务公司进入中国实际上早在改革开放初期已经开始。现在，全球最大的三家水务公司，法国苏伊士里昂水务集团、威望迪集团以及英国泰晤士水务公司，都进入了中国，介入的程度和区域都相当广泛。1999 年列入全球 500 强第 70 位的苏伊士里昂水务集团已参与了中国 100 多家水厂的建设。苏伊士里昂水务集团与中国香港新世界合资组建的中法水务投资有限公司从 1992 年进入中国以来，已参与了沈阳、南昌、中山、重庆等地区的水厂项目。

2002 年 9 月，由香港亚太环保有限公司独家投资的广州亚太生活垃圾有限公司，与广州市市容环境卫生局签署了合作协议。根据该协议，香港亚太环保有限公司 2004 年投资约 2.8 亿元，在广州建立起一座日综合处理生活垃圾 1000 吨的垃圾厂。拉开了外资进军中国垃圾产业的序幕。

中国电力建设利用外资的主要渠道是国外政府贷款、国际金融机构贷款、出口信贷、商业信贷、补偿贸易、中外合资（作）等。国际资金市场成为中国电力建设资金的又一大来源。1984 年 3 月，利用世界银行贷款兴建的鲁布革电站正式签署贷款协议，这是中国第一个利用外资兴建的电力工程项目，率先实行了国际招标、项目管理等国际工程管理机制，引发了“鲁布革冲击”。国务院向全国基本建设战线推广了鲁布革经验。此后，世行贷款、亚行贷款、外国政府贷款、外商直接投资涉及了众多的电力项目。

利用外资的方式有国外政府和金融机构贷款、与国外企业合资合作、外商直接投资等，具体涉及电力、供水、燃气、地铁、道桥、污水处理、垃圾处理等不同行业。表 1-2 是近年来电力、燃气和供水外商直接投资及其增长速度的基本情况。从表中可以看出，外商直接投资金额基本呈现出上涨趋势。

电力、燃气及水的生产和供应业外商直接投资及其增长速度　　表 1-2

年份	企业数（家）	实际使用金额（亿美元）	比上年增长（%）
2004	455	11.4	
2005	390	13.9	22.7
2006	375	12.8	−8.1
2007	352	10.7	−16.6
2008	320	17	58.1
2009	238	21.1	24.1
2010	210	21.3	1.0
2011	214	21.2	−0.5
2012	187	16.4	−22.6
2013	200	24.3	48.2

数据来源：中华人民共和国国家统计局网站，http://data.stats.gov.cn/search/keywordlist2?keyword=%E5%A4%96%E5%95%86%E7%9B%B4%E6%8E%A5%E6%8A%95%E8%B5%84.

四、 城市公用事业融资改革

融资改革，即由政府直接融资改为通过股票市场、债券市场等资本市场的融资。

随着中国资本市场的快速发展，城市公用事业领域的融资改革步伐也在加快。例如，2002 年 8 月，深圳五大国企以国际招标方式转让部分股权。五大国企分别是能源集团、水务集团、燃气集团、公共交通集团以及食品总公司，转让比例在 25%～70%之间。深圳市政府开始就能源、水务、燃气、公共交通等公用事业类企业向国际招标。

2004 年初，南京市政府出让液化气公司剩余资产，合资组建了华润液化气公司；并拿出自来水总公司、煤气总公司、公交总公司的全部资产，以及江心洲污水处理厂扩建工程、城北污水处理厂工程等 4 个污水处理项目，总计 40 亿元的资产和项目对外公开招商。2004 年 6 月，南京市公用控股公司与法国威望迪、北京首创等境内外企业签订了 4 项合作意向书，市煤气总公司与香港中华煤气公司、市公交总公司与香港新世界、九龙巴士等进行了合资合作谈判。

北京市还将新建轨道交通运营权面向全球投资者公开招商，除国家有特殊规定外，北京市所有投资领域将一律向社会资本开放。公共交通、轨道交通、收费公路、供水、供气、供热、污水处理、垃圾处理等经营性基础设施领域和文教卫生体育等经营性社会事业领域，打破了地区、所有制、内外资界限和行业垄断，推行项目法人招标投标制。北京市积极支持城市公用企业拓宽融资渠道，进行债券市场直接融资。2004～2005 年，北京市共向国家争取了 50 亿元的企业债券发行规模，所筹集资金全部用于基础设施建设。截止到 2005 年一季度，北京市共有 10 余个基础设施建设项目实施了市场化运作，累计吸引境内外各类社会资金 110 多亿元①。

根据一项由远景投资和指标数据发布的关于城乡居民对中国公共事业市场化程度及市场化社会效果的认知与评价的研究结果，广州市城市公共事业市场化发展最快、最均衡，在许多地区市场化进程缓慢的领域，如自来水、管道燃气等产业，广州的市场化呈现出均衡、稳健、良好的发展态势。广州市政府通过合资、合作、参股、项目法人招标、TOT、BOT 等方式为城市公用事业融资。在广州，个体、私营经济主体可投资经营城市轨道交通、公共交通、公路、桥梁、隧

① 丁向阳：《加快基础设施市场化步伐 努力提高市政公用事业服务水平》，北京市推进基础设施建设市场化国际论坛，http：//www. bjpc. gov. cn/zt/sheshi/fayan01. htm，2005-12-12.

道、港口、站场、停车场、生态修复、污水处理、垃圾处理、排污管道、电力、绿化、园林、道路、能源、水利、公共信息网络、公共文化设施等基础设施和公共事业。

显然，中国城市公用事业市场化很重要的内容就是把由政府财政性投入改为通过市场融资。由于城市公用事业投资回报的稳定和安全，通过资本市场（股票和债券市场等）有较为明显的优势。

1. 通过股票上市融资

目前，中国城市公用事业的改革大多数仍在保留国有独资的资产关系前提下，通过两权分离实行的民营化，这只是一种浅层次的制度边际调整，企业的经营活动不时地要受到来自政府方面的行政约束，而政府又作为有多元目标的利益集团，它的决策不可避免地要使企业经营活动偏离市场运营轨道。而公司股份制的出现，改变了国有独资的企业组织形式，通过吸纳非国有股东，引进民间非政府力量来制衡国有股东的权力以牵制国有独资的管理行为。因此，在城市公用事业中，必须积极按国际惯例试行股份制，进行市场化经营和股票市场融资。应当充分估计股份制改造在促进民营经济进入城市公用事业中的重要作用，并采取切实的改革措施和步骤，通过股份制改革，尽快打破城市公用事业国家控制、产业垄断、效率低下的局面。

股份制是民营经济进入城市公用事业的基本形式，应在中国经济转轨的关键时期，加快城市公用事业的股份制改革。这有利于引进民营化经营模式，增强企业的市场竞争能力，以达到实现两权分离、政企分开以及解决投资不足和提高运营效率的目的。城市公用事业的股份制改革应分类进行，根据条件成熟程度，采取多种形式，逐步地、广泛地进行股份制改造，对于能够改造为规范的股份公司的，应争取在股票市场上市，筹集资金，增加资本金的配套能力。

我国目前已经有不少城市公用事业的经营企业在沪、深两地上市。1996 年上海凌桥自来水公司公开向社会发行股票，筹集资金 2 亿多元，开辟了中国自来水产业股份制运营的先例。由于中国城市公用事业建设资金短缺，更多的企业通过上市从股票市场筹措资金应是必然趋势。这是因为，与其他板块上市公司相比，城市公用事业上市公司具有明显的产业优势。较为严重的城市公用事业产品和服务的供求矛盾，使城市公用事业具有长期发展的潜力，国家产业政策支持，使其具备了政策面的宏观背景，对城市公用事业产品和服务价格形成机制的适度调整，促使市政企业的经营业绩有更好的上升空间。总体看，城市公用事业上市公司的经营业绩表现良好，效益大多稳定。

总之，这些年来城市公用事业中各行业均有多家上市公司直接从资本市场上募集资金，实现了投资主体多元化，并获得了高速发展。根据上市公司年报统计，从事基础设施建设的上市公司（不含能源电力）平均每股收益 0.37 元，平均净资产收益率 13.8%，分别比沪、深两市平均水平高出 87%和 73%。因此，近年来国内外城市公用事业的改革实践证明，城市公用事业在长期内具有稳定的投资价值和收益。放宽城市公用事业运用资本市场的条件，不仅有利于形成民营经济进入城市公用事业的途径，而且有利于促进中国资本市场的完善和稳定。因此，以发展的眼光来看，国家在股票发行额度分配上应向以城市公用事业为主的基础项目倾斜，支持更多的项目上市。并且，对股票发行的方式和时机要审慎研究。因为股票发行方式和时机直接关系到股票发行的成功与否，因而直接关系到改革的进程。

由于股票市场对于迅速筹集资金、改善企业经营机制有重大的推动作用，为此，必须对城市公用事业中的企业按现代企业制度要求运作，条件成熟时进行股份制改造，让更多的企业通过股票市场融资，以建立国有经济的退出机制。

中国城市公用行业上市公司涉及水务、城市公交、热力供应、热电、燃气等领域，如表 1-3 所示。从表 1-3 中可见，包括股票上市在内的扩股融资，国内资本市场越来越多地成为城市公用事业的融资手段。显然，这些上市公司通过股票发行筹集到了大量社会资金，从而增强了自身的发展后劲，为其扩大经营范围和规模提供了条件，也为中国城市公用事业通过企业上市进行市场化改革提供了很好的经验。

城市公用行业上市公司股权融资情况 **表 1-3**

上市公司名称及公司代码	上市情况		再融资情况	
	时间（年）	融资金额（亿元）	年份	融资金额（亿元）
原水股份（600649）	1993	0.7	2008	64.58
大众公用（600635）	1993	0.2	没有再融资	0
申通地铁（600834）	1994	3.6	没有再融资	0
岁宝热电（600864）	1994	0.8	没有再融资	0
创业环保（600874）	1995	1.6	没有再融资	0
巴士股份（600741）	1996	1.2	2009	85.19
大连热电（600719）	1996	1.2	没有再融资	0
兴蓉投资（000598）	1996	1.5	2010、2011	29.05
大通燃气（000593）	1996	0.1	2014	2.92
惠天热电（000692）	1997	1.3	没有再融资	0
燃气股份（000793）	1997	2.8	2013、2014、2015	59.03
锦龙股份（000712）	1997	1.2	2015	13.19

续表

上市公司名称及公司代码	上市情况		再融资情况	
	时间（年）	融资金额（亿元）	年份	融资金额（亿元）
国中水务（600187）	1998	2.2	2011、2013	19.40
武汉控股（600168）	1998	5.7	2013	16.8
东方热电（000958）	1999	2.4	2002、2014	13.34
沈阳新开（600167）	1999	3.6	没有再融资	0
南海发展（600323）	2000	4.2	2012、2014、2015	24.56
首创股份（600008）	2000	26.7	2015	20.13
钱江水利（600283）	2000	4.9	2015	7.19
长春燃气（600333）	2000	3.4	2013	4.62
北京巴士（600386）	2001	7.7	没有再融资	0
金山股份（600396）	2001	2.6	2006、2014	8.27
天富热电（600509）	2002	4.0	2013	18.28
京能热电（600578）	2002	4.8	2010、2012、2013	121.52
洪城水业（600461）	2004	2.6	2011	11.14
陕天然气（002267）	2008	10.1	2014	9.8
深圳燃气（601139）	2009	8.7	2011	9.51
重庆水务（601158）	2010	34	没有再融资	0

资料来源：据上市公司年报整理得到。

当然，与一般竞争性产业不同的是，由于城市公用事业属于关系到国计民生的基础性产业，政府对其应有一定的控制，而控制程度取决于不同领域中产业的业务的竞争程度。像管道燃气和自来水产业等自然垄断产业，其网络的运营具有典型的自然垄断特点，国家应重点控制；而对于其他竞争性业务，政府应尽量减少控制，或完全退出。

2. 通过发行企业债券融资

在我国的资本市场中，企业债券市场和产业投资基金的发展相对滞后。从企业债券市场来看，我国从 1984 年开始出现企业债券的萌芽，一些企业自发地向社会或企业内部发行不同形式的有价证券进行集资活动。1987 年 3 月，国务院开始对企业债券进行统一管理，颁布实施了《企业债券管理暂行条例》；1993 年 3 月，国家修订颁布了《企业债券管理条例》，我国企业债券发行基本走上正轨。截止到 2015 年 2 月，企业债券的余额为 7544.98 亿元①。

① 数据来源：中国债券信息网，http://www.chinabond.com.cn/jsp/include/EJB/document-New.jsp? sId=0201&sBbly=201502&sMimeType=4&sType=2。

我国城市公用事业发展资金需求巨大，不充分利用各种融资渠道不足以弥补资金缺口，债券市场应是城市公用事业融资的重要渠道。利用债券进行筹资是当前金融市场融资的主要渠道和常用做法。企业债券是以企业为发行主体的有固定收益的债券。

从企业的融资效率来看，目前正在逐步加大城市公用事业的企业债券融资比例。在统一规则下，公共工程建设单位可以直接向社会公众发行长期、中期、短期债券的专项建设债券，用于加强城市公用企业等自然垄断产业的建设。政府对关系国计民生的一些大工程应给予必要的担保，利用政府的信誉，公共工程建设就可以筹集到足够的资金。表 1-4 是 2009 年企业债券发行人产业特征。其中，在 168 只企业债券中，中央企业 25 只，地方企业 143 只。在地方企业债券中，属于城投类的企业共有 114 个，融资金额为 1819.3 亿元，占全部地方企业债券融资金额的 81.83%；非城投类企业仅有 29 家，融资金额为 404.03 亿元，占全部地方企业债券融资金额的 18.17%。

2009 年企业债券发行人产业特征　　表 1-4

类　型		数量（家）	占比（%）	发行金额（亿元）	占比（%）
中央企业		25	14.88	2029.00	47.72
地方企业	小计	143	85.12	2223.33	52.28
	城投类	114	79.72	1819.30	81.83
	非城投类	29	20.28	404.03	18.17

数据来源：江苏鸿林投资管理公司：《中国企业债券发行情况分析报告（2009 年度）》。

企业债券募集资金投向来看，分布最多的行业是包括城市公用事业的基础设施，共有 117 家，发行金额为 2685.3 亿元，占总发行金额的 63.15%。其次是电力，包括火电、水电，共有 16 家，发行金额为 855.88 亿元，占总发行金额的 20.13%。其他行业还包括金属冶炼、煤炭、航空、电子信息、房地产、化工、农业、汽车、医药、商业、工程承包、创投等。如表 1-5 所示。

2009 年企业债券募集资金项目行业分布统计表　　表 1-5

项目类型	数量（家）	占比（%）	发行金额（亿元）	占比（%）
基础设施	117	69.64	2685.30	63.15
电力	16	9.52	855.88	20.13
金属冶炼	5	2.98	185.00	4.35
煤炭	8	4.76	113.00	2.66
航空	2	1.19	113.00	2.66
电子信息	3	1.79	76.00	1.79

续表

项目类型	数量（家）	占比（%）	发行金额（亿元）	占比（%）
房地产	4	2.38	72.00	1.69
化工	4	2.38	62.00	1.46
农业	2	1.19	32.00	0.75
汽车	2	1.19	20.00	0.47
医药	1	0.60	10.00	0.24
商业	1	0.60	10.00	0.24
工程承包	1	0.60	8.00	0.19
创投	1	0.60	5.00	0.12

数据来源：江苏鸿林投资管理公司：《中国企业债券发行情况分析报告（2009年度）》。

中国企业债券近期和未来的发展方向是国家将加大企业债券在资本市场的地位，从一个完整的资本市场来看，这个市场应由国债、企业债、股票和基金4个部分组成，它们相互联系，相互制约，缺一不可，而且从世界范围来看，企业债券在市场的份额越来越大。

总之，随着GDP的不断增长，中国社会的总财富更多地以存款形式向金融机构集中。2013年，各项存款余额达到104.8万亿元①。这是一个巨大的潜在资金来源，完全可以通过资本市场，通过直接向居民发行股票、企业债券等，把一部分剩余资金直接导入生产领域。

需要注意的是，由于中国经济现存的东、中、西部三大区域经济具有不平衡的特征，中国城市公用事业市场化改革因所处地域不同而有不同的发展态势。这是因为，从需求层面看，东部地区已经处在一个较高的经济发展水平，民营经济的力量雄厚。另外，一些新技术也一般是率先从东部地区应用，并且东部地区的城市化水平远比中西部要高，其公用事业的市场规模要比其他地区大得多，更容易满足公用事业市场化的规模经济要求。东部由于是最早实行市场经济的地区，人们更容易从传统的公共物品政府提供观念转变到由市场提供的观念上来；东部的人均生活水平也是最高的，对公用事业民营化后可能引起的价格上调也具有更强的经济承受能力。鉴于此，东部市场化改革的社会阻力会更小。从供给层面来看，东部地区政府的市场观念也较强，对公用事业市场化所需的政府监管能力、法规建设能力、制度设计能力都已经积累了一定的经验，因此，向国有民营过渡所需的时间更短。这些决定制度创新的供给与需求因素的强度几乎都呈现出从东

① 中华人民共和国国家统计局．中国统计年鉴2014［M］．北京：中国统计出版社，2014：593.

到西这样逐渐减弱的趋势，这就必然决定了中国城市公用事业市场化是一个从东部到西部的渐进过程，各地的民营化具有不平衡发展的特征①。

从以上的中国城市公用事业市场化改革的历程看，城市公用事业正在逐渐有规律地走向开放。通过市场化改革，在明晰产权的前提下，借助市场竞争，提高城市公用事业的运营效率以及资源配置效率。有了这样一个基础，在一定政策和具体措施支持下，相信城市公用事业市场化改革将会不断地深入下去。

第二节 城市公用事业监管体制改革

城市公用事业实施市场化改革后，尽管政府摆脱了直接管理运营城市公用事业的责任，但同时应承担起对市场中生产经营主体进行监管的职责。

一、城市公用事业推进市场化应实现政府职能从管理向监管的转变

城市公用事业通过市场化改革，引导民间资本进入该领域后，政府就不能继续沿用传统的管理国有企业的体制，利用直接的行政手段来管理不同所有制的企业（包括国有及国有控股企业、民营企业、外资企业和港澳台地区企业等）。在经营权授予不同所有制企业后，在新的市场环境下，政府应该转变职能，在制度上进行创新。

1. 城市公用事业市场化改革后必须进行制度创新

制度通常是指由当时社会上通行或被社会所采纳的习惯、道德、戒律、法律、规章等构成的一组制约个人社会行为因而调节人与人之间社会关系的规则，是调节人与人之间利益关系的一种社会机制。

以诺思为代表的新制度经济学以交易成本为背景，解释了制度为什么存在，制度变迁的过程以及制度对经济效率的影响，从而建立起一套较为完整的制度变迁理论体系。诺思认为，制度通过向人们提供一个日常生活的结构来减少不确定性，是人们发生相互关系的指南。制度包括人类用来决定人们相互关系的任何形式的制约。制度制约既包括对人们所从事的某些活动予以禁止的方面，有时也包

① 王自力．对公用事业民营化趋势的制度供求分析［J］．财贸经济，2004：10.

括允许人们在怎样的条件下可以从事某些活动的方面①。

根据制度的含义可以看出，制度安排的基本功能就是为人们设计一系列规则，为人们在广泛的社会分工中的合作提供一个基本的框架，它有效地规范着人们之间的相互关系，减少信息成本和不确定性，把阻碍合作的不利因素减少到最低限度。所以，有效的制度安排能降低市场中的不确定性，抑制人的机会主义行为倾向，把阻碍市场经济运行的不利因素减少到最低限度，从而降低交易费用。我们知道，市场经济是法制经济，必然需要一系列有效的制度安排来制约市场主体的经济行为，才能有效地避免道德风险，降低交易费用，促进市场经济的快速发展。

因此，制度在一个社会中的主要作用是通过建立一个人们相互作用的稳定的结构来减少不确定性。但是，制度的稳定性丝毫也没有否定它们是处于变迁之中的这一事实。制度经济学家普遍认为，制度变迁就像经济发展一样，具有路径依赖的特征。制度变迁的方向取决于制度能否给人们带来效率的提高。换句话说，正是效率的提高无法在现存的制度安排结构内实现，才导致了一种新的制度安排（或变更旧的制度安排）的形成。制度变迁过程是从一个制度安排开始，并只能是渐渐地转到其他制度安排上去。

对于市场化改革后的中国城市公用事业，由于制约条件的改变，我们必须认识到，政府原有的对城市公用事业进行管理的制度安排已经完全不能适应改革以后的城市公用事业发展的需要，如果不进行制度创新，则必然严重地阻碍城市公用事业的有序发展。也就是说，这些年中国城市公用事业通过引入市场机制的改革，已经表现出政府对制度安排的供给相对不足（导致政府在建立最有效的制度安排方面滞后的主要原因是对新的制度安排认识不足，以及集团利益冲突等）。如果不能尽快改变这种现状，则会由于缺乏新的制度安排（新的制约），诱使城市公用企业在经营过程中缺乏信用，以及由此导致市场交易成本居高不下等问题。鉴于此，为了克服交易成本对城市公用事业带来的消极作用，政府就必须制定一系列有效的制度来规范和维护市场秩序。具体而言，就是要求通过新的制度安排对城市公用企业的竞争行为进行规范和约束，保证契约的执行，降低市场交易的成本。在中国城市公用事业推行市场化改革过程中，通过新的制度安排将有助于提高经济效率。

2. 政府转变职能以适应城市公用事业市场化改革后的制度安排

城市公用事业市场化改革必须进行的制度创新主要围绕政府职能转变进行。

传统经济理论认为，由城市公用事业的技术经济特性所决定，城市公用事业

---

① 道格拉斯.C. 诺思. 制度、制度变迁与经济绩效［M］. 上海：上海三联书店，1994：4.

只能由一家或极少数家企业垄断经营，市场竞争机制不能发挥作用，是市场失灵的一个最为典型的领域。而民营企业进入城市公用事业领域生产经营的情况下，政府监管机构的目标与企业的目标往往是冲突的。并且，对民营企业的垄断经营进行监管在信息的获得方面成本也比较高。因此，在经济发达国家也曾经采取在城市公用事业普遍建立国有企业的办法来解决对民营企业的垄断经营进行监管过程中遇到的一系列难题。通过国有企业的经营，政府从城市公用事业经营产品的价格到质量等通常采取简单的、直接的管理方式直接解决“市场失灵”问题。在这种模式下，实行政企合一的管理模式，政府既是城市公用事业管理政策的制定者，也是城市公用事业的实际经营者。

长期以来，在传统体制下的中国也一直把城市供水、管道燃气、供热、污水处理、垃圾处理、公共交通和供电等公用事业作为公益性事业，与此相适应，全国各城市几乎都设有公用事业局或相类似的政府机构，对经营这些公用事业的城市公用企业实行统一管理。从组织管理的具体内容分析，城市公用事业局与公用企业之间的关系完全是一种政企高度合一的关系。具体表现在：公用企业的投资决策和计划都由公用事业局制定；公用企业的管理者由公用事业局委派和考评；公用企业经营亏损也是通过公用事业局要求政府财政进行补贴。城市公用事业大包大揽的经营管理模式让政府背上了沉重的财政负担，弱化了政府的服务职能。这种体制使得国有公用企业的生产经营缺乏效率，并让政府管理职权“无限膨胀”，衍生了政府作为经济人的角色，严重制约了城市公用事业的发展。长期以来，大多数城市国有公用企业效率低下，不仅不能实现微利，反而处于亏损状况。究其原因，主要是政府对国有城市公用事业直接的经营管理产生的低效率所致。

理论与实践证明，国有企业垄断经营必然导致低效率现象。因此，从 20 世纪 80 年代以来，世界各国都在不同程度上对城市公用事业实施特许经营引入市场机制的改革，相当数量的民营企业进入城市公用事业，成为城市公用事业的经营主体。这样，政府就不能用过去管理国有企业的方式去管理民营企业。例如，城市公用事业在由国有企业经营的情况下，对于企业所提供产品和服务的质量，政府通过国有企业可以得到直接的控制，以确保质量能够满足消费者的需求。但是，通过实施特许经营制度，民营企业进入城市公用事业后，虽然存在一定程度的竞争，但由于城市公用事业的经营毕竟是在一定地域范围内的，企业的经营仍然具有一定的垄断性，信息不对称更为严重。相对于垄断生产者而言，消费者在消费过程中对产品和服务质量等很难做出判断，消费者对信息的掌握处于劣势。这种情况下如何保障消费者的利益是政府必须面对的课题。

我们知道，市场化改革后，获得特许经营权的企业“摆脱”了政府垂直科层关系的管理，政府对企业生产经营过程中的诸如产品质量等的控制不能继续采用管理国有企业的方式，而是要按照特许经营协议对企业进行管理。特许经营合同双方当事人法律地位平等，共同遵守协议。从特许经营合同的要约、邀请、签订等过程看，政府与企业始终是法律上民事平等的主体，政府不能将自己的意志强加给企业，更不能擅自变更协议，干预企业的生活经营活动①。这种转变通过法律契约关系规范并理顺了政府与特许企业间的关系，明确了政府与企业的权利和义务。这样，政府职能也得到明确。

随着城市公用事业市场化改革的推进，政府角色和职能将发生巨大变化。政府职能的转变应从对城市公用事业生产经营的直接管理者，变成社会服务者，专职为社会提供优质的政府服务，让市场主体按市场运行规律从事生产经营活动，避免因其直接参与生产经营给市场带来负面影响。诚然，政府职能的转变并不意味着政府与市场完全分立开来。政府作为国家利益的执行者，必须保证向社会提供安全、稳定、持续合理的城市公用产品和服务。由于市场主体趋利的本质与公共利益之间的矛盾，因此，在城市公用事业市场化过程中，并不是否定政府职能，而是转变其职能，并强化部分其应该履行的行政监督职能。这种行政监督是服务型政府的基本义务，它既要受特许经营协议的约束，也要受法律法规的约束。在平等主体之间的民事法律关系中则不存在行政监督，所以，转变政府职能，树立服务型政府观念是城市公用事业市场化改革的必然要求，在法律法规的框架内加强行政监督则是在市场环境中坚持公用产品和服务的公益性的保证②。总之，在城市公用事业市场化改革过程中，政府要重新定位，实现其职能的转变。

自 2002 年以来，中央政府推动下进行的城市公用事业市场化改革，让民营经济全面渗透城市公用事业领域。这个过程中，逐渐暴露出来由于民营经济的进入而出现的市场失灵问题。中国在城市公用事业上欠账太多，而面对公众对城市公用产品在数量和质量上不断增长的要求，政府财政显得力不从心，资金短缺问题显得非常紧迫。这种局面的出现，资金短缺是一个方面，而更为重要的是由于城市政府部门主导下的城市公用事业效率低下，正是这种低效率才导致了公用事业难以为继。在城市公用事业市场化改革过程中，部分政府因为急于将现有资产套现，为新建项目筹集资金，而采取了协议方式实施产权转让和特许经营权的授予，没有经过公开的招投标，以至于难以实现合理的资产或经营权价格。同时，这种理念上的错位，还导致了许多政府行为的短期化，对许多城市公用企业的资

① 杨松．北京市政公用事业特许经营制度创新研究［M］．北京：知识产权出版社，2012：284.

② 陈静忠．论市政公用事业特许经营中的政府职责［J］．湖北行政学院学报，2011：3.

产一卖了之，当成包袱甩掉，没有承担起相应的责任。这种做法的后果是，一方面政府缺乏与私人部门长期合作的精神，在公私合作的过程中对私人投资者支持、协调和监督不足，不利于公用事业的稳定发展。另一方面，公众的利益被忽视了，甚至有的政府与投资者合谋，通过提高价格、无偿划拨土地等来维持投资者的不合理回报，却将风险或债务负担转嫁给了公众。这种理念下的市场化还会导致政府监管不到位，政府责任范围之内的控制力减弱，从而危及公共安全。尤其是一些城市公用行业（例如管道燃气行业）的运营涉及安全问题，在民营经济进入后，追逐利润的民营经济，可能会忽视对安全的投入，这种情况下，如果政府监管不到位，就会直接危害公众的财产和生命安全。鉴于此，2005 年 10 月建设部发布了《关于加强市政公用事业监管的意见》的通知，各城市主管部门开始注重对城市公用事业领域的监管。进入该时期，城市公用事业市场化改革以完善法律法规为依托，重点放在推动城市公用事业管制体制建立与完善的制度设立方面。

在民营经济不断渗透城市公用事业过程中，政府逐步从对城市公用事业的直接管理转变为监管，从管企业转变为管市场；从对企业负责转变为对公众、对社会负责。从企业具体的经营活动中解脱出来，变市场的参与者为市场的组织者。

3. 为确保监管的有效性必须重构城市公用事业政府监管体制

我们应认识到，城市公用事业市场化改革后，政府监管是一项长期且需要付出大量资源的工程。

中国城市公用事业的传统管理体制是与通过国有企业经营解决市场失灵问题相适应的。但是，正如前面所分析，城市公用事业引入市场竞争机制后，政府应通过监管手段解决市场失灵。显然，原有的传统管理体制已经完全不能适应监管对体制的要求，必须建立新的监管体制。并且，城市公用事业进行市场化改革后，经营权转交给了多种经营主体（包括国有及国有控股企业、民营企业、外资企业和港澳台企业等），政府与企业之间脱离了传统的直接的管理与被管理关系。这种情况下，如果没有及时建立相应的监管体制以确保城市公用企业规范经营，那么由于市场失灵所带来的损害公众利益的事情就在所难免。毋庸置疑，这种结果将有悖于城市公用事业市场化改革的初衷。因此，政府监管的目的是要在充分发挥市场机制功能的基础上克服市场失灵，以实现社会福利水平的最大化。而政府监管体制对于政府监管效率具有决定性影响。对城市公用事业进行有效的监管必须建立相应的监管体制。

建立中国城市公用事业监管体制，实质上是对原有计划体制下的管理体制进行改革，而相应建立与市场经济相适应的监管体制。也就是说，中国城市公用事业进行市场化改革，必然伴随旧的计划管理体制逐渐消亡，而新的监管体制逐渐产生的过程。

事实证明，中国城市公用事业在进行市场化改革和建立新的监管体制的过程中，由于监管体制建立的滞后，目前各城市的公用事业主管部门似乎对于城市公用事业推出市场化改革关注得更多一些，却忽视了对于引入各类市场主体后的如何加强对公用企业的监管问题。有些城市的主管部门虽然意识到监管的重要性，但面对究竟应该监管什么以及如何监管显得有些不知所措，导致在监管过程中具有相当的盲目性。

二、 不断完善法律法规以推动和规范城市公用事业市场化改革

城市公用事业市场化改革，一方面需要各级政府制定与实施相关法律法规推动市场化的进程，另一方面，需要颁布与实施监管法律法规以确保市场化改革后的城市公用事业健康稳定发展。政府通过制定有关法规，明确城市公用事业经营者的安全责任，指导经营者建立健全安全评估和风险管理体系，监督企业建立和完善各项安全保障制度，严格执行安全操作规程，采取必要的安全保障措施，及时采取措施消除隐患。

为此，住房和城乡建设部作为城市公用事业的主管部门，曾先后颁布了《关于加快城市公用事业市场化进程的意见》（2002 年）、《城市公用事业特许经营管理办法》（2004 年）、《关于加强市政公用事业监管的意见》（2005 年），这三个规章对推动中国城市公用事业市场化改革和加强政府监管方面发挥了较好的政策导向作用。2010 年 5 月，国务院《关于鼓励和引导民间投资健康发展的若干意见》（又称“新 36 条”）进一步指出，积极引入市场竞争机制，大力推行市政公用事业的投资主体、运营主体招标制度，建立健全市政公用事业特许经营制度。继而住房和城乡建设部在“新 36 条”的基础上发布了《关于进一步鼓励和引导民间资本进入市政公用事业领域的实施意见》，分行业分环节对民间资本进入市政公用事业领域的途径和方式做了具体规定。2013 年国务院出台《关于加强城市基础设施建设的意见》，区分了基础设施领域经营性和非经营性项目，指出政府要通过特许经营、投资补助、政府购买服务等多种形式，吸引包括民间资本在内的社会资金，参与投资、建设和运营有合理回报或一定投资回收能力的可经营性城市基础设施项目。随后，国务院又出台《关于政府向社会力量购买服务的指导意见》，要求进一步放开公共服务市场准入，改革创新公共服务提供机制和方式，并采用公开招标、邀请招标、竞争性谈判、单一来源、询价等方式确定承接主体。而 2014 年 1 月 1 日开始实施的《城镇排水与污水处理条例》中明确“国家

鼓励实施城镇污水处理特许经营制度”，这是第一次以国家法规的形式要求实施特许经营制度，为城市污水处理特许经营提供了法律依据。

为推动电力行业改革，政府也先后颁布并实施一系列的法律法规。为保障和促进电力事业的发展，维护电力投资者、经营者和使用者的合法权益，保障电力安全运行，1995 年 12 月 28 日通过《电力法》，自 1996 年 4 月 1 日起施行。1996 年，国务院通过了《电力部机构改革方案》，促进了电力行业的政企分离以及结构重组。2002 年，国务院以“国发〔2002〕5 号文件”下发《电力体制改革方案》，提出了电力市场化引入竞争的基本思路。根据 5 号文件，国务院发布了《电力监管条例》，为电监会履行行业监管职责提供了授权。

此后，电监会会同其他有关部门在行业监管方面出台了一系列配套法律法规。主要包括监管机构运行与设置、发电上网与电网监管、电力市场运行机制监管等方面。第一，明确界定不同监管机构的监管职能。2004 年，电监会发布《关于电监会区域监管局职责的通知》，明确了区域电监局职能授权；2005 年，电监会发布《关于明确发展改革委与电监会有关职责分工的通知》，进一步明确了发改委与电监会在电力管理方面的职责分工；发改委、财政部等 2005 发布了《关于电力监管费收费标准及有关问题的通知》，明确了电力监管收费等问题。第二，协调发电企业与电网企业间的关系。2003 年，电监会发布《国家电力监管委员会关于发电厂并网运行管理的意见》，为厂网分开背景下的发电上网提供监管依据；2005 年，电监会发布《输配电成本核算办法（试行）》、《电网运行规则（试行）》，为输配电价监管奠定基础。2006 年电监会发布的《电力并网互联争议处理规定》、《电网运行规则（试行）》以及 2008 年电监会发布的《发电企业与电网企业电费结算暂行办法》等进一步确立了发电上网与电网运行中有关联网与结算方面的制度规则。第三，电力市场运行机制监管。电监会于 2005 年出台《电力市场监管办法》，2009 年制定《跨省（区）电能交易监管办法（试行）》等。

为让《电力法》更好地适应电力市场化改革，2014 年 6 月 3 日，政府相关部门开始关注《电力法》的修订工作。

综合分析发现，城市公用事业相关法律法规的制定和修订，主要围绕如何推动市场化改革以及如何对改革后的城市公用事业进行有效监管展开。

三、 城市公用事业监管机构改革

监管机构的高效运行从根本上取决于监管机构的职权和职责配置是否合理。因此，需要合理界定政府部门与监管机构之间、不同行业或领域监管机构之间的职能，科学配置监管机构的权限，明确监管机构的责任，确保监管机构权责一致。同时，为保障监管体制的有效运行和提高监管执行力，还需要理顺中央与地方之间的垂直管理体制，并建立有效的监管机构和其他政府部门之间的跨部门协调运行机制。

从城市公用事业监管机构看，在国家已出台的行业法规《城市市容和环境卫生管理条例》（1992 年）、《城市供水条例》（1994 年）、《城镇燃气管理条例》（2010 年）和《城镇排水与污水处理条例》（2013 年）中，都规定了国家住房和城乡建设主管部门负责监管全国的市容环卫、供水、燃气、排水与污水处理等工作。

城市公用事业特许经营既涉及行业管理的问题也涉及业务管理的问题，行业管理包括城市供水、污水处理、管道燃气、垃圾处理等，业务管理涉及国有资产、招标投标、政府采购等。

从业务管理的监管机构看，不同的业务内容分别由不同的监管机构负责，其中《市政公用事业特许经营管理办法》规定由国务院建设主管部门负责全国市政公用事业特许经营活动的指导和监督工作；《招标投标法实施条例》规定，由国务院发展改革部门指导和协调全国招标投标工作，且对国家重大建设项目的工程招标投标活动实施监督检查；《政府采购法》规定，财政部门是负责政府采购监督管理的部门；《企业国有产权转让管理暂行办法》规定，国有资产监督管理机构负责企业国有产权转让的监督管理工作。除了对主管部门有明确规定外，《招标投标法实施条例》中还对其他监管机构的监管职能做了规定，分别是：财政部门对实行招标投标的政府采购工程建设项目的预算执行情况和政府采购政策执行情况实施监督。监察机关对与招标投标活动有关的监察对象实施监察。国务院工业和信息化、住房城乡建设、交通运输、铁道、水利、商务等部门，按照规定的职责分工对有关招标投标活动实施监督。

由此可见，在国家层面，只有《市政公用事业特许经营管理办法》明确规定了市政公用事业特许经营的主管部门，但该办法属于部门规章，立法层级过低，强制性和权威性都不够。尽管在各个行业的专门法规中，确立了住房和城乡建设部作为国家行业主管部门的地位。但由于特许经营权的授予主要通过招标投标的方式确立，而且特许经营的项目往往涉及国有资产转让，同时一些特许经营项目也可视作政府向社会力量购买城市供水、污水处理、垃圾处理、管道燃气等产品和服务的一种方式。因此，特许经营监管也同时涉及发展改革、财政、国资等部门的职能。

鉴于城市公用事业地域性特征，地方层面监管机构设置的有效性是监管政策落实的关键。国家相关法规对省、自治区和县级以上城市政府监管机构的设立做了具体规定，基本是国家层级的监管机构向地方的垂直延伸，但行业法规中城市政府监管机构不再是明确的住房和城乡建设主管部门（建设主管部门），而是更为笼统的行业主管部门，这与目前地方行业主管部门设置不一的实际情况相符。

在省级监管机构的设立上，大多数省、自治区的特许经营监管机构明确规定是建设主管部门，尽管北京、上海两地规定由市发展改革部门负责特许经营经营的综合协调工作，但同时也明确由行业主管部门负责特许经营项目的具体实施和监督管理工作。省、自治区和直辖市的城市建设行政主管部门为住房和城乡建设厅或建设委员会；重庆市市政公用事业主管部门是市政管理委员会；城市燃气、供热、垃圾处理等行业主管部门设在住房和城乡建设厅或建设委员会；城市供水和污水处理行业除海南省和北京、天津、上海三个直辖市以外，均由住房和城乡建设主管部门负责。其中，海南省因其地域的特殊性，政府部门设置与全国大部分省、自治区不一致，但海南省委、省政府已明确，该省水务厅相关的城市供水、节水、排水和污水处理等业务由住房和城乡建设部归口管理，这一点，与各直辖市的对口管理是相同的。

具体到市（州）、区（县）级监管机构上，各地基本都没有明确某一具体部门负责，而是笼统地规定为行业主管部门。在城市层面（不含直辖市），城市公用事业行业主管部门的设置相对分散，主要由建设局、市政公用（事业）局、城管局、城建局、建委、规划建设管理局以及市政园林局等部门负责，这些部门基本都归属于建设部门管理的行政机构。同时设有自来水公司、排水管理处/排水公司、燃气公司、市容环卫公司、热力公司等分别负责具体行业的经营管理。但也有少数一些城市的行业主管部门设置为水利、环保、发改、国资等部门。根据住房和城乡建设部 2009 年对全国设市城市供水和污水处理行业管理体制情况的调查，由建设部门主管城市供水行业的地级市和县级市的比例分别是 83%和 81%，污水处理行业的比例则分别为 83%和 87%，其他的供水和污水处理行业主管部门主要分布在水务局、水利局和环保局等机构①。

本书研究城市公用事业中，由于电力市场的全国性以及跨区域特点，电力行业监管机构的设立有其特殊性。在电力市场化改革逐步推行的过程中，相应的行业管理体制也在逐步发生改变。

1996 年在深化电力投资和电价体制改革的同时，开启了电力管理体制改革。1996 年，国务院通过了《电力部机构改革方案》，决定组建国家电力公司，保留电力部作为过渡。1997 年，国家电力公司成立。1998 年 3 月，电力工业部被撤销，原电力工业部的政府管理职能移交国家经济贸易委员会，行业管理职能移交

---

① 仇保兴，王俊豪等．中国城市公用事业特许经营与政府监管研究［M］．北京：中国建筑工业出版社，2014：201～206.

中国电力企业联合会，原电力部下属的五大区域集团公司、七个省公司和华能、葛洲坝两个直属集团由国家电力公司承接①。2002年，国务院以“国发〔2002〕5号文件”下发《电力体制改革方案》，提出政企分开、厂网分开、主辅分离、输配分开、竞价上网的电力工业改革方向，要求打破垄断，引入竞争，建立社会主义电力市场经济体制。2003年根据5号文件要求成立了专门的监管机构——国家电力监管委员会（正部级），由国务院直接管理。电监会的主要职责是：制定电力市场运行规则，监管市场运行，维护公平竞争；根据市场情况，向政府价格主管部门提出调整电价建议；监督检查电力企业生产质量标准，颁发和管理电力业务许可证；处理电力市场纠纷；负责监督社会普遍服务政策的实施。成立以来，国家电监会在规定职权范围内展开了一系列工作，对电力安全监管，电力交易秩序构建与维护以及电价监测等进行了颇有成效的工作，电力市场日常运行监管体系基本确立。2004年，国家电力监管委员会设立华北、东北、西北、华东、华中、南方等6个区域电力监管局（简称“电监局”），作为国家电力监管委员会的垂直派出机构，负责处理区域内的电力监管问题。

2008年，根据十一届全国人大一次会议批准的国务院机构改革方案，成立了隶属发改委的副部级机构——国家能源局。根据国务院批准的“三定”方案，国家能源局具有包括电力在内的能源管理职责，在授权范围内按规定权限核准、审核国家规划内和年度计划规模内能源投资项目，其中重大项目报发改委核准或经发改委审核后报国务院核准。这样，国家能源局成为电力投资核准的直接管理部门。2010年，根据第十一届全国人大第一次会议审议批准的国务院机构改革方案和《国务院关于议事协调机构设置的通知》（国发〔2008〕13号）精神，为加强能源战略决策和统筹协调，国务院决定成立国家能源委员会。国家能源委员会的主要职责是，负责研究拟订国家能源发展战略，审议能源安全和能源发展中的重大问题，统筹协调国内能源开发和能源国际合作的重大事项。

2013年3月10日在十二届全国人大一次会议上，提出国务院机构改革和职能转变方案，将国家能源局、电监会的职责整合，重新组建国家能源局，正部级单位电监会并入副部级单位能源局。重组后能源局监管职能加强，扩大监管领域，从电力扩大到天然气、煤炭等领域。原电监会的主要监管职能由国家能源局市场监管司履行，具体包括：组织拟订电力市场发展规划和区域电力市场设置方案，监管电力市场运行，监管输电、供电和非竞争性发电业务，处理电力市场纠纷，研究提出调整电价建议，监督检查有关电价和各项辅助服务收费标准，研究提出电力普遍服务政策的建议并监督实施，监管油气管网设施的公平开放。能源

① 张建君．中国电力行业市场化改革研究［J］．中共中央党校学报，2011，6.

局的职能仅限于拟订并组织实施能源发展战略、规划和政策，研究提出能源体制改革建议，此次只增加了监督管理的职能，但能源体制改革、价格等重要职能依然没有从发改委转移至能源局。显然，此轮机构改革，能源行业多头管理的局面仍没得到改变，而摆在能源管理部门的新问题已经出现。

综上分析，不论是电力市场监管机构，还是其他城市公用事业监管机构，不同程度上均存在“多头”监管的问题，影响了监管职能的有效履行。

四、 城市公用事业政府监管的社会监督机制

由于监管机构拥有广泛的自由裁量权并直接介入产业活动，因而存在“监管失灵”。具体而言，监管决策过程通常会受到来自产业的干扰，致使监管不仅无法有效约束垄断定价行为，相反还会通过政府干预来支持垄断行为，从而出现监管过度和监管滥用问题。在缺乏有效制衡体制的情况下，产业集团的利益会得到强化，消费者等的利益则得不到保障。因此，来自公众和消费者的社会监督可对政府监管机构形成有效约束。

城市公用事业市场化改革的根本和导向是维护公共利益，通过引入竞争机制、市场机制，提高企业生产效率，打破垄断格局，更好地满足公众多元化、多样化的需求，更好地为公众服务。中国城市公用事业市场化改革仍处于探索发展时期，各种制度和规则都在健全完善中，市场化在促进行业效率提高方面起到积极作用的同时，风险相伴而行，如特许期限内的独家垄断、招标过程的寻租、服务质量的下降等。另外，由于信息不完备，公众和消费者往往处于弱势地位。因此，为有效维护公众和消费者利益，应不断完善公众参与机制，促进监管机构、经营者、公共服务消费者间的良好互动。公众参与要求政府必须政务公开、并使得公众通过正当程序对城市公用事业的政府监管权力的监督与制约。通过完善公众参与监督机制，有利于减少市场化中的寻租行为，有利于政府更好地监管公用事业①。

在城市公用事业市场化改革中，特许经营权的招投标和价格调整是最易引诱腐败的环节。而公开招投标制度和价格调整过程的公众参与则是约束腐败的关键。但目前中国城市公用事业在特许投标和价格调整的制度建设中尚缺乏公众的有效监督。例如，2002 年深圳市在水务、燃气和公交等 3 家国有独资公用事业企业中引进战略投资者，2003 年深圳市政府分别授予燃气集团、水务集团和巴

① 崔长勇．城市公用事业民营化中强化政府责任的路径选择［J］．华北水利水电学院学报（社科版），2011，3.

士集团 30 年的管道煤气、自来水供应及污水处理和公交业务特许经营权。另外，企业在特许经营权到期后可申请延期两次，每次时间为 5～10 年。而在确定投资者时，深圳市是通过“招募”（通过谈判确定投资者）而非“公开招标”方式。这种封闭式、内向型的城市公用事业管理方式，客观上造成了公众与政府间的信息不对称，公众在基本信息都不知晓的情况下，更谈不上主动参与，城市公用事业的管理和决策往往成为极少数技术专家和领导封闭式自我意志的表现。又如，中国 1997 年通过《价格法》第 23 条规定，“制定关系群众切身利益的公用事业价格、公益性服务价格、自然垄断经营的商品价格等政府指导价、政府定价，应当建立听证会制度，由政府价格主管部门主持，征求消费者、经营者和有关方面的意见，论证其必要性、可行性。”但这一规定也存在不少问题，其仅停留在原则性概念阶段，缺乏可供操作的程序性规范，如听证会是否召开、召开的程序、参加人员的产生、听证意见是否采纳和运用等诸多问题法律上都没有明确规定，造成听证会的随意性。在实际操作中，价格听证往往被异化为“价格发布会”或者“涨价会”，使公众参与流于形式①。显然，公开招标制度和听证制度可有效减少腐败现象，扩大公众的知情权和参与权，但目前还有待加强和完善。

我们知道，行业协会、媒体监督、公众监督等构成的社会监督力量是城市公用事业监管体制的重要组成部分。但至今中国的社会监督还没有发挥应有的作用。在城市供排水监管方面，政府对城镇供排水企业的水质、水量、成本、价格、政策等相关信息披露不充分，公众获取相关信息的渠道尚未建立，公众知情权、建议权、参与权和监督权没有真正落实。垃圾处置需要寻求利益方、城市刚性需求和环保补偿三者之间的平衡点，但在目前的垃圾基础设施选址中，缺乏有效听取民众声音的渠道，导致群体性事件时有发生。总体来看，中国目前的社会公众、舆论媒介、其他社会组织参与监督的随机性大，缺乏系统有效性。

五、 城市公用事业政府监管绩效评价体系

城市公用事业监管绩效评价包括对政府监管机构工作绩效的评价和对被监管领域或行业绩效的评价，在评价内容和方法上，可以通过监管的成本与收益，监管的经济效益和社会效益等实行综合评价，形成监管激励机制，以提高城市公用事业监管绩效。目前，中国尚没有建立科学合理的城市公用事业政府监管绩效评价体系。以城市供水行业为例，自来水价格和自来水水质是政府监管的重要内容。前些年，由于部分城市上级行政主管部门借助市民对下级主管政府部门的评

① 吴乐珍．关于市政公用事业发展中公众参与的制度设计［J］．甘肃行政学院学报，2008，3.

分对其业绩进行考核，在通货膨胀压力下，相关职能部门为迎合市民自来水“不涨价”的要求，部分城市的自来水价格近10年的时间未做调整。迫于各类生产要素价格上涨的压力，在自来水价格不能进行合理调整的情况下，供水企业很可能以降低自来水质量为代价。可见，缺乏科学的政府监管绩效考核制度最终受损的还是公众的利益。由于城市居民对自来水供应服务质量越来越关注，要求也越来越高。因此，政府监管部门应借助城市居民对自来水供应服务质量评价的考量，达到约束自来水生产经营企业的目的。例如，上海市质量安全工作领导小组办公室委托上海质量认证咨询中心，依据国家标准GB/T 19038—2009《顾客满意测评模型和方法指南》，于2011年3～10月对上海市自来水供应服务质量进行测评。本次自来水供应服务质量测评调查，反映出市民对自来水使用过程中对公用事业服务的总体满意度，包含在对自来水供应服务中的“顾客期望”、“质量感知”、“价值感知”、“顾客抱怨”等方面的感受。本次调查的数据统计结果显示：2011年上海市自来水行业服务质量测评满意度为77.28①。显然，这种连续动态的顾客满意度测评对提高城市供水企业的服务质量起到了很好的引导作用。该项制度值得在其他城市推广。与此类似，亟待建立城市排水、污水处理、垃圾处理、供热和供电行业政府监管绩效评价体系。

第三节　挑 战 与 展 望

回顾中国城市公用事业改革历程，不论是市场化改革，还是监管体制改革，都取得了不菲的业绩。但在深化城市公用事业改革的过程中，我们还面临很多问题和挑战。与此同时，中国城市化的快速发展也为城市公用事业提供了广阔的市场前景。

一、城市公用事业市场化改革的负面效应②

中国城市公用事业市场化改革的时间还不长，许多城市政府缺乏经验；而且，城市公用事业具有区域性，不同城市对市场化的认识和采取的政策措施存在

① 佚名．上海市自来水供应2011年服务质量测评报告［J］．质量与标准化，2012，4.

② 王俊豪等．中国城市公用事业民营化绩效评价与管制政策研究［M］．北京：中国社会科学出版社，2014：92～96.

较大差距，少数城市政府对市场化的目标模糊，缺乏科学的决策程序等。这些因素综合作用的结果是，在城市公用事业市场化改革中存在多种形式的负面效应。

1. 国有资产流失和腐败问题

国有资产流失是指对国有资产负有管理或者经营责任的单位或者个人，以低于真实价值的价格出售国有资产，导致国有资产遭受损失。这可分为两种情况：一是由于低估国有资产的真实价值而低价出售造成的国有资产流失；二是明知国有资产的真实价值而出于某种目的而低价出售造成的国有资产流失。在城市公用事业市场化改革过程中，这两种情况都是存在的，有时两者交织在一起。如一些城市政府偏重眼前利益，试图通过国有资产的出让、转让和资产变现，以期解决由于财政资金短缺造成的城市公用设施建设不足问题，在缺乏对国有资产科学评估的情况下，急于对特定城市公用企业或项目实行民营化，结果使一些民营企业通过低价收购国有资产。

2. 固定投资回报与价格过快上涨

在城市公用事业市场化改革中，对政府和企业来说，投资回报率是一个十分敏感的问题。如果投资回报率较高，固然对民营企业会有较大吸引力，并使民营企业获得较多利润，但会增加价格上涨的压力；而如果投资回报率较低，就难以吸引民营企业进入。这一矛盾在城市公用事业市场化改革中普遍存在。对此，不少城市政府为吸引民营企业投资，在城市公用事业特许经营合同中，明确规定较高的投资回报率，而政府又没有实力给予财政补贴，其结果是根据“成本加成定价法”，城市公用产品价格往往不断上涨。

此外，除了明确规定的固定投资回报外，还存在不少隐性的固定投资回报现象。如规定无论市场需求如何变化，首先采购民营企业一定数量的产品，有的还承诺定期调整产品价格。

3. 普遍服务难以保障

在城市公用事业实行市场化改革后，特定城市公用行业（如供水、供热等）可能由两家或更多家民营企业经营，这些民营企业主要以利润最大化为经营目标，为了降低成本，往往会减少向成本较高、用户较少的地区投资，从而难以保证城市公用事业的普通服务。另一种更为普遍的现象是，不少低收入的消费者因水价、燃气价格太高而不用或尽可能少用自来水、燃气等，更多地使用未经处理的井水、溪水等取代自来水，或以柴火、煤饼等取代管道燃气，这实际上是普遍服务难以保障的隐性形式。

4. 政府承诺缺失

民营企业进入城市公用事业，投资建设基础设施后，就会产生大量的沉淀成本，当企业投资而形成的资产转作他用时，就会大大贬值甚至毫无价值。相比较而言，政府对民营企业的价格和产量等监管政策却容易调整。这就存在政府和企业的调整成本的不对称性。这反映在实践中，一些城市政府为了吸引投资者，对价格和产量作出某些承诺。但随着市场和技术等因素的变化，或者由于政府决策者的调整，致使政府承诺难以实现，造成政府承诺缺失。

5. 政府高价回购

随着城市化进程的加快，国家对节能减排、污水和垃圾处理等强制性要求不断提高，而政府财政将更多地用于社会公共福利领域，一些城市对供水和污水处理等投资较大的基础设施无能为力。在这种财政压力下，不少城市政府开始对城市公用事业进行市场化改革。但市场化改革并不是政府可以对城市公用事业撒手不管，而是仍然要负应有的责任。在实践中，一些城市政府对市场化缺乏正确判断，对部分公用事业实行市场化改革后，由于生产资料价格上涨等因素，民营企业要求政府提供较多的补贴；或是要求政府较大幅度提高城市公用产品价格，引起价格上涨幅度过大；或是由于政府需要对城市公用事业实行战略性重组等，政府对已实行民营化的城市公用事业实行回购，由民营再变为国营。但由于特许经营合同尚未到期，民营企业往往会提出较高的补偿要求，从而造成政府高价回购现象。

二、 城市公用事业政府监管体制存在的主要问题

研究发现，上述城市公用事业市场化改革中的负面效应，其根本在于目前中国城市公用事业监管体制的不完善。城市公用事业政府监管实践中存在的主要问题是：

1. 尚缺乏较为完善的法规政策体系

城市公用事业市场化改革需要法规体系作为监管的依据，但中国目前尚缺乏相应的法规来确保监管机构履行其对企业的监管。第一，作为中国城市公用事业主管部门的住建部已颁布了一些法规，各城市政府也相继出台了一些行业管理办法。但这些法规由行业主管部门起草，缺少权威性和系统性，且适用面窄、权限边界不清等。此外，已颁布的一些法规中缺乏明确、统一、具有权威性的专门执法机构进行统一执法，而是交给现有的行政管理部门执法，但这些部门之间又存在着职能交叉现象，必然引起管理部门职责不清，执法严度不一，相互推诿和有法不依的问题。第二，尽管国家鼓励城市公用事业市场化，引入民营经济，但民营经济在哪些领域介入，在多大程度上介入，均处于模糊阶段。因此，应当尽快出台民营企业平等进入城市公用事业的法规政策。第三，相关法规尚未明确确定监管内容以及系统的监管标准。由于监管内容和标准的缺乏，使得监管的随意性

很大。

2. 尚未建立职责明确的监管机构

在中央层面，中国目前尚没有设立相对独立且专业的城市公用事业监管机构，对城市公用事业进行监管的各项功能分散于各政府部门。这就导致不同监管机构间的职能交叉。而在地方层面上，虽然部分城市成立了城市公用事业监管机构，但仍有许多职能分散于其他监管机构。城市公用事业监管机构虽为监管主体，但既不能协调相关部门监管，自己独立承担的监管内容又非常少，仅仅限于项目的行政、运营等方面。而资本运营、成本核算、价格等核心管制内容则属于国资委、物价局的职责范围，难以介入。显然，城市政府监管机构各自为政，有利的项目争着管，没利的相互推诿，仅水务的监管就涉及环保、卫生、水务、水利等多个部门。目前缺乏相对独立、统一的监管机构对城市公用事业实施统一的监管。监管机构设置的不合理必然导致政府监管不规范，从而造成协调难度大、监管成本高，且导致相互推卸责任，降低管制监管效率。尤其是权力多重设置增加了部门之间的协调难度，增加了企业负担。在谈判、签订合同时，无法确定哪个部门具有合法的代表资格；出现违约时，无法确认哪个部门承担法律责任，这都增大了企业投资风险①。

3. 尚缺乏有效的社会监督机制

到目前为止，中国尚未形成较为成熟的公众参与监督城市公用事业政府监管的法律制度。例如，虽然目前也存在诸如听证会等对监管机构形成约束的社会监督，但这种监督有些仅仅是流于形式，没有真正起到监督的作用。公众参与的有效性不足，导致公共利益受到漠视，进而造成城市公用事业政府监管的失灵。

4. 尚未建立科学的政府监管机构绩效评价指标体系

目前尚没有建立针对城市公用事业政府监管效果好坏的客观评价标准。这一方面会导致政府监管偏离既定的目标，另一方面也会容易诱使政府监管机构滥用权力的情况发生②。

综上，中国城市公用事业市场化改革，其目的是满足公众对城市公用产品和服务不断增长的需求，并同时提高相应公用企业的生产经营效率。而向城市公用事业引入民间资本的市场化改革，实质上就是对原有计划体制下的管理体制进行改革。从当前城市公用事业监管体制存在的问题可见，对于中国这样的经济转型国家，在对城市公用事业进行监管的过程中，必然面对一个重要的课题，那就是如何重构监管体制。

---

① 张丽娜．中国城市公用事业市场化中实施合同规制的问题分析［J］．中国行政管理，2009，11.

② 吴庆玲．对中国市政公用事业政府监管体制改革的思考［J］．首都经贸大学学报，2008，1.

三、中国城市化快速发展为公用事业投资建设提供了巨大的市场空间

城市化已成为世界各国社会经济发展的主要趋势之一。30 多年改革开放，中国城市化率从 1978 年的 17.92%，提高到 2012 年的 52.57%①。据联合国预测，到 2030 年，中国城市化率将提高至 65%～70%左右。而推进城市化进程，需要大量的资金投入②。

虽然改革开放以来，中国城市建设固定资产投资有了较大增长，但其占全社会固定资产投资的比重和占国内生产总值的比重却未达到合理的比例水平，逐年累计形成了巨额的投资欠账。据联合国有关组织的研究和建议，发展中国家的城市基础设施建设投资比例，一般应维持在同期国内生产总值的 3%～5%的水平上，或者为固定资产投资的 10%～15%，这样才能确保基础设施建设与经济增长的需求相协调③。而中国城市基础设施投资在全社会固定资产投资和国内生产总值中分别所占的比重离上述比例都还有较大差距。如表 1-6 所示，城市建设固定资产投资占全社会固定资产投资的比重在 2003 年达到最高的 8.03%，但随后却出现下降趋势。而城市建设固定资产投资占国内生产总值的比重也只有少部分年份超出 3%，多数年份均不到 3%的比例。显然，城市建设固定资产投资资金不足，导致中国城市基础设施投资缺口大。

中国城市建设④固定资产投资与全社会固定资产投资及国内生产总值比较（1978 年～2012 年）　　**表 1-6**

年份	国内生产总值（亿元）	全社会固定资产投资（亿元）	城市建设投资（亿元）	城市建设固定资产投资占全社会固定资产投资的比重（%）	城市建设固定资产投资占国内生产总值的比重（%）
1978	3645.2	669.0	12.0	1.79	0.33

① 《中国城市发展报告》编委会．中国城市发展报告（2012）［M］．北京：中国城市出版社，2013：66.

② 岳文海．中国城镇化基础设施融资模式研究［J］．中州学刊，2013，1.

③ 中国社会科学院研究生院城乡建设系．城市经济学［M］．北京：经济科学出版社，1999：328～337.

④ 城市基础设施主要由能源系统、供排水系统、燃气管道系统、交通运输系统、供热系统、电力系统、邮电通讯系统、生态环境保护系统、城市防灾系统等几大部分组成。它们既相对独立又紧密配合，是城市物质生产和人民生活正常运行的保证。尽管本书研究对象是城市供排水系统、燃气管道系统、供热系统、垃圾处理系统和电力系统等，但表中数据仍在一定程度上说明中国目前城市公用事业投资建设存在的缺口。

续表

年份	国内生产总值（亿元）	全社会固定资产投资（亿元）	城市建设投资（亿元）	城市建设固定资产投资占全社会固定资产投资的比重（%）	城市建设固定资产投资占国内生产总值的比重（%）
1979	4062.6	699.0	14.2	2.02	0.35
1980	4545.6	911.0	14.4	1.58	0.32
1981	4891.6	961.0	19.5	2.03	0.40
1982	5325.4	1230.4	27.2	2.21	0.51
1983	5962.7	1430.1	28.2	1.97	0.47
1984	7208.1	1832.9	41.7	2.27	0.58
1985	9016.0	2543.2	64.0	2.52	0.71
1986	10275.2	3120.6	80.1	2.57	0.78
1987	12058.6	3791.7	90.3	2.38	0.75
1988	15042.8	4753.8	113.2	2.38	0.75
1989	16992.3	4410.4	107.0	2.43	0.63
1990	18667.8	4517.0	121.2	2.68	0.65
1991	21781.5	5594.5	170.9	3.05	0.78
1992	26923.5	8080.1	283.2	3.50	1.05
1993	35333.9	13072.3	521.8	3.99	1.48
1994	48197.9	17042.1	666.0	3.91	1.38
1995	60793.7	20019.3	807.6	4.03	1.33
1996	71176.6	22974.0	948.6	4.13	1.33
1997	78973.0	24941.1	1142.7	4.58	1.45
1998	84402.3	28406.2	1477.6	5.20	1.75
1999	89677.1	29854.7	1590.8	5.33	1.77
2000	99214.6	32917.7	1890.7	5.74	1.91
2001	109655.2	37213.5	2351.9	6.32	2.14
2002	120332.7	43499.9	3123.2	7.18	2.60
2003	135822.8	55566.6	4462.4	8.03	3.29
2004	159878.3	70477.4	4762.2	6.76	2.98
2005	184937.4	88773.6	5602.2	6.31	3.03
2006	216314.4	109998.2	5765.1	5.25	2.67
2007	265810.3	137323.9	6418.9	4.68	2.41
2008	314045.4	172828.4	7368.2	4.26	2.35
2009	340902.8	224598.8	10641.5	4.70	3.12
2010	401512.8	278121.9	13363.9	4.81	3.33
2011	473104.0	311485.1	13934.2	4.48	2.95
2012	519322.1	374675.7	15296.4	4.08	2.95

数据来源：住房和城乡建设部．中国城市建设统计年鉴（2012）．中国计划出版社，2013：126.

根据相关研究机构的推算，未来10年中国城市化将需要增加40万亿元的固定资产投资。在传统投融资体制下，政府是城市基础设施的主要投资者，但现有的以城市土地出让和国家金融支持为主导的基础设施融资模式难以支撑快速城市化发展的需求，而中国目前仍未形成适应城市化快速发展、多元化、市场化的城市公用事业融资机制。

对民间资本而言，2013年，各项存款余额达到104.8万亿元。其中居民存款余额46.7万亿元①，相当多的居民资金沉淀在银行系统。显然，可通过发展证券融资，尤其是债券直接融资以引导民间资本引入城市基础设施建设领域。而这正是城市公用事业进行市场化改革的目的之一。

快速的城市化对城市基础设施的投资建设产生了巨大需求，同时也为城市公用事业发展提供了可观的市场空间。在这一背景下推进的城市公用事业市场化改革，一方面为民营经济进入城市公用事业提供了广阔的市场空间，另一方面，也向政府监管能力提出了挑战。

① 中华人民共和国国家统计局．中国统计年鉴2014［M］．北京：中国统计出版社，2014：593.

第二章 城市公用事业发展成就

改革开放以来，在中国经济高速增长和快速城市化的大背景下，城市公用事业市场化改革和监管体制的改革为城市公用事业的发展提供了强大的驱动力量。无论是基础设施建设，还是行业供应与保障能力，城市公用行业都经历了爆发式的增长，基本上满足了中国城市发展和人民生活水平提高的需求。然而在行业增长的同时，一些发展过程中的深层次问题也开始凸显出来。从总量上看，中国城市公用事业还难以适应未来城镇化的需求；从结构上看，东中西区域之间的行业发展不平衡，难以实现公共服务均等化目标；从细分行业来看，污水和垃圾处理两大行业发展较为滞后，无法完全消纳城市发展过程中排放的污染物，进一步加重了环境污染问题。这些问题的解决，都依赖于政府加大对公用事业的投入，进一步深化监管体制和投融资体制的改革，这样才能促进公用事业行业的发展。

第一节　城市公用事业基础设施建设

一、城市供水行业基础设施建设

城市供水行业基础设施建设主要用于供水管网的建设和自来水厂在取水、净化、送水以及出厂输水干管等环节的施工建设。改革开放以来，为适应不断加快的城镇化进程以及满足人们对供水水量和水质日益提高的要求，通过政府财政投资以及社会资本进入，不断加大对城市供水基础设施建设的投资力度，使得改革开放以来城市供水行业投资获得了大幅度的增加，2013 年城市供水行业基础设施（固定资产）投资额达到了 524.7 亿元，是 1978 年的 4.7 亿元的 100 倍还多，从固定资产投资来看，城市供水行业基础设施获得快速的发展。通过固定资产投资的大幅增加，城市供水行业基础设施建设规模和供给能力获得大幅提升，其中，2013 年中国城市供水管道总里程达到 64.64 万公里，比 1978 年的 3.6 万公里提高了整整 18 倍之多。通过城市供水管网设施的大幅增加，提高了城市供水的普及率，增强了城市供水行业的供给能力，大大推动了中国城市供水行业的快速发展。目前来看，东部地区的城市供水管网设施配置较为密集、供给能力较为充裕，但中西部地区特别是西部地区的供水管网设施还相对落后，东中西部地区差距还较为明显。从新增城市供水设施和供水能力来看，近十年来中国城市供水设施在 2008 年、2009 年获得大幅提升，但整体来看增速还较为缓慢，与满足快速城镇化进程中对城市供水基础设施的需求仍存在一定的差距。

未来一段时间内，中国城市供水基础设施建设不仅仅面临着与城镇化进程相匹配的新建管网设施问题，还面临着长期积累下来的老旧管网的更新改造问题。在“十三五”乃至未来一段时间内，城市供水行业基础设施新建和更新任务仍较重，需要分阶段、有计划地实行城市供水基础设施供给能力与供给质量的提升。为适应不断加快的城镇化进程和老旧设施更新改造的需求，协调好新建设施和更新改造设施的规模，规划好新建和更新改造所需资金规模，探索创新城市供水基础设施投融资渠道，加大各级政府对城市供水行业的投资力度，吸引社会资本参与城市供水基础设施建设，不断提升城市供水基础设施的建设水平和供给能力，从而提升城市供水的供给保障能力，改善当前区域间城市供水基础设施不够均衡的局面。

二、 城市污水处理行业基础设施建设

新中国成立之初，我国的排水与污水处理几乎是一片空白。由于城镇化和工业化水平较低，城市规模和排水总量较小，大多数城市的排水主要靠明渠或者自然河道，污水处理主要靠自然水体的自净功能。改革开放以来，随着中国国民经济和社会发展，城镇化和工业化进程的加速，对排水和污水处理的需求也日益增加，加之国家推进城市环境综合治理以及各流域的水污染治理，城市排水和污水处理日益成为社会关注的热点，国家和各级政府对城市排水与污水处理日益重视。中国在排水和污水处理行业方面的投资持续增加，建设稳步推进，取得了显著的建设成就。2013 年城市排水与污水处理行业的投资达到 778.9 亿元，比 1980 年的 2 亿元增加了 390 多倍。在城市排水与污水处理行业投资的支撑下，中国在排水、污水处理及再生利用方面的建设稳步推进。2013 年建成排水管道长度达到 46.49 万公里，比 1980 年的 2.19 万公里增加了 22 倍。在污水处理与再生利用方面，2013 年污水处理厂达到了 1736 座，日均处理能力达 12454 万立方米，分别比 1980 年的 35 座污水处理厂增加了 50 倍，比 1980 年的日均污水处理能力 70 万立方米增加了 178 倍。从东西部三大区域的基本情况来看，东部地区在排水、污水处理、污泥处置与再生水利用等方面的投资最大，前三者占到全国的一半以上，再生水利用占到全国的 80%以上；中部地区次之，而西部地区最小。截至 2013 年底，东部地区的排水管道长度达到 28510 千米，共有污水处理厂 1010 座；中部地区排水管道长度 11914 千米，共有污水处理厂 444 座；西部地区排水管道长度 59946 千米，污水处理厂 282 座。由此可见，无论是城市污水处理行业基础设施投资，还是污水处理行业的实际基础设施建设，东部地区发展最快，而中西部地区发展相对较慢，特别在污泥处置与再生水利用方面，东部地区与中西部地区发展差距较大。

尽管改革开放以来中国城市污水处理基础设施建设获得快速发展，但近年来由于城镇化进程的加快以及经济发展致使城市污水排放量快速增加，从而使得中国城市污水处理行业处在供不应求的状态，需要不断新增城市污水与排水处理设施，这里不仅包括管网设施建设，也包括污水处理厂设施建设。需要说明的是，由于中国城市污水与排水处理设施建成时间较短，相对而言城市排水与污水处理管网设施老化程度较低，因此，未来一段时间内中国城市污水处理行业基础设施建设的重点依然是排水管网、污水处理厂的新建设施，同时需要重视污泥处置和再生水利用设施建设，这样能够实现污泥无害化处理与利用，以及通过再生水的合理使用，提高水资源的利用效率。

三、 城市燃气行业基础设施建设

燃气行业发展需要依托传输管网及相关基础设施建设。燃气行业遵循着储量快速增长促进管道建设、管道建设促进市场开拓、市场开拓又促进产量增长的规律。中国天然气资源主要分布在塔里木、柴达木、鄂尔多斯、四川、松辽、渤海湾、东海和南海八个盆地。其中，塔里木、柴达木、鄂尔多斯、四川位于中国新疆、青海、宁夏、甘肃、内蒙古、陕西、四川和重庆等西部地区，其天然气资源量占总资源量的55%；东海和南海盆地位于东部和南部沿海地带。中国天然气市场主要分布在东部经济比较发达的长江三角洲、环渤海和珠江三角洲等地区。从地域分布上看，资源和市场分别处于西部和东部地区，燃气供给地与燃气需求地之间距离较长，需要铺设长距离、大口径的燃气管道，才能连接燃气的供给与需求。为此，城市燃气行业对燃气管道基础设施的需求十分巨大。近几年中国燃气行业基础设施获得快速的发展，但与燃气行业需求仍存一定的差距。截至2013年年底，中国天然气管道总长度仅为3.88万千米。中国天然气干线管网仅有西气东输、陕京、涩宁兰、四川环网、海洋到香港地区等几条大型天然气管道，没有形成覆盖全国的长输干线管网。输气管道除在川渝地区形成区域内的环形管网外，其余管道多分散在各油气田内部及邻近地区，尚未形成跨区域的天然气管网。除川渝地区和环渤海地区外，中国的输气管道多是单一气源对单一用户，没有配套的调峰设施及事故应急储备设施，供气可靠性差。

城市燃气行业基础设施建设不足以及设施不完备是制约城市燃气行业发展的瓶颈。下一步应完善已有天然气管道的基础设施，按计划有步骤地建立全国性的长距离输气干线管网，实行跨区域供气，同时通过设备更新改造，建立配套的调峰设施及事故应急储备装置，提高城市燃气设施的占有率，改善现有能源使用结构，促进节能减排。

四、 城市垃圾处理行业基础设施建设

随着城市垃圾处理行业投资的加快，城市垃圾处理行业基础设施的能力和服务水平大幅提高。现阶段，卫生填埋为中国最主要的垃圾无害化处理方式，其次为焚烧，应用最少的是堆肥、堆放和简易填埋。全国无害化处理厂总体数目在逐年稳步增长，其主要增长力量为卫生填埋方式的无害化处理厂和垃圾焚烧方式的无害化处理厂。而全国范围内堆肥以及其他方式的无害化处理厂数目呈现总体下降趋势。无论是卫生填埋、焚烧还是堆肥及其他方式的垃圾处理方式，其垃圾处

理能力逐年稳步提升。焚烧、卫生填埋以及其他方式的城市生活垃圾无害化年处理量均在逐年提升。到 2013 年底，中国共有 580 座卫生填埋场，处理能力为 32.28 万吨/天，占无害化处理能力的 65.57%。由于垃圾填埋厂具有作业难度低、投资运行费用低、管理简单等特点，未来一段时间内仍是无害化处理设施的主流。而中小规模的卫生填埋场主要集中在中西部地区，主要为适应中西部中小城市以及县城的发展需求。大型卫生填满场主要建设在东部发达地区，且以焚烧为主。已建成的生活垃圾焚烧设施主要集中在中国东部地区，浙江、江苏、广东、福建、山东占据了市场化垃圾焚烧发电项目数量的前五位，这五省城市和县城焚烧设施建设项目总数为 117 个，占统计项目总数的 59.7%，焚烧处理能力达 10.32 万吨/天，占总焚烧处理能力的 60.94%。此外，中西部地区如湖北、湖南、重庆、云南等地的焚烧处理设施建设速度加快，垃圾焚烧在县城生活垃圾处理中的应用逐渐得到扩大。

从城市垃圾处理行业基础设施的建设情况来看，仍存在一定的问题，主要表现在：第一，由于处置垃圾渗滤液将会大幅增加企业成本，企业将会直接或间接地将没有得到有效处理的垃圾渗滤液排向河流，造成二次污染。第二，中国填埋气体的利用比率比较低，整体上进展缓慢，存在诸多问题，不能降解废弃物，有效循环利用，这导致垃圾处理行业盈利低，使社会资本不愿进入该行业，无法实现垃圾填埋气体的有效利用。第三，有很多的垃圾焚烧发电厂在垃圾处理的过程中是靠烧煤来实现发电功能的，即它们大多是国家明令禁止的“小火电”发电厂，从而造成垃圾发电与垃圾热值的不相匹配。第四，生活垃圾焚烧厂在中国的选址、建设和运营均会受到较大的社会阻力，邻避效应导致部分垃圾处理厂（场）附近的当地民众的反对，以致城市生活垃圾焚烧厂的数目增长缓慢。在未来一段时间内应该通过宣传教育、创新融资渠道、加强政府监管等方面提高城市垃圾处理行业的基础设施水平和能力。

五、 城市供热行业基础设施建设

供热管道根据管道内流动介质的不同可以分为蒸汽管道和热水管道，中国的供热管道主要以蒸汽管道为主，热水管道为辅。中国气候严寒和寒冷地区的 19 个省、自治区、直辖市的 134 个地级以上的大、中城市都有集中供热热力管网设施，并正在向大型化发展，从 2005 年到 2013 年供热管道长度以每年 1 万～2 万公里增长，截至 2013 年中国集中供热主干管长达 16.59 万公里。热电联产是集中供热行业发展的主流趋势。“十一五”期间，全国新增供热机组装机容量约 6000 万千瓦，2011 年中国热电联产装机规模为 141.3GW，2012 年供热机组装机总容量达到

156.93GW，约占同期全国火电机组装机总容量的19.16%。到2012年底，中国6000千瓦及以上热电联产装机已超过2.2亿千瓦，达到22 075万千瓦，占同口径火电装机容量的27.49%，占全国发电机组总容量的19.25%，居世界第一。进入20世纪90年代，在国家大力支持和推动下，中国城市热电联产集中供热迅速发展。黑龙江的齐齐哈尔、牡丹江、佳木斯；吉林省的长春和吉林；辽宁的抚顺、阜新、大连、锦州；内蒙古的呼和浩特、包头；河北的唐山、邯郸、邢台、承德；新疆的乌鲁木齐、石河子，山西的太原、大同；山东的济南、青岛、淄博、烟台、泰安和河南的郑州，相继建设了大批热电厂，向城市集中供热。到2013年，城市集中供热热源总量中，热电联产占比达到50%。其中河北、山西、内蒙古、安徽、山东、河南等省份热电联产供热总量所占的比重已超过50%。

热电联产供热和燃煤锅炉供热是主体，同时燃气、燃油锅炉供热面积快速上升。燃煤锅炉供热面积最大的省份为辽宁，燃气锅炉供热面积最大的省份为青海，燃油锅炉供热面积最大的省份为黑龙江和宁夏。在节能减排压力下，使用燃煤锅炉的省市需要在考虑供热成本、本地实际等因素的基础上，适时调整锅炉结构，实现向热电联产、燃气、燃油锅炉转换。

六、城市电力行业基础设施建设

改革开放以来，电力行业获得迅速发展，电源建设和电网建设速度逐年加快。与此同时，电力行业的发展和增长方式也在不断转变，电源和电网结构不断优化，工程造价持续下降，长期形成的电力供需矛盾得到逐步缓解。截至2013年中国全口径发电装机容量124738万kW，同比增长9.25%。其中，水电设备容量28002万kW，同比增长12.26%；火电设备容量86238万kW，同比增长5.74%，其中煤电装机78621万kW，同比增长4.86%，气电装机4309万kW，同比增长15.91%；核电设备容量1461万kW，同比增长16.19%；并网风电设备容量7548万kW，同比增长24.50%；并网太阳能发电设备容量1479万kW，同比增长335.05%。装机增速超过用电增速，2013年新增发电装机容量比2012年有所提高，发电装机的同比增速超过了全社会用电量的同比增速。发电装机中核电装机增速最为明显，水电装机增速也较快增长，火电装机增速低于用电增速，整体电力生产能力提高较快。从新增装机情况来看，2013年，全国发电新增设备容量9400万kW，同比多增1085万kW。分电源类型看，水电新增容量2993万kW，同比多增1317万kW；火电新增容量3650万kW，同比少增1586万kW；核电新增221万kW；风电新增容量1406万kW，同比多增110万kW；太阳能发电新增1130万kW，同比多增1023万kW。

近年来中国城市电力行业基础设施获得快速发展，对经济增长和人民生活水平提高具有重要的保障作用。“十三五”期间中国经济将实现平稳较快的增长态势，应结合经济发展趋势，实现城市集中供热和电源装机的合理配置，在节能减排约束下实现电力企业转型升级，同时保障其他行业和居民的用电需求。

第二节 城市公用事业生产与供应

一、 城市供水行业生产与供应

伴随着经济发展和城镇化进程的加快，中国城市常住人口的不断增长也使得对自来水的需求不断增加。城市供水行业在不断完成城市管网建设投资的同时，也在不断加大自来水的生产与供应，以满足不断增长的城市用水需求。图 2-1 给出了 1980 年～2013 年中国城市供水行业综合生产能力，图中的柱状图代表城市供水综合生产能力（万立方米/日），折线图代表城市供水综合生产能力的年度增长率。可以看到，城市供水综合生产能力已经从 1980 年的 2979 万立方米/日增加到 2013 年的 28373 万立方米/日，33 年间增长了 8.52 倍，年平均增长率约为 7.07%。然而从年度增长率来看，1985 年以前的综合生产能力增长较为缓慢，而到了 1985 年之后则出现了快速的增长。

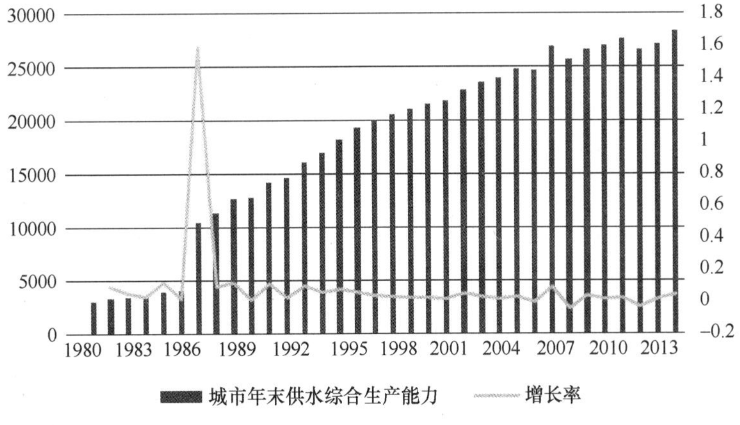

图 2-1 城市年末供水综合生产能力及其年度增长率

数据来源：中国城市建设统计年鉴（2013）. 中国统计出版社，2014.

再来看供水量情况，图 2-2 给出了 1980 年～2013 年间中国城市供水行业供应的总体情况。图中的柱状图代表城市年供水总量，折线图代表城市年供水总量的年度增长率。可以看到，中国城市年供水总量已经从 1980 年的 88.34 亿立方米增长到 2013 年的 537 亿立方米，33 年间增长了 5 倍多，年平均增长率约为 5.05%。然而从年度增长率来看，中国城市供水总量的快速增长发生在 20 世纪 90 年代前期，进入 1995 年以来，城市年度供水量开始出现负增长。除了个别年份有小幅增长之外，供水总量也基本上徘徊在 500 亿立方米左右的水平上。

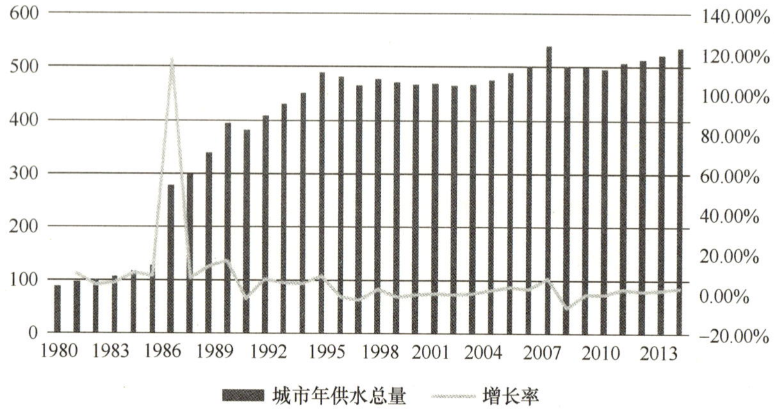

图 2-2　城市年供水总量及年度增长率之比

数据来源：中国城市建设统计年鉴（2013）. 中国统计出版社，2014.

而从城市供水总量的构成情况来看，2000 年中国城市供水总量为 5530.7 亿立方米，地表水占比为 80.29%；2010 年中国城市供水总量达到 6022 亿立方米，地表水占比 81.06%，供水总量构成基本没有发生显著变化，10 年来地下水的供水量并未显著增长。

综合以上分析可以看出，尽管改革开放以来中国城市供水综合生产能力和供水总量增长迅猛，但到了 20 世纪 90 年代中期以后，则基本上处于停滞不前的状态，而且就供水结构来看，地表水一直以来都是中国自来水的主要水源，地表水和地下水的占比基本保持稳定。

二、城市污水处理行业生产与供应

随着中国城市用水量的不断增长，污水排放量也随着工业生产和居民生活用水量的增加而增加，社会公众对环境以及清洁水的要求推动着污水处理行业产出规模的扩张。在城镇污水处理厂运行方面，2014 年第四季度，全国 36 个大中城市（直辖市、省会城市和计划单列市）污水处理厂累计处理污水量 45.8 亿立方米，同比增长 12.0%。2014 年，全国城镇污水处理厂累计处理污水 480.6 亿立方米，比 2013 年增长 8.1%。不仅如此，行业污水处理率显著提高。1991 年开始统计污水处理率，当时仅 14.86%；而 2003 年至 2013 年，城市污水处理率从 42%提升到 89%；2003 年至 2013 年全国城镇污水日处理量从 4254 万立方米/日提升到 12454 万立方米/日，增加 8000 多立方米，年处理污水总量从不到 148 亿立方米提升到 381 亿多立方米，增加 200 多亿立方米。2013 年全国城市污水处理率平均水平为 89.34%；集中处理率为 84.53%；除西藏外，其他省市都在 60%以上，13 个省市超过 90%。集中处理率也都有较大提高。

与行业产出增长相伴随的是污水处理技术水平的提高。20 世纪 80 年代初期，城市污水处理工艺大部分采用以去除悬浮物为核心的简单一级处理；20 世纪 80 年代中期，开始推行污水二级生物处理；20 世纪 90 年代以后，城镇污水处理生物除磷脱氮工艺开始得到推广应用；进入新世纪后，《城镇污水处理厂污染物排放标准》（GB 18918—2002）的颁布和实施，城镇污水处理开始从“达标排放”向“再生利用”转变。2013 年，85%以上的污水处理厂都能采用二级、三级处理技术；进处理厂的污水中 90%以上的污水能到达二级、三级标准。同时，污泥处置技术也不断提高，从早期的堆放，到当前“资源化、无害化”处理技术。中国近年来颁布了城镇污水处理厂污泥处理处置的一系列国家和行业标准，并且大力开展了污泥处理处置工程建设与示范，积极推广示范一批污泥厌氧消化产沼气、污泥好氧发酵堆肥土地利用、协同焚烧等无害化、资源化处理处置项目。

三、 城市燃气行业生产和供应

城市燃气(包括民用、商业和工业燃气)是由几种气体组成的混合气体，目前主要使用的城市燃气种类包括人工煤气(MG)、液化石油气(LPG)和天然气(NG)。人工煤气由于需要使用煤炭制气，存在工艺复杂、污染环境、投资大、成本高等缺点，无法与天然气、液化石油气竞争，在若干年后，人工煤气必然会逐渐地被天然气或者液化石油气等更加清洁、更加高效的能源所代替，从而在城市燃气行业中的比重将逐渐减少。由于中国地域广阔，人口众多及经济发展不平衡，液化石油气在中国未来消费的主要增长点将在大部分无天然气供应城市或距天然气管网较远的城镇以及广大农村地区。尤其是城镇小区管线供应液化石油气，将是液化石油气市场的发展重点，而且经济效益显著。而天然气由于在新中国建立初期受经济条件的限制和勘探开发技术、市场培育不足等因素的影响，产量增长缓慢。进入 21 世纪以来，随着天然气储量快速增长和长距离输气干线的建成，天然气产量出现井喷式增长，当前，中国城市对天然气的应用只占到全球平均利用率的10%左右，且绝大多数天然气被运用在能源与化工原料。鉴于全球石油危机以及局部地区所现的不稳定因素，天然气必将成为中国城市燃气的主要气源。

2013 年，中国城市人工煤气供气总量为 62.8 亿立方米，与 1980 年 19.55 亿立方米的产量相比，增长了 3.21 倍，年均增长率为 3.60%；中国城市液化石油气供气总量为 1109.73 万吨，与 1980 年 29.05 万吨的产量相比，增长了 38.2 倍，年均增长率为 9.93%；中国城市天然气供气总量为 900.99 亿立方米，与 1980 年 5.89 亿立方米的产量相比，增长了 152.97 倍，年均增长率为 16.46%。图 2-3 给出了 1980 年至 2013 年历年城市三种燃气的供气量，从图 2-3 中可以看出，人工煤气供气总量首先是保持着缓慢增长的态势，然后在 2009 年之后开始下滑；液化石油气供气总量自从 1990 年之后也开始迅速增长，在 2007 年到达顶峰之后也开始下滑；而天然气供气总量一直维持着较低速度的增长，只是在 2000 年以后随着中国西气东输工程的推进才开始出现较快速度的增长，并且与人工煤气和液化石油气供应总量呈现出明显的此消彼长的关系。

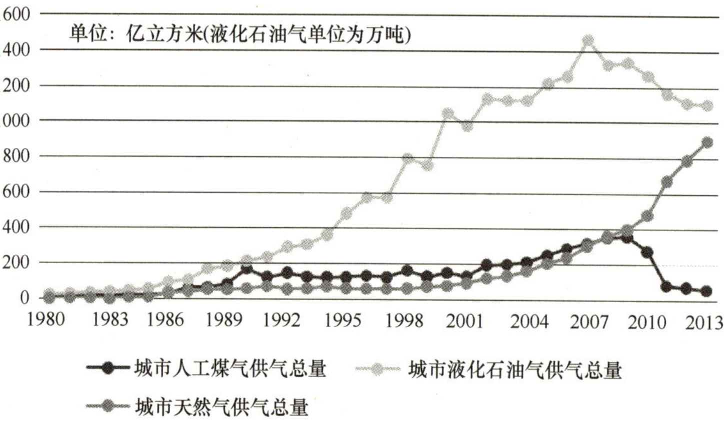

图 2-3　不同类型的城市燃气供应量

数据来源：中国城市建设统计年鉴（2013）. 中国统计出版社，2014.

四、 城市垃圾处理行业的生产和供应

目前中国对工业垃圾的综合利用仍然是处理一般工业固体废物的主要途径，占利用处置总量的 61.79%。2013 年，全国一般工业固体废物产生量达 32.8 亿吨，比上一年度减少了 0.41%；对工业垃圾的综合利用量为 20.6 亿吨，比上一

年度增加了1.71%，综合利用率为62.2%；贮存量仅为4.3亿吨，比上一年度减少28.7%；对工业垃圾的处置量为8.3亿吨，比上年增加17.3%；工业垃圾的倾倒丢弃量下降为129.3万吨，比上年减少了10.3%。其中，中国主要的261个大、中城市（包括环境保护重点城市60个，环境保护模范城市47个，自愿发布信息城市154个）一般工业固体废物产生量达23.83亿吨。其中，上述城市2013年度的综合利用量为14.65亿吨，处置量达到7.08亿万吨，贮存量是1.97亿吨，倾倒丢弃量是57.85万吨。

对于各类工业固体废物的处置利用方面，中国粉煤灰、冶炼废渣和炉渣的综合利用情况比较良好，而尾矿和煤矸石的综合利用率较低。《2013年环境统计年报》的数据显示，2013年重点调查工业企业①的一般工业固体废物产量是31.3亿吨。一般工业固体废物主要分为5大类，分别是尾矿、粉煤灰、煤矸石、冶炼废渣和炉渣。其中尾矿的产生量最大，达到10.6亿吨，占垃圾总量的34.0%，综合利用量是3.3亿吨，综合利用率是30.7%；粉煤灰的产生量次之，共4.6亿吨，占垃圾总量的14.8%，利用量是4.0亿吨，综合利用率是86.2%；煤矸石产生量是3.8亿吨，占垃圾总量的12.3%，综合利用量是2.8亿吨，综合利用率是71.1%；冶炼废渣产生量是3.7亿吨，占垃圾总量的11.8%，综合利用量是3.4亿吨，综合利用率高达91.8%；炉渣产生量是2.6亿吨，占垃圾总量的8.5%，综合利用量是2.4亿吨，综合利用率高达89.9%。

中国目前处理工业危险废物的主要途径还是进行综合利用。2013年，中国工业危险废物的产生量达到3156.9万吨，比上一年度下降了8.9%；综合利用量是1700.1万吨，比上一年度下降15.2%；处置量是701.2万吨，比上一年度上涨了0.43%；贮存量是810.8万吨，比上一年度减少4.3%；工业危险废物处置利用率是74.8%，比上一年度下降1.3%。其中，中国主要的261个大、中城市工业危险废物产生量是2937.05万吨，综合利用量是1589.02万吨，处置量是1209.31万吨，贮存量是153.29万吨。

从工业危险废物的主要种类来看，2013年产生量较大的工业危险废物种类为石棉废物、废酸、废碱、有色金属冶炼废物和无机氰化物废物。其中，石棉废物的产生量最大，达到651.3万吨，占重点调查总量的20.6%；废酸的产生量是373.8万吨，占重点调查总量的11.8%；废碱的产生量是361.0万吨，占重点调查总量的11.4%；有色金属冶炼废物的产生量是298.3万吨，占重点调查总量的9.4%；无机氰化物废物的产生量是211.8万吨，占重点调查总量的6.7%。

从工业危险废物产生的主要行业来看，根据《2013年环境统计年报》的数

① “2013年重点调查工业企业”是指环保部在2013年重点调查的工业企业，下同。

据，工业危险废物产生量较大的行业分别是为化学原料和化学制品制造业、非金属矿采选业、有色金属冶炼和压延加工业以及造纸和纸制品业。化学原料和化学制品制造业产生工业危险废物 681.4 万吨，占重点调查工业企业危险废物产生量的 21.6%；非金属矿采选业产生工业危险废物 652.3 万吨，占重点调查工业企业危险废物产生量的 20.7%；有色金属冶炼和压延加工业产生工业危险废物 564.4 万吨，重点调查工业企业危险废物产生量的 17.9%；造纸和纸制品业产生工业危险废物 308 万吨，重点调查工业企业危险废物产生量的 9.8%。

中国对生活垃圾的处理率特别是无害化处理率正在稳步提高。目前，中国城镇人均生活垃圾产生量约 1 千克/日，且以每年 8%～10%的速度逐年快速增加，城市生活垃圾清运量与处理量亦随之不断增长，并且二者的差距在逐年缩小。中国从 2006 年至 2013 年城市生活垃圾无害化处理率（处理率＝无害化垃圾处理量/垃圾清运量）以平均每年 7%左右的增长速度稳步提高，2013 年的城市生活垃圾无害化处理率已经接近 90%，越来越接近城市生活垃圾处理量。2013 年，全国城市生活垃圾总清运量为 1.72 亿吨。从密闭车（箱）清运量来看，已达到 1.55 亿吨，占总清运量的 89.94%。

五、 城市供热行业生产与供应

改革开放以来，中国供热总量不断增加，供热总量总体上呈现不断增长的趋势。如图2-4所示，全国供热行业蒸汽集中供热总量由1981年的641万吉焦上

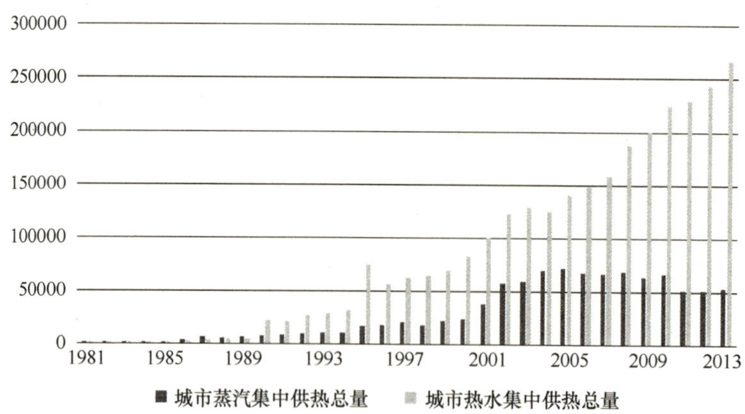

图 2-4 1981～2013 年城市产热总量变化情况①

数据来源：中国城市建设统计年鉴（2013）. 中国统计出版社，2014.

① 数据来源：《中国城市建设统计年鉴》。

升到2013年的5.32亿吉焦，2013年是1981年的83倍，1981年到2013年的年均供热增长率为14.33%。全国供热行业热水集中供热总量由1981年的183万吉焦上升到2013年的26.65亿吉焦，2013年是1981年的1456倍，1981年到2013年的年均供热增长率为24.69%。从供热结构来看，1990年以来，中国的热水集中供热总量远远超过了蒸汽集中供热总量，而且自2010年起，蒸汽集中供热总量有所下降，而热水集中供热总量仍然维持着上升趋势。

随着中国城市化进程的加快，城镇集中供热面积快速增长。2005年以来全国城镇集中供热面积以每年3～4亿平方米的速度增长，住宅供热面积以每年2～3亿平方米的速度增长。2013年全国集中供热面积达57.17亿平方米，住宅供热面积达42.08亿平方米，住宅供热面积占总供热面积的73.66%。

六、城市电力行业生产与供应

1990年～2014年间，全国发电量逐年快速增加。2014年，全国全口径发电量为54638亿千瓦时，同比增长3.19%，低于2012年同比增长率。其中，水电发电量9440亿千瓦时，同比增长18.04%，增速较2013年大幅上升，也高于全国发电量平均增速；火电发电量42049亿千瓦时，同比下降0.41%，增速远低于2013年；其他如核电、风电等清洁能源发电量3149亿千瓦时，同比增长30.76%，增速远高于2013年。

近年来，随着低碳经济发展模式的推行，清洁能源所占比重也开始上升。2013年，全国发电量构成为：水电16.8%，较2012年降低0.4个百分点；火电78.4%，比2012年降低0.3个百分点；核电2.1%，较2012年上升0.1个百分点；风电2.6%，较2012年上升0.5个百分点；太阳能发电0.2%。风电电量比重有明显上升，主要由于装机较快增长和消费形势的好转。

电力供应方面，2013年，全国主要电网最高发电负荷增速高于装机增速。据国家电力调度通信中心数据显示，2013年1～11月份，全国主要电网最高发电负荷为77636万kW，同比增长14.26%，高于发电装机增速。分区域看，华中电网区域最高发电负荷为17309万千瓦，同比增长14.73%，保持了较快增长速度；东北电网区域最高发电负荷为5513万千瓦，同比增长4.68%，增速较低。

2013年1～11月份，全国完成跨区送电量2187亿千瓦时，同比增长17.49%，保持了较快增长速度。全国跨区输电比例（跨区输电量占全社会用电量的比重）为4.53%，较上年同期提高0.39个百分点。各区域电网中，东北、华中和南方电网区域完成送电量同比增长较快，分别比上年同期增长68.57%、28.22%和15.91%。

第三节　城市公用事业需求与预测

一、城市供水行业需求与预测

本报告利用1999～2013年《中国城市建设统计年鉴》《城市供水统计年鉴》《中国城市统计年鉴》《中国统计年鉴》中影响供水需求量的指标（非农业人口人数、供水量、供水能力、管网长度、建成区面积等），建立预测“十三五”时期中国城市供水量的预测模型。由于供水能力和管网长度是需要预测的目标量，且这两项指标与非农业人口数的相关度较高。为此，本报告将选择非农业人口数作为预测供水量的主要指标。据国家人口和计划生育委员会预测，2020年中国人口数量将增至14.5亿人，按照城镇化率60%计算，截止到2020年预计将有8.7亿非农业人口。进一步根据“十二五”规划中指出2015年底中国人口数量控制在13.9亿人，其中非农人口将超过58%（即8.06亿人）。可见，“十三五”期间非农人口增量为0.64亿人，假设每年增长人数相同，即每年增长1280万人。可以依据非农业人口预测出“十三五”期间城市自来水行业需求量，在此基础上，按照供需比2∶1的原则①，并且假设“十三五”期间每年新增供水能力是相等的，从而可以预测出“十三五”时期每年新增的供水综合生产能力。因此，“十三五”期间城市供水行业需求量和综合生产能力预测值如表2-1所示：

“十三五”期间城市供水行业需求量和综合生产能力预测值　　表2-1

年　份	2016	2017	2018	2019	2020
需水量（单位：万立方米）	5447709	5474557	5501406	5528254	5555103
新增城市供水综合生产能力（单位：万立方米/日）	66464.21	66464.21	66464.21	66464.21	66464.21

二、城市排水和污水处理行业需求和预测

中国污水处理行业虽然快速发展，但是由于污水排放量也快速增加，致使污

① 各年供水行业综合生产能力与实际供水量之比基本维持在2∶1左右，为此本报告将供需比设定为2∶1。

水处理行业还是处在供不应求的状态。中国工程院院士、中国环境科学研究院院长孟伟在京表示，中国污水排放总量远远超过环境容量，仅COD（化学需氧量）就超出环境容量三倍多。多家研究机构的研究认为，中国水环境的COD承载力为740.9万吨，“但全国第一次污染源调查发现，COD实际排放量为3028.96万吨。”[①] 孟伟说。而2013年全国污水处理量381亿吨。虽然近20多年来，中国污水处理率逐渐快速上升，2013年已经近90%；但总体上看，排污量大于污水处理量。由此会产生不同程度的水体污染，还会引发一些水污染事件。就目前的污水处理情况而言，污水处理量由于跟不上污水排放量而存在需求缺口，现有的数据显示：2013年缺口为45.56亿立方米。

随着城市化率、城市洪涝防灾、建成区面积不断增加的需要，排水管道数量需求也将不断增加。2013年全国城市排水管道有46.49万公里，建成区面积2.83万平方公里，建成区排水管道密度为9.71公里/平方公里。中国近十年来建成区面积平均每年增加1954.7平方公里，近五年来建成区排水管道密度平均每年增加0.2375公里/平方公里，假设建成区面积和建成区排水管道密度增加幅度保持不变，2016年～2020年的排水管道长度预测值分别为55.57万公里、58.61万公里、61.64万公里、64.68万公里、67.71万公里。

污水管道的建设是提高污水处理率特别是集中处理率的重要工程手段，当前中国污水处理率和集中处理率都需要提高，2013年污水处理率89%，集中处理率为84.53%。如果将污水处理率和集中处理率都提高到90%的话，2016年～2020年的污水管道长度预测值分别为21.13万公里、21.43万公里、21.74万公里、22.05万公里、22.36万公里。根据近年来的污水产生量增加率预测，当污水集中处理达到95%，2016年～2020年每年新增100万吨污水处理厂数量分别为8座、11座、14座、17座、21座。污水处理厂累计新增污水处理能力分别为773.32万立方米/日、1089.48万立方米/日、1409.97万立方米/日、1734.76万立方米/日、2063.88万立方米/日。

三、 城市燃气行业需求与预测

2004年“西气东输”管道投入商业运行以来，天然气开始大规模走入千家万户，天然气用气人口首次超过人工煤气用气人口。2004年以来，天然气以年均17.37%的增速迅猛发展，到2010年其用气总人数首次超过液化石油气用气

---

① 一财网，章轲《污水排放量远超环境容量 水循环利用面临挑战》http://www.yicai.com/news/2014/05/3817182.html.

总人口数。天然气覆盖人口不断增加，覆盖地区不断拓宽。2013 年全国人工煤气、天然气和液化石油气用气总人口为 4.08 亿人，燃气普及率达 94.25%，比上年提高 1.1 个百分点。其中，天然气已超越人工煤气和液化石油气成为是城市燃气的第一大气源，使用天然气总人口为 2.38 亿人，占全国用气总人口的 58.25%；液化石油气用气人口继续萎缩，使用液化石油气总人口为 1.51 亿人，占全国用气总人口的 36.99%；人工煤气用气人口也继续萎缩，使用人工煤气总人口为 0.19 亿人，占全国用气总人口的 4.76%。图 2-5 为我国 1980 年～2013 年人工煤气、天然气和液化石油气用气人口变化趋势：

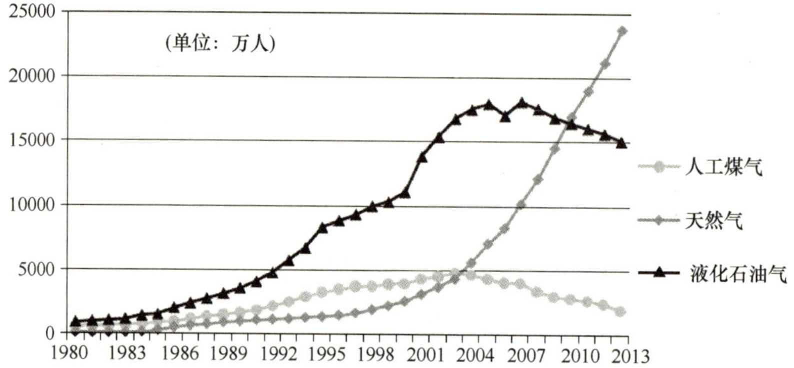

图 2-5 中国 1980 年～2013 年人工煤气、天然气和液化石油气用气人口变化趋势

数据来源：中国城市建设统计年鉴（2013）. 中国统计出版社，2014.

从三类燃气的消费量上来看，2013 年，全国统计人工煤气供应总量为 60.02 亿立方米，同比下降了 18.75 个百分点。其中居民用气量为 16.79 亿立方米，同比下降了 21.94 个百分点。全国统计天然气供应总量为 879.20 亿立方米，增长率为 13.53%。其中居民用气量为 185.41 亿立方米，增长率为 18.98 %，占天然气供应总量的 21.09%；天然气用于集中供热有 44.29 亿立方米，占天然气供应总量的 5.04%；天然气用于燃气汽车有 86.99 亿立方米，占天然气供应总量的 9.89%。全国统计液化石油气供应总量为 1105.07 万吨，同比下降了 0.14 个百分点。其中居民用气量为 613.06 万吨，同比上升了 0.81 个百分点，占全部液化石油气销售总量的 55.48%；燃气汽车使用量为 61.75 万吨，占全部液化石油气销售总量的 5.59%。

中国三种气源的未来发展趋势是：液化气仍具有一定的发展潜力，天然气将快速发展，人工煤气由于成本高、污染环境等缺点将会逐渐减少使用。到 2020 年，全国天然气需求量将达到 2221 亿立方米，城市燃气消费将达到占全部消费量的40%左右。天然气的消费量目前正以每年10%左右的速度增长，而相比之下，管道煤气则出现负增长。

四、 垃圾处理行业需求与预测

2014年12月9日～11日召开的中央经济工作会议指出："中国环境承载力已达到或接近上限，必须推动形成绿色低碳循环发展新方式"。因此，在中国现代化进程不断推进、环境问题日益严重、政府大力解决环境污染的背景下，中国的环保固定资产投资将继续稳步增长，垃圾处理行业的固定资产投资额在未来五年内的将保持年均20%的复合增长速率，即2019年底将达到400亿左右的固定资产投资规模。

由于生活垃圾清运量有明显的稳步上升趋势，所以本报告基于2006年至2013年城市生活垃圾清运量的历史数据，通过SPSS 22.0运用指数平滑法对2015至2019年城市生活垃圾清运量进行预测。指数平滑法的数学模型为：

$$Y_t = X_t + \alpha(1-\alpha)X_{t-1} + \alpha(1-\alpha)^2 X_{t-2} + \cdots + \alpha(1-\alpha)^{t-1} X_1$$

其中X_t是时刻t的观测值，Y_t是时刻t的指数平滑值，α是权重指数且$0<\alpha<1$。α越大，表示在加权时给予当前观测值的权重越大，相应地，α越小，给予过去观测值的权重就越小。将上述数据输入SPSS 22.0进行预测分析后，2015至2019年的城市生活垃圾清运量分别为13873.3万吨、18219.25万吨、18565.2万吨、18911.14万吨、19257.09万吨。本报告再基于2006年至2013年城市生活垃圾无害化处理设施数量和处理能力的历史数据，通过SPSS 22.0运用指数平滑法对2015年～2019年城市生活垃圾无害化处理设施数量和处理能力进行预测，2015年～2019年城市生活垃圾无害化处理设施数量分别为864座、914座、964座、1014座、1064座，城市生活垃圾无害化处理设施处理能力分别为55.19万吨/日、58.55万吨/日、61.92万吨/日、65.28万吨/日、68.65万吨/日。

从垃圾处理行业的发展趋势来看，未来整个行业的结构将会呈现出以下几点特征：首先，填埋场比例下降乃大势所趋，但近年来仍是主流；其次，垃圾焚烧是必然的选择，但成为主流为时尚早；再次，垃圾分类依然任重道远；最后，餐厨垃圾的单独回收处理市场将加速发展。

五、 城市电力行业需求与预测

从用电需求的总量和增速来看，从1990年～2013年间，用电最高增速出在2004年，最低增速出现在1998年，分别为15.46%和2.79%。电力消费增速与经济周期高度相关，2003年～2007年是中国经济的高速增长期，电力消费也高速增长，2008年金融危机爆发，用电增速也随着经济的回落而快速回落。而后，随着政策刺激效应的显现，2010年～2011年全国全社会用电量再次迎来高速增长，但2012年，随着经济增速的回落，用电量增速也再次回落，2013年用电增速有所回升，但仍为较低增速。

从分行业的用电结构的变化趋势来看，第一产业、第二产业用电量占比呈下降趋势，第三产业和城乡居民用电量占比呈上升趋势。第一产业和第二产业用电增速低于平均增速，第三产业和城乡居民用电增速高于平均增速，中长期看，这种趋势还将保持，第三产业和城乡居民用电比重将继续上升。第三产业和居民用电比重的上升，将加大全社会用电的季节差异和峰谷差距，对电力系统调峰提出更高要求。

从分区域的用电结构来看，2013年，西北地区用电比重继续上升，由2012年的9.1%上升至9.5%；南方、华中和华东地区用电比重基本保持稳定；东北和华北地区用电比重继续下降，分别由2012年的6.8%和24.7%下降至6.6%和24.5%。

随着政府职能的转变，投资体制改革的不断深入以及新型城镇化建设的推进，基建投资将成为拉动投资增长的主力，而受中央经济工作会议关于调整经济结构等方面的要求，房地产和制造业投资增速总体呈现回落态势，预计中国投资增速为18%～20%。随着信息消费逐渐升温，加之形成合理有序的收入分配格局，预期使得居民消费意愿和能力得到释放，预计中国消费增速为13%～14%。综合判断，预计未来5年中国GDP增速为7.2%～8.1%，中间方案的增速为7.6%。

经济增长速度的放缓也将放缓电力需求的增长速度。从具体产业看，未来5年第一产业用电增速依然较低，预计为3.1%～4.7%；受经济转型深入推进、大气污染防治行动计划逐步落实等因素影响，第二产业用电量增长较慢，预计增速为4.6%～6.8%；随着行政审批权简化和下降，加之大力发展服务业的政策推动，第三产业用电量仍将保持较快增长，预计增速为10.8%～12.3%；由于执行阶梯电价以及取消家电下乡政策的影响明显减弱，居民生活用电将保持较快增长，预计增速为10.2%～11.5%。

综合判断，预计未来5年中国全社会用电量每年将达到5.66～5.77万亿千瓦时，同比增长6.0%～8.0%，中间方案下，中国全社会用电量约为5.71万亿千瓦时，同比增长7.0%。其中，三次产业和居民生活用电量增速分别为3.5%、5.6%、11.7%和11.0%，第二产业用电量比重下降0.94个百分点，对全社会用电量增长的贡献率将下降4.1%，第三产业和居民生活用电比重分别上升0.52%和0.48%，对全社会用电量的贡献率分别上升1.6%和1.8%。

第三章　供水行业发展报告

城市供水是中国国民经济中最重要的基础设施产业之一，是维系经济社会可持续发展以及协调生产、生活和生态三者之间动态平衡的重要保证，也是平衡城镇化进程与基础设施供需矛盾以及加快城镇化化整体规划体系的重要组成部分。长期以来，中国将城市供水行业作为公益事业，由政府统一管理，政府既是政策的制定者和监督者，又是具体业务的经营者，具有典型的行政垄断色彩。在市场化改革以前，城市供水行业存在政企不分和政事不分问题，企业缺乏自主权和积极性；缺乏竞争激励机制，企业亏损运营，财政补贴严重；生产效率低下，服务质量较低；投资主体单一，融资渠道不畅。为适应城镇化进程的客观需求，城市供水行业基础设施建设需要投入大量的资金，仅仅依靠政府财政投资的模式难以为继。在此背景下中国开始推进建立现代企业制度、吸引社会资本进入和完善政府监管体制的城市供水行业市场化改革。为分析城市供水行业市场化改革的成效，本报告将从供水行业市场化改革、供水行业投资与建设、供水行业生产与供应、供水行业结构四个方面进行分析，在此基础上，对供水量与供水行业综合生产能力进行预测。

第一节　供水行业市场化改革

一、供水行业市场化改革的历程与阶段性特征

城市供水行业具有区域垄断性、资产专用性、投资数额较大、沉淀成本较高以及投资回报较低等特征。长期以来，城市供水企业由政府主管部门或指定机构运营，由此产生投资不足、效率较低等弊端。为解决上述问题，城市供水行业开始进行渐进式的市场化改革。与其他领域的改革相类似，中国城市供水行业改革可以追溯到 1978 年，早期尽管在经营方式和融资体制上均作了改革尝试，但就城市供水行业总体格局而言，真正意义上的市场化改革始于 20 世纪 90 年代初。从城市供水行业改革的历程和特点来看，城市供水行业具有渐进性的特点。事实上，20 世纪 90 年代初以后，城市供水企业开始尝试性地引入外国资本解决投资不足问题，这在产权和竞争两方面体现了市场化改革的特征。但该阶段的监管体制依然是政监合一，缺乏相对独立的监管体制和有效的、更高法律位阶的监管法规。基于此，本报告根据企业特征变迁、非国有资本进入的企业性质、企业数量以及法规制度的完善程度等因素，将城市供水行业市场化改革的历程划分为三个阶段。

（一）国际大型供水企业开始尝试进入中国市场，确立现代企业制度，政府监管体制开始政监分离（1992 年～2001 年）

1992 年党的十四大提出了建立社会主义市场经济体制的改革目标，城市供水行业以贯彻执行《全民所有制工业企业转换经营机制条例》为主线，积极推进供水企业改革，逐步沿着建立现代企业制度的方向发展，一大批城市供水企业按照《中华人民共和国公司法》的规定进行改组改制，成立国有独资公司。政府开始改革过去直接参与城市供水企业投资和运营的体制，推进政企分开。在新的“政企分开”的体制下，政府减少了对城市供水行业的直接投资和行政干预；国有供水企业则在很大程度上代替了原来政府的部分职能，负责企业的投资、运营和管理。这一阶段，一方面是政企分开，另一方面政府仍然控制企业运营。随着中国经济的快速发展，在中央禁止城市政府参与银行贷款担保等融资行为之后，企业遇到融资难题。为解决企业的融资问题，20 世纪 90 年代以来，中国政府先

后颁布实施了一系列促进供水市场化改革的政策法规和指导文件，确定了城市供水行业市场化改革的基本方向，以 BOT[①]（建设—运营—移交，Built-Operate-Transfer）模式和合作公司方式为主，以固定回报形式投资城市供水水厂（不包含管网）。该时期的主要特征如下：

1. 利用国际金融组织和发达国家贷款扩宽城市供水行业的融资渠道

长期以来，城市供水行业一直以国有资本投资为主，国家和地方政府几乎成为城市供水行业唯一的投资者。由于政府投资约束限制无法满足城市供水行业所需的全部资金要求，为此，城市供水企业只能通过银行贷款缓解融资难题，但由于多数企业长期处于保本微利甚至亏损状态，难以按期归还贷款，这种困境极大地制约了城市供水企业的贷款或融资能力。

为改变单纯依靠政府投资城市供水行业的被动局面，扩宽融资渠道，20 世纪 80 年代初以来，随着中国整体改革开放的深入，政府开始愈发重视引进外资发展城市供水等基础设施的重要性，并将其作为改革现行投融资体制的重要内容之一。到 1998 年底，中国先后利用世界银行、亚洲开发银行等国际金融组织和日本、奥地利、法国、德国等西方主要国家政府提供的中长期优惠贷款，吸引外商直接投资建设城市供水项目 140 多项，利用外资金额 18 亿美元。

由此可见，在拓宽城市供水行业投融资渠道初期的主要形式是通过政府担保，吸引世界银行、亚洲开发银行以及主要发达国家的贷款，缓解城市供水融资压力，提升城市供水行业的综合生产能力。

2. 相关政策引导国际资本尝试性进入中国城市供水行业

1992 年第一家由外资运营的中山坦洲供水 BOT 项目正式实施，开启了外资进入中国城市供水市场的先河。在该时期政府部门逐步出台相关政策，旨在规范外资企业进入城市供水行业的市场秩序，如原对外贸易经济合作部于 1994 年发布了《关于以 BOT 方式吸收外商投资有关问题的通知》，该通知提出外商可以通过合作、合资或独资的方式建立 BOT 项目公司，以 BOT 投资方式吸引外资应符合国家关于基础设施领域利用外资的行业政策和有关法律，政府机构一般不对项目做任何形式的担保或承诺。1995 年原国家计委、电力部以及交通部联合

---

① BOT 是 20 世纪 80 年代以来提出的一种新的项目融资模式。根据世界银行《1994 年世界发展报告》的定义，BOT 至少包括三种形式：一是 BOT（Built-Operate-Transfer），即建设—运营—移交，企业自己融资，建设某项基础设施，并在一定时期内经营该设施，然后将设施无偿移交给政府，政府给予某些企业新项目建设的特许权时，一般采用该模式；二是 BOOT（Built-Own-Operate-Transfer），即建设—拥有—运营—转让，基础设施项目由企业融资建设完工后，在规定的期限内拥有并运营，期满后将项目移交给当地政府部门；三是 BOO（Built-Own-Operate），即建设—拥有—运营，企业根据政府赋予的特许权，建设并运营某项基础设施，但是并不将其移交给政府部门。

发布了《关于试办外商投资特许权项目审批管理有关问题的通知》，该通知规定政府部门通过特许权协议，在规定时间内，将项目授予外商为特许权项目成立的项目公司，由项目公司负责项目的投融资、建设、运营和维护。在特许期内，项目公司拥有特许权项目设施的所有权，以及为特许权项目进行投融资、工程设计、施工建设、设备采购、运营管理和合理收费的权利，并承担对特许权项目设施进行维修保养的义务。政府部门具有对特许权项目监督、检查、审计以及如发现项目公司有不符合特许权协议规定的行为予以纠正并依法处罚的权力。相关制度的出台为规范国际供水企业进入中国市场提供重要的法规政策保障。在该时期国际水务巨头开始开拓中国城市供水市场，如法国威立雅集团、英国泰晤士水务公司以及柏林水务等（详见表3-1）。

1992—2001年间以BOT、未开放管网阶段的城市供水行业市场化改革事件　　表3-1

时间	主要事件
1995	中法水务公司与沈阳水务公司合资经营沈阳第八水厂
1997	威立雅控股55%与天津市有关部门成立合资企业天津通用水务公司，负责经营天津凌庄水厂
1998	法国通用水务集团和成都自来水公司采用BOT方式进行融资
2000	中法水务公司与保定自来水公司组成合资水厂，合作期20年
2001	法国昭和水务公司与上海奉贤自来水公司第三水厂合作成立昭和自来水公司

资料来源：朱晓林．中国自来水业规制改革研究［M］．东北大学出版社，2009：62.

该阶段国际资本以BOT（建设—运营—移交）方式建设城市自来水厂，针对单个新建项目（主要是水厂项目）放开了一定期限的有限产权，通过地方政府给予投资者固定回报的方式，解决了城市供水项目的融资难题。

3．逐步确立现代企业制度，一些供水企业发展为大型水务集团

长期以来，城市供水企业多以政府部门下属的事业单位形式存在，资金由政府划拨，企业人员是事业单位员工，并非真正意义的企业，造成人员结构臃肿、运行效率较低和服务水平低下。1993年中共十四届三中全会出台《关于建立社会主义市场经济体制若干问题的决定》，提出要“进一步转换国有企业经营机制，建立适应市场经济要求，产权清晰、权责明确、政企分开、管理科学的现代企业制度”。同年，原建设部下发《全民所有制城市供水、供气、供热、公交企业转换经营机制实施办法》，提出企业转换经营机制的目标是：使企业适应市场需求，逐步成为依法自主经营、自负盈亏、自我发展、自我约束的公用产品生产和经营单位，成为独立享有民事权利和承担民事义务的法人。城市供水等市政公用企业按照国家规定的资产经营形式，依法行使经营权。1995年建设部下发《市政公

用企业建立现代企业制度试点指导意见》，该意见的主要内容是在部分市政公用企业进行公司制改革试点，要求市政公用企业改为有限责任公司或改组为国有独资公司。这个时期，国内一些城市供水行业建立现代企业制度，发展成为大型企业集团，其中深圳水务集团最为典型。为解决深圳特区发展过程中人口增长与自来水供需之间的矛盾问题，提高行业集中度成为深圳市政府的重要举措。1996年10月，原自来水企业为深圳市属国有大型独资有限责任公司，为国家大型一类供水企业。1998年，深圳市政府决定，市自来水建设投资体制由过去政府投资为主改为企业投资为主，积极实施跨区域经营战略。2001年，深圳市以自来水公司为基础，牵头组建总资产约为60亿元的大型水务集团，提高了供水行业的供给能力，提升企业的运行效率和服务水平。

总体来看，该时期中国城市供水企业逐步建立现代企业制度，但在产权改革和经营方式上并未取得突破进展。该时期通过吸引外资逐渐打破城市供水企业国有垄断经营的格局，但外资比例依然较低。通过建立现代企业制度和吸引外资，促进了城市供水行业的供给能力的提升，实现了供水企业技术水平的升级与运行效率的提高。在该阶段无论是城市供水企业改革改制建立现代企业制度，还是采取BOT等方式筹集资金建设城市供水设施都是在政府推动与控制下进行的。

（二）以中央政策为主导，以完善特许经营制度为核心，以国际大型供水企业和国内民营企业大量进入为特征（2002年～2005年）

2002年12月，建设部出台《关于加快市政公用行业市场化改革进程的意见》，明确了城市供水行业改革以推进市场化为主要方向，通过引入竞争机制，建立特许经营制度，逐步规范市场准入，鼓励社会资金、外国资本采取独资、合资、合作等形式，参与市政公用事业建设，形成多元的投资结构，真正打破区域行政垄断。2003年10月十六届三中全会明确提出“放宽市场准入，允许非公有资本进入法律法规未禁入的基础设施、公用事业及其他行业和领域”。2004年4月建设部出台《市政公用事业特许经营管理办法》，标志着城市供水等城市公用事业将推行特许经营制度。2005年2月，国务院颁布《关于鼓励支持和引导个体私营等非公有制经济发展的若干意见》，指出“在规范转让行为的前提下，具备条件的公用事业和基础设施项目，可向非公有制企业转让产权或经营权”。随着相关市场化改革政策的出台，开启了国际大型水务企业和国内民营资本进入城市供水行业的新篇章。该阶段城市供水行业市场化改革是以中央政策为主导，通过特许经营制度，为城市供水行业市场化改革提供制度保障，从而形成国际水务巨头和国内民营企业大量进入城市供水行业的局面，同时该阶段与第一阶段的显著区别是该阶段城市供水行业进入开放管网的新阶段。

1. 民营企业和外资进入城市供水行业的步伐在加快

该时期在政府政策的引导下，民营企业和国际水务企业加快了进入城市供水行业、参与城市供水企业运营维护的步伐。如2002年，法国威立雅集团赢得上海浦东供水运营和管理的合同，合同期长达50年，该项目首次允许国外企业提供包括供水生产、管网配送和客户服务在内的完整供水服务。又如2002年3月，中外合资新昌中法供水有限公司正式落户浙江新昌，这是该县首次引进外资开发引水工程项目和经营供水市场。此举打破了长期以来国有单位独家垄断城市供水行业的格局。随着经济社会的迅速发展，新昌县原有4万吨/日的供水规模已无法满足要求。为改善这一状况，新昌县通过引进资金和技术，组建企业化的供水公司，解决用水紧张问题。新昌县通过多方招商，将世界上规模最大的水务集团之一——法国里昂水务集团下属子公司中法水务投资有限公司引来作为合作伙伴，并与新昌水务发展有限公司共同组建了新昌中法供水有限公司，负责开发建设投资1亿多美元的引水供水工程项目。该项目投产后，新昌县城市供水能力达到16万吨①。此外，民营企业开始进入城市供水行业，如2003年成立的山东第一家民营股份制供水企业——邹平县黄河供水有限公司。2001年以来滨州市邹平县GDP获得快速增长，用水供水矛盾逐步突出，面对水资源危机，邹平县政府决定向社会融资，组建股份制供水企业，并于2003年1月成立邹平县黄河供水有限公司，从此山东走上打破供水行业国有企业垄断经营的第一步②。

2. 城市供水行业广泛应用特许经营制度，特许经营模式由单一走向多元

为缓解城市供水行业的供需矛盾，规范城市供水市场运营，2004年原建设部出台《市政公用行业特许经营管理办法》，该办法出台规范了城市供水等市政公用事业运营。通过特许经营权竞标选择城市供水企业运营主体的特许经营模式主要有BOT（建设—运营—移交）、TOT（转让—运营—转让）模式。此外，还有MBO（管理层收购）、BT（建设—移交）、BOO（建设—经营—拥有）、ROO（改造—运营—拥有）等。随着市场化改革的深入以及相关政策的引导，城市供水行业特许经营模式已由单一走向多元。具体而言，2002年以前城市供水企业多采用BOT模式，主要目的在于吸引外资；2003年以来，城市供水项目特许经营呈现出两种特征，其中，经济发达地区的城市供水项目要么由国有企业经营，不进行特许经营，要么只进行经营权的特许经营，如委托运营和作业外包；而对于经济较发达以及经济不发达的地区而言，迫于城市供水的短缺压力以及提升运

① 佚名．打破城市供水国有单位独家经营局面——“洋水务”进入新昌水市场［N］．浙江日报，2002年3月22日．

② 佚名．打破水老大垄断 山东成立首家民营供水企业［N］．中广新闻，2005年8月30日．

营效率的激励，城市供水项目开始采取 BOT、TOT、ROT、BT 等模式。综合来看，2003 年以后城市供水项目的特许经营开始考虑城市特征、项目性质与特许经营模式的匹配问题，这将有助于选择更为有效的特许经营模式。

这一阶段，城市供水行业市场化改革进入快速发展时期，国际水务巨头和国内民间资本进入城市供水行业的数量在不断增加，同时特许经营模式由第一阶段的 BOT 的“单一模式”，逐步扩展到 BOT、TOT、ROT、BT 等“多元模式”。该阶段实现了城市供水行业的跨越式发展，缓解了城镇化进程中城市供水行业的供需矛盾，提升了城市供水企业的运行效率和服务水平。

（三）城市供水特许经营项目进入规范操作的新阶段，进一步强化了政府监管职能（2006 年至今）

2002 年以来在中央政府的推动下，城市供水等城市公用事业加快了市场化改革的进程，外资、民营等多种所有制企业相继进入城市供水行业，在这一过程中由于市场化改革的相关法规制度的不健全以及城市政府缺乏市场化改革的经验，使得在城市供水行业市场化改革初期特许经营项目的运作不够规范，出现了较为突出的监管失灵问题。为规范城市供水特许经营项目的运营，提高项目的运行效率和服务水平，减轻政府压力，2005 年 9 月建设部出台了《关于加强市政公用事业监管的意见》，该意见明确提出要规范市场进入、完善特许经营制度、加强产品和服务质量的监督检查、落实安全防范措施、强化成本监管，转变管理方式，落实监管职责，完善法律法规，依法实施监管，健全监管机构，加强能力建设，统筹监管、稳步推进产权制度改革等重要内容。自此城市供水行业进入规范特许经营制度的新时期与强化城市供水行业政府监管的新阶段。

近年来，国家相继出台多项鼓励社会资本进入城市供水等市政公用事业的政策，促进了新一轮城市供水行业的发展与市场准入的规范。2012 年 6 月住房和城乡建设部印发《关于进一步鼓励和引导民间资本进入市政公用事业领域的实施意见》，明确提出“鼓励民间资本通过政府购买服务的模式，进入城镇供水等市政公用事业领域的运营和养护”，以及“落实政府监管责任，切实加强对市政公用事业的投资、建设、生产、运营及其相关活动的管理和监督，确保市政公用产品与服务质量”。2013 年 11 月党的十八届三中全会明确指出“允许社会资本通过特许经营方式参与城市基础设施建设和运营”，同时要求“制定非公有制企业进入特许经营领域具体办法”。2015 年 2 月财政部和住房城乡建设部两部委联合发文“关于市政公用领域开展政府和社会资本合作项目推介工作的通知”，提出“PPP 项目推介工作应注重强化监管，避免资产一卖了之，明确市政公用产品和服务主体责任，提高质量，优化价格，关注百姓切身利益”，明确城市供水项目要坚持规范运作、实行厂网一体以及规范 PPP 项目操作流程，以及需要住房城乡建设部门进一步完善和落实市政公用领域特许经营管理制度，拓宽社会资本的进入渠道。显然，经过 20 多年的市场化改革，目前城市供水特许经营的市场化改革方向已经确立，这进一步强化了政府监管在城市供水行业改革中的重要地位。随着城市供水行业市场化改革项目的增多，以及相关制度的健全与政府监管的强化，城市供水行业特许经营将愈发完善，在未来一段时间内将迎来城市供水行业特许经营的新高潮。

二、 城市供水行业市场化改革取得的主要成效

随着市场化改革进程的加快，城市供水行业在产权结构、市场结构以及政府监管等诸多方面发生了较大变化。具体表现在：市场化改革由单一的产权改革为主，逐步转向产权改革、竞争改革和监管改革相结合；特许经营模式由不考虑项目特征全部实施 BOT 模式，转向考虑项目特征与特许经营特性相匹配的适用模式；运营能力与服务水平由供给不足到基本满足城市化和工业化进程的需求。

（一）多种市场化改革方式初步形成

2002 年之前的城市供水行业的市场化改革，主要以引进外国资本，实现产权改革为特征；2003 年以后城市供水行业市场化改革不仅仅局限在吸引外国资本解决建设投资资金不足的问题，而是将改革的重点集中在构建特许经营制度，规范特许经营项目实施，吸引外国资本、民营资本进入城市供水行业，参与供水项目的建设和运营，同时政府管制逐步加强，可见，2002 年以来城市供水行业改革已进入初步建立产权改革、竞争改革和监管改革“三位一体”的改革阶段。下面借助 2002 年～2007 年中国工业企业数据库中市辖区供水企业相关数据进行统计分析，结果表明 2002 年～2007 年间城市供水行业中非国有资本占比逐年提高，且城市内不同区域间的比较竞争程度有所增强。具体而言：（1）由图 3-1 可知，市辖区供水行业的非国有资本占比由 2002 年的 12.35％提高到 2007 年的 32.6％①，并由改革初期外国企业较少进入城市供水行业，开始形成国内民营资本与国际大型水务集团相继进入的局面；（2）2002 年～2007 年间中国地级市市辖区供水企业完全垄断经营的城市占比在 54％～64％之间，且逐年降低，这说

① 与全国工商联环境服务业商会的统计结果相比，本报告中的非国有资本占比数值稍高，主要由上述两个结果的统计口径上差异导致的，其中，本报告数据的计算基础为中国地级市市辖区数据，而全国工商联环境服务业商会的统计口径为所有供水公司数据，显然二者在统计口径上是存在一定差异的。

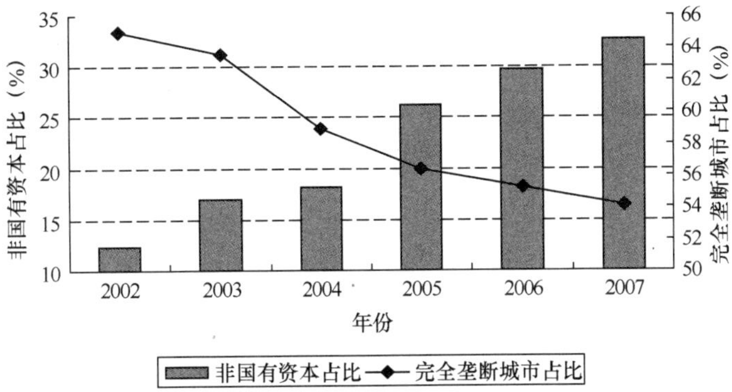

图 3-1 2002 年～2007 年中国城市供水行业非国有资本占比与完全垄断城市占比

资料来源：根据 2002 年～2007 年中国工业企业数据库中的相关数据计算得到。

明中国城市供水行业开始引入竞争机制。此外，城市供水行业也开始实施监管改革，“部委——省级行业主管部门——市级行业主管部门”三级政府监管体系初步建立。

（二）多元特许经营模式初步确立

1992 年～2002 年间城市供水行业市场化改革所采取的特许经营模式绝大多数为 BOT 模式，主要以吸引外资为目的。2003 年以来，城市供水特许经营项目呈现出两种特征，其中，经济发达地区的城市供水项目要么由国有企业经营，不进行特许经营，要么只进行不涉及产权的特许经营，如委托运营，以及次要业务的作业外包，而对于经济较为发达以及经济不发达地区，迫于城市供水短缺的压力以及提升运营效率的激励，城市供水项目开始通过 BOT、TOT、ROT、BT 等模式来实施特许经营。综合来看，2003 年以后的城市供水项目在特许经营过程中，开始考虑城市、项目特征与特许经营模式的匹配问题，能够更好地选择特许经营模式以及运营企业。根据课题组 2011 年底对全国设市城市中近千家供水企业的调研结果可知，传统改组改制阶段已经完成，特许经营成为城市供水行业市场化改革的重要模式，其中，BT/BOT/BOO 模式依然占据重要位置，TOT/ROT 模式相对较少，委托运营、服务外包模式十分少见。因此，随着政府主管部门对城市供水项目特许经营认识的深入，应该结合城市特点和项目特征，选择合适的特许经营模式。

（三）行业绩效水平大幅提高

一般而言，行业绩效多用利润率、勒纳指数、贝恩指数等指标来衡量，但由于城市供水价格受到严格的政府监管，所获得的利润并非市场竞争情况下的利润。此外，对于城市供水行业而言，在价格监管下，政府、群众更为关心用水人口、用水普及率以及管网设施建设的基本情况。基于此，这里将从用水人口数、用水普及率、综合生产能力以及供水管道长度四个方面对城市供水行业绩效进行分析。由表3-2可知，截止到2013年底，全国城市用水人口数为4.23亿人，用水普及率达到97.56%，与1978年相比均获得较大幅度提高。

1978年～2013年用水人数与用水普及率情况　　**表3-2**

年份	用水人口（万人）	用水普及率（%）	年份	用水人口（万人）	用水普及率（%）
1978	6267.1	81.6	1996	21997	60.7
1979	6951	82.3	1997	22550.1	61.2
1980	7278	81.4	1998	23169.1	61.9
1981	7729.3	53.7	1999	23885.7	63.5
1982	8102.2	56.7	2000	24809.2	63.9
1983	8370.9	52.5	2001	25832.8	72.76
1984	8900.7	49.5	2002	27419.9	77.85
1985	9424.3	45.1	2003	29124.5	86.15
1986	11757.9	51.3	2004	30339.7	88.85
1987	12684.6	50.4	2005	32723.4	91.09
1988	14049.9	47.6	2006	32304.1	86.67
1989	14786.3	47.4	2007	34766.5	93.83
1990	15611.1	48	2008	35086.7	94.73
1991	16213.2	54.8	2009	36214.2	96.12
1992	17280.8	56.2	2010	38156.7	96.68
1993	18636.4	55.2	2011	39691.3	97.04
1994	20083	56	2012	41026.5	97.16
1995	22165.7	58.7	2013	42261.4	97.56

资料来源：中国城市建设统计年鉴（2013）．中国统计出版社，2014.

三、城市供水行业市场化改革存在的主要问题

中国城市供水行业市场化改革的时间较短，许多城市政府还缺乏相应的监管经验，这使得一些城市在城市供水行业市场化改革的过程中也存在局部问题，产生了一定的负面效应，在国家鼓励城市供水行业市场化改革的背景下，这些局部问题值得总结和关注，主要表现在以下几个方面。

（一）一些项目出现了国有资产流失和腐败问题

国有资产流失是指具有管理或经营国有资产责任的单位或个人，以低于真实价值的价格出售国有资产，从而使国有资产受到一定程度的损失。国有资产流失主要有两种表现形式：一是对国有资产负有管理或经营责任的单位或个人低估国有资产价值，并且以这一被低估的价值作为出售国有资产的实际价格；二是对国有资产负有管理或经营责任的单位或个人在事先知晓国有资产真实价值的情形下，由于某种目的以低于真实价值的价格出售国有资产。随着城镇化进程的加快，民间资本进入城市供水行业的规模和范围也在不断扩大，在这一过程中，一些城市为了缓解财政资金短缺所造成的投资不足问题，在对已建项目缺乏科学评估，急于出售国有资产，从而造成国有资产流失。此外，腐败常常与国有资产流失相伴而生，这表现在民间资本进入以及运营城市供水行业的过程中所产生的寻租问题，具体体现在为了获得国有资产转让项目的特许经营权而实施的寻租行为、为获得区域性垄断高价而采取的寻租行为以及为争取更宽松的政府监管环境而实施的寻租行为等等。

（二）部分项目出现了溢价收购和固定回报问题

溢价收购和固定回报主要发生在外国资本进入中国城市供水行业的过程中。外国民间资本为了快速获得中国城市供水项目的特许经营权，在项目竞标中往往以高于实际价值数倍的价格竞标，实现溢价收购。同时，一些地方政府为了增加资产变现所得，片面追求盘活国有资产，也以溢价方式转让，从而附加了许多不合理、甚至违背中国法律的商务条款，违背了利益共享、风险共担的商业合作原则，部分民间资本采取垄断并购、恶意并购的方式，这种模式虽然实现了投资主体的多元化，但并未改善资金的实力和流动性，也给下任政府工作埋下了诸多隐患。更为重要的是，在城市供水项目溢价收购的过程中，往往伴随着固定回报和变相固定回报问题。民间资本进入城市供水行业的溢价收购和固定回报问题主要经历三个阶段：第一阶段是高额固定回报。如沈阳市自来水公司和中法水务1995年合资经营的第八水厂项目，第1年外方不计投资回报；第2～3年，外方的回报率为12%；第4～5年，外方的回报率为15%；第6～12年外方的回报率不少于18%；第13～30年，外方的回报率为18%①。第二阶段，当国家明确规定禁止高额固定回报以后，国外民间资本又采取变相高额回报，主要有按照一定比例上调水价和保底水量两种形式。如辽宁某市采取保底水量的形式，根据协议

① 傅涛，常杪，钟丽锦．中国城市水业改革实践与案例［M］．北京：中国建筑工业出版社，2006.

当该市消耗的自来水量低于保底水量时，政府需要对其进行补贴，仅 2006 年该市就补贴了 1539 万元，大大提高了政府的负担①。第三阶段是 2006 年开始的溢价收购，表现突出的是威立雅在兰州、海口、昆明、天津的收购价格数倍高于标底。如 2007 年 3 月威立雅溢价 206.45%收购海口水务集团 50%的股权②。尽管溢价收购获得了大量的资金，但地方政府并未将溢价中的大部分变现所得资金用于城市供水行业的发展，而被挪作他用。此外，在变卖国有股权之后，一些水厂成为资本逐利的工具，同时供水规划难以落实、供水安全无法保障。由此可见，城市供水行业市场化改革过程中出现的溢价收购和固定回报问题，给地方政府和社会公众带来了较大的负担。

（三）一些地区出现了政府承诺缺失和责任缺失问题

政府承诺缺失是指对政府缺乏长期有效的制度性监管，政府代理人可利用这一缺陷，在自身效用最大化目标的驱动下盲目承诺或不承诺，从而形成制度性承诺缺失。政府承诺缺失主要有三种表现形式：即政府监管者滥用承诺或前任与下任政府之间的政策不连续性；缺乏实施政府监管职能的相对独立的监管机构，从而造成各项监管职责缺位、错位和不到位；城市供水行业市场化改革的法规政策体系不完善，从而在特许经营权竞标与特许经营项目运营过程中缺乏必要的制度保障。上述三种情况在城市供水行业市场化改革过程中同时存在，有时甚至交互作用。此外，伴随着城镇化进程的加快，城市供水行业市场化改革过程中，一些地方政府不但承诺缺失，责任缺失问题也十分突出。主要表现在一些城市供水特许经营项目中，与之相适应的准入制度、特许经营合同、监管评估机制等制度相对缺失或不健全，政府仍然按照管理国有企业的方式管理由民间资本运营的企业，从而造成政府监管责任缺失。此外，一些本该由政府投资的领域或环节，政府不投资或少投资，从而导致了政府投资责任缺失。在实践中，政府承诺缺失和责任缺失并存，往往难以保障城市公用事业特许经营项目的规范性与效率性。

（四）部分项目出现了产品低质问题

在城镇化进程中，一些城市为了急于解决城市供水行业的投资难题，在缺乏科学评估特许经营企业资质的前提下，片面地招商引资，引入了一些不具备城市供水生产和运营能力的企业，影响了政府声誉，甚至扰乱了居民正常的生产和生

---

① 中国社会科学院经济研究所《国内外经济动态》课题组．由水价上涨引发的公用事业定价机制改革探讨［J］．经济走势跟踪，2009，(67)．

② 张春红．水务市场整合演绎变奏曲［N］．辽宁日报，2008-07-31.

活，严重的还造成了社会公众恐慌和群体性事件的发生。如 2009 年 5 月湖北省南漳县自来水水质浑浊度高达 5200 度，远远高于国家规定的生活饮用水浑浊度不大于 3 度的标准，而且该自来水厂还存在细菌总数和一些菌群总量超标问题。原因在于该水厂管网老化，没有蓄凝沉淀池，而且该公司运营企业浙江浦峰集团有限公司主要生产水泥、喷浆棉，缺乏自来水生产经验，很大程度上讲就是一个投资公司，而且在浙江浦峰集团有限公司运营南漳县自来水公司之前政府并未对其资质进行审核①。又如 2009 年 7 月发生在赤峰市新市区的水污染事件，导致 4200 余人出现腹泻、呕吐、头晕、发热等症状，经调查雨污水是本次事件的主要原因，但也与九龙供水有限公司缺乏经验、补救措施不及时有一定关系②。由此可见，民间资本进入城市供水行业后，由于准入机制缺失或不健全以及管理不规范，在一些城市中产生了产品低质的问题，这严重影响了政府形象和社会公众的正常生产和生活。

（五）较少项目出现政府高价回购问题

近年来随着城镇化进程的加快，国家对低碳经济、水质等标准的要求有所提高，而一些地方政府在引入民间资本的过程中缺乏科学评估与合理预见，从而在国家提高城市公用产品标准后，地方政府难以约束特许经营企业。如 2007 年 7 月 1 日公布的《生活饮用水卫生标准》将原有的 35 项提高到 106 项，在生活饮用水卫生标准提高的条件下，一些城市自来水厂的生产工艺无法达标，需要进行更新改造，但在特许经营合同中没有明确规定企业的更新改造条件，因此，在利益驱动与投资资金有限的情况下，民间资本缺乏通过投资提高生活饮用水质量的动力，地方政府为了保护社会公众的饮水安全，被迫高价回购城市自来水厂，从而增加了政府负担。如 2003 年 5 月 10 日民营企业淮阴东方自来水公司获得江苏省淮阴自来水公司的经营权，此后虽然淮阴东方自来水公司的水质经过一、二、三期工程后有所提高，但由于特许经营合同对投资的约定不够清晰，使得该企业仅对供水设备进行简单的更新改造，改造后的水质没有达到 106 项标准要求，而且居民区水压较低等问题也降低了居民的满意度，最终政府被迫回购③。一般而言，为弥补民间资本退出城市供水特许经营项目造成的损失，特许经营期内的回购事件大多表现为高价回购。

---

① 敬一丹．自来水何以浑浊［EB/OL］．中央电视台《焦点访谈》，2009-6-15。

② 李松涛．一场暴雨如何引发数千人患病——赤峰水污染事件折射公用事业改革困境［N］．中国青年报，2009-08-03.

③ 杨丹丹，陈华中．从公到私再从私到公 淮阴自来水公司九年两改制［EB/OL］．中国江苏网，2012-8-15.

四、城市供水行业市场化改革存在问题的主要原因

民间资本进入城市供水行业后出现了一些问题，这是由多种因素共同作用的结果，本报告认为主要原因有以下几个方面。

（一）对城市供水行业市场化改革目标的认识不够清晰

城市供水行业市场化改革的初衷是形成国有、民营和外资等多种所有制企业独立经营或合作经营，建立多种所有制企业间平等竞争的制度环境，实现资源的优化配置。更具体的目标是缓解快速城镇化进程中城市供水基础设施的投资矛盾，增加城市供水行业的供给能力，从而满足城镇化的客观需求。此外，民间资本进入能够发挥竞争活力和创新动力，从而有助于缓解国有企业垄断经营的低效率问题。但在民间资本进入城市供水行业过程中，一些城市政府对民间资本进入目标的认识还不够清晰，主要表现为：（1）增加财政收入、减少财政补贴是一些城市政府引进民间资本时首要考虑的目标，为此多参照“土地财政”的做法转移城市供水特许经营项目的产权或经营权。（2）有的城市政府将具有公益性、需要政府不断投入的城市供水项目视为“包袱”，一卖了之，推卸政府责任。（3）有的城市政府在城市供水行业中盲目招商引资，搞“政绩工程”，表现为融资冲动，只要能圈到钱，政府就给企业特许经营权；只要某个企业给的钱比其他企业多，政府就给这个企业特许经营权。其结果是增加了城市供水的融资成本，削弱了政府对城市供水行业的控制力。

（二）有关民间资本进入城市公用事业的法规政策滞后

城市供水行业市场化改革改变了传统国有企业垄断经营的局面，这必然要求管理体制发生变革，其中法规政策体系创新是保障民间资本进入城市供水行业的关键因素。为此，国务院相继出台《鼓励支持非公有制经济发展的若干意见》和《关于鼓励和引导民间投资健康发展的若干意见》，从宏观上提出鼓励民间资本参与城市供水行业建设与运营的相关政策。国家建设部也相继出台有关城市供水行业市场化改革以及鼓励民间资本进入城市供水行业的相关政策，如《关于加快市政公用事业市场化进程的意见》、《关于进一步鼓励和引导民间资本进入市政公用事业领域的实施意见》等，这对鼓励民间资本进入城市供水行业起到重要的引导作用。一些城市政府以上级政府的法规政策为依据，形成本地区的政策文件，但现有政策还缺乏必要的实施细则。此外，地方政府大多强调上下级之间政策对接，忽视了城市间以及行业间的差异，从而导致地方性法规政策多反映共性问

题，忽视了地区差异，增加了地方政府的自由决策权，从而使城镇化进程中民间资本进入城市供水行业缺乏操作性和针对性强的法规政策与实施细则。

（三）民间资本进入城市供水行业的准入机制与运行机制还不够健全

健全的准入机制是选择高效特许经营企业的关键。民间资本竞标城市供水项目的特许经营权，是一项系统性、综合性的工作，涉及组织、规划、建设、运营等多方面内容。同时，城市之间也存在一定的差别，因此需要依据项目特点以及城市特殊性，分类确定不同城市供水项目的特许经营期。此外，还需要制定适宜的民间资本准入程序、准入标准、定价与调价机制以及特许经营期满后的退出机制等。但从实践来看，不少城市政府还缺乏较为健全的民间资本进入城市供水行业的准入机制与运行机制，具体表现在：(1)一些城市对特许经营项目缺乏必要的准入标准，难以限制低效率企业进入城市供水行业；(2)对城市公用事业特许经营期的选择缺乏科学性，多通过经验判断选择20～30年的某一时间作为项目的特许经营期；(3)特许经营合同条款还不完备；(4)特许经营合同中对质量监管、定价与调价机制的规定还不全面。综合来看，民间资本进入城市供水行业的准入机制与运行机制还不够健全，这是实践中一些低效率企业进入城市供水行业，导致政府高价回购的主要原因之一。

（四）民间资本进入城市供水行业后的政府监管较为缺乏

民间资本进入城市供水行业打破了国有企业垄断经营的局面，这需要建立与多元化产权结构相适应的城市供水行业现代政府监管体系。但在现实中，与民间资本进入相适应的政府监管体系并未建立，这主要表现在：(1)缺乏与民间资本进入相适应的现代政府监管理念。城市供水行业的公益性特征以及民间资本的利润最大化动机，决定了民间资本进入后需要加强政府监管，并从监管内容、监管手段等多个方面建立现代监管理念。但目前不少地方政府沿用传统管理国有企业的思路来监管民营企业。(2)缺乏相对独立、专业化的政府监管机构。不断加快的城镇化进程以及民间资本的进入，使得城市供水行业面临的问题更多、更复杂，这需要建立相对独立的、专业化的政府监管机构。但实际上，城市供水行业政府监管机构依然是多部门协同监管，在城市一级监管部门多由建设部门、水利部门、发改部门、环保部门、物价部门等多部门协同监管，这增加了部门之间的协调成本，降低了政府监管效率。(3)缺乏立法监督、行政监督、司法监督、社会监督“四位一体”的现代政府监管监督体系。民间资本进入城市供水行业后，可能会在利益驱动下降低产品和服务质量，因此更需要政府实行有效监管，然而目前与民间资本进入相适应的现代政府监管监督体系尚未建立。(4)缺乏城市供水行业政府监管的绩效评价体系。这主要表现在上级行业主管部门对下级行业主管部门的监管绩效评价体系缺失，以及市县行业主管部门对由城市供水行业特许经营项目缺乏有效的绩效评价体系两个方面。

五、 城市供水行业市场化改革的主要方向

随着城镇化进程的加快，民间资本进入城市供水行业的比例大幅提高，这在增加城市供水产品供给能力、提高服务质量等方面发挥了积极的促进作用，但也产生了一定的负面效应，为此亟须建立与民间资本进入城市供水行业相适应的现代监管法规政策体系、明确监管机构的组织形式与职能定位、强化政府责任、设计民间资本进入程序与科学评估机制、建立多元的监督体系。

（一）健全城市供水行业市场化改革的法规政策体系

健全民间资本进入城市供水行业的法规政策体系，是规范民间资本进入城市供水行业，提高城市供水行业运营绩效和政府监管有效性的重要前提。城市供水行业的法规政策体系涉及纵向和横向两个维度，其中，纵向上涉及全国人大、国务院、国家部委、省级行业主管部门、市级行业主管部门出台的法规政策；横向上主要涉及同一层级不同主管部门出台的法规政策。从法规政策的内容来看，主要包括民间资本进入城市供水等城市公用事业的市场化改革政策、投资政策、财税政策、土地政策、价格政策、准入政策和评估政策等。针对目前城市供水等城市公用事业中法规层级较低的问题，建议借鉴发达国家经验，由相关部委负责起草综合性的《城市公用事业法》，并由全国人大出台，该法应明确规定民间资本进入城市供水等城市公用事业的基本问题，从而提高对民间资本进入城市供水等城市公用事业的约束力和法律的权威性，减少不同法规之间的矛盾。在《城市公用事业法》的基础上，国务院可制定民间资本进入城市供水行业的行政法规。同时，有关部委出台相关规章，对民间资本进入城市供水行业的条件、特许经营权竞标方式、特许经营企业选择标准等作出规定。省级行业主管部门针对上级的法规政策，结合本省实际出台相应的地方性法规。此外，需要市级行业主管部门结合国家和省级法规政策以及城市特点，制定城市一级的法规政策实施细则。通过建立不同层级的法规政策体系，详细规定民间资本进入城市供水行业的准入条件、运营监管、退出监管以及定价与调价制度等，从而为城镇化进程中民间资本进入城市供水行业提供明确的法规政策准则，以增强民间资本进入城市供水行业的规范性。

（二）明确城市供水行业政府监管机构的组织形式与监管职能定位

民间资本进入城市供水行业后打破了国有企业垄断经营的传统体制，这一产权性质的变化势必要求创新传统的行政管理体制，明确监管机构的组织形式与监管职能定位。民间资本进入城市公用事业后的政府监管机构应具有相对的独立性和较强的专业性，同时应合理配置监管职能。其中，对于城市供水行业政府监管机构而言，将原有分散化监管机构模式转向以一个整合大部分监管职能的相对独立的监管机构为主、多个机构有机协调的城市公用事业政府监管机构设置模式。此外，城市供水行业政府监管机构的职能主要有：（1）制定民间资本进入城市供水行业的准入条件、竞标机制与特许经营企业的选择程序等制度；（2）对城市供水产品的质量、定价与调价等进行监管；（3）制定民间资本正常退出与强制退出的政府监管制度；（4）对企业的信息公开进行监管，等等。通过建立与城市供水行业特征和城市特点相适应的监管机构，明确政府监管职能，从而为民间资本进入城市供水行业实现有效监管提供组织保障。

（三）强化对民间资本运营企业的政府责任

城市供水行业具有典型的基础性和准公用品性质，所提供的产品和服务同社会公众生命安全、生活质量以及生产运行密切相关，政府应当承担保障产品安全和有效供给的责任。同时，城市供水行业涉及规划、建设、运营、管理等多项活动，是一个系统性工程。此外，城市供水行业具有投资额大、回收期长的特点，政府需要对一些利润较低或毫无利润甚至亏损的业务或环节进行必要的投资和补贴。民间资本的逐利属性也决定了需要增强对民间资本运营企业的政府责任。民间资本进入城市供水行业后，政府的主要责任包括：（1）对城市供水行业进行整体规划与发展的责任；（2）对城市供水行业重要基础设施的投资责任；（3）城市供水产品安全保障与应急处置责任；（4）普遍服务的责任等等。在城镇化进程中随着民间资本进入规模和范围的扩大，强化政府责任将有助于提高民间资本运营城市供水企业的绩效，减少民间资本进入的负面效应。

（四）优化民间资本进入城市供水行业的程序设计与科学评估制度

缺乏科学的准入程序与评估机制，是民间资本进入城市供水行业过程中产生负面效应的一个重要原因，因此，在鼓励与引导民间资本进入城市供水行业的背景下，亟须规范民间资本进入，建立科学的准入程序和评估制度。这主要有以下几个方面：（1）科学建立民间资本进入城市供水行业的准入程序；（2）由政府相关部门组织有关专家学者和行业主管部门人员，对民间资本进入城市供水行业的可行性、进入方式等进行科学论证；（3）明确民间资本进入城市供水行业特许经营项目的主要监管机构；（4）制定民间资本进入城市供水行业的标准，规定中标条件；（5）设计民间资本进入城市供水行业的定价与调价机制；（6）确定民间资本强制退出与到期正常退出制度。此外，在设计相对规范的民间资本进入城市供水行业程序的基础上，对民营企业资质进行科学评估，也要对民营企业的运营过程进行有效监管。通过民间资本进入程序的设计与科学评估，将有助于提高项目的有效性，降低无效率或不具备经营能力企业获得项目特许经营权的可能性，从而实现城市供水行业特许经营权的优化配置。

（五）构建民间资本进入城市公用事业的多元监督体系

在民间资本进入中国城市供水行业的过程中，一些城市政府主管部门由于缺乏有效监督，在监管中产生行政权滥用、盲目决策、任意修改特许经营合同等诸多问题，从而产生了一定的负面效应。这需要构建与民间资本进入城市供水行业相适应的监管监督体系：（1）建立有效的立法授权和法规审查制度，以及人大立法机关对监管机构的预算报告和预算执行审查的立法监督体系。（2）建立专门监督与职能监督、垂直职能监督与横向专门监督相协调的行政监督体系。（3）建立相应的司法审查制度，规定司法监督范围和程序的司法监督体系。（4）建立包含有序参与机制、政务公开、网络监督理性化和规范化等的社会监督体系。建立并完善多元监督体系，将为民间资本进入城市供水行业提供有效的外部约束环境，这对提高民间资本运营企业的运行效率和服务水平具有较强的促进作用。

第二节　供水行业投资与建设

一、城市供水行业投融资的政策变迁

城市供水行业的自然垄断性、资产专用性、沉淀成本高和投资回报低等特点决定了城市供水行业对投资具有较高的需求，但长期形成的供水行业成本、价格倒挂机制导致企业缺乏进入的动力，从而形成实际上用于支持城市供水项目的财政资金较为稀少，难以满足城市供水项目对资金的需求的局面。

中国政府通过逐步推进城市供水市场化改革来缓解供水行业整体投资不足的压力。为规范外资企业进入城市供水行业，对外贸易经济合作部于 1994 年发布了《关于以 BOT 方式吸收外商投资有关问题的通知》，1995 年国家计委、电力部以及交通部联合发布了《关于试办外商投资特许权项目审批管理有关问题的通知》。原建设部在 2002 年～2005 年间相继出台了《关于加快市政公用行业市场化进程的意见》、《市政公用事业特许经营管理办法》以及《关于加强市政公用事业监管的意见》，推进了城市供水行业特许经营制度，规范了城市供水行业的投融资改革。2010 年国务院发布《关于鼓励和引导民间投资健康发展的若干意见》，2012 年住房和城乡建设部印发《关于进一步鼓励和引导民间资本进入市政公用事业领域的实施意见》，为民间资本进入城市供水等公用行业营造公平竞争的制度环境。2003 年以后，以法国威立雅、中法水务、德国柏林水务以及美国金州水务等国际水务巨头运营的中国城市供水项目大幅增加，截至 2011 年底，由外资企业运营的城市供水项目已达 90 余个。而以深圳新大陆水务集团有限公司、桑德集团以及深圳金信安水务集团有限公司为代表的民营企业参与城市供水运营的项目也在不断的增加。

由于供水行业市场化改革和特许经营制度的推行，供水行业的投融资政策逐渐向吸引外资、鼓励民营资本进入倾斜，不再过分依赖政府对供水基础设施投资的作用。但仍不能片面夸大市场化作用，供水行业的准公共产品属性决定了政府应当承担一定的投资责任。其中，对于非可经营的城市供水设施，如管网系统等非经营性项目的实施具有垄断性、关联性的特点，需要政府投资以提高项目的建设与运营效率。基于此，今后中国城市供水行业的投融资政策更应当坚持以政府投资非经营性项目为基础，鼓励多种所有制形式的资本进入城市供水行业，从而丰富城市供水行业的投融资渠道。

二、 城市供水行业投融资的主要模式

在未来一段时期内，中国城市供水行业不仅面临着老旧城市供水管网的改造任务，还需要新建与城镇化进程相匹配的城市供水管网设施，均需进行较大投资，这增加了城市供水行业的资金压力。显然，大多依靠政府财政投资的模式难以为继，需要扩宽投融资渠道。近年来在借鉴发达国家城市供水行业发展经验的基础上，中国在城市供水行业融资多元化改革方面进行了多种尝试。现行城市供水行业项目融资模式主要分为财政融资、直接融资和间接融资三种。

（一）财政融资

城市供水项目作为市政基础设施之一，投资建设是政府的主要职责，即使是市场经济发达的国家和地区，政府仍然是城市供水项目建设的重要主体，往往通

过财政投资解决城市供水项目建设过程中的资金需求。财政融资是指政府通过财政手段筹集资金，再分配给需要资金的城市供水建设部门。目前，财政融资的具体形式主要有：

1. 预算内财政投资

预算内财政投资可分为国家预算内投资和财政拨款两种形式。预算内财政投资是政府介入城市供水基础设施的传统方式。近年来，尽管中国预算内投资逐年增加，但城市供水基础设施建设中预算内投资比重明显偏小，同时占整个城市建设资金的比重也在逐年下降。

2. 特种税费融资

城市供水项目的特种税费融资渠道主要由政府设置的城市建设维护税、公用事业附加费、市政公用设施配套费、土地批租收益等组成的基础设施建设资金来源，以及城市供水行业特定的增容费、水资源费等政策性收费。

3. 中央政府专项资金

由于城市供水行业关系着国计民生，在某些特定社会背景或特殊社会状态下，中央政府将安排专项资金扶持城市供水项目的建设。如 2008 年春节前后，中国发生历史罕见的大面积“低温雨雪冰冻灾害”，针对受灾省区城市供水基础设施损毁的情况，国家专门从中央基建投资中安排亿元专项资金予以补助，用于灾后重建工作。

（二）间接融资

间接融资是指企业通过金融机构充当信用媒介获取资金的行为。主要包括银行贷款、银行承兑汇票、信用证等融资方式。目前，中国城市供水行业间接融资方式主要包括政策性贷款融资和商业贷款融资两种。

1. 政策性贷款融资

中国城市供水项目的政策性贷款融资可分为国内政策性贷款和国际政策性贷款两类。政策性贷款融资主要来自国家开发银行、国际金融机构和外国政府贷款。中国目前支持城市供水基础设施领域贷款融资的政策性银行主要是国家开发银行。由于基础设施大多并没有完全走向商业化和市场化，国家开发银行的政策性优惠贷款往往成为城市供水项目融资的首选途径。国际金融机构主要指世界银行、亚洲开发银行、日本协力银行等，一般能提供项目总投资额的 35％～50％的贷款，期限为 20～30 年，贷款利率相对较低，因此国际金融机构的项目贷款在发展中国家得到广泛应用。外国政府贷款是由贷款国用国际预算资金直接与借款国发生的信贷关系，即发达国家向发展中国家提供的具有双边经济救援性质的长期优惠贷款。中国城市供水项目的外国政府贷款主要来自日本、法国、丹麦、德国等国家。

2. 商业贷款融资

商业贷款融资包括从国内和国外商业银行进行贷款。根据融资主体不同可划分为国有供水企业融资、政府市政投资企业融资以及项目公司融资等。主要通过资产抵押、收益权抵押和第三方担保等模式从国内外商业银行取得短期或中长期贷款、用于城市供水项目的融资。以少量资金启动，注册项目公司，通过银行借款解决大部分项目资金问题，这成为目前中国重大城市供水基础设施建设资金来源的常用模式。

（三）直接融资

与间接融资相对应，直接融资主要指不通过金融机构作为中介的融通资金方式。多年以来，中国城市供水融资以政府财政融资和银行贷款间接融资为主，尽管在一定程度上缓解了中国城市供水资金不足的压力，但在中国银行存款、私营资产和海外资金相对充裕的前提下，充分运用金融工具，设计开发有效的创新性直接融资模式，将会利用更为广泛的社会资金，缓解政府财政投资不足的压力，同时提高项目的融资效率。

1. 资产证券化（ABS）融资

资产证券化是指将缺乏流动性、但具有未来现金流收入的资产汇集起来，通过法律和财务上的结构重组，将其转变成可在金融市场上出售和流通的金融产品，从而达到融资的目的。国际上资产证券化已发展成为一种较为成熟的融资方式，但中国尚处于起步阶段。首创股份、国中水务、重庆水务等上市公司均有一定比例的自来水销售业务，这表明资产证券化融资已在中国城市供水行业得到初步运用。

2. 保险资金投资

业内对于允许保险资金间接投资城市供水行业的呼声由来已久。2006 年 3 月，保监会正式颁布《保险资金间接投资基础设施项目试点管理办法》，规定保险资金投资基础设施项目，需通过委托人将其保险资金委托给受托人，由受托人按委托人意愿以自己的名义设立投资计划进行投资。在实际中也有一些保险资金投资的城市供水项目，如 2007 年 6 月国家保监会批准平安保险旗下的平安信托投资公司投资柳州自来水项目，从而开启保险资金投资供水项目先河。

3. 信托资金融资

信托资金投资城市供水项目是指单个或多个投资者通过信托公司发行的资金信托计划将资金以贷款或股权投资的方式投入到城市供水项目中。信托公司是中国目前唯一能够同时投资资本市场和实业项目的金融机构，因此能够以股权投资的形式参与城市供水项目，满足投资者对不同风险等级投资产品的需求。但由于《信托投资公司资金信托管理暂行办法》对集合资金信托计划的限制，以及中国信托产品二级交易市场发展的滞后，使得目前仍无法大规模的依靠信托资金解决城市供水项目融资渠道较为单一的问题。

4. 企业债券融资

企业发行债券的优势在于融资成本较低，期限一般较长（最长为15年），但由于企业债券的发行需要经过国家发改委批准，同时每年的额度有限、对发行企业的要求很高（通常只有大型央企才能获准发行）。但是，近年来国家对企业债券的发行限制有逐步放宽的趋势。如重庆水务控股集团于2005年4月发行“05渝水务债”企业债券融资，开启中国水务行业发行企业债券的先河。从国家近年来对企业债券市场政策的调控手段和近期实际发行的企业债券数量来看，企业债券市场获得了快速发展。如果国家能够进一步放宽企业债券的审批要求、改善审批制度，企业债券将成为中国城市供水项目融资的一条重要渠道。

5. 产业投资基金

供水产业投资基金属于城市基础设施投资基金的范畴，是指专门投资于城市供水行业的基础设施的长期投资基金。供水产业投资基金的内涵是：组建基金管理公司，向特定或非特定投资者发行基金单位设立基金，并将资金分散投资于不同城市供水企业或城市供水项目上，待所投资项目建成后，通过资本市场产权交易变现来实现资本增值，其风险与收益由投资者共担共享。供水产业投资基金的募集方式有公募和私募两种，主要取决于社会经济水平以及资本市场和金融秩序的完善程度。目前，中国资本市场和金融秩序还不够完善、管理经验十分不足，现阶段城市供水行业投资基金适宜采用私募形式。

6. 项目融资模式

项目融资模式是基于特许经营制度的一种融资模式，一般都被归为PPP模式。2004年5月1日《市政公用事业特许经营管理办法》第二条规定“市政公用事业特许经营是指政府按照有关法律、法规规定，通过市场竞争机制选择市政公用事业投资者或者经营者，明确其在一定期限和范围内经营某项市政公用事业产品或者提供某项服务的制度。”项目融资模式具体又包括BOT模式、TOT模式以及O&M模式。BOT模式融资的典型案例是成都自来水六厂BOT项目，该项目是全国首个经原国家计委批准的城市供水基础设施BOT试点项目。1999年8月11日，成都市政府与成都通用水务——丸红供水有限公司（项目公司）正式签署了《特许权协议》，项目总投资额为1.065亿美元，项目公司在特许期内全面负责该项目的融资、设计、建设和运营，特许期结束后，水厂将无偿移交给成都市政府，经营所得作为建设投资的收益。该项目正式投产后，供水量占到全市用水总量的 1/3 左右。

7. 国债或市政债券融资

(1) 国债资金融资

自 1998 年以来中央政府推行积极的财政政策，通过中央财政增发国债扩大政府投资，从而拉动内需、刺激经济增长。其中，包含城市供水行业在内的基础设施建设是重要的投向之一。基础设施建设基本上由地方政府实施，但由于中国《预算法》规定地方政府不允许直接发行市政债券，所以中国在国债资金实际的使用过程中，基本作法是中央财政发行国债后再转贷给地方政府。自 1998 年以来，国家每年均发行 1500 亿元国债，重点用于地方城市供水等基础设施的建设。

(2) 市政债券融资

市政债券也称地方政府债券，是指由地方政府或其授权代理机构，在经常性财政收支不足的情况下，为满足地方经济和社会公益事业发展的需要，根据本地区经济发展状况和资金短缺程度，在承担还本付息的基础上，按照有关法律的规定向社会公开发行的一种债券。在建设城市供水基础设施过程中，单凭政府财政投资难以满足巨大的资金需求，发行债券成为弥补投资资金缺口的方式之一。国外成熟的债券市场中，市政债券是重要的融资工具，发行市政债券已在美国得到应用。目前在中国由于不允许地方政府直接发行市政债券，因此市政债券尚未成为债券市场上的一个单独券种。早在 1999 年 4 月，济南市自来水公司发行 1.5 亿元供水建设债券，为城市供水调蓄水库工程投资，名义为公司债券，实际所筹资金用于济南自来水设施建设。

三、 城市供水行业投融资的现状分析

根据世界银行报告，发展中国家人均 GDP 达 1000 美元之后，城市基础设施投资应超过私人投资达 GDP 的 5%以上，而中国目前只有 2%左右，严重低于世界银行的标准。在资金来源市场化与融资渠道多元化的双重趋势下，如何在市场化改革和特许经营制度下，有效利用外资和民营资本，提升城市供水行业的投资总额，丰富供水行业的投融资渠道仍是目前亟待解决的关键问题。

(一) 供水行业投资增长的现实需求

尽管市场化改革以来城市供水行业获得了快速发展，但工业化和城镇化的推进增加了用水需求。从城市供水来看，目前存在的诸方面问题均对投入资金提出了强烈要求：第一，供水管网老化问题突出。许多管网老旧、设备技术低廉、机器超期服役、技术升级滞后，大多数城市管网漏水率在 20%左右，供水管网基

础设施投资改造任务艰巨。另外，由于原材料质量问题，很多水网几年就出问题，平均15～20年就要经常性维修，达不到发达国家管网平均50年不坏、平均漏水率5%的要求。第二，供水二次污染严重。供水水质二次污染主要来自于管网配送和二次供水两个环节，在管网配送过程中，劣质管材的比例较高，导致管网裂损、锈蚀、结垢严重，水质在配送过程中下降。部分二次供水设施的卫生防护条件较差，部分设施不能及时清洗消毒，导致水质合格率降低。第三，水厂的工艺、设备亟待更新。现有水厂净水工艺难以适应当前水源水质恶化和新的水质标准提高的双重压力。目前，水源水质逐步下降，水中有毒有害物质的种类和含量也不断增加。同时，现行水质标准大幅提高，增加了许多有毒有害的有机和无机化合物、微生物等控制指标，指标的限值也更加严格，许多水厂出水难以达到《生活饮用水卫生标准》106项指标的要求，水质合格率大幅下降。基于以上问题，目前中国城市供水行业综合供水能力以及供水管网建设均需要投入大量资金更新改造，供水行业投资需求呈现不断增长的趋势。

（二）供水行业投资增长情况

1. 投资总量整体不足

20世纪90年代中后期以前，中国城市供水投资主要来源于政府财政投入、借贷和由政府主导的行政事业性收费，地方政府财政收入勉强支撑城市供水行业的投资需求。20世纪90年代后期以来，随着城镇化进程的加快，城市供水行业出现巨大的资金缺口，城市政府财力已经无法满足投资需求，迫切需要社会资本进入城市供水市场，弥补城市供水行业在建设与运营过程中的资金缺口。

自从城市供水行业实施以特许经营制度为核心的市场化改革以来，社会资本纷纷进入城市供水行业，形成了多元化的投资结构，这在一定程度上缓解了长期以来单纯依赖政府投资导致设施投资不足的矛盾，促进了城市供水行业的快速发展。据全国城镇供排水协会统计，全国城市供水排水行业固定资产投资新中国成立以来60年累计达6590.8亿元，后30年6562.7亿元，是前30年28.1亿元的233.3倍。其中，城市供水投资额后30年2902.4亿元，前30年21.4亿元，后30年达到前30年的135.9倍。近10年来，城市供水行业的投资规模逐年增加，这为城市供水设施建设提供了一定的资金保证。

本报告从供水行业年度固定资产投资和维护建设投资两个指标来衡量中国城市供水行业投资的总体情况。改革开放初期，中国城市公用事业固定资产投资几乎从零开始，1978年～2013年，中国城市公用事业固定资产投资额呈现巨幅增长，从1978年的12亿元增长至2012年的16349.8亿元。在这一整体趋势下，总体上中国城市供水行业固定资产投资也呈现出快速增长的趋势。其中，1978

年中国城市供水行业固定资产投资额仅为 4.7 亿元，1995 年已超过 100 亿元，到 2013 年为止达到 524.7 亿元，是 1978 年固定资产投资的 100 多倍（如图 3-2 所示）。目前来看我国城市供水行业固定资产投资存在明显的地区间差异，2013 年中国东部地区城市供水行业固定资产投资达到 242.31 亿元，中部地区为 111.85 亿元，西部地区仅为 56.21 亿元。实际上中国中西部地区长期处于缺水状态，但城市供水行业固定资产投资远低于东部地区，为此需要加大对中西部地区城市供水行业的投资力度，缩小中西部地区与东部地区城市供水固定资产投资的差距。

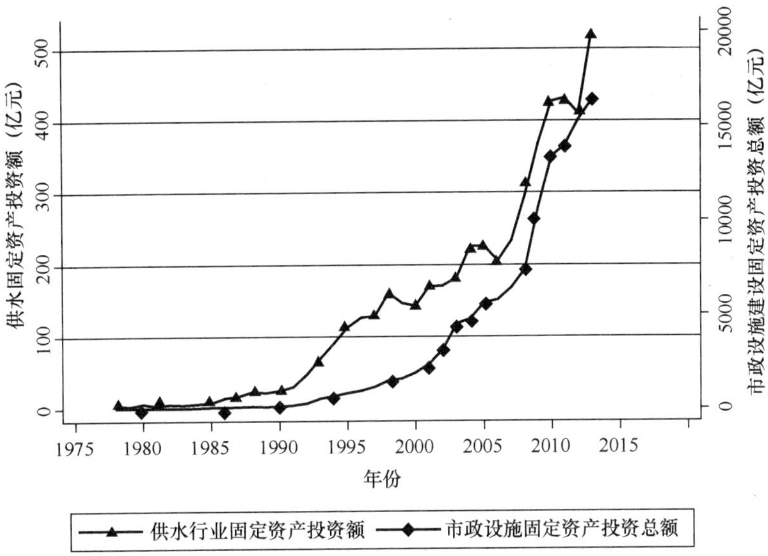

图 3-2　供水行业固定资产投资与市政设施建设固定资产投资总额比较

数据来源：中国城市建设统计年鉴（2013）. 中国统计出版社，2014.

进一步地，本报告对比了城市供水行业固定资产投资占城市公用事业固定资产投资比例的近年变化情况。结果表明，尽管改革开放以来城市供水行业固定资产投资增长迅速，但通过对比城市供水行业固定资产投资占城市公用事业固定资产投资比例的动态变化，以及其他行业固定资产投资的增长速度，可以发现城市供水行业固定资产投资增长较为滞后。如 1978 年～2013 年，城市供水行业固定资产投资增长仅 100 倍左右，而城市公用事业固定资产投资总额增长了千余倍。图 3-3 反映了 1978 年～2013 年中国城市供水行业固定资产投资占整个城市公用事业固定资产投资的比例情况。由该图可知，总体上城市供水行业固定资产投资占城市公用事业投资总额的比例呈现出下降的趋势。由于其他城市公用行业亟须发展，促使这些行业的固定资产投资增速比供水行业更快。随着城镇化和工业化

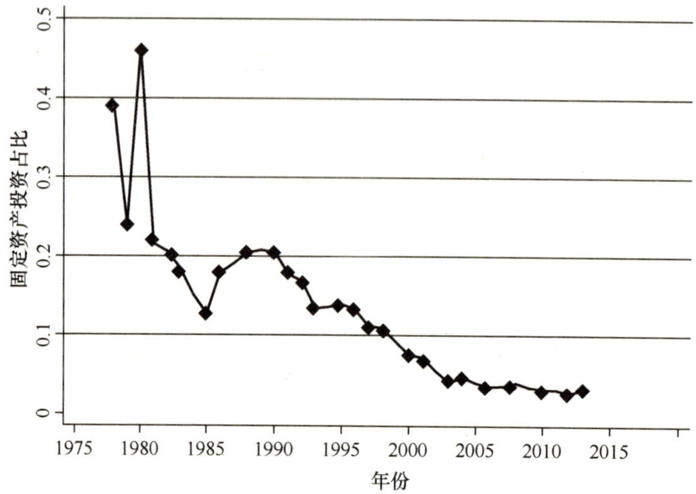

图 3-3　供水行业固定资产投资占市政设施建设投资额比例

数据来源：中国城市建设统计年鉴（2013）. 中国统计出版社，2014.

进程的加快，中国城市供水行业投资供需矛盾会愈发突出。

与固定资产投资相比，中国城市供水行业维护建设投资的增长速度更加滞后。图 3-4 对中国城市供水行业维护建设投资支出与供水行业固定资产投资进行对比，图 3-5 则对两项投资支出的年增长率进行比较，以此进一步分析两类投资支出的增长情况。由于 2006 年以来维护建设支出的统计口径发生变化，仅包括

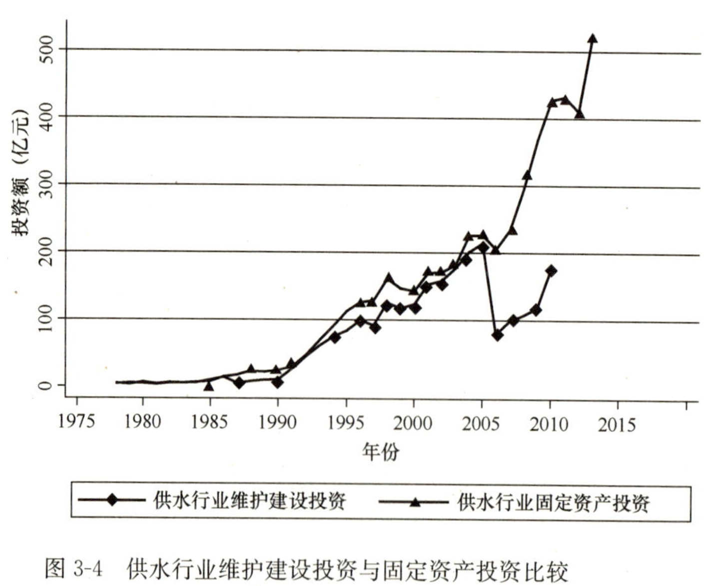

图 3-4　供水行业维护建设投资与固定资产投资比较

数据来源：中国城市建设统计年鉴（2013）. 中国统计出版社，2014.

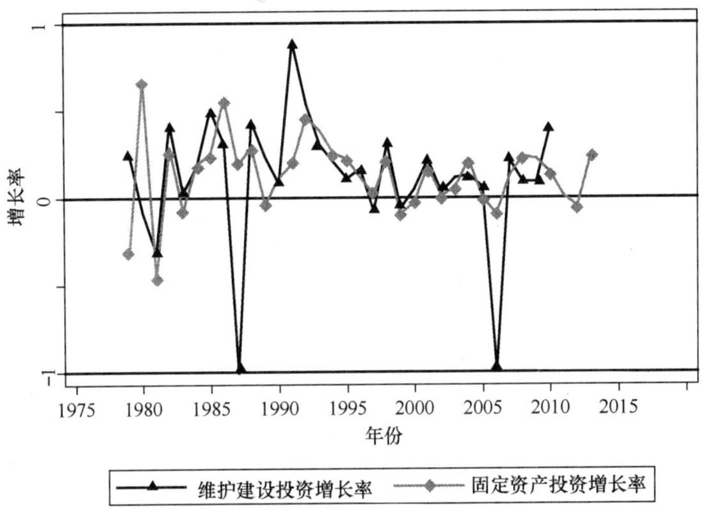

图 3-5 1978 年～2013 城市供水维护建设投资与固定资产投资增长率

数据来源：中国城市建设统计年鉴（2013）．中国统计出版社，2014.

财政性资金不包括社会性融资，因此图 3-4 中 2006 年供水行业维护建设支出出现大幅下降主要来自于统计口径的变化。为此，本报告以 2006 年为时间节点，可以看出 2006 年以前和 2006 年以后城市供水行业维护建设投资均有较大幅度提升。对比城市供水行业固定资产投资和维护建设投资可知，2006 年以前供水行业固定资产投资的增长速度相对稳定，而维护建设投资的增长呈现出波动上升趋势。

由此可见，改革开放以来，中国城市供水行业投资呈现出不断增长的趋势，但相对而言增长速度较为缓慢，供水行业建设与运营维护投资的增长速度难以满足城市规模不断扩大、城市人口激增对于城市供水行业发展的需求。

2. 投融资渠道较为单一，制约城市供水行业发展

是否能够筹集到足够的用于城市供水项目建设与运营的资金，关系着城市供水行业发展。中国城市供水行业经历了由完全依靠政府投资到多元投资主体共同参与的过程，自 2003 年确立以特许经营制度为核心的市场化改革以来，特许经营成为政府与私人部门合作的指导性框架。目前，外国资本、国家资本和民营资本成为中国城市供水行业的三个主要投资主体。截止到 2011 年由外资参与直接经营的国内自来水厂已超过 50 家，仅里昂水务在中国参与建设或运营的水厂就超过 100 个。国际大型洋水务与国内大型国有水务集团是整个行业最有力的竞争者，资本实力相对较弱的国内民营资本开始将投资目标锁定在地方性中小型城镇项目。

尽管市场化改革丰富了城市供水行业的所有权形式，但长期以来城市供水行业相对单一的融资渠道并未改变。在融资渠道多元化方面，除少数上市公司外，银行贷款依然是城市供水市场化改革项目的主要融资渠道，市政债券、行业发展基金等新型融资渠道尚未开发。同时，银行贷款还需要第三方担保和资产抵押担保等，这进一步增加了依靠银行贷款进行融资的城市供水市场化改革项目的筹资难度。目前中国尚未建立稳定的社会融资渠道，这对供水企业投资造成巨大压力。近年来，城市供水项目投资近 70%依靠企业自筹资金和银行贷款（见图 3-6）。供水企业的收入主要来源于水价收入，而当前水价无法覆盖供水总成本，企业水价收入勉强支撑运营和维护，对水厂工艺升级、管网改造、检测能力、应急能力建设等投入主要依靠贷款。目前全国多数省份的公共供水企业存在成本倒挂现象，其中 2005 年～2008 年供水行业资产负债率分别是 48.48%、53.82%、49.41%、52.28%。同时需要说明的是，本应由政府承担的市政、消防用水支出和贫困家庭用水补助等也转嫁给城市供水企业，这进一步增加了城市供水企业的负担。

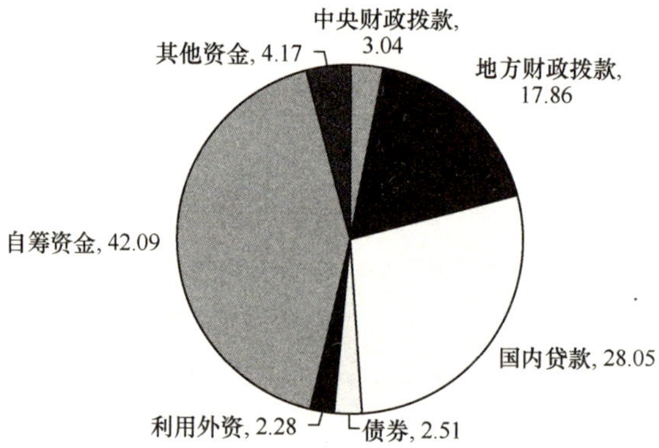

图 3-6　2007 年～2009 年供水投资构成情况

3. 城市供水行业投资增长无法满足城镇化进程的需求

改革开放以来，中国城镇化进程不断加快，2014 年城镇化率达到 54.77%，预计 2020 年城镇化率达到 60%左右，不断推进的城镇化进程对城市供水设施建设提出更高的要求。城镇化带来大量人口进入城镇，一方面加大了城镇对资源能源、生态环境的需求，另一方面也带来城市供水等压力。因此城市供水投资、供水设施建设应当与城镇化进程相匹配才能解决上述问题。

现有城市供水投融资模式相对单一，投资额度有限，将无法适应“十三五”以及未来一段时期城镇化进程对城市供水行业的需求，这具体表现在仅仅通过政府财政支出将无法满足“十三五”期间城市供水基础设施新建与更新改造所需资金需求。为适应“十三五”期间城镇化进程的发展需要，即使将可供一般公共服务的支出全部用于供水设施建设，在个别年份仍将存在较大缺口，由此可见，“十三五”期间大多依靠政府财政城市供水行业发展将难以为继。

图 3-7 将供水行业固定资产投资占当年国内生产总值的比例与城市化率进行比较，在考虑了中国经济增长速度与通货膨胀率的前提下，供水行业固定资产投资占当年 GDP 的比例反映该项投资的相对增长速度。由该图可知，城市供水行业固定资产投资额占 GDP 的比重在 1978 年～2013 年间呈现出波动的“W”形变化趋势，先后曾在 1992 年和 1998 年两次达到峰值，近年来呈现出不断下降的趋势，这背离了城市化率增加对城市供水行业发展的客观需求。

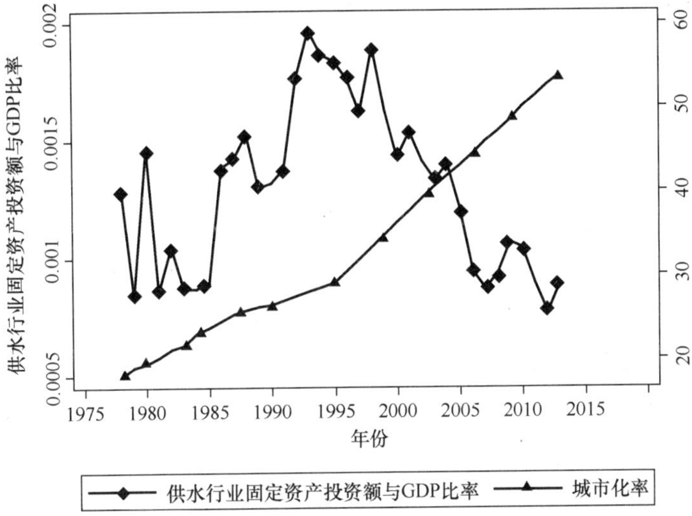

图 3-7 供水行业固定资产投资额占 GDP 比例与城市化率比较

数据来源：1. 中国城市建设统计年鉴（2013）. 中国统计出版社，2014.

2. 中国人口和就业统计年鉴（2013）. 中国统计出版社，2013.

3. 中国统计年鉴（2013）. 中国统计出版社，2013.

同时，本报告将城市供水行业维护建设投资占当年 GDP 的比率占城市化率进行对比（如图 3-8 所示）。由该图可知，总体上自 1978 年～2013 年城市供水行业维护建设支出投资额占国内生产总值的比重呈现波动变化特征，该指标在 1987 年处于低谷，在 1993 年达到最大值，2004 年呈现出明显的下降趋势。相比快速增长的城市人口比重，该图同样反映出中国城市供水投资与城市化进程加快对城市供水需求相背离。

4. 中国城市供水行业投融资的国际比较

作为重要的市政公用基础设施，城市供水设施的投资在发达国家历来都有基

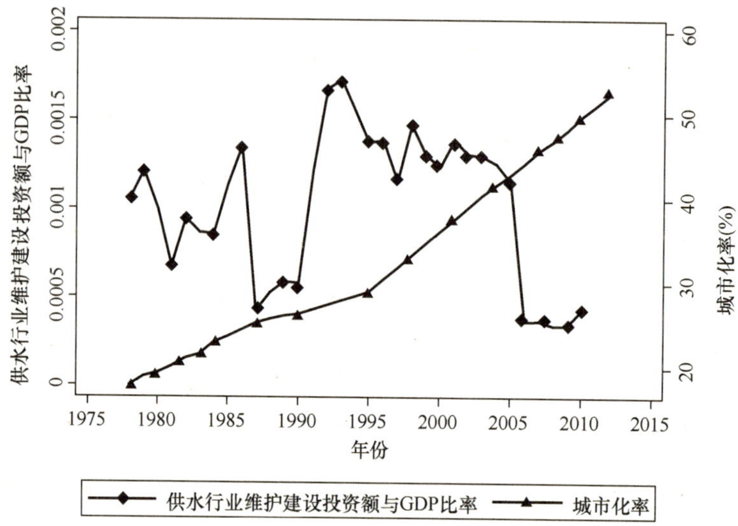

图 3-8 供水行业维护建设投资占 GDP 比例与城市化率比较

数据来源：1. 中国城市建设统计年鉴（2013）. 中国统计出版社，2014.

2. 中国人口和就业统计年鉴（2013）. 中国统计出版社，2013.

3. 中国统计年鉴（2013）. 中国统计出版社，2013.

本的保证。在发达国家，城市供水行业投资额一般随城市化水平的提高同步增长（见图 3-9），以日本为例，在城市化快速发展时期，对城市供水一直保持较高的投资比例（见图 3-10）。而中国则与国外发达国家的情况大相径庭，近年来，中国城市供水投资与国内生产总值的比例并未随城市化发展同步增长，反而呈现出一定的波动和下降趋势（见图 3-11），与城市化发展的进程和人们对供水服务质

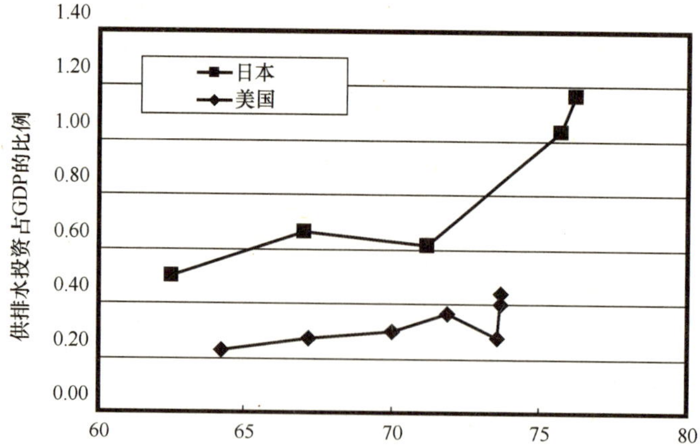

图 3-9 美国、日本城市化率与供排水投资占 GDP 比例对比

数据来源：世界银行数据库。

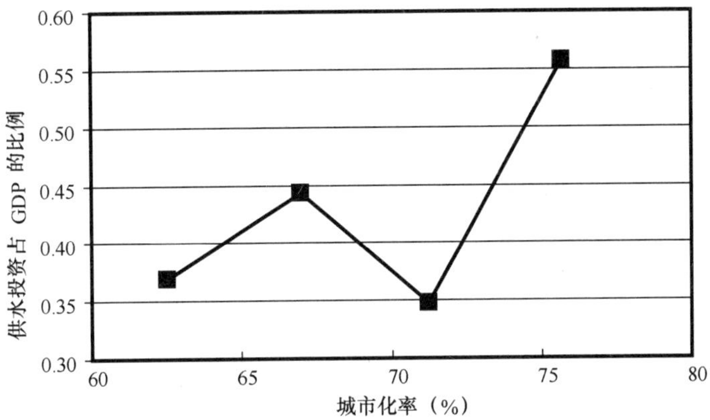

图 3-10 日本城市化率与供水投资占 GDP 比例对比

数据来源：世界银行数据库。

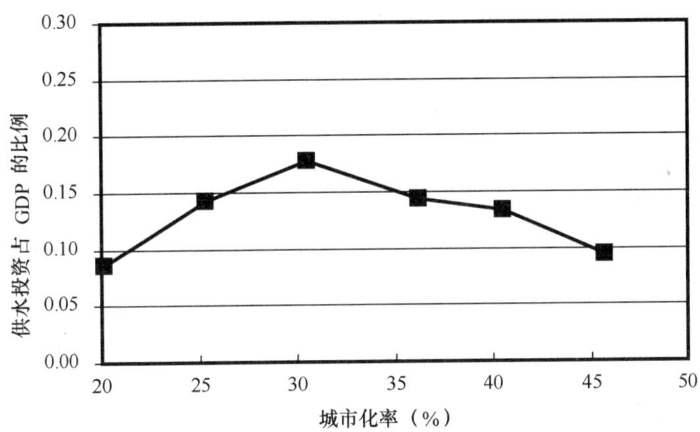

图 3-11 中国城市化率与供水投资占 GDP 比例对比

数据来源：世界银行数据库。

量的要求的不断提高不相协调。

综上所述，当前城市供水行业的融资渠道相对单一，资金总量不足。为拓宽资金来源，中国政府对城市供水行业推行市场化改革，扩宽了资金渠道和可供使用的资金总额，但投融资渠道相对单一以及可供使用的资金不足的局面并未改善。对于关乎公众日常生活和企业生产的城市供水行业而言，其发展质量与速度关系着人民群众身体健康和经济的可持续发展，但依靠"政府财政为主、企业投资为辅"的投融资机制，无法满足不断加快的城镇化进程对城市供水行业的新建与改扩建设施以及运营维护环节的资金需求，为此，创新投融资模式是当前城市供水行业发展的重中之重。

四、城市供水行业投融资的主要问题

当前中国城市供水行业的投融资渠道较为狭窄，投资总量增长难以满足经济社会发展和城镇化进程的根本需要。这主要表现在以下几个方面：

（一）财政融资问题

首先，城市供水行业财政融资面临着审批效率的制约。以国债为例，地方城市供水项目从立项到获得资金支持，需要经历反复的层层审批，审批周期过长、规模失控、责任主体缺位。地方政府针对国债的专项配套资金也存在到位率较低、项目前期准备工作不足、管理不规范等问题。产生上述问题的根源在于中国缺乏有效的中央和地方协调发展、分工负责的投融资机制。

其次，财政融资资金的使用效率较为低下。政府投融资模式并非按照金融资产管理的方式，而是按照财政拨款的方式运行，由此政府投融资项目不直接面对市场风险，客观上导致资源浪费和低水平的重复建设。政府资金作为城市供水项目资金的主要来源，在使用过程中同样存在浪费和效率低下问题，政府资金在使用过程中缺乏实时监管，低效率和浪费现象无法及时发现并纠正，不科学的项目规划和失当的项目决策、重复建设和建成之后的设施闲置等问题大量存在，从而导致供水设施供给不足和利用不充分同时并存。此外，一些城市供水项目存在超额投资、建设质量低劣、所购设备低质的情况，经常需要返修或重建，带来巨大的资金浪费。需要说明的是，财政投资采用非市场方式配置资源，只有项目建设目标，缺乏适应市场经济要求的投融资体制目标，常常造成政府责任缺失。

（二）项目融资问题

1. 担保条件较为严格

项目融资资金主要来自银行贷款，为达到控制风险的目的，银行往往要求企业提供担保。在中国企业信用评价体系不健全的前提下，银行注重第三方担保和资产抵押担保（主要是土地和固定资产等实物类担保），程序较为复杂，担保条件较为严格，制约了城市供水企业的融资效率。

2. 项目公司作为借款主体增加了融资的难度

目前国内商业银行对具有稳定收益的城市供水项目缺乏正确认识，在项目融资过程中，往往偏好将投资人作为借款人或投资人提供连带担保责任，从而扩大项目贷款的追索范围。而银行对于项目融资的有限追索持审慎态度，借此来规避贷款风险。这种做法增加了城市供水项目的公司融资难度。

3. 缺乏长期投资的激励机制

城市供水项目的特许经营期是指特许经营者享有特许经营权的时间。根据建设部颁布的《市政公用事业特许经营管理办法》，特许经营期限应当根据行业特点、规模、经营方式等因素确定，最长不得超过30年。在实践中城市供水项目的特许经营期往往介于20～30年之间，这低于城市供水设施的使用年限，而且经营者在特许经营期满后将城市供水设施无偿移交给政府。由于缺乏产权的长期投资激励机制，在特许经营期内经营者仅限于正常运营，缺乏更新改造城市供水设施的动力。因此，城市供水项目的经营者在特许经营期内投资不足的直接后果是：政府在特许经营期满收回城市供水项目后，需要进行大规模的更新改造，这增加了政府的资金压力。

五、 城市供水行业建设的现状分析

城市供水行业的投资规模决定了供水行业的基础设施建设能力，城市供水行业投资主要用于管网设施的建设和自来水厂在取水、净化、送水以及出厂输水干管等环节的施工建设。近年来不断增加的城市供水行业投资额，促进了城市供水管道设施的快速发展。但不同省际、东中西三大区域的城市供水管网设施建设的差异较为明显，供水综合生产能力和供水管道设施的增速较为缓慢。

（一）城市供水管网设施

图3-12反映了中国城市供水行业管网设施建设的基本情况。1978年～2013

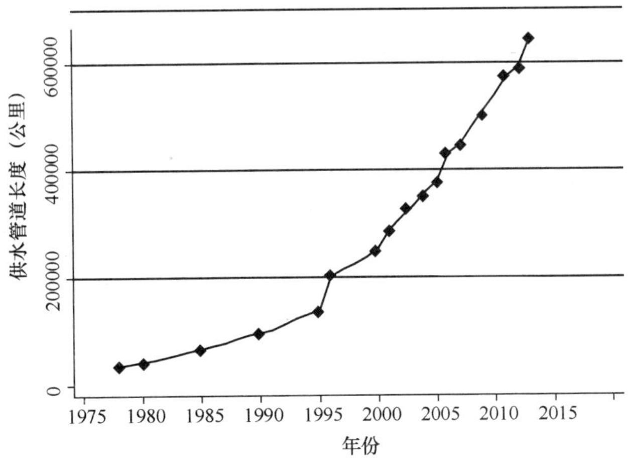

图3-12 供水管道总长度

数据来源：中国城市建设统计年鉴（2013）. 中国统计出版社，2014.

年，中国城市供水管道总里程由3.60万公里增加至64.64万公里，增长近18倍，城市供水管网设施建设规模的提高推动了中国城市供水行业的发展。2013年中国大部分省份的城市供水管道里程长而密集，而且东中西三大区域呈现出较大差异。其中，供水管道长度超过3万公里的省份主要有广东、江苏、浙江、山东、上海、辽宁和北京，而多数西部省份的供水管道里程低于1万公里，如贵州、云南、陕西、山西、甘肃、宁夏、新疆、青海和西藏（具体如图3-13所示）。

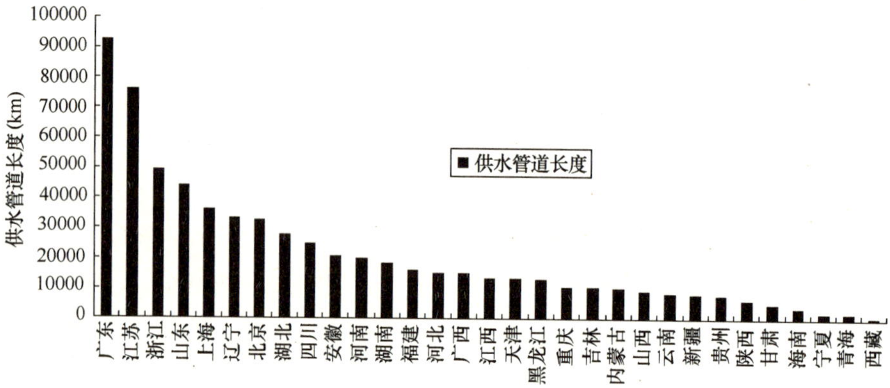

图3-13　2013年省际城市供水管道长度

数据来源：中国城市建设统计年鉴（2013）．中国统计出版社，2014.

（二）城市供水企业数量

截止到2013年中国城市供水水厂个数达到2752家，平均每个省际89家。其中，广东的供水水厂个数最多，达到332家，其次为山东262家，四川、辽宁、浙江的水厂个数排在3-5位。相比而言，天津、宁夏、海南、青海、西藏的城市供水水厂个数较少，5省市的城市供水水厂之和为87家，约为排名第一的广东的1/4。（如图3-14所示）由此可见，省际由于城市规模等先天因素和企业自身规模等因素，导致省际城市供水企业数量差距较大。但总体来看，目前城市供水格局具有分散化特征，相对集中的、大型供水集团的模式只存在于北京、深圳、杭州等个别地区，由于制度限制跨地区的供水企业之间兼并重组十分少见。为此，在未来一段时间内通过跨区域企业之间的整合，从而做大做强城市供水企业，成立大型的城市供水集团，可能是城市供水行业跨越式发展的重要思路。

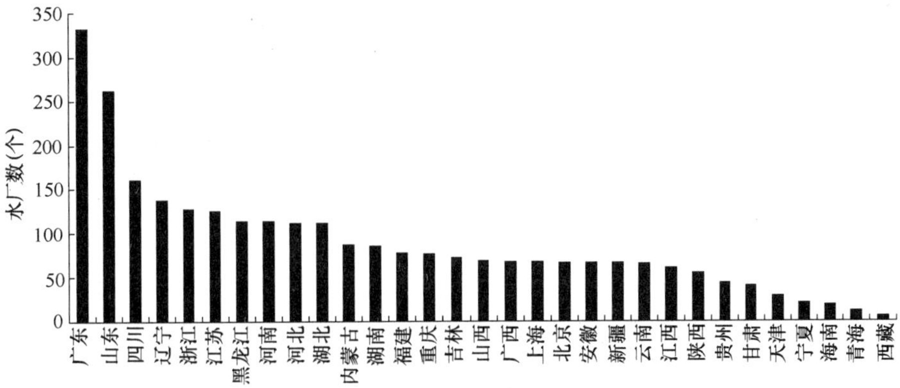

图 3-14　2013 年各省（市）城市供水水厂个数

数据来源：中国城市建设统计年鉴（2013）. 中国统计出版社，2014。

六、 城市供水行业建设的主要问题

改革开放以来我国加大了对城市供水行业的投入，城市供水行业基础设施建设与城市供水企业数量均获得较大幅度的提升，但当前城市供水行业的发展仍然无法适应城镇化进程的基本要求，城市供水管网设施老化、中小城市的供水设施水平整体偏低等问题依然困扰着中国城市供水行业的快速发展。

（一）供水设施落后与管网老化并存

目前我国城市供水基础设施相对落后，不符合国际标准的灰口铸铁管道占比达到 50%以上，个别城市甚至达到 90%，造成水质的二次污染。由于供水工艺设备与管理水平落后，导致中国水资源的利用效率普遍较低。与此同时，城市生活用水跑冒滴漏现象十分普遍，2013 年城市供水管网漏损率为 13.13%①。我国不同地区管网漏损率情况存在较大差别，一般来说新近发展起来的城市和区域漏损率较低，如深圳 2009 年自来水管网漏损率为 9.61%，而一些老城区由于管网老化、更新缓慢，管网漏损和偷水现象等比较严重，给供水企业造成一定的经济损失，如福州、海口等。此外，大多数城市的公用事业用水（如环卫洒水车直接从消防栓节水）难以计量，仅武汉市估计每年因此损失的水约为 6000 吨②。由此可见，由于供水设施建设落后、供水管网老化严重等原因，带来水资源利用率

① 城市供水管网漏损率根据 2013 中国城市建设统计年鉴中漏损水量与供水总量的比例计算得到。

② 陆涛等. 中国供水管网漏损现状及控制措施研究［J］. 复旦学报（自然科学版），2013，(6).

较低、水资源浪费和二次污染等一系列问题。由于城市供水行业的投资增量不足，现有投资难以维持新建管网和水厂设施的建设需求，用于老旧管网设施的更新改造资金更是十分稀少。

（二）中西部地区的供水设施水平低于东部地区

我国每年新增的供水管道设施主要集中在东部地区，缺水较为严重的西部地区的增长速度则较为缓慢。相对于大城市而言，小城市、县城以及西部地区不但供水设施存量相对落后，而且供水设施建设投入的增量也十分不足。图 3-15 反映了 2013 年中国省际城市供水行业供水管道长度与固定资产投资的基本情况。由该图可知 2013 年广东、江苏、浙江、山东、上海的供水管道长度排在前 5 位，同时江苏供水行业固定资产投资排在第 1 位，极力增加城市供水基础设施投入，旨在提升城市供水综合生产能力和服务水平，而北京的固定资产投资屈居第二。相对而言，西部地区的供水管道长度较短，同时除新疆以外的其他省际的固定资产投资相对较少。综合来看，城市供水管道基础设施建设基本呈现出东中西由高到低的区位变化，但固定资产投资并未呈现出显著的东中西由高到低的变化特征。

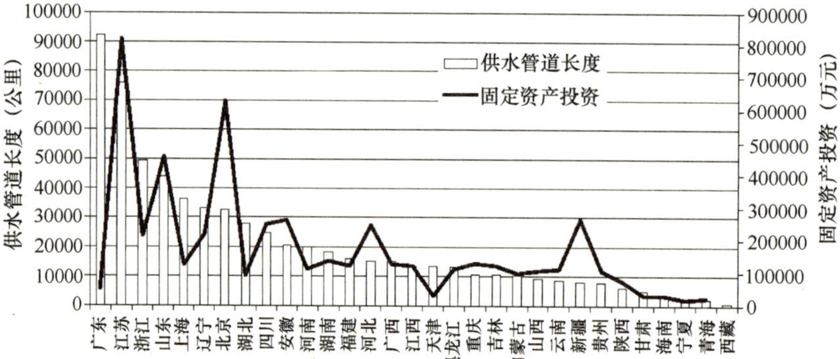

图 3-15　2013 年中国各省城市供水行业供水管道长度与固定资产投资情况

数据来源：中国城市建设统计年鉴（2013）. 中国统计出版社，2014。

第三节　供水行业生产与供应

改革开放以来随着经济的快速发展和城镇化进程的加快，中国城市供水行业的综合生产能力、用水普及率等反映城市供水行业生产与供应能力的指标获得大幅提升。同时，城市供水行业的服务水平和运行效率得到快速提高，特别是在专业培训、客户服务、财务管理、设施维护与技术引进等方面发展较快。本报告将从供水生产企业基本情况、供水行业综合生产能力和城市供水量三方面对供水行业生产与供应进行分析。

一、 供水生产企业基本情况

（一）总体规模

2008 年～2012 年，由于产业结构的战略调整，自来水的生产和供应行业的企业数量呈现倒“V”字形的变化趋势，由 2008 年的 1629 家提高到 2010 年的 1794 家，随后开始降低，2011 年～2012 年基本维持在 900 多家供水企业，但行业总资产却呈现出逐年上升的发展趋势，负债总额也呈现出稳步增加的趋势，但资产负债率基本维持在 50%左右（见表 3-3）。这说明近年来城市供水行业的总体经济实力在不断增强。

2008 年～2012 年城市供水行业主要指标统计　　表 3-3

主要指标 / 时段	企业数量（家）	从业人员（人）	资产总计（亿元）	增长率（%）	负债总计（亿元）	增长率（%）
2008. 1-11	1629	403028	3461. 72	11. 95	1768. 13	13. 02
2009. 1-11	1731	415312	3877. 67	12. 86	2078. 54	17. 34
2010. 1-11	1794	426169	4411. 42	12. 37	2431. 39	14. 44
2011. 1-12	908	336765	4541. 73	11. 70	2466. 68	12. 03
2012. 1-12	934	357742	5237. 69	13. 55	2934. 73	16. 24

数据来源：中经网统计数据库。

（二）大中小企业分布

2012 年自来水生产和供应业的企业数为 934 家，其中大型企业数量仅有 29 家，资产共计 1691. 99 亿元，占整个行业的比重 32. 3%。中型企业的数量达到 250 家，资产总计达到 1998. 26 亿元，同比增长 12. 64%。小型企业的数量虽然有 655 家，但是整个资产比重仅占整个行业的 29. 54%。（见表 3-4）因此，自来水的生产和供应业中的多数企业依然是小型企业。但是，小型企业的整体集中程度过低，使得这一群体的整体实力偏弱。随着城市供水行业的发展，未来一段时间内城市供水企业可能朝着做大做强的方向迈进，通过兼并重组建立专业化大型供水公司的模式，从而做大做强城市供水行业。

2012 年城市供水行业内不同规模企业资产情况　　表 3-4

企业类型	企业个数（家）	资产总计（亿元）	同比增长（%）	比例（%）
全部	934	5237.69	13.55	100.00
大型	29	1691.99	10.23	32.30
中型	250	1998.26	12.64	38.15
小型	655	1547.44	18.69	29.54

数据来源：中经网统计数据库。

（三）大中小型企业盈利情况

2012 年不同规模的自来水生产和供应业企业中，利润总额最高的是小型企业，总共实现销售收入 380.60 亿元，利润总额达到 22.62 亿元。其次是中型企业，总共实现 5.4 亿元的利润；大型城市供水企业仅获得 1.86 亿元的利润，2012 年大中型城市供水企业的盈利能力较低（见表 3-5）。由此可见，城市供水企业规模与销售利润率呈现出反方向变化趋势。这可能因为相对于小型企业而言，大型企业更多考虑企业的社会责任、员工的社会保障，同时企业的职位结构较为复杂、员工冗余等常常发生，增加了大型企业负担，但大型企业保障供水运行的稳定性特征往往是中小型企业不可比的。

2012 年城市供水行业内不同规模企业盈利情况　　表 3-5

企业类型	利润总额（亿元）	同比增长（%）	销售利润率（%）	销售收入（亿元）	同比增长（%）
全部	29.88	29.97	3.07	973.06	11.09
大型	1.86	−296.24	0.75	246.84	8.39
中型	5.40	37.68	1.56	345.61	10.05
小型	22.62	13.01	5.94	380.60	13.92

数据来源：中经网统计数据库。

二、 供水综合生产能力

（一）城市供水行业综合生产能力的总体情况

改革开放以来，中国城市供水行业综合生产能力基本上逐年提高，根据下图可将中国城市供水行业综合生产能力分为两个阶段，其中，1978 年～1985 年为第一阶段，这一阶段的城市供水行业综合生产能力增长缓慢；1986 年～2013 年为第二阶段，该阶段城市供水行业综合生产能力获得了快速的提升。截止到 2013 年中国城市供水行业综合生产能力已达到 28373.4 万立方米/日，比 1978 年的 2530.4 万立方米/日提高了 10 倍之多。这说明随着经济的发展和城镇化进程的加快，中国城市供水行业综合生产能力获得快速提升，如图 3-16 所示。

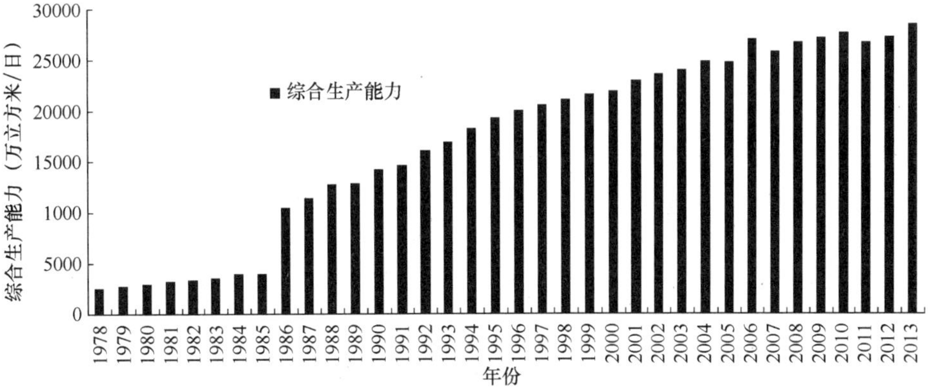

图 3-16　1978 年～2013 年中国城市供水行业供水综合生产能力变化情况

数据来源：中国城市建设统计年鉴（2013）. 中国统计出版社，2014.

（二）城市供水行业综合生产能力的省际差异

2013 年城市供水行业综合生产总能力达到 28372.39 万立方米/日，省际平均值为 915.24 万立方米/日。其中，广东、江苏、北京、山东、浙江的城市供水行业综合生产能力较强，排在全国前 5 位；广东最高，达到 3496.53 万立方米/日，江苏次之，为 2902.56 万立方米/日。（如图 3-17 所示）相比较而言，云南、贵州、海南、宁夏、青海、西藏的城市供水行业综合生产能力较低，排在全国后

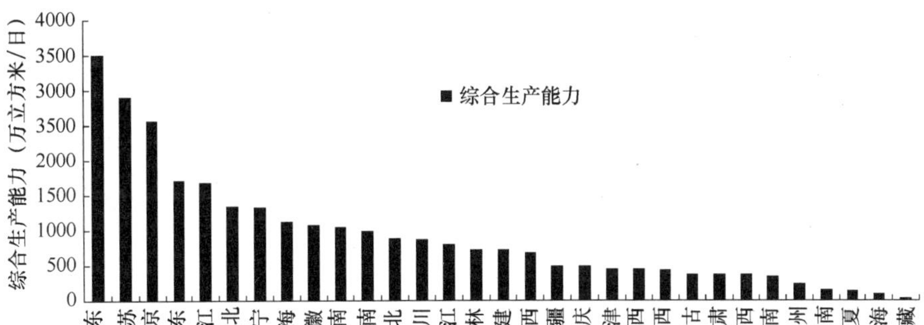

图 3-17　2013 年中国省际城市供水行业供水综合生产能力变化情况

数据来源：中国城市建设统计年鉴（2013）. 中国统计出版社，2014.

5 位，其中，西藏最低，仅为 34 万立方米/日。由此可见，城市供水行业综合生产能力呈现出较为显著的区域差异性，一般而言东部地区的城市供水行业综合生产能力较强，而中西部地区的城市供水行业综合生产能力相对较弱。未来一段时间内应结合省际人口、经济发展水平、供水设施需求，保障东部地区城市供水行业综合生产能力，加大对中西部地区城市供水设施的投入，缩小中西部地区与东部地区城市供水行业综合生产能力的差距。

三、 供水量

（一）供水量的总体情况

总体来看，改革开放以来中国城市供水总量呈现出上升趋势。以 1986 年为分界点，1986 年以前中国城市供水总量变化不大，1986 年快速提升，1986 年～1994 年增速较为明显，1994 年以后中国城市供水总量波动不大。2013 年中国城市供水总量达到 537.30 亿立方米，是 1978 年的 78.75 亿立方米的近 7 倍（详见图 3-18）。由此可见，随着城镇化进程的加快、经济的快速发展，城市供水总量在不断提升，但 1994 年以来城市供水总量趋于平稳，这说明尽管城市人口增加需要提高城市供水总量，但由于居民节约用水意识也对用水量有降低效应，二者共同作用使得近年来的供水总量趋于稳定。

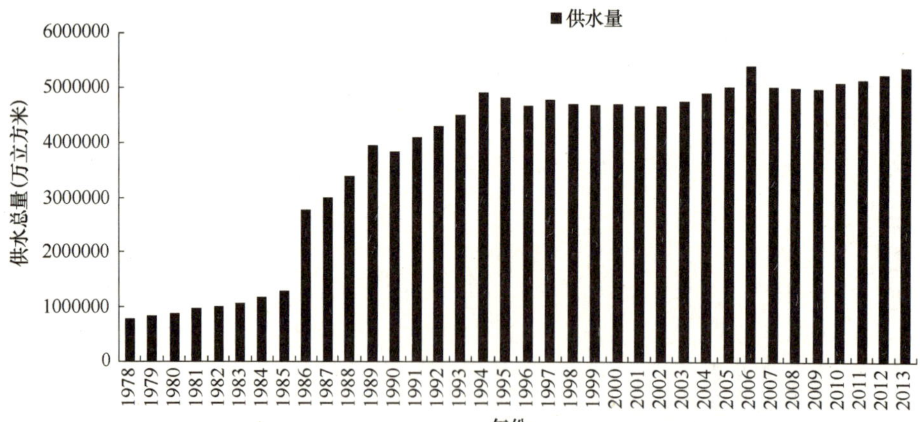

图 3-18　1978 年～2013 年中国城市供水行业供水量情况

数据来源：中国城市建设统计年鉴（2013）．中国统计出版社，2014.

（二）供水量的省际差异

2013年中国城市供水总量达到537.30亿立方米，省际平均值为17.33亿立方米。其中，广东、江苏、山东、上海、浙江5省（市）的供水总量较高，排在前5位，广东最高，达到81.54亿立方米/日，贵州、海南、宁夏、青海、西藏5省得城市供水总量较低，排在后5位，其中，西藏最低，仅为1.20亿立方米/日（详见图3-19）。由此可见，中国省际的城市供水总量存在着显著的区域差异，与城市经济发展水平和城镇化进程相类似，东部地区的城市供水总量较高，中西部地区的城市供水总量较低。

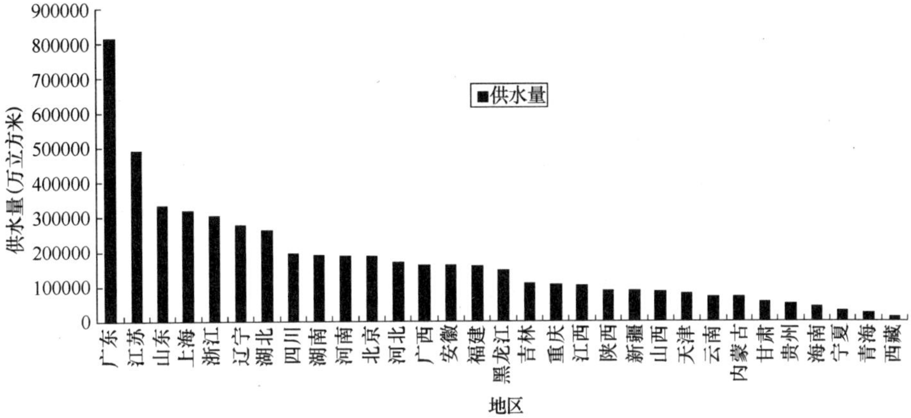

图3-19 2013年中国省际城市供水量变化情况

数据来源：中国城市建设统计年鉴（2013）．中国统计出版社，2014.

（三）供水量的基本构成

城市居民生活用水量和生产经营用水量在城市供水总量中占据较大比例，为此本报告将对城市生活用水量和生产运营用水量的变化趋势进行分析，详见图3-20。由该图可以看出改革开放以来中国城市生活用水总量是不断上升的，并由1978年的27.59亿立方米增加到2013年的267.65亿立方米，增长了近9倍。而生产运营用水量呈现出倒“U”形变化趋势，并在1994年达到历史峰值，该年的生产运营用水量达到313.61亿立方米。进一步地，由该图可知2002年以前城市生活用水量总体上低于生产运营用水量，2002年以后城市生活用水量高于生产经营用水量。

进一步地，本报告对公共服务用水量和居民家庭用水量的变化趋势进行分析，详见图3-21。由该图可知，总体上公共服务用水量和居民家庭用水量呈现

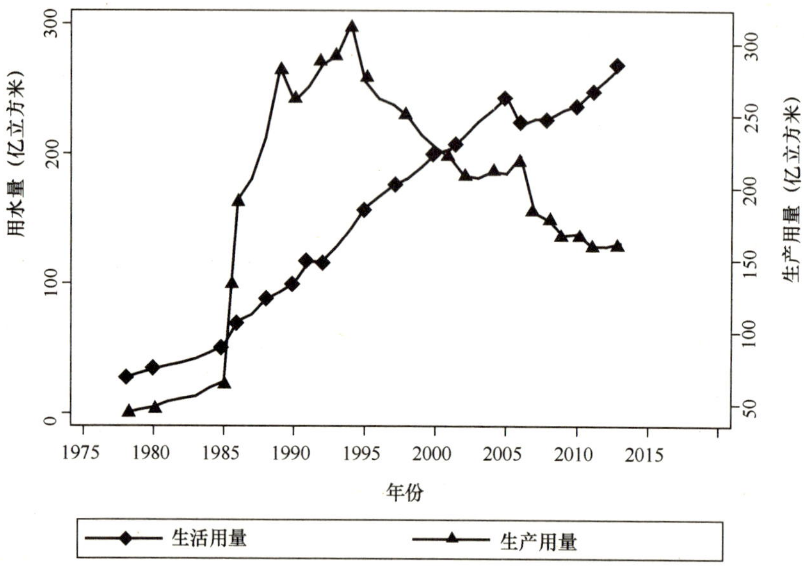

图 3-20　城市供水中的生活用量与生产运营用水量的变化情况

数据来源：中国城市建设统计年鉴（2013）. 中国统计出版社，2014.

说明：生活用水量约等于公共服务用水量和居民家庭用水量之和。

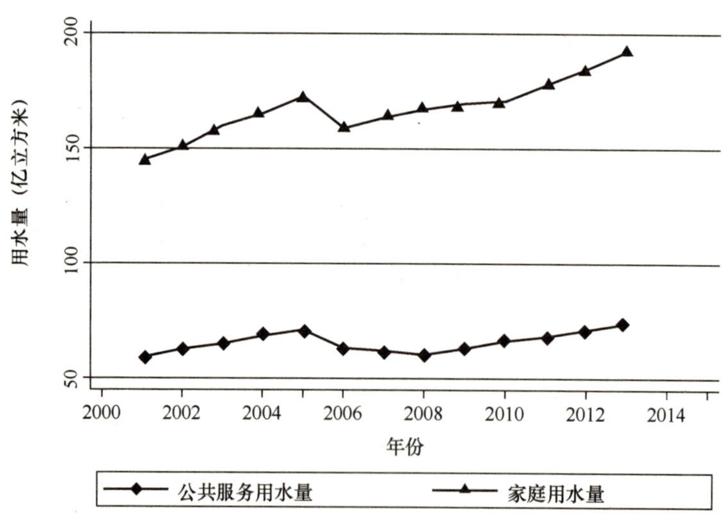

图 3-21　城市供水中的公共服务用水与家庭用水量的变化情况

数据来源：中国城市建设统计年鉴（2013）. 中国统计出版社，2014.

出增长趋势，但居民家庭用水量远大于公共服务用水量。其中，公共服务用水量由 2001 年的 58.89 亿立方米增至 2013 年的 73.96 亿立方米，增长了 25.6%。而居民家庭用水量由 2001 年的 125.61 亿立方米增至 2013 年的 192.44 亿立方米，增长了 53.2%。

此外，本报告还对城市供水中的公共项目售水量（即社会公用性生产经营企业，主要是自来水厂的售水量）与免费供水量（包括公共项目和自建设施供水）的变化趋势进行分析，详见图 3-22。由该图可知，中国城市公共项目售水量呈现出先增加后降低的“N”形变化趋势，拐点分别出现在 2006 年和 2007 年，并在 2006 年达到峰值 474.70 亿立方米。同时，城市免费供水量呈现“M”形拖尾变化趋势，2001 年为 17.17 亿立方米，2002 年达到最高的 31.82 亿立方米，2005 年开始上升随后下降，2006 年以后的变化并不明显，2013 年的城市免费供水量最低，仅为 12.37 亿立方米。

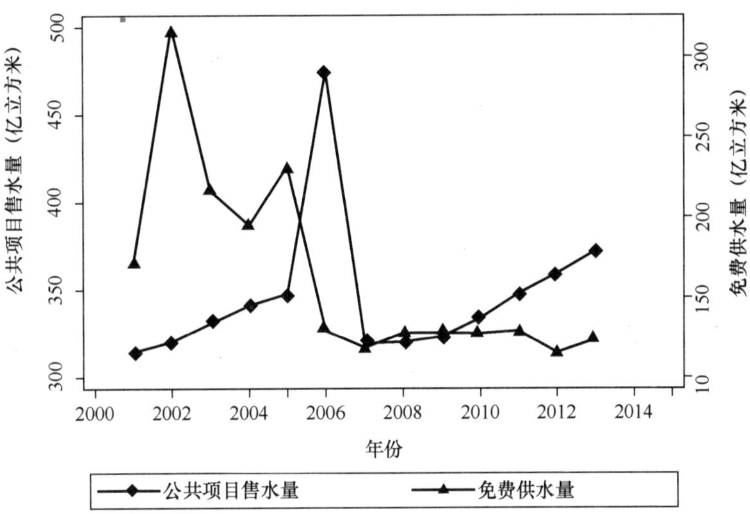

图 3-22　城市供水中的公共项目售水量与免费供水量的变化情况

数据来源：中国城市建设统计年鉴（2013）. 中国统计出版社，2014.

（四）供水普及情况

图 3-23 显示了 1978 年～2013 年中国城市居民人均日生活供水量和用水普及率的基本情况。其中，人均日生活用水量呈现先增后降的倒“U”形变化趋势。1978 年中国城市人均日生活用水量为 120.6 升，到 2000 年达到最高的 220.20 升，此后逐年下降，2013 年降至 173.5 升。与之相比，城市居民用水普及率呈现出先降后升的“U”形变化趋势，1978 年城市居民用水普及率为 81.6%，1985 年降至最低的 45.1%，此后逐年上升，到 2013 年中国城市居民用水普及率达到 97.56%。综上所述，城市居民人均日生活供水量和用水普及率的相反变化

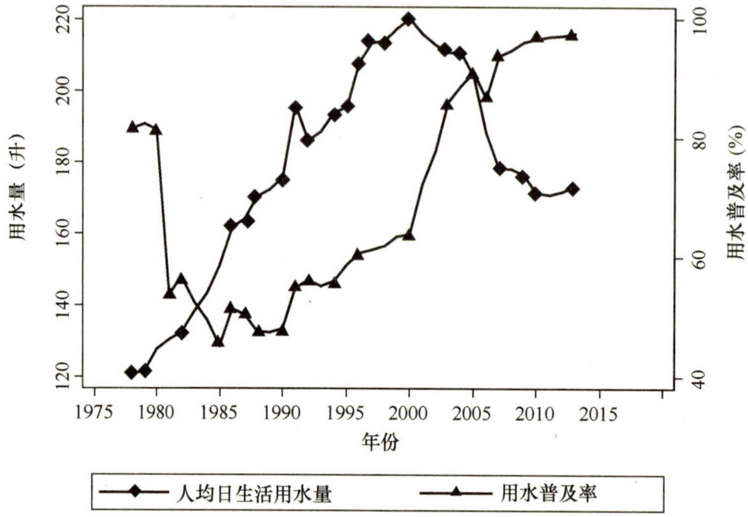

图 3-23 城市供水中的人均日生活用水量与用水普及率的基本情况

数据来源：中国城市建设统计年鉴（2013）．中国统计出版社，2014。

趋势反映了城市供水总量增加促进了城市居民用水普及率的提升，同时近年来逐步推行的节水型城市建设和居民节约用水意识的宣传教育取得一定的效果，带来了居民人均生活用水量的逐步降低。

综上所述，改革开放以来中国城市供水行业的综合生产能力、用水总量、用水普及率均获得较快提高，人均居民用水量大幅降低，在一定程度上显示居民的节约用水效果。城市用水结构发生显著变化，已由以生产用水为主转向以居民生活用水为主。

第四节 供水行业结构

随着中国城市供水行业市场化改革的深入，长期以来由事业单位和（或）国有企业垄断经营城市供水行业的格局发生了根本变化，目前已形成以国有企业为主体，国际资本、民营资本在内的各类资本纷纷进入中国城市供水行业的格局。在这些企业中，国际水务巨头、大型专业投资公司、水务上市企业和地方性的水务公司逐渐成为中国城市供水行业的重要力量。

目前中国供水企业依据企业规模和所有制类型可以分为三类：

第一类是核心城市和地区的供水项目，由于供水行业市场开放较早以及所在地的经济基础较为雄厚，拥有吸引大型国有或国有控股企业和国际水务巨头进入的强大动力，该类企业往往拥有雄厚的资金支持、丰富的管理经验和先进的技术支撑。

第二类是大中城市和地区的供水项目，主要特点是要求企业具有筹资、建设和运营城市供水行业的能力，多以水务上市公司、大型投资公司（包括国有和民营）以及小规模的外资和（或）港澳台企业为主。

第三类是小城市和中西部中等城市的供水项目，这些城市由于制度建设相对薄弱、市场规范性较差，供水项目的投资回报面临着不确定性，因此这些城市往往以中小型民营企业和地方性的国有企业或事业单位的形式存在。

中国城市供水行业经过二十余年的改革与发展，已由成长走向成熟，从公司管理到公司治理，从市场换技术到自主创新，从市场开拓到经营管理体系建立，中国城市供水行业进入产业时代，城市供水行业的专业化程度正在加强，以产业链为核心的产业格局即将形成。根据 2014 年度第十二届水业企业①评选结果，在 32 强企业中有经营供水业务的企业 12 家，即北京首创股份有限公司、长沙水业集团有限公司、成都市兴蓉投资股份有限公司、重庆水务集团有限公司、广东粤海水务股份有限公司、黑龙江国中水务股份有限公司、青岛水务集团有限公司、上海城投水务（集团）有限公司、深圳市水务（集团）有限公司、威立雅中国、中法水务投资有限公司、中山公用事业集团股份有限公司、珠海水务集团有限公司。这些专业化的水业企业既有大型国有控股企业，也有国际水务巨头，还有新兴的民营企业，它们在企业家与团队、品牌感知、市场能力、投融资能力、管理能力和大众感知等 6 个维度上展现出比较优势，推动了中国城市供水行业的改革与发展，促进了城市供水行业服务能力与运行效率的提升。本报告将对在城市供水行业中占主导地位的国有及国有控股企业、外资和港澳台企业、上市公司和民营供水企业的基本情况进行分析。

一、 国有及国有控股供水企业

在传统计划经济体制下国有及国有控股企业、事业单位是中国城市供水行业的运营主体。随着市场化改革的深入，城市供水行业进行了事业单位转企，国有及国有控股企业建立现代企业制度，一些城市还形成大型的国有企业集团。具体地，为推进事业单位改革，城市政府多通过划转或并购的方式建立国有企业，整

① 需要说明的是这里的水业企业包含供水企业和污水处理企业，有些企业同时经营供水和污水处理业务，有些则只经营供水业务或污水处理业务。

合城市供水或排水企业，形成大型城市供水集团或供排水集团①，如北京、杭州等地。有些城市为实现供排水业务的统一管理，也形成了供排水一体化的大型水务集团，如深圳水务集团、沈阳水务集团、厦门水务集团等。随着市场化改革的深入，在城市供水领域的事业单位数量已非常少见，目前中小城市或县城多以分散的、中小型的国有供水企业为主，而一些大城市已成立大型供水集团和供排水一体化的水务集团。具体而言：

（1）事业单位负责建设、运营的城市供水企业数量极少、规模较小，一般分布在县级以下城市。事业单位具有行政性、效率低以及激励弱等弊端，市场化改革后一些城市实现了事业单位转企，建立了现代企业制度，创新了企业经营理念，推动了供水能力的提高和运营效率的提升。少数经济较为落后的地区，目前依然维系事业单位属性，服务能力整体偏低、运营效率和服务水平不高。如内蒙古巴彦淖尔市五原县自来水公司、辽宁省绥中县自来水有限公司、太原市古交供水公司、吕梁市供水服务中心、阿拉善阿左旗城市给排水公司等企业目前仍属于事业单位性质。

（2）国有及国有控股企业中分散化的中小型企业与集中化的大型企业集团并存。首先，直辖市、多数省会城市和个别计划单列市目前已形成专业化的供水或水务集团。如深圳、沈阳、厦门、武汉、重庆、济南、南京、长春等地。这些供水（水务）集团多具有政府背景，依赖资产规模和地理优势，通过改革重组逐渐成为国内水务行业的优势企业，并积极突破地域限制、对外并购扩张，目前已成为城市供水行业的主力军。如深圳水务集团通过股权收购、合资的方式获得广东、江西、江苏、河南、安徽、浙江和山东等地 18 个城市供水（供排水）项目的运营权。其次，县城或中小城市多以一地一个中小型供水企业的形式存在。如辽宁省盘锦市大洼县自来水公司为国有企业，主要负责县域内的城市供水服务。

综上所述，国有及国有控股企业是中国城市供水行业的运营主体，由事业单位运营的城市供水企业的数量十分少见。为此，亟须建立事业单位转为企业的机制，尽快建立现代企业制度，同时完善城市供水企业的运行管理制度，通过兼并重组、资源整合形成具有国际影响力的大型城市供水（水务）集团是国有企业改革的基本方向。

二、外资和我国港澳台资供水企业

1986 年日元贷款支持长春市中日友好水厂建设标志着外资正式进入城市供

① 有些大型城市水务集团主要经营城市自来水业务，有些水务集团集城市供水、排水与污水处理等业务为一体。

水行业。外资正式进入中国城市供水市场以1992年中法水务与坦洲镇经济发展总公司合资成立首家中外合资供水企业为开端，该公司主要为坦洲镇的工商企业和居民提供全方位供水服务，包括饮用水的生产、销售、供水管网的建设、维护以及相关的客户服务。随后，以威立雅和中法水务为代表的外资水务，依靠雄厚的资本、先进的技术和管理经验相继进入中国城市供水市场。截止到2014年底，包括法国威立雅、中法水务、德国柏林水务、美国金州水务、中华煤气、西部水务、联合水务、韩国可隆集团等公司在内近20家外资和我国企业进入中国城市供水市场。其中，威立雅水务、中法水务、中华煤气、金州环境、汇津水务和美国西部水务等6大企业共运营80多个城市供水项目。总体来看外资港澳台资水务率先进入沿海一线城市，随后向东西部二线、三线城市扩张，如表3-6所示。以下以威立雅、中法水务为例，对外资和我国港澳台资水务在国内情况进行分析。

主要外资和我国港澳台资水务企业在国内供水项目的分布情况　　表3-6

外资和我国港澳台资企业	供水项目分布
威立雅	成都、上海、天津、昆明、呼和浩特、宝鸡、常州、深圳、柳州、兰州、大连、海口、长乐
中法水务	四平、昌图、盘锦、天津、保定、青岛、郑州、常熟、新昌、南昌、重庆、中山、三亚
柏林水务	西安、福州、沈阳、盐城、驻马店、合肥、大同、南昌
金州环境	北京、泰州、镇江、扬中、南通、宁波、杭州、绍兴、临沂、东莞、常州、郑州、盱眙
中华煤气	吴江、芜湖、苏州、天津
西部水务	贵州的织金、纳雍、黔西、赫章4县、南靖

资料来源：根据各公司网站资料整理。

（一）威立雅在华供水行业发展情况分析

威立雅环境集团是当今世界唯一提供全方位环境服务的企业集团。包括水资源管理（威立雅水务）、废弃物管理（威立雅环境服务）、公共交通（威立雅交通）以及能源服务（威立雅能源）。威立雅水务在世界水务服务领域排名第一，公司为市政和工业客户提供服务，以协助他们应对水利基础设施日益增加的需求。这包括建造和运营供水和污水处理的水厂和管网，以及更新现有设施以提高效率和增加处理能力。2010年，威立雅水务为全球近1亿居民提供饮用水服务，为7100万居民提供污水处理服务。

早在20世纪80年代初，威立雅即通过其工程分公司OTV-KRUGER进入中国。1997年6月，威立雅获得天津凌庄水处理厂改造项目和20年经营权。威立雅在中国城市供水行业主要有三种模式：第一，与当地市政企业合作，企业由中方控股；第二，BOT模式；第三，DBO（设计、建设、运营）模式。

近年来，威立雅进军中国城市供水市场的模式呈现出三大特征：以高出竞争对手的价格进行报价，实行高溢价收购；倾向与金融资本合作；投资与运营分离。其中，“高出竞争对手报价、以高溢价收购供水公司”是近年来威立雅扩张中国供水版图的基本表现，如2006年9月15日，兰州供水集团发布针对45%的股权进行公开招标。包括威立雅水务、中法水务、首创股份均进行现场调查，并递交投标文件，苏伊士和首创的报价分别为4.5亿元和2.8亿元，而威立雅以远高于首创股份6倍的投标价17.1亿元中标，净资产溢价达到280%。2007年1月，海口水务集团通过海南产权交易所公开发布招商信息，转让净资产为6.3亿元的海口第一水务有限公司的50%股权，拟转让价格为3.15亿元，首创股份、中法水务、香港中华煤气和威立雅均对海口项目提交了报价。最后，威立雅以超过标底价3倍的价格竞得该部分股权，拿到项目合营公司49%股权；2007年9月，威立雅又以21.8亿元夺得天津市北水业49%的股权转让项目，出价高出净资产的3倍之多。

此外，2002年威立雅与首创股份签署战略合作协议，该协议约定双方在资源、资金、管理和技术等方面进行合作，共同经营城市基础设施项目，并于2003年双方成立首创威水投资有限公司。需要说明的是，威立雅与首创股份的合作不仅局限于成立合资公司，还实施收购战略，如收购深圳水务公司。在这场收购大战中，首创股份凭借国企信用获得银行18年、20亿元的贷款，承担29亿多元收购款中的绝大部分，合资公司为该项目支付金额不足10亿元。按照威立雅持股合资公司50%的股份折算，付现资本还低于5亿元，而该部分资金却获得持股总资产超65亿元人民币的深圳水务集团25%股权。类似于首创股份提供投资资金、威立雅负责运营管理的模式在双方合作的宝鸡、渭南等项目中同样存在。而对其频繁开展的高溢价收购提供支撑的正是其娴熟运作金融资本的能力。类似地，威立雅在中国的合作伙伴还有很多，包括平安信托、中信泰富、光大国际等。比如平安信托参与的柳州自来水信托项目、中信泰富参与的昆明、常州的供水项目以及光大国际参与的青岛供水项目。

与国内水务项目普遍将投资和运营“合二为一”采取BOT模式不同的是，威立雅模式是将投资和运营两项职能相分离，项目投资阶段是资金流出阶段，对技术要求不高，而项目运营阶段是资金流入阶段，有一定的技术含量。威立雅控制资金流入阶段的权利，让出资金流出阶段的控股权，这意味着低投入、高产出。除运营公司带来的利润外，威立雅获取利润的方式还包括与项目公司签订顾问咨询服务协议。此外，还有政府管网系统维护等方面的收入。

需要说明的是，威立雅进军中国城市供水市场增强了竞争活力，对原有国有供水企业造成一定的冲击，有利于大型国有企业发展。但威立雅所运营的城市供水项目并非一片好评，有些项目也存在一定问题，甚至造成社会恐慌。其中，污染是困扰威立雅中国供水行业发展的关键问题，近年来“污染门”频繁发生，主要发生在城市污水处理行业，但 2014 年 4 月 11 日中午兰州市威立雅水务集团公司被曝出厂水及自流沟水样中苯含量严重超标，引发当地民众争相抢购矿泉水，这为外资进入城市供水市场形成供水安全隐患敲响警钟。

(二) 中法水务在华供水行业发展情况分析

中法水务投资有限公司（简称中法水务）是由法国苏伊士里昂水务集团和香港新创建集团有限公司合资组建。自 1992 年创建以来，中法水务积极参与中国城市供排水事业的发展建设，业务遍布中国 18 个省市，北源昌图、南至三亚、东起上海、西达成都，足迹遍布大江南北，供水人口 2000 万人，在中国拥有 5000 名员工，拥有强大的国内外专家队伍及全球性的技术和科学网络。公司核心业务涵盖饮用水处理、全方位供水服务、工业水处理、市政污水处理、污泥处理以及 O&M 服务六大范畴①。

1995 年中法水务以 1.25 亿元收购沈阳第八水厂 50%股权，与沈阳市自来水总公司合作成立沈阳中法供水有限公司，成为中国第一个引入外资的供水公司。因为固定资产回报问题，1999 年沈阳市政府以 1.5 亿元回购中法水务的 50%股权，该项目由此终止。2002 年，中法水务投资有限公司与重庆市水务控股集团有限公司共同投资成立重庆中法供水有限公司，总投资 12.3 亿元人民币，中法水务占比 60%，中方占比 40%。该公司主要负责重庆市江北区、渝北区两路镇以及横跨江北区和渝北区的北部新区的饮用水生产及销售、相关水厂和配套设施的建设经营及管理以及与供水相关的业务，并取得重庆市政府授予的供水项目特许经营权。合作公司日生产能力 72 万立方米，管网总长度 768 公里，供水面积 377 平方公里，供水人口 100 万人。2007 年中法水务以 8.95 亿元的投标价格，溢价 4 倍收购扬州自来水公司 49%的股权。截至目前，中法水务在中国拥有饮用水处理和全方位供水项目 16 个，遍布 11 个省市，详见表 3-7。

---

① 资料来源：中法水务官网（http：//www.sinofrench.com/default.htm）。

中法水务在华主要城市供水项目一览　　表 3-7

城市	时间	合作单位	备　注
南昌	1996	南昌双港供水有限公司	中法水务持股 50%，合同期限 28 年，日供水能力 10 万立方米
中山	1998	中山市供水有限公司	中法水务持股 50%，合同期限 28 年，日供水能力 100 万立方米，服务人口达到 120 万人
昌图	2000	昌图县自来水公司	中法水务持股 70%，合同期限 30 年，日供水能力 5 万立方米，服务人口 10 万人
保定	2000	保定市供水总公司	中法水务持股 55%，合同期限 20 年，日供水能力 26 万立方米，服务人口 90 万人
郑州	2001	郑州自来水公司	中法水务持股 50%，合同期限 30 年，日供水能力 40 万立方米，服务人口 140 万人
新昌	2002	新昌县水务集团有限公司	中法水务持股 50%，合同期限 30 年，日供水能力 12 万立方米，服务人口 14.6 万人
盘锦	2002	盘锦市自来水总公司	中法水务持股 60%，合同期限 30 年，日供水能力 11 万立方米，服务人口 35 万人
青岛	2002	青岛海润自来水集团有限公司	中法水务持股 50%，合同期限 25 年，日供水能力 72.6 万立方米，服务人口 250 万人
天津芥园	2009	天津市自来水集团有限公司	中法水务持股 52.06%，合同期限 14 年，日供水能力 50 万立方米，服务人口 150 万人
中山	1992	中山市坦洲镇经济发展总公司	中法水务持股 58%，合同期限 35 年，日供水能力 15 万立方米，服务人口 20 万人
重庆	2009	重庆水务集团股份有限公司	中法水务持股 50%，合同期限 50 年，日供水能力 74 万立方米，服务人口 120 万人
三亚	2003	海南天涯水业（集团）公司	中法水务持股 50%，合同期限 30 年，日供水能力 23.5 万立方米，服务人口 29 万人
天津塘沽	2004	天津自来水集团有限公司	中法水务持股 50%，合同期限 30 年，日供水能力 32 万立方米，服务人口 60 万人
常熟	2006	常熟市城建公有资产经营有限公司	中法水务持股 49%，合同期限 30 年，日供水能力 87.5 万立方米，服务人口 180 万人

资料来源：中法水务官网（http：//www.sinofrench.com/default.htm）。

中国城市供水企业通过出售的方式吸引外资能够有效调整自来水公司的资产结构，优化资产负债率，通过较为廉价的资金改善城市供水企业的生产条件，能够支付员工经济补偿、解决历史遗留问题。此外，通过引进外资能够获得国际先进经验，通过对改制后供水企业的优化整合，提高了企业的经营效率。但外资进入中国城市供水行业后也存在着一些问题，主要包括：外资并购打破了原有的市场结构，外资快速扩张对国内供水企业发展具有一定的抑制作用；外资企业攫取重要资源，控制产业与关键技术，给国家安全留下隐患；国内企业的自主开发能力有限，形成对外资的高度依赖，从而导致城市供水行业发展后劲不足。为此，需要转变引入外资观念，规范外资企业进入行为，推进不同所有制企业公平竞争、平等合作，加快完善对供水企业合资、兼并及重组的相关法规制度，增强外资进入中国城市供水市场的可操作性、进入程序的规范性和透明度。此外，需要严厉惩罚外资水务恶意收购国内供水企业从而给供水安全带来隐患的行为。

三、 民营供水企业

相对而言，民营企业进入中国城市供水市场的规模相对较小。长期以来，民营资本主要集中在给排水设备领域，21 世纪以来，随着鼓励和引导民间资本进入城市供水行业的政策的相继出台，城市供水行业市场化改革在逐步的深入，一些民营企业开始进入中国城市供水市场。2000 年民营供水企业武汉海达企业集团开始负责武汉市新洲区供水业务的运营工作。又如滨州市邹平县为解决地下水源将枯竭问题，邹平县委、县政府决定向社会融资，组建股份制供水企业，在县城近郊的大型引黄灌区韩店镇建设引黄调蓄平原水库向城区供水，水库设计年供水能力为 7000 万立方米，总投资 1.7 亿元，其中一期工程投资 9800 万元。2003 年 1 月成立山东省第一家民营股份制供水企业——邹平黄河供水有限公司，并于 2004 年 8 月正式供水，日供水量达到 11 万立方米。此外，清远市自来水公司是广东锦龙发展股份有限公司的民营控股企业，主营业务是自来水的生产和供应，公司改制后通过更新理念、锐意改革、大胆创新和引入全新的管理和激励机制，企业的综合实力得以迅速壮大。综上所述，民营企业进入城市供水市场后，弥补了城市供水市场的资金缺口，激发了城市供水行业的竞争活力。但由于市场准入机制不健全，部分地区出现一些不具备城市供水生产与运营的企业进入城市供水行业的现象，出现了供水事故，影响或危及社会稳定和公众健康。如本章第一节提到的湖北南漳县自来水企业的浑浊事件和赤峰九龙供水有限公司的水质污染事件。

综上所述，民营企业通过特许经营合同、联合投资、控股以及独立经营等方式进入城市供水行业，参与城市供水项目的建设和运营，凭借其较高的管理效率、灵活的运行机制，具有降低城市供水成本的动机。同时，由于民营企业的逐利属性，需要对民营城市供水企业水质、水价进行必要的政府监管。

四、 上市供水企业

目前中国上市城市供水企业较少，截至 2012 年底上市的城市供水企业主要有万邦达、碧水源、重庆水务、南海发展、兴蓉投资等 9 家上市公司。从资产来看，上市企业资产总额最大的是首创股份，达到 189.38 亿元，比排名第二的重庆水务多10 亿元，是规模最大的上市企业。上市公司之间的营业收入差别较大，其中，重庆水务最高，达到 39.69 亿元；兴蓉投资次之，达到 21.52 亿元。从净利润来看，2012 年上市城市供水企业具有较好盈利能力，并且大企业的利润更高。此外，除前十名的城市供水企业之外，其他企业的净利润相对较低。城市供水行业上市公司的资产、负债等情况详见表 3-8。

城市供水行业主要上市公司企业一览表　　表 3-8

简称	会计年度	资产总计（亿元）	负债合计（亿元）	营业收入（亿元）	净利润（亿元）	净资产收益率（%）
碧水源	2012.12.31	52. 6	12. 1	17. 7	5. 6	14.49
南海发展	2012.12.31	39.04	21.11	7.48	1.50	9.26
兴蓉投资	2012.12.31	83.46	33.63	21.52	7.26	17.92
重庆水务	2012.12.31	179.37	6.5	39.69	18.89	15.97
中山公用	2012.12.31	73.59	16.41	5.74	10.54	18.63
国中水务	2012.12.31	20.21	8.6	3.5	0.9	6.75
首创股份	2012.12.31	189.38	109.80	18.56	2.63	5.17
洪城水业	2012.12.31	43.03	25.83	10.42	1	6.16
武汉控股	2012.12.31	31.41	12.78	2.56	0.51	3.06

数据来源：根据上市公司年报整理。

本报告将以首创股份、重庆水务、兴蓉投资、洪城水业、南海发展为例进行分析。其中，首创股份是城市供水行业上市公司的龙头企业，另外三家公司都是区域性公司，具体地，重庆水务垄断重庆市场；兴蓉投资成立时间较晚，但在成都供水市场具有垄断地位；洪城水业在江西南昌供水领域一枝独秀。通过分析上述四家上市供水企业，将有助于理清城市供水上市企业的现状。

（一）首创股份

首创股份的发展方向定位于中国水务市场，专注于城市供水和污水处理两大领域，主要业务涵盖城市自来水生产、供水、排水等各个生产和供给领域，公司经过五年的发展，已经在北京、深圳、马鞍山、余姚、青岛等城市进行了水务投资，目前参股控股的水务项目遍及国内8个省区和13个城市，服务人口超过1500万，具有较强的发展潜力。2002年，首创股份公司通过积极扩展水务业务，试图实现专业化、规模化运营，公司出资1530万美元与法国威立雅公司合资设立首创威水投资有限公司，其中首创公司股权比例为51%。首创股份凭借清晰的战略规划和灵活的经营理念，短短十余年时间，潜心培育出资本运作、投资、运营、人力等方面竞争优势，具备了工程设计、总承包、咨询服务等完整的产业价值链，成为中国水务行业中知名的领军企业。2011年8月以来，首创股份开始进入城市供水行业。其中，2011年8月，首创股份签约盘锦辽滨沿海经济区供水特许经营项目。该项目的供水总规模为18万吨/日，包括现有供水能力3万吨/日和新建供水项目规模15万吨/日。2012年首创股份相继在内蒙古呼和哈特、包头等地获得城市水务项目的运营权。首创股份凭借着强大的政府背景和雄厚的资金实力，开始加快进入城市供水行业的步伐。

（二）重庆水务

重庆水务集团的前身是重庆市水务控股（集团）有限公司，成立于2001年1月11日，系由重庆市人民政府以其全资持有的国有企业重庆市自来水公司、重庆市排水有限公司、重庆市公用事业基建工程处、重庆公用事业工程建设承包公司、重庆公用事业投资开发公司等国有企业的权益出资设立的国有独资有限责任公司。2007年6月，重庆市国资委通过国有股权划转，将重庆市水务控股（集团）有限公司由国有独资有限责任公司变更为国有控股有限责任公司。本公司设立之前重庆市水务控股（集团）有限公司的股东分别为：重庆市水务资产经营有限公司，持股比例为85%；重庆苏渝实业发展有限公司，持股比例为15%。2007年8月，重庆市水务控股（集团）有限公司股东会通过决议，同意2007年6月30日经审计的净资产账面值折为股本43亿股，整体变更为重庆水务集团股份有限公司。其中，水务资产经营公司持有36.55亿股，占股本总额的85%；苏渝公司持有6.45亿股，占股本总额的15%。公司拥有27套制水系统（水厂），生产能力147.7万立方米/日。

2013年重庆水务集团的供排水水质持续稳定达标，营业收入实现平稳增长、资产及净资产等实现稳定快速增长，净利润、每股收益与2012年基本持平。营业收入达到40.00亿元，同比增长0.78%；实现利润总额19.45亿元，同比增加4.03%；实现净利润18.77亿元，同比减少0.60%。重庆水务集团总资产达到198.82亿元，同比增幅10.85%，净资产130.28亿元，同比增幅为5.16%。

2013年末公司资产负债率为34.42%，较2012年末上升3.54个百分点。综上所述，重庆水务集团具有稳定的经营业绩，财务结构与资产状况较好，生产工艺成熟，供水和污水处理能力持续增长，供排水水质均达到要求标准；主要设备完好率达100%，设备可靠性和利用率均有效提高。

（三）兴蓉投资

成都市兴蓉投资股份有限公司是一家西部领先的水务环境综合服务商。公司主营城市供排水和环保业务，现已获得特许经营权的供排水规模超500万吨/日，居西部地区首位。公司业务区域已覆盖成都、西安、兰州、银川、深圳、海南等地。公司下辖4家全资子公司和1家分公司，分别为成都市自来水有限责任公司、成都市排水有限责任公司、成都市兴蓉再生能源有限公司、成都市兴蓉安科建设工程有限公司和成都市兴蓉投资股份有限公司中水分公司。其中，成都市自来水有限责任公司始建于1946年，承担成都市中心城区、天府新区、周边部分区（市）县及海南省清澜市的城市供水服务，运营及在建的自来水生产规模为239.8万吨/日。成都市自来水有限公司注册资本25.7亿元，2013年总资产达到60多亿元，净资产40.19亿元，营业收入15.07亿元，营业利润4.73亿元，净利润4.21亿元。可见，成都市兴蓉投资股份有限公司的城市供水业务具有较好的经营绩效和发展前景。

兴蓉投资具有西部领先的规模优势，在技术上具有创新优势，公司下属自来水公司拥有“市政工程设计”甲级资质，具有开展供水项目规划、设计及咨询服务等业务的能力，自主研发了国内领先的生产数据采集与监控（SCADA）系统、供水管网地理信息系统（GIS）、管网水力模型系统，率先在西南地区具备《生活饮用水卫生标准》全部106项水质指标的检测能力。

（四）洪城水业

江西洪城水业股份有限公司（以下简称“洪城水业”）是一家集自来水生产销售、供水管网安装维护、城市生活污水处理、供水工程设计施工、供水管网探测、给排水管理项目软件开发和给排水技术咨询等业务为一体的大型现代化水务上市公司。截止到2014年底，公司拥有供水厂10座、省内外污水处理厂86个，日供水总设计能力144万立方米，日污水处理总设计能力157.55万立方米，供水管网长度3000余公里。洪城水业采用自来水厂网合一模式，供排水产业链完善，政府保障有力，具有区域垄断性质，由于收购78家建设相对落后、技术工艺较低的县级污水处理厂管网，导致运营成本较高。公司具有70多年的供水历史，技术力量雄厚，经验丰富并有较强的供水行业经营管理能力。公司属于国家大型一类供水企业，在南昌供水市场则处于绝对领先地位，具有较强的供水区域垄断性。

（五）南海发展

南海发展股份有限公司是一家专注于环境服务产业的上市公司，业务领域涵盖自来水供应、污水处理、固废处理、燃气供应，致力为各大城市提供系统化环境服务与解决方案。在城市供水领域目前拥有 3 座水厂，供水设计能力 126 万立方米/日，供水范围覆盖南海区 700 多平方公里，服务人口 100 多万人，供水水质一直达到并超过国家规定的水质标准。2012 年，公司实现营业收入 8.85 亿元，同比增长 18.4%；实现营业利润 2.24 亿元，同比增长 17.47%。该公司具有完整的环境服务产业链以及高标准的示范项目。公司已形成包括供水、污水处理、固体废弃物处理的循环相扣的完整环境服务产业链，具备为城市提供环境服务可持续发展规划、提供系统化环境服务的能力。公司供水范围集中在佛山市南海区，具有自然垄断性，但相对于其他上市供水企业，供水能力较小，尚未实行供水业务跨区经营。

五、 供水行业结构的总体评价

按照行业结构来分，城市供水行业分为国有及国有控股企业、外资与我国港澳台企业、民营企业和上市公司。各类供水企业的竞争状况如表 3-9 所示。

各类供水公司竞争状况 **表 3-9**

竞争状况＼分类	国有区域供水公司	外资水务公司	国内上市公司	民营企业
企业定位	当地供水项目	大型自来水厂，跨区经营	大中型供排水企业，主要在本地	以新建供水项目为主，全国范围
市场营销	当地资源优势	外资，政府投资	竞标，谈判	竞标，谈判
技术水平	通用型	领先型	主流技术 通用型	通用型 改良型
管理	国企改制	领先	裁减冗员 控制成本	裁减冗员 控制成本
资金	融资	渠道较多	投融资	投融资
品牌	当地知名	外企形象	上市公司	多年积累
综合实力	较强	最强	强	强弱不均

第五节 供水行业需求与预测

《国家新型城镇化规划（2014～2020年）》（以下简称“该规划”）中明确提出“到2020年，常住人口城镇化率达到60%左右，户籍人口城镇化率达到45%，努力实现1亿左右的农业转移人口和其他常住人口在城镇落户”。截止到2014年底，中国常住人口城镇化率54.77%，户籍人口城镇化率只有36%左右。同时，该规划还明确提出要“加强城镇水源地保护与建设和供水设施改造与建设，确保城镇供水安全。”由此可见，为完成城镇化进程的基本目标，需要新建和更新改造城市供水设施，增加水量供给，提升城市供水综合生产能力。本部分将基于“十三五”城镇化发展要求，结合影响城市供水量、供水能力的因素，对“十三五”时期城市供水量、新增供水能力进行预测。

一、“十三五”时期城市供水量的需求与预测

一般而言，城镇化进程、用水人口增量、经济发展水平、工业节水及技术进步、产业结构调整、用水价格、中水回用等影响着城市供水需求量。基于此，本报告利用1999－2013年《中国城市建设统计年鉴》、《城市供水统计年鉴》、《中国城市统计年鉴》、《中国统计年鉴》中影响供水需求量的指标（非农业人口人数、供水量、供水能力、管网长度、建成区面积等），建立预测“十三五”时期中国城市供水量的预测模型。在进行变量的相关分析时，供水量与非农业人口数、供水能力、管网长度具有高度相关性，由于供水能力和管网长度是需要预测的目标量，且这两项指标与非农业人口数的相关度较高。为此，本报告将选择非农业人口数作为预测供水量的主要指标，同时考虑时间因素（时间因素中包含了技术进步、产业结构调整、水价调整、城镇化进程等若干隐性因素）。据国家人口和计划生育委员会预测，2020年中国人口数量将增至14.5亿人，按照城镇化率60%计算，截至2020年预计将有8.70亿非农业人口。进一步根据“十一五”规划中指出2015年底中国人口数量控制在13.9亿人，其中非农人口将超过58%（即8.06亿人）。可见，“十三五”期间非农人口增量为0.64亿人，假设每年增长人数相同，即每年增长0.128亿人。在此基础上预测出“十三五”期间城市供水量需求预测值如表3-10所示。

"十三五"期间城市供水需求预测　　表 3-10

年份	2016	2017	2018	2019	2020
非农业人口数（亿人）	8.188	8.316	8.444	8.572	8.700
需水量（万立方米）	5447709	5474557	5501406	5528254	5555103

二、"十三五"时期城市新增供水能力的需求与预测

结合"十三五"时期城市供水量的需求预测结果，综合考虑城市供水能力闲置、自备井关闭等因素的基础上，本部分将对"十三五"时期新建水厂供水能力进行预测。根据"十三五"时期需水量乘以适当的空闲比，得到"十三五"期间的城市供水综合生产能力，并将其与"十二五"时期的城市供水综合生产能力进行对比，如果预测供水综合生产能力小于现有供水综合生产能力，则"十三五"时期无需新增供水综合生产能力；反之，二者之差即为需要新增的供水综合生产能力。根据 2015 年非农业人口数的预测数，测算出 2015 年供水量预测数值为 5388942.48 万立方米，按照供需比 1∶2 的原则①，估计出 2015 年底城市供水能力 1077.78 亿立方米。进一步，假设"十三五"期间各年新增供水能力是相等的，从而预测出"十三五"时期各年新增的供水综合生产能力如表 3-11 所示。

"十三五"期间新增城市供水综合生产能力预测　　表 3-11

年份	2016	2017	2018	2019	2020
新增城市供水综合生产能力（万立方米）	66464.21	66464.21	66464.21	66464.21	66464.21

综上所述，为保持城市供水行业稳定的供需比例关系，"十三五"期间需要投入大量资金用于增加城市供水综合生产能力。此外，除新增城市供水综合生产能力外，还需要更新改造原有老旧设施。因此，需要创新城市供水行业的投融资渠道，大力吸引社会资本进入城市供水行业，通过新建供水设施和更新改造老旧设施，从而保障城市居民的供水需求。

① 各年供水行业综合生产能力与实际供水量之比基本维持在 2∶1 左右，为此本报告将供需比设定为 2∶1。

第四章 排水与污水处理行业发展报告

新中国成立初期，我国城市污水处理行业几乎是一片空白，重点是针对城市安全、公共卫生、减灾防涝，排水设施很少主要靠明渠或河道向周边水体排放雨水、污水和废水，只有少量的排水设施。这一时期，重点整治和改造了污染严重的城市臭河、臭坑，建设了排水管渠，大大改善了城市环境。随着化工、农药、印染等工业行业的发展，城市污水中有毒有害物质逐渐增多，使水体受到污染，人们逐步加大对水污染问题的关注，城市排水在原有的功能基础上，又被赋予了污水处理和污泥处置等更多职能。一些城市利用郊区的坑塘洼地、废河道、沼泽地等，稍加修整，建成稳定塘等自然净化设施，对城市污水进行了初步净化处理。在第一座现代化污水处理厂——天津纪庄子污水处理厂建成投产后，中国城市污水处理行业也迎来了飞速发展时期。随着资源集约利用和可持续发展的深入，按照科学发展的要求，国家提出节能减排的任务和目标，对污水处理再次提出了深度处理再生利用的新要求。因此，城镇排水经过不断发展，已由单一的排水功能扩展到排水、污水处理、污泥处理处置和污水再生利用的综合管理。

随着工业化和城镇化的快速发展，我国城镇水污染日益加剧，污水处理设施在20世纪90年代中期开始持续、快速增长，但建设资金短缺和经营效率低下的矛盾日益突出，无法适应水污染治理的需要。为此，以特许经营制度为核心的排水与污水处理行业市场化改革开始逐步深入。为分析城市排水与污水处理行业市场化改革的成效，本报告将从污水处理行业市场化改革、投资与建设、生产与供应、行业结构四个方面进行分析，在此基础上对污水处理量与污水处理能力进行预测。

第一节　排水与污水处理行业的市场化改革

一、排水与污水处理行业改革的历程

（一）排水与污水处理设施建设的发展历程

1983年，第二次全国环境保护会议将环境保护确立为中国一项基本国策，污水处理引起了人们的关注和中央政府的高度重视，现代化的排水与污水处理设施建设在中国开始起步。随着水污染的加剧，污水处理设施建设逐步提速，并在20世纪90年代中期进入持续、快速增长的阶段。这一阶段一直持续到2010年，全国的污水处理能力已超过1亿立方米/日，设施建设开始从外延式扩张向内涵式发展转变，对设施的管理水平和效益提出了更高的要求。

1. 设施建设的初级阶段（新中国成立初期至20世纪80年代初期）

新中国成立初期，中国的工农业生产刚刚起步，污水排放量小，污水的污染程度很低，且提倡利用污水进行农业灌溉，特别是北方缺水地区将污水灌溉利用作为经验进行推广，如著名的沈抚灌渠等。因此，直至20世纪50年代、60年代，全国仅有少数几个城市建设了近10座污水处理厂（包括1921年～1926年间外国人兴建的3座污水处理厂），这些污水处理厂的处理工艺落后，处理规模小，一般每天只有几千立方米的处理量，最大的污水处理厂也只有5万立方米/日左右的处理能力。

1972年，中国政府派代表参加联合国在瑞典斯德哥尔摩召开的第一次人类环境会议，开始意识到环境问题的严重性，城市污水的净化问题逐步引起重视。一些城市利用郊区的坑塘洼地、废河道、沼泽地等稍加整修或围堤筑坝，建成稳定塘，对城市污水进行净化处理。据调查，这个时期在全国已建成各种类型的稳定塘有38座，日处理城市污水约173万立方米。其中生活污水量占1/2，其余包括石油、化工、造纸、印染等多种工业废水。此阶段，中国污水处理技术和管理水平总体上处于较落后的状态，开始重视引进国外先进技术和设备，开展与国外的技术交流，逐步探索适合中国国情的工程技术和设计，为以后的排水与污水处理设施建设奠定了基础。

2. 设施建设的起步阶段（20 世纪 80 年代初期至 90 年代中期）

随着工农业生产的不断发展，人民生活水平的逐步提高，城市污水的排放量增大，污染程度加深，一些发达国家污水污染威胁到身体健康的沉痛教训也引起了人们的关注和中央政府的高度重视（如日本水俣病的出现）。1983 年，中国召开第二次全国环境保护会议，将环境保护确立为中国一项基本国策，现代化的排水与污水处理设施建设在中国开始起步。经过国家和地方大量的前期工作和筹备建设，中国第一座大型城市污水处理厂——天津市纪庄子污水处理厂于 1982 年破土动工，1984 年 4 月 28 日竣工投产运行，处理规模为 26 万立方米/日，填补了中国大型污水处理厂建设的空白。在此成功经验的带动下，北京、上海、广东、广西、陕西、山西、河北、江苏、浙江、湖北、湖南等省市根据各自的具体情况分别建设了不同规模的污水处理厂几十座。通过引入国外污水处理的新技术、新工艺、新设备，AB 法、A/O 法、AA/O 法、CASS 法、SBR 法、氧化沟法、稳定塘法、土地处理法等污水处理方法在污水处理厂的建设中得到广泛应用。到 1992 年，中国污水处理厂已建设投产 100 座，这一阶段中国主要依靠自己的技术和资金开展排水与污水处理设施的建设，但是由于资金和管理体制等因素的制约，排水与污水处理设施建设的发展仍较为缓慢。

3. 设施建设的快速增长阶段（20 世纪 90 年代中期至 2010 年）

随着流域水污染治理工作的正式启动，排水与污水处理设施建设迎来了持续、快速增长的黄金阶段。“九五”期间，中国正式启动对“三河”（淮河、海河和辽河）、“三湖”（太湖、巢湖、滇池）流域和“环渤海”地区的水污染治理，国家给予相应资金和技术上的支持。1996 年～1999 年竣工投入运行的城市污水处理项目有 22 个，投资 59.58 亿元，日处理规模 371.7 万立方米；在建项目 109 个，计划投资 161.83 亿元，日处理规模 832 万立方米。到了“十一五”期间，国家将 COD 作为主要污染物减排指标，COD 减排成为考核地方政府的一项硬约束指标，污水处理厂作为 COD 减排的重要措施和手段，各地掀起了排水与污水处理设施建设的高潮。

到 2010 年，全国城镇污水处理能力已经突破 1 亿立方米/日，达到 10436 万立方米/日，污水处理率达到 82.31%，污水处理厂数量达 2496 座。全国有 607 个城市建有城镇污水处理厂，占城市总数的 93%；有 1034 个县建成了城镇污水处理厂，占县城总数的 63%；16 个省（区、市）实现了辖区内每个市县均建有城镇污水处理厂。仅 2001 年～2010 年的 10 年间，年污水处理量翻了 2 番，排水管网长度翻了 1 番多，污水处理率从不到 40%增长到超过 80%。可以说，这一阶段中国污水处理能力取得了巨大突破，扭转了城镇污水处理设施建设滞后于城市化发展的局面，是全世界短时间内污水处理能力增长最快的国家，污水处理能力已经与美国相当。

4．设施建设的内涵发展阶段（2010年至今后一段时期）

随着污水处理设施建设的快速增长，全国所有设市城市和县城基本都具有污水集中处理能力，设施建设从追求外延发展的“量”的扩张向追求内涵发展的“质”的提升转变，重点体现在四个方面：一是配套管网的建设。根据“厂网并举，管网先行”的原则，加快配套管网的同步建设，抓紧补建配套管网，重点是中西部地区设市城市以及东部发达地区的县城和建制镇。同时要加快雨污分流系统改造和完善，切实提高污水处理设施的污染物削减效率。二是污泥的无害化处置。由于认识、资金、技术和政策等原因，对污泥的处理处置在中国长期没有引起足够的重视，仅有部分特大城市的大型污水处理厂进行了污泥稳定化处理，没有得到适当处理的湿污泥随意外运、简单填埋或堆放，给环境安全带来了隐患。因此，污泥的安全处理处置成为污水处理行业新一轮的投资建设重点。根据《“十二五”全国城镇污水处理及再生利用设施建设规划》，到2015年，直辖市、省会城市和计划单列市的污泥无害化处理处置率达到80%，其他设市城市达到70%，县城及重点镇达到30%。三是污水处理厂的提标改造。“十二五”期间，中国减排的主要目标除COD（化学需氧量）外，还增加了全国氨氮和氮氧化物排放总量的控制目标，这无疑对现有的污水处理厂的处理工艺、成本和出水水质提出了更高的要求。“十二五”期间，国家重点改造设市城市和发达地区、重点流域以及重要水源地等敏感水域地区的污水处理厂，对部分已建一级B污水处理设施升级改造至一级A，进一步提高对主要污染物的削减能力，同时增强除磷脱氮功能和生物处理能力。四是污水再生利用。污水再生利用不仅是节约水资源的重要手段，也是促进源头减排的重要措施。在人均水资源占有量低、单位国内生产总值用水量和水资源开发利用率高的地区加快建设再生水利用设施，促进节水减排。“十二五”期间，中国城镇污水再生利用设施总规模接近4000万立方米/日，其中设市城市超过3000万立方米/日，污水再生利用率达到15%。

此外，2014年底，为贯彻落实中央城镇化工作会议精神，大力推进建设自然积存、自然渗透、自然净化的“海绵城市”，排水与污水处理设施建设引入了低影响开发建设的理念，各地以城市径流雨水源头减排作为刚性约束，优先利用自然排水系统，建设生态排水设施，充分发挥城市绿地、道路、水系等对雨水的吸纳、蓄渗和缓释作用，进一步拓宽了城镇排水与污水处理设施的外延和内涵。

（二）排水与污水处理行业市场化改革的历程

排水与污水处理行业市场化改革始于20世纪90年代中期，随着排水与污水处理设施建设的快速增长，建设资金短缺和经营效率低下的矛盾日益突出，无法适应水污染治理的需要。为此，以特许经营制度为核心的排水与污水处理行业市场化改革开始逐步深入，大致经历了“探索发展—规范扩张—依法改革”三个阶段，同时，在排水与污水处理行业市场化改革的每一个阶段，宏观政策制度和改革的重点也都有着显著特征。

1. 探索发展阶段（20 世纪 90 年代中期至 2005 年）

以 1995 年建设部出台《市政公用企业建立现代企业制度试点指导意见》为标志。中国排水与污水处理行业开始打破垄断、推进国企改革和促进市场竞争，泰晤士、威立雅等“洋水务”开始通过资本优势先后进入中国的水行业，建设所需资金由外方自行承担，打破了水务设施完全由各级政府运用财政性自己直接投资建设的传统做法。2002 年和 2004 年，国家先后颁布《关于加快市政公用行业市场化进程的意见》、《关于推进城市污水、垃圾处理产业化发展的意见》、《市政公用事业特许经营管理办法》，明确提出要在公用部门进行市场化改革，引进竞争机制，实行市政公用行业特许经营，扫清了外资和民间资本进入中国排水与污水处理行业的法律、法规、政策等制度障碍，一大批污水处理特许经营项目纷纷上马。

在这一阶段，污水处理特许经营项目集中出现在东部的大中重点城市，项目规模普遍较大，较为典型的就有上海、北京、广州、常州、合肥、徐州、哈尔滨等城市的污水处理通过 BOT、TOT 等特许经营的方式，引进外资或民间资金进行市场化经营。如上海竹园第一污水处理的 BOT 模式、北京市北苑污水处理的 BOT 模式、深圳市宝安区龙华污水处理 BOT 模式、南京城北污水处理的 TOT 模式、常州城北污水处理 TOT 模式、合肥王小郢污水处理 TOT 模式、徐州污水处理 TOT 模式、哈尔滨太平污水处理 BOT 模式。同时这一阶段也出现了通过转入股权实现合资合作的方式，合资合作的对象主要是污水处理厂，如厦门水务集团将几个污水处理厂和自来水厂分别打包转让 55%和 45%股权给中环保水务，但相对比较少见。

尽管这一阶段中国排水与污水处理市场化改革取得了一定的进展，但也逐步暴露出一些市场化改革过程中的问题和矛盾，如合同不规范、承包商带资承包建设、固定或变相固定投资回报等问题。较为典型的项目，如 2004 年香港汇津中国（长春）污水处理有限公司与长春市城市排水公司的合作纠纷，使政府财政和公众利益蒙受了巨大损失，甚至威胁到政府诚信。

2. 规范扩张阶段（2005 年至 2012 年）

以 2005 年 9 月建设部出台《关于加强市政公用事业监管的意见》为标志。在总结探索发展阶段市场化改革存在的问题基础上，政府不断加强对城镇排水与污水处理项目的规范和监管。2006 年，建设部结合城市污水处理行业特点，制定并颁布了《城市污水处理特许经营协议示范文本》，进一步规范了城市污水行业特许经营制度的组织实施。2010年7月，建设部印发了《城镇污水处理工作考核暂行办法》（建城函〔2010〕166号），并已开始对各地城镇污水处理工作进行考核。这一阶段，是城镇排水与污水处理设施建设发展最快速的阶段，随着国内资金和技术的不断积累，国内优秀的污水处理企业不断涌现，外资进入中国排水与污水处理市场的步伐开始趋缓。反之，国内水务企业依托属地优势和资本运作，以具有一定实力的国资背景的水务集团和上市公司为重点，跨地区参与排水与污水处理设施的投资运营，已培育深水、北排、首创、中环保等污水处理专业运营商的服务品牌，并已有桑德、创业环保、首创、安徽国祯等十多家国有或民营污水处理上市公司。

3. 依法改革阶段（2013年至今后一段时期）

以2013年国务院颁布的《城镇排水与污水处理条例》为标志。在过去十几年的市场化改革历程中，城镇排水与污水处理行业广泛探索了以特许经营为核心的市场化改革实践，但无论是行业管理或者特许经营，都缺少国家层面的法律法规加以规范。2013年出台的《城镇排水与污水处理条例》，第一次以国家法规的形式，明确“国家鼓励实施城镇污水处理特许经营制度”，而且“具体办法由国务院住房城乡建设主管部门会同国务院有关部门制定”，为排水与污水处理行业实施特许经营提供了法律依据。随后，国家财政部、发改委、住房城乡建设部又多次联合发文推进包括污水处理领域的公私合作，并出台了政府与社会资本合作的合同指南与操作指南，这无疑会启动社会资本进入排水与污水处理行业的新一波浪潮。但与前一阶段不同的是，这一阶段的改革以立法为先导，国家在中央层面已经建立了一套相对完善的制度体系，并且明确了政府与企业的责任边界。可以预见，在今后一段时期，排水与污水处理行业市场化改革将沿着公私合作的框架进一步深入和规范。

（三）不同阶段的政策背景与改革重点

排水与污水处理行业市场化改革始终是围绕着国家的政策法规等制度建设进行的，可以说，正是国家先后出台的一系列政策法规，推动、指导和规范了市场化改革的实践。下面重点介绍在不同阶段排水与污水处理行业市场化改革的相关政策背景和改革重点。

1. 第一阶段

在政府相关政策指导下，外商和民间资本开始涉足排水与污水处理设施建设和运营，初步建立污水处理收费制度，特许经营制度逐步推进。

1994年，对外贸易经济合作部《关于以BOT方式吸收外商投资有关问题的通知》中规定，外商可以以合作、合资或独资的方式建立 BOT 项目公司。

1995 年，国家计委（国家发展改革委员会）、电力部、交通部发布《关于试办外商投资特许权项目审批管理有关问题的通知》，将外商投资项目界定为是指外商建设一运营一移交的基础设施项目，规定了特许权项目的试点范围包括污水处理等项目。同年，建设部出台《市政公用企业建立现代企业制度试点指导意见》，探索了在中国市政公用企业建立现代企业制度的路子，为全面推行现代企业制度积累了经验。

2000 年，国务院发布《有关加强城市供水节水和水污染防治工作的通知》，提出积极引入市场机制，拓展融资渠道，鼓励和吸引社会资金和外资投资城市污水处理和回用设施项目的建设和运营。

2002 年 3 月，国家计委公布新的《外商投资产业名录》，原禁止外商投资的供排水等城市管网建设首次被列为对外开放领域，国家在排水与污水处理行业扩大开放的政策逐步到位。同年 9 月，国家计委、建设部和环保总局联合印发《推进城市污水、垃圾处理产业化发展的意见》，提出建立城市污水处理产业化新机制，鼓励社会投资主体采用 BOT 等特许经营方式投资或与政府授权的企业合资建设城市污水处理设施。2002 年 12 月，建设部发布《关于加快市政公用行业市场化进程的意见》，进一步明确市政公用行业实施特许经营范围包括污水处理行业，并要求通过改革资产管理体制，进一步区分经营性和非经营性资产，全面开放城市污水处理等经营性市政公用设施的建设、运营，明确应公开向社会招标选择投资主体和经营单位，由政府授权特许经营。

2004 年 5 月，建设部颁布的《市政公用事业特许经营管理办法》正式实施，对排水与污水处理行业引入市场机制的主要形式明确为特许经营，并做了制度性的规定和安排，包括规范市政公用事业特许经营的定义、适用范围、程序、特许经营权协议的内容、相关各方的责任等，并强化了市场准入过程的竞争机制，规定了以招标方式选择污水处理特许经营项目投资者或经营者的程序和要求。对获得特许经营权的企业和政府主管部门的职责进行了明确的界定。

在这一阶段，排水与污水处理行业市场化改革以招商引资、改制重组为基本特征。投资主体多元化的出现改变了排水与污水处理行业传统的单一政府投资结构，为进一步政企分开和引入竞争打下了基础。此外，为配合市场开放，国家启动了污水处理收费工作，改变了污水处理的福利性质，初步建立了污水处理价格体系，为市场化改革的投资收益回报提供了前提条件。

更为重要的是，市政公用事业特许经营制度的提出并实施，启动了市场准入的竞争机制，确定了政府与企业的监管与被监管的市场关系，为进一步推动排水与污水处理行业市场化改革奠定了基础。这一阶段改革的主导是资产部门，改革主导的动机是吸收资金、盘活资本，改革的主要对象是污水处理厂等经营性设施的建设，注重以新建设施为代表的增量部分，基本上是为了解决污水处理设施建设投资不足的问题。

2. 第二阶段

在探索引入市场竞争、推行特许经营的同时，政府不断加强市场化改革的宏观指导，加快政府职能转变，逐步建立比较规范的监管体系和统一开放、竞争有序的市场体系与运行机制。

2005 年 9 月，建设部出台《关于加强市政公用事业监管的意见》，对建立市政公用事业监管体系，监管内容和监管要求做了明确的规定，目的是保障公众利益和公众安全，同时也保障投资者的合法权益，使改革健康持续发展。

2006 年，建设部结合城市污水处理行业特点，制定并颁布了《城市污水处理特许经营协议示范文本》，进一步规范了城市污水行业特许经营制度的组织实施。

2010 年 7 月，住房城乡建设部印发了《城镇污水处理工作考核暂行办法》（建城函〔2010〕166 号），并已开始对各地城镇污水处理工作进行考核。同时，这一阶段国家相继出台了排水设施安全运营、城市污水处理厂的排放水标准、城市污水处理厂和排水设施的安全操作规程等一系列标准。

在这一阶段，市场化改革以加强监管为重点，以系统优化、质量效率提升为基本特征。政府不断总结排水与污水处理行业市场化改革经验教训的基础上，改革的目标开始兼顾公平与效率，具体表现在注重监管、重视运营和服务水平、关注公众利益和安全。这一阶段的改革更加注重生产过程和服务质量的改善，不单纯要解决政府投资不足的问题，而是要使公众在水质、服务水平和价格上受益。

3. 第三阶段

在总结第一阶段、第二阶段排水与污水处理行业市场化改革实践和政府监管经验的基础上，政府着力行业改革的顶层设计，致力于国家层面的法规制度设计，按照立法先行的原则，通过行业立法建立今后一段时期市场化改革的总体框架。

2013 年 10 月，国务院印发《城镇排水与污水处理条例》（第 641 号令），在国家层面以法规的形式将城镇排水与污水处理纳入了法制轨道，解决了行业管理“有法可依”的问题。在该条例中，明确了排水与污水处理管理机构，建立了排水与污水处理行业特许经营、规划审查、培训/持证上岗、排水许可、行业准入退出、污水处理收费、设施运营信息报送、安全生产、监督考核等制度，为规范排水与污水处理行业的市场行为和政府监管提供了法律依据和基本原则。

2014 年底，根据《水污染防治法》和《城镇排水与污水处理条例》的要求，财政部、发改委、住房城乡建设部联合颁布《污水处理费征收使用管理办法》（财税〔2014〕151号），以部门规章的形式确立了污水处理收费制度。在此办法中，明确了污水处理费的性质、征收标准的确定、污水处理服务费的补贴与支付等重大问题，指出污水处理费属于政府非税收入，纳入地方政府性基金预算管理；污水处理费的征收标准，按照覆盖污水处理设施正常运营和污泥处理处置成本并合理盈利的原则制定；政府以购买服务的方式，向污水处理运营单位支付服务费，服务费应覆盖成本及合理收益，并与绩效评估相挂钩。这些条款明确了市场化改革后的政府责任，有力地保障了社会资本进入排水与污水处理行业的合理收益，但同时要求对运营单位进行绩效考核，并将服务费与绩效挂钩，可以有效激励市场主体降低成本、提高绩效，为进一步深化市场化改革提供了有效的价格机制。

同时，2014年和2015年，财政部、发改委、住房城乡建设部等多部门密集发文，要求在基础设施领域深化政府和社会资本合作机制，对于排水与污水处理等可经营或准经营的基础设施项目，政府要通过特许经营、投资补助、政府购买服务等多种形式，吸引包括民间资本在内的社会资金，参与投资、建设和运营，实行投资、建设、运营和监管分开，形成权责明确、制约有效、管理专业的市场化管理体制和运行机制。同时要积极创新金融产品和业务，建立完善多层次、多元化的城市基础设施投融资体系。在此基础上，财政部、发改委还分别出台了《政府和社会资本合作模式操作指南》、《政府和社会资本合作项目通用合同指南》，在操作和合同的层面对引入社会资本给出了更具体的指导。

（四）排水与污水处理行业监管体制的历史沿革

随着排水与污水处理系统功能的不断完善，对排水与污水处理行业的监管也在不断加强，并且与市场化改革和政府职能转变的历程相呼应，中国城市排水与污水处理行业监管体制的变迁大致经历了4个阶段：

1. 第一阶段：政府统包，福利供给

20世纪50年代初至70年代末，从1952年成立建筑工程部开始，将自来水、下水道、防洪排水等确定为城市建设的重要内容。这一阶段，中国城市污水处理行业几乎是一片空白，城市排水和排污设施较少，主要靠明渠或河道排水，用来应对城市安全、公共卫生、减灾防涝等。城市排水与污水处理属于事业性经营，污水处理不收费，城市排水和污水处理全面由政府承担，以福利形式供给城市市民，此阶段主要工作是整治和改造了污染严重的城市臭河、臭坑，大大改善了城市环境。

2. 第二阶段：政企合一，综合管理

20世纪70年代末至90年代中期，从1979年成立国家基本建设委员会开始，明确提出今后在国家基本建设计划中要专列市政公用设施（含供水、排水、防洪等）。这一阶段，随着化工、农药、印染等工业行业的发展，城市污水中有毒有害物质逐渐增多，使水体受到污染，人们逐步加大对水污染问题的关注，城市排水在原有的功能基础上，又被赋予了污水处理和污泥处置等更多职能。一些城市利用郊区的坑塘洼地、废河道、沼泽地等，稍加修整，建成稳定塘等自然净化设施，对城市污水进行了初步净化处理。建设主管部门作为城镇排水与污水处理的投资者、建设者和运营管理者，对城市污水处理系统的管理呈现出行政管理、行业管理和经营管理三位一体的格局，污水处理厂仍属于事业性经营，污水处理不收费。先后颁布《市政工程设施管理条例》、《城市排水监测工作管理规定》。

3. 第三阶段：引入市场，转变职能

20世纪90年代中期至2002年，以1995年建设部出台《市政公用企业建立现代企业制度试点指导意见》为标志。我国城市污水处理行业开始打破垄断、推进国企改革和促进市场竞争，泰晤士、威立雅等“洋水务”开始通过资本优势先后进入中国的水行业。1998年国办发〔1998〕86号确定的建设部“三定”方案中，明确规定“研究拟定…市政公用事业的方针、政策、法规，以及相关的发展战略、中长期发展规划并指导实施，进行行业管理”。这一阶段，建设部开始剥离经营性机构，减少对企业经营活动的管理，放松市场进入，引入多元投资主体，城市污水处理设施建设步入高潮。水费的征收范围和征收力度加大并开征污水处理费。先后颁布《水法》、《关于加强城市供水节水和水污染防治工作的通知》、《城市污水处理及污染防治技术政策》、《城市供水价格管理办法》。

4. 第四阶段：深化改革，完善监管

2002年至今，以《关于加快市政公用行业市场化进程的意见》的颁布为标志。逐步实现“政企分开、管办分离”，政府职能进一步由行业管理向市场监管转变，突出对运营效率和服务质量的监管。2008年国办发〔2008〕74号确定的住房城乡建设部“三定”方案中，明确规定“指导城镇污水处理设施和管网配套建设”；“由城市人民政府确定市政公用事业、绿化、供水、节水、排水、污水处理、城市客运、市政设施、园林、市容、环卫和建设档案等方面的管理体制”。但由于地方人民政府在水资源管理和城市水管理的认识上存在偏差，在确定供排水管理体制时，欠缺考虑与国务院和省级建设行政主管部门的工作衔接，导致县级以上城市供排水管理体制出现动荡和混乱，影响了中央对地方城市供排水垂直直管的作用和效果，加剧了各部门的职能交叉和多头管理，加大了对城市供排水市场监管的难度。

这一阶段，城市排水与污水处理企业的产权制度改革达到高潮，城市污水处理行业产业化和市场化进程加速，逐步探索建立科学的水费和污水处理费价格形成机制。先后颁布《水污染防治法》、《关于加快市政公用行业市场化进程的意见》、《关于加强市政公用事业监管的意见》《城市排水许可管理办法》、《市政公用事业特许经营管理办法》、《关于加强城市排水设施安全管理工作的通知》、《城市污水再生利用技术政策》、《全国城镇污水处理信息报告、核查和评估办法》、《推进城市污水、垃圾处理产业化发展意见》、《关于贯彻国务院办公厅关于推进水价改革促进节约用水保护水资源有关问题的通知》、《城镇污水处理设施配套管网以奖代补资金管理暂行办法》。

二、 排水与污水处理行业市场化改革的总体情况

经过近 20 年的市场化改革，城镇排水与污水处理行业已基本实现了投资主体多元化，设施运营企业化，一定程度上缓解了政府投资城镇水务资金不足的难题，也提高了城镇水务建设运营的效率和服务水平。

(一) 排水与污水处理行业市场化的程度

综观国内外对市场化测度的相关研究成果，尽管市场化测度的依据和指标体系各有不同，但各类市场化测度方法几乎都将非国有经济的比重作为测度市场化的一项重要指标。在此，我们主要通过分析非国有经济占产量、服务人口、管网长度、投资额等多项指标的比例来评估中国排水与污水处理行业市场化的程度。

2011 年，对全国 430 个城市的 929 个水务企业进行了问卷调查，被调查的不同类型企业在排水与污水处理设施的产量、服务人口、投资额和管网长度等各项指标中的占比各不相同，如表 4-1 所示。国有及国有控股企业各项指标的占比基本都在 60%左右，其管网长度的占比最低，为 47.25%，说明排水与污水处理行业不仅将污水处理厂进行了民营化，而且管网的建设和运营同时也向非国有企业开放，促进了城市排水管网的建设，也反映出国有及国有控股企业在管网建设上的投入不足。可见，排水与污水处理行业市场化的程度较高，主要原因是排水与污水处理设施从 20 世纪 90 年代末开始大建设、大发展，各地的设施建设几乎一片空白，政府对资金、技术和人才的需求极为迫切，客观上推动和促进了行业的市场化改革。但有意思的是，虽然排水与污水处理行业的市场化程度较高，但事业单位在各项指标中仍保持 10%左右的占比，说明有部分城市仍将污水处理作为政府的一项职能，仍延续着政企合一的传统管理体制，事业单位改革的进度

相对滞后。

问卷调查中不同类型排水与污水处理企业占行业各项指标的比例　　表 4-1

指标比例（%）	事业单位	国有及国有控股企业	民营企业	外资企业	港澳台资企业	其他
总产量比例	7.75	60.78	18.74	4.41	4.63	3.69
服务人口比例	11.17	61.25	15.31	4.35	2.82	5.1
管网长度比例	13.04	47.25	29.86	6.76	0.42	2.67
投资额比例	6.21	56.53	10.54	4.03	2.29	20.4

据不完全统计，从污水处理厂的数量看，2014 年全国污水处理厂中，事业单位、国有或集体企业约占污水处理厂总数的 47%，股份公司占 35%，私营占 9%，外商投资企业占 4%，其他占 5%，如图 4-1 所示。可见，排水与污水处理行业的市场开放程度较高，由民资和外资独资或合作的污水处理厂约占全国污水处理厂的一半左右，但也仍有部分事业单位尚未完成企业化改革。

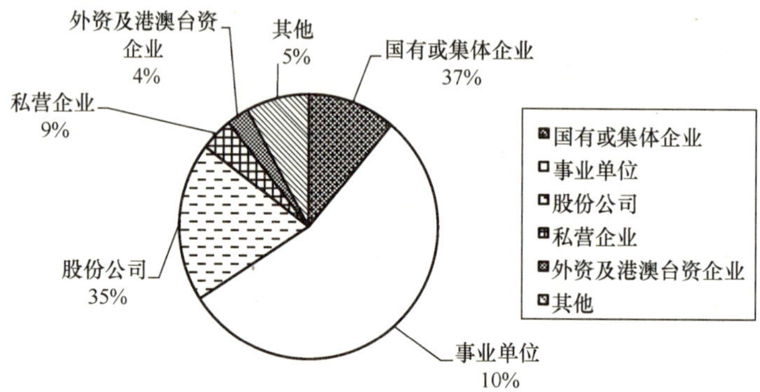

图 4-1　2014 年全国污水处理厂所有制结构

近几年来（2010 年～2014 年），各类污水处理厂的比例结构基本稳定，国有、集体和事业单位约占 50%左右，私营及外商投资的污水处理厂约占 10%～15%，如表 4-2 所示。值得关注的是，私营企业占比由 2010 年的 6.69%上升到 2014 年的 8.75%，从 2010 年的 187 个上升至 2014 年的 351 个，数量上翻了将近一番，说明社会资本进入污水处理行业的程度不断提高。

不同所有制污水处理厂的比例情况（单位:%）　　表 4-2

年度	事业单位	国有或集体企业	股份公司	私营企业	外商投资企业	其他
2010 年	10.84	38.48	35.93	6.69	4.62	3.44
2011 年	10.66	38.54	36.03	6.92	4.60	3.25
2012 年	10.90	38.86	35.96	6.66	4.37	3.25
2013 年	10.81	38.89	35.75	6.82	4.39	3.34
2014 年	10.22	36.85	35.40	8.75	4.24	4.54

（二）排水与污水处理行业市场化运营模式

从排水与污水处理设施建设运营模式上看，近半数的污水处理厂采用了BOT、BT、TOT等PPP模式运营，采取托管模式的污水处理厂约10%，仍有约2%的污水处理厂由政府自运营，如图4-2所示。

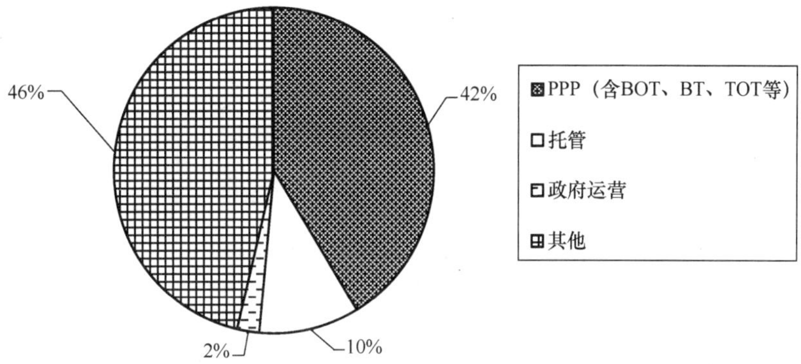

图4-2 2014年全国污水处理企业建设运营模式情况

近几年来（2010年～2014年），不同运营模式污水处理厂的比例结构基本稳定，采取PPP模式运营的污水处理厂数量基本维持在40%左右的水平，政府自营的污水处理厂数量极少，仅为1%～2%，托管的污水处理厂占比7%～10%，另有一半左右的污水处理厂采取了其他运营模式，如表4-3所示。

污水处理厂建设运营模式情况（单位：%） **表4-3**

年度	PPP（含BOT、BT、TOT等）比例	托管比例	政府运营比例	其他比例
2010年	42.03	7.31	1.07	49.59
2011年	43.13	7.23	1.00	48.64
2012年	42.90	7.35	1.02	48.73
2013年	43.09	7.33	1.03	48.55
2014年	41.30	10.17	2.24	46.29

从污水处理厂的建设运营模式地区分布看，东部地区采取PPP模式运营的污水处理厂比例最高，为47.79%，托管模式的污水处理厂比例最低，为6.88%；中部地区采取PPP模式运营的污水处理厂比例最低，仅为30.07%，其采取托管模式的比例最高，约20%左右，如表4-4和图4-3所示。

2014 年东中西部不同建设运营模式污水处理厂的比例情况（%）　　表 4-4

地区	PPP（含 BOT、BT、TOT 等）	托管	政府运营	其他
东部地区	47.79	6.88	2.95	42.38
中部地区	30.07	17.48	1.96	50.49
西部地区	43.25	7.12	1.26	48.38
全国	41.30	10.17	2.24	46.29

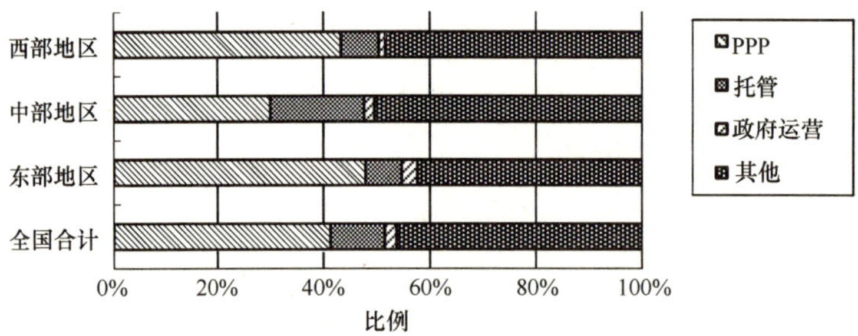

图 4-3　各地区不同建设运营模式污水处理厂的比例

三、 排水与污水处理行业市场化改革存在的主要问题

（一）对市场化改革的认识不足

1. 对市场化改革目标的认识不足

排水与污水处理行业市场化改革的目标主要有三点：一是解决投资不足问题，以满足中国城市化的高速发展、市政设施建设的巨大需求；二是引入竞争机制，提高效率，降低成本，提供更好的排水与污水处理服务；三是通过改革转变政府职能，真正实现政府代表社会公众履行公共服务职能。

目前，在排水与污水处理实施市场化改革的过程中，部分地方政府在市场经济和排水与污水处理定位的问题上仍缺乏正确理解，其认识偏差主要表现为两个极端。

一方面，受计划经济惯性思维方式的影响，过分强调政府直接提供城市环境基础设施的作用。对排水与污水处理的认识还停留在“福利水”的片面认识上，没有按市场经济的规律要求去理解。认为污水处理不宜市场化，过分强调政府对提供基础设施的责任，不积极创造有利于市场化的政策环境。甚至一些地方政府和管理人员认为，把污水处理行业推向市场，企业或个人必然会追求高额回报，使项目的投资运行成本增加，是不得已而为之。

另一方面，受少数市场化成功案例及媒体渲染的误导，没有全面和深入地认识清楚市场机制的实质和风险，片面夸大市场化的作用。一些政府决策者或决策部门错误地理解了市场化的内涵，将 BOT 等特许经营项目理解为解决排水和污水处理设施投资成本的“灵丹妙药”，甚至认为市场化以后政府投资要退出，而政府和市民不必为此付费，简单地将设施“一卖了之”。有些地方对实施特许经营制度把关不严，门槛设置低，致使一些非专业公司乘机而入。还有些地方甚至在招投标时暗箱操作，为滋生腐败打开了方便之门。

事实上，排水与污水处理行业市场化改革起因于投资不足，但引资不是改革的唯一目标，需要注重排水与污水处理行业服务水平和运行效率的提升。在市场化进程中政府的角色定位十分重要，排水与污水处理设施作为一种公共产品，不是一般的商品，它负载着重大的公共利益，在让私人部门参与建设、运营的同时，政府部门在参与投资、参与监管等方面决不能缺位，在许多情况下政府应扮演重要角色。

2. 对市场化改革中的政府责任认识不足

目前，在推进以特许经营为核心的市场化改革过程中，许多地方政府只注重财政包袱的卸载和招商引资的任务，而忽视了排水与污水处理行业准公共产品的属性，在特许经营实施过程中，将政府应当承担的公共产品或服务的投资责任和监管责任推得一干二净。

（1）政府的投资责任

基于排水与污水处理行业的基本技术经济特征，管网建设等投资属非经营性资产，具有垄断性、关联面宽的特点，需要由政府以财政形式进行投资和实施，以体现公共利益。这类设施普遍都是城市政府长期投资形成的，特许经营企业只承包设施的经营权，政府按照其承包的数量和质量给予一定的报酬，特许经营并未改变城市政府对其水务设施的投资主体地位，仍然承担主要的投资责任。

对于一些通过 BOT 等形式实施特许经营的项目，特许经营企业负责投资建设城市公用事业基础设施，在特许经营期内经营这些设施并取得一定的投资回报，特许经营期满后将资产和特许经营权一起归还给政府。即使在这种情况下，由于民营企业在较长的特许经营期内要求补偿成本，取得满意的投资回报，政府（国有企业）往往以较高的价格收购其产品或提供各种形式的补贴。这实际上是民营企业一次性投资，政府逐年返还的做法，政府只是一个隐性的投资者，从长期看仍承担了投资责任。而在国有企业为主要经营者的城市，政府往往对国有企业实行微利政策，甚至采取企业亏损加政府补贴政策，这实际上决定了国有企业无力投资水务设施，真正的投资者仍然是城市政府。可见，从总体上而言，特许经营并不能实质性地改变城市政府在排水与污水处理设施方面的投资主体地位，仍然需要承担排水与污水处理设施（特别是管网设施）的投资责任。但在实际操作中，部分地方政府误认为改革就是政府的退出，财政不给予资金投入，将经营性、非经营性资产全部推向市场，使公众承担巨大成本。

（2）政府的监管责任

许多地方政府在实施特许经营的过程中，直接考虑更多的是解决财政与投资问题以及减少政府管理职能，减少人员编制等，对于市场化后可能存在的公共责任空白却估计不足。一些地方的排水与污水处理项目签订特许经营合同，少有甚至没有政府监管的条款，造成排水与污水处理服务的项目内容和质量标准处于是失控的状态，无事则已，出事就是社会稳定和环境安全问题。而在市场化改革提高效率的同时也带来一些新的问题，如一些国有企业实行股份制改造或被私人收购后，出现大量裁员，引起社会不稳定，竞相涨价，已经成为民众抱怨和投诉的焦点问题之一，如此等等。这都会引发公共部门的责任危机，损害公共利益，最终的消极后果只能由整个社会来买单。

（二）项目操作不规范

1. 国有资产流失

特许经营是以提高效率（经济效率与管理效率）为出发点和根本特色的，但是由于特许经营的实施过程往往容易偏离最初的宗旨，其结果可能是政府在市场化中获得了财政危机的暂时解脱，而企业也通过某些非正当手段取得了相当客观的利润，而最应该保值增值的国有资产却在特许经营过程中悄悄流失，使公共利益受到忽视。

在特许经营的具体操作上，往往是政府直接操作，绕过地方人民代表大会及上级政府的批准，失去了监督和制约。许多地方政府将引进外商投资当作一项政治任务，不顾自身条件，采取贱卖排水与污水处理设施资产，签订不平等合同条款等方式，捞取政治资本，给公共利益和行业的长远发展留下了巨大隐患。

20世纪90年代中期，长春市与汇津公司签署协议，使该公司先是得到了丰厚的固定回报，终止协议后，又使市政府溢价回购。事后，据某咨询公司计算，这一进一出，加之利润，外方得到了50%的超额利润。当然，代价是惨重的，长春市排水公司连年亏损，尽管事后该市主要负责谈判的自来水公司总经理（后来升为市府秘书长）被判无期徒刑，但这种腐败造成的后果却必然由社会公众承担。

2. 特许经营的合理收益不明确

排水与污水处理行业引入特许经营的根本目的是为了降低成本，提高投资效率和运营管理水平，这就需要引进具有先进的运营和管理能力的投资人，要求投资商有相关的业绩、运营的资质等等。但目前由于市场不规范，对投资人的要求不够明确，一个项目推出，可能出来十几家甚至几十家的 BOT、TOT 投资商，要从众多的投资人中选择最合适的投资商，加大政府选择难度。由于众多参差不齐的“投资商”出现，势必造成恶性竞争，而竞争最终的焦点，便是向政府或公众收取的水费价格。

据资料显示，目前国内某些地方政府和投资商签订的污水处理服务费单价高的达到 1.30 元左右，低的有 0.50 元左右，这么大的差价，究竟处理 1 吨污水合理成本是多少？怎样的价格才是合理的？无论 BOT 还是 TOT 方式投资的污水处理，最终收费价格主要包括：建设成本回收、运营成本和投资收益三部分，而这其中前两个因素，又受到工艺选择、进水水质、排放标准等诸多因素制约。因此价格的高低是受到不同因素制约的，一个最终价格，明显无法收回投资，或者无法支持正常运营，又或者刚好持平没钱赚，显然都是有问题的。当然价格的最终核定是要经过丰富的投资经验来权衡各个环节后定出，绝不是简单的数字运算，而仅是粗略的定价原则。在这种情况下，片面的追求建设工程利润，设备利润等而不考虑正常运营成本定的价格势必与基于整体投资概念上价格相差甚远，而片面选择低价格的投资，最终受害的将会是政府。

3. 特许经营协议不规范

特许权授予最终体现为特许协议（Concession Agreement）。作为 BOT、TOT 的特许经营方式中最为关键的是特许权协议，它包含了政府与投资商间所有涉及到项目的内容，双方的权利和义务的约定，价格的确定，执行的具体方式等等。它是未来项目成功与否的法律文本体现。一份特许权协议应具备最直接的权利分配、风险分担、利益分享条款，每个项目从投资融资、建设、到运营管理都应有严格的执行条款，以致未来的问题都有据可循，这是需要经历认真的谈判和磋商才可最终签订的。因此，这就要求双方对这种投资方式有较深的理解，才能合理的界定各自的权利和义务。

鉴于此，建设部 2006 年颁布了《城镇污水处理特许经营协议示范文本》，进行规范城镇污水处理特许经营协议。尽管如此，在排水与污水处理特许经营协议中，目前仍存在很多尚未明确的问题，典型的有：（1）对特许经营协议是行政许可还是经济合同问题的争论；（2）是否需要竞争才能获得特许经营权的争论；（3）特许经营权应该授予水务集团还是授予 BOT/TOT 项目公司的争论；（4）政府是否需要独立监管机构的争论，以及小规模项目是否适合做 BOT/TOT；（5）特许经营期结束以什么方式归还资产、如何归还；（6）出现影响成本的特殊情况是否同意被特许方予以补偿，补偿机制如何；（7）特许经营办法对于投资方利益缺乏保护、对政府所代表的公众利益缺乏约束等等。

在实际操作中，目前诸多已签订生效的协议各有不同，简单体现到协议文本数量上看，有的薄薄 4～5 页，有的则 50～60 页还加上附件，而内容则更是千差万别，一些当地政府为获得尽可能多的融资，片面追求融资成功的速度，忽视了融资的条件以及在项目运作过程中的各种风险。

一些投资者由于进入市场的急迫性和缺乏项目操作经验，政府出于完成招商引资指标的片面考虑，忽视了作为长期项目投资必须遵守的程序和规范，由于对项目风险缺乏全面、系统的分析，谈判中混淆了政府和投资人的权利义务，将投资人应承担的风险部分转移到政府身上，产生了投资的固定回报，在协议中给予投资者不合理、不公平的承诺，最终增加了公众的负担。这些隐患将会给项目的正常运作带来困难，同时也会给政府和投资者双方带来极大的风险。

（三）项目融资机制不健全

1. 担保条件严格

项目融资的资金主要来自银行贷款，而根据风险控制要求，银行会要求企业提供担保；在中国企业信用评价体系尚未健全的情况下，银行注重第三方担保和资产抵押担保，主要是土地和固定资产等实物类担保；而项目融资有限追索权的设计原则，正是做好项目投资业主“风险隔离”的严格措施，即防止无限追索。而当前银行贷款严格的担保政策，很难或者不愿意区分项目融资和公司融资的区别，在一定程度上制约了项目融资的有效开展。

2. 项目公司为借款主体融资困难

目前国内商业银行缺少对基础设施项目经营特点（具有长期稳定的收益）的认识和项目融资的成功经验，在项目融资过程中，偏好投资人作为借款人或投资人提供连带担保责任，扩大项目贷款的追索范围，而对于项目融资的有限追索持审慎态度，借此来规避贷款风险。这种做法增加了项目公司的融资难度。

3. 缺乏长期投资激励机制

根据住房和城乡建设部颁布的《市政公用事业特许经营管理办法》，特许经营期限应当根据行业特点、规模、经营方式等因素确定，最长不得超过 30 年。这一时间段，一般低于基础设施的使用年限，而且经营者在经营期满后要将设施无偿交给政府。由于缺乏产权长期投资激励机制，经营者在特许经营期内必然仅限于满足正常运营的维持，而不会投入更多资金用于设施改造，更不会顾及经营期满后资产延续良好的问题。因此，政府在特许经营期满收回基础设施资产后，必将面临大规模的更新改造需求，政府投融资压力将近一步加大。

（四）政府监管不到位

市场化改革后，相当数量的民营企业进入排水与污水处理行业，成为经营主体。在无外部约束的情况下，这些民营企业有可能通过提高价格，降低质量等手段增加企业利润，损害消费者利益，但政府不能通过过去管理国有企业的方式进行管理。这就要求政府转变职能，从排水与污水处理设施的直接经营者，转变为竞争性经营的组织者，对特许经营企业实行有效管制，创造一个公平竞争的市场环境。而且，签订特许经营协议后，政府对运营企业的行政监管更多地转变为合同监管，但在特许经营实施过程中，由于存在着监管主体不明确、监管内容不明确和缺乏专业化监管队伍等问题，导致政府监管不到位。

一是监管主体不明确。由于特许经营在中国实施不久，在实施过程中，一些城市没有明确规定牵头部门、责权利不清晰。有些排水与污水处理特许经营管理部门为建设局、建设委员会等建设部门，还有一些城市管理部门为市政公用局，小部分城市是由从水利部门转变而成的水务局负责，特许经营管理的主体不明确，出身于建设领域的行业监管部门更多地关注设施建设的投资、质量和验收，忽略对特许经营投资主体的运营过程、服务质量的监管，同样负责运营管理的水务局和市政公用局等部门，由于缺少相应的特许经营管理的知识和技术和能力，缺乏对特许经营前期运作的管理，以及项目建设管理能力。由于管理主体不明确，不利于政策的纵向贯彻执行、管理以及信息交流。致使在实际特许经营管理过程中出现了政出多门、管理职责混乱，甚至是出现管理真空，一旦项目引资成功，就放弃了对特许经营项目的有效管理。

二是监管内容不明确。由于政府对特许经营目标及自身定位认识不清，一些地方政府在污水处理特许经营过程中，普遍存在甩包袱的思想，忽视公众责任，错误地把招商引资作为污水处理改革过程中的首要或唯一任务，急于把污水处理设施变现应付财政短缺的燃眉之急，过多地关注项目投资和建设，强化资产管理职能，忽视了特许经营的前期的管理，以及安全、稳定和高效率运营的监管，形成管理上的错位。一些城镇排水与污水处理项目，由于不重视前期规划管理，造成在实际项目特许经营中，以至于项目规模过度超前（南方某污水处理规模超过实际污水处理量的2/3)，工艺标准不切合实际，盲目追求高标准、新工艺，往往造成单纯依靠水费根本无法满足投资者的回报，造成运营成本偏高，加重了居民的负担。一些污水处理 TOT 项目也由于忽视前期管理，造成资产评估不合理，企业的经营机制无法转换，企业的负债不能合理安置，特许经营在实际运作过程中难以进行。由于对建设管理的内容不明确，造成建设管理缺位，对运营管理内容不明确造成忽视运营期的监督管理。

三是缺乏专业化的监管队伍。规范市场化运作，只有相关的政策是不够的，必须要有专门的机构去监督和管理。同时，为有效规避市场化模式给政府带来的经济风险和给社会带来的环境风险，也必须建立一支精通项目管理和环境管理知识的专门队伍。目前与此项工作最为相关的是市政管理部门（或城建部门）和环保部门，但既没有明确的职责授权，也没有同时具备两个领域专门知识和经验的人力资源。

（五）公众利益缺乏有效保障

中国各地政府在市场化过程中，过多地注意了市场化的资源配置功能，而对排水与污水处理服务的质量、价格的变化或对居民公共福利的改善和增加程度没有引起足够的关注。审视各地市场化改革中暴露出来的问题，不难发现作为终端消费者的公众的利益被严重忽略了。

1. 公众知情权缺乏保障

对公众来说，城市排水和污水处理关系其切身利益，具有不可替代性。因此，排水与污水处理设施选择何种方式经营，选择何种资本参与，公众都有权知悉并能够通过合法渠道充分表达自己的利益诉求。然而，中国城市政府在推进特许经营过程中，往往只有政府和民间资本、外资的身影，政府不仅不将特许经营方案向公众予以公开并广泛听取公众的意见，甚至在与合作方签订合作方案后也常常不向社会进行公告，似乎这一特许经营项目不涉及公众任何利益。城镇排水与污水处理市场化过程中公众知情权的虚置，很容易造成企业与政府间的合谋，或对现有资产低价贱卖，或表面上通过溢价出售使国有资产保值增值，但实则为企业日后涨价提供充足借口，最终由消费者买单。

2. 公众参与权缺乏保障

在排水与污水处理行业，企业服务质量的高低、价格是否合理等现实问题，消费者拥有最大的发言权。新疆自然保育的调研数据显示，城市居民对政府和水务企业水务工作的知情权、参与权和监督权有着非常强烈的诉求。在是否愿意参与监督水务工作这一问题上，58%的被调查者表示愿意，另有22%的被调查者表示无所谓，没有考虑好是否要参与监督水务工作的被调查居民占14%，仅有6%的被调查者表示不愿参与监督水务工作。在中国排水与污水处理特许经营项目的运营中，公众参与排水与污水处理社会监督的规定不仅在立法中缺乏体现，而且在实践中更是缺乏适当的信息传递和公众参与机制。

四、排水与污水处理行业市场化改革的基本评价

根据以上对中国排水与污水处理行业市场化改革历程和总体情况的分析可以看出，中国排水与污水处理行业市场化改革在不断深入，呈现出以下特点：

（1）市场化改革的政策比较全面

依据中央和部委关于市政公用事业市场化的相关文件精神与要求，排水与污水处理行业已根据自身的行业特点，相继出台了推动行业市场化改革的配套政策和文件，具体涉及特许经营、价格改革、财政补贴、监督考核等多个方面，为民间资本进入排水与污水处理行业及后续发展创造了良好、稳定的制度环境。

（2）市场化改革的领域比较全面

排水、污水处理、污泥处理处置、再生水等各个业务领域都进行了市场化改革，形成了多元投资结构，缓解了长期以来单纯依赖政府投资以致设施严重不足的矛盾，带动了排水与污水处理行业的快速发展。在管网输送和污水处理等不同环节也都进行了市场化改革，其中以污水处理、污泥处置等终端设施的投资、建设和运营的市场化项目居多，管网设施仍由国有企业或事业单位负责运营，并通过租赁或无偿使用的方式向终端设施运营单位提供服务。但也有一些项目将厂网一体整体打包进行民营化，如厦门水务中环污水处理有限公司，都是将原国有企业的污水处理厂及其专用配套管网共同打包对外转让产权。

（3）市场竞争机制逐步完善

实施市场化改革以前，排水与污水处理服务主要由政府所属的事业单位或事业单位型的传统企业负责提供，普遍存在机构臃肿、效率低下、管理落后、亏损严重等问题。市场化改革后，通过 BOT、TOT 等模式引入外资和民营企业，跨区域参与污水处理企业改制、重组、投资和运营，打破了服务垄断的局面，基本形成了以市场为导向的企业化运营机制。

（4）行业竞争力逐步加强

市场化改革不仅促进了排水与污水处理行业的发展，同时也带动了产业的快速增长，培育了一大批规模较大、技术先进、管理高效、产业链完备的污水处理企业。以经济发达地区有国资背景的污水处理企业、上市公司为起点，培育了若干大型企业集团，形成了一批有影响力的品牌企业。例如：以北京排水集团为代表的传统国有污水处理企业，积极进行了企业转轨改制，提高了市场竞争力也带动了产业结构的优化调整。以首创股份、创业环保、桑德环境等上市公司或投资公司为代表的社会资金积极进入城市水务行业。

（5）不同地区的市场化程度存在差异

由于中国不同地区的社会、经济发展水平不同，排水与污水处理行业市场化的程度和优劣呈现出很大的区域差异。其中，直辖市和东部沿海地区的市场化的程度较高，这与该地区的经济发展水平较高、整体经济市场化程度高、制度建设相对完善有很大关系。此外，良好的政府信用也有助于吸引社会资本积极在该地区开展业务。相比较而言，东北地区和中西部地区市场化的程度不高，传统国有水务企业的改制相对滞后，大多数项目仍需利用国债和地方配套资金。

第二节　排水与污水处理行业投资与建设

中华人民共和国建国伊始，排水与污水处理行业基本处于空白状态。由于城市化和工业化水平较低，城市规模和排水总量较小，大多城市的排水主要靠明渠或者自然河道，污水处理主要靠自然水体的自净功能。当时全国排水管道长度只有 6034km，全国只有上海、南京建有 4 座小型污水处理厂，日处理能力约 4 万立方米。改革开放以来，随着中国国民经济建设和社会发展，城市化和工业化进程加速，对排水和污水处理的需求日益增加，加之国家推进城市环境综合治理以及各流域的水污染治理，城市排水和污水处理日益成为社会关注的热点，国家和各级政府对城市排水域污水处理日益重视。如 1991 年，由当时的建设部发布的《城市排水当前产业政策实施办法》中，就指出"城市排水应统一规划，纳入国家和各级人民政府的建设规划，与城市建设协调发展"、"加快城市公共排水设施建设的速度，逐步建立起与城市发展相协调的城市排水体系"。2013 年中华人民共和国第 641 号国务院令《城镇排水与污水处理条例》中指出"应当根据城镇人口与规模、降雨规律、暴雨内涝风险等因素，合理确定内涝防治目标和要求，充分利用自然生态系统，提高雨水滞渗、调蓄和排放能力""县级以上地方人民政府应当根据城镇排水与污水处理规划的要求，加大对城镇排水与污水处理设施建设和维护的投入"在这个背景下，我国在排水和污水处理行业方面的投资持续增加，建设稳步推进，取得了显著的建设成就。

一、设施投资与建设总体情况

（一）我国在排水、污水处理及再生利用方面的投资情况

1980 年以来，我国在排水和污水处理方面的投资稳步增长，如图 4-4 所示，我国在排水和污水处理方面的投资自 1980 年以来逐年增加，1980 年，我国在城市排水方面的投资只有 2 亿元，而截至 2013 年，投资达 778.9 亿元；发展 30 多年，增加约 390 多倍，无论投资的规模总量，还是增加的速度，都十分显著。2001 年，我国在污水处理及再生利用方面的投资为 116.4 亿元，2013 年达 353.7 亿元，增加了 3 倍，年均增长率在 15%以上。

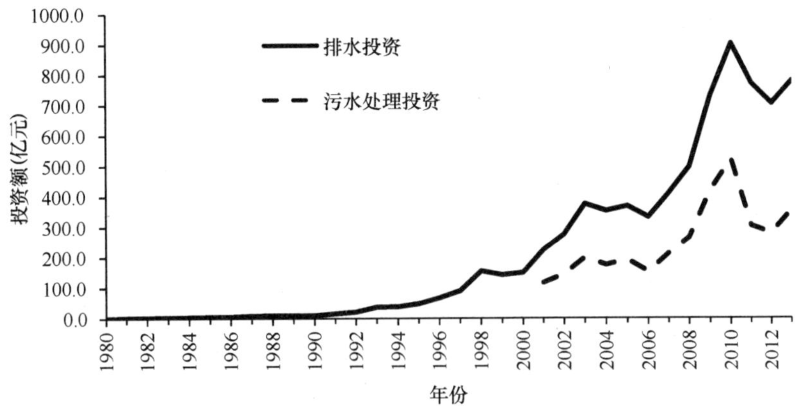

图 4-4 历年排水建设方面的投资

(二) 我国在排水和污水处理及再生利用方面的建设情况

1980 年以后，中国在排水、污水处理及再生利用方面的建设稳步推进。1980 年，全国建成的排水管道只有 2.19 万公里，到 2013 年，建成排水管道长 46.49 万公里，增加了 22 倍。污水处理及再生利用方面，1980 年全国只建有污水处理厂共 35 座，日均污水处理能力 70 万立方米；2013 年，共建有污水处理厂 1736 座，日均处理能力达 12454 万立方米，分别增加了 50 倍和 178 倍。同时，2013 年再生水利用量达 354181 万立方米。可见这一时期，中国对城市排水和污水处理及再生利用日益重视，投资不断增加，建设日益增长，成就斐然。

(三) 排水和污水处理及再生利用设施投资与建设的时间变化特征

1980 年～2013 年间，我国城镇排水和污水处理及再生方面的投资与建设总体上快速增加，稳步推进，但分析不同时期投资与建设情况，可以划分为以下几个阶段：

1. 稳步推进阶段（1990 年以前）

1990 年以前，我国在城市排水和污水处理方面的投资与建设都相对较慢。在此期间，中国在排水方面的投资总体较少，增长幅度慢。1980 年～1990 年这 10 年之间，排水方面的投资从 2 亿元增加至 9.6 亿元，增加了约 5 倍，年均增长不足 1 亿元，建成排水管道从 1980 年 2.19 万公里增加到 5.78 万公里，污水处理厂从 35 座增加至 80 座，增加的幅度和建设速度都比较慢。

2. 快速推进阶段（1991 年～2000 年）

1991 年～2000 年间，中国在城市排水方面的投资迅速增加，建设大幅推进，

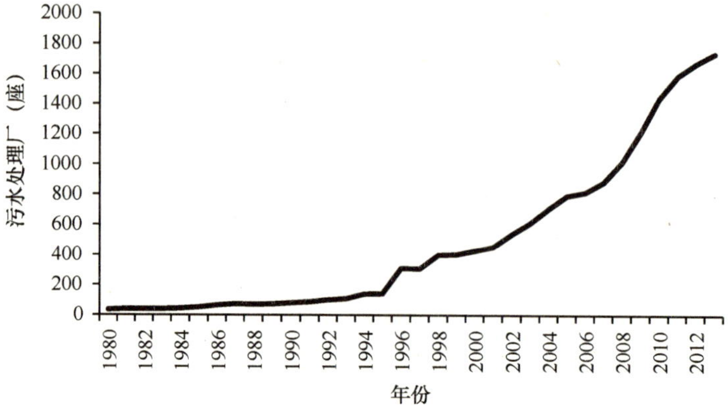

图 4-5 我国历年建成排水管道长度

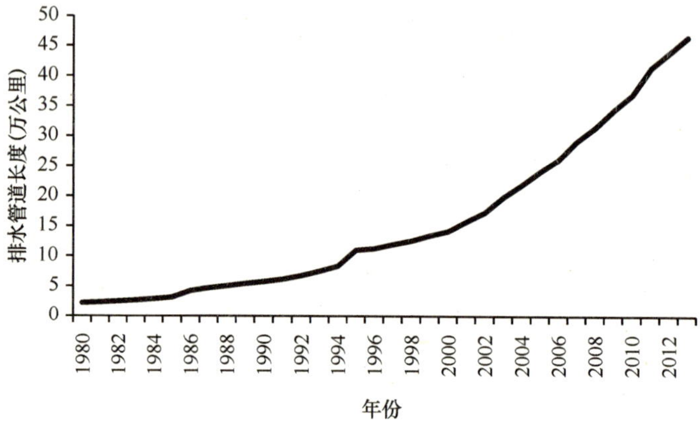

图 4-6 我国历年建成的污水处理厂

在污水处理方面较为缓慢。在城市排水和污水处理方面的投资与建设幅度开始增加。1991 年，中国在城市排水上的投资达 16.1 亿元，增加了 67.7%，此后各年稳步增加，1999 年达 149.3 亿元，与 1990 年相比，增加了 15.5 倍。建成排水管道从 1990 年的 5.7 万公里增加至 2000 年的 14.18 万公里；污水处理厂从 1990 年 80 座增加至 1999 年的 402 座，无论是投资水平还是建设水平，在这一时期都有较为快速的增长。

3. 投资与建设同步推进阶段（2001 年至今）

2001 年至今，中国在城市排水和污水处理方面的投资与建设稳步推进，污水处理方面增长显著。2001 年，中国在城市排水和污水处理上的投资又有显著的提升，当年的投资额达 224.5 亿元，较 1999 年的 149.3 亿元增加了 75.2 亿元，增幅达 50.3%，此后投资逐渐不断增加，至 2013 年，达 778.9 亿元，年均增长率达 32%，建成排水管道从 2000 年的 14.18 万公里增加至 2013 年的 46.49 万公里，年均增长 18%，增长速度十分显著如图 4-5 所示。

在此期间，中国改革开放以来快速的经济增长和城市化所导致的生态环境问题日益凸显，随着城镇人口增加和生活水平提高，中国城镇生活污水排放量不断上升。2000 年前后，来自城镇居民生活污水的化学需氧量排放超过工业废水，而 2000 年当年，中国污水处理率仅为 25%。因此，这一期间，国家在污水处理方面的投资快速增长，固定资产投资额从 2000 年的 116.4 亿元迅速增加至 2013 年的 353.7 亿元，年均增长率在 17%左右。污水处理厂从 2000 年的 402 座，增加至 1736 座，年均增加 108 座，增长率达 26%，如图 4-6 所示。

值得注意的是，期间 2008 年～2010 年间，由于中央政府大规模的投资拉动，国家在城市排水与污水处理上投资急速攀升，至 2010 年出现了投资的极值，直接导致了 2011 年及之后两年总投资额相比 2010 年减少，出现负增长。

二、东、中、西部地区设施投资与建设情况比较

(一) 东、中、西部地区排水、污水处理投资情况对比

2013 年，我国在城市排水、污水处理固定资产方面的投资总计达 1157.1 亿元，其中在排水方面投资达 778.9 亿元，污水处理、污泥处理和再生水利用方面的投资分别为 315.7 亿元、24.5 亿元和 37.9 亿元。

东部地区在投资方面遥遥领先，在排水、污水处理、污泥处理、再生水利用方面的投资分别为 443.6 亿元、154.5 亿元、13.6 亿元和 31.8 亿元，分别占到了全国投资额的 57%、49%、56%和 84%，占到了绝大多数；中部地区在排水、污水处理、污泥处理、再生水利用方面的投资分别为 238.5 亿元、124.7 亿元、10.5 亿元、3.7 亿元，分别占全国投资的 31%、39%、43%和 10%；西部地区在排水、污水处理、污泥处理、再生水利用方面的投资分别为 96.7 亿元、124.7 亿元、10.5 亿元和 3.7 亿元，占全到 12%、12%、1%和 6%，不论绝对数还是相对数，都较小，如表 4-5 所示。

(二) 东、中、西部地区排水、污水处理设施建设情况对比

从建设情况来看，2013 年，全国共建成排水管道总长 464878 公里，污水处理厂 1736 座。其中东部地区为 28510 公里和 1010 座，中部地区为 11914 公里和 444 座，西部地区为 59946 公里和 282 座，也是东部占有大多比例，中部和西部略少，如表 4-5 所示。

东、中、西部地区城市排水与污水处理投资与建设情况对比地区　　表 4-5

地区	固定资产投资情况（万元）				各项建设情况		
	排水	污水处理	污泥处理	再生水利用	排水管长（公里）	污水厂（座）	处理能力（立方米/日）
东部地区	4436536	1545843	136289	318542	285018	1010	7794.1
中部地区	2385480	1247032	105830	37435	119914	444	2944.1
西部地区	967230	364259	3300	23402	59946	282	1716.0
全国合计	7789246	3157134	245419	379379	464878	1736	12454.2

考虑到各地区城市化水平和人口密度的差异，对比各地区城市排水管网密度和污水处理强度的话，2013 年，中国城市排水管网的密度达到了每平方公里 9.71 公里，东部地区达到每平方公里 11.15 公里，远高于全国平均水平，中部地区为每平方公里 8.52 公里，略高于全国平均水平，而西部地区只有每平方公里 7.30 公里，低于全国平均水平。2013 年中国污水处理率达到了 89.34％，东部地区为 90.51％，高于全国平均值，中部地区和西部地区分别为 88.13％和 86.17％，均低于全国平均水平，可见中国在排水和污水处理的投资与建设方面，受经济和社会发展水平的影响，东中西部差异比较明显，东部地区无论是从投资与建设的绝对数量，相对数量，还是覆盖程度与处理水平上，都领先与中西部地区，中西部地区的投资与建设情况较为落后，今后须增加投资，强化建设。

三、 各省市设施投资与建设情况比较

中国幅员辽阔，改革开放以来，各省份经济和社会发展水平展现出极大差异，在排水与污水处理方面的投资与建设情况也不尽相同。表 4-6 给出了 2013 年各省份在排水与污水处理上投资与建设的相关数据。可以看出各省市在投资与建设方面差异很大。

各省（区、市）在城市排水、污水处理上的投资与建设概况（2013 年）　　表 4-6

地区	固定资产投资情况（万元）				建设情况	
	排水	污水处理	污泥处理	再生水利用	排水管长（公里）	污水处理厂（座）
全国	7789246	3157134	245419	379379	464878	1736
北京	521821	64264		263976	13505	42
天津	95393				18644	39
河北	283389	95304	123	15214	15869	73
山西	88019	54843			6676	32

续表

地区	固定资产投资情况（万元）				建设情况	
	排水	污水处理	污泥处理	再生水利用	排水管长（公里）	污水处理厂（座）
内蒙古	290337	142356	8650	15181	11208	38
辽宁	290714	150274		9049	16420	86
吉林	68066	28213			9607	38
黑龙江	170024	73845	80	17010	9583	49
上海	150206		14348		18809	49
江苏	1193026	524669	87379	1600	62194	190
浙江	361312	140350	15175		33501	74
安徽	564795	164713	17950	5244	21891	60
福建	179033	96509	9699	1000	12289	49
江西	144519	79060	49550		10573	33
山东	712356	247372	5756	27703	46025	145
河南	220413	120266	3600		18297	64
湖北	455987	343170	500		20030	74
湖南	383320	240566	25500		12050	56
广东	231817	132591	300		36098	211
广西	332279	66443	2509		8309	32
海南	85190	28067	1000		3357	20
重庆	100891	41225			9497	41
四川	304383	110905		2400	19519	73
贵州	103516	20494	1000	2300	5260	28
云南	46140	33684		2840	6064	31
西藏	4800	4800			546	1
陕西	155716	53398	2000	705	6767	31
甘肃	26431	5202			3881	22
青海	11475	3200	300		1391	8
宁夏	35125	7930		79	1362	10
新疆	178753	83421		15078	5660	37

注：此统计未包括台湾省的数据。

从投资情况来看，2013年，全国排水设施完成固定资产投资共778.9亿元，各省市在排水方面的投资有较大差异，如图4-7所示。其中江苏省在排水设施上的投资遥遥领先，当年达到了119.3亿元，山东省次之，为71.2亿元，当年排水设施固定资产投资超过50亿元的还有安徽省和北京市，分别为56.4亿元和

52.1 亿元；投资 20 亿～50 亿元之间的有湖北、湖南、浙江、广西、四川、辽宁、内蒙古、河北、广东和河南几个省份；10 亿～20 亿元之间的有福建、新疆、黑龙江、陕西、上海、江西、贵州和重庆几个省市；投资 10 亿元以下的有天津、山西、海南、吉林、云南、宁夏、甘肃、青海和西藏几个省市，西藏自治区最少，仅有 0.48 亿元，青海省次之，为 1.14 亿元。

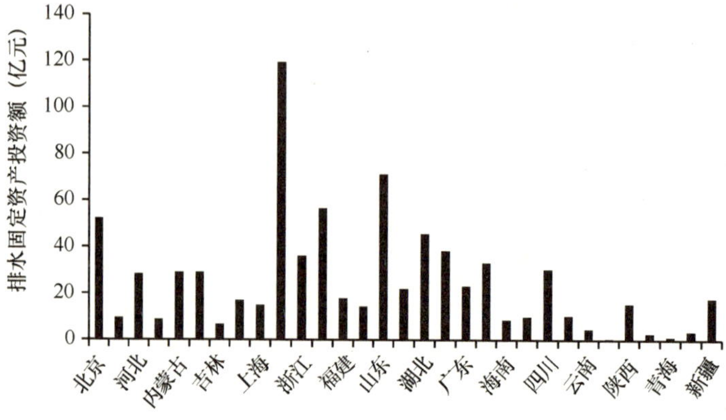

图 4-7　各省市排水固定资产投资额对比

污水处理设施方面，2013 年全国共完成固定资产投资 315.7 亿元，如图 4-8 所示，省际差异也十分明显。其中江苏省当年投资最多，达 52.47 亿元，湖北省次之，为 34.32 亿元，投资在 20 亿元以上的还有山东省和湖南省，分别为 24.74 亿元和 24.06 亿元。当年除上海市和天津市在污水处理上没有固定资产投资外，投资最少的为青海省，为 0.32 亿元，西藏和甘肃省次之，分别是 0.48 亿元和 0.52 亿元。

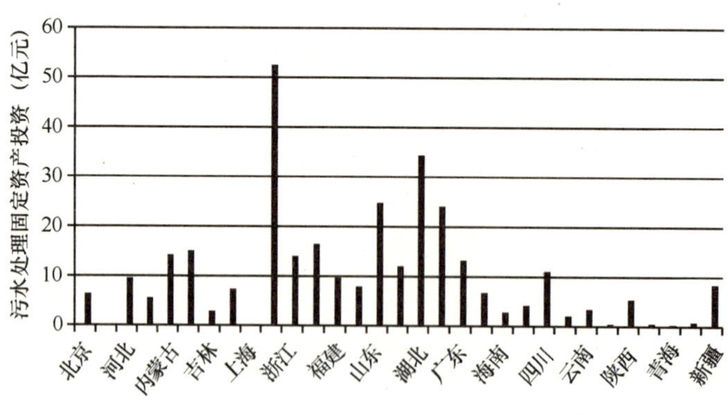

图 4-8　各省在污水处理固定资产上的投资（2013 年）

在排水和污水处理设施建设方面，至 2013 年，全国共建成排水管道 464878 公里，城市排水管道覆盖密度达到了每平方公里 9.71 公里。如图 4-9 所示，各

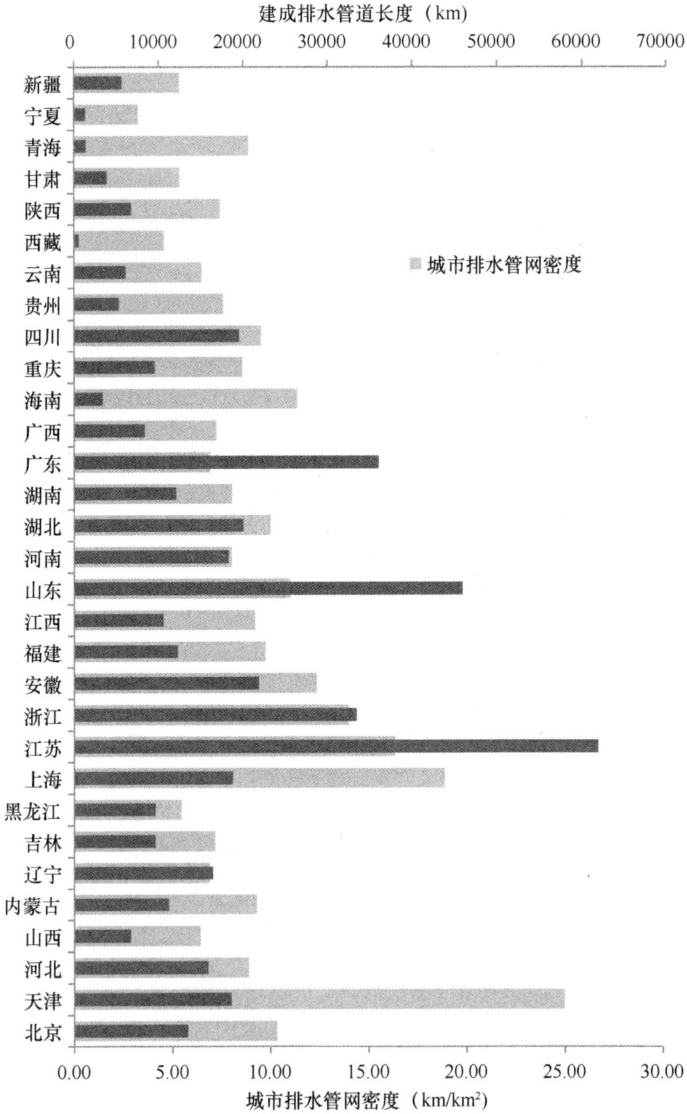

图 4-9 各省市建成排水管道长度及排水管网分布密度

注：此统计未包括台湾省数据。

省建成排水管道江苏省最长，达 62194km，其次为山东省、广东各省和浙江省，分别为 46025 公里、36098 公里、和 33501 公里，西藏、宁夏和青海省最少，分别为 546 公里、1362 公里和 1391 公里。从城市排水管网的密度来看，天津、上海、江苏和浙江省最高，分别达每平方公里 24.95 公里、18.83 公里、16.33 公里和 13.96 公里；宁夏、西藏、新疆和甘肃省最小，分别为每平方公里 3.24 公

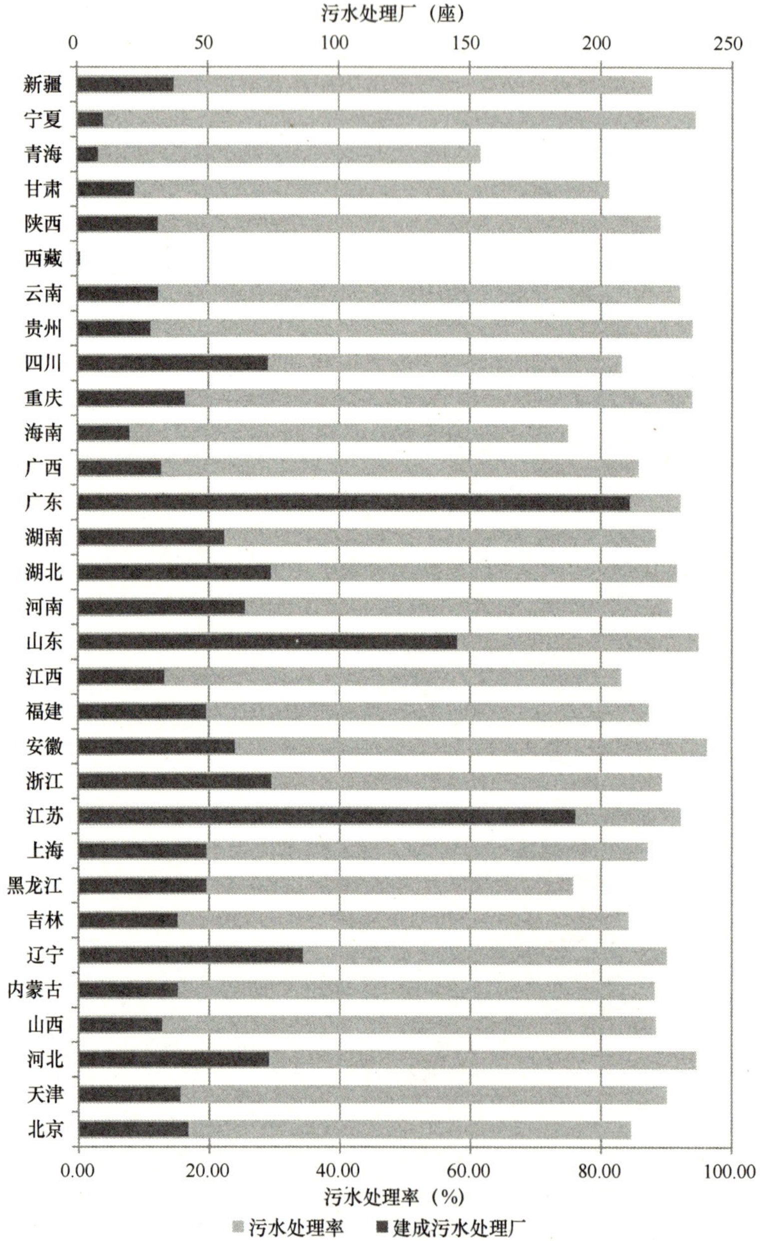

图 4-10　各省市建成污水处理厂座数及污水处理率

注：此统计未包括台湾省数据。

里、4.54公里、5.32公里和5.34公里。

2013年，全国共有中国共建成污水处理厂1736座，污水处理率达到了89.34%。其中广东省拥有的污水处理厂数量最多，达211座，其次为江苏和山东，分别为190座和145座，西藏、青海、宁夏、海南拥有的污水处理厂数最少，分别为1座、8座、10座和20座。污水处理方面，从统计数据看，总体的污水处理率较高，除了西藏（0.06%）和青海（61.64%）外，其他省份都在70%以上，安徽省城市污水处理率最高，达到了96.22，其余高于全国平均水平的还有山东省（94.93%）、河北省（94.57%）、宁夏回族自治区（94.43%）、贵州省（93.97%）、重庆市（93.95%）、广东省（92.15%）、江苏省（92.14%）、云南省（92.05%）、湖北省（91.59%）、河南省（90.84%）、辽宁省（90.04%）、天津市（90.03%）。

第三节 排水与污水处理行业生产与供应

一、排水与污水处理设施运行情况

城镇排水与污水处理行业是中国城市公用事业的重要组成部分，排水和污水处理设施是重要的市政设施，具有水污染防治、城镇减排、防灾减灾、卫生防疫、资源化利用、生态环境保护等功能。近年来，在“科学发展观”的指引下，中国实施了“节能减排”政策，中央和地方政府加大对城镇污水处理设施建设的投资力度，中国排水与污水处理行业快速发展。

（一）城镇污水处理厂处理能力明显提升

2014年第四季度全国设市城市建成投入运行污水处理厂2107座，形成污水处理能力1.29亿立方米/日；县城污水处理厂已有1402个，占县城总数的86.9%；累计建成污水处理厂1610座，形成污水处理能力0.28亿立方米/日。

在城镇污水处理厂运行方面，全国36个大中城市（直辖市、省会城市和计划单列市）污水处理厂累计处理污水量45.8亿立方米，同比增长12.0%。2014年，全国城镇污水处理厂累计处理污水480.6亿立方米，比2013年增长8.1%。截至2014年3月底，全国设市城市、县累计建成污水处理厂3622座，设计污水处理能力约1.53亿立方米/日，较2013年年底新增约430万立方米/日，如图4-11所示。

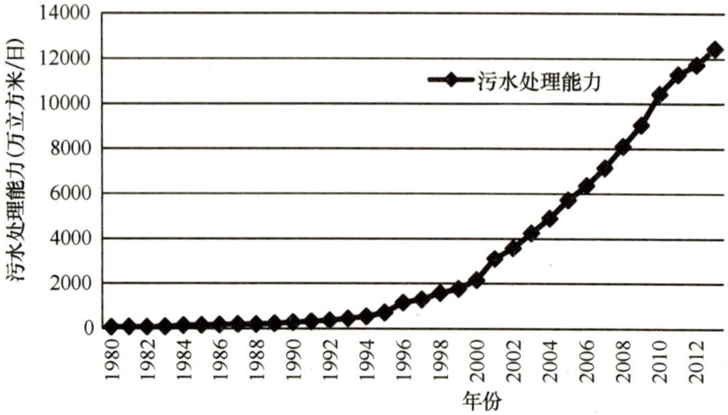

图 4-11　污水处理能力

（二）行业污水处理率显著提高

我国从 1991 年开始统计污水处理率，当时仅 14.86%。而 2003 年～2013 年，城市污水处理率从 42%提升到 89%；2003 年至 2013 年全国城镇污水日处理量从 4254 万立方米/日提升到 12454 万立方米/日，增加 8000 多立方米，年处理污水总量从不到 148 亿立方米提升到 381 亿多立方米，增加 200 多亿立方米，如图 4-12 所示。2013 年全国城市污水处理率平均水平为 89.34%，集中处理率为 84.53%，除西藏外，其他省市都在 60%以上，13 个省市超过 90%，如表 4-7 所示。

2013 年各省（区、市）城市污水处理率　　表 4-7

序号	省（区、市）	城市污水处理率（%）	城市污水集中处理率（%）	序号	省（区、市）	城市污水处理率（%）	城市污水集中处理率（%）
全国平均		89.34	84.53	16	河　南	90.84	89.27
1	北　京	84.60	82.89	17	湖　北	91.59	87.34
2	天　津	90.03	89.20	18	湖　南	88.36	78.31
3	河　北	94.57	94.06	19	广　东	92.15	92.00
4	山　西	88.37	85.94	20	广　西	85.75	59.34
5	内蒙古	88.21	88.21	21	海　南	74.95	74.95
6	辽　宁	90.04	86.83	22	重　庆	93.95	92.90
7	吉　林	84.21	83.52	23	四　川	83.23	74.38
8	黑龙江	75.68	61.84	24	贵　州	93.97	91.06
9	上　海	87.12	87.12	25	云　南	92.05	90.30
10	江　苏	92.14	75.88	26	西　藏	0.06	0.06
11	浙　江	89.28	85.99	27	陕　西	89.04	89.04
12	安　徽	96.22	88.44	28	甘　肃	81.25	70.08
13	福　建	87.31	83.52	29	青　海	61.64	61.64
14	江　西	83.10	81.85	30	宁　夏	94.43	80.61
15	山　东	94.93	94.11	31	新　疆	87.78	86.73

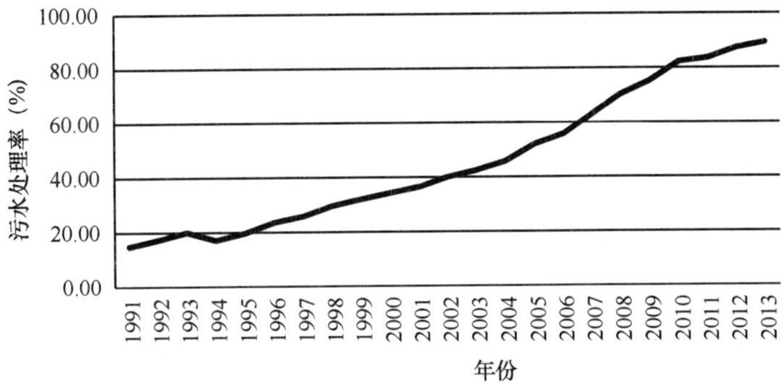

图 4-12　1992 年～2013 年污水处理率

二、 排水与污水处理行业生产供应情况

(一) 行业生产供应水平不断攀升

建国初期，中国排水和污水处理行业供应水平较低，污水处理厂和排水管道建设缓慢，当时全国只有上海三座污水处理厂。从 1949 到 1979 年，全国共建城市污水处理厂 37 座。改革开放以来，中国城市污水处理处于快速发展时期，政府对公用事业更加关注，至 1990 年共建城市污水处理厂 70 多座。从 20 世纪末至今，中国排水与污水处理行业处于高速发展时期，2000 年底，全国城市污水处理厂共有 427 座，排水管道长度 14 万公里，污水处理能力为 2159 万立方米/日，处理率仅为 34.25%；到 2013 年，全国全国城市污水处理厂共有 1763 座，排水管道长度 46 万公里，污水处理能力 12454 万立方米/日，处理率为 89.3%，整个行业供应水平不断提高。

(二) 行业生产技术水平不断提高

20 世纪 80 年代初期，我国城市污水处理工艺大部分采用以去除悬浮物为核心的简单一级处理；80 年代中期，为了减少水中 COD/BOD 等有机物引起的水质黑臭，开始推行污水二级生物处理；90 年代以后，城市水环境改善的需求日益提高，江河湖泊亟须控制氮磷污染以减轻水体富营养化，城镇污水处理生物除磷脱氮工艺开始得到推广应用；进入 21 世纪后，《城镇污水处理厂污染物排放标准》（GB18918－2002）的颁布和实施进一步提升了城镇污水处理要求，明确了将一级 A 标准作为污水回用的基本条件，城镇污水处理开始从“达标排放”向“再生利用”转变。2013 年，85%以上的污水处理厂都能采用二级、三级处理技术；近年来，处理的污水中90%以上能到达二级、三级标准。

污泥处理处置技术也不断提高，从早期的堆放，到当前“资源化、无害化”处理技术。近年来，中国先后颁布了城镇污水处理厂污泥处理处置的一系列国家和行业标准，发布了《城镇污水处理厂污泥处理处置及污染防治技术政策》、《城镇污水处理厂污泥处理处置技术指南》，明确了污泥处理处置“减量化、稳定化、无害化、资源化”的原则。国家大力开展了污泥处理处置工程建设与示范，积极推广示范一批污泥厌氧消化产沼气、污泥好氧发酵堆肥土地利用、协同焚烧等无害化、资源化处理处置项目。

在城镇排水管道材料及管网维护管理技术方面也取得了很大进展。随着对排水管道雨污分流认识的提高，以及对污水管道密封质量要求的提升，新的管道加工技术、施工技术、修复技术、基于GIS排水管网管理技术、管道检测等技术开始逐步应用。新型承插式柔性接口管材、钢承口管材、内衬式钢筋混凝土复合管等管材替代了抗震性差、密封性低的传统的钢筋混凝土管；直观高效的闭路电视系统（CCTV）等逐步推广应用于排水管网检测与维护；基于地理信息系统（GIS）技术的排水管网信息管理系统，实现了对排水管网维护、优化、调度、应急等动态管理。

（三）行业生产供应发展趋势

第一，生产供应能力不断提高。随着政府加大对排水和污水处理行业的投入及民营资本的注入，近年来整个行业生产供应能力不断提高。首先基础设施供应能力显著提高，污水厂数量增加迅速，在江苏、浙江几乎每个建制镇都有污水处理厂，全国县级以上城市都有污水处理厂，污水处理能力逐年攀升。2014年第一季度，全国城镇污水处理厂累计处理污水109.9亿立方米，同比增长7.2%；运行负荷率达到79.9%，同比增加1.1个百分点；累计削减化学需氧量（COD）总量288.8万吨，同比增长6.6%；平均削减化学需氧量（COD）浓度达到262.2毫克/升，同比降低0.8%。

第二，处理技术不断更新。自《城镇污水处理厂污染物排放标准》实施以来，促进了城镇污水处理设施新一轮的提标改造，推动了污水除磷脱氮技术得到进一步提升，城镇污水处理厂的技术、设备紧跟世界先进水平，呈多样化的发展特征；通过不断的引进、消化、改进和创新发展，国产技术设备已逐渐走向成熟化、规模化，部分设备产品的技术性能已经达到或接近国际先进水平。

从最初的去除悬浮物为核心的简单一级处理，到当前再生水利用技术，中国污水处理技术不断更新。处理工艺从传统的沉淀池处理得到ECHCP强化复合曝气调节水解酸化工艺、HAF复合厌氧反应堆等现代工艺，整个行业处理技术逐渐提高。城镇污水处理工艺技术的提高，进而提升了城镇污水处理的发展理念从“达标排放与水污染控制”上升为“污水再生利用与水生态恢复”。为此，我国建立了一系列有关再生水水质和工程设计的标准规范，促进了城镇污水再生处理技术设备产品的国产化，推动了西北、华北、东北缺水地区的城市污水再生利用，节约了大量水资源的同时，实现了源头减排。

第三，经营模式民营化发展。传统城市排水与污水处理行业管理体制是政府单一投资和事业单位运营管理模式。由于传统经营模式容易造成政府垄断，同时政府财力有限从而造成污水处理设施运行效率低、滞后于城市发展等问题。随着中国对公用事业合理市场化改革方向的认同，城市污水处理行业改革也在不断探索与深化当中。自行业改革以来，城市污水处理厂的建设与运营经历了托管模式、股份公司模式、会员制模式和 BOT 模式和 TOT 模式等。随着我国公用事业民营化改革的推进，中国城市污水处理行业也积极推进民营化经验模式，当前主要是以 BOT 和 TOT 模式引入社会性资本，从传统的经营模式转向民营化发展道路。

第四节 排水与污水处理行业结构

一、 排水与污水处理行业的企业规模

近年来，我国的污水处理厂数量不断增加，从 2010 年的 2000 多家，增长到 2014 年的 4000 多家，翻了将近一番，说明污水处理行业增长迅速，如图 4-13 所示。

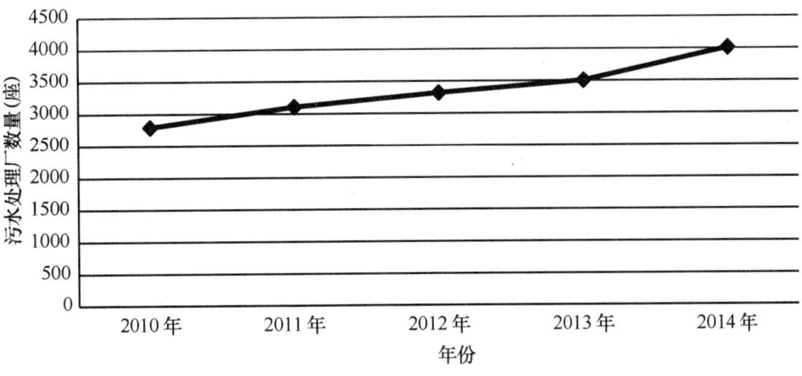

图 4-13 2010 年～2014 年污水处理厂数量情况

从污水处理厂的地区分布看，2011 年～2014 年，东部、西部、中部地区的污水处理厂都保持良好的增长态势，虽然增长加的数量相差无几，但是增长速度有较大差异（见图 4-14）。西部的污水处理厂的数量增长速度明显高于东部和中部。近年来，西部的污水处理厂的数量增长速度一直保持在 14%以上，2014 年更是达到了 30%。自 2012 年起，西部就保持比东部、中部增长速度大于 10%的增长速度。

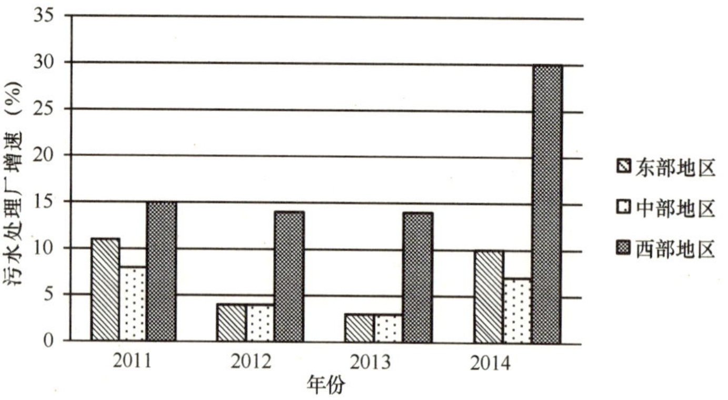

图 4-14　东中西部污水处理厂的增长速度情况

从污水处理厂规模看，5 万吨/日的小型污水处理厂占了绝大多数，比例约为 80%，10 万吨/日以上的大型污水处理厂占比仅为 5%左右，如图 4-15 所示。

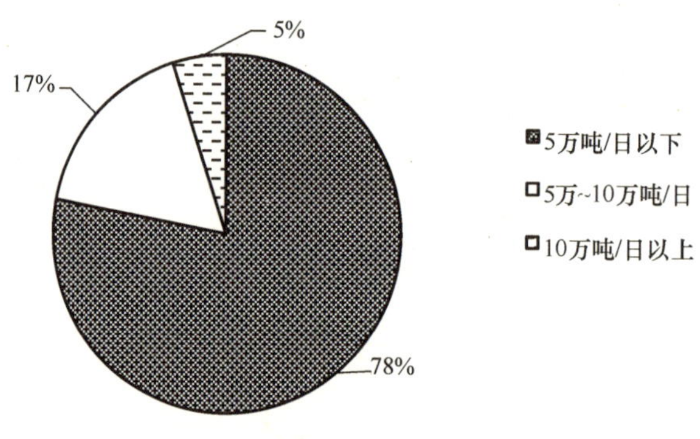

图 4-15　2014 年不同规模污水处理厂的比例情况

从不同规模污水处理厂的增速看，近 5 年（2010 年～2014 年），小型污水处理厂的增速最快，年均增速超过 10%，大中型污水处理厂的年均增速则基本保持在 4%左右的水平，如图 4-16 所示。

从污水处理厂地区分布上看，大型污水处理厂主要分布在东部地区，2014 年，东部地区大型污水处理厂的数量超过 100 座，占全国大型污水处理厂的比例超过 60%，中西部地区的大型污水处理厂数量之和仅为 70 座，比例不足 40%，

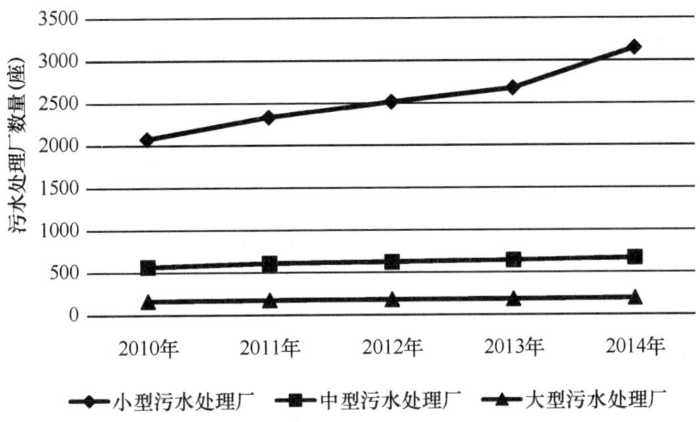

图 4-16 2010 年～2014 年污水处理厂规模情况

说明东部地区经济发达，污水排放相对集中，对大型污水处理厂的需求和投资较大，如图 4-17 所示。

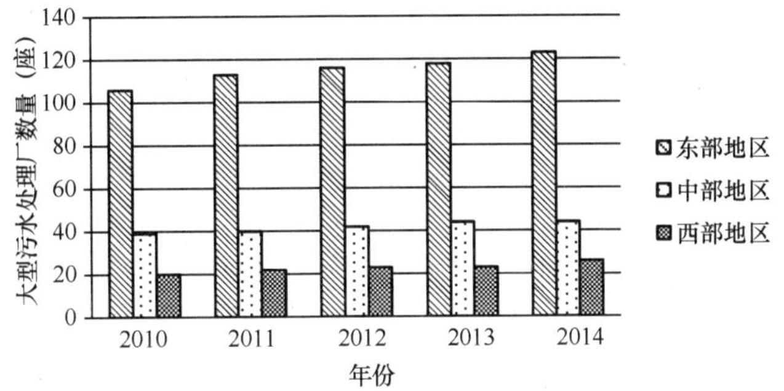

图 4-17 2010 年～2014 年大型污水处理厂的地区分布情况

从不同规模污水处理厂在中西部地区的占比情况看，西部地区 5 万吨/日以下的小型污水处理厂的比例最高，高达 86.79%，但 10 万吨/日以上的大型污水处理厂占比仅为 2%左右，大型污水处理厂的比例极低。东部、中部地区 5～10 万吨/日的中型污水处理厂的占比约为 20%左右，其中东部地区 10 万吨/日以上的大型污水处理厂的占比已超过 5%，如表 4-8 所示。

2014 年东、中、西部不同规模污水处理厂的比例情况　　表 4-8

地区	大型污水处理厂（≥10 万吨/日）	中型污水处理厂（5 万～10 万吨/日）	小型污水处理厂（≤5 万吨/日）
东部地区	6.72%	19.61%	73.68%
中部地区	4.61%	18.32%	77.07%
西部地区	2.12%	11.09%	86.79%

二、 排水与污水处理行业的所有制结构

随着排水与污水处理行业放开市场准入、国企改组改制，包括国际资本、民营资本在内的各类社会资本纷纷进入中国的污水处理行业。目前，中国城市排水与污水处理行业已基本形成国有及国有控股企业、外资与我国港澳台资企业、私营企业和上市公司等多种市场主体共同竞争的格局。在这些企业中，大型水业专业投资公司、综合性投资公司、水务上市公司、地方性水务公司和国际水业巨头逐渐成为主导和控制中国城市污水处理行业的中坚力量。在市场布局上，污水处理企业主要可分为三个层次：第一层次是核心城市和地区的污水处理项目，在这一层次要求污水处理企业具有良好的资金、技术和管理综合实力，主要集中了大型国有及国有控股企业和国际水业巨头；第二层次是大中城市和地区的污水处理项目，重点要求污水处理企业的资本运作和建设运营的能力，以水务上市公司、大型投资公司（包括国有和民营）、规模偏小的外资及港澳台资企业等为主；第三层次是小城市和中西部地区中等城市的污水处理项目，这些城市的制度建设相对薄弱、市场较不规范，项目的投资回报难以保障，因此大型企业鲜少涉足，主要以民营企业、地方性国有企业甚至事业单位为主。

经过30余年的改革和发展，中国污水处理行业已逐渐孕育了一批日渐成熟的专业企业，包括北京排水集团、北京首创股份有限公司、北控水务集团有限公司、北京桑德环保集团有限公司、深圳市水务投资有限公司、天津创业环保集团股份有限公司、重庆市水务控股（集团）有限公司、成都排水集团等。这些专业化运营的水务企业既有大型国有控股集团和传统水务集团，也有资深的水务跨国集团，还有新兴的民营集团，它们以其运作独立性、运营专业化、技术权威性、服务职业化的比较优势，积极参与和推动了中国城市污水处理行业改革和发展，广泛活跃在城市污水处理行业投资、建设和运营的各个环节。

（一）不同所有制企业的地区分布

从不同所有制污水处理厂的地区分布看，东部地区事业单位的比例最低，仅为6.94%；西部地区外商投资的比例最低，仅为2%左右，但私营企业的比例最高，约为12%，说明西部地区污水处理行业的投资吸引力较弱，主要吸引的是资金和技术都较为薄弱的私营企业。国有或集体企业、股份公司在东、中、西部的占比情况差别不大，基本都在40%左右。如表4-9和图4-18所示。

2014 年东中西部不同所有制污水处理厂的比例情况 **表 4-9**

地区	事业单位	国有或集体企业	股份公司	私营企业	外商投资企业	其他
东部地区	6.94%	36.54%	37.25%	8.19%	5.41%	5.68%
中部地区	13.61%	35.39%	37.17%	5.65%	4.61%	3.56%
西部地区	12.49%	38.45%	31.27%	12.00%	2.20%	3.59%

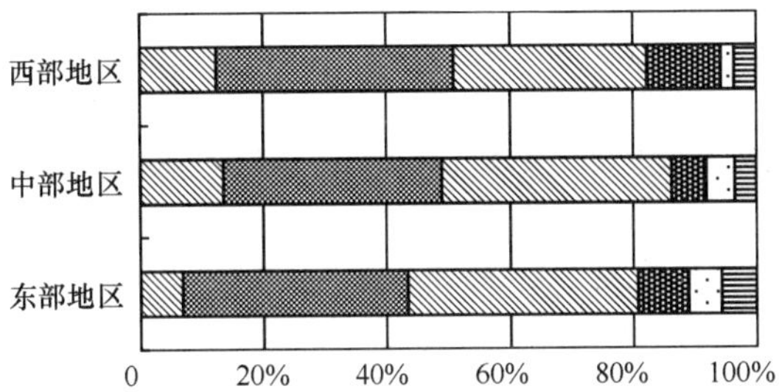

图 4-18 东中西部不同所有制污水处理厂的比例

(二) 不同所有制企业的规模分布

从不同所有制企业的平均处理能力来看，外商投资企业的平均规模最大，为 5.73 万吨/日；私营企业为 2.33 万吨/日；事业单位为 3.43 万吨/日；国有或集体企业为 3.8 万吨/日；股份公司为 4.02 万吨/日。其中外商投资企业、股份公司、国有或集体企业的平均规模大于所有所有制的平均规模 3.71 万吨/日。进一步分析，2014 年，私营企业的日处理总量为 817.8 万吨/日，外商投资企业的日处理总量为 974.1 万吨/日，但是私营企业的数量为 351 个，而外商投资企业为 170 个，未到私营企业数量的 1/2，如表 4-10 和图 4-19 所示。这说明私营企业的平均规模较低，主要以投资运营小型污水处理厂为主。由于污水处理行业的初期投资大、投资回报期长，因此资金短板对于私营企业的发展而言极为不利，使其难以做大做强，很大程度上限制了社会资本的进一步深入。

2014 年不同所有制企业的平均规模 **表 4-10**

所有制	事业单位	国有或集体企业	股份公司	私营企业	外商投资企业	其他	全国平均
平均规模（万吨/日）	3.43	3.8	4.02	2.33	5.73	2.06	3.71

从不同所有制企业的平均资产来看，在全国污水处理厂中，外商投资企业的平均资产额最高，为 11841.31 万元；国有或集体企业、股份公司和事业单位次之，分别为 10746.84 万元、10064.23 万元和 9431.85 万元；私营企业规模最

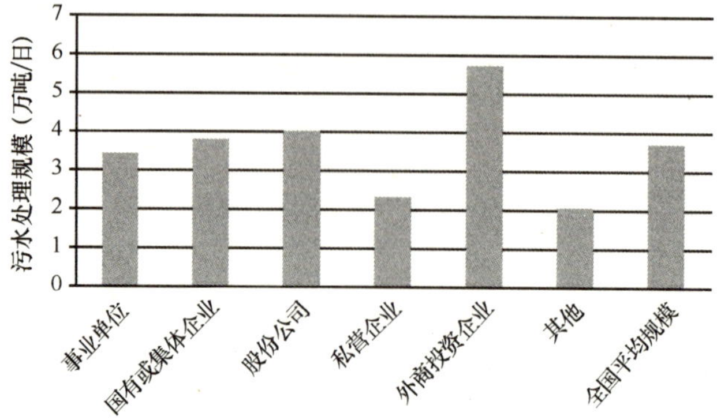

图 4-19　2014 年不同所有制企业的平均规模

小，为 6773.82 万元，如表 4-11 和图 4-20 所示。可见，近年来，国有或集体污水处理厂资产得到了有效集中，一定程度上改善了中国城市污水处理厂“小、散”的局面，对于培育国有大中型污水处理厂，提升中国城市污水处理厂的市场竞争力起到了很好的促进作用。从企业的平均资产看，外资及港澳台资企业的优势非常明显，充分发挥了污水处理厂的规模经济效益。但反观私营企业，虽然企业数量的比例高于外商投资企业，但企业的平均资产较少，规模经济效益难以发挥。

不同所有制污水处理厂的平均资产（单位：万元）　　**表 4-11**

企业类型	事业单位	国有或集体企业	私营企业	外商投资企业	股份公司	其他
平均资产	9431.85	10746.84	6773.82	11841.31	10064.23	6954.06

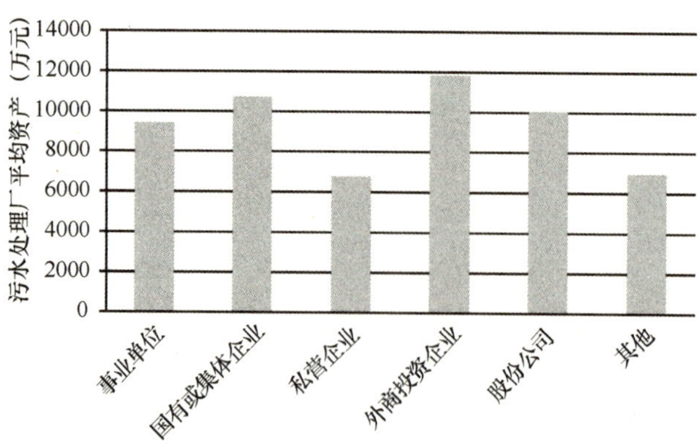

图 4-20　不同所有制污水处理厂的平均资产

三、 排水与污水处理主要企业介绍

（一）北京市排水集团

1. 历史沿革

20世纪90年代以前，北京市没有独立的排水企业，排水服务由当时的北京市市政工程局直接负责，设施投资基本来自地方政府，排水资产限于实物管理。随着北京的快速发展以及水污染问题的日益严重，单纯以地方政府为主的排水设施投资模式已不能满足实际需求。1993年北京市政府决定利用世界银行等国际金融组织贷款用于排水设施的建设，并于1994年成立北京排水公司，专门负责世行贷款资金的使用与偿还，管理模式上基本参照事业单位进行管理。1999年，北京市政府将原北京城市排水公司与当时已建成的高碑店、北小河及方庄污水处理厂等有关单位进行了重组，成立新的北京排水公司，初步实现了排水设施建设与运营管理的统一，管理模式上朝着企业化方向前进了一步。随着北京排水事业的发展和改革的进一步深化，2001年北京市政府对北京排水公司进行了改制，批准组建了现在的北京排水集团，授权排水集团负责中心城区的污水处理，并要求排水集团按照现代企业制度的要求，自主经营、自负盈亏，实现良性滚动发展。

2. 发展模式

北京排水集团自成立之日起，就承担着2008年实现污水处理率90%、再生水回用率50%的北京奥运水环境治理目标的历史使命。北京排水集团牢牢抓住了这一难得机遇，在政府和社会的大力支持下，实现了跨越式发展：

（1）排水设施进行系统化集中管理

经过摸索实践，北京排水集团走出了一条排水设施系统化集中管理的路子。集团刚成立时，业务重点主要限于污水处理厂的运营管理和少量新建排水管线的运营养护。2003年前后，鉴于北京市严重缺水的实际情况，北京排水集团按照市委市政府的要求，开始大规模推动污水再生利用事业的发展。2005年，北京市国资委将中心城区大约3600公里的旧有管线全部划转至北京排水集团，由排水集团负责保值增值及运营管理的责任。2010年，北京排水集团按照市政府部署，完成了涉水业务重组，实现了对中心城区排水设施实施集中统一管理。近些年，随着污泥处置问题的日益突出，污泥处置的规划、建设及运行已经成为北京排水集团当前的工作重点。总体而言，经过这些年的发展，北京排水集团的业务板块，从污水处理逐渐拓展延伸到雨污水收集、处理、再生利用及污泥处置四个方面，实现了现代污水处理系统的统一管理，为提高整个系统的运营服务水平、发挥最大的投资效益创造了非常有利的条件。

（2）政府对排水设施的建设进行了大力支持

北京排水集团的快速发展，离不开政府在设施建设方面大量的资金支持。在污水处理厂的建设方面，以政府财政支持为基础，北京排水集团广泛利用了世界银行贷款、外国政府贷款等国外资金约16亿元；在排水管网建设方面，由市区两级政府承担征地拆迁费用；在再生水处理厂及输配管线的建设方面，政府给予了50%的投资补助；在污泥处置设施的建设方面，政府在征地拆迁方面也提供了一定的资金支持。这些年，政府累计投资大约70亿元，企业利用各种手段融资60亿元，为排水设施的建设提供了坚实的资金支持。

（3）政府对排水设施的运营给予了有力的政策支撑

在设施运营方面，政府先后核定污水处理厂及排水管网的运行单价，建立了按照实际服务量支付运营资金的收入机制，在北京市污水处理费总量不足的情况下，给予北京排水集团每年大约2亿元的财政补贴，为企业的自主经营提供了良好的政策支撑。

2003年以前，由于北京排水集团成立时间不长，北京市市政管委对排水集团污水处理厂运营的资金管理采用事业单位的管理模式，即按照实际耗费拨付资金。

从2003年开始，北京市市政管委采用核定服务单价、按照实际污水处理量拨付运营资金的管理模式，实现了管理机制的重大突破，有力促进了企业的自主经营。当时，北京市市政管委、市发改委、市财政局联合核定了北京排水集团污水处理厂运营的服务单价0.75元/立方米，包括直接运行成本、大小修、折旧等费用。

随着2005年中心城区旧有管线的划入，北京排水集团承担中心城区全部管网的运营养护。在政府大力支持下，2007年，北京市财政局、市水务局联合核定了排水管网的服务单价：98.34元/米·年，包括养护管理费用、折旧费用等。政府部门按照服务单价与实际运营养护量拨付资金，为排水管网的运营提供了坚实的资金保障。

近些年来，由于业务范围的拓展、生产运营标准和要求的提高、生产要素价格上涨等多种因素，北京排水集团的成本价格情况出现了较大变化，急需进行相应调整。2009年，北京市发改委在对排水集团进行成本监审时，综合考虑了上述变化因素，并提出在北京市污水处理费不足以满足排水行业发展需要时，建立相应的财政补贴联动机制。北京排水集团业务价格的适时调整和行业财政补贴联动机制的建立，必将进一步提高企业可持续发展的能力。

(4) 积极引入央资央企和社会资本，加速企业改革和生态环境建设。2014年9月18日，北京排水集团与国家开发投资公司所属国投创新公司签署了《北京北排水环境发展有限公司合资协议》，与国家开发投资公司、中国工商银行、上海浦东发展银行、国投创新公司共同签署了《战略合作备忘录》。此次签约，是首都国企贯彻落实北京市委市政府《关于全面深化市属国资国企改革的意见》的具体体现，北京排水集团以加强与央资央企合作、发展混合经济、共同设立股权投资基金并通过央企吸引社会资本等方式改革创新，不仅有力地促进《北京市加快污水处理和再生水设施建设三年行动方案（2013－2015）》建设项目实施、服务首都生态环境建设，而且加快推动国企改革、促进企业做强做大，树立了国企改革创新的范例。

3. 成效

北京排水集团目前在北京中心城区拥有8座污水处理厂和5座再生水厂（另外正在实施的高碑店、小红门污水处理厂升级改造项目将于2015年完成），排水管网5692公里、雨污水泵站95座和2座大型再生水提升泵站，污水处理能力267万立方米/日，新建和改造项目完成后，再生水生产供应能力将达到413万立方米/日，占全市用水需求的20%以上。

截至2013年底，与北京排水集团2001年成立时相比，污水处理率从42%提高到94%；再生水利用率从0提高到61%；资产规模从18亿元提高到329.8亿元；每年削减COD约40万吨，占全市削减总量的75.5%；处理污水9.4亿立方米，占中心城区处理总量的95%以上；利用再生水7.5亿立方米，为控制首都水污染、改善水环境、开发水资源发挥了重要作用。

除中心城区以外，北京排水集团还积极参与郊区县及新农村地区的水污染治理工作，先后为大兴黄村、房山城关、延庆康庄、平谷西柏店等地的污水治理服务，处理能力大约20万立方米/日，为污水处理城乡统筹做出了积极的努力。

4. 北京以外地区的水务市场开拓

从1999年涉足广州西朗污水处理项目开始，北京排水集团经过近10年的探索与尝试，为京外投资工作积累了宝贵的经验，培养了一批具有市场开拓能力的人才，在国内水务行业逐步建立起“北京排水”的品牌。通过国际性公开竞标，排水集团赢得国内排水行业第一个BOT项目广州西朗污水处理厂17年的运营权。通过对连云港市自来水公司50年特许经营权的成功竞购，排水集团在国内首创从排水向供水跨越之先河。凭借在珠江三角洲良好的企业品牌和市场声誉，排水集团的服务领域从市政污水处理进一步延伸至工业废水处理，先后在佛山、湛江等周边地区实现突破。截至2008年底，北京排水集团向北京以外投资总计约1.4亿元；形成资产总额6.3亿元；净资产总额2.7亿元，水处理能力50万立方米/日。广州西朗污水处理项目与南宁市流域治理项目具体情况如下：

（1）广州西朗污水处理项目

广州西朗污水处理项目是国内污水处理行业第一个采用BOT方式运作、第一个采用EPC方式进行设计、施工及采购、第一个采用O&M方式进行运营的污水处理项目，对行业内其他市场化运作的项目具有良好的借鉴和示范作用。北京排水集团1999年通过国际性公开竞标赢得该项目的运营管理权，合同期限17年，管理范围包括日处理能力20万立方米的污水处理厂1座，污水提升泵站5座，污水截留干管28公里。项目于2001年12月开工建设，2003年10月通水试运行。

（2）南宁市竹排江上游流域治理PPP项目

2015年3月，北排集团中标广西壮族自治区南宁市竹排江上游植物园段（那考河）流域治理PPP项目。该项目是2015年国内第一个落地的流域综合治理PPP项目，主要包括河道整治工程、河道截污工程、河道生态工程、沿岸景观工程、污水处理厂建设工程、信息化监控工程、植物园湖水面工程等。项目采取PPP模式，总投资10.01亿元，合作期限10年。该项目自发布后，受到全国水务行业广泛关注。北排集团通过全面高效的投标方案和扎实过硬的企业核心能力支撑，在竞标中脱颖而出。

5. 未来展望

经过40余年环境治理实践，北排集团打造了集排水和再生水投融资、设计研发、工程建设、装备制造、运营管理在内的产业链综合实力，构建了北排集团、北排水环境发展公司（北排集团与国家开发投资公司国投创新合资）、产业基金于一体的融资蓄水池，具备向城乡广大客户提供流域或区域综合环境治理以及个性化菜单式服务的能力，服务领域覆盖城乡污水处理（生活污水、工业废水处理以及垃圾渗滤液、畜禽养殖等高氨氮废水处理）、污水再生利用、雨污水管网运维、污泥和餐厨垃圾处理、土地修复，以及自来水、再生水生产供应等方面，逐步形成了基于流域的污水治理系统的前期规划、投融资、建设管理、运行服务、科技研发等产业链关键环节的综合解决能力，企业的规模和品质得到了迅速提升，已经发展成为国内排水行业的领军企业和龙头企业。

面向过去，展望未来。北京排水集团以努力实现“污水全收集、全处理、全回用”为新的历史使命，不遗余力地培育和强化企业的核心竞争力，为北京及全国各地的水务市场提供更加优质的服务。

（二）成都市排水有限公司

成都市排水有限公司是上市公司——兴蓉投资股份有限公司下辖的全资子公

司，现有运营及在建的污水处理规模超过 300 万吨/日。公司运营成都市中心城区 8 座污水处理厂，服务区域达 350 平方公里，服务人口 400 余万人，污水处理能力 130 万吨/日，年污水处理量约 3.8 亿吨，基本实现了对中心城区污水处理全覆盖。在巩固成都市污水处理市场占有率的同时，进一步进入巴中、都江堰等市，并通过投资新建或收购甘肃、宁夏、陕西、广东、海南等地污水处理项目，目前公司共运营污水处理厂 14 座。

1. 计划经济体制下的污水处理

新中国成立初期，成都市治理污水的建设远远落后于城市的发展速度。在污水处理方面，20 世纪 50 年代成都市在东南郊狮子山建成全市仅有的一座日处理 8.6 万吨的简易一级处理站，主要解决工业区的污水处理。

在计划经济体制下，由政府作为单一的投资主体，在财力上出现建设资金不足的状况，管理模式陈旧，成都市只有一座县级事业单位、财政全额拨款的污水处理厂即成都市第一污水处理厂（原成都市三瓦窑污水处理厂）。

2. 市场经济体制导致管理模式发生巨变

1995 年中共十四届五中全会通过了《中共中央关于制定国民经济和社会发展“九五”计划和 2010 年远景目标的建议》，提出：实现奋斗目标的关键之一是经济体制从传统的计划经济体制向社会主义市场经济体制转变。自此，“计划经济体制”逐渐淡出历史舞台，“社会主义市场经济体制”逐渐深入人心，国家用宏观调控的手段对市场经济进行调节。

从改革开放前主要由政府直接投资建设和经营管理，到改革开放后，随着社会经济发展，为解决政府单一投资主体的财力不足，出现了政府间贷款或向国际金融组织贷款、外资合作经营并且保证固定回报、BOT 和 TOT 项目融资，以及合资经营、产权转让等市场化形式。

在企业内部改革方面，组建供排水一体化的水务公司，特别是污水处理厂由事业改企业，将污水处理费改为企业经营性收费；开始实行企业化运作，逐步使企业成为独立的市场主体；合理优化资源配置，实施投资主体多元化，按照现代企业制度规范运作。企业改革的关键是转换企业经营机制，转换企业经营机制的重点是落实企业经营自主权；中国的污水处理市场不仅面临巨大建设资金的投入，而且逐步投入运行的污水处理厂也都面临运营资金的困境。

3. 成立成都市排水有限责任公司

成都市是全国历史文化名城之一，是四川省省会，全省的政治、经济和科学文化中心，也是中国的特大城市之一。随着城市社会经济的发展和人口的增长、城市结构也发生了变化，全市的污染物放量也不断增多，其中城市工业废水和生活污水的产生量和排放量的增加尤为明显，不仅严重影响了成都市的水体质量和市容环境，而且直接影响到下游的水质和岷江、长江流域的生态环境。现有的第一污水处理厂污水处理能力远远不能适应要求，为了解决污水处理率低的问题，1998 年为了加快成都市城市排水设施建设的步伐，扩大城市污水处理能力，改善成都市生态环境；按照政企分开，实行政府监管、企业运营的原则，1998 年 8 月 6 日正式成立成都市排水有限责任公司，该公司是在第一污水处理厂基础上建立的全资国有的有限责任公司，注册资本 10 亿元，主要负责雨污管网系统、污水处理厂及配套设施投资、建设和运营管理、污水处理项目的资本运作、资产经营管理（不含国家法律法规限制和禁止项目）以及城市基础设施建设项目的咨询和投资。成都市排水有限责任公司成立后，进行了国外融资贷款工作，找到了融资渠道，利用世界银行的贷款为修建成都市第二污水处理厂打下了基础，开始实行企业化运作。

4. 成立成都市兴蓉投资有限公司

根据中央和省委、省政府关于加快岷江、沱江流域污染治理的有关指示精神，为了改善成都市现有河道水体污染状况，改善城市生态环境和市民生活居住条件，成都市决定用 2～3 年的时间大规模实施水环境综合整治工程。2002 年 10 月 10 日，市政府召开第 87 次常务会议，批准了《成都市中心城水环境综合整治总体规划和实施规划的可行性分析及融资方案》。于 2002 年 12 月 9 日成立成都市兴蓉投资有限公司，作为投融资和建设管理主体，实施中心城水环境综合整治工程，加强水污染治理力度，推进投融资体制改革；并将成都市排水有限责任公司整体注入市兴蓉公司，负责成都市整个主城区的污水处理以及新建污水厂的投资、运营、管理，将污水处理费改为企业经营性收费，使企业成为独立的市场主体；同时成都市自来水公司也整体注入市兴蓉公司，实现了供排水一体化管理。

5. 项目运作模式

水环境工程投资巨大、子项目多、涉及面广，要在 3 年时间里完成 230 条中小街道、29 条中小河道，并建设总规模为 50 万立方米/日的三座污水处理厂，必须突破过去传统的建设管理方式，以新机制、新模式保证工程建设快速推进。

（1）以污水收费为杠杆，采取厂网捆绑模式解决巨额资金的筹措问题

根据成府函〔2003〕120 号文《成都市人民政府关于成都市中心城污水处理特许经营权的批复》规定，将未来 30 年成都市中心城区的污水处理项目特许经营权和污水处理费管理权授予兴蓉公司，时间从 2003 年 1 月 1 日起计算。兴蓉投资公司的融资模式可以概括为“杠杆融资，捆绑还贷”。杠杆融资是指兴蓉公司以未来 30 年污水处理收费为杠杆，以政府 5.8 亿元的初始投入为依托，多渠

道融资，汇集了40亿元左右的资金用于建设。捆绑还贷是因为管网资产没有收入来源对应，无法单独融资，兴蓉公司将污水处理厂和管网建设项目捆绑打包成为单一项目后融资，保证了厂网同步建设所需要的巨额资金，最大限度地挖掘了污水处理收入的杠杆融资潜力。

(2) 以机制创新搭建管理平台

为了以新机制、新模式建设水环境整治工程，成都市委、市政府按照投融资体制改革思路成立了兴蓉投资有限公司，作为项目投融资和建设管理主体。通过政府注入资本金，采用资产运作、资本运作和多种金融工具，筹集建设资金，并按照“投资、建设、管理”三分离的新模式，全面负责工程的投资、建设和管理，为项目建设搭建了崭新的管理平台。

(3) 以融资创新吸引社会资金

以“加快三个转变”、“变民间资金为民间资本”为指导，于2003年初、年底向社会成功发行了两期、总额度为5亿元的集合委托贷款，在成都市首创了吸引民间资金参与市政建设的新模式，为西部第一、全国第三。该融资方式以多赢的格局（贷款成本低、民间投资回报高、银行获得无风险佣金收入）一经推出，便受到了民间资金的热烈追捧，发行后不到一个月即售罄。

(4) 以管理创新助推项目建设

一是推行业主代理制，采取公开招标方式确定建设管理单位，通过服务合同以契约形式明确双方的责权利，实践投资、建设、管理三分离。二是以合同管理为纽带，充分利用市场资源，实现了“政府投资项目”对市场的拉动作用。三是采取单价合同制，全面推行无标底招标，实现合理低价中标，使“政府投资项目”的运作更加公开、透明，既降低工程成本，又有效避免暗箱操作。

6. 通过市场化、企业化运作，取得显著的社会效益

2004年由成都市排水有限责任公司作为投资主体一举建成了成都市第二、第三、第四污水处理厂，将成都市的污水处理能力提高到每天90万立方米，污水处理率跃居全国一流水平，城市生态环境因此得到显著改善。

2007年，按照市政府的要求为实现城乡统筹发展，以及实现成都市市域水环境综合整治规划的目标，进一步完善成都市的水环境状况，由成都市排水有限责任公司作为投资主体按照现行污水处理的最高标准，先后在中心城、各郊县及重点镇新建了第五、第六、第七、第八、合作、金堂、晋原、花水湾、安仁、蒲江、寿安、新津等12座污水处理厂。这批污水处理厂的建成，不仅使中心城污水处理实现了全覆盖，还首次实现了由中心城向郊区和农村纵深推进。

2008年市政府为进一步加大污染治理力度，有效改善城乡生态环境，积极

推进城乡一体化和社会主义新农村建设，每个县污水处理实现满覆盖，镇镇都有污水厂，决定兴建56座乡镇污水处理厂。其中由成都市兴蓉投资有限公司作为投资主体建设、运营27座，并于2008年底建成通水。

2007年、2008年新建的污水处理厂是在成都市委、市政府“全域成都”理念的指导下，为城乡统筹、构建“环境友好型、资源节约型”社会起到了积极的助推作用，满足了城乡经济飞速发展的需要。投入运行后，使成都市的污水处理能力提高52.3万立方米/日，其中中心城污水处理总能力将达到134万立方米/日；各郊县及重点镇污水总处理能力达到39.5万立方米/日。实现了中心城、郊县及重点镇城市基础设施建设的同步提升，为统筹城乡改革发展、推进城乡一体化建设创造了有利条件。不仅有助于改善成都市的生态环境、提升城市形象，同时还将惠及下游城市的百姓，并促进整个岷江及长江流域水环境的改善。

2008年成都市兴蓉投资有限公司投资修建了成都市垃圾渗沥液处理厂，2009年9月～2010年底投资修建成都市第一城市污水污泥处理厂，项目投产后采用政府采购模式运营。这两个项目建成后，从根本上解决了成都市中心城区的垃圾渗沥液、已建的9座污水处理厂的污泥后续处理和处置问题，防止了二次污染，对保护成都市赖以生存和发展的环境，提高人民身体健康，节约土地资源，促进城市经济可持续发展具有十分重要的意义和显著的社会效益。

对2007年建成的蒲江、晋原、花水湾污水处理厂项目，经与当地政府多次磋商，于2008年以BOO运营管理模式签订了上述厂的运营承包合同。实现了成都排水公司对外运营的新起点。

7. 国内A股市场借壳上市

2009年为了加强成都市排水有限责任公司的融资能力，成都市政府将中心城区污水处理特许经营权授予成都市排水有限责任公司，特许经营期限自2009年1月1日起至2038年12月31日；对排水公司提供的污水处理服务实行政府采购，由市财政每月直接支付给排水公司；采购资金来源于市中心城区收取的污水处理费，不足部分由政府财政资金补足。

为了按照现代企业制度规范运作，对成都市污水处理厂在编职工的事业单位身份进行了转换，2009年5月完成改制转企的相关工作。同时，成都市政府要求兴蓉公司加大投融资力度，增强在排水行业的主导作用和市场竞争力，同意其将下属排水公司整合上市。2010年，通过资产重组，兴蓉公司大股东污水处理资产（成都排水公司）借壳上市，上市公司正式由“蓝星清洗”更名为“兴蓉投资”；2011年，注入供水资产（成都自来水公司）；2012年，注入环保资产（再生资源公司）。

通过上市，公司实现了政府提出的“扩大政府公司直接融资”和“拓展市场，抢占市场，抢占资源”的战略要求。集团现有总资产231.8亿元，净资产102.7亿元，从业人员逾3600人。上市后的兴蓉公司将以水务产业为主导，以资本为纽带，立足成都，努力构建与城乡统筹发展相适应的全域成都的供排水投融资、建设和运营管理新体制和新机制，并以资本市场为依托，通过收购兼并等方式进行低成本扩张，逐步实现跨区域发展，在技术水平、经营管理及经济效益等方面达到国内先进水平。

第五节　排水与污水处理行业需求与预测

近年来，中国排水与污水处理行业突飞猛进，整体发展处于快速成长期，主要表现在排水与污水处理投入稳步增加、基础设施建设成效显著、污水处理能力迅速扩张、污水处理率稳步提高、污水处理量快速增长等方面。2014年城市污水处理厂日处理能力达1.29亿立方米，比2010年末增长25.7%。截至2014年底，全国设市城市、县（以下简称城镇，不含其他建制镇）累计建成污水处理厂3717座，污水处理能力较2013年新增约800万立方米/日。全国36个大中城市（直辖市、省会城市和计划单列市）污水处理厂累计处理污水量45.8亿立方米，同比增长12.0%；全国城镇污水处理厂累计处理污水480.6亿立方米，比2013年增长8.1%。

城镇排水与污水垃圾处理行业是中国城市公用事业重要组成部分，其行业建设推动了相关环保产业发展，到2020年城市污水处理率将不低于90%，同时逐步实现城市雨污分流，中国排水与污水处理业务市场空间广阔。此外，国家鼓励利用再生水的政策，也将对污水深度处理业务提供广阔的市场空间。中国排水与污水处理建设的严峻形势，县城和建制镇污水处理率较低的现状，为排水与污水处理市场的建设、运营投资均带来巨大投资空间。

一、　排水与污水处理行业供需缺口分析

（一）污水排放情况与污水处理情况

中国污水处理行业虽然快速发展，但是由于污水排放量也快速增加，致使污水处理行业还是处在供不应求的状态。2013年全国废污水排放总量775亿

吨，其中城市污水排放量427亿吨，全国污水处理量381亿吨。多家研究机构的研究认为，中国水环境的COD承载力为740.9万吨，但全国第一次污染源调查发现，COD实际排放量为3028.96万吨。虽然近20多年来，我国污水处理率逐渐快速上升，2013年已经近90%，但总体上看，排污量大于污水处理量。由此会产生不同程度的水体污染，还会引发一些水污染事件，如表4-12所示。

《2013～2017年中国污水处理行业市场前瞻与投资战略规划分析报告》指出，中国660多个城市中90%城市的地下水已受到不同程度的污染。中国产业信息网发布的《2014-2019年中国工业废水治理市场态势与投资前景报告》指出：中国在10多年前就已开始治理工业废水，并不断加大投入，大部分工业企业也都建设了废水处理设施；同时，国家实行排污许可证制度，要求直接或者间接向水体排放废水的企业事业单位，应取得排污许可证。但由于违法成本低，加之监管不到位、执法不严等原因，工业企业偷排、造成严重环境污染的现象仍旧频频发生。废水污染事件引发社会舆论持续关注，并将进一步成为推动政府出台更严格治理政策措施的催化剂。

近几年中国发生的废水排放污染事件 **表4-12**

时间	事件	详情
2014年9月	腾格里沙漠污染事件	腾格里工业园区化工企业将未经处理的污水排入沙漠，严重破坏沙漠生态环境
2014年5月	铜陵有色污染事件	铜陵有色超标污水直接排入长江，造成水体污染
2013年7月	广西贺江水污染事件	广西贺州某选矿厂生产过程中将含镉、铊等重金属废水排入岩溶裂隙、溶洞，最终汇入贺江支流马尾河而造成的水体污染
2013年5月	廊坊电镀废液污染事件	廊坊市部分小电镀厂将未经任何处理的污水及电镀废液排放到周边水域或地下渗井中，造成周边水沟、河流的酸性和重金属含量严重超标
2013年4月	昆明“牛奶河”污染事件	昆明东川三家矿业企业私设暗管，将含有有毒物质的尾矿水、尾矿砂等直排小江，严重污染水体及流域土壤，小江河水变白并流入下游的金沙江，造成进一步污染
2012年2月	广西龙江河镉污染事件	广西两企业将含镉废水偷排入龙江河，镉泄漏量约20吨，波及河段约300公里，沿江居民生活受到严重影响

续表

时间	事　件	详　情
2011 年 8 月	江西瑞昌水污染事件	江西瑞昌一冶炼公司将含氯化钠、铜精矿等的工业废水长期随意排放，废水渗入土壤腐蚀地下自来水管致破裂并污染了水质，百余人饮水中毒
2011 年 6 月	广东化州水污染事件	广东化州新安某高岭土厂违法偷排未经处理含酸性废水，致使当地河流与水库污染，并威胁湛江数百万人的饮用水安全
2010 年 7 月	紫金矿业水污染事件	紫金矿业上杭工厂废水外渗，造成沿江上杭、永定鱼类大面积死亡和水质污染

（二）排水与污水处理行业供需缺口分析

虽然我国排水和污水处理行业近几年得到了快速发展，但是污水处理率还不能达到 100%。我国大多城市都存在污水和雨水同管的情况，致使一些污水不能及时纳管、及时处理。随着雨水排入河网，造成城市水环境恶化，因此在污水处理量上存在很大缺口，污水排放量大于污水处理量。根据污水排放和污水处理数据分析，2013 年缺口为 455577 万立方米，如图 4-21 所示。

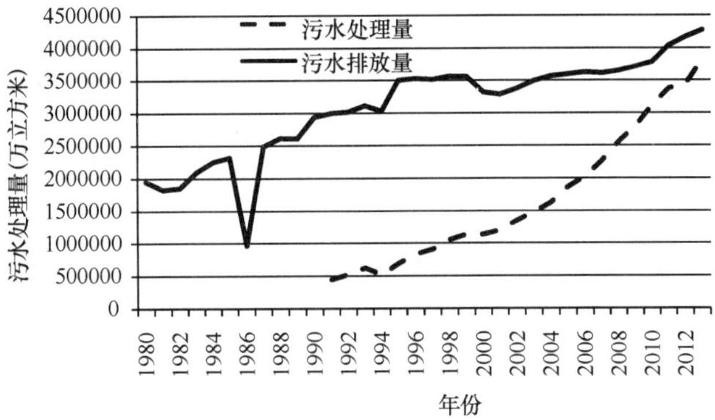

图 4-21　污水处理缺口分析图

注：1980 年～1990 年无污水处理数据。

二、排水与污水处理行业需求影响因素分析

（一）城市人口规模扩大与城市化率提高

随着城市人口规模不断扩大及城市化率不断提高，城市生活、生产及公用事业用水不断增加，总排水量以及污水排放总量都不断增加，排水与污水处理行业

需求也将不断扩大。

新中国成立初期，我国城市人口900多万，到改革开放前的1978年达到7682万人，2008年增加到33577万人，2013年底增加为73111万人；城市化水平1949年为10.6%，1978年为17.9%，到2008年增加到45.7%，2013年增加到53.73%，超过50%。同时城市用水量2013年为5373022万立方米，其中生活用水2676463万立方米，比2008年分别增长了7%和18%；2013年全国城市污水排放量4274525万立方米，比2008年增加了17%。随着人口规模的扩大、用水量增加及排水量、污水处理量的增加，城市排水与污水处理行业需求也不断增加，对城市排水与污水处理等基础设施的需求也在不断的增长，行业发展需求不断提高。为保证城市正常的需求和发展需要，加快各项设施的建设就成为必然的选择。因此城市人口规模和城市化率是影响排水与污水处理行业的重要因素。

（二）工业化和城镇化步伐加快

改革开放以来，中国工业化和城镇化速度都不断加快，工业企业个数和小城镇数量迅速增长。2013年底全国中小企业注册数量超过4200万家，2012年底建制镇19，881个，全国城镇人口达7.12亿，城镇人口占总人口比重为52.57%，中国正处于高速的工业化和城镇化阶段。

快速发展的城镇化进程不断对污水处理行业提出更高的服务要求。随着国家节能减排力度的加大，投入运行的污水处理厂总数将不断上升，市场化运营服务的增量和保有量两项指标将长期稳定在高位运行。

同时，随着城镇化进程和小城镇不断提升生活品质的需要，一方面，适应小城镇规模的中小型污水处理设施将大量出现，其市场化需求将更为强烈；另一方面，由于水资源日益宝贵，集中式水再生处理系统与就地（小区）型水再生处理系统相结合的配置模式将获得普遍应用。所以，无论是在大都市、中小城市还是在小城镇，污水处理行业都将是有很大的需求空间和有很好的发展前景。

（三）国家生态文明战略及排水与污水处理政策

国家在经济发展中资源环境代价过大的严峻背景下提出生态文明战略，强调要加强生态环境建设，加快城镇污水、垃圾处理设施建设和重点流域水污染防治。2010年10月，《中共中央关于制定国民经济和社会发展第十二个五年规划的建议》指出："加大环境保护力度，以解决饮用水不安全和空气、土壤污染等损害群众健康的突出环境问题为重点，加强综合治理，明显改善环境质量。落实减排目标责任制，强化污染物减排和治理，加快城镇污水、垃圾处理设施建设，加大重点流域水污染防治力度。完善环境保护科技和经济政策，建立健全污染者付费制度，建立多元环保投融资机制，大力发展环保产业。”

排水与污水处理行业属于环保产业之一，是国家鼓励和支持的重点产业。2011年中国颁布的《产业结构调整指导目录（2011年本）》，将污水处理业务列为鼓励类项目。2011年4月，环保部下发《关于环保系统进一步推动环保产业发展的指导意见》，提出要大力推进环境服务体系建设，在城镇污水处理厂、生活垃圾处理厂和危险废物处置场地等设施运营服务中全面引入市场机制，推进环境基础设施服务的社会化运营和特许经营。2011年12月，国务院下发《关于印发〈国家环境保护“十二五”规划〉的通知》，提出到2015年，全国新增城镇污水管网约16万公里，新增污水日处理能力4200万吨，基本实现所有县和重点建制镇具备污水处理能力；2012年4月，国务院办公厅发布《关于印发〈“十二五”全国城镇污水处理及再生利用设施建设规划〉的通知》，提出要加快对部分已建污水处理设施进行升级改造，进一步提高对主要污染物的削减能力，“十二五”期间中国要新增城镇污水处理规模4569万立方米/日；2013年8月，国务院发布《关于加快发展节能环保产业的意见》，提出到2015年，所有设市城市和县城具备污水集中处理能力和生活垃圾无害化处理能力，城镇污水处理规模达到2亿立方米/日以上，采取政府建网、企业建厂等方式，鼓励城镇污水垃圾处理设施市场化建设和运营。

2013年11月，国务院颁布了《城镇排水与污水处理条例》，对污水处理行业市场管理及运营体制进行全面规范，指出：“新区建设应当实行雨水、污水分流，雨污合流地区应当结合城镇排水与污水处理规划要求，进行改造。在雨污分流地区，不得将污水排入雨水管网；新建、改建、扩建市政基础设施工程应当配套建设雨水收集利用设施，增加绿地、砂石地面、可渗透路面和自然地面对雨水的滞渗能力；鼓励城镇污水处理再生利用，规定再生水纳入水资源统一配置，工业生产、城市绿化、道路清扫、车辆冲洗、建筑施工以及生态景观等，应当优先使用再生水。这些产业政策的推出及落实，极大地促进了污水处理行业的快速健康发展。”

三、 排水与污水行业需求及预测分析

（一）排水管道

随着城市化率、城市洪涝防灾、建成区面积不断增加的需要，排水管道数量需求也将不断增加。2013年全国城市排水管道有464878公里，建成区排水管道密度为9.71公里/平方公里。

如果建成区排水管道密度保持2013年不变的情况，随着城市率增高、城市

建成区面积不断扩大，城市排水管道将呈现逐年增加趋势（见图 4-22）。

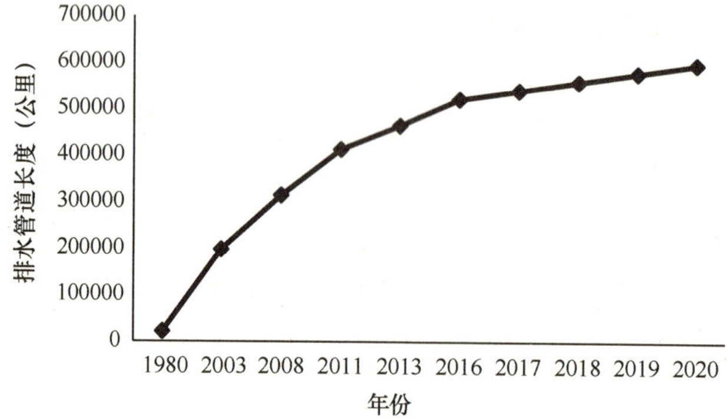

图 4-22　排水管道预测（根据建成区面积）

1980 年排水管道仅为 23860 公里，2003 年中国城市排水管道 198645 公里，建成区面积 28308 平方公里；2013 年城市排水管道 464878 公里，建成区面积 47855.3 平方公里；近 10 年来建成区面积平均每年增加 1954.7 平方公里，按照建成区排水管道密度为 9.71 公里/平方公里来预测，未来 5 年内中国排水管道密度至 2020 年将达到 597741 公里，比 2013 年新增 132863 公里。2016 年～2019 年分别为：521819 公里、540799 公里、559780 公里、578760 公里。

如果建成区面积保持当前水平，随着城市流动人口增加，城市排水设施也相应增加，2009 年建成区排水管密度为 8.76 公里/平方公里，2013 年为 9.71 公里/平方公里，近 5 年来平均每年增加 0.2375 公里/平方公里，按照建成区排水管密度增加来预测的话，2020 年将比 2013 年新增加 79356 公里，2016 年～2019 年分别新增数量为 33894 公里、45259 公里、56625 公里、67991 公里（见图4-23）。

在排水管道密度和建成区面积同时增加的时候，排水管道建设需求量将会更

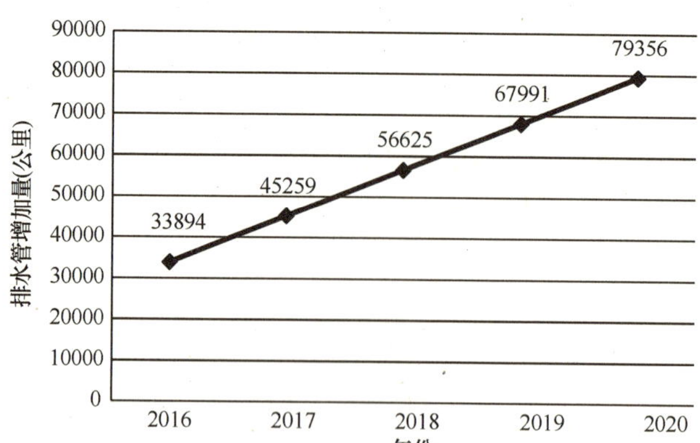

图 4-23　排水管道新增量预测（根据建成区排水管密度）

多。如果按照每年建成区增加 1954.7 平方公里，排水管密度每年增加 0.2375 公里/平方公里来预测，到 2020 年中国城市排水管道将增加到 68 万公里，如图 4-24所示。

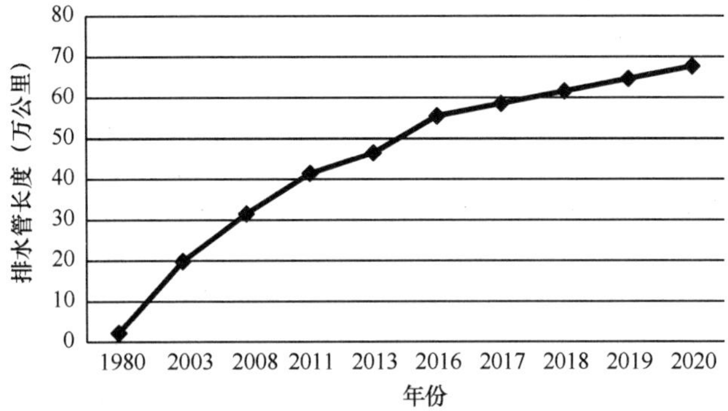

图 4-24　排水管长度预测

（二）污水管道

污水管道的建设是提高污水处理率特别是集中处理率的重要工程手段，当前我国污水处理率和集中处理率都需求提高，2013 年污水处理率 89%，集中处理率为 84.53%。为了减少水污染和保护水环境，必须提高污水处理率特别是集中处理率，那么污水管道建设将成为重要基础工程。2011 年～2013 年全国每年城市污水排放量为 403.7 亿立方米、416.8 亿立方米、427.5 亿立方米；每年的污水处理率分别为 83.63%、87.30%、89.34%；每年的污水集中处理率分别为 78.08%、82.49%、84.53%。而 2011 年～2013 年污水管道分别为 164361.4 公里、177995 公里、191364 公里。如果将污水处理率和集中处理率都提高到 90%的话，根据以上数据预测，到 2020 年污水管道建设将增至 223554 公里，如图 4-25 所示。

如果将污水处理率和集中处理率都提高到 95%的话，根据以上数据预测，

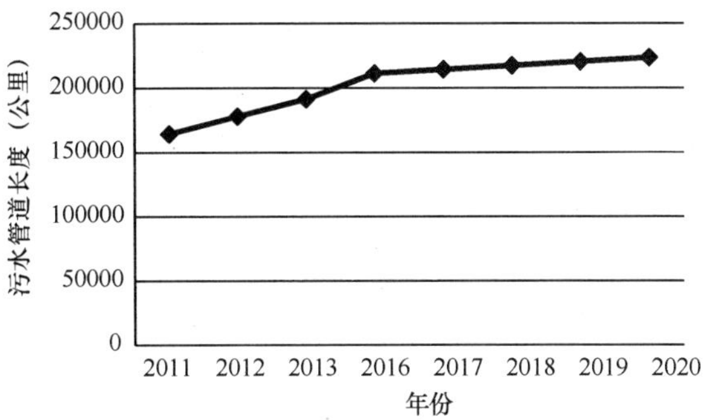

图 4-25　污水管道长度预测

到 2020 年污水管道建设将新增 52718.7 公里，如图 4-26 所示。

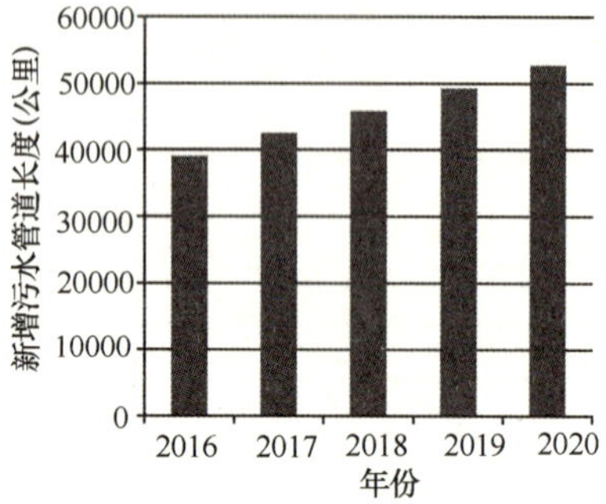

图 4-26　新增污水管道长度

（三）污水处理厂和污水处理能力

随着中国对城市水环境治理的重视和水环境标准的提高，就要求城市污水要全面纳管、集中处理，提高城市污水处理率，以此减少污水未经处理排放，保护水环境。因此需要改造或新增污水处理厂数量及污水处理能力。2013 年污水排放量为 4274525 万立方米，城市污水处理率为 89.34%；污水处理厂 1736 座，其中二三级处理厂 1492 座，处理能力 12454.2 万立方米/日，其中二级、三级处理能力为 10786.8 万立方米/日。

未来 5 年内，在其他条件不变的情况下，如果将污水处理标准全面提高到二级、三级标准，那么需要每年改造近 49 座污水处理厂，到 2020 年污水处理标准全面达到二级、三级标准。未来 5 年内，污水处理二级、三级标准达到 100%时，到 2020 年需要每年增加二三级处理能力 333 万立方米/日。

在污水排放量不变的情况下，未来五年内城市污水处理率提高到 95%，至 2020 年需要每年增加 42745 万立方米的污水处理负荷，需要每年新增 177 万立方米/日的污水处理能力，如图 4-27 所示。

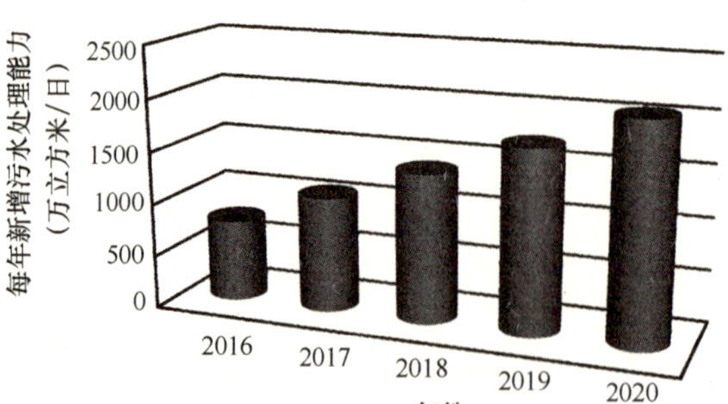

图 4-27　每年累计新增污水处理能力

随着人口增加和建成区的扩大，城市用水量也不断提高，污水排放量也不断提高。在保证污水处理率 95%的情况下，2020 年我国污水处理能力需要达到 1.45 亿吨/日，需要新增污水处理负荷为 2063 万吨/日，约等于需要新增日处理能力 100 万吨的污水处理厂21座，图4-27和图4-28给出了污水处理能力预测和每年累计新增污水处理厂数量。

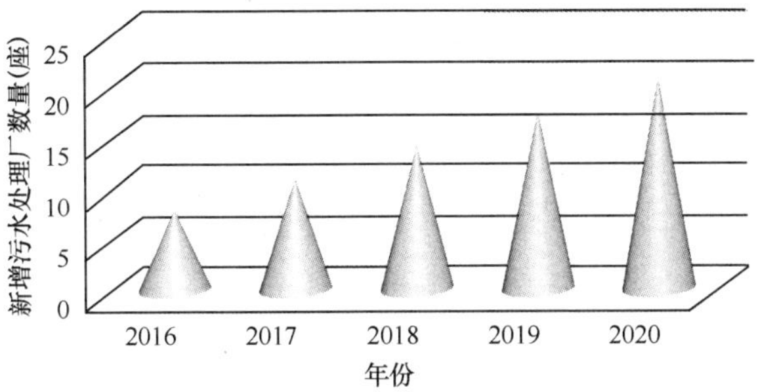

图4-28 污水处理厂新增数量（100万吨）

四、各省（市、区）排水与污水行业需求与预测分析

近年来，各省（市、区）排水与污水处理行业也都有较大发展，但随着各省市经济水平和城市化率的不断提高，城市水环境治理要求也逐年提高，排水与污水处理行业也存在很多不足，2013年全国31个省市一半以上的污水处理率都处于90%以下（18个省（市、区）低于90%），特别是缺水的西部地区，西藏城市污水处理率仅0.1%，青海仅61.6%，甘肃、新疆也处于90%以下，如表4-13所示。

2013年全国省（市、区）污水处理率　　表4-13

省（区、市）	污水处理率	省（区、市）	污水处理率	省（区、市）	污水处理率
北京*	84.6%	安徽	96.2%	重庆	93.9%
天津	90.0%	福建*	87.3%	四川*	83.2%
河北	94.6%	江西*	83.1%	贵州	94.0%
山西*	88.4%	山东	94.9%	云南	92.1%
内蒙古*	88.2%	河南	90.8%	西藏*	0.1%
辽宁	90.0%	湖北	91.6%	陕西*	89.0%
吉林*	84.2%	湖南*	88.4%	甘肃*	81.2%
黑龙江*	75.7%	广东	92.1%	青海*	61.6%
上海*	87.1%	广西*	85.8%	宁夏	94.4%
江苏	92.1%	海南*	74.9%	新疆*	87.8%
浙江*	89.3%				

注：*是污水处理率低于90%的城市。

按照国家十二五规划，在保持污水排放量不变的情况下，如果将各省市污水处理率都提高到90%，那么18个省区需要增加其污水处理能力，其中，黑龙江省每天将要增加近47万立方米的处理能力才能保证污水处理率保持在90%，北京、四川、上海、吉林则分别需要增加22.9万立方米、30.6万立方米、18.4万立方米、13.3万立方米；18个省（市、区）内的其他省市也需要不同程度的增加（见图4-29）。

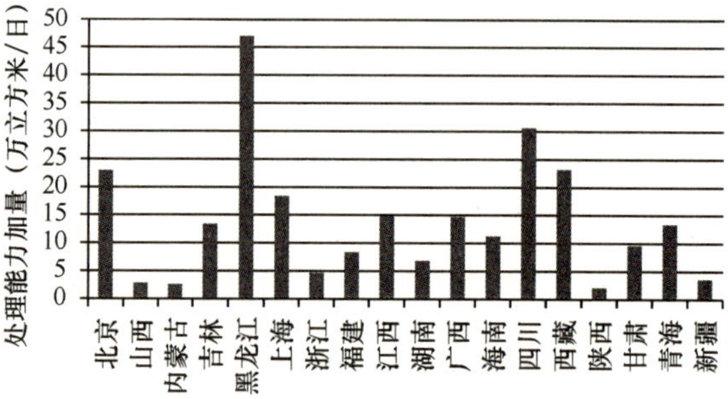

图4-29　18省市污水处理能力的增加量

第五章　燃气行业发展报告

作为城市公用事业之一的管道燃气行业直接关系社会公共利益，并涉及有限公共资源的配置，与城市工商业的生产经营活动以及居民的生活质量密切相关。我国目前很多城市已经是以管道燃气天然气为主。城市管道燃气的生产供应是一个包括燃气生产、输送和销售在内的具有垂直关系的连续阶段，通过上游天然气企业（国内或国外）直接开采天然气，然后将天然气加压送入管道，到达终点后调压分销给企业和居民等用户。城市天然气企业从上游企业购买天然气，然后负责对特定区域的居民和企业提供相应的供气服务。我国天然气行业市场化改革经历了完全计划经营到逐步放松管制的历程，目前已经初步形成了市场竞争的格局。天然气行业的供给和需求增速迅猛，投资建设力度持续增大，但是管网建设相对滞后制约天然气整个行业发展。随着市场化改革的不断深入，燃气行业将得到全面发展。

第一节　燃气行业的市场化改革

中国是世界最大能源消费国，也是二氧化碳和二氧化硫最大排放国。随着经济的持续发展，我国能源需求仍快速增长，资源和环境约束日益加剧。加快燃气行业市场化进程，对增加我国能源供应、优化能源结构、保护生态环境、控制温室气体排放具有重大意义。

一、燃气行业市场化改革的总体情况

我国燃气产业的发展经历了利用工矿余气发展城市燃气的节能项目工厂、利用国内外液化石油气的气源和大力发展城市利用天然气工程三个阶段，目前还处于煤制气、液化石油气、天然气三种气源并存的时期。真正得到快速发展是在1979年实施改革开放以后，特别是在近10年才有了突破性的进展。西气东输工程的实施，标志着我国城市燃气产业的天然气时代已经到来。我国的城市燃气气源已经由煤制气和液化石油气为主，向以天然气为主转变。与此同时，城市燃气的供气规模也将迅速增加，使用范围也将以向居民生活用气为主向工商业、采暖等方向拓展。城市天然气工程具有广阔的发展空间。

改革开放以前，城市燃气设施的建设与经营全部由政府负责，属于典型的行政垄断行业。改革开放以来，行业改革滞后，行政垄断的局面没有完全打破，严重影响了城市燃气的发展。但自2002年建设部颁发了《关于推进市政公用事业市场化进程的通知》，特别是党的十六届三中全会提出进一步加快公用行业改革方向以来，各地将推进包括城市燃气在内的市政公用行业的改革作为工作的重点，积极推进市场化改革。2002年3月11日发布的新的《外商投资产业指导目录》，将原禁止外商投资的电信和燃气、热力、供排水等城市管网首次列为对外开放领域，并自2002年4月1日起施行，这加快了外商进入大中城市燃气市场步伐。随着新政策的出台，燃气行业巨大的发展机遇已显现。2004年4月，建设部为促进市政公用行业市场化改革，规范市政公用行业的市场行为，以部令方式发布了《市政公用事业特许经营管理办法》。该办法从保障社会公共利益和公共安全的高度，要求各地政府遵循公开、公平、公正和公共利益优先的原则，通过市场竞争、公开招标方式，择优选择城市公用事业的投资者或经营者；与此同时，还明确了特许经营权竞标者应当具备的条件和选择投资者或经营者的公开程序，对授权方和被授权方的责任、权利和义务等都做出了规定。各地正在积极探索实施特许经营的具体办法①。

中国燃气行业改革的推进以及非公有资本进入燃气市场，已逐步使从事燃气行业的企业通过竞争来获得燃气行业的项目投资权和项目经营权。符合市场准入条件，并通过竞标获得与市政府双方都必须认真履行协议中各自责任、权利和义务，共同确保燃气的安全供应。

二、燃气行业市场化改革历程

回顾中国城市管道燃气行业实施特许经营制度的历程，改革开放以来，中国城市管道燃气行业大致经历了三个重要发展阶段，即以政企合一和垄断专营为主的发展阶段；通过实施特许经营、放松准入的民营化改革阶段；探索管网设施公平开放的市场化阶段。

（一）以政企合一和垄断专营为主要特征的发展阶段（1978 年～2002 年）

在这一阶段，燃气行业的重心在于如何加快发展，解决城市燃气供需缺口。在节能政策推动和国家财政资金大力支持下，全国建成了一批以利用焦炉气和化肥长释放气为主的城市燃气余气利用工程，许多城市建设了管网等燃气设施，国内液化石油气和管道人工煤气作为优质民用燃料进入千家万户。广东等经济发达的沿海城市居民在 20 世纪 90 年代初还用上了进口液化石油气。这一期间，国务院办公厅 1985 年第 50 号文批转的《关于加快发展城市煤气事业的报告》和建设部 1992 年 5 月下发的《城市燃气当前产业政策实施办法》等政策性文件对促进中国城市燃气行业发展起到了重要的推动作用。

这一时期是我国城市燃气行业的发展初期阶段，城市燃气基础设施薄弱，市场规模有限，专业人才不足，燃气质量、行业管理、技术规范、健康标准、安全设备、技术能力和环境标准等诸多制度环境尚未完善，需要通过加快发展来解决上述问题。在这种背景下，政府财政成为城市燃气行业投资建设资金来源，各地方政府所属的燃气公司采取政企合一和垄断专营体制，民间资本面临禁入限制。

客观而论，在城市燃气基础设施建设规模大、民间资本尚未成长壮大起来的情况下，采取政府投资建设和国有专营体制，在当时历史条件下对于我国城市燃气行业的发展起到了推动作用，使得城市燃气行业发展初期面临的供需矛盾得到一定程度地缓解，为城市经济与社会发展奠定了物质基础，也为日后实施特许经

① 姜润宇．城市燃气：欧盟的管理体制和中国的政策．中国市场出版社，2006：12-14。

营的市场化改革奠定了物质基础。

（二）实施特许经营、放松准入为主要特征的改革阶段（2003年～2013年）

在城市公用事业中，燃气是城市居民生活的必需品，并且还是重要的能源和工业原料。国际上往往以能源人均占有量、能源使用效率和对环境的影响来衡量一个国家的现代化程度。以天然气为例，在一次能源结构中，中国天然气不到10%，而世界平均水平为23%。据专家预测，21世纪天然气将是消费量增长最快的能源，我国天然气消费比例面临增长趋势。而如此巨大的投资不可能完全依靠政府，因此城市管道燃气行业放松准入、通过实施特许经营制度引入市场竞争势在必行。

诚然，管道燃气行业发展不仅面临资金的约束，还要面对经济全球化的趋势。进入21世纪以来，中国加入WTO后，开放城市公用事业成为中国履行国际承诺的必然选择。与此同时，城市管道燃气行业长期存在的体制性矛盾也开始逐步凸显出来。例如，政企合一和国有垄断专营造成管理体制僵化、整体效率低下和人员冗余增加、众多城市管道燃气企业长期亏损经营，严重依赖政府财政补贴，使得财政压力逐年加大；城市管道燃气价格形成机制不合理，管道燃气行业缺乏良性发展的动力和能力等。这些均表明，国有专营和政企不分的旧体制已不能满足快速城市化、市场化和建设环境友好型城市的需要。

面对经济全球化趋势，中国城市管道燃气行业不仅面临其他国家或地区燃气企业的竞争（如香港中华燃气、法国燃气公司、美国壳牌公司等企业以先进的服务方式、管理方式和先进的技术已进入国内燃气行业，争夺国内市场份额），还面临煤炭、电力等可替代能源的竞争。在生存与发展的挑战下，城市管道燃气行业放松准入限制，通过实施特许经营制度，拓展融资渠道、打破行业垄断、引入市场机制，鼓励外资和民间资本参与城市管道燃气行业的投资建设与运营的民营化改革呼声日益高涨。

2002年，建设部下发《关于加快市政公用事业市场化进程的意见》，拉开了城市管道燃气行业市场化改革的序幕。此后，国家放松了城市管道燃气行业的准入门槛，鼓励和引导民间资本和外资以独资、合作、联营、参股和特许经营等方式参与城市管道燃气基础设施建设和经营。2004年5月，建设部颁布《市政公用事业特许经营管理办法》。根据该办法，政府通过向社会公开招标的方式选择投资者和经营者，授予其在一定时间和范围内对燃气产品或服务进行经营的权利。该办法从保障社会公共利益和公共安全的高度，要求各地政府遵循公开、公平、公正和公共利益优先的原则，通过市场竞争、公开招标方式，择优选择城市公用事业的投资者或经营者，使得燃气行业的跨区域整合成为可能，管道燃气分销领域的竞争格局逐渐由地方垄断转向跨区域的市场竞争。与此同时，还明确了特许经营权竞标者应当具备的条件和选择投资者或经营者的公开程序，对授权方和被授权方的责任、权利和义务等都做出了规定。各地积极探索实施特许经营制度的具体办法①。

城市管道燃气行业实施特许经营引入竞争的改革主要从两方面进行，一方面，对传统体制下的国有管道燃气企业进行改制，另一方面，随着投资准入的放宽，各种所有制和资本进入城市管道燃气领域，特别是随着燃气骨干网建设的完善、“国退民进”政策的推行以及城市管道燃气行业利润吸引力的增强，越来越多的非国有投资主体进入城市管道燃气行业。随着管道燃气行业下游市场逐步放开，区域垄断格局有所改观，港资、民资、国际跨国公司以及改制后得以壮大的原国有管道燃气公司等各路资本竞相涌入，下游市场主体已形成多种所有制并存的有序格局，行业利润、生产运营、效率、服务、管理改善明显，整个行业正在进入良性发展轨道。

此外，为促进行业健康发展，国家还不断完善了有关的法律体系、技术标准体系和人才教育培训体系。2007 年 5 月，国家发展改革委下发了《天然气利用政策》，将居民生活用气、公用设施用气、天然气汽车、分布式热电联产和热电冷联产用户等列入允许类。随着川气东送、西气东输二线于 2009 年及 2010 年相继落成，中国城市管道燃气发展气源不足的制约得到明显改观，天然气市场呈现快速发展的局面。这个过程中，各城市公用事业监管部门，对城市管道燃气行业实施特许经营制度，不断利用市场机制融资、组建城市管道天然气企业，以此推动各地城市管道燃气行业的发展。通过实施特许经营制度，城市管道燃气企业公司化改造的步伐加快：一是已有很多境外企业进入，与国内一些管道燃气企业组成了合资企业；二是国内很多国有、民营企业与一些城市管道燃气企业合作，成立了股份制的公司；三是一些城市的管道燃气企业自身进行公司化改造。企业的改制，使过去政企不分的城市管道燃气企业成为了真正的市场主体。

（三）探索管网设施公平开放的市场化阶段（2014 年至今）

2014 年，国家能源局和国家发改委相继发布了《油气管网设施公平开放监管办法（试行）》和《天然气基础设施建设与运营管理办法》两个文件，拉开了中国天然气管网设施进入公平开放时代的序幕。随后供销合同、基础设施、价格机制等各个方面的文件陆续出台，这些重要政策法律文件将对中国天然气行业发展产生重要影响，对燃气行业市场化改革进行了积极的尝试。这些文件意在促进

① 姜润宇. 城市燃气：欧盟的管理体制和中国的政策 . 中国市场出版社，2006：12-14.

天然气行业的管网设施开放，这是天然气行业市场化改革的关键。

在2015年2月，国家发展与改革委员会下发《关于理顺非居民用天然气价格的通知》。通知规定，自2015年4月1日起将天然气存量气与增量气价格并轨，同时试点放开直供用户用气价格。各省增量气最高门站价格每立方米下降0.44元，存量气最高门站价格每立方米上调0.04元。居民用气门站价格暂不作调整，但将尽快建立居民用气阶梯价格制度。

存量气与增量气价格并轨是水到渠成，不仅有利于创建公平的市场竞争环境，促进企业平等竞争，也为推进天然气价格市场化奠定良好基础。价格并轨后，非居民用气价格基本理顺，意味着天然气价格改革完成破冰之旅。

近年来，国家始终按照市场化的方向，不断推进天然气价格改革，陆续放开了海上天然气、页岩气、煤层气、煤制气出厂价格和液化天然气（LNG）气源价格。价格放开后，对调动企业生产和进口积极性，释放非常规天然气产能，吸引民间资本进入天然气领域，发挥了积极作用。先行试点放开直供用户门站价格，是推进天然气价格市场化改革的又一次有益尝试。选择放开直供用户用气门站价格，进行改革试点，主要有四点考虑：一是天然气可替代性很强，其他能源产品均可与之形成竞争；二是近年来海上天然气、页岩气、煤层气、煤制气和液化天然气产能逐步增加，上游气源已形成竞争格局；三是预计今后一段时间国际国内天然气市场供需相对宽松；四是直供用户用气量较大，具备较强的价格谈判能力。

国家在试点放开直供用户用气门站价格的同时，积极推进天然气交易市场建设。2014年底，上海市政府批准组建上海石油天然气交易中心，开展天然气现货交易。直供用户用气门站价格放开后，国家将引导这部分气量进入交易中心进行交易，形成天然气市场价格。这些改革措施将为深化天然气价格改革、全面放开非居民用气价格积累宝贵的经验。

三、 国外燃气行业市场化历程

国外燃气行业的发展也是伴随着社会经济的发展从垄断到市场化的过程，大致经历了城市化兴起、政府干预和放松管制三个阶段。

（一）城市化兴起阶段

17世纪、18世纪，在很多西方发达国家城市化刚启动时，各级政府头脑的主要思想武器是亚当·斯密的“看不见的手”理论。该理论认为，市场是万能的，政府不要去干预，最好的政府就是“守夜人”的政府，对市场干预最少的政府就是好政府。所以，这一时期的城市基础设施基本上有私人投资经营。但在城市规划没有调控到位和法治不健全的情况下，多数私人经营的基础设施都是与当地权力相结合的，基础设施分布不公平，穷富悬殊，贫民区没有任何基础设施，城市污水、垃圾排放放任自流。而富人区的配套设施奢侈浪费，整个社会处在一个非常不均衡的状态，没有形成完整的城市基础设施规划、建设和管理的良性循环体系。这种状态一直延续到20世纪30年代发生世界经济大危机时。这时，亚当·斯密的“看不见的手”理论受到质疑，认为是由于放纵市场调节导致了经济危机的发生。这一场经济大危机，使得世界GDP总量下滑了30%，发达资本主义国家40%的人面临了失业。沿用了两个世纪“看不见的手”理论，此时被全面否定。

（二）政府干预阶段

20世纪30年代以后，西方国家相继强化了政府对经济的全面干预，认为只有政府的有效干预，才能达到就业和经济增长的两全其美，也就是凯恩斯的“全能政府论”。城市基础设施全盘国有化也由此开始，政府逐步收购私人手里的资产，城市所有的基础设施几乎全部以国有的名义投资，再加上以美国为代表的一些国家，通过大量地建设基础设施来刺激内需，此时西方国家基础设施的国有化达到了极点。在随后的几十年间，不仅仅是社会主义搞经济国有化，资本主义的经济国有化也是空前绝后的，如那时法国经济的国有化程度达85%，英国达到75%，比中国现在的水平还要高，基础设施领域的国有化就更不用说了。

（三）放松管制阶段

20世纪60年代以后，许多经济学家重新认识到，30多年来国有化的扩张，带来了经济效益的下滑、管理机构的膨胀和政府运行效益的日益低下。一些经济学家经过反思，得出“全能政府论”是非常荒谬的。到了20世纪70年代，随着西方经济全面陷入“滞胀”而难以自拔，大家才逐步认识到政府调控市场实在是乏力，难以为继了，“政府万能论”已捉襟见肘，日趋没落。1974年，前后经过40年的论战且屡战屡败的哈耶克，以其新古典自由主义的经济理论而获得诺贝尔奖。他推崇的是政府失效论，认为政府往往是低效率的代名词。有的领域之所以采取国有的方式，实行政府调控，这是迫不得已的事情，应尽量避免采取这样的方式。英国的撒切尔、美国的里根全盘接受了哈耶克等经济学家的理论，从70年代开始把大量的国有企业转为民营或私有。这种放松政府管制的浪潮确实挽救了英国这一老牌资本主义国家，也使得美国持续12年保持经济快速增长。因为通过这样的改革，把大批不该由政府背的包袱都卸掉了，大批不合理的开支减少了。不到10年时间，此项改革给美国带来了400多亿美元的巨大收益。目前在西方发达国家当中，燃气产业市场化最典型的国家是实施完全私有化制度英国和基于特许经营制度的法国。

四、 中国燃气行业市场化改革成效

中国在燃气行业进行市场化改革的目的在于扩大行业供给能力，促进行业内企业间的竞争，提高企业生产效率，提供优质燃气产品和服务，并稳定价格水平等，中国燃气行业市场化改革的成效也体现在这几个方面。

（一）促进了燃气行业市场供给

随着民营资本不断进入城市管道燃气行业，其市场结构不断优化，整个行业供给能力不断增加。在城市容量方面，拥有较多城市数量与占据大城市的公司会在未来有更多的内生增长空间。目前来看，中国燃气与新奥燃气拥有的城市数量较多，而华润燃气拥有的省会城市的数量与比例均最高。总体来看，各公司的内生增长潜力都很大，综合考虑，各上市城市燃气公司按内生增长潜力排序应该是中国燃气、华润燃气、新奥燃气、港华燃气、北京燃气和郑州燃气。

从全国总体情况看（表 5-1），不论是供给总量水平还是普及率，这 20 年都有很大提高。而如此高的城市燃气管网的建设投资基本是通过许经营制度等市场化改革措施来实现的。

城市公用事业供给能力的变化①　　表 5-1

年　份	1990	2000	2010
供气管道长度（万公里）	2.4	8.9	30.9
燃气普及率（%）	19.1	45.4	92.0

（二）多元化产权结构已经形成

城市管道燃气市场基本上形成了产权多元化格局。在城市管道燃气行业中，生产经营的企业已经由不同经济成分企业构成，基本改变了国有企业在市场中的垄断地位，不同企业间是竞争关系。通过国有燃气企业的股份制改革，民营企业和外商的直接进入以及融资的多元化，燃气终端市场初步形成了地方国企、中央国企和民企及外企三分天下的局面。可以说，在城市管道燃气行业的管道建设投资和燃气输送、零售市场上，非国有资本均有不同程度地进入，尤其是终端市场

① 资料来源：1991 年、2001 年和 2011 年的《中国统计年鉴》，中国统计出版社，1991 年、2001 年和 2011 年版。

的多元化产权结构已经形成。

(三) 提高了城市管道燃气企业的生产效率

这些年来，在实施特许经营制度过程中，一方面对国有管道燃气企业进行改制，另一方面引导私营企业进入国有管道燃气行业。在产权改革和促进竞争的双重作用下，城市管道燃气企业的生产效率和盈利能力都发生了积极变化。通过表5-2中关于规模以上燃气生产和供应业主要经济效益指标可以看出，从1995年到1997年，在城市燃气价格没有完全理顺的情况下，生产经营企业基本上是微利或亏损经营，在政府财政的支持下，国有独立核算工业企业均处于亏损状态。1998年，国有及规模以上非国有工业企业均亏损运营。1999年～2002年间，在燃气价格开始向上调整的过程中，三资工业企业已经明显获利，而国有及国有控股工业企业仍然是亏损。显然，亏损的背后是大量的政府财政补贴。2003年～2004年间，三资工业企业与国有及国有控股工业企业均获利，这除了燃气价格进一步提升使燃气企业收益增加外，与这个时期开始较大规模引入民营企业进入燃气行业产生的竞争存在着一定的关系。而2005年～2009年这个时期，私营工业企业与国有及国有控股工业企业均有较高的利润水平。从统计口径来看，自2005年开始，以私营工业企业为对象进行考核，我们也可通过对这个时期的私营工业企业与国有及国有控股工业企业进行比较，以分析民营化对整个燃气行业生产效率的影响。由于企业数量和工业总产值等存在差异，我们选择私营工业企业与国有及国有控股工业企业的工业成本费用利润率进行比较。在同时期，私营工业企业的工业成本费用利润率高于国有及国有控股工业企业。而从不同时期看，国有及国有控股工业企业的工业成本费用利润率在不断提高。这一方面说明私营工业企业的生产经营效率高于国有及国有控股工业企业，另一方面也说明在民营企业不断进入燃气行业过程中，由于竞争的引入，国有及国有控股工业企业以提高生产效率来提升竞争力。

燃气生产和供应业主要经济效益指标 **表5-2**

年份	企业单位数（个）		工业总产值		工业成本费用利润率（%）		利润总额（亿元）	
	独立核算三资工业企业	国有独立核算工业企业	独立核算三资工业企业	国有独立核算工业企业	独立核算三资工业企业	国有独立核算工业企业	独立核算三资工业企业	国有独立核算工业企业
1995	17	269	2.59	68.33		−5.46	0.23	−4.75
1996	24	283	3.65	72.79		−8.53	0.01	−8.71
1997	16	258	5.22	85.21	−4.15	−4.7	−0.45	−5.63

续表

年份	企业单位数（个）		工业总产值		工业成本费用利润率（%）		利润总额（亿元）	
	国有及规模以上非国有工业企业		国有及规模以上非国有工业企业		国有及规模以上非国有工业企业		国有及规模以上非国有工业企业	
1998	291		103.25		−3.5		−6.29	
	三资工业企业	国有及国有控股工业企业	三资工业企业	国有及国有控股工业企业	三资工业企业	国有及国有控股工业企业	三资工业企业	国有及国有控股工业企业
1999	27	255	28.18	103.99	0.44	−3.73	0.13	−6.87
2000	36	252	47.82	121.99	2.74	−2.44	1.34	−5.21
2001	40	252	43.47	134.24	1.65	−0.64	0.8	−1.43
2002	49	243	63.41	157.86	1.21	−0.97	1.05	−2.7
2003	59	231	70.27	183.1	0.97	1.24	1.03	3.8
2004	64	233			0.21	1.35	0.24	4.78
	私营工业企业	国有及国有控股工业企业	私营工业企业	国有及国有控股工业企业	私营工业企业	国有及国有控股工业企业	私营工业企业	国有及国有控股工业企业
2005	46	221	15.34	290.39	3.1	1.46	0.46	6.06
2006	59	227	23.29	400.62	2.52	1.19	0.58	6.37
2007	84	217	45.38	512.18	6.82	4.36	2.81	25.34
2008	181	260	76.52	735.33	9.11	4.3	6.1	34.32
2009	214	248	112.02	795.66	12.03	6.41	11.75	53.88
2010	242	251	181.39	1056.64	9.32	7.68	15.10	81.45
2011	171	262	183.16	1395.08	7.79	8.16	13.18	114.86
2012	196	296	—	—	9.1	8.52	16.84	143.3

资料来源：《中国统计年鉴》，中国统计出版社，1995～2013 年版。

（四）不断积累燃气行业监管经验

中国燃气行业还处于快速发展过程中，监管目标、内容、手段也随着市场化阶段不同而不断变化。在市场化改革初期，相当数量的民营企业进入燃气行业，成为经营主体，对特许竞争企业的进入监管和合同监管是重点内容。随着市场化程度的提高，燃气行业的监管目标和内容会相应变化。竞争性市场条件下燃气行业政府监管体系的建构是一个复杂的社会系统工程，包括监管体制的健全、监管权力的合理配置、监管目标的正确选择、监管手段的灵活运用以及有效的争端解决机制等。总体来说，“维护并增进公众利益”和“促进有效竞争”应成为政府后续监管的基本目标；独立性、权威性和专业性应成为政府监管体制变革的基本标准。不过，就政府监管能力的提升而言，最重要的还是综合运用各种灵活有效的监管手段。经过十多年的发展，中国燃气行业自监管法律建设、监管权利分配、明确监管目标、监管手段多元化等方面取得了较多的经验，但还有待于进一步提升政府监管能力。

第二节 燃气行业投资与建设

燃气行业是基础设施行业，投资量大且回收期长。中国燃气行业投资环境良好，投资增速较快，但是和其他行业公用设施行业相比投资发展相对较慢。在燃气行业中，管网建设相对滞后在一定程度上抑制了行业发展。

一、投资环境

首先，低碳经济和节能减排为城市燃气发展创造了良好的环境。天然气是最低碳的化石能源，大量利用天然气不仅可以降低能耗、提高效率，而且能够改善大气环境，提高人民生活质量。同时，天然气是中国实现低碳经济、实现二氧化碳减排承诺的现实选择，因而为天然气在城市燃气行业中替代人工煤气、液化石油气开拓了广阔前景。其次，天然气产业快速发展，引领城市燃气进入新的发展机遇期。2020 年以前，中国天然气市场将继续保持快速增长的态势。到 2020 年左右，中国天然气在一次能源消费结构中所占的比例将接近两位数，且消费中心继续南下东移，利用区域遍布全国绝大多数县级以上城市。与此同时，从基础设施条件到国家政策，均为城市燃气行业的快速发展创造了良好的条件：天然气管道进一步完善，已初步形成西气东输、陕京输气管道系统、川气东送等国家干线管网，管道总里程比“十一五”初期增加近 2 倍；在 2007 年 8 月国家颁布的天然气利用政策中，明确将城市燃气类中的城镇居民生活用气、公共服务设施用气、天然气汽车用气以及分布式热电联产等列为优先类。然后，各地政府大力支持城市燃气发展。中国已经进入城镇化快速发展阶段，预计 2020 年城镇化水平（常住人口）约为 60%。随着城市化水平的不断提高，人民生活水平不断改善，迫切需要改变传统的生产、生活方式。因此，各级政府对关系国计民生的城市燃气行业的支持力度必将越来越大。

（一）气源供需环境

天然气供需两旺，资源长期吃紧，以产定用特征明显。天然气用作城市燃气，环境效益和社会效益优势明显。从城市燃气发展轨迹看，具备气源的城市，天然气都成为其主要的城市能源之一。但目前中国能源消费中天然气仅占4%，远低于世界主要国家20%多，居民用气在天然气消费结构中所占比例不到11%，真正用上天然气的城市只有100个左右，这种局势的形成主要是受制于气源的缺乏。中国在天然气的勘探开发上将会有更大的动作和突破，随着陆上和海上天然气探明储量的快速增长和世界级大气田的不断发现，必将进一步促进中国天然气的开发和利用，刺激长输管线及配套设施的建设。西气东输、川气东进、陕京、涩宁兰管道的建设，以及广东省正在实施的珠三角地区进口LNG利用项目和俄罗斯天然气输送协议的达成，使得天然气供应格局由单一气源、单一管线供气逐步向多气源、多管线相互调剂、联网供气的方向转变。输气管线所到之处，天然气将以其显著的优势，成为城市的主力能源之一。据预测，到2020年城市燃气需求总量将达500亿立方米。天然气市场呈现供需两旺的态势，从整体上看天然气仍然是一种紧俏的资源。因此，气源的有效储备将是城市燃气企业未来生存的关键。

（二）市场竞争环境

1. 产品竞争力分析

与其可替代能源相比，天然气将继续保持较为明显的竞争优势。天然气作为一种清洁、环保的新兴城市能源，从整体上看正在取代其能源，不断进入新的消费领域，表现出较强的竞争力，且这一趋势将会持续不同的应用领域有不同的竞争者并呈现出不同的竞争特点。居民用户是天然气的基础用户，在大中城市的替代品主要是电和太阳能，尤其是出现了电与天然气在民用市场互相穿插的局面，两种能源在民用气市场会各有进退，但由于天然气的初始投资大，提高了用户的退出壁垒，保持价格优势即可保持竞争优势。而太阳能局限性强，近期不可能成为持续性能源而大范围应用。在新开发的中小城市，煤和液化气则是天然气最主要的竞争者，并且煤较天然气优势明显，有其稳定的消费市场。燃气市场开发主要有赖于环保政策的推动，而液化气由于价格高且不如管道气方便，对天然气影响不大。在工商业用户和汽车用户中，主要替代品为油，中小城市可能还有煤，天然气最主要的优势在于清洁，政策环境较为有利，如果能降低初始投资，同时保持价格相对优势，天然气可以抢占油的部分市场。车用气用户和工商业用户是公司最有价值的用户，大力开发此类新用户、改造老用户，对公司优化用气结构和提高效益十分有利。

2. 竞争对手分析

城市燃气行业投资者激增，民企、外企与能源巨头三足鼎立，竞争策略各有不同。近年由于天然气上游气田长输管道的建设高潮和政府适时放开燃气市场准入限制的两大机遇，带来了燃气终端销售市场的投资高潮。大量的民营、港资和外资企业都通过控股、收购、参股等多种方式进军城市燃气行业，凭借各自的资本实力，积极扩大各自的市场份额，引发了燃气市场前所未有的激烈竞争。根据投资者的主要特点，竞争主体大致可分为三类：一是以新奥（中国）燃气投资有限公司、中国燃气控股有限公司等民营资本为代表的燃气企业，大范围收购中小城市，主要通过投标特许经营权抢占市场先机。二是以中华煤气为代表的大型投资者，青睐于收购大中城市现有燃气企业的控制权，他们具有先进的管理经验和雄厚的实力，通过与成熟企业合作，进入国内燃气市场，其主要竞争存在于对大中城市的收购中；三是以中国石油天然气集团公司、中国石油化工集团公司为代表的能源巨头开始染指下游城市燃气市场，他们在气源指标和管道运输方面具有先天的优势且资金雄厚。三种势力在竞争中各具优势，实力强大，未来几年竞争环境异常严峻。

3. 竞争格局演化趋势分析

燃气市场实现重组，竞争呈现新特点，合作呈现多元化。随着各方的激烈争夺，各地的特许经营权已瓜分渐尽，竞争将由圈地运动转向梳理整合阶段，第二轮的竞争将由单纯的特许经营权的争夺，转变为合作与竞争相融合的资本控制权层面上的较量。由于前期“跑马圈地”收购的市场必须投入运作，而城市燃气基础设施建设前期投资又十分巨大，拥有大量城市经营权的企业必须物色战略合作者，弥补其在资源或者资金方面的不足，燃气市场将进行新一轮的分配。但二次分配却是以优势互补为特点的，谋求多方构建战略联盟的在合作中的竞争、以市场换资源或以资源换市场，共同组建大型燃气企业集团是城市燃气企业做大做强的共同选择。公司一方面要调动一切资源，力求在行业重组中有所收获，开辟新市场；另一方面亦不能忽视寻找战略合作伙伴，给公司未来的发展创造良好的资源或市场条件。

（三）市场风险环境

1. 天然气价格波动大

天然气因为带有季节性的变化，所以天然气价格在不同年份和月份具有较大的波动。天然气市场规模的大小受到价格很大的影响，是投资需要考虑的重要影响因素。不同的天然气用户对价格承受能力不尽相同。价格的升降将决定利用量的变化，而利用量的下降必将使管输量下降，影响管输收入，进而影响企业经济效益。目前的中国天然气井口价格和管道运输价格是由国家发改委制定的。井口价格主要有两种，国家定价和政府指导下定价。天然气零售价格由省级价格主管部门决定。由于天然气和其他能源之间的竞争力在不断地发生着变化，风险始终存在，天然气市场存在价格变化带来的风险损失。

2. 天然气需求容易受季节影响

季节变化影响天然气销售主要表现于城市燃气和天然气发电。一般城市燃气用户主要用天然气做燃料，用来烹饪、烧热水等需要外，在冬季时还用做供暖，一般冬季天然气的销量将增加需要调峰。如天然气发电在电力供应中占相当一部分比例时，因冬夏两季用电量大导致发电用气的需求将超过春秋季节。季节性用气不平衡、不稳定，给天然气供应带来一定的难度。天然气长输管线要根据用户需求，经常进行大幅度调峰，高峰是不经济的，技术上存有困难。如用建设地下储气库或地面储罐系统进行调峰，则需要巨大的经济投入，且调峰不能解决根本问题。季节带来的变化给天然气产业链发展带来了较大风险。

3. 天然气具有较高的沉没成本

当长输气管道建成后，作为专用性资产一般情况下不能移动，且只能输送天然气。此时用气方将掌握主动，具有很强的议价能力，天然气供应方往往不得不作出让步，给天然气销售造成压力和很大风险。同时由于下游市场需求存在不确定性，在天然气销售低谷期，带来很大的风险。天然气到达城市接收站后，除了少数大工业用户直供外，还需建设城市配气管网，涉及城市配气干线管网和支线管网，这样才能将天然气输送到各个终端用户。城市配气管网的发达程度决定着城市天然气市场开发程度。一般情况下，城市配气管网规模和覆盖面还是很少，需要投入大量资金新建大量配气管线。在居民还未交费前，管输方常常不愿意修建管道，而居民在管网建好前也不愿意缴纳高额初装费，心理上难以接受。由于市场开拓慢，使天然气实际销售量远低于规划销售量，造成产业链风险。

二、 投资状况

（一）燃气行业在国民经济中的地位

城市燃气行业属于公用事业，作为城市基础设施的重要组成部分，不仅关系到人民的生活质量、城市自然环境和社会环境，而且已日益成为国民经济中具有先导性、全局性的基础产业，并已成为我国目前重点扶植和对外放开的产业，其服务功能以及由此形成的城市环境将成为城市的财富和资源。

近年来，城市燃气行业取得了较大的发展，在2008年~2013年间，我国城市燃气固定资产投资额呈增长态势且城市燃气固定资产投资占市政公用设施建设固定资产投资额的比重呈提升态势，从2008年的2.22%提高到2013年的2.60%。随着中国城市燃气普及率的提高，这一比例将进一步增大，进而促进燃气行业在整个国民经济中的地位不断攀升，如图5-1和表5-3所示：

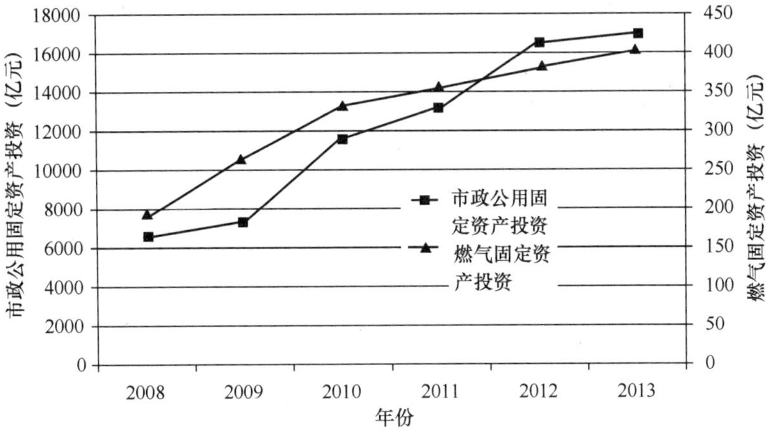

图5-1　城市燃气固定资产投资和市政公用设施建设固定资产投资额

城市燃气固定资产投资和市政公用设施建设固定资产投资的比例　　表5-3

年份	比例（%）	年份	比例（%）
2008	2.22	2011	2.37
2009	1.71	2012	2.71
2010	2.17	2013	2.60

（二）投资主体多元化

随着公用事业体制改革的不断深入和先进管理理念的引入，民营资本、境外资本陆续通过改制、合资等方式参与城市燃气建设运营，城市燃气市场逐步开放，并逐步形成城市燃气多元化发展的有利格局。燃气行业出现跨区域整合，各路资本开始“跑马圈地”的收购兼并，打破了城市燃气市场的地方垄断经营格局，跨区域的市场竞争波及全国城市燃气行业，计划经济体制下形成的国有资本一统天下、城市燃气企业各踞一方的垄断经营局面被彻底打破、城市燃气设施由各地市政府投资的单一投融资格局，被国内国际多元化的投融资渠道取而代之，城市燃气投资主体由单一地方政府资本变为国有资本（中央大型企业集团和地方政府）、民营资本、境外资本等诸多市场经营主体，多元化的城市燃气行业投资和经济管理体制逐步建立，中国城市燃气市场呈现多种所有制并存的格局。

在计划经济时期，区域性自然垄断形成了城市燃气输配系统和燃气销售公司捆绑式经营的格局。市场化改革中，出现了把城市燃气输天然气管道公司，如中石化与山东省公司合资成立的山东天然气管道公司，中石油和北京市燃气公司合资成立的北京天然气公司等。上海等地也正在尝试“X＋1＋X 模式”的改革，即上游和下游各有多家供气商，中游有 1 家管道输配公司。这样，在天然气产业链的上游和下游环节，就可以引入民间社会资本，建立市场竞争机制。据相关资料统计，在全国 31 个省市自治区（不含港澳台）的近 300 个地级以上城市中，国有控股燃气公司占比 57％，民营燃气公司占比 29％，境外资本燃气公司占比 14％，初步形成了多种资本共同投资建设的竞争性局面。

在城市燃气行业市场区域结构分布上，国有资本控股的燃气企业集团主要分布在直辖市、省会等大中型城市；以新奥燃气为代表的民营资本控股的燃气企业，主要分布在地级的中型城市；以港华燃气为代表境外资本控股的燃气企业，主要分布在内地省会等大中型城市。

城市燃气行业的市场化改革，大大拓宽了燃气基础设施建设的投融资渠道。大量的民间资本、境外资本以及国有资本（中央企业、大型国有燃气企业）进入城市天然气利用领域，为缺乏财力的各地方政府解决了城市燃气基础设施建设的资金难题。

各种社会资本进入城市燃气领域，有效地解决了城市燃气大规模发展所需的建设资金，完善了城市基础建设配套设施，提高了城市燃气供给能力，减轻了国家和地方政府财政负担，为社会经济发展做出了贡献。

（三）投资增长情况

1. 城市公用事业与城市燃气投资比较

2013 年全国固定资产总投资为 447074.4 亿元（见表 5-4），比 2001 年增长 19.32％，其中城市公用事业投资完成 16350 亿元，增长 6.89％。在城市公用事业投资中，供水投资 524.7 亿元，占城市公用事业投资的 3.21％；燃气投资 425.6 亿元，占城市公用事业投资的 2.6％；集中供热投资 596 亿元，占城市公用事业投资的 3.65％；轨道交通投资 2455.1 亿元，占城市公用事业投资的 15.02％；道路桥梁投资 8355.6 亿元，占城市公用事业投资的 51.1％；排水投资 778.9 亿元，占城市公用事业投资的 4.76％；园林绿化投资 1647.4 亿元，占城市公用事业投资的 10.08％；市容投资 408.4 亿元，占城市公用事业投资的 2.5％；其他城市公用事业投资 1158 亿元，占城市公用事业投资的 7.08％。

2013 年城市燃气与城市公用事业投资 **表 5-4**

类别	2013 年投资（亿元）	2012 年投资（亿元）	增长率（%）	2013 年比例（%）	2012 年比例（%）
全国合计	447074.4	374694.7	19.32		
城市公用事业	16350	15296.4	6.89	100	100
供水	524.7	410.4	27.85	3.21	2.68
燃气	425.6	414.5	2.68	2.60	2.71
集中供热	596	630.3	−5.44	3.65	4.12
轨道交通	2455.1	2064.5	18.92	15.02	13.50
道路桥梁	8355.6	7402.5	12.88	51.10	48.39
排水	778.9	704.5	10.56	4.76	4.61
防洪	—	249.2	0.00	0.00	1.63
园林绿化	1647.4	1798.7	−8.41	10.08	11.76
市容	408.4	296.5	37.74	2.50	1.94
其他	1158	1325.5	−12.64	7.08	8.67

2013 年城市燃气投资的增长率远低于全国固定资产投资的增长率，也低于市政公用事业投资增长率，且只占市政公用事业总投资的 2.6%，比 2012 年的 2.71%下降了 0.11 个百分点，这说明城市燃气并没有在中国进行广泛的使用。

2. 城市燃气投资地区比较

2013 年，东部地区和西部地区的城市燃气投资出现增长，东部地区城市燃气投资同比增长 31.60%，占 2013 年城市燃气总投资额的 56.24%；西部地区城市燃气投资同比增长 56.16%，占 2013 年城市燃气总投资额的 19.92%。而中部地区和东北地区的城市燃气投资出现负增长，中部地区城市燃气投资同比负增长 47.05%，占 2013 年城市燃气总投资额的 17.29%；东北地区城市燃气投资同比负增长 29.04%，占 2013 年城市燃气总投资额的 6.55%，这说使用明城市燃气的地区主要是拥有燃气资源的地区和经济较发达的地区（见表 5-5 和图 5-2）。

2013 年城市燃气分地区投资 **表 5-5**

地区	2013 年	2012 年	增长量	增长率
全国	4256393	4144852	111541	2.69
北京	683563	253410	430153	169.75
天津	372001	159272	212729	133.56
河北	209320	238308	−28988	−12.16
上海	236174	138720	97454	70.25
江苏	264461	239189	25272	10.57
浙江	183991	157165	26826	17.07

续表

地区	2013年	2012年	增长量	增长率
福建	15913	50646	−34733	−68.58
山东	320707	424822	−104115	−24.51
广东	105521	155654	−50133	−32.21
海南	2119	1856	263	14.17
东部地区	2393770	1819042	574728	31.60
山西	147151	270464	−123313	−45.59
安徽	198389	110600	87789	79.38
江西	148136	745094	−596958	−80.12
河南	114734	141830	−27096	−19.10
湖北	73452	80576	−7124	−8.84
湖南	54088	41318	12770	30.91
中部地区	735950	1389882	−653932	−47.05
内蒙古	113625	97081	16544	17.046
广西	113342	30466	82876	272.03
重庆	29739	26200	3539	13.51
四川	86401	53566	32835	61.30
贵州	77024	30445	46579	152.99
云南	9772	3984	5788	145.28
西藏	0	0	0	0
陕西	58887	77495	−18608	−24.01
甘肃	60572	18899	41673	220.50
青海	1405	7812	−6407	−82.01
宁夏	24257	24300	−43	−0.18
新疆	272920	172740	100180	57.99
西部地区	847944	542988	304956	56.16
辽宁	168290	206221	−37931	−18.39
吉林	40780	80208	−39428	−49.16
黑龙江	69659	106511	−36852	−34.60
东北地区	278729	392940	−114211	−29.07

注：此表未包括中国台湾省统计数据。

三、 投资效益

据国家统计局公布的统计数据显示（见表5-6），2013年，我国城市燃气生产和供应行业规模以上企业个数为976家，较2012年同比上升8.57%，行业规模有所扩大。2013年实现产品销售利润383.9亿元，较2012年同比上升

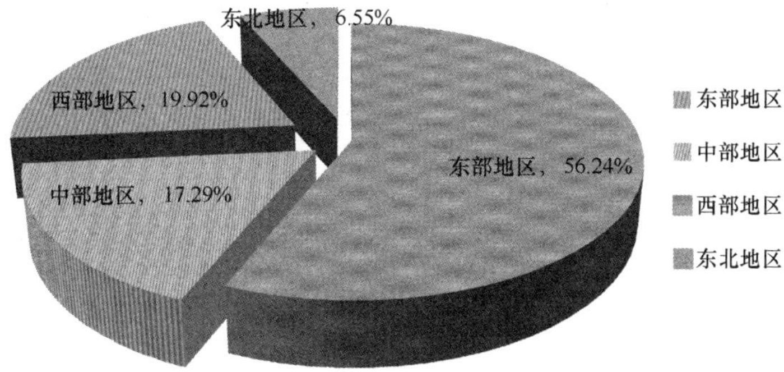

图 5-2　2013 年城市燃气投资地区结构

33.21%，说明城市燃气发展空间较大。2013 年燃气行业资产总计 5252.5 亿元，同比上升了 29.87%，且企业亏损总额控制的比较到位，同比只有上升了 0.5 个百分点。从增长速度来看，燃气行业对成本的管理控制能力较好，盈利能力较强。

2012 年～2013 年城市燃气行业重要数据指标比较　　表 5-6

指　标	2012 年	2013 年	同比增长（%）
企业个数（个）	899	976	8.57
从业人员（万人）	21.3	21.8	2.35
资产总计（亿元）	4044.3	5252.5	29.87
负债总计（亿元）	2274.4	3017.1	32.65
利润总额（亿元）	288.2	383.9	33.21
亏损总额（亿元）	19.9	20	0.50

从偿债能力来看（见表 5-7），2013 年中国燃气行业资产负债率 57.44%，产权比率 134.97%，较上年均略有提高。但从数值上看，资产负债率仍处于较适宜水平，行业整体负债经营水平较为适当；已获利息倍数为 7.35 倍，较上年的 8.26 倍略有下降，但仍高于行业标准值 3。综合来看，中国燃气行业近年来举债经营规模有扩大之势，偿债能力有所下降。

2012 年～2013 年城市燃气行业偿债能力数据指标　　表 5-7

指标	2012 年	2013 年
资产负债率（%）	56.24	57.44
产权比率（%）	128.50	134.97
利息倍数（倍）	8.26	7.35

从运营能力来看（见表 5-8），2013 年中国燃气行业总资产周转率 78.76 次，

流动资产周转率 2.06 次，固定资产周转率 1.19 次。总资产周转率和流动资产周转率较上年均有所增加，说明燃气行业对资产和流动资产的利用效率有所提高；而固定资产周转率较上年略有下降，说明燃气行业对厂房、设备等固定资产的利用效率有所降低。

2012 年～2013 年城市燃气行业运营能力数据指标　　表 5-8

指标	2012 年	2013 年
总资产周转率（次）	0.79	0.79
流动资产周转率（次）	1.91	2.06
固定资产周转率（次）	1.23	1.19

四、 传输管网及相关基础设施建设

传输管网及相关基础设施建设是天然气行业发展的必要条件。国际经验表明，天然气行业遵循着储量快速增长促进管道建设、管道建设促进市场开拓、市场开拓又促进产量增长的规律。俄罗斯天然气管道总长度约为 15.1 万千米，美国天然气管道总长度为 50 多万千米，欧洲天然气管道总长度为 16.82 万千米，美国和欧洲可以将天然气从任何一个角落输送到任何一个消费区。

中国天然气资源主要分布在塔里木、柴达木、鄂尔多斯、四川、松辽、渤海湾、东海和南海八个盆地。其中，塔里木、柴达木、鄂尔多斯、四川位于中国新疆、青海、宁夏、甘肃、内蒙古、陕西、四川和重庆等西部地区，其天然气资源量占总资源量的 55%；东海和南海盆地位于东部和南部沿海地带。中国天然气市场主要分布在东部经济比较发达的长江三角洲、环渤海和珠江三角洲等地区。从地域分布上看，资源和市场分别处于西部和东部地区，中间距离相隔数千公里，对天然气的输送造成了较大的挑战，往往需要投入几十亿甚至数百亿元铺设长距离、大口径的天然气管道，才能将天然气从资源地输送到用户所在地。

尽管近几年中国天然气基础设施发展比较快，但是与天然气产业发展要求相比还有很大的差距。截至 2013 年底，中国天然气管道总长度仅为 3.88 万千米。中国主要天然气管道的状况如表 5-9 所示。中国天然气干线管网仅有西气东输、陕京、涩宁兰、四川环网、海洋到香港地区等几条大型天然气管道，没有形成覆盖全国的长输干线管网。输气管道除在川渝地区形成区域内的环形管网外，其余管道多分散在各油气田内部及邻近地区，尚未形成跨区域的天然气管网。除川渝地区和环渤海地区外，中国的输气管道多是单一起源对单一用户，没有配套的调峰设施及事故应急储备设施，供气可靠性差。

中国主要天然气管道现状情况表　　表 5-9

管线名称	起止地点	供气范围	管径（毫米）	建成时间（年份）	管道长度（千米）	设计能力（亿立方米/年）
崖 131—香港管线	南海崖 131 平台至香港地区	香港地区	711	1995	778	30
陕京一线	靖边至北京	京、津、冀、鲁等区域	660	1997	1090	30
靖西咸线	靖边至西安、咸阳	沿途向延安、铜川、西安、阎良供气	426	1997	488	5～8
靖宁线	靖边至银川	途经内蒙古的乌审旗、鄂托克前旗，陕西省定边县宁夏盐池县、灵武市、永宁县，止于银川市新市区	426	1997	320	5～8
平湖管线	东海平湖至上海	上海	355.6	1998	386	5
中济线	濮阳至济南		377	1999	261	7.65
涩宁兰	涩北至西宁、兰州		66	2001	953	20
京石线	涿州市至石家庄		208	2001	220	5～12
长—呼管线	长庆气田第二净化厂至呼和浩特	主要供给鄂尔多斯市、包头市和呼和浩特市。其中，60%用于工作，商业和民用 40%				
西气东输	轮南至上海	上海市、江苏省和浙江省以及管道沿线的河南省和安徽省	1016	2004	4000	120
忠武线	忠县至武汉	向武汉及沿线（湖北、湖南）用户供气	711	2005	1343.7	30
陕京二线	陕西省榆林市至北京	起于陕西省榆林市，向东进入山西省境内，并向山西省 7 个市地供气；出山西进入京、津、冀、鲁各地	1016	2005	935	120
永唐秦管道	河北省廊坊市永清县至秦皇岛市抚宁县		1016	2009	312.4	90
中亚天然气管道		该管道起自土库曼斯坦和乌兹别克斯坦两国边境，在新疆霍尔果斯入境中国		2011	1801	300
西气东输二线	新疆霍尔果斯口岸至广州	途经新疆、甘肃、宁夏、陕西、河南、湖北、江西、湖南、广东、广西等 14 个省区市		2012	9102	300

第三节　燃气行业生产与供应

城市燃气是城市能源结构和城市基础设施的重要组成部分，它为城市工业、商业和居民生活提供优质气体燃料，它的发展在城市现代化中起着极其重要的作用。提高城市燃气化水平，对于提高城市居民的生活质量、改善城市环境、提高能源利用率，具有十分重要的意义。城市燃气（包括民用、商业和工业燃气）是由几种气体组成的混合气体，目前主要使用的城市燃气种类包括天然气（NG）、液化石油气（LPG）和人工燃气（MG）。天然气来源于气田，其中管输天然气供应系统由天然气的开采与生产（上游）、长输管线（中游）和城市输配气系统（下游）组成。世界各国的城市燃气基本都走过了由煤制气、油制气到液化石油气和天然气的发展过程。目前中国城市燃气既有最早的人工燃气生产供应方式，也有较为先进的液化石油气、天然气（含 CNG、LNG 等）的生产供应方式。天然气、液化石油气和人工燃气三种业态并存是中国城市燃气的主要特点。天然气作为一种清洁高效的化石能源，是理想的城市气源，其由于开采、储运和使用既经济又方便，天然气的应用范围非常广泛。

一、城市燃气生产情况

2013 年我国人工煤气的产量具有较大幅度的下降，同比下降了 18.41 个百分点；天然气产量具有较大幅度的增加，同比增加了 13.33 个百分点；液化石油气产量具有小幅下降，同比下降了 0.46 个百分点（见表 5-10）。

2013 年全国城市燃气生产量　　　　**表 5-10**

类　别	2013 年	2012 年	增长率（%）
人工煤气（万立方米）	627989	769686	－18.41
天然气（万立方米）	9009904	7950377	13.33
液化石油气（吨）	11097298	11148032	－0.46

（一）人工煤气

目前，中国煤炭年产量超过了 35 亿吨，占世界第一位；2014 年全国石油产量为 2.1 亿吨，净增长 138 万吨，同比增长 0.7%，连续 5 年保持 2 亿吨以上，整体呈稳中有升态势。这为人工煤气生产提供了制气原料，但煤制气存在工艺复杂、污染环境、投资大、成本高等缺点，无法与天然气、液化石油气竞争，因而只能适当发展具有煤综合利用或矿口气化的煤制气厂。21 世纪以石脑油和液化石油气为原料的制气厂将会进一步加快建设，以发挥洁净制气工艺的优越性。中国历年人工煤气的产量及增长率见图 5-3 所示。

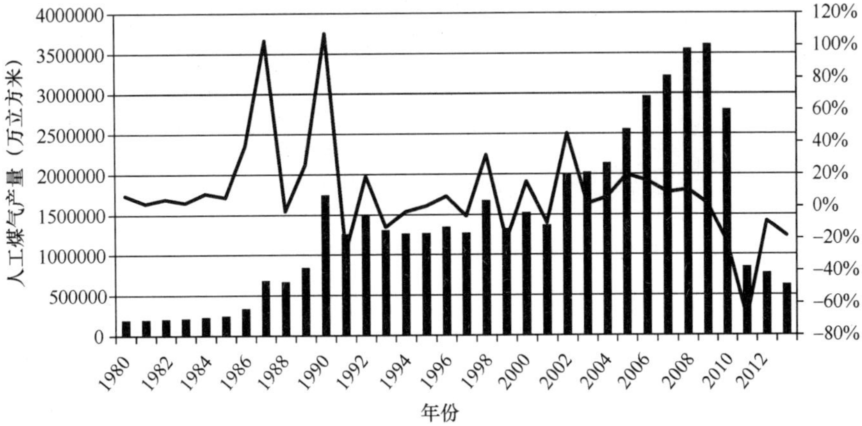

图 5-3 1980 年～2013 年我国人工煤气的产量以及增长率

由图 5-3 可知，我国人工煤气总体产量趋于相对稳定，增长率总体上呈现下降的趋势，1980 年～2012 年中国人工煤气的年均增长率为 3.60%。由于人工煤气进行制取的过程之中会严重地污染环境，并且需要消耗非常多的煤炭。在进行运输的过程中的压力级制较低，且会严重腐蚀管道，在利用过程中的热值相对来说比较低，毒性也相当大。即便是这样，人工煤气在以前油气资源较为短缺的时代还是发挥了十分重要的作用。鉴于我国油气供应设施的持续完善和经济的快速发展，已具备了对人工煤气进行全面置换，改进人民群众的生活条件，改进油气能源结构的充分条件。因此，在若干年后，人工煤气必然会逐渐地被天然气或者液化石油气等更加清洁、更加高效的能源所代替，从而在城市燃气行业中的比重将逐渐减少。

2013 年全国统计人工煤气生产总量为 627989 万立方米，人工煤气的生产以四川省为主，全年产量达到 165003.1 万立方米，占全国人工煤气产量的 26.27%；其次是河北省 71057.9 万立方米和河南省 60052.25 万立方米，分别占全国人工煤气总量的 11.32%和 9.56%。从地区分布看，我国人工煤气的主要产区是西南地区和华北地区，产量分别占全国的 36.52%和 20.88%（见图 5-4）。

2013 年全国 6 大区域人工煤气产量均呈现明显下降的态势，其中华东地区、中南地区和华北地区的下降幅度明显，同比分别下降了 33.62 个百分点、32.71 个百分点和 27.23 个百分点，下降幅度都超过了全国的平均水平。在列入统计范

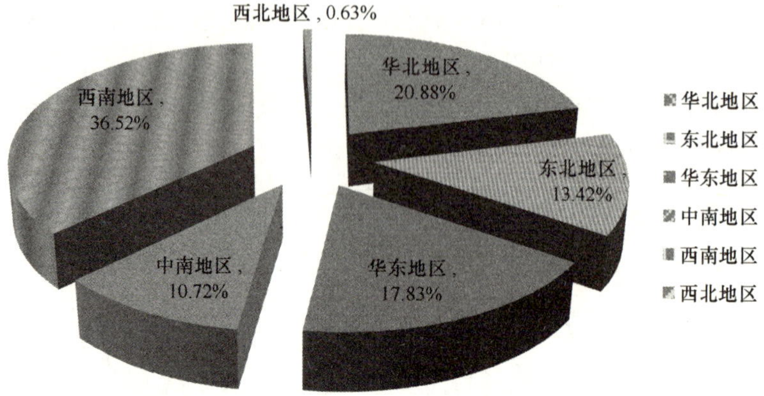

图 5-4　2013 年中国人工煤气分区域生产结构

围的全部 23 个人工煤气产生地区中，山东省的人工煤气产量下降速度最快，同比下降了近 6 成（见表 5-11）。之所以出现大部分省份人工煤气产量下降的现象，是因为人工煤气是由煤经过化学方法加工制成人工煤气，热值低、生产成本高、置气厂在生产人工煤气的过程中对环境污染很严重，因此在城市燃气的使用量呈现逐年递减的情况。

2013 年按省分列的人工煤气产量情况　　表 5-11

地区	2013 年产量（万立方米）	2012 年产量（万立方米）	增长率（%）
全国	627988.77	769685.87	−18.41
河北	71057.9	89594.83	−20.69
山西	56556.21	87786.53	−35.58
内蒙古	3500	2785.5	25.65
华北地区	131114.11	180166.86	−27.23
辽宁	59264.06	59736.46	−0.79
吉林	16574.83	17086.39	−2.99
黑龙江	8443	8185	3.15
东北地区	84281.89	85007.85	−0.85
上海	59345.9	90437.61	−34.38
江苏	3940	4889.3	−19.42
浙江	499.83	463	7.95
福建	2927	3080	−4.97
江西	36048	48496.98	−25.67
山东	9209.8	21316.21	−56.79
华东地区	111970.53	168683.1	−33.62
河南	60052.25	85359.26	−29.65
湖北	—	5100	—
湖南	2765.44	2706.88	2.16
广东	—	2509.34	—
广西	4533.48	4422.9	2.50
中南地区	67351.17	100098.38	−32.71
四川	165003.1	159925.1	3.18
贵州	23788	34167.29	−30.38
云南	40535.18	37652.66	7.66
西南地区	229326.28	231745.05	−1.04
甘肃	1722	1658	3.86
宁夏	132.11	136.63	−3.31
新疆	2090	2190	−4.57
西北地区	3944.11	3984.63	−1.02

（二）天然气

20 世纪 90 年代以来，随着勘探技术的进步和勘探开发力度的加大，我国天然气勘探开发取得重大突破，先后发现克拉 2、苏里格、普光等一批大型气田，全国已形成四川、鄂尔多斯、塔里木、柴达木、松辽、准噶尔、莺—琼、东海等八大天然气主要探区。

中国常规天然气探明储量呈现快速增长态势。“八五”期间，天然气累计探明天然气地质储量 6969 亿立方米，为前 40 年探明地质储量的综合；“九五”期间，天然气累计探明地质储量进一步提高到 11543 亿立方米，年均增长 2309 亿立方米。迈入新世界之后，中国天然气探明剩余地质储量继续保持高速增长，有 2001 年的 41000 亿立方米增长到 2012 年 110612 亿立方米，年均增长超过 6000 亿立方米。总体来看，我国天然气储量已进入增长高峰期，依据欧美发达国家的经验，这一时期可延续 20 年以上。

我国天然气开发已进入快速发展阶段。新中国成立之初，受经济条件的限制和勘探开发技术、市场培育不足等因素的影响，我国天然气产量增长缓慢。20 世纪 90 年代后期，特别是进入新世纪以来，中国天然气储量快速增长和长距离输气干线的建成投产，为快速上产提供了资源基础。中国天然气产量由 2001 年的 303 亿立方米增长到 2012 年的 1072 亿立方米，年均增长 70 亿立方米，年均增速达到 12%，排名从世界天然气产量的 18 位上升至 7 位。鉴于中国天然气储量和产量进入双快速增长的时期，城市燃气行业也进入了发展的黄金时期，图 5-5 为中国 1980 年～2013 年城市燃气当中的天然气产量和增长率。

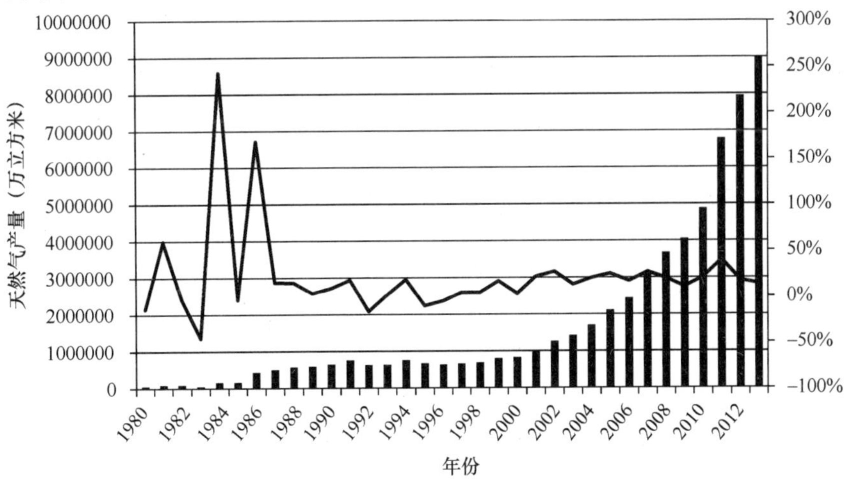

图 5-5　1980 年～2013 年中国天然气的产量以及增长率

由图 5-5 可知，进入 21 世纪以来，城市燃气当中的天然气总体上呈现快速增长的阶段，即天然气的绝对产量每年在增加且增长率基本上也是保持稳定的增长，1980 年～2012 年中国天然气的年均增长率为 16.46%，远高于人工煤气年均增长率的 3.60%。国内的三大石油巨头的开发，西气东输一线、二线的完工以及俄气南下肯定会推动中国同内天然气的较快发展，同时也为我围城市利用天然气提供了最为可靠的保障与机遇。当前，我国城市对天然气之应用只占到全球平均利用率的 10%左右，且绝大多数天然气被运用在能源与化工原料方面。鉴于全球石油危机以及局部地区所出现的不稳定因素，天然气的运用已被提升到新的战略高度上，西气东输肯定会促进管道沿线地区普及天然气之运用，并且带动别的地区城市燃气消费。

2013 年全国统计天然气生产总量为 9009903.92 万立方米，天然气生产的地区集中度与人工煤气相比要低一些，以广东、北京、江苏、上海、山东、四川等地区以为主，其中广东生产 1231701.68 万立方米，占全国天然气产量的 13.67%；北京生产 989484 万立方米，占全国天然气产量的 10.98%；江苏生产 765869.15 万立方米，占全国天然气产量的 8.50%；上海、山东、四川的产量分别在 60～70 亿立方米之间，占比重在 6.5%～8.5%之间。从地区分布来看，中国天然气生产分布相对均匀，其中华东地区占 29.58%，中南地区占 22.79%，华北地区占 20.57%（见图 5-6）。

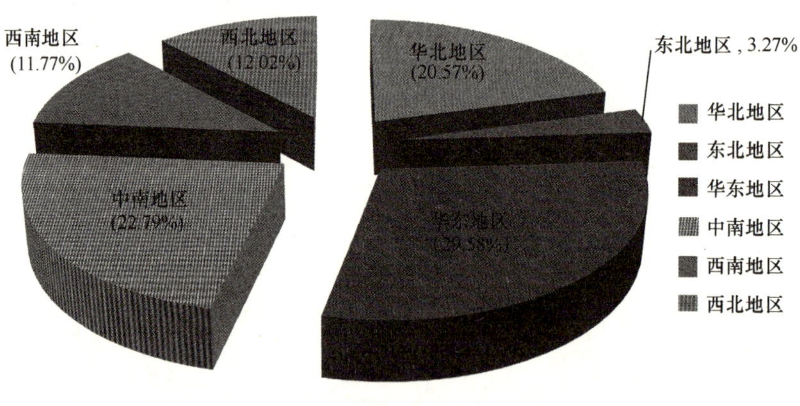

图 5-6　2013 年中国天然气分区域生产结构

2013 年全国 6 大区域天然气产量均呈现明显上升的态势，其中西北地区和东北地区分别增长 22.15%和 20.99%，超过了全国 13.33%的平均增长率。在列入统计范围的全部 31 个产气地区，云南和贵州的增长率分列全国第 1 和第 2 名，分别增长 89.46%和 63.18%（见表 5-12）。

2013年按省分列的天然气产量情况　　表5-12

地区	2013年天然气产量（万立方米）	2012年天然气产量（万立方米）	增长率（%）	地区	2013年天然气产量（万立方米）	2012年天然气产量（万立方米）	增长率（%）
全国	9009903.9	7950377.5	13.33	河南	288625.01	241272.13	19.63
北京	989484	924763	7.00	湖北	285323.84	240806.57	18.49
天津	281885.2	256241.1	10.01	湖南	199746.14	161273.97	23.86
河北	244012.29	214451.01	13.78	广东	1231701.7	1174508.8	4.87
山西	233050.7	213501.53	9.16	广西	22234.1	16903.76	31.53
内蒙古	104731.85	113039.52	−7.35	海南	25279.55	17663.66	43.12
华北地区	1853164	1721996.2	7.62	中南地区	2052910.3	1852428.9	10.82
辽宁	97744.67	85701.01	14.05	重庆	324335.9	324964.88	−0.19
吉林	85833.85	69696.86	23.15	四川	590235.6	568317.24	3.86
黑龙江	111136.39	88191.24	26.02	贵州	16077.73	9852.93	63.18
东北地区	294714.91	243589.11	20.99	云南	2286.01	1206.62	89.46
上海	690884.65	631126.2	9.47	西藏	127500	—	—
江苏	765869.15	691763.28	10.71	西南地区	1060435.3	904341.67	17.26
浙江	230090.74	191322.4	20.26	陕西	238667.08	221162.01	7.92
安徽	199095.12	171251.42	16.26	甘肃	134043.51	112098.4	19.58
福建	112445.74	95324.73	17.96	青海	118968.71	111917.27	6.30
江西	56126.59	41910.48	33.92	宁夏	210853.82	179132.11	17.71
山东	610754.54	518343.66	17.83	新疆	380879.7	262669.68	45.00
华东地区	2665266.5	2341042.2	13.85	西北地区	1083413	886979.5	22.15

注：该统计数据未包括中国台湾省数据。

2013年全国天然气生产总量比2012年增长105.95亿立方米，其中增产超过6亿立方米的地区有5个，分别是新疆增产11.82亿立方米、山东增产9.24亿立方米、江苏增产7.41亿立方米、北京增产6.47亿立方米、上海增产5.98亿立方米、广东增产5.72亿立方米，6个地区增产总量合计46.64亿立方米，占全国增产总量的44.02%。

新疆以11.82亿立方米的最高绝对增长量充分显示了天然气生产大省的稳固地位，西藏的增长显示了西部地区生产的增长势头。山东、江苏、北京、上海、广东的增产主要是受到当地天然气需求上升拉动的影响。之所以出现大部分省份天然气产量增产的现象，是因为中国为实现构建和谐社会和可持续发展等国家宏观目标，实施能源战略调整、提升环境保护势在必行，推出了与天然气产业相关的一系列支持和鼓励发展的政策，将大力发展天然气等清洁能源作为一项长期的国家能源战略，对于天然气产业的发展起到了极大的促进作用。

2013 年全国仅有 2 个地区产量下降，分别是重庆和内蒙古。2001 年内蒙古的产量占全国的 1.42%，2012 年下降了 11.30 亿立方米，主要原因是当地进行新能源开发，风能和太阳能在当地进行大规模的使用。纵观全国，天然气生产下降地区的下降总量只有 0.89 亿立方米。

（三）液化石油气

随着中国天然气气化进程的不断加快，在城市燃气行业中，天然气取代液化石油气已是大势所趋。但液化石油气凭借其灵活机动、基建投资少、建设周期短等优势，仍可在气化天然气管网覆盖不到的村镇中发挥巨大的作用。从分地区需求情况来看，东南沿海、长三角和环渤海地区仍将是液化石油气的主要消费中心，这 3 个地区需求量之和占全国总需求量的 70% 以上。液化石油气价格市场化程度很高，主要与国际油价联动，两者相关性明显。而国内各地区液化石油气价格各不相同，总体上呈现由北向南、由西向东递增的趋势，东南沿海等主要消费市场价格最高，西北地区等资源产地价格最低。图 5-7 为我国 1980 年～2013 年城市燃气当中的液化石油气产量和增长率图：

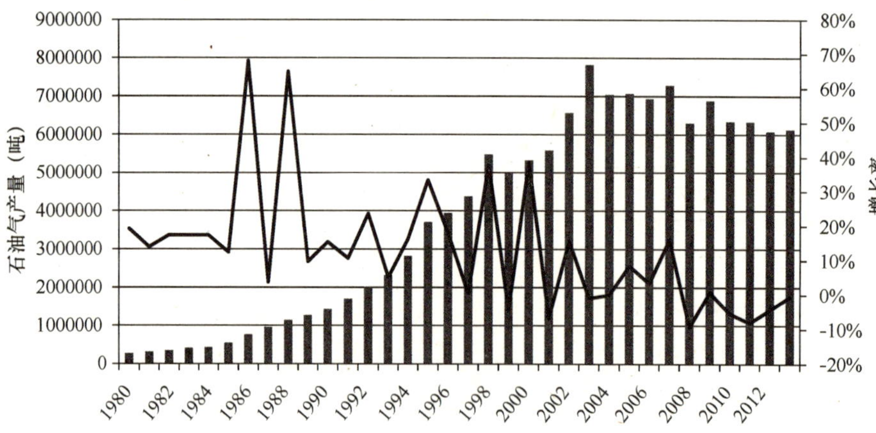

图 5-7　1980 年～2013 年中国液化石油气的产量以及增长率

由图 5-7 可知，我国城市燃气当中的液化石油气总体上呈现下降的趋势，特别是进入 21 世纪以来，液化石油气的绝对产量每年增加的较少或者出现负增长，且增长率基本上也是保持下降的态势。1980 年～2012 年我国液化石油气的年均增长率为 9.93%，低于天然气年均增长率的 16.46%，远高于人工煤气年均增长率的 3.60%。液化石油气在未来消费的主要增长点将在汽车用气领域、大部分无天然气供应城市或距天然气管网较远的城镇以及广大农村地区。尤其是城镇小区管线供应液化石油气，将是液化石油气市场的发展重点，而且经济效益显著。我国地域广阔、人口众多及经济发展不平衡的特点，将使中国液化石油气行业继续发展。由于世界上液化石油气量较为充足，近海又有10余艘海上浮仓不间断地作业，我国将继续进口液化石油气用作城市的补充、过渡与调峰气源。

2013年全国统计液化石油气生产总量为1109.73万吨，液化石油气的生产以广东省为主，全年产量达到388.90万吨，占全国液化石油气产量的35.04%；其次是浙江省82.17万吨和江苏省70.08万吨，分别占全国液化石油气总量的7.40%和6.31%。从地区分布看，中国液化石油气的主要产区是中南地区和华东地区，产量分别占全国的45.72%和31.76%（见图5-8）。

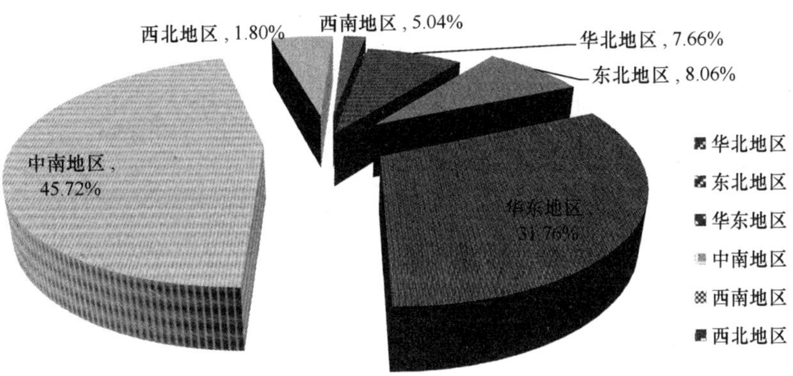

图5-8　2013年中国液化石油气生产结构

2013年全国6大区域液化石油气产量均呈现明显下降的态势，其中西北地区、东北地区和华北地区的下降幅度明显，同比分别下降了28.56个百分点、5.16个百分点和1.40个百分点，下降幅度都超过了全国的平均水平。在列入统计范围的全部31个液化石油气产生地区中，甘肃省的液化石油气产量下降速度最快，同比下降了超过5成（见表5-13）。之所以出现大部分省份液化石油气产量下降的现象，是因为高效、清洁又便宜的天然气被推广使用。我国领土及领海内天然气探明量也在逐年递增，这些因素的存在，不但促使中国长足有效地利用天然气，改变天然气在能源中的所占的比例，而且促进了我国整个城市燃气行业的发展，进而液化石油气的市场大量的被天然气所取代。西南地区产量之所以增加，是因为东部液化石油气的消费中心对现有液化石油气资源省份的生产拉动非常强烈，促使当地液化石油气产量增长。华东地区的液化石油气产量之所以增加，是因为东部能源需求是经济发展的基础。

2013年按省（区、市）分列的液化石油气产量情况　　表5-13

地区	2013年液化石油气产量（吨）	2012年年液化石油气产量（吨）	增长率（%）	地区	2013年液化石油气产量（吨）	2012年年液化石油气产量（吨）	增长率（%）
全国	11097298	11148032	−0.46	河南	227207.6	234450.25	−3.09
北京	472980	418156	13.11	湖北	361640.8	386152.02	−6.35
天津	49490.32	49104.5	0.79	湖南	195166.9	201279.41	−3.04
河北	183590.5	205387.77	−10.61	广东	3889033	3872441	0.43
山西	74399.1	90533.9	−17.82	广西	309475.4	326110.21	−5.10
内蒙古	69174.24	98495.63	−29.77	海南	91150.86	55343.5	64.70
华北地区	849634.17	861677.8	−1.40	中南地区	5073674.8	5075776.4	−0.04
辽宁	495244.4	516426.32	−4.10	重庆	87922	93315.36	−5.78
吉林	181420	220873.84	−17.86	四川	183580.9	180446.8	1.74
黑龙江	218022.9	206057.3	5.81	贵州	71026.56	66100.7	7.45
东北地区	894687.28	943357.46	−5.16	云南	196003.8	174936.35	12.04
上海	397314.3	392513.57	1.22	西藏	20393.56	25918.11	−21.32
江苏	700765.5	735757	−4.76	西南地区	558926.78	540717.32	3.37
浙江	821657.6	776395.89	5.83	陕西	32731.82	31516.02	3.86
安徽	619619.8	537160.3	15.35	甘肃	73971.1	151392.1	−51.14
福建	277845.8	288977.68	−3.85	青海	5366.01	6833.95	−21.48
江西	223399.5	204257.75	9.37	宁夏	18443.69	17086.49	7.94
山东	484287	511489.35	−5.32	新疆	69472.81	73122.85	−4.99
华东地区	3524889.4	3446551.5	2.27	西北地区	199985.4	279951.4	−28.56

注：该统计数据未包括中国台湾省数据。

二、城市燃气供应情况

城市燃气普及率逐年提高，天然气覆盖面更广。2013年全国人工煤气、天然气和液化石油气用气总人口为4.08亿人，燃气普及率达94.25%，比上年提高1.1个百分点。其中，天然气已超越人工煤气和液化石油气成为是城市燃气的第一大气源，使用天然气总人口为2.38亿人，占全国用气总人口的58.25%；液化石油气用气人口继续萎缩，使用液化石油气总人口为1.51亿人，占全国用气总人口的36.99%；人工煤气用气人口也继续萎缩，使用人工煤气总人口为0.19亿人，占全国用气总人口的4.76%。如图5-9为我国1980年～2013年人工煤气、天然气和液化石油气用气人口变化趋势。

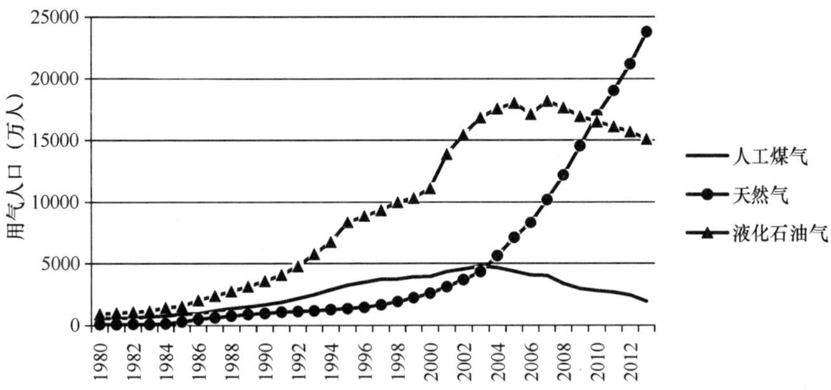

图 5-9 中国 1980 年～2013 年人工煤气、天然气和液化石油气用气人口变化趋势

2004 年“西气东输”管道投入商业运行以来，天然气开始大规模走入千家万户，天然气用气人口首次超过人工煤气用气人口。且 2004 年以来，天然气以年均 17.37% 的增速迅猛发展，到 2010 年其用气总人数首次超过液化石油气用气总人口数。天然气覆盖人口不断增加，覆盖地区不断拓宽。截至 2013 年年底，中国大陆的 31 个省级行政区均已不同程度地利用天然气，以天然气作为城市燃气主要气源的城市将越来越多。

城市天然气管网高速发展。随着天然气的大规模应用，对人工煤气和液化石油气的城市燃气输配系统进行改造的同时，新建了大量天然气管网。2013 年全国各类城市燃气输配管网总里程为 432370 公里，比上年城市燃气总管网长度增加 43429 公里，同比增长 11.17%。天然气管网总长度为 388466 公里，比上一年度的管网总长度增加 45714 公里，同比增长 13.34%，占当年各类城市燃气输配管网总长度的 89.85%；液化石油气管网总长度为 13437 公里，比上一年度的管网总长度增加 786 公里，同比增长 6.21%，占当年各类城市燃气输配管网总长度的 3.11%；人工煤气管网总长度为 30467 公里，比上一年度的管网总长度减少 3071 公里，同比降低 9.16 个百分点，占当年各类城市燃气输配管网总长度的 7.05%。

21 世纪是城市燃气输配管网建设的黄金时期（见图 5-10），特别是 2004 年“西气东输”管道投入商业运行以来，天然气开始大规模走入千家万户，城市燃气管网建设总里程年平均增速为 12.65%，其中天然气输配管网建设更是如火如荼，9 年间总里程翻了二番多，年平均增速达到 20.71%，远快于城市燃气管网建设的年均增长速度。

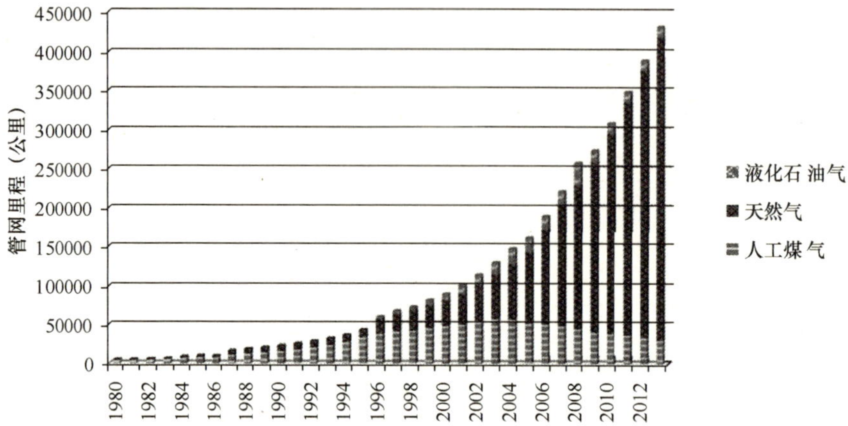

图 5-10　1980 年～2013 年人工煤气、天然气、液化石油气管网里程的变化趋势

（一）人工煤气

2013 年全国统计人工煤气供应总量为 600232.31 万立方米，同比下降了 18.75 个百分点。其中居民用气量为 167885.53 万立方米，同比下降了 21.94 个百分点（见表 5-14）。

2013 年全国人工煤气供应情况　　**表 5-14**

类别	2013 年人工煤气供应（万立方米）	2012 年人工煤气供应（万立方米）	增长率（%）
销售气量	600232.31	738707.27	－18.75
居民用气量	167885.53	215068.59	－21.94
损失气量	27756.46	30978.6	－10.40

2013 年人工煤气需求最多的地区是西南地区，全年销售 225625.86 万立方米，占全年人工煤气销售总量的 37.59%；其次是华北地区，全年销售人工煤气 119304.62 万立方米，占全年人工煤气销售总量的 19.88%；第三是华东地区，全年销售人工煤气 106066.1 万立方米，占全年人工煤气销售总量的 17.67%（见图 5-11）。

2013 年全国居民人工煤气使用占供应人工煤气的 27.97%，较 2012 年 29.11%的下降了 1.14 个百分点；东北地区居民人工煤气使用占供应人工煤气的 69.64%，较 2012 年 68.12%的上升了 1.51 个百分点；西北地区居民人工煤气使用占供应人工煤气的 98.08%，较 2012 年 98.69%的下降了 0.62 个百分点；其他地区的居民人工煤气使用情况见图 5-12 所示。

2013 年全国 6 大区域对居民人工煤气供应量均呈现明显下降的态势，其中

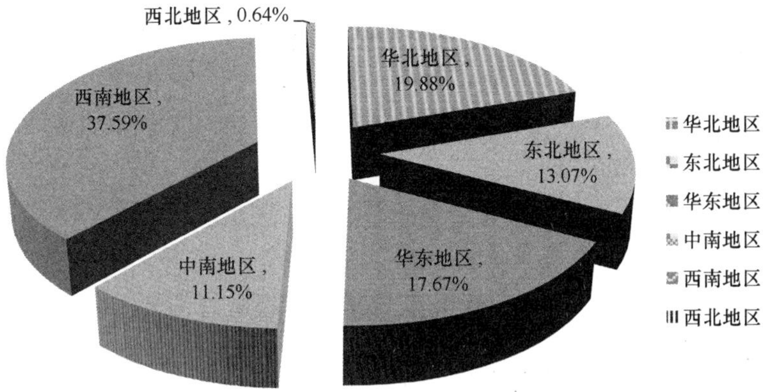

图 5-11　2013 年分地区中国人工煤气供应结构

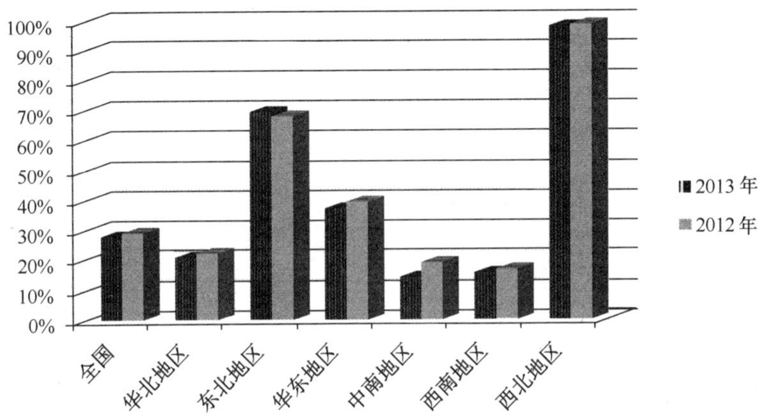

图 5-12　2012 年、2013 年分区域中国居民人工煤气用气量占比情况

华东地区、中南地区和华北地区的下降幅度明显，同比分别下降了 35.67 个百分点、49.62 个百分点和 34.91 个百分点，下降幅度都超过了全国的平均水平，基本上与人工煤气的产量情况相对应。在列入统计范围的全部 23 个人工煤气对居民进行提供人工煤气的省份中，河南省的居民人工煤气用气量下降速度最快，同比下降了接近 7 成（见表 5-15）。

2013 年按省分列的人工煤气供应量和居民用气量情况　　表 5-15

地区	2013 年		2012 年		销售量增长率（%）	居民用气量增长率（%）
	销售量（万立方米）	居民用气量（万立方米）	销售量（万立方米）	居民用气量（万立方米）		
全国	600232.31	167885.53	738707.27	215068.59	−18.75	−21.94
河北	65451.53	14134.8	84641.53	14538.47	−22.67	−2.78

续表

地区	2013年		2012年		销售量增长率（%）	居民用气量增长率（%）
	销售量（万立方米）	居民用气量（万立方米）	销售量（万立方米）	居民用气量（万立方米）		
山西	50863.09	7930.21	85047.82	21281.04	−40.19	−62.74
内蒙古	2990	2944	2603	2603	14.87	13.10
华北地区	119304.62	25009.01	172292.35	38422.51	−30.75	−34.91
辽宁	54912.61	40405.04	55525.2	40324.81	−1.10	0.20
吉林	15350.5	9554.05	15775.48	9173.67	−2.69	4.15
黑龙江	8185	4669	7930	4476	3.22	4.31
东北地区	78448.11	54628.09	79230.68	53974.48	−0.99	1.21
上海	54400	26001	81864.4	39117.8	−33.55	−33.53
江苏	3940	2270	4881.3	3883.37	−19.28	−41.55
浙江	499.83	475	463	454	7.95	4.63
福建	2917	2374	2937	2479	−0.68	−4.24
江西	35329.07	4086.37	46192.98	8515.84	−23.52	−52.01
山东	8980.2	4237.2	19485.11	6865.31	−53.91	−38.28
华东地区	106066.1	39443.57	155823.79	61315.32	−31.93	−35.67
河南	59863.25	3374	84624.36	11036	−29.26	−69.43
湖北			5100	1974	—	—
湖南	2568.88	2205.53	2512.97	2157.13	2.22	2.24
广东			2509.34		—	—
广西	4491.38	3970.22	4380.8	3787.7	2.52	4.82
中南地区	66923.51	9549.75	99127.47	18954.83	−32.49	−49.62
四川	164293.93	5803.24	159623.24	5567.63	2.93	4.23
贵州	23768	12177.3	32549.09	14258.7	−26.98	−14.60
云南	37563.93	17484.75	36162.02	18727.43	3.88	−6.64
西南地区	225625.86	35465.29	228334.35	38553.76	−1.19	−8.01
甘肃	1642	1597.6	1572	1553	4.45	2.87
宁夏	132.11	102.22	136.63	104.69	−3.31	−2.36
新疆	2090	2090	2190	2190	−4.57	−4.57
西北地区	3864.11	3789.82	3898.63	3847.69	−0.89	−1.50

注：此统计数据未包括中国台湾省数据。

（二）天然气

2013 年全国统计天然气供应总量为 8791982.74 万立方米，增长率为 13.53%。其中居民用气量为 1854106.94 万立方米，增长率为 18.98 %，占天然气供应总量的 21.09%；天然气用于集中供热有 442899.85 万立方米，占天然气供应总量的 5.04%；天然气用于燃气汽车有 869917.13 万立方米，占天然气供应总量的 9.89%（见表 5-16）。

2013 年全国天然气供应情况 **表 5-16**

类别	2013 年	2012 年	增长率（%）
销售气量（万立方米）	8791982.74	7744031.28	13.53
居民用气量（万立方米）	1854106.94	1558310.77	18.98
集中供热（万立方米）	442899.85	—	—
燃气汽车（万立方米）	869917.13	—	—
损失气量（万立方米）	217921.18	206346.18	5.61

2013 年天然气需求最多的地区是华东地区，全年销售 2591883.66 万立方米，占全年天然气销售总量的 29.48%；其次是中南地区，全年销售天然气 2033102.4 万立方米，占全年天然气销售总量的 23.12%（见图 5-13）。

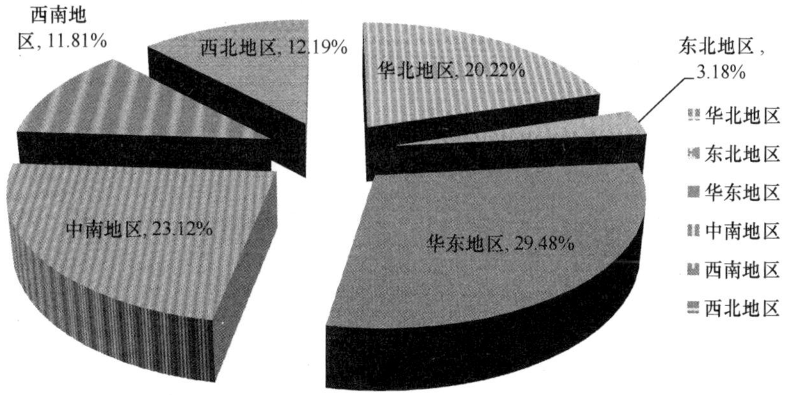

图 5-13 2013 年分地区天然气供应结构

2013 年全国居民天然气使用占供应天然气的 21.09%，较 2012 年 20.12% 的上升了 0.97 个百分点；东北地区居民天然气使用占供应天然气的 34.08%，较 2012 年 40.05%的下降了 5.97 个百分点；西北地区居民天然气使用占供应天然气的 20.07%，较 2012 年的 23.84%下降了 3.78 个百分点；其他地区的居民天然气使用情况见图 5-14。

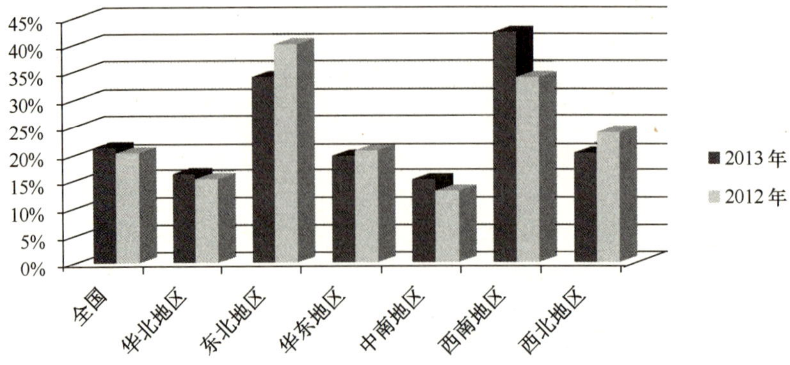

图 5-14 2012 年、2013 年份区域居民天然气用气量占比情况

2013 年全国 6 大区域对居民天然气供应量均呈现明显上升的态势，其中西南地区和中南地区上升幅度明显，分别增长 47.48%和 28.64%，超过了全国 18.98%的平均增长率，基本上与人工煤气的产量情况相对应。在已列入统计范围的全部 31 个天然气对居民进行提供天然气的省份中，河南省的居民天然气用气量上升速度最快，增长了 161.39%（见表 5-17）。

2013 年按省分列的天然气供应量和居民用气量 **表 5-17**

地区	2013 年		2012 年		销售量增长率（%）	居民用气量增长率（%）
	销售量（万立方米）	居民用气量（万立方米）	销售量（万立方米）	居民用气量（万立方米）		
全国	8791982.7	1854106.94	7744031.3	1558310.77	13.53	18.98
北京	952114	119406	883385	115401	7.78	3.47
天津	269562.1	43883.8	253749.1	27999.6	6.23	56.73
河北	234454.37	56248.21	206488.94	49317.45	13.54	14.05
山西	217308.27	50049.75	200314.56	43680.43	8.48	14.58
内蒙古	103891.47	19651.23	110540.91	17325.16	−6.02	13.43
华北地区	1777330.2	289238.99	1654478.5	253723.64	7.43	14.00
辽宁	88871.63	48062.28	78214.74	42724.02	13.63	12.49
吉林	82912.01	21523.63	67252.01	19276.29	23.29	11.66
黑龙江	107936.83	25733.4	84778.94	30206.3	27.32	−14.81
东北地区	279720.47	95319.31	230245.69	92206.61	21.49	3.38
上海	657515.77	109947.48	600124.99	99281.2	9.56	10.74
江苏	749338.57	140470.51	674088.47	121988.05	11.16	15.15
浙江	227513.38	49079.03	189550.69	52960.93	20.03	−7.33
安徽	192427.1	57920.83	165158.59	53130.56	16.51	9.02

续表

地区	2013年		2012年		销售量增长率（%）	居民用气量增长率（%）
	销售量（万立方米）	居民用气量（万立方米）	销售量（万立方米）	居民用气量（万立方米）		
福建	111426.05	9480.9	94502.99	7778.22	17.91	21.89
江西	53844.98	16208.42	39979.65	10821.99	34.68	49.77
山东	599817.81	123514.07	507733.58	119684.89	18.14	3.20
华东地区	2591883.7	506621.24	2271139	465645.84	14.12	8.80
河南	280500.78	94825.73	233928.5	65289	19.91	45.24
湖北	283810.32	66788.31	239486.11	54577.77	18.51	22.37
湖南	197098.27	44022.31	160466.14	44037.41	22.83	−0.03
广东	1224805.3	83343.65	1168333.2	64886.45	4.83	28.45
广西	21991.29	9496.1	16775.89	7590.54	31.09	25.10
海南	24896.43	11055.6	17475.45	4229.6	42.47	161.39
中南地区	2033102.4	309531.7	1836465.3	240610.77	10.71	28.64
重庆	315422.78	110898.99	311095.39	117963.74	1.39	−5.99
四川	576994.78	196110.61	553461.13	177642.56	4.25	10.40
贵州	15907.83	2799.63	9735.43	1084.12	63.40	158.24
云南	2244.95	999.11	1193.23	505.63	88.14	97.60
西藏	127500	127500	—	—	—	—
西南地区	1038070.3	438308.34	875485.18	297196.05	18.57	47.48
陕西	232522.5	63616.53	214951.98	54997.35	8.17	15.67
甘肃	133769.89	24013.75	111788.85	22183.24	19.66	8.25
青海	116162.07	18066.8	109009.57	15403.8	6.56	17.29
宁夏	210723.72	33449.81	178966.66	53912.62	17.74	−37.96
新疆	378697.48	75940.47	261500.58	62430.85	44.82	21.64
西北地区	1071876	215087.36	876217.6	208927.86	22.33	2.95

（三）液化石油气

2013年全国统计液化石油气供应总量为11050727.44吨，同比下降了0.14个百分点。其中居民用气量为6130638.92吨，同比上升了0.81个百分点，占全部液化石油气销售总量的55.48%；燃气汽车使用量为617486.04，占全部液化石油气销售总量的5.59%（见表5-18）。

2013 年全国液化石油气供应情况　　表 5-18

类别	2013 年	2012 年	增长率（%）
销售气量（吨）	11050727.44	11065905.88	−0.14
居民用气量（吨）	6130638.92	6081311.75	0.81
燃气汽车（吨）	617486.04	—	—
损失气量（吨）	46570.47	82126.01	−43.29

2013 年液化石油气需求最多的地区是中南地区，全年销售 5064530.28 吨，占全年液化石油气销售总量的 45.83%；其次是华东地区，全年销售液化石油气 3514506.51 吨，占全年人工煤气销售总量的 31.80%（见图 5-15）。

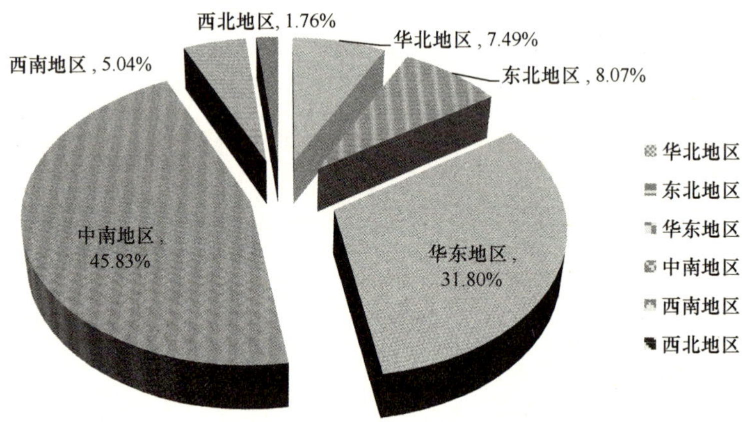

图 5-15　2013 年份地区中国液化石油气供应结构

2013 年全国居民液化石油气使用占供应液化石油气的 55.48%，较 2012 年 54.96%的上升了 0.52 个百分点；东北地区居民液化石油气使用占供应液化石油气的 51.83%，较 2012 年 50.19%的上升了 1.64 个百分点；西北地区居民液化石油气使用占供液化石油气的 81.74%，较 2012 年的 62.40%增加了 19.34 个百分点；其他地区的居民液化石油气使用情况如图 5-16 所示。

由图 5-16 可知，中国地域广阔、人口众多以及经济发展不平衡的特点使中国液化石油气行业将继续发展，其拥有一定程度上的市场份额无法让清洁、高效的天然气完全替代。

2013 年全国 6 大区域对居民液化石油气供应量呈现不同的情况，其中华北地区、东北地区、华东地区和西北地区呈现下降幅度趋势，同比分别下降了 11.71 个百分点、2.04 个百分点、2.26 个百分点和 8.63 个百分点，而中南地区和西南地区对居民液化石油气供应量呈现上升趋势，同比分别增长了 6.35 个百分点和 5.36 个百分点（见表 5-19）。

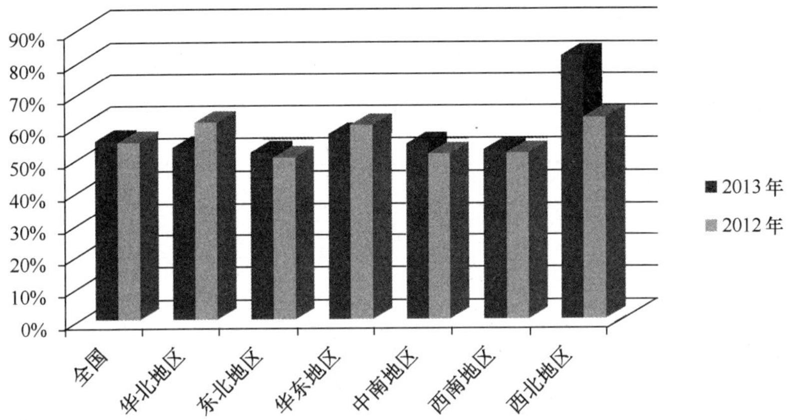

图 5-16 2012 年、2013 年分区域中国居民液化石油气用气量占比情况

2013 年按省分列的液化石油气供应量和居民用气量情况 **表 5-19**

地区	2013 年		2012 年		销售量增长率（%）	居民用气量增长率（%）
	销售量（吨）	居民用气量（吨）	销售量（吨）	居民用气量（吨）		
全国	11050727	6130638.9	11065906	6081311.75	－0.14	0.81
北京	453546	202468	379371	190975	19.55	6.02
天津	49490.32	22733.72	49104.5	22663.8	0.79	0.31
河北	183181.3	110540.04	203802.39	122089.11	－10.12	－9.46
山西	73935.5	45958	90098.9	75705.6	－17.94	－39.29
内蒙古	67801.44	60932.44	97616.23	89889.23	－30.54	－32.21
华北地区	827954.59	442632.2	819993.02	501322.74	0.97	－11.71
辽宁	494603	231198	515520.72	249960.3	－4.06	－7.51
吉林	180103	114193.74	219478.44	107059.76	－17.94	6.66
黑龙江	217406.1	116993.91	205425.68	114989.65	5.83	1.74
东北地区	892112.02	462385.65	940424.84	472009.71	－5.14	－2.04
上海	397352.1	235092.38	393310.7	214172.41	1.03	9.77
江苏	698513.3	458823.24	732174.19	502258.34	－4.60	－8.65
浙江	819936.7	532846.58	775736.46	518155.87	5.70	2.84
安徽	618304.9	135712.57	529492	143506	16.77	－5.43
福建	277427.1	166890.88	288471.62	168761.18	－3.83	－1.11
江西	219506.7	178590	200726.3	163772.2	9.36	9.05
山东	483465.8	310663.18	510554.67	354765.05	－5.31	－12.43

续表

地区	2013年		2012年		销售量增长率（%）	居民用气量增长率（%）
	销售量（吨）	居民用气量（吨）	销售量（吨）	居民用气量（吨）		
华东地区	3514506.5	2018618.83	3430465.9	2065391.05	2.45	−2.26
河南	225693.5	190221.94	233550.4	197610.04	−3.36	−3.74
湖北	360988.2	202458.51	383722.95	222311.04	−5.92	−8.93
湖南	194561	175306	200765.5	171614	−3.09	2.15
广东	3883907	1863313.9	3858789.3	1692765.51	0.65	10.08
广西	308250.6	242839.85	324221.45	262661.01	−4.93	−7.55
海南	91130	80923	55322	43546	64.73	85.83
中南地区	5064530.3	2755063.16	5056371.6	2590507.6	0.16	6.35
重庆	87709	29540.9	93115.36	31467.98	−5.81	−6.12
四川	182311.1	102507.4	179865.2	102157.3	1.36	0.34
贵州	70671.22	65700.8	65823.59	60872.68	7.36	7.93
云南	195946.4	77689.44	174868.73	74919.85	12.05	3.70
西藏	20245.13	17321.89	25773	8444.8	−21.45	105.12
西南地区	556882.81	292760.43	539445.88	277862.61	3.23	5.36
陕西	32325.98	24449.98	31127.94	29433.47	3.85	−16.93
甘肃	73746	66515	151168	70371.6	−51.22	−5.48
青海	5356.36	5346.36	6812.5	6782.5	−21.37	−21.17
宁夏	18423.39	10608.39	17058.19	10935.69	8.00	−2.99
新疆	64889.5	52258.92	73037.95	56694.78	−11.16	−7.82
西北地区	194741.2	159178.65	279204.6	174218.04	−30.25	−8.63

第四节　燃气行业结构

燃气行业的上游是勘探、开采和贸易，中游是通过管网基础设施进行燃气输送，下游则是通过城市管网分销燃气。当前，上游和中游是中石油、中石化、中海油公司垄断结构，三大公司各自独立实行上中游生产和输送、内外贸批发垄断经营模式，并在一定程度上垄断下游燃气销售。在上游和中游以国有产权为主，下游则基本实现了产权多元化。

一、 市场结构类型

（一）上游市场

目前，中国天然气上游供应侧市场不论是勘探、开采，还是地区贸易，都主要由三大国有控股油气巨头——中石油、中海油、中石化——基本按照南北区域划分、海陆分治、专业分工、各有侧重的模式各自独立运营。中石油和中海油主要经营上游的业务，中国西北部、东北部大部分内陆地区被中石油占据，着重于该区域油气资源的勘探与开采业务，另外同俄罗斯、中亚等国家管道气的合作开发项目也主要由中石油拥有合作权；中海油拥有中国东南沿海大部分海域区的油气开采权和主要的液化天然气贸易项目；中石化占据中国东南部区域，主要经营下游的业务，更侧重于对油气资源的加工冶炼、批发销售。因此，上游供应侧市场集中度很高，三大公司彼此之间基本上不形成竞争。

（二）中游市场

目前，中国天然气产地大部分处于西北部，而需求大部分来自东南部，从产地到下游用户需要通过长距离管道进行输送，也主要由上述三大集团公司即中石油、中海油和中石化分别自建自用管道各自独立地输送，并且是同自身企业上游供应侧捆绑在一起经营。陆上的大部分长输管道由中石油建设运营管理，中石化的陆上管道只占据少量份额，中海油主要侧重于铺设海底输送管道连接至沿岸城市配气管网。一些地方性的较小的供应商，基本没有自己的长输管道，只有通过与三大集团公司协商才能获得管道运输服务。

（三）下游市场

下游的终端消费者数量众多，因此对下游用户的配送服务业基本上由各个地方性的城市燃气公司垄断经营，全国有上千家城市配气公司，它们与上中游的生产、输送三大集团公司是完全分离的，向三大公司中的一家购入天然气对最终用户进行输送、销售服务。但近些年来随着市场的发展，三大油气巨头在竞争中为了占据更大的市场份额，逐渐打破传统限制，向下游大型用户终端渗透，如中石油铺设管道对上海宝钢进行直供直销。

（四）市场结构类型分析

综上分析可以发现，现阶段总体上中国天然气的市场结构属于三大公司垄断，三大公司各自独立实行上下游生产和输送、内外贸批发、供销垂直一体化的经营模式，如图 5-17 所示。

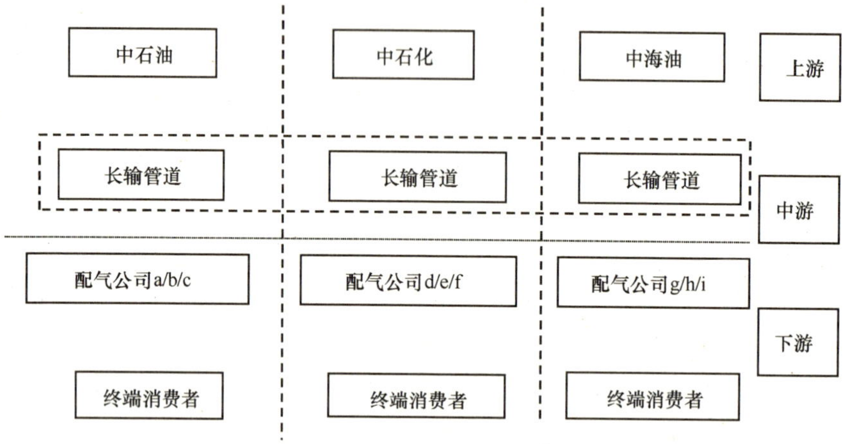

图 5-17　天然气市场三个独立运行的结构体系

其中上游生产与中游的长输管道是三大集团公司各自捆绑运营，形成区域性垂直一体化垄断机构。与下游的地方性配气公司相对分离，下游的配送销售基于中国传统的公用事业管理体制，都拥有特许经营权，形成地域垂直一体化垄断企业。

二、所有制结构

包括城市燃气行业在内的市政公用行业投资主体多元化首先体现在所有制结构多元化方面。所有制结构多元化，是指从国有经济成分占主体的传统所有制结构，逐步形成国有、民营、外资等多种所有制成份共同发展的所有制形式。事实上，近十几年来所有制结构的调整是中国从计划经济体制向市场经济转型时期的必然趋势，一般竞争行业的非公有制经济成分已占到相当的比例，成为国民经济发展的一支重要力量。由于公用事业等垄断行业自然垄断的经济特征以及国家政策的限制，公用事业行业的市场化进程相对滞后，致使非公经济在这一领域的发展比较缓慢。在国家出台相关政策指明市政公用行业的改革方向后，公用事业行业非公经济成分的发展将在短时期内呈现加速的趋势，经济学界的专家学者把这种趋势称为“公用事业民营化浪潮”。西方国家的自然垄断行业同样经历了从完全国有到民营的转变过程，称为自然垄断部门私有化。20 世纪 70 年代以来，西方主要市场经济国家先后对自然垄断行业放松了管制，实行非国有化，引进竞争机制等政策，促进了自然垄断行业的发展。我国自 20 世纪末、21 世纪初起逐步放宽了非国有经济进入城市市政公用行业的限制，国家采取了一系列的措施鼓励公用事业领域发展非公资本。中国政府部门通过制定和调整政策法规等不同方式提出了放宽市场准入，允许非公有资本进入基础设施、公用事业以及其他垄断行业的方针。这些措施都将对非公资本进入市政公用行业，从而解决基础设施资金缺口减轻国家财政负担起到极大的促进作用。城市燃气行业属于民营资本发展相对较早的市政公用行业，20 世纪 90 年代起民营企业开始进入燃气行业并取得了初步发展，但目前国有燃气企业仍在整个行业中占主导地位。随着国家政策的放宽以及市政公用行业市场化进程的不断深入，非公有制经济成分在燃气行业中的比例将不断增加，其他行业企业、民间资本以及境外投资者也将不断进入燃气行业，民营、外资和我国港澳台投资的燃气企业将得到较快的发展，图 5-18 显示 2013 年上半年我国燃气生产和供应行业不同所有制企业数量。

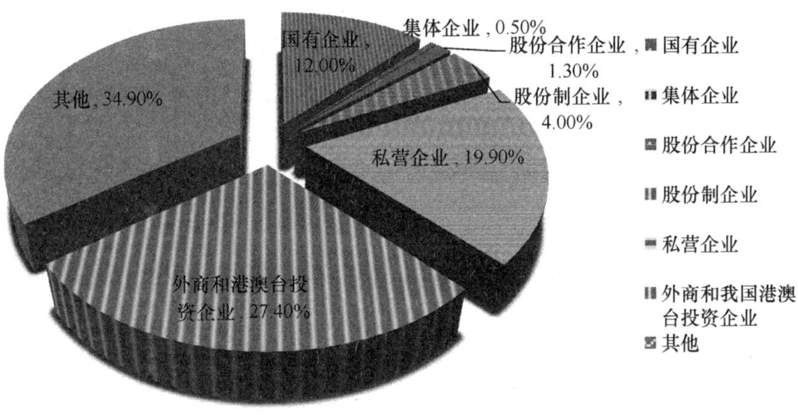

图 5-18 2013 年上半年我国燃气生产和供应行业不同所有制企业数量分布图

三、 主要企业发展情况

(一) 中石油昆仑燃气有限公司

1. 公司概况

中石油昆仑燃气有限公司（简称昆仑燃气公司），其初建立的目的是为实现液化石油气、天然气业务统购统销，宗旨是尽可能好地去履行服务社会的责任。2008 年 8 月 6 日，经国家工商管理总局核准，由中国石油集团旗下三家公司（中国华油集团燃气事业部、中油燃气有限责任公司、中石油天然气管道燃气投资有限公司）重新整合并组建，是中国石油集团为了推动专业化的城市燃气运营成立的公司。公司成立之初注册资本 60 亿元。

昆仑燃气公司主要业务范围包括城市燃气管网建设、城市燃气输配、天然气与液化石油气销售以及售后服务等相关业务。负责中国石油城市燃气业务中长期发展建议规划，参与城市燃气资源的统一协调配置；负责组织城市燃气业务市场开发工作；负责城市燃气业务资本运作及股权管理的具体工作；负责城市燃气业务生产经营管理；负责城市燃气业务管理规范及标准体系建设；负责城市燃气业务的质量安全环保管理等工作。

昆仑燃气公司依托中国石油在天然气资源、资金、人才、品牌等方面的多种优势，实施专业化管理、集约化经营，全力打造中国石油昆仑燃气品牌。沿中国石油天然气管道沿线，大力开发城市燃气市场。目前，昆仑燃气公司业务主要分布在北京、天津、河北、山东、河南、江苏、安徽、浙江、湖北、湖南、江西、广东、海南、四川、重庆、广西、云南、陕西、甘肃、吉林等 20 多个省、市、自治区，覆盖近 100 座城市，供气能力达 50 亿立方米以上，拥有全资子公司、分公司、控股公司、参股公司 100 多个。通过与各地政府的密切合作，确保了安全稳定供气，履行了责任，树立了形象，规范了服务，赢得了市场。

本着合作发展、互利共赢的原则，昆仑燃气公司重视与国内燃气企业之间的合作，现已与多家知名燃气公司开展了合作。我们将发挥各自优势，相互尊重，相互支持，相互信任，进一步扩大合作范围，深化合作深度，与业内企业一起，实现共同发展。

作为中国石油在天然气业务方面服务广大用户的桥梁和纽带，中石油昆仑燃气有限公司秉承中国石油“奉献能源、创造和谐”的企业宗旨，全面履行经济、政治和社会三大责任，为居民、公福、工业用户提供长期稳定的天然气资源保障和优质服务，努力建设国内一流、国际先进的专业化燃气公司，为促进城市节能减排、优化能源结构、创造和谐环境、提高人民生活质量，做出积极的贡献！

2. 企业战略

一是利用独家采购权占领市场。昆仑燃气公司的独家采购权是指隶属于中石油集团下的炼厂所产出的液化气和天然气不再销售给其他公司，而是由昆仑燃气公司统一采购，再将资源统一分配。首先，统一采购可以有效地降低采购成本、同时也可以降低采购过程心中的灰色地带，从而从根本减少采购支出；第二，统一分配可以确保资源的合理利用，减少资源的重复分配及不必要的浪费。以上两点在燃气销售业务上的应用，基本奠定了昆仑燃气公司在中国燃气行业的霸主地位，换句话说，现在下游燃气企业再销售液化气与天然气，必须联系昆仑燃气公司，而不是再去找炼厂，炼厂由原来的生产兼销售，改为单一的生产企业，隶属中石油生产板块。独家采购权的树立，奠定的昆仑燃气公司成为国内最大燃气公司的基础。

二是统购统销全局化管理。采购方面，昆仑燃气公司在成功整合中石油旗下炼厂燃气资源、获得独家采购权后，在采构原材料等方面掌握了市场主动权。此举既确保了昆仑燃气公司足够的燃气资源供应、又充分缓解了生产厂家资源销售压力，同时由于昆仑燃气公司的主要影响范围多集中在东北、西北以及华北三大燃气资源需求大区，资源整合后优化了资源配置，因其统一销售模式使资源合理流动，市场供需达到均衡。目前，昆仑燃气公司在其整合资源方式越来越成熟后，积极扩大整合范围，其触角积极深入华南、西南等地，进一步扩大其统销网络。销售方面，随着国内燃气深加工步伐的不断深入，以及越来越多的深加工企业上马，对原料气资源需求量大幅增加。其中仅华北地区一天的原料气需求量达到了 4000 吨左右，而昆仑燃气依靠其掌握的大量原料气资源，顺利签订供货合同以及芳构后剩余高清节气收购合同，并积极与深加工企业商谈收购合并事宜。自 2011 年昆仑燃气顺利收编河北黄骅三星化工高清洁以及丙烷的销售权后，又先后收购了弘润石化和盛源石化，并在河南地区投建恒润筑邦等扶贫项目，其昆仑燃气统销步伐步步深入，近期更积极收购了西北第一家芳构化企业宁夏金裕海。在统销基础工作不断夯实，营销体系逐步完善下，确保了炼化、油田企业、深加工企业产销畅通和平稳运行。并在此基础上实行价格联动，实现其资源价值的大幅提升。

（二）华润燃气（集团）有限公司

1. 公司概况

华润燃气（集团）有限公司是华润集团全资附属企业，是由华润燃气有限公司、华润燃气投资（香港）有限公司及华润集团持有的燃气企业于 2007 年 1 月，合并改组而设立的专业化燃气公司。华润燃气主要在中国内地投资经营与大众生活息息相关的城市燃气业务，包括管道燃气、车载燃气、瓶装燃气及燃气器具销售等。自 2003 年于苏州投资运营第一家城市管道燃气项目后，业务发展迅速，目前已在南京、成都、厦门、武汉、济南、无锡、福州、苏州、郑州等 50 多个城市设立了燃气公司，是近年来国内发展最快、规模最大的燃气企业之一。2007 年 4 月，华润燃气与中国最大燃气供应商之一——中国石油化工股份有限公司签署战略合作协议，华润燃气将在气源、技术、市场开拓等方面获得上游供应商的支持。华润燃气 2013 年度销售及盈利再创历史新高。2013 年营业额为港币 222.88 亿元，较去年上升 64%；股东应占溢利为港币 21.61 亿元，较去年上升 31%。营业额增长主要得益于公司管理的内涵式增长以及并购所得的燃气销售量及接驳费的增加。基本每股盈利达港币 1 元（2012 年为每股港币 0.82 元）。

2. 企业战略

上游的天然气供应采购高度依赖于与央企中国石油天然气集团和中国石油化工集团公司之间的关系，这两家公司负责运营长途管线。华润燃气的母公司华润集团是国资委旗下的大型国企之一，已有 70 年的历史。华润集团的业务多样，包括发电、消费品、房地产开发和投资、科技（以上均在上市公司名下）、制药和水泥。华润燃气与燃气供应商的关系良好。2007 年 4 月，华润燃气与上游供应商中国石化集团签署了战略合作协议，锁定了天然气供应和技术支持。华润集团与其他国有企业的差别在于，每一个业务无论是在经营还是在财务层面上都是独立运营。基于此，华润燃气有可能成为华润集团最主要的燃气销售平台。对天然气特许权竞标的竞争开始加剧。与同业相比，华润燃气有母公司作为其坚强的后盾，同时华润集团旗下的兄弟公司也能产生一定的协同作用。如 2008 年 10 月燃气改革完成以后，华润燃气在原有 7 个项目的基础上又收购了 9 个项目，这证明了公司的扩张能力。除了已收购的项目和新发起的项目，未来华润燃气的销量增长将主要来源于内生增长：一是二级城市的城市化和工业化带来的需求；二是新管线投入使用后，供应瓶颈打破。

（三）香港中华煤气有限公司

1. 公司概况

香港中华煤气有限公司（简称“中华煤气”）成立于 1862 年，是香港第一家公用事业机构，在香港的管网已拓展至超过 3000 公里，覆盖全港 8590 的经济区，为约 165 万民用及工商客户供应燃气。中华煤气的主要业务包括生产及输配燃气，销售燃气及燃气炉具，并提供全面的售后服务。中华煤气在香港也发展多元化的环保能源业务，包括石油气加气站和利用沼气生产燃气。中华煤气一直在中国内地多个城市积极发展城市管道燃气业务和若干中游项目。2005 年，中华煤气开始进军城市水务项目，包括城市供水和污水处理等。目前中华煤气在中国内地经营超过 70 家合资公司。

2. 企业战略

一是建设天然气加油站。中华煤气通过子公司易高拥有 4 个压缩天然气加气站，同时，通过合资公司和港华燃气的合资公司，公司还分别拥有 9 个和 48 个加气站。对机动车来说，使用压缩天然气的成本比使用柴油要少 40%左右，出于消费者对节约和环保的考虑，此项业务的发展前景广阔。

二是寻求补充资源。中华煤气将煤层气视为一种补充资源，由于可加强采煤的安全性以减少对进口能源的依赖，未来煤层气可能会受到政府的青睐。这有可能只是补充浙江、广东等地区下游燃气供应的一种权宜之计，二期工程的交付已推迟。内蒙古鄂尔多斯项目的煤炭转化甲醇项目是完工 70%时从某个经济面临困境的个人手中收购。该项目 27%的投资回报率预测是基于 2000 港币/吨的甲醇价格。因此，中华煤气已在项目投产后削减其净资产值。丰城煤炭—焦炭—焦炉气综合项目也能够锁定丰城下游项目的部分燃气供应。由于中华煤气在利润率较高的煤炭和焦炭销售方面没有太多的控制权，所以在合资公司中处于劣势地位。

（四）新奥（中国）燃气投资有限公司

1. 公司概况

新奥能源控股有限公司（原新奥燃气）于 1992 年开始从事城市管道燃气业务，是国内规模最大的清洁能源分销商之一。新奥能源控股有限公司以“提升系统能效，创造客户价值，倡导清洁能源，改善生存环境”为使命。新奥能源控股有限公司为国内外用能客户量身定制最优用能解决方案；以满足客户需求为导向，依托长期积累的清洁能源储运资源。

同时，通过全面信息化、市场与战略绩效机制等先进管理手段，持续优化运营机制，不断提高卓越运营能力，努力成为受人尊敬的国际能源分销商。截至 2014 年 3 月，公司运营 117 个城市燃气项目。在全国 14 个省、市、自治区成功，天然气日供气能力超过 3300 万方，覆盖城区 5552 多万人口，为超过 770 多万居民用户及 30000 多家工商业用户，在 71 个城市投资运营 330 座天然气加气站，在 20 多个大中城市规划和实施清洁能源整体解决方案而提供清洁能源产品与服务。

2. 企业战略

一是努力降低供气价格。新奥的供气价格较高，是阻碍其业务发展的重要原因。新奥应该从其内部寻找解决方案，而根本途径则是降低气源价格。新奥应当努力与上游的供应商形成长久坚固的战略伙伴关系；或者，探索与国际大石油公司和 LNG 的资源国合作的可能性，以降低气源成本。

二是确保及扩大气源供应量。充足的气源供应是新奥业务拓展和企业信誉的保障。新奥应考虑建设长输管线的可行性，这样即确保了充足的供气量，又可大大节约槽车等的运输费用。

三是树立企业品牌，扩大宣传。新奥应加大其品牌的宣传力度，使社会各界广泛认知天然气的高效、洁净、多用途等优点，努力转变公众以煤炭、燃油作为主要能源的老观念，从而吸引潜在用户。

（五）中国燃气控股有限公司

1. 公司概况

中国燃气控股有限公司（简称“中国燃气”）是一家在百慕大注册，在香港联交所上市的燃气运营服务商。公司主要在国内从事投资、建设、经营、管理城市燃气管道基础设施，向居民、商业、公建和工业用户输送各种燃气，同时，建设及经营加气站，开发与应用石油、天然气等相关技术产品。

中国燃气2002年进入燃气业，最初资产总额5.01亿港元，主营业务收入0.86亿港元，经过9年的快速发展，2010年，资产总额达到308.87亿港元，增长了60倍，主营业务收入158.62亿港元，增长了180倍。截至2011年3月31日止，累计于19省（自治区、直辖市）取得148个城市管道燃气项目（燃气管道专营权），建有105座压缩天然气加气站，初步向城市燃气项目的上中游发展，拥有1个天然气开发项目，9个天然气长输管道项目。另有54个液化石油气分销项目。中国燃气已经发展成为国内最大的跨区域燃气企业之一。

截至2014年9月30日止6个月，集团营业额为15588121000港元（2013年9月30日止6个月：10461324000港元），较去年同期增长49.0%。毛利为3154308000港元（包括液化石油气业务）（2013年9月30日止6个月：2477033000港元），较去年同期增长27.3%，整体毛利润率为20.2%（2013年9月30日止6个月：23.7%）。整体纯利润率为12.6%（2013年9月30日止6个月：14.2%）。每股盈利为33.56港仙（2013年9月30日止6个月：每股盈利：27.41港仙），较去年同期增长22.4%。于2014年9月30日，集团的总资产及净资产分别达48452198000港元及19769006000港元。

2. 企业战略

一是稳步发展天然气业务。巩固与发展终端市场，深度挖掘中国燃气在现有项目数量和分布区域的优势，加快住宅用气和工商业用气的增长，进一步优化市场结构。同时集中资源在战略重点区域如中心——卫星城等地布局，进一步夯实发展基础。大力开拓压缩（液化）天然气加气站项目，创造新的利润增长点。积极与上游行业建立战略联盟或战略伙伴关系，向上游产业延伸，注重中游长输管道的经济价值和战略价值，充分发挥产业链的整体优势，维护跨区域燃气集团前三甲的地位。

二是加速整合液化石油气业务。保障气源的稳定供应，与昆仑燃气、镇海炼化、科元石化、大连西太等上游企业签署合作协议。充分利用上海中油在浙江、江苏、福建、广东、广西、上海五省一市下属近50家子公司建立的液化石油气储运和分销网络，结合中石油、中石化强大的气源优势和百江燃气在终端零售市场的强势地位，共同将上海中油做强做大，成为东南沿海经营区域内的市场领导者。液化石油气业务实现国内上市。未来几年，在上海中油积累了一定的实力，实现稳定的盈利能力后，与国内上游企业联合，扩大融资渠道，进一步做强做大。一方面，通过融资，扩展市场，尤其是加大推进小城镇和农村市场力度，另一方面，开拓码头仓储、化工品贸易、成品油经营等新业务，进一步丰富业务层次，实现综合发展。

第五节　燃气行业需求与预测

中国三种气源的未来发展趋势是：液化气仍具有一定的发展潜力巨大，天然气将快速发展，人工煤气由于成本高、污染环境等缺点将会逐渐减少使用。到2020年，全国天然气需求量将达到2221亿立方米，城市燃气消费将达到占全部消费量的40%左右。天然气的消费量目前正以每年10%左右的速度增长，而相比之下，管道煤气的则出现负增长。

一、液化石油气仍将保持发展

近10多年来，中国液化石油气的生产和消费都在快速增加，仍需要进口大量的液化石油气以满足城乡居民不断增加的需求。今后若干年内，随着经济发展的需要，中国仍将是液化石油气需求增加最快的国家之一。

液化石油气在三种气源中所占比例为60%以上，而且未来几年内液化石油气仍将占有主要份额，这是由中国的经济及资源条件所决定的。人工煤气由于其工艺复杂、投资大、效益差、对环境影响较大等原因限制了它的发展；而中国天然气消费市场的开发与成熟还需一个渐进过程，近期难以大范围地取代液化石油气。因此，在今后一段时期内，中国液化石油气仍将有发展，但增长速度会减缓。随着能源结构的调整及经济的发展，天然气和进口液化天然气LNG作为民用燃料的使用将有较大增加。2010年以后，中国东部、甚至包括东北地区以及西气东输沿线一带主要城市的燃气需求都将有可能会以天然气为主导气源。但是中国在相当长的时期内都是以农村人口为主，2020年城镇化水平（常住人口）约为60%，届时大部分农村地区及距离输气管线较远的城镇也很难使用天然气。因此，从全国城乡总体情况看，使用方便的瓶装液化石油气将长久占有重要地位，这是由中国地域辽阔、农村人口比例较大这一特定条件决定的。图5-19为液化石油气消费与消费弹性系数①。

① 本文的消费量包括油气管道的损失量。

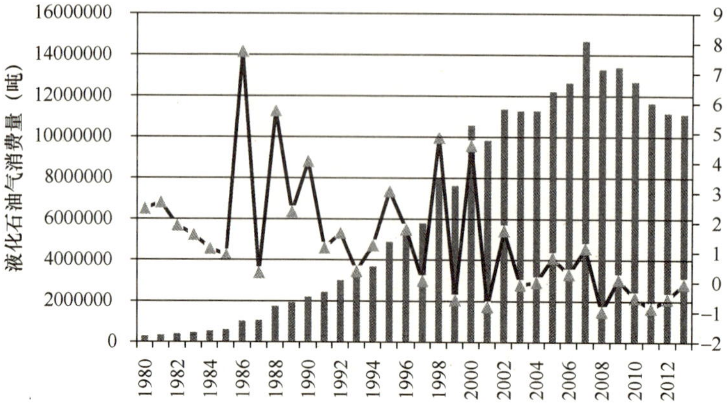

图 5-19　液化石油气消费与消费弹性系数

二、 人工煤气消费量逐渐降低

中国煤炭年产量超过了 35 亿吨，占世界第一位。这为人工煤气生产提供了制气原料，但煤制气存在工艺复杂、污染环境、投资大、成本高等缺点，无法与天然气、液化天然气竞争，因而只能适当发展具有煤综合利用或矿口气化的煤制气厂。表 5-20 为人工煤气消费与消费弹性系数：

人工煤气消费与消费弹性系数　　**表 5-20**

年　份	人工煤气消费量（万立方米）	消费增长率（%）	GDP 增长率（%）	消费弹性系数
1980	195491	6.97	7.8	0.89
1981	199466	2.03	5.2	0.39
1982	208819	4.69	9.1	0.52
1983	214009	2.49	10.9	0.23
1984	231351	8.10	15.2	0.53
1985	244754	5.79	13.5	0.43
1986	337745	37.99	8.8	4.32
1987	686518	103.27	11.6	8.90
1988	667927	−2.71	11.3	−0.24
1989	841297	25.96	4.1	6.33
1990	1747065	107.66	3.8	28.33
1991	1258088	−27.99	9.2	−3.04
1992	1495531	18.87	14.2	1.33

续表

年 份	人工煤气消费量（万立方米）	消费增长率（%）	GDP 增长率（%）	消费弹性系数
1993	1304130	−12.80	14	−0.91
1994	1262712	−3.18	13.1	−0.24
1995	1266894	0.33	10.9	0.03
1996	1348076	6.41	10	0.64
1997	1268944	−5.87	9.3	−0.63
1998	1675571	32.04	7.8	4.11
1999	1320925	−21.17	7.6	−2.78
2000	1523615	15.34	8.4	1.83
2001	1369144	−10.14	8.3	−1.22
2002	1989196	45.29	9.1	4.98
2003	2020883	1.59	10	0.16
2004	2137225	5.76	10.1	0.57
2005	2558343	19.70	10.4	1.89
2006	2964500	15.88	12.7	1.25
2007	3223512	8.74	14.2	0.62
2008	3558287	10.39	9.6	1.08
2009	3615507	1.61	9.2	0.17
2010	2799380	−22.57	10.4	−2.17
2011	847256	−69.73	9.3	−7.50
2012	769686	−9.16	7.8	−1.17
2013	627989	−18.41	7.7	−2.39

三、 天然气将逐渐成为城市燃气的主要产品

城市燃气化是提高城市人民生活质量和改善城市环境的重要措施之一。天然气在技术经济上优于人工煤气和液化石油气，市场潜力最大，价格承受能力也最强。

天然气消费区域不断扩大。截至 2013 年底，天然气消费市场已经扩展到全国 30 个省市区，天然气消费量超过 20 亿立方米的省市区达到 16 个。天然气供应能力将持续快速增长，供气来源向多元化发展。为适应国内天然气市场需求的迅速增加，中石油、中石化和中海油不断加大勘探开发力度，积极开展高含硫、

含碳以及深海资源开发，有效增加气田产量；预计2020年中国天然气产能将达到2221亿立方米。同时，国家制定了优惠的财政和税收政策，支持煤层气、页岩气等非常规天然气资源的开发力度，科学引导煤制气项目的实施，使之成为国内常规天然气资源的有力补充。此外，不断加大外部资源引进力度，形成了以中亚、中缅、中俄等陆上管道和沿海液化天然气为主的四个进口通道，并通过积极进行海外并购的方式，进行海外区块开发，努力保障国家用气需求。在国家积极鼓励民间资本、外资资本通过与国有企业合作的方式进入石油天然气建设领域的政策下，未来的国内天然气市场供应将形成供气气源多元化、供气企业多元化的格局。表5-21为天然气消费与消费弹性系数。

天然气消费与消费弹性系数 **表5-21**

年　份	天然气消费量（万立方米）	消费增长率（%）	GDP增长率（%）	消费弹性系数
1980	58937	−13.95	7.8	−1.79
1981	93970	59.44	5.2	11.43
1982	90421	−3.78	9.1	−0.42
1983	49071	−45.73	10.9	−4.20
1984	168568	243.52	15.2	16.02
1985	162099	−3.84	13.5	−0.28
1986	435887	168.90	8.8	19.19
1987	501093	14.96	11.6	1.29
1988	573983	14.55	11.3	1.29
1989	591169	2.99	4.1	0.73
1990	642289	8.65	3.8	2.28
1991	754616	17.49	9.2	1.90
1992	628914	−16.66	14.2	−1.17
1993	637207	1.32	14	0.09
1994	752436	18.08	13.1	1.38
1995	673354	−10.51	10.9	−0.96
1996	637832	−5.28	10	−0.53
1997	663001	3.95	9.3	0.42
1998	688255	3.81	7.8	0.49
1999	800556	16.32	7.6	2.15
2000	821476	2.61	8.4	0.31
2001	995197	21.15	8.3	2.55

续表

年 份	天然气消费量（万立方米）	消费增长率（%）	GDP增长率（%）	消费弹性系数
2002	1259334	26.54	9.1	2.92
2003	1416415	12.47	10	1.25
2004	1693364	19.55	10.1	1.94
2005	2104951	24.31	10.4	2.34
2006	2447742	16.28	12.7	1.28
2007	3086365	26.09	14.2	1.84
2008	3680393	19.25	9.6	2.00
2009	4050996	10.07	9.2	1.09
2010	4875808	20.36	10.4	1.96
2011	6787997	39.22	9.3	4.22
2012	7950377	17.12	7.8	2.20
2013	9009904	13.33	7.7	1.73

第六章　垃圾处理行业发展报告

垃圾处理行业属于环保产业的一个分支，一般包括工业垃圾处理、危险废物处理及城市生活垃圾处理三大领域。其中，工业垃圾是指机械工业、食品工业及其他工业在生产过程中所排出的一般固体废弃物；危险废物是指列入国家危险废物名录或者根据国家规定的危险废物鉴别标准和鉴别方法判定的具有危险特性的废物，它主要包括工业危险废物和医疗垃圾，工业危险废物包括具有放射性、腐蚀性或浸出性的工业垃圾，医疗垃圾是指医疗机构在医疗、预防、保健以及其他相关活动中产生的具有直接或间接感染性、毒性以及其他危害性的废物，具体包括感染性、病理性、损伤性、药物性、化学性废物；城市生活垃圾是指城镇居民在日常生活中或者为日常生活提供服务的活动中产生的固体废弃物以及法律、行政法规规定视为生活垃圾的固体废弃物。此外，垃圾处理按作业对象可分为直接处理对象和间接处理对象两大类。将垃圾作为直接处理对象的作业涵盖垃圾的清扫、收集、运输和处置等活动，将垃圾作为间接处理对象的作业涵盖为前者提供规划、设计、产品研发与制造、监管、垃圾排放权交易等服务活动。本报告主要以城市生活垃圾的直接处理作业为例，对垃圾处理行业展开研究。

第一节 垃圾处理行业的市场化改革

一、市场化的背景

中国垃圾处理设施建设方面的发展过程主要可以分为三个阶段：第一个阶段是 20 世纪 90 年代初至亚洲金融危机爆发，中国城镇垃圾处理设施在这个阶段的建设资金绝大部分来自外国政府或者国际金融机构的贷款（其中，许多项目都是以购买国外设备和进行国际招标为附加条件）；第二个阶段是 20 世纪 90 年代末亚洲金融危机爆发至“十五计划”，这个阶段中央政府为拉动内需从而加大了固定资产的投资规模，城市垃圾处理基础设施建设大多由发行国债的形式进行投资，结束了部分城镇垃圾处理率为零的历史；第三个阶段是进入“十五计划”以后至今，由于城市垃圾处理基础设施的国债投资减少、国家对社会资本的引导、市政公共事业的市场化改革，以 BOT 为主的垃圾处理厂建设模式逐渐兴起，垃圾处理 BOT 项目出现了逐步走向鼎盛。

从经济层面来看，中国国民经济持续保持较高增速，城镇化率以 2%左右的速度逐年稳步增长，如图 6-1 所示，整个社会对垃圾处理能力的要求越来越高。但在唯 GDP 论的影响下，垃圾处理行业作为公益性行业，本来是“基础”的市

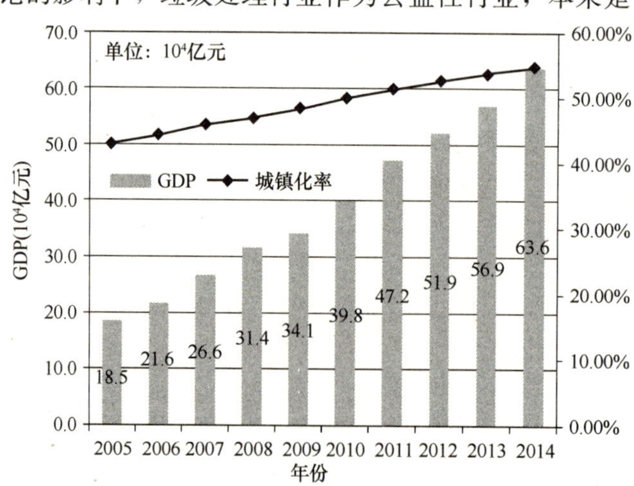

图 6-1 中国近 10 年 GDP 和城镇化率的增长情况

资料来源：国家统计局。

政设施却被当作“配套”设施，放在从属地位，甚至部分地方政府把城市垃圾处理设施认为是可有可无、可多可少的设施，导致现阶段中国整体垃圾处理能力的供给量远远小于需求量。因此，目前中国城市垃圾处理设施建设大多滞后于其他社会固定资产投资项目，即城市垃圾处理设施落后于中国经济和社会发展的需要。此外，有很多垃圾处理设施技术落后、管理理念落伍，导致了垃圾处理过程的二次污染，与垃圾处理活动的初衷背道而驰。因此，垃圾处理行业市场化的扩大融资渠道、通过竞标形式利用优质外资和社会资金、采用先进的垃圾处理设备和技术、显著提高城市垃圾处理能力和质量等优势，恰好契合了城市日益增长的垃圾处理能力和处理质量的需求。

从中国垃圾处理行业的相关政策文件来看，一方面国家大力推动垃圾处理行业市场化，完善相关制度，陆续发布了《关于实行城市生活垃圾处理收费制度，促进垃圾处理产业化的通知》、《关于加快市政公用行业市场化进程的意见》、《市政公用事业特许经营管理办法》、《关于加快项目前期工作，积极推进城市污水和垃圾处理产业化有关问题的通知》、《国家环保总局关于推进循环经济发展的指导意见》、《城市生活垃圾管理办法》、《关于加快发展节能环保产业的意见》及《循环经济发展战略及近期行动计划》等政策措施。中国近年颁布的促进垃圾处理行业市场化的重要政策文件如表 6-1 所示。

有关垃圾处理行业市场化的政策文件　　**表 6-1**

政策措施文件	核心内容	颁布部门	出台时间
《关于实行城市生活垃圾处理收费制度促进垃圾处理产业化的通知》	实行生活垃圾处理收费制度，……促进垃圾处理体制改革，实行政事、政企分开，逐步实现垃圾处理产业化……各地要充分发挥市场配置资源的基础作用，拓宽投融资渠道，改善投融资环境，鼓励国内外资金，包括私营企业资金投入垃圾处理设施的建设和运行	发展改革委、财政部、建设部、环保总局	2002 年 6 月 7 日
《关于推进城市污水、垃圾处理产业化发展的意见》	新建城市污水、垃圾处理设施应创造条件，积极推向市场，引入竞争机制，通过招标选择投资者。鼓励社会投资主体采用 BOT 等特许经营方式投资或与政府授权的企业合资建设城市污水、垃圾处理设施	发展改革委、建设部、环保总局	2002 年 9 月 10 日
《关于加快市政公用行业市场化进程的意见》	鼓励社会资金、外国资本采取独资、合资、合作等多种形式，参与市政公用设施的建设，形成多元化的投资结构。对供水、供气、供热、污水处理、垃圾处理等经营性市政公用设施的建设，应公开向社会招标选择投资主体。允许跨地区、跨行业参与市政公用企业经营。采取公开向社会招标的形式选择供水、供气、供热、公共交通、污水处理、垃圾处理等市政公用企业的经营单位，由政府授权特许经营	建设部	2002 年 12 月 27 日

续表

政策措施文件	核心内容	颁布部门	出台时间
《关于实行危险废物处置收费制度促进危险废物处置产业化的通知》	全面推行危险废物处置收费制度，促进危险废物处置的良性循环……处置单位应实行政企分开，要引入竞争机制。政府组织建设集中处置设施时，应通过公开招投标的方式，择优选择有资质的企业承担危险废物集中处置工作。同时要根据危险废物产生量合理确定处置设施的布局和规模，防止重复建设和恶性竞争	发展改革委、环保总局、卫生部、财政部、建设部	2003年11月18日
《市政公用事业特许经营管理办法》	加快推进市政公用事业市场化，规范市政公用事业特许经营活动，加强市场监管，保障社会公共利益和公共安全，促进市政公用事业健康发展……垃圾处理等行业，依法实施特许经营的……	建设部	2004年3月19日
《建设部关于加强城镇生活垃圾处理场站建设运营监管的意见》	切实加强城镇生活垃圾处理场站建设与运营的监督管理，确保城镇生活垃圾处理场站的建设质量和正常运行……逐步开放、规范管理城市生活垃圾处理场站建设与运营市场。由城市人民政府授权的环境卫生主管部门……与垃圾处理场站运营单位签订生活垃圾处理特许经营协议，明确协议双方的权利与义务	建设部	2004年12月22日
《国务院关于落实科学发展观加强环境保护的决定》	大力发展环境科学技术，以技术创新促进环境问题的解决；建立政府、企业、社会多元化投入机制和部分污染治理设施市场化运营机制	国务院各部门	2005年12月3日
《城市生活垃圾管理办法》	国家采取有利于城市生活垃圾综合利用的经济、技术政策和措施……直辖市、市、县建设（环境卫生）主管部门应当通过招投标等公平竞争方式作出城市生活垃圾经营性清扫、收集、运输许可的决定，向中标人颁发城市生活垃圾经营性清扫、收集、运输服务许可证……从事垃圾清扫、收集的企业注册资本不少于人民币100万元，从事垃圾运输的企业注册资本不少于人民币300万元	建设部	2007年4月28日
《城市生活垃圾处理企业、产品及技术市场准入管理办法》	对经营垃圾处理的企业、垃圾处理技术及产品进行市场准入管理	发展改革委	2007年12月22日

续表

政策措施文件	核心内容	颁布部门	出台时间
《国务院关于鼓励和引导民间投资健康发展的若干意见》	……鼓励和引导民间资本进入市政公用事业……支持民间资本进入城市供水、供气、供热、污水和垃圾处理……等领域	发展改革委	2010年5月7日
《关于进一步加强城市生活垃圾处理工作的意见》	加大城市生活垃圾处理工作力度，提高城市生活垃圾处理减量化、资源化和无害化水平，改善城市人居环境……政府主导，社会参与。明确城市人民政府责任，在加大公共财政对城市生活垃圾处理投入的同时，采取有效的支持政策，引入市场机制，充分调动社会资金参与城市生活垃圾处理设施建设和运营的积极性	住房和城乡建设部、环境保护部、发展改革委、教育部、科技部、工业和信息化部、监察部、财政部、人力资源社会保障部、国土资源部、农业部、商务部、卫生部、税务总局、广电总局、中央宣传部	2011年4月19日
《可再生能源电价附加补助资金管理暂行办法》	促进可再生能源开发利用，规范可再生能源电价附加资金管理，提高资金使用效率……可再生能源发电企业……按属地原则向所在地省级财政、价格、能源主管部门提出补助申请	财政部、发展改革委、能源局	2012年3月14日
《国家发展改革委关于完善垃圾焚烧发电价格政策的通知》	为引导垃圾焚烧发电产业健康发展，促进资源节约和环境保护，进一步完善垃圾焚烧发电价格政策	发展改革委	2012年3月28日
《环境污染治理设施运营资质许可管理办法》	为提高环境污染治理设施运营管理水平，维护环境污染治理设施运营市场秩序……持证单位可以按照环境污染治理设施运营资质证书规定的类别，在全国范围内承接环境污染治理设施运营业务	环保部	2012年4月30日
《关于进一步鼓励和引导民间资本进入市政公用事业领域的实施意见》	落实《国务院关于鼓励和引导民间投资健康发展的若干意见》（国发〔2010〕13号）要求，支持民间资本参与市政公用事业建设，促进市政公用事业健康发展	住房和城乡建设部	2012年6月8日

续表

政策措施文件	核心内容	颁布部门	出台时间
《关于创新重点领域投融资机制鼓励社会投资的指导意见》	改革市政基础设施建设运营模式，积极推动社会资本参与市政基础设施建设运营，通过特许经营、投资补助、政府购买服务等多种方式，鼓励社会资本投资……垃圾资源化利用……等市政基础设施项目	住房和城乡建设部、发展改革委	2014年11月26日
《国家发展改革委关于开展政府和社会资本合作的指导意见》	为贯彻落实《国务院关于创新重点领域投融资机制鼓励社会投资的指导意见》（国发〔2014〕60号）有关要求，鼓励和引导社会投资，增强公共产品供给能力，促进调结构、补短板、惠民生，就开展政府和社会资本合作提出了相关指导意见	发展改革委	2014年12月2日
《政府和社会资本合作项目政府采购管理办法》	规范政府和社会资本合作项目政府采购（以下简称PPP项目采购）行为，维护国家利益、社会公共利益和政府采购当事人的合法权益	财政部	2014年12月31日
《政府购买服务管理办法（暂行）》	进一步转变政府职能，推广和规范政府购买服务，更好发挥市场在资源配置中的决定性作用……承接政府购买服务的主体（以下简称承接主体），包括在登记管理部门登记或经国务院批准免予登记的社会组织、按事业单位分类改革应划入公益二类或转为企业的事业单位，依法在工商管理或行业主管部门登记成立的企业、机构等社会力量	财政部、民政部、工商总局	2014年12月15日
《推行环境污染第三方治理的意见》	提出以环境公用设施、工业园区等领域为重点，以市场化、专业化、产业化为导向，营造有利的市场和政策环境，吸引和扩大社会资本投入，推动建立排污者付费、第三方治理的治污新机制，不断提升中国污染治理水平	发展改革委、环境保护部	2015年1月4日
《基础设施和公用事业特许经营管理办法》（征求意见稿）	国家鼓励和引导能源、交通运输、水利、环境保护、市政工程等基础设施和公用事业领域的项目实施特许经营……规定了特许经营管理的相关办法	发展改革委	2015年1月19日

续表

政策措施文件	核心内容	颁布部门	出台时间
《关于推进开发性金融支持政府和社会资本合作有关工作的通知》	为落实国务院领导关于切实保障重点投入、运用融资机制放大效应的批示精神，就推进开发性金融支持政府和社会资本合作（PPP）的有关工作进行通知部署	发展改革委、国家开发银行	2015年3月17日

资料来源：作者整理。

二、 市场化的现状

垃圾处理行业的市场化一方面需要将原有的事业单位改制成企业进行市场化运作，实现政企分开、政事分开，另一方面还需要将新的社会资本、民营/外资企业引入垃圾处理市场，扩大行业规模，增强市场活力。

（一）机构改制情况

根据对全国332家国有垃圾处理机构的不完全统计，截至2011年8月底只有25家机构进行了改制，占所有机构数目的8%。对于已经进行改制的机构，其改制方式分布如图6-2所示。从该图中可以发现，事业单位转企业的改制方式所占比例最大，占到了所有已改制机构总数的40%；其次是股权转让，占到了所有已改制机构总数的24%。

在已经改制的垃圾处理机构中，它们具体的企业类型分布如图6-3所示。由该图可以看出，事业单位和国有及国有控股企业占总数的75.3%，民营企业、外资企业、港澳台资企业和其他类别的企业占企业总数的比例还不到1/4。

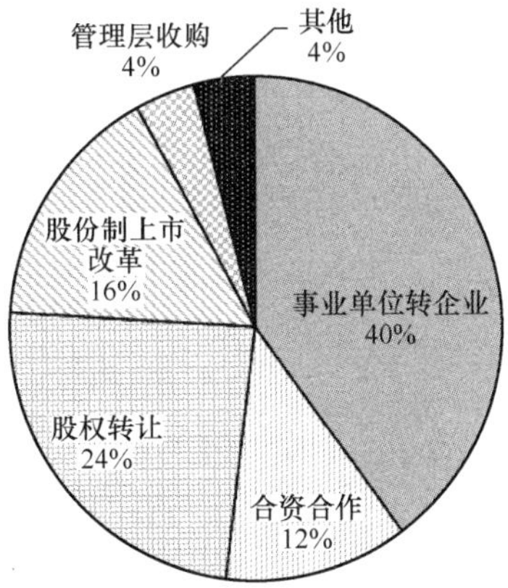

图6-2 垃圾处理机构改制方式

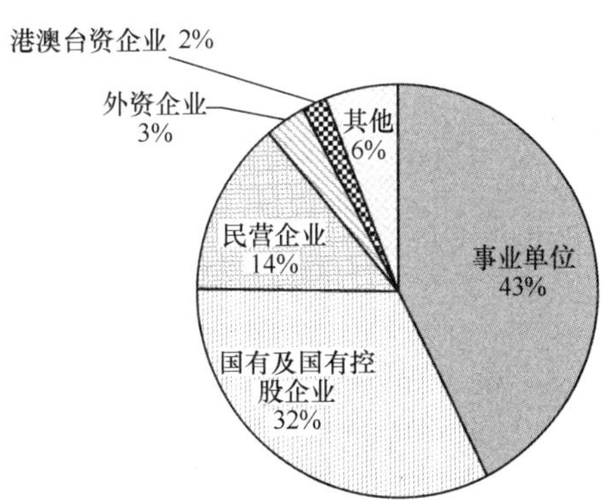

图6-3 垃圾处理行业企业类型的分布情况

对上述已经改制的垃圾处理机构进一步的调查发现，大部分机构的资产规模、管理和营运水平、服务质量以及技术水平都得到了提升，改制对相关机构带来的好处如图 6-4 所示。

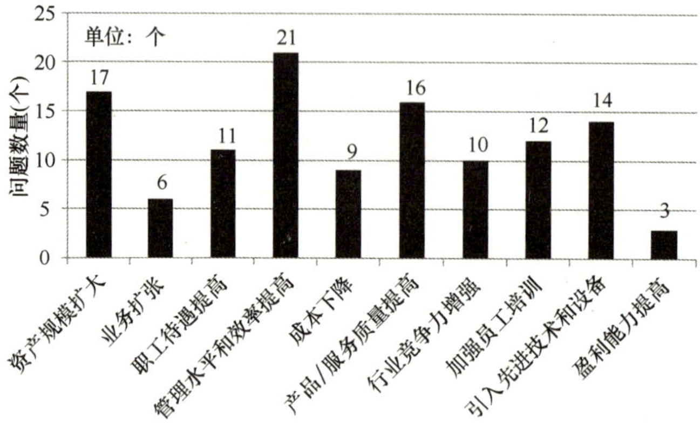

图 6-4　改制对垃圾处理机构带来的好处

资料来源：作者整理。

而对于机构改制带来的问题，上述机构认为最为突出的是政府的补贴减少了，其次才是职工安置的问题，受到职工安置困难、设施养护不到位、项目投入严重不足、政府补贴减少或与政府关系减弱等问题困扰的改制后垃圾处理机构数量分布如图 6-5 所示。

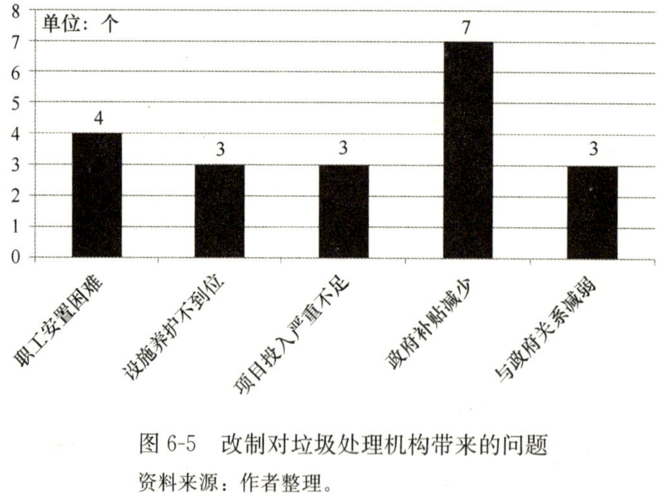

图 6-5　改制对垃圾处理机构带来的问题

资料来源：作者整理。

（二）企业运营情况

对于已经在垃圾处理市场开展业务的企业，本报告随机抽选了 240 家垃圾处理企业进行调研。从企业资本成分来看，已有非国有资本成分（包括外资和民营资本）的垃圾处理企业数为 62 个，占调查企业总数的 25.83%。其中，非国有资本控股的企业数为 51 家，非国有资本参股的企业数为 11 个，具体如图 6-6 所示。

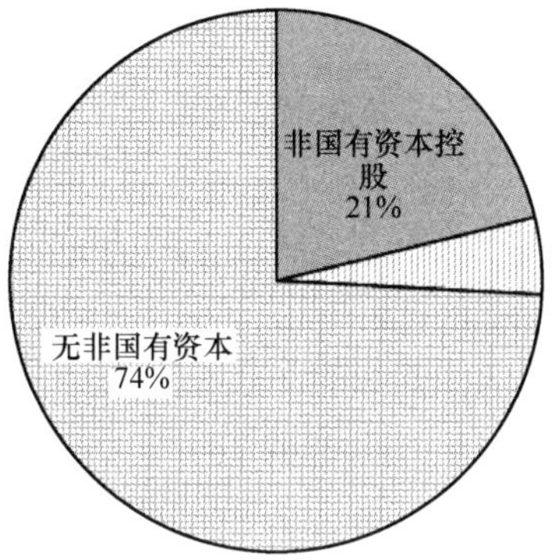

图 6-6　不同资本性质的垃圾处理企业的数量分布

资料来源：作者整理。

对于有非国有资本的企业而言[①]，有外资成分的垃圾处理企业有 20 家，其中外资控股的企业为 12 家，外资参股（非控股）的企业为 8 家；有民营资本成分的垃圾处理企业有 48 家，其中民营资本控股的企业为 38 家，民营资本参股（非控股）的企业为 10 家；有国有资本成分的垃圾处理企业有 19 家，其中国有资本控股的企业为 11 家，国有资本参股（非控股）的企业为 8 家。详情如图 6-7 所示，从该图可以看出，民营资本进入垃圾处理行业的数量和对该行业的控制程

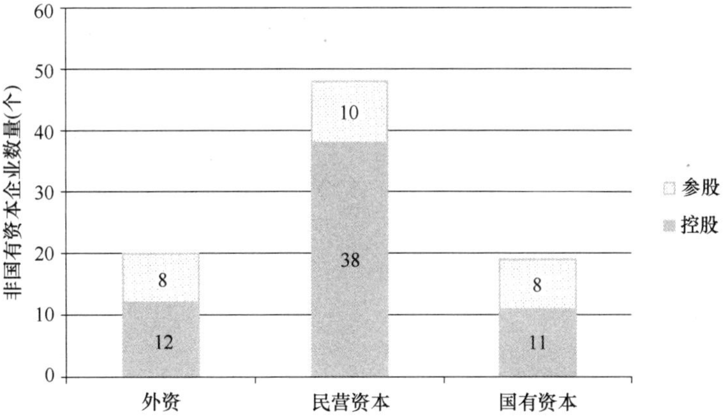

图 6-7　非国有资本企业数量的分布情况

资料来源：作者整理。

① 一个企业可能同时存在国有资本、民营资本和外资三种资本成分。

度远远超过了外资。

受调查的 240 家垃圾处理企业中民营资本参股、民营资本控股、有非国有资本成分的企业和所有企业合计的详细情况如表 6-2 所示。

不同资本性质企业的详细情况 **表 6-2**

	总资产（亿元）	注册资产（亿元）	职工人数（人）	垃圾处理厂总面积（万平方米）	年垃圾处理收入（亿元）	服务人口（万）	年处理量（亿·吨）
11 家参股	13.18	14	941	152.99	0.55	41	0.02
51 家控股	127.64	45.24	5211	341.22	11.8	645	18.39
178 家国有	171.98	47.05	39756	10528.08	9.31	1121	27.02
240 家合计	312.8	106.3	45908	11022.29	21.66	1807	45.43

资料来源：作者整理。

各类不同资本性质的企业在总资产、注册资产、职工人数、垃圾处理场面积、年垃圾处理收入、服务人口和年垃圾处理量占所有调查企业的比例如图 6-8 所示。从该图可以看出，178 家完全国有的企业在职工人数和占地面积上处于绝对优势，但总资产、垃圾处理收入和垃圾年处理量却和上述两个指标完全不成正比，非国有企业虽然职工少、占地少，但运营成效却很高。

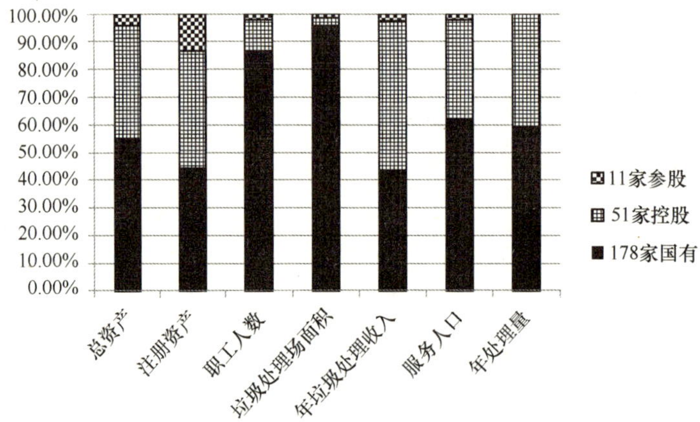

图 6-8 不同资本性质企业运营数据对比

资料来源：作者整理。

本次调研在上述企业中抽取 55 家，调查垃圾处理市场目前比较突出的问题后发现，63％的企业认为自身的企业负担过重，42％的企业认为项目融资成本高，即多数受调查企业认为自身的成本过高，具体如图 6-9 所示。

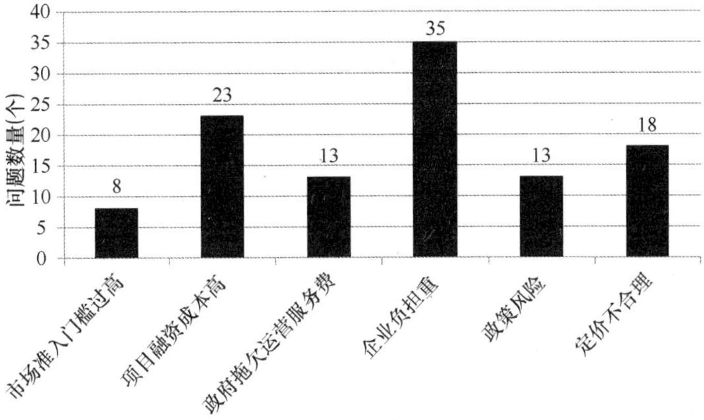

图 6-9　垃圾处理行业市场化过程中比较突出的问题

资料来源：作者整理。

此外，通过对 73 家垃圾处理企业的问卷调查发现，该行业内的企业认为政府在垃圾处理行业市场化的过程中最应落实土地、税费等优惠政策。业内企业期望政府在垃圾处理行业市场化过程中履行的职能如图 6-10 所示。

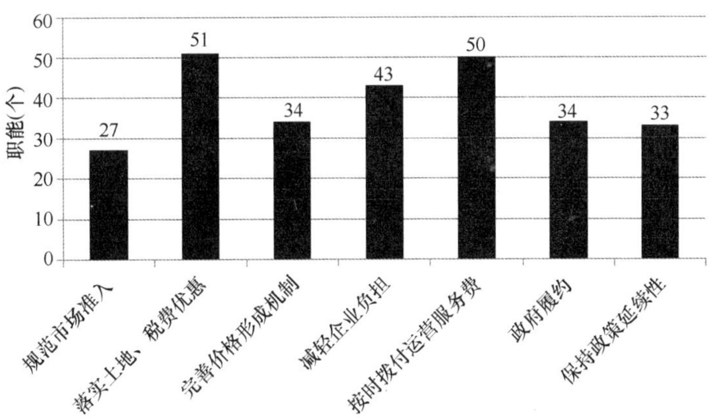

图 6-10　政府在垃圾处理行业市场化过程中应履行的职能

资料来源：作者整理。

最后，从垃圾处理行业市场化运营模式上来看，自建设部 2004 年 3 月颁布《市政公用事业特许经营管理办法》【建设部令第 126 号】，明确了实施市政公用事业特许经营的原则、投资者或经营者的选择程序、政府和企业各自的责任和义务等之后，垃圾处理行业的特许经营开始加速发展，目前包括 BOT 模式、BOO 模式、BOOT 模式、BT 模式、EPC 模式和 BTO 模式等。其中，垃圾处理设施的投资模式中 BOT 是主流，BOO 次之，其他模式稍有应用。以城市餐厨垃圾处理设施为例，目前已知承建模式的 60 座试点城市餐厨垃圾处理设施（50t/d 以上）中有 39 座采用 BOT 模式，11 座采用 BOO 模式，5 座投资主体为政府，3 座采用 EPC 模式，1 座采用 BT 模式，1 座采用政府与企业合作经营的模式①，见图 6-11。

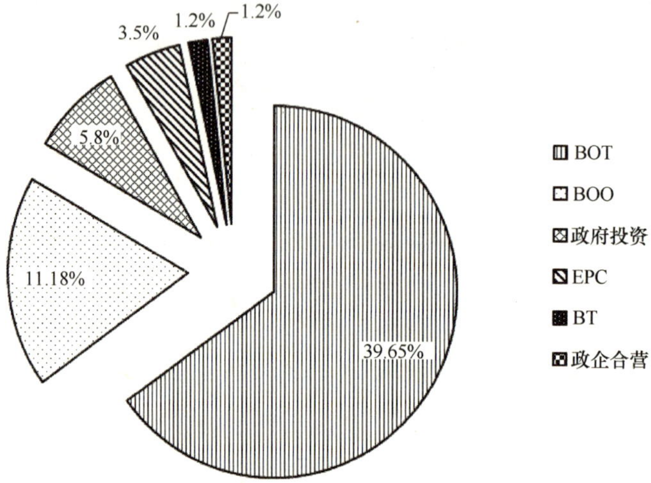

图 6-11 城市餐厨垃圾处理设施投资模式比较

资料来源：中国城市环境卫生协会. 2013 年中国城市环境卫生行业发展报告，2014，5.

三、 市场化的评价

前文对目前我国垃圾处理行业市场化的背景、现状以及典型案例进行了描述。实践证明，我国垃圾处理行业在进行市场化改革过程中，确实取得了明显成绩，而与此同时，市场化进程也暴露出不少亟须解决的问题。

（一）市场化取得的成绩

1. 机构改制激活了垃圾处理机构的活力

垃圾处理行业市场化的重要目的之一就是将原来与垃圾处理相关的事业单位进行改制，摒除政企不分的运营模式，从而提高垃圾处理机构的活力。从受调查的已改制垃圾处理机构来看，有 84%的机构管理水平和营运效率得到明显提升，一半以上机构的资产规模得到了扩大、产品/服务质量得到了提高。可见，管理水平和营运效率的提高、资产规模扩大、产品/服务质量提高是机构改制最主要的成效，机构通过改制挖掘出自身的潜能，激活了自身的营运活力。此外，还有

① 中国城市环境卫生协会. 2013 年中国城市环境卫生行业发展报告，2014，5.

一半左右的机构通过改制，实现了引入先进工艺和技术设备、加强员工培训、提高职工待遇和增强行业竞争力等成绩，这不论是对于机构自身还是整个行业，都是积极的信号。

2. 引入社会资本促进了垃圾处理行业的可持续发展

资本是市场化的动力，企业是市场化的主体。从垃圾处理机构现状可以看出，在不同城市的垃圾处理行业，均以不同的市场化方法引入了社会资本。从受调查的垃圾处理企业情况来看，非国有资本控/参股的企业通过较少的人力资源和土地资源，实现了几乎与国有资本企业相同的垃圾处理量并取得了更高的垃圾处理收入。从这个侧面我们可以看出，非国有资本控/参股的企业的营运效率高于国有资本企业，更加符合和适应中国改革开放、建设社会主义市场经济的大潮流，也更符合目前政府和社会公众对垃圾处理的要求。由此可见，市场化确实有助于垃圾处理行业的可持续发展。

3. 市场化使得财政投入和补贴减少，极大地缓解了财政压力

垃圾处理行业经过市场化改革之后，由于企业的盈利动机和提升效率的动机不断加强，企业的规模越来越大，使得企业的生产和经营边际成本降低，收益率得到提高。因此，企业投资动机不断增强，促进了垃圾处理行业的发展，同时也减少了政府财政补贴，极大地缓解了财政压力。使得垃圾处理设施在政府固定资产投入没有大幅度增加的情况下仍能保持较高的增长水平。例如，2012 年和 2013 年中国垃圾处理方面的固定资产投资额均在 120 亿左右，但 2013 年中国无害化垃圾处理厂座数比 2012 年提高了 9%，无害化处理能力提升了 10%以上。

4. 市场化促进了垃圾处理行业的政企分离

在垃圾处理行业市场化进程中，政府角色应由不规范的行政干预转向依法监督，职能转变前提是实现政企分开和政资分开。政资不分是政企不分的基础。只有切断政府与企业资本方面的联系，打破行政垄断，放宽市场准入，才能真正减少政府对企业的干预，企业也才能真正成为自主经营、自我约束、自负盈亏的市场竞争的主体。通过前面对中国垃圾处理机构现状的分析，对于机构改制带来的问题，他们认为最为突出的是政府的补贴减少了，而这一现状表明，垃圾处理行业正在逐步摆脱政府对其直接控制，多数企业已成为市场中独立生产经营的主体。政企分离的垃圾处理机构也可以促使政府逐步淡化对企业具体运作的干涉，专注于宏观经济层面的管理，迫使政府尽快掌握法律和经济手段规范、监督企业行为，进而加快企业市场化改革的过程。

5. 第三方企业的引入提高了垃圾处理行业的效率

理论与实践表明，相比较而言，非国有企业生产效率要高于国有企业生产效率。许多国有企业运作所固有的效率低下、人浮于事的问题没有得到很好的解

决，冗员过多、效率低下造成成本增加阻碍着垃圾处理行业的发展。通过对垃圾处理机构的市场化改革，引入市场竞争机制，管理部门对市场化的理解逐步深刻，不仅关注如何将社会资本引入垃圾处理行业，更加关注市场化运营机构的运营效率和效果。这对提高垃圾处理机构的经验经营起着决定性的作用，从而更好地确保公众利益和社会利益。垃圾处理行业市场化程度的提高，国有企业和非国有企业均有较高的利润水平。在市场化进程中，基于垃圾处理机构效率的提高，垃圾处理行业正在逐渐地走向开放，并取得了较好的成绩。

（二）市场化过程中较突出的问题

1. 政府对垃圾处理行业的优惠措施落实不到位

激励机制是推动垃圾处理行业市场化发展的重要手段，它可以充分体现企业主体的权益，推动企业的健康发展。从受调查的垃圾处理企业来看，企业普遍希望政府尽快落实相关税费和土地优惠政策，并及时拨付运营服务费。与此同时，垃圾处理企业还希望政府的相关政策保持连续一致性，减少它们在实际运营过程中的政策风险。部分地方政府在项目招商过程中还会存在对民营企业歧视性问题，政策上拥有不平等待遇。由此看来，政府部门目前在上述领域做得并不好，使得垃圾处理企业在营运过程中信心不足，不利于垃圾处理行业的健康可持续发展。

2. 垃圾处理行业缺乏较为完善的法规政策体系

目前我国没有任何一部法律中出现明确规范垃圾处理行业的条文。虽然作为垃圾处理行业主管部门的建设部颁布了一部分的法规政策，各城市政府也相继出台了一些行业管理办法，但是这些法规都是行业主管部门起草的，缺乏权威性和系统性，而且适用面窄、权限边界模糊不清，尚未明确界定政府相关部门监督执行权利的范围以及系统性标准，这样使得政府在进行实际监管活动中职责不清，相互推诿。同时，国家有关 BOT 的专门法规尚未出台，无法通过专门的法律来保障垃圾处理行业甲方与乙方的权利。

3. 垃圾处理行业定价体系不够完善

为广泛吸引各类资本参与垃圾处理行业的投资和运营，相关服务/产品的价格必须达到能够实现企业补偿成本、偿还投资的水平。目前，政府对于企业投资与财务的监管职能没有得到明确的规定与说明，将近一半的受调查企业认为目前垃圾处理的价格体系不合理，希望政府进一步完善垃圾处理定价机制。垃圾处理企业的收入一部分来自政府补贴，另一部分则来自运营过程中产生的经济效应，而定价机制对后者有很大的影响。就目前的行业发展情况来看，垃圾处理企业对垃圾处理定价体系认同度不高，迫切希望政府调整定价方法，提升其科学合理性。从企业角度来讲，追求利润最大化是最终的目的，如果没有合理的定价机制，就会打击垃圾处理企业正常运营的积极性。

4. 政府各部门在对垃圾处理行业进行实际监管力太弱

在中央层面，中国目前尚没有设立相对独立且专业的垃圾处理管制机构，对垃圾处理行业进行管制的各项功能分散于各政府部门，因此在进行实际监督时，会出现职能交叉，监督能力大大减弱。具体来说，出现这种情况的原因首先在于环保部门缺乏实权，受"经济发展高于一切"的观点所压制，一直是被边缘化的部门。其次是目前垃圾处理行业的监管体制不够完善，导致权责不匹配，想办事的部门有心无力，能办事的部门有力无心，使得各部门在实际监管中互相推诿责任。再则，在垃圾处理行业市场化的进程中，部分地方政府往往以服务当地大企业为重，对群众集中反映的问题则一再拖延，对环境保护以及今后垃圾处理设施的新建均会有不利影响。最后，中国目前还未建立起对垃圾处理机构的监管效果进行绩效评价的专门机构以及配套的指标体系，监督结果的好与坏并没有可以用于客观衡量的标准，因此政府有些部门滥用权力的情况也会时有发生①。

第二节　垃圾处理行业的投资与建设状况

一、总体概况

目前中国垃圾处理行业的主要投资主体或来源包括：(1) 政府投入，包括地方财政、国家财政、国债资金和CDM② 的资金支持；(2) 社会资本，包括国内垃圾处理投资运营商、国外垃圾处理投资运营商、银行融资、股市融资、环保产业基金和风险投资基金。

如图6-12所示，2013年全国城市环境卫生固定资产投资额为408.4亿元，比2012年增长了37.74%；垃圾处理方面的固定资产投资额为125.9亿元，比2012年增加了13.53%，但仍低于2011年的199.2亿元。从2006年至2013年，

① 王香治. 环卫BOT融资项目监管研究与实践. 环境卫生工程，2010 (6).

② Clean Development Mechanism是《京都议定书》中引入的灵活履约机制之一。核心内容是允许缔约方（即发达国家）与非缔约方（即发展中国家）进行项目级的减排量抵消额的转让与获得，从而在发展中国家实施温室气体减排项目。

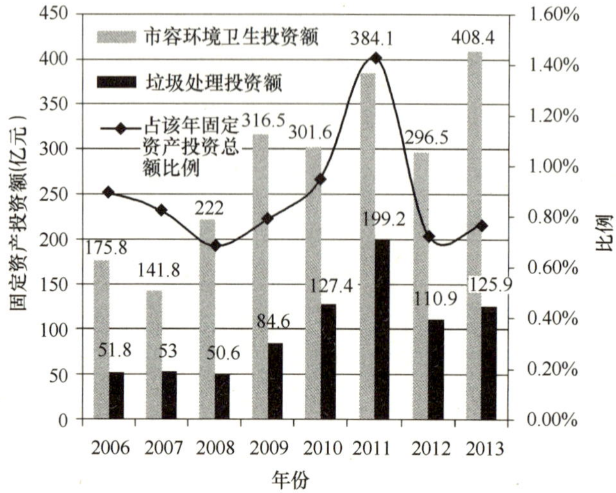

图 6-12　历年固定资产投资额及相关比例汇总

资料来源：国家统计局。

环境卫生固定资产投资额占市政公用设施固定资产投资额的比例所示，2013 年垃圾处理占全社会固定资产投资的比例为 0.77%，与 2012 年的 0.73%基本持平，环卫固定投资在 2011 年大幅上升之后连续两年进行阶段性调整。

中国城市市容环卫专用车辆设备总数也在逐年稳步增长，如图 6-13 所示，专用车辆设备的年增长率已连续三年上涨，2013 年的增长率已达到 12.83%。

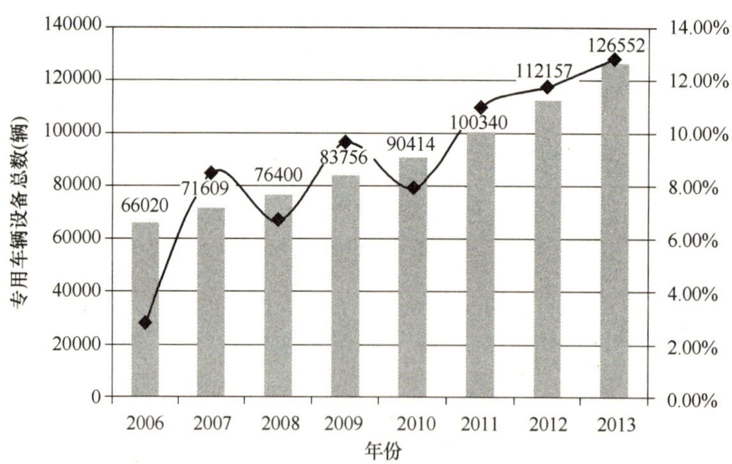

图 6-13　中国城市市容环卫专用车辆设备总数

资料来源：国家统计局。

现阶段，垃圾填埋为中国最主要的垃圾无害化处理方式，其次为焚烧，应用最少的是堆肥、堆放和简易填埋，如图 6-15 所示①。

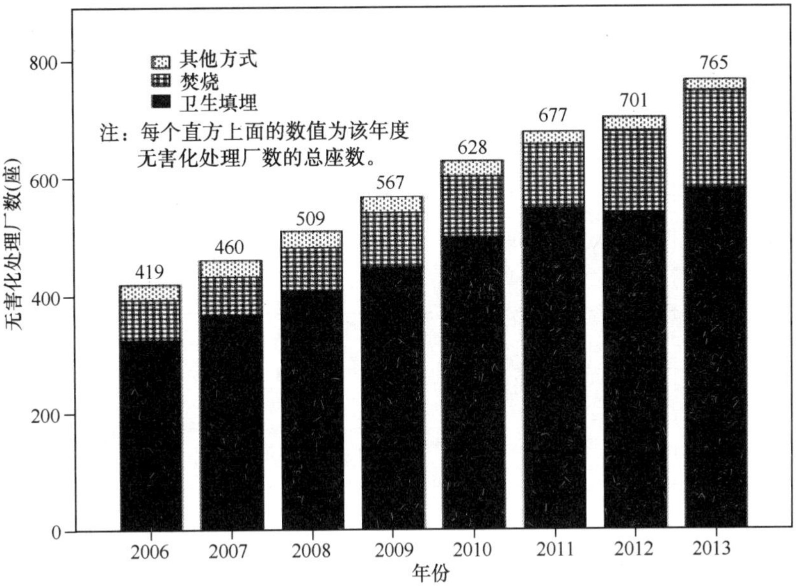

图 6-14 近十年中国城市生活垃圾无害化处理厂数目

资料来源：国家统计局。

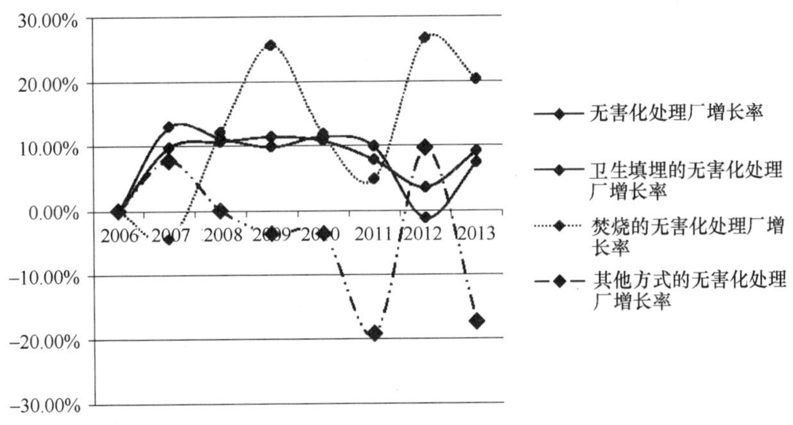

图 6-15 无害化垃圾处理厂的增长率比较

资料来源：国家统计局。

① 由于生活垃圾填埋场的统计从 2006 年采用新的认定标准，生活垃圾无害化处理数据与往年不可比，因此下文相关数据的起始年份均从 2006 年开始。

目前，全国无害化处理厂总体数目在逐年稳步增长，其主要增长力量为卫生填埋方式的无害化处理厂和垃圾焚烧方式的无害化处理厂（如图 6-15 所示）。

从 2006 年～2013 年的统计数据来看，全国范围内堆肥以及其他方式的无害化处理厂数目呈现总体下降趋势，详见图 6-16。

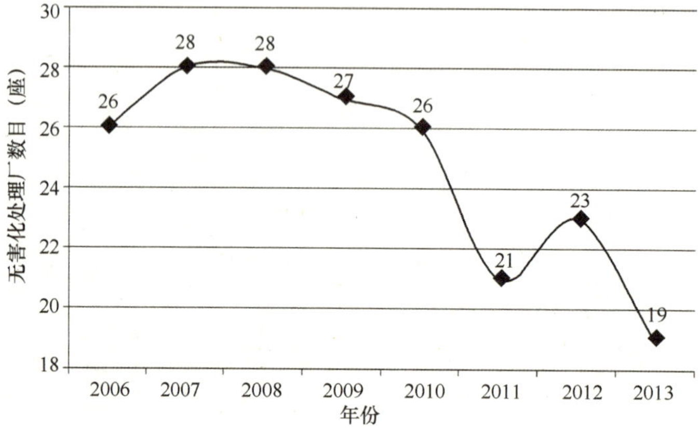

图 6-16　堆肥以及其他方式的无害化处理厂数目

资料来源：国家统计局。

由于城市生活垃圾处理无害化处理厂数目的增加，中国垃圾无害化处理能力也在逐年增加，详情如图 6-17 所示。由该图可以发现，无论是卫生填埋、焚烧还是堆肥及其他方式的垃圾处理方式，其垃圾处理能力均在逐年稳步地提升。

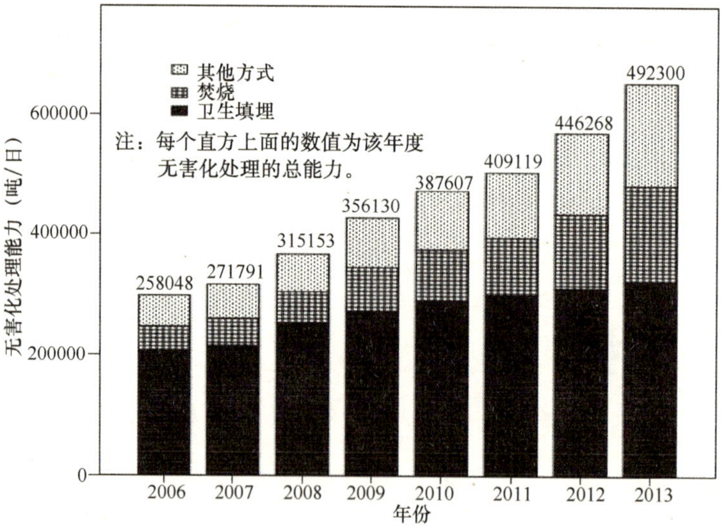

图 6-17　近十年城市生活垃圾无害化处理能力

资料来源：国家统计局。

2006 年至 2013 年中国不同方式的城市生活垃圾无害化年处理量变化情况如图 6-18 所示，从图中可以看出各种方式的城市生活垃圾无害化年处理量均在逐年提升，2013 年卫生填埋的垃圾处理厂的城市生活垃圾无害化年处理量较 2012 年增长不大。

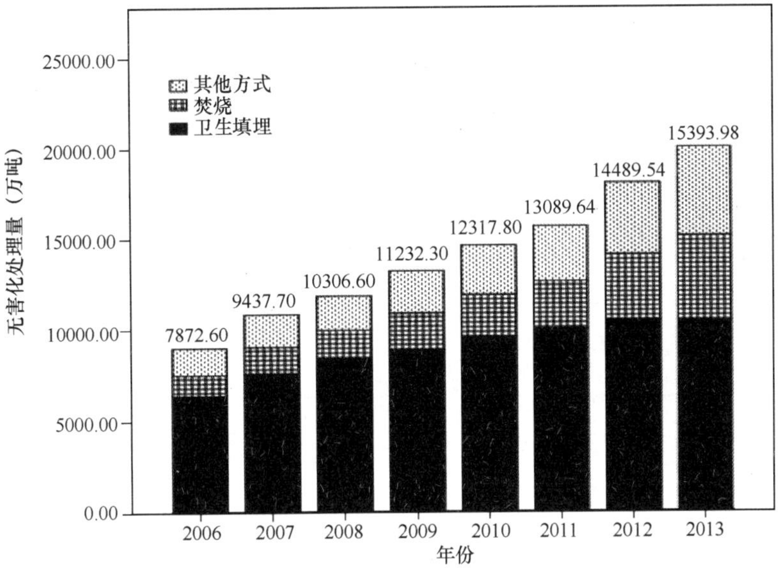

图 6-18 近十年城市生活垃圾无害化处理量

资料来源：国家统计局。

二、 垃圾填埋厂

（一）基本情况

垃圾填埋厂由于其作业难度低、投资运行费用低、管理简单等特点，目前及以后数年均将是无害化处理设施的主流。截止 2013 年底，我国共有 580 座卫生填埋场，处理能力为 32.28 万吨/天，占无害化处理能力的 65.57%。

2013 年至 2014 年各省份在建填埋厂情况如表 6-3 所示，从各省市生活垃圾新增填埋场的分布情况看，目前在建卫生填埋场主要集中在中西部地区，并以中小规模的为主，主要适应中西部中小城市的发展需求，特别是以县城为服务中心的生活垃圾填埋场数量有明显增加。而东部发达地区由于土地稀缺与人口密集的特点，已建成运行的填埋场以大型为主，在国家政策规划层面上在建生活垃圾处理设施则主要以焚烧为主。

2013年～2014年各省份在建填埋厂汇总表 **表6-3**

省份	卫生填埋（座）	简单填埋（座）	填埋为主综合处置（座）	停滞（座）	在建总数（座）	总投资（万元）	总规模（吨/日）
全国①	431	13	60	56	560	2094921	84114
河北	18	—	—	3	21	61723.29	3190
山西	22	2	4	—	28	109583.2	4138
内蒙古	37	2	11	—	50	181709.3	8043
辽宁	31	—	—	—	31	180962.8	9361
吉林	17	—	5	—	22	134076.1	5360
黑龙江	6	—	1	6	13	38477.11	2154
江苏	15	—	1	—	16	98197.49	4751
浙江	9	—	—	—	9	53506.17	2037
安徽	9	1	—	—	10	93469.11	4709
福建	3	—	2	—	5	26711.52	620
江西	26	—	7	—	33	132149.4	4118
山东	8	—	—	—	8	101008	3241
湖北	19	—	2	—	21	111455.7	4384
湖南	11	—	3	—	14	105905	4240
广东	4	1	1	—	6	38073	2326
广西	6	—	—	—	6	32211.13	825
海南	3	—	—	—	3	8316	267
四川	12	—	—	16	28	46283.45	1490
贵州	50	—	3	1	54	170826.1	4237
云南	46	—	11	1	58	169216.8	4207
西藏	—	—	—	15	15	0	0
陕西	5	—	—	—	5	29234.95	1019
甘肃	36	1	2	1	40	52039.47	3618
青海	2	—	2	11	15	6676	709
宁夏	—	2	—	2	4	370	18
新疆	36	4	5	—	45	112740.4	5052

① 统计数据不包括台湾省数据。

资料来源：中国城市环境卫生协会. 2013年中国城市环境卫生行业发展报告. 2014，5.

为进一步加强全省城市生活垃圾无害化处理场的建设和运营管理，提高生活垃圾无害化处理能力和水平。2012 年住房城乡建设部委托相关机构和专家进行了第三次城市垃圾处理设施无害化等级评定，各省份无害化Ⅰ级和Ⅱ级填埋场数量统计如表 6-4 所示。

城市垃圾处理设施无害化等级评定结果 表 6-4

省份	Ⅰ级数量	Ⅱ级数量	省份	Ⅰ级数量	Ⅱ级数量
安徽	5	0	辽宁	3	2
福建	2	0	内蒙古	1	1
甘肃	3	6	山东	9	3
广东	5	4	山西	6	2
广西	2	3	陕西	2	3
贵州	1	1	上海	1	0
海南	2	3	西川	1	10
河北	9	9	天津	1	0
河南	4	6	浙江	2	2
湖北	3	12	重庆	0	5
湖南	5	2	宁夏	0	2
吉林	1	1	新疆	0	10
江苏	10	1	云南	0	7

资料来源：中环协网站。

此外，填埋气体收集利用或火炬燃烧处理项目继续平稳发展。目前，中国填埋气体利用方式仍然是直接燃烧发电。2013 年，南宁、鹤壁、郑州、鄂州等垃圾填埋场均有新的填埋气体发电机组投入使用，截至 2013 年底，我国建成并投入使用的填埋气体发电厂约 50 座，发电装机容量约 130MW。

（二）投资与建设中问题

1. 垃圾渗滤液没有得到有效的处理

城市生活垃圾填埋场中最可能造成环境污染的成分是垃圾渗滤液，鉴于它的成分较为复杂并且污染物的含量很高，导致填埋场将渗滤液进行无害化处理时需要较复杂的工艺和较高的成本①。根据中国目前现行的垃圾处理技术标准，垃圾填埋场的渗滤液处理技术水平需要达到《生活垃圾填埋污染控制标准》（GB16889—1997）中 2 级以上的标准，为此填埋场就需要运用膜处理技术，使填埋场实现较为严格的雨污分流，这就导致垃圾填埋场的垃圾处理成本显著提

① 杜艳丽. 中国城市生活垃圾处理市场化改革研究［硕士学位论文］. 华北电力大学（北京），2010.

升。成本因素容易诱使市场化运作的垃圾填埋场在垃圾处理时“偷工减料”，直接或间接地将没有得到有效处理的垃圾渗滤液排向河流，造成二次污染。这种情况一方面会降低社会资本对垃圾处理行业的投资热情，另一方面会使社会公众对垃圾处理行业产生偏见，使得垃圾处理行业的市场化进程进入恶性循环。

2. 垃圾填埋气体未得到有效的利用

生活垃圾是在垃圾场被填埋，其中的有机成分会被细菌厌氧分解，在这个分解过程会产生大量气体，被称为垃圾填埋气体，其中二氧化碳、氧气、氮气和甲烷是主要成分，同时还包括其他微量气体。有趣的是，一方面甲烷在空气中的浓度为5%～15%时，极易发生爆炸，危害我们的生命财产安全；另一方面，甲烷产生的温室效应是二氧化碳的21倍，并且不能被植物有效利用，若不加以控制将严重威胁我们的生活。然而，甲烷也是天然气的主要成分，如果能够完全燃烧不仅能转化为无危害的水和无危险性的二氧化碳，还可以提供890.31kJ/mol的热量，因此完全可以将垃圾填埋气体中的主要危害气体甲烷变废为宝①。但是就目前而言，中国填埋气体的利用比率整体上进展缓慢，存在诸多问题，不能降废弃物有效循环利用导致垃圾处理行业盈利低，使社会资本不愿进入该行业。

三、 垃圾焚烧厂

（一）基本情况

根据Ecoprog公司的市场报告，全球大约有2200座垃圾焚烧电厂，年处理能力为2.55亿吨垃圾，到2017年将新增180座垃圾焚烧电厂，新增年处理能力约0.52亿吨垃圾②。中国方面，据国家统计局数据，截至2013年底，中国城乡共建成生活垃圾焚烧设施196座，总处理能力16.94万吨/天，其中已投入运行的生活垃圾焚烧发电厂有168座，总处理能力为15.5万吨/日，总装机容量约为3200MW。其中，2013年新投入运行的生活垃圾焚烧厂有26座（含扩建项目），总规模约2.8万吨/日，比2012年有明显增加。

建成的生活垃圾焚烧设施中设市城市焚烧设施165座，处理能力15.49万吨/天，占城市总无害化处理能力的31.46%：县城焚烧设施31座，处理能力

① 马朋佳. 清洁发展机制（CDM）在中国的应用——沈阳垃圾填埋沼气发电厂案例研究［D］. 大连：大连理工大学，2007.

② Mark Doing，Jana Stienen，Gedion Hart-Mann，et al. Waste to Energy 2013 /2014-The World Market for Waste Incineration Plants[EB/OL].（2013-07）[2013-10-06]. http：//www. reportlinker. com / p01028882 / Waste-to-Energy-Analyst-version-The-World-Market-for-Waste-Incineration-Plants-. html.

15.16吨/天，占县城总无害化处理能力的7.16%。已经投入运营的垃圾焚烧电厂中采用炉排炉的焚烧发电厂有100座，合计处理能力达到9.7万吨/日，装机容量达到1730MW；采用流化床的焚烧发电厂有64座，合计处理能力为5.6万吨/日，装机容量达到1420MW；其余少部分为热解炉和回转窑炉（见表6-5）。2013年新投入运行的26座生活垃圾焚烧发电厂中炉排炉占22座，流化床焚烧炉有4座。

投入运行的生活垃圾焚烧发电厂（截至2013年底）　　表6-5

技术类型	数量（座）	设计处理规模（万吨/日）	总装机容量（MW）
炉排炉	100	9.7	1728
流化床	64	5.6	1418
其他	4	0.2	35
合计	168	15.5	3181

资料来源：中国环境保护产业协会城市生活垃圾处理专业委员会．中国城市生活垃圾处理行业2013年发展综述．中国环保产业．2014，12。

焚烧处理设施的地域分布如表6-6所示，已建成的生活垃圾焚烧设施主要集中在中国东部地区，浙江、江苏、广东、福建、山东占据了市场化垃圾焚烧发电项目数量的前五位，这五省城市和县城焚烧设施建设项目总数为117个，占统计项目总数的59.7%，焚烧处理能力达103210吨/天，占总焚烧处理能力的60.94%。此外，中西部地区如湖北、湖南、重庆、云南等地的焚烧处理设施建设速度加快，垃圾焚烧在县城生活垃圾处理中的应用逐渐得到扩大。

焚烧设施和处理能力的地域分布情况　　表6-6

省份	设市城市		县城		村镇
	焚烧厂数量（座）	处理能力（吨/日）	焚烧厂数量（座）	处理能力（吨/日）	生活垃圾中转站（座）
浙江	30	26803	9	4492	3
江苏	22	23470	2	1500	39
广东	21	21345	—	—	10
福建	13	11200	4	2000	6
山东	13	11800	3	600	3
湖北	10	10000	—	—	90
云南	6	5400	3	—	2
山西	5	3280	1	200	—
重庆	2	3600	—	—	—

续表

省份	设市城市		县城		村镇
	焚烧厂数量（座）	处理能力（吨/日）	焚烧厂数量（座）	处理能力（吨/日）	生活垃圾中转站（座）
天津	4	4300	—	—	—
河南	4	3950	—	—	2
河北	3	2600	1	800	23
吉林	3	2840	—	—	—
北京	4	5800	—	—	—
安徽	4	3950	1	138	3
上海	4	6300	—	—	8
海南	3	1650	1	185	58
辽宁	2	1780	—	—	8
四川	6	5220	3	321	—
湖南	1	600	—	—	7
广西	2	600	3	360	35
黑龙江	2	500	—	—	339
贵州	—	—	—	—	—
内蒙古	1	1500	—	—	1
江西	—	—	—	—	65
西藏	—	—	—	267	—
陕西	—	—	—	—	—
甘肃	—	—	—	—	—
青海	—	—	—	—	—
宁夏	—	—	—	—	13
新疆	—	—	—	—	27

资料来源：作者整理。

目前，国内规模最大、余热利用效率最高的生活垃圾焚烧发电厂为深圳市宝安区老虎坑垃圾焚烧发电厂。该垃圾焚烧发电厂一期、二期的总处理规模为4200吨/日（其中一期工程3×400吨/日，二期工程4×750吨/日）。该项目由深圳市能源环保有限公司采用BOT方式进行建设运行，2013年二期3000吨/日焚烧发电厂投入运行以来，每吨垃圾焚烧发电量超过400度，焚烧余热利用效率创国内最高水平。

（二）投资与建设中问题

1. 城市生活垃圾焚烧厂畸形发展

目前，中国垃圾焚烧厂的数目在稳步上升，但从相关统计数据可以看出，垃圾发电与垃圾热值存在不相匹配的现象。这就说明有很多的垃圾焚烧发电厂在垃圾处理的过程中是靠烧煤来实现发电功能的，即它们大多是国家明令禁止的“小火电”发电厂①。这种把“燃烧垃圾的时候加点煤”变成“燃烧煤的时候加点垃圾”的垃圾焚烧厂对整个社会的危害是非常巨大的：首先，它严重扰乱了市场秩序，阻碍了垃圾焚烧厂的市场化进程；其次，垃圾焚烧厂在发电过程中产生了严重的二次污染，导致环保行为变成了污染行为；再则，垃圾焚烧厂通过各种理由骗取国家各级政府的财政补贴，给国家利益造成了巨大损害；最后，这些小火电都是采用非常落后的焚烧发电技术，非常不利于中国城市生活垃圾处理技术的发展与创新，更会增加社会民众对垃圾焚烧厂的反感，直接阻碍了垃圾处理行业的市场化进程。

此外，2014 年 4 月 9 日由环保部部长周生贤主持召开的环境保护部常务会议上，审议并原则上通过了修订后的《生活垃圾焚烧污染控制标准》。该标准涵盖了生活污水处理设施产生的污泥控制标准和一般工业固体废物的专用焚烧炉的污染控制标准，此外还增加了生活垃圾焚烧炉启动、停炉、故障或事故排放的控制要求②，并将生活垃圾焚烧厂颗粒物、二氧化硫、氮氧化物、氯化氢、重金属及其化合物、二噁英类等污染物排放标准提高到一个新的层次（见表 6-7）。因此，原有落后的垃圾焚烧厂更加难以达到上述标准，需要尽快将它们强制离场。

《生活垃圾焚烧污染控制标准》修订前后主要内容对比　　表 6-7

类别	现行标准	修订标准
入炉废物要求	危险废物不得进入生活垃圾焚烧厂处理	生活污水处理厂污泥以及一般工业固体废物参照本标准执行，禁止将电子废物集气处理处置残余物、危险废物在生活垃圾焚烧厂中处置
技术要求	一氧化碳作为污染物指标	一氧化碳作为焚烧炉工况正常运行的监控指标，并需要连续监测
运行要求	未对启动、关闭和事故阶段进行规定	一氧化碳作为焚烧炉工况 E 常运行的监控指标，并需要连续监测

① 杜艳丽. 中国城市生活垃圾处理市场化改革研究［D］. 北京：华北电力大学（北京），2010.

② 马剑. 烟气净化技术的适用性分析［J］. 环境卫生工程，2014（2）.

续表

类别	现行标准	修订标准
排放控制要求	NCx 为 400mg/Nm³	变更为 300mg/Nm³（小时均值），日均值 250mg/Nm³
	颗粒物为 80mg/Nm³	变更为 30mg/Nm³（小时均值），日均值 20mg/Nm³
	二噁英为 1.0ngTEQ/Nm³	变更为 0.1ngTEQ/Nm³，由于二噁英监测费用很高，很难开展连续监测，可以通过颗粒物间接控制
监测要求	NCx、HCl、颗粒物、SO_2 等未要求 连续监测：对监测频次没有要求	其他大气污染物包括重金属类项目每季度监测一次，二噁英每年监测一次

资料来源：中国城市环境卫生协会. 2013 年中国城市环境卫生行业发展报告［M］. 2014，8.

2. 社会阻力较大

目前，生活垃圾焚烧厂在中国的选址、建设和运营均会受到较大的社会阻力，邻避效应导致的北京六里屯、苏州平望、广州番禺等地民众反对，如表 6-8 所示，以致城市生活垃圾焚烧厂的数目增长缓慢。反对意见主要涵盖两个方面：第一个是环保方面，垃圾焚烧只是把垃圾填埋的污染转变成另一种气体形式的污染（1 吨垃圾焚烧之后能生成 4000～7000m^3 的废气），并且垃圾燃烧的过程中会产生二噁英等对人体健康有巨大危害的污染物，而燃烧后的原物体积 50%左右的灰渣也是危险废物；第二个是经济方面，垃圾焚烧对企业的技术要求和管理要求都更高，运营成本也更高，不是一个经济的选择。

近年垃圾焚烧厂的民众抗议事件　　表 6-8

时间	项目名称	基本情况
2007.6	北京六里屯垃圾焚烧电厂	万人抗议，获批项目叫停
2007.9	南京天井洼垃圾焚烧电厂	数千人投诉，环保总局最终未批准该项目
2009.8	北京阿苏卫垃圾焚烧电厂	周围居民反对选址建设

续表

时间	项目名称	基本情况
2009.11	广州番禺垃圾焚烧电厂	数百人上访广州市政府，至今未建
2009.12	深圳白鸽湖垃圾焚烧项目	数千人抗议，最终停建
2011.5	秦皇岛西部垃圾焚烧电厂	周围村民强烈抵制，环评造假被迫停工
2012.6	花都垃圾焚烧厂	清远居民万人签名反对垃圾焚烧厂建在清远边界，村民多次上访广州城管委表达改址诉求，选址重新论证，目前尚未确定
2013.7	第五资源热力电厂	花都区狮岭镇13个经济联社数千人上街“散步”，抗议政府在垃圾焚烧项目上与村民“零沟通”，目前选址尚在论证中
2014.5	杭州九峰垃圾焚烧发电工程	5000余人上路联合抵制，选址规划面积减少近20%

资料来源：中国固废网（http：//www.solidwaste.com.cn/）

此外，主流媒体对垃圾焚烧方式的误解也是导致社会阻力骤增的原因之一。2013年7月26日至29日，CCTV某节目连续报道垃圾分类处理。对于焚烧、填埋的垃圾处理方式，节目中不经意给出的评论是：业内存在很大争议。言外之意是还有垃圾资源化的新路可走。实际上，业内人士对垃圾焚烧处理技术基本没有争议，肯定它的环保性。垃圾处理方式的争议主要来自业外，来自形形色色的资源化路线，或称作“五花八门的技术”①。如该频道在一个关于垃圾分类的节目中，竟然出现了某非法机构负责人介绍所谓垃圾处理新技术的内容。此外，该频道还通过其他有关的采访报道，暗示生活垃圾焚烧发电厂存在潜在的污染源，可能造成空气污染，并与癌症存在紧密的联系，并暗示生活垃圾焚烧发电厂即使达到欧盟标准，也不能保证安全等等。受主流媒体的负面宣传影响，广东、浙江、山东等地出现了民众反对建设生活垃圾焚烧发电厂的情况，甚至发生村民游行、学生罢课等事件，影响了社会安定，亦削弱了社会资本进入垃圾焚烧处理行业的信心，阻碍了垃圾处理行业市场的健康发展。

① 中国环境保护产业协会城市生活垃圾处理专业委员会．中国城市生活垃圾处理行业2013年发展综述［J］．中国环保产业，2014，12.

第三节　垃圾的产生与处理情况

一、工业垃圾

2013 年，全国一般工业固体废物产生量达 32.8 亿吨，比上一年度减少了 0.41%；对工业垃圾的综合利用量为 20.6 亿吨，比上一年度增加了 1.71%，综合利用率为 62.2%；贮存量仅为 4.3 亿吨，比上一年度减少 28.7%；对工业垃圾的处置量为 8.3 亿吨，比上年增加 17.3%；工业垃圾的倾倒丢弃量下降为 129.3 万吨，比上年减少了 10.3%。详情如图 6-19 所示。

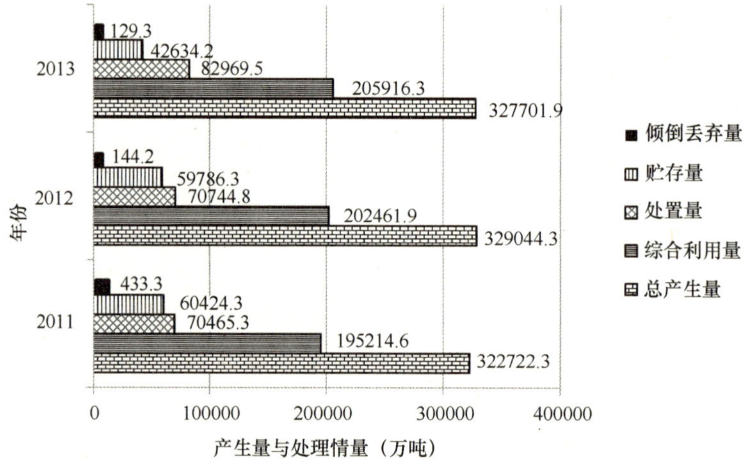

图 6-19　全国一般工业固体废物的产生量与处理情况

资料来源：中华人民共和国环境保护部．2013 年环境统计年报．2014，11（http：//zls. mep. gov. cn/hjtj/nb/）

其中，主要 261 个大、中城市（包括环境保护重点城市 60 个，环境保护模范城市 47 个，自愿发布信息城市 154 个）一般工业固体废物产生量达 238306.23 万吨。其中，上述城市 2013 年度的综合利用量为 146535.66 万吨，处置量达到 70815.70 万吨，贮存量是 19744.98 万吨，倾倒丢弃量是 57.85 万吨。如图 6-20 所示。目前，我国对工业垃圾的综合利用仍然是处理一般工业固体废物的主要途径，占到利用处置总量的 61.79%。此外，还有部分城市对历史堆存的固体废物进行了有效的利用和处置①。

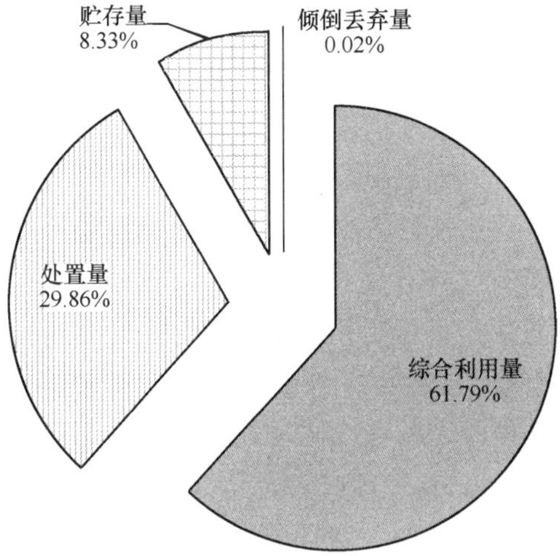

图 6-20 主要大、中城市一般工业固体废物去向分布

资料来源：中华人民共和国环境保护部. 2014 年全国大、中城市固体废物污染环境防治年报. 2015，12.

2013 年，全国工业垃圾清运量排名前五的省份依次为河北省、山西省、辽宁省、内蒙古省和山东省，它们的清运量分别为 4.3 亿吨、3.1 亿吨、2.7 亿吨、2.0 亿吨和 1.8 亿吨，具体处理情况如图 6-21 所示。

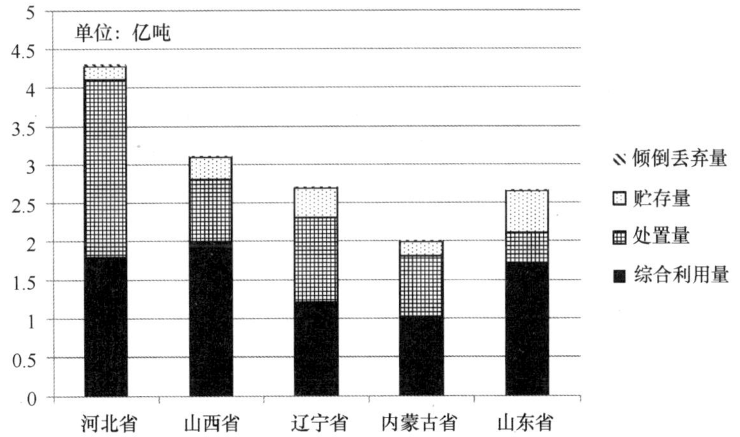

图 6-21 主要省份的一般工业固体废物处理情况

资料来源：中华人民共和国环境保护部. 2013 年环境统计年报. 2014，11. http://zls.mep.gov.cn/hjtj/nb/。

① 中华人民共和国环境保护部. 2014 年全国大、中城市固体废物污染环境防治年报 [J]. 中国环保产业，2015，1.

2013年度一般工业固体废物综合利用量在1亿吨以上的省份总共有7个，合计占全国综合利用总量的48.8%。综合利用量最大的省份是山西省，达到2.0亿吨，其主要利用成分是煤矸石，占到全省一般工业固体废物综合利用量的44.7%；河北省一般工业固体废物综合利用量是1.8亿吨，其主要利用成分为冶炼废渣，占到全省一般工业固体废物综合利用量的40.1%；山东省一般工业固体废物综合利用量是1.7亿吨，其主要利用成分是粉煤灰、冶炼废渣和尾矿，占到全省一般工业固体废物综合利用量的55.5%；辽宁省一般工业固体废物综合利用量是1.2亿吨，其主要利用成分是尾矿、冶炼废渣和粉煤灰，占到全省一般工业固体废物综合利用量的53.2%；河南省一般工业固体废物综合利用量是1.2亿吨，其主要利用成分是粉煤灰和煤矸石，占到全省一般工业固体废物综合利用量的51.1%；江苏省一般工业固体废物综合利用量是1.1亿吨，其主要利用成分是冶炼废渣、粉煤灰和炉渣，占到全省一般工业固体废物综合利用量的75.7%；安徽省一般工业固体废物综合利用量是1.0亿吨，其主要利用成分是煤矸石、粉煤灰和尾矿，占到全省一般工业固体废物综合利用量的61.8%；详见图6-22。此外，一般工业固体废物综合利用率较大的省份/直辖市为天津市、上海市、江苏省、浙江省和山东省，均在90%以上。

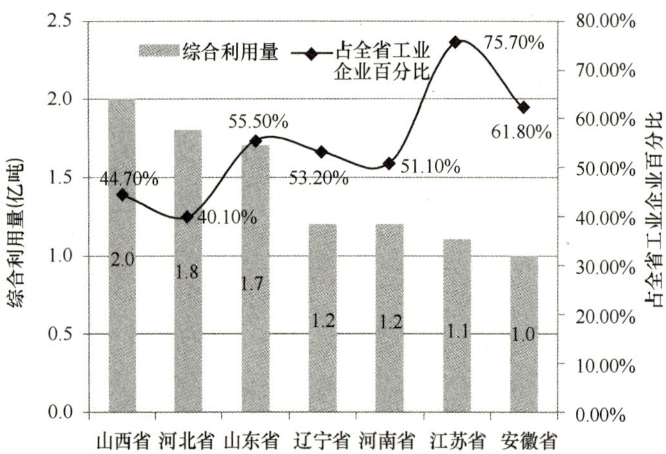

图6-22　一般工业固体废物综合利用量较大的省份概况

资料来源：中华人民共和国环境保护部．2013年环境统计年报．2014，11．http：//zls.mep.gov.cn/hjtj/nb/。

如图6-23所示，2013年度一般工业固体废物处置量在0.5亿吨以上的有5个省份，合计占全国处置总量的68.1%。其中，处置量最大的省份是河北省，达到2.3亿吨，其主要处置的是尾矿，占全省工业垃圾处置量的89.8%；辽宁省一般工业固体废物处置量为1.1亿吨，其主要处置的是尾矿，占全省工业垃圾处置量的 45.4%；内蒙古一般工业固体废物处置量为 0.8 亿吨，其主要处置的是尾矿和煤矸石，占全省工业垃圾处置量的 82.5%；山西省一般工业固体废物处置量为 0.8 亿吨，其主要处置的是煤矸石，占全省工业垃圾处置量的 53.7%；四川省一般工业固体废物处置量为 0.5 亿吨，其主要处置的是尾矿，占全省工业垃圾处置量的 87.6%。

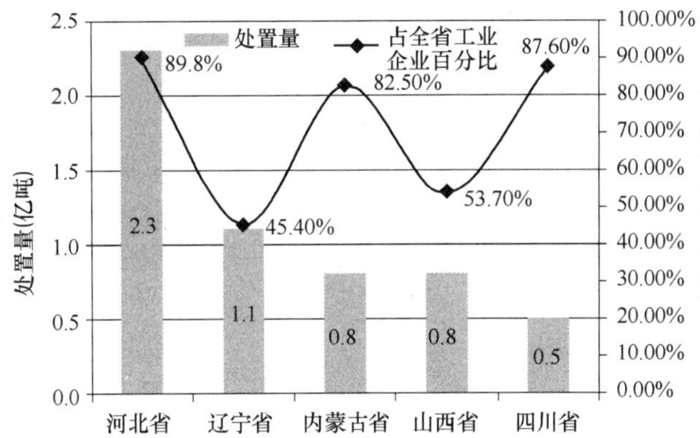

图 6-23　一般工业固体废物处置量较大的省份

资料来源：中华人民共和国环境保护部. 2013 年环境统计年报. 2014，11. http：//zls.mep.gov.cn/hjtj/nb/.

如图 6-24 所示，2013 年度一般工业固体废物贮存量在 0.3 亿吨以上的有 5 个省份，占全国贮存总量的 49.0%。贮存量较大的省份为青海省，达到 0.6 亿吨，主要贮存的是尾矿和其他废物，占全省工业垃圾贮存量的 98.0%；江西省

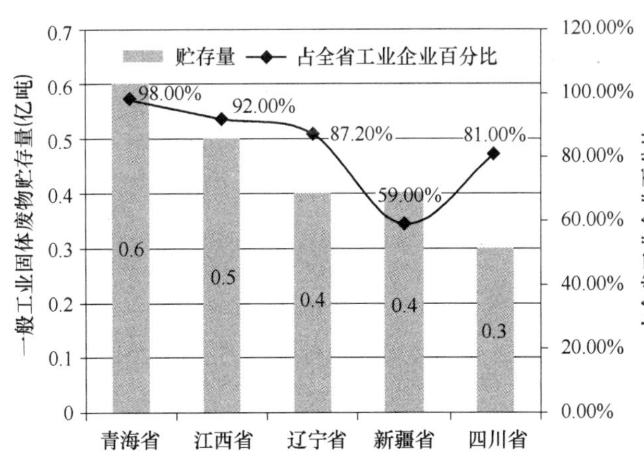

图 6-24　一般工业固体废物贮存量量较大的省份

资料来源：中华人民共和国环境保护部. 2013 年环境统计年报. 2014，11. http：//zls.mep.gov.cn/hjtj/nb/。

一般工业固体废物贮存量是 0.5 亿吨，主要贮存的是尾矿，占全省工业垃圾贮存量的 92.0%；辽宁省一般工业固体废物贮存量是 0.4 亿吨，主要贮存的是尾矿，占全省工业垃圾贮存量的 87.2%；新疆维吾尔自治区一般工业固体废物贮存量是 0.4 亿吨，主要贮存的是尾矿，占全省工业垃圾贮存量的 59.0%；四川省一般工业固体废物贮存量是 0.3 亿吨，主要贮存的是尾矿，占全省工业垃圾贮存量的 81.0%。

如图 6-25 所示，2013 年度一般工业固体废物倾倒丢弃量较大的省份有 5 个，其中最大的为云南省，达到 48.9 万吨，其主要倾倒丢弃的是尾矿，占全省一般工业固体废物倾倒丢弃量的 66.2%。其次是新疆省，达到 26.5 万吨，主要倾倒丢弃的是也是尾矿，占全省一般工业固体废物倾倒丢弃量的 78.2%；贵州省倾倒丢弃量是 19.2 万吨，主要倾倒丢弃的是其他废物，占全省一般工业固体废物倾倒丢弃量的 61.8%；重庆市倾倒丢弃量是 11.5 万吨，主要倾倒丢弃的是煤矸石，占全省一般工业固体废物倾倒丢弃量的 77.0%；辽宁省倾倒丢弃量是 9.1 万吨，主要倾倒丢弃的是其他废物，占全省一般工业固体废物倾倒丢弃量的 98.7%。这 5 个省份的工业固体废物倾倒丢弃量占全国工业企业的89.0%。

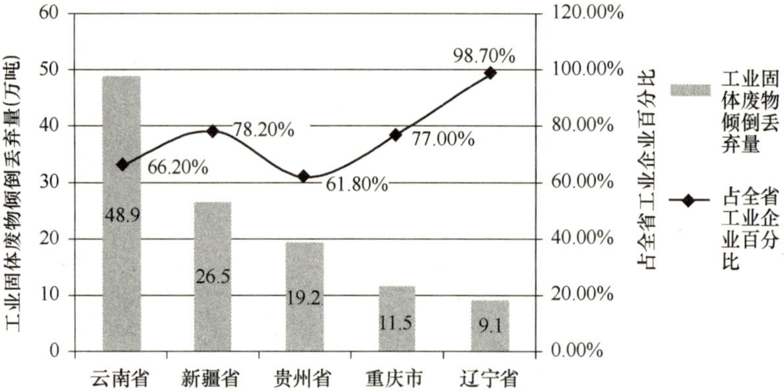

图 6-25　一般工业固体废物倾倒丢弃量较大的省份

资料来源：中华人民共和国环境保护部. 2013 年环境统计年报. 2014，11. http：//zls. mep. gov. cn/hjtj/nb/。

全国工业垃圾清运量居前 10 位的城市分别是承德市、唐山市、攀枝花市、鄂尔多斯市、忻州市、大同市、朔州市、邯郸市、朝阳市和昆明市，如图 6-26 所示。

根据《2013 年环境统计年报》的数据显示，2013 年重点调查工业企业[①]的

① “2013 年重点调查工业企业”是指环保部在 2013 年重点调查的工业企业，下同。

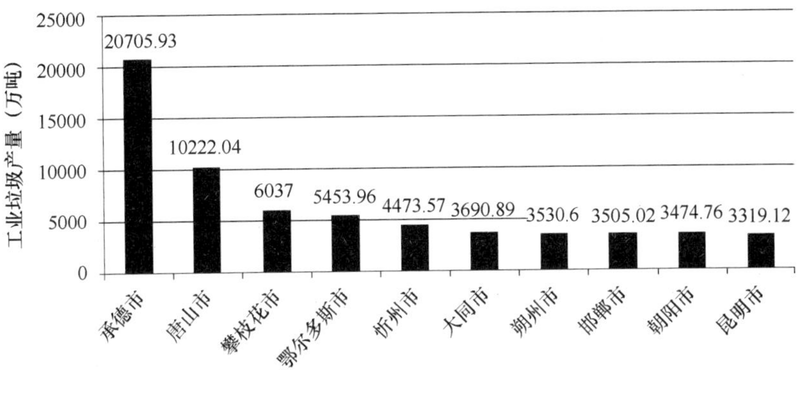

图 6-26　2013 年主要城市工业垃圾产生量

资料来源：中华人民共和国环境保护部．2014 年全国大、中城市固体废物污染环境防治年报．2015，12.

一般工业固体废物产量是 31.3 亿吨。一般工业固体废物产生量较大的行业有 6 个，它们分别是黑色金属矿采选业，电力、热力生产和供应业，黑色金属冶炼和压延加工业，有色金属矿采选业，煤炭开采和洗选业和煤炭开采和洗选业，这 6 个行业产生的一般工业固体废物占重点调查总量的 88.7％，如图 6-27 所示，黑色金属矿采选业的一般工业固体废物产量是 6.8 亿吨，占重点调查总量的 21.7％；电力、热力生产和供应业的一般工业固体废物产量是 6.1 亿吨，占重点调查总量的 19.4％；黑色金属冶炼和压延加工业的一般工业固体废物产量是 4.4 亿吨，占重点调查总量的 14.1％；有色金属矿采选业的一般工业固体废物产量是 3.9 亿吨，占重点调查总量的 12.5％；煤炭开采和洗选业的一般工业固体废

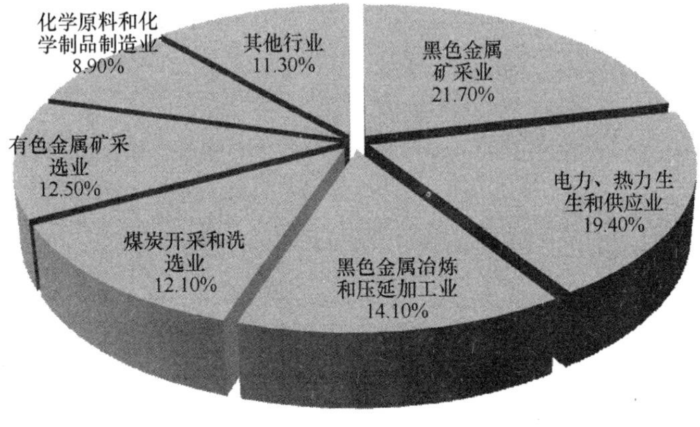

图 6-27　一般工业固体废物产生行业分布

资料来源：中华人民共和国环境保护部．2013 年环境统计年报．2014，11.
http：//zls. mep. gov. cn/hjtj/nb/。

物产量是 3.8 亿吨，占重点调查总量的 12.1%；化学原料和化学制品制造业的一般工业固体废物产量是 2.8 亿吨，占重点调查总量的 8.9%。

如图 6-28 所示，在上述一般工业固体废物中，主要分为 5 大类，分别是尾矿、粉煤灰、煤矸石、冶炼废渣和炉渣。其中尾矿的产生量最大，达到 10.6 亿吨，占垃圾总量的 34.0%，综合利用量是 3.3 亿吨，综合利用率是 30.7%；粉煤灰的产生量次之，共 4.6 亿吨，占垃圾总量的 14.8%，利用量是 4.0 亿吨，综合利用率是 86.2%；煤矸石产生量是 3.8 亿吨，占垃圾总量的 12.3%，综合利用量是 2.8 亿吨，综合利用率是 71.1%；冶炼废渣产生量是 3.7 亿吨，占垃圾总量的 11.8%，综合利用量是 3.4 亿吨，综合利用率高达 91.8%；炉渣产生量是 2.6 亿吨，占垃圾总量的 8.5%，综合利用量是 2.4 亿吨，综合利用率高达 89.9%。由此可以发现，中国粉煤灰、冶炼废渣和炉渣的综合利用情况比较良好，而尾矿和煤矸石的综合利用率较低。

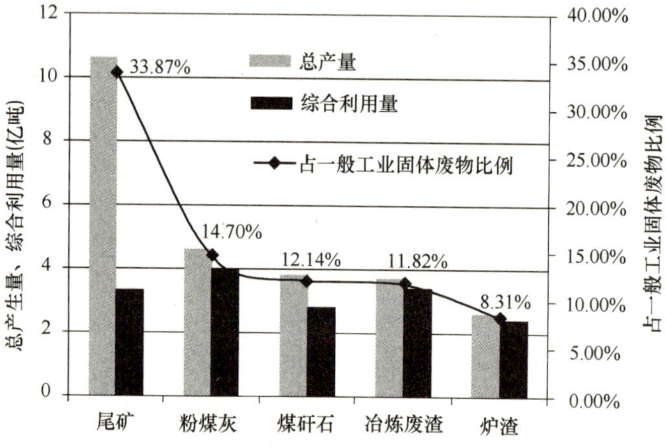

图 6-28 一般工业固体废物组成及综合利用量

资料来源：中华人民共和国环境保护部. 2013 年环境统计年报. 2014，11. http：//zls. mep. gov. cn/hjtj/nb/。

二、 危险品

（一）工业危险废物

如图 6-29 所示，2013 年，中国工业危险废物的产生量达到 3156.9 万吨，比上一年度下降了 8.9%；综合利用量是 1700.1 万吨，比上一年度下降 15.2%；处置量是 701.2 万吨，比上一年度上涨了 0.43%；贮存量是 810.8 万吨，比上一年度减少 4.3%；工业危险废物处置利用率是 74.8%，比上一年度下降 1.3%。

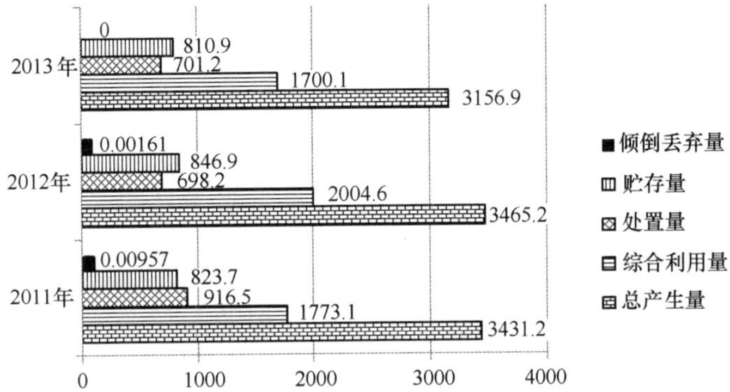

图 6-29 全国危险废物的产生量与处理情况

资料来源：中华人民共和国环境保护部. 2013 年环境统计年报. 2014，11，http：//zls. mep. gov. cn/hjtj/nb/。

其中，主要的 261 个大、中城市工业危险废物产生量是 2937.05 万吨，综合利用量是 1589.02 万吨，处置量是 1209.31 万吨，贮存量是 153.29 万吨，如图 6-30 所示。由此可见，有效地利用/处置垃圾是处理工业危险废物的主要途径。

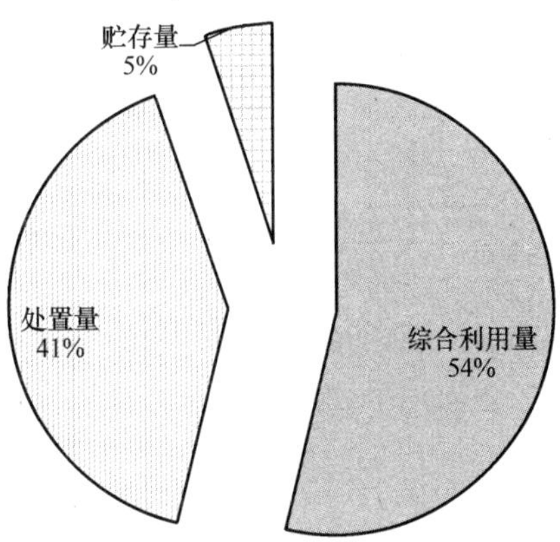

图 6-30 主要大、中城市工业危险废物处置量分布

资料来源：中华人民共和国环境保护部《2014 年全国大、中城市固体废物污染环境防治年报》，2015 年 12 月。

此外，如图 6-31 所示，2013 年产生量较大的工业危险废物种类为石棉废物、废酸、废碱、有色金属冶炼废物和无机氰化物废物。其中，石棉废物的产生量最大，达到 651.3 万吨，占重点调查总量的 20.64%，产生量较大的省份是青海省和新疆维吾尔自治区，分别是 382.2 万吨和 268.8 万吨，合计占石棉废物总产生量的 99.9%。废酸的产生量是 373.8 万吨，占重点调查总量的 11.82%，产生量较大的省份依次是江苏省、广西壮族自治区、山东省和安徽省，分别达到 59.2 万吨、52.6 万吨、46.8 万吨和 30.4 万吨，合计占废酸总产生量的 50.5%；废碱的产生量是 361.0 万吨，占重点调查总量的 11.42%，产生量较大的省份依次是山东省、湖南省和浙江省，分别达到 193.8 万吨、58.2 万吨和 25.0 万吨，合计占废碱总产生量的 76.9%；有色金属冶炼废物的产生量是 298.3 万吨，占重点调查总量的 9.42%，产生量较大的省份依次为云南省、内蒙古自治区和广西壮族自治区，分别达到 94.4 万吨、48.8 万吨和 36.9 万吨，合计占有色金属冶炼废物产生总量的 60.4%。无机氰化物废物的产生量是 211.8 万吨，占重点调查总量的 6.71%，山东省的产生量占无机氰化物废物的总产生量的 79.9%，达到 169.3 万吨。

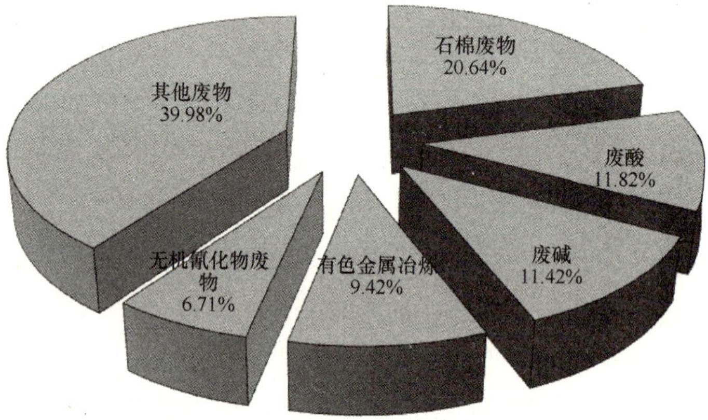

图 6-31　工业危险废物产生量构成

资料来源：中华人民共和国环境保护部. 2013 年环境统计年报. 2014，11. http：//zls. mep. gov. cn/hjtj/nb/。

2013 年，全国工业危险废物产生量较大的省份依次为山东省、青海省、新疆维吾尔自治区、湖南省和江苏省，分别为 509.1 万吨、399.9 万吨、302.7 万吨、284.3 万吨和 218.1 万吨，具体处理情况如图 6-32 所示。

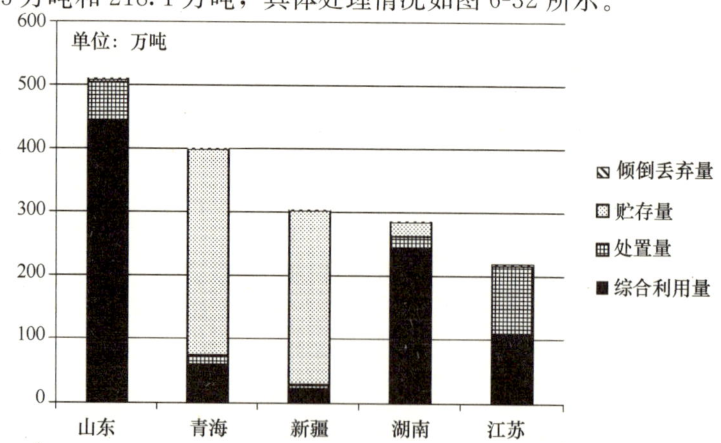

图 6-32　主要省份的工业危险废物处理情况

资料来源：中华人民共和国环境保护部. 2013 年环境统计年报. 2014，11. http：//zls. mep. gov. cn/hjtj/nb/。

如图 6-33 所示，2013 年全国工业危险废物综合利用量最大的省份为山东省，达到 442.4 万吨，占全国综合利用总量的 26.0%；湖南达到 242.8 万吨，占全国综合利用总量的 14.3%；江苏达到 107.3 万吨，占全国综合利用总量的 6.3%；云南达到 98.2 万吨，占全国综合利用总量的 5.8%；广西达到 79.7 万吨，占全国综合利用总量的 4.7%。此外，全国工业危险废物综合利用率是 53.1%，合计共有 14 个省份的工业危险废物综合利用率超过该数值，并且山东省、湖南省、江西省、安徽省和广西省的工业危险废物综合利用率均超过 80%。

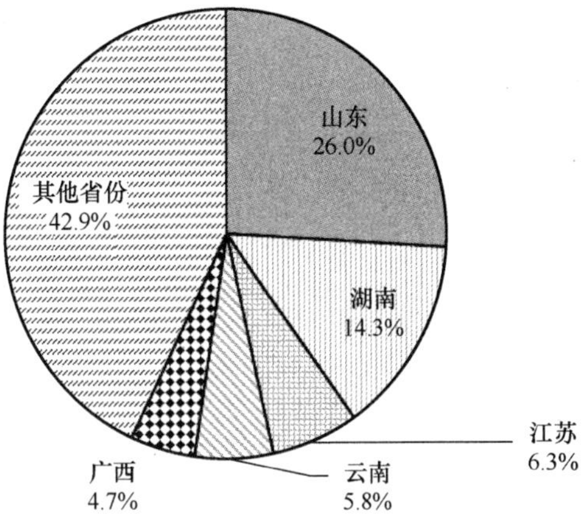

图 6-33　工业危险废物综合利用量的省份分布图

资料来源：中华人民共和国环境保护部. 2013 年环境统计年报. 2014，11. http：//zls.mep.gov.cn/hjtj/nb/。

2013 年工业危险废物处置量最大的前 5 个省份是江苏省、浙江省、山东省、广东省和辽宁省。江苏省的工业危险废物处置量达到 109.2 万吨，占全国工业危险废物处置总量的 15.6%；浙江省的工业危险废物处置量达到 71.0 万吨，占全国工业危险废物处置总量的 10.1%；山东省的工业危险废物处置量达到 61.8 万吨，占全国工业危险废物处置总量的 8.8%；广东省的工业危险废物处置量达到 58.6 万吨，占全国工业危险废物处置总量的 8.4%；辽宁省的工业危险废物处置量达到 39.8 万吨，占全国工业危险废物处置总量的 5.7%。具体如图 6-34 所示。

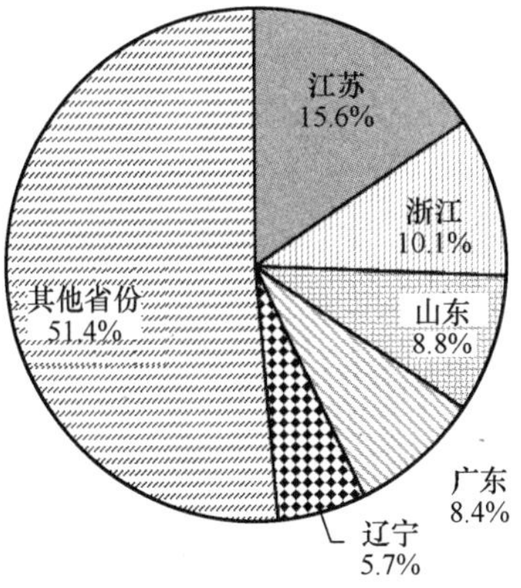

图 6-34　工业危险废物处置量的省份分布图

资料来源：中华人民共和国环境保护部. 2013 年环境统计年报. 2014，11. http：//zls.mep.gov.cn/hjtj/nb/。

2013 年工业危险废物贮存量主要集中在青海省和新疆维吾尔自治区，其中青海省的工业危险废物贮存量是 325.0 万吨，占全国工业危险废物贮存总量的 40.1%；新疆维吾尔自治区的工业危险废物贮存量是 273.2 万吨，占全国工业危险废物贮存总量的 33.7%；合计占全国工业危险废物贮存量的 73.8%，如图 6-35 所示。

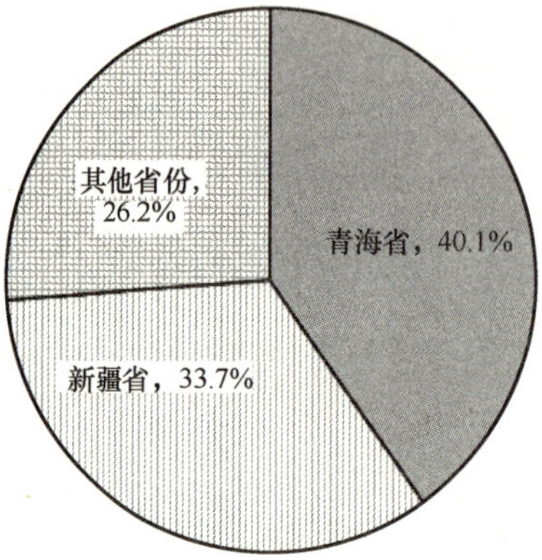

图 6-35 工业危险废物贮存量的省份分布图

资料来源：中华人民共和国环境保护部. 2013 年环境统计年报. 2014, 11. http://zls.mep.gov.cn/hjtj/nb/。

全国工业危险废物清运量居前 10 位的城市分别为济宁市、烟台市、聊城市、岳阳市、攀枝花市、鹤岗市、昆明市、济源市、衡阳市和苏州市，具体如图 6-36 所示。

根据《2013 年环境统计年报》的数据，工业危险废物产生量较大的行业分别为化学原料和化学制品制造业、非金属矿采选业、有色金属冶炼和压延加工业以及造纸和纸制品业，如图 6-37 所示，化学原料和化学制品制造业产生工业危险废物 681.4 万吨，占重点调查工业企业危险废物产生量的 21.6%；非金属矿采选业产生工业危险废物 652.3 万吨，占重点调查工业企业危险废物产生量的 20.7%；有色金属冶炼和压延加工业产生工业危险废物 564.4 万吨，重点调查工业企业危险废物产生量的 17.9%；造纸和纸制品业产生工业危险废物 308 万吨，重点调查工业企业危险废物产生量的 9.8%。

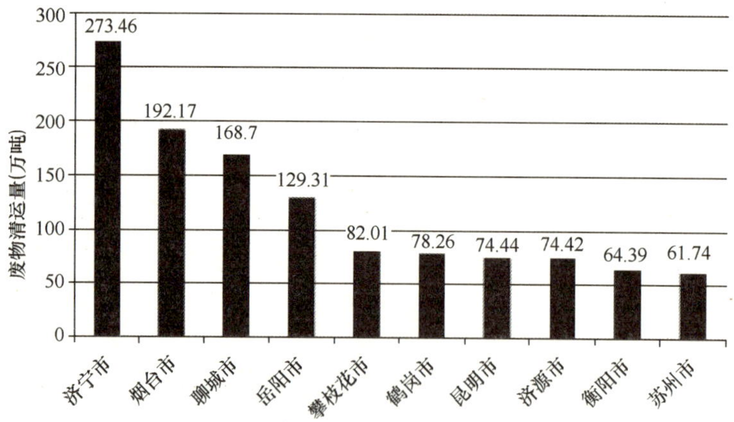

图 6-36 2013 年主要城市工业危险废物清运量

资料来源：中华人民共和国环境保护部. 2014 年全国大、中城市固体废物污染环境防治年报. 2015，12。

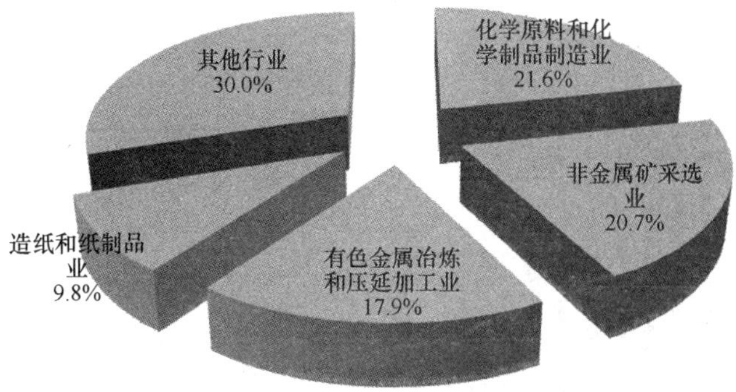

图 6-37　工业危险废物产生行业分布

资料来源：中华人民共和国环境保护部．2013 年环境统计年报．2014，11．http：//zls. mep. gov. cn/hjtj/nb/。

（二）医疗垃圾

医疗垃圾主要包括医院临床感染性废物，包括病人手术或尸解后的废物，被血液或人体体液污染的废医疗材料，医院血透析产生的废物，废医疗仪器以及其他废物，临床、教学、实验、研究等医学活动中产生的含有菌落及病原体培养液和保菌液的废弃物以及感染的动物尸体、传染病房产生的所有废物、医院产生的废弃锋利物、医院废水处理产生的污泥、过期的药物性和化学性废物等。历年主要大、中城市医疗废物清运量与处置量如图 6-38 所示。其中 2013 年的医疗废物清运量达到 54.75 万吨，处置量为 54.21 万吨，大部分城市的医疗废物处置率都达到了 100%。

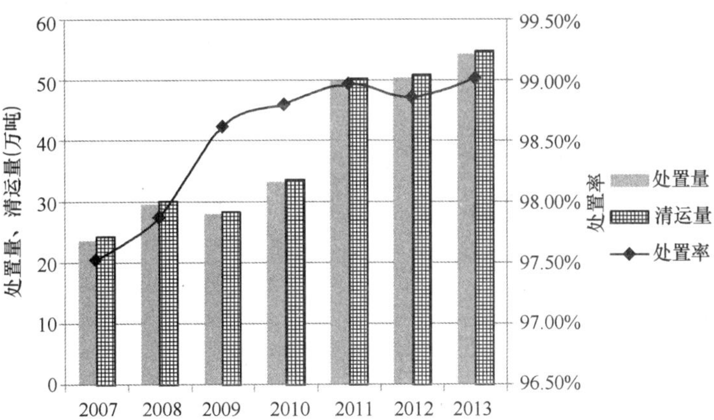

图 6-38　历年医疗垃圾清运与处置情况

资料来源：国家统计局，环境保护部．中国环境统计年鉴．中国统计出版社，2014.

如图 6-39 所示，全国医疗废物清运量排名前五的省份依次为浙江省、广东省、山东省、江苏省和河南省，这些省份主要集中在中国东部地区。

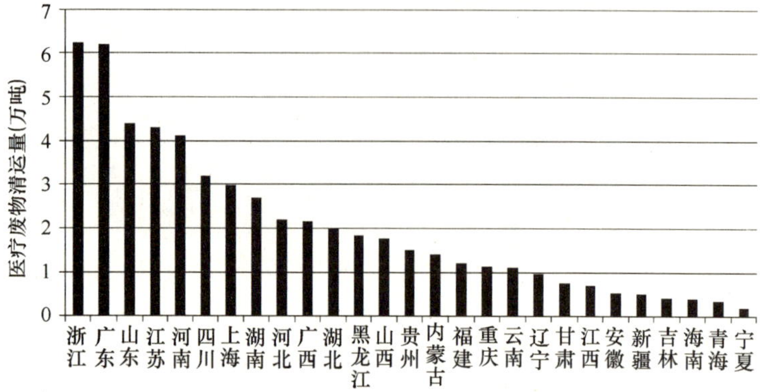

图 6-39　2013 年医疗废物主要产生省份

资料来源：中华人民共和国环境保护部. 2014 年全国大、中城市固体废物污染环境防治年报. 2015，12.

全国工业危险废物清运量居前 10 位的城市为上海市、广州市、成都市、杭州市、武汉市、重庆市、郑州市、昆明市、深圳市和宁波市，如图 6-40 所示。

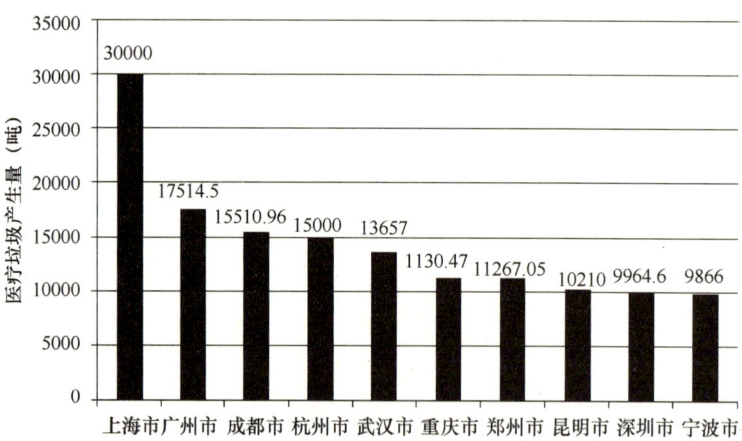

图 6-40　2013 年主要城市医疗垃圾产生量

资料来源：中华人民共和国环境保护部. 2014 年全国大、中城市固体废物污染环境防治年报. 2015，12.

三、 城市生活垃圾

（一）基本情况

根据全国“十二五”规划内容及目前发展状况，城镇面积也在不断扩张，道路清扫保洁面积也在波动中一并增长。如图 6-41 所示，中国机械化道路清扫保洁面积逐年上升，从大趋势上看，占道路清扫保洁总面积的比例越来越高。

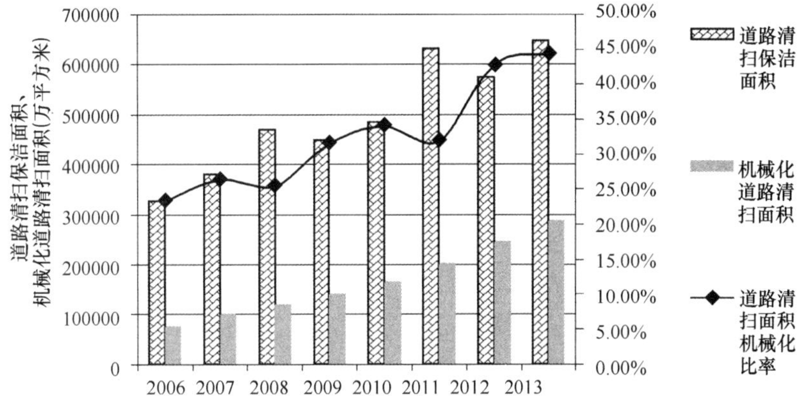

图 6-41　中国道路清扫保洁总面积和机械化道路清扫面积

资料来源：国家统计局。

从 2013 年的统计数据来看（见图 6-42），由于东部地区经济最为发达、城镇化率最高，所以我国城市道路清扫保洁面积、机械化道路清扫保洁主要集中在东

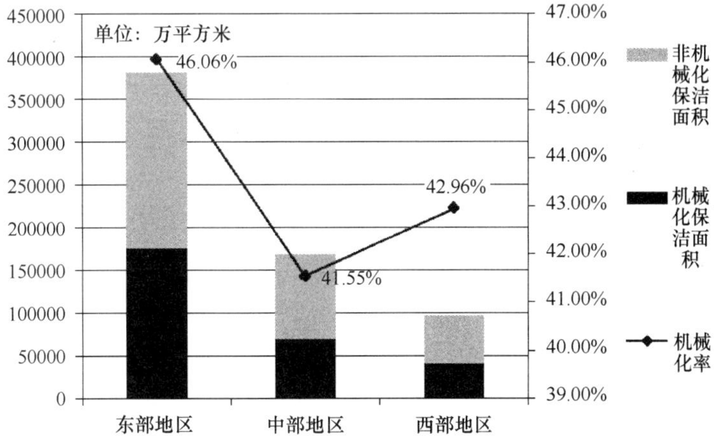

图 6-42　2013 年东部、中部、西部地区道路保洁情况

资料来源：国家统计局。

部地区，总体保洁面积为381941万平方米，占全国保洁面积的59.12%；机械化道路清扫面积达到175939万平方米，占全国道路清扫保洁面积的61.3%，比中西部的机械道路清扫保洁面积之总和还高出58.4%。但东部的道路机械化清扫率比中西部仅高了3～4个百分点，差异并不显著。

目前，我国城镇人均生活垃圾产生量约1千克/日，且以每年8%～10%的速度逐年快速增加，城市生活垃圾清运量与处理量亦随之不断增长并且二者的差距在逐年缩小，如图6-43所示。

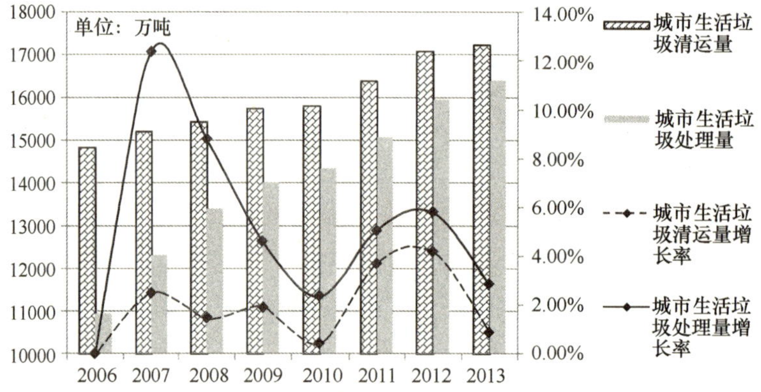

图6-43　中国城市生活垃圾量

资料来源：国家统计局。

我国从2006年至2013年，城市生活垃圾无害化处理率(=无害化垃圾处理量/垃圾清运量）以平均每年7%左右的增长速度稳步提高，2013年的城市生活垃圾无害化处理率已经接近90%，越来越接近城市生活垃圾处理率，如图6-44所示。

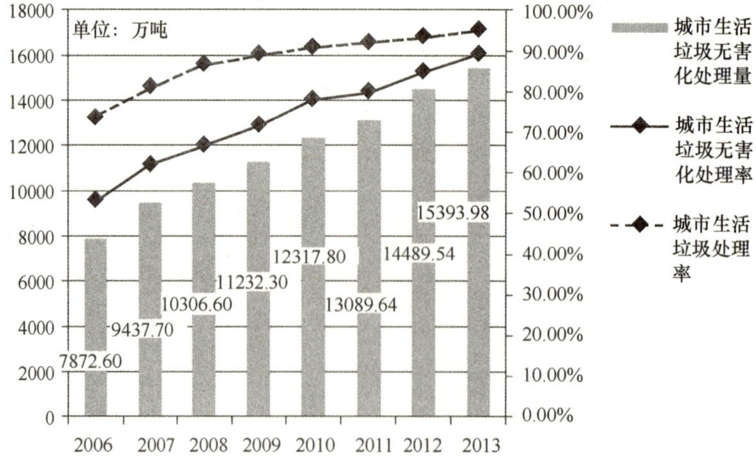

图6-44　中国生活垃圾无害化处理量和（无害化）处理率

资料来源：国家统计局。

2013年，全国城市生活垃圾总清运量为17238.58万吨。从密闭车（箱）清运量来看，已达到15503.74万吨，占总清运量的89.94%。如图6-45、图6-46所示，从地域上来看，东部地区的垃圾总清运量远大于中西部，东部地区的垃圾无害化处理量不但在总量上大于中西部，而且东部无害化处理率明显大于中西部。

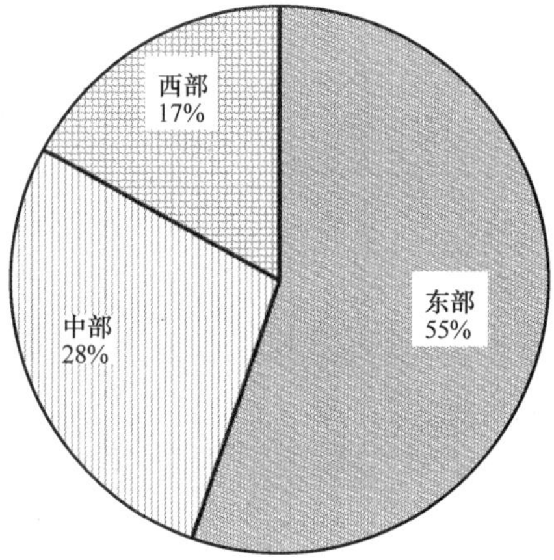

图6-45 全国城市生活垃圾清运量的地域分布
资料来源：国家统计局。

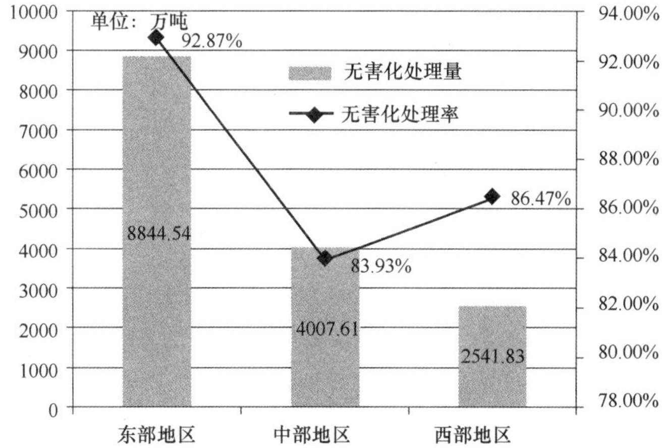

图6-46 城市垃圾无害化处理的地域分布
资料来源：国家统计局。

从省份分布来看，城市生活垃圾清运量居前10位的省份如图6-47所示。城市生活垃圾清运量最大的为广东省，达到2092.11万吨，其后依次为江苏省、浙江省、山东省和辽宁省，分别为 1202.69 万吨、1123.34 万吨、1007.37 万吨、927.12 万吨。这五个省份总计垃圾清运量为 6352.63 万吨，占到了全国垃圾清运量的 36.85%。而垃圾清运量最小的省份为西藏，仅有 24.11 万吨，占全国垃圾清运量的 1.4%。将这十个省市的年垃圾清运量与当年的 GDP 相比较可以发现，二者基本呈现一致的发展趋势，即 GDP 比较大的省市，它的城市生活垃圾清运量也比较大。

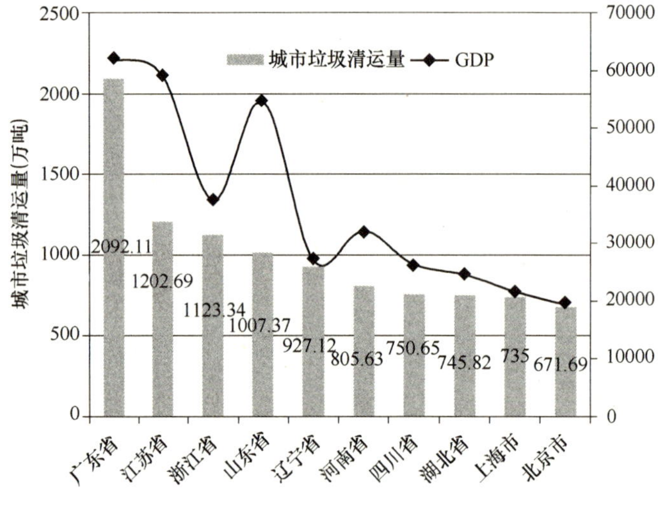

图 6-47　2013 年城市垃圾清运量最大的省（区、市）

资料来源：国家统计局。

从城市分布来看，城市生活垃圾清运量居前 10 位的城市情况如图 6-48 所示。其中，城市生活垃圾清运量最大的是上海市，为 735 万吨，其后依次是北京

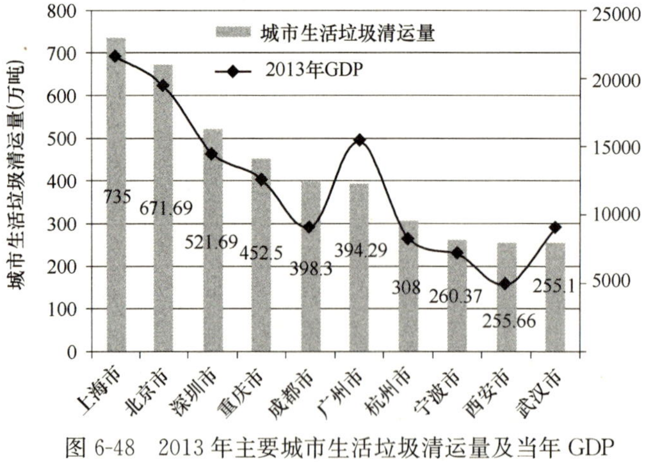

图 6-48　2013 年主要城市生活垃圾清运量及当年 GDP

资料来源：国家统计局。

市 671.69 万吨、深圳市 521.69 万吨、重庆市 452.5 万吨和成都市 398.3 万吨。将这十个城市的年垃圾清运量与其当年的 GDP 总量相比较可以发现，除广州市外，二者呈现基本一致的发展趋势，即 GDP 比较大的城市，它的城市生活垃圾清运量也比较大。

（二）城市生活垃圾处理中遇到的问题

1. 垃圾收费

（1）开征范围小

从 2002 年开始，城市生活垃圾处理收费制度便在我国推行开来。但据不完全统计，截至 2013 年底，仍然只有 380 多个城市开征了生活垃圾处理费，其中设市城市开征比例约为 60%，县城开征比例约为 30%。在诸多大城市中，仍有上海、沈阳、宁波、拉萨 4 个大城市尚未对居民开征垃圾处理费。这明显与中国目前大力鼓励和支持社会资本进入垃圾处理行业、对垃圾行业市场化改革的要求相去甚远。已开征生活垃圾处理费的主要大城市的常住人口收费标准如表6-9所示。

中国大城市生活垃圾处理费征收情况　　表 6-9

序号	城市	常住人口收费标准[元/(户·月)]	开征年份
1	北京	5.5	1999
2	杭州	3.3	2006
3	广州	5	2002
4	深圳	13.5	2006
5	厦门	10	2006
6	重庆	8	2003
7	成都	8	2004
8	昆明	8	2007
9	南宁	7	2003
10	海口	7	2009
11	大连	6	2006
12	福州	6	2003
13	西宁	6	2007
14	青岛	6	2006
15	太原	5	2002
16	南京	5	2001
17	郑州	5	2007
18	天津	5	2001

续表

序号	城市	常住人口收费标准[元/(户·月)]	开征年份
19	银川	4	2004
20	北京	3	2009
21	石家庄	3	2008
22	长春	3	2006
23	西安	2	2005
24	济南	2	1998
25	贵阳	2	2010
26	哈尔滨	1.5	2003
27	兰州	1	2008
28	合肥	1元/(人·月)	2000
29	乌鲁木齐	3	2003

资料来源：作者整理。

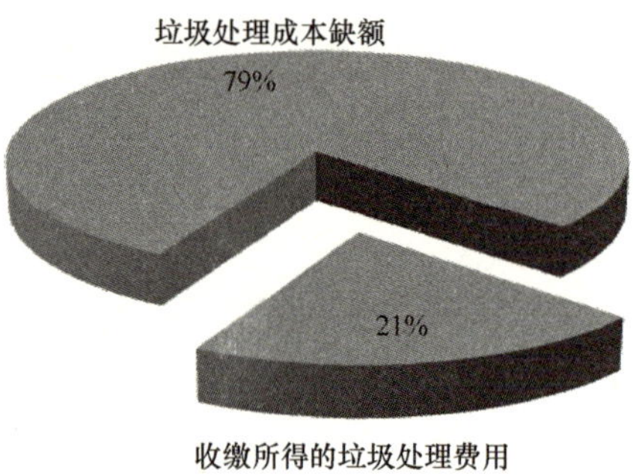

图 6-49　北京市城市生活垃圾处理成本与居民缴费状况

资料来源：本市非居民垃圾处理费排污费 2014 年起上调 [N]. 北京日报，2013 年 12 月 13 日.

（2）收费标准偏低

长期以来，大部分城市生活垃圾处理收费标准偏低（如图 6-49），与其实际处理成本严重偏离，难以反映垃圾处理活动的真实价值。这种背离价值的低收费服务对垃圾处理的整体运营模式造成了严重的伤害，导致公营生活垃圾处理经营单位主要依赖政府补贴来维持正常运营，私营生活垃圾处理经营单位则纷纷通过钻法律空子来获取不正当收入或降低垃圾处理水平来节省成本。

目前，许多城市已经意识到这个问题的严重性，正在积极出台新的垃圾收费政策，逐步提高城市生活垃圾处理的收费标准以减轻这一问题带来的严重后果。以北京为例，北京居民每天平均产生垃圾量约 0.85 公斤，一年产生 310 公斤，处理成本约 124 元/人，如果按照户均 2.5 人计算，每个家庭年产生垃圾的处理成本为 310 元，目前每户收费为 66 元，仅覆盖 18%的处理成本（见图 6-49）。因此，北京依据《北京市生活垃圾管理条例》在 2013 年 12 月对非居民生活垃圾处理收费标准由 25 元/吨调整到 300 元/吨进行了调整之后，开始积极筹划居民生活垃圾处理收费标准的提高。

（3）城市居民交费意愿不强

由于城市生活垃圾处理是一项特殊服务，接受服务的主体无论是否缴纳垃圾处理费用，都享受到了生活垃圾无害化处理的服务。享受服务在前，缴费要求在后，而我国对拒缴和拖欠垃圾处理费的单位和个人没有任何行政处罚的手段。因此，居民的缴费意愿在很大程度上影响了城市生活垃圾处理费的征收率，从而影响城市生活垃圾处理的市场化进程。目前，中国主要的收费形式有两种：第一种是上门征收，第二种是随燃气费或水费一起的“捆绑式’征收。根据《2013 年中国城市环境卫生行业发展报告》的数据，第一种征收方式的成功率在 40%左右，第二种征收方式的成功率在 80%以上。以哈尔滨市为例①，哈尔滨市城市生活垃圾处理费从 2003 年 5 月开始征收，截至 2010 年 10 月末，全市共征收城市生活垃圾处理费 18232.92 万元，其中地税代收 16420.05 万元，市环卫处组织自收 1812.87 万元。一些在哈尔滨的中省直机关、大专院校，根本不承认哈政府办发［2004］5 号文件的合法性。一直拒绝按规定缴纳生活垃圾处理费，成为收费“钉子户”；实行社会化管理的离退休职工的生活垃圾处理费由市社会保障部门代扣代收，每年应征收 702 万元，由于社保部门至今没有征收，6 年多流失生活垃圾处理费 4505 万元；市区暂住人口每年应收 324 万元，至今未征收，六年多流失生活垃圾处理费近 2079 万元。城市生活垃圾处理费未达到预期的收费效果，收缴率明显偏低。按现行的城市生活垃圾处理收费标准，哈尔滨市预计每年应征收城市生活垃圾处理费 6208 万元，每年实际征收 2300 余万元，收缴率大约在 37%，收费额根本难以支付市场化运作的城市生活垃圾场的运营补贴费用。随着城市生活垃圾处理市场化进程的推进，收费标准的提高将导致居民缴纳生活垃圾处理费的比例下降到更低的水平。

（4）计费标准不合理

目前，我国城市生活垃圾处理费的计费标准尚不统一，各地有各地的规定。一般来说，生活垃圾处理费有按户·月、人·月和按量计征三种计费形式。以广州市为例，根据《广州市收取城市生活垃圾处理费实施细则》，广州市居民每月每户需缴纳 5 元的垃圾处理费，暂住人员每月每人需缴纳 1 元的垃圾处理费，政府机关、企事业单位和个体工商户每桶（0.3m^3）缴纳 6 元的垃圾处理费。由此看出，广州市城市生活垃圾处理费的计费标准很多样化，这样容易导致垃圾收费在实际征收过程中的效果很差。

2. 垃圾清运

（1）市场化程度低

目前，我国很多城市的生活垃圾管理工作主要集中在末端处置部分，所以垃

① 哈尔滨市价格协会. 哈尔滨市生活垃圾处理费征收情况及对策建议，2010 年 6 月 19 日，http：//www.hrbskl.gov.cn/E_ReadNews.asp? NewsID=415。

圾处理行业市场化的进展主要体现在城市生活垃圾处理厂的建设和运营上。而在城市生活垃圾的收运环节，市场化程度普遍不高，大多数城市仍然通过低效的事业单位来完成。由于整个垃圾处理行业各个环节的运营情况彼此紧密相连，牵一发而动全身，因此目前的城市生活垃圾收集、清运模式会对有较高市场化程度的垃圾处理环节处处掣肘，不利于整个城市生活垃圾处理行业的市场化。

（2）垃圾收集问题

现阶段，我国生活垃圾收集方式有两种，第一种方式是混合收集，第二种方式是分类收集的方式。我国目前以混合收集方式为主，分类收集方式还处于试点阶段。

混合收集方式是将各种城市生活垃圾不经过任何处理，混杂在一起收集，其主要优点有：1）不需要全民参与垃圾分类，方便垃圾产出者；2）各种垃圾混在一起，集中方便；3）不受时间限制，任何时间都可倾倒①。一般的，城市居民区都设有垃圾房，居民在家中将垃圾装袋直接扔到垃圾收集桶里后，垃圾车或环卫工人会将这些垃圾运送至垃圾中转站或直运到垃圾处理场；公路两旁和公共场所内都会分段设置垃圾桶，定时由专人清理，直接混装运送到垃圾收集点。但是混合后的垃圾很容易造成资源浪费，形成二次环境污染。此外，混合收集方式的不足之处还有：1）混合垃圾中有一些有利用价值的、可直接回收利用的物质，比如塑料、废纸等等，这些物质如果和其他垃圾一样被直接处理掉，会造成很大的资源浪费；2）混合垃圾中包含一些危害较大的物质比如日光灯、废旧电池、报废电器等等，这些危险物品在一定程度上增加了垃圾无害化处理的难度，而且容易污染居民的生活环境，不利于城市建设的发展。

对于分类收集方式，由于目前中国还处于发展和探索阶段，所以普遍存在分类效率不高、执行程度低，执行范围小等诸多问题。此外，即便是 36 个垃圾分类试点的大城市，它们的分类标准、分类应用的区域范围、分类效果等方面都还存在显著差异。2013 年垃圾分类工作虽呈现轰轰烈烈之势，各地政府也比较圆满地完成了预期的任务指标，但是公众参与度不高、社会宣传发动不够深入、政策机制配套不足、资金投入不够等一系列问题还明显存在。这导致垃圾处理的后续环节受到严重影响，处理成本攀升，资源化回收率低。表 6-10 为 36 个大城市生活垃圾分类标准的汇总，从该表中可以看出，各大城市的垃圾分类深度各不相同，最低的垃圾分类标准仅把垃圾粗分为可回收垃圾和不可回收垃圾 2 类；最高的垃圾分类标准则将垃圾分为餐厨垃圾、有害垃圾、可回收物、装修垃圾、大件垃圾、其他垃圾 6 类，即便如此，这与日本的垃圾分类标准将垃圾严格而细致分

① 何惠君. 城市垃圾分类收集与分类处理的科学性与前景［J］. 环境卫生工程，1997，1.

为资源垃圾、可燃垃圾、不可燃垃圾、危险垃圾、塑料垃圾、金属垃圾和粗大垃圾等等还是存在很大差距的。综上所述，我国目前的垃圾分类标准杂乱且总体要求较低，尚无法为垃圾处理产业链的末端提供较好的工作条件。

36个大城市的垃圾分类标准 **表6-10**

城市	类别	分类标准
大连	4类	可回收垃圾、餐厨垃圾、大型垃圾、其他垃圾
广州	4类	可回收垃圾、餐厨垃圾、有害垃圾和其他垃圾
天津	4类	可回收垃圾、厨余垃圾、有毒有害垃圾、其他垃圾
北京	3类	可回收物、厨余垃圾（餐厨垃圾）、其他垃圾
上海	4类	可回收物、有害垃圾、湿垃圾和干垃圾
武汉	3类	可回收垃圾、不可回收垃圾、有毒垃圾
沈阳	4类	可回收垃圾、不可回收垃圾、有害垃圾、其他垃圾
南京	4类	可回收物、有害垃圾、其他垃圾、厨余垃圾
哈尔滨	2类	可回收物、不可回收物
太原	4类	可回收垃圾、可堆肥垃圾、可燃垃圾、有害垃圾
重庆	2类	可回收垃圾、不可回收垃圾
青岛	6类	餐厨垃圾、有害垃圾、可回收物、装修垃圾、大件垃圾、其他垃圾
成都	5类	餐厨垃圾、可堆肥垃圾、可回收垃圾、有毒有害垃圾、其他垃圾
西安	2类	可回收垃圾、不可回收垃圾
济南	4类	厨余垃圾、可回收垃圾、有害垃圾、不可回收垃圾
长春	2类	可回收垃圾、不可回收垃圾
长沙	4类	可回收垃圾、不可回收垃圾、有害垃圾、厨房垃圾
杭州	4类	有害垃圾、可回收物、厨余垃圾、其他垃圾
深圳	4类	可回收物、厨余垃圾、有害垃圾、其他垃圾
乌鲁木齐	3类	餐厨垃圾、可回收垃圾、有害垃圾
郑州	3类	干垃圾、湿垃圾、餐厨垃圾
昆明	3类	可回收垃圾、有害垃圾、其他垃圾
兰州	2类	可回收垃圾、不可回收垃圾
贵阳	2类	可回收垃圾、不可回收垃圾
合肥	2类	干垃圾、湿垃圾
石家庄	4类	可回收垃圾、不可回收垃圾、有害垃圾、厨房垃圾
福州	2类	可回收垃圾、不可回收垃圾
南宁	3类	餐厨垃圾、可回收垃圾、不可回收垃圾
宁波	4类	厨余垃圾、可回收物、有害垃圾、其他垃圾
呼和浩特	3类	可回收垃圾、不可回收垃圾、有害垃圾
厦门	3类	有害垃圾、餐厨垃圾（湿垃圾）、其他垃圾（干垃圾，含可回收物）
南昌	2类	可回收垃圾、不可回收垃圾

续表

城市	类别	分类标准
海口	2类	有毒有害、废弃玻璃、可回收、不可回收
西宁	3类	可回收垃圾、不可回收垃圾、需要特别处理的有毒垃圾
银川	4类	干垃圾、湿垃圾、再生资源垃圾、有毒有害垃圾
拉萨	4类	可回收垃圾、厨余垃圾、有害垃圾、其他垃圾

资料来源：中国城市环境卫生协会．2013年中国城市环境卫生行业发展报告．2014，5．

（3）垃圾转运问题

我国生活垃圾转运系统大都建设于20世纪80年代，基本采用收集—中转—集中处理的固定运送模式。其中，收集和运输是每个转运系统共有的，而中转环节是否有必要存在则根据垃圾从产生源至处理地的运输距离、垃圾收集车辆的运输能力及垃圾量来确定。以小区生活垃圾收集为例，生活垃圾先由工人从小区垃圾桶中收集后运至小型垃圾收集站，再由环卫专用车将垃圾装载，运送到垃圾转运站。转运站中采用垃圾分选设备，根据垃圾的粒径大小及属性，分选出金属类、塑料类、粒径80mm以上、粒径15～80mm、粒径15mm以下五个部分。其中，粒径80mm以上与粒径15mm以下的垃圾被直接送至垃圾填埋场填埋；粒径15～80mm的垃圾送至堆肥场，经过2～3个月的堆肥周期，堆出有机肥。另一种比较特殊的垃圾运输方式是水路运输。由于绝大部分填埋场、焚烧场都建造在城市郊区，因此利用水路来运输生活垃圾是水上交通发达城市常见的垃圾清运手段。但是水上作业有流动分散的特点，安全生产始终处于动态当中，再加上水路运输工文化偏低、年龄偏大等特点以及外来承包队伍进入水上清运作业，垃圾清运过程中存在沉船、淹溺、垃圾沼气引起船舱起火爆炸等安全问题①。

总体而言，我国垃圾转运系统尚不完善，集中体现在垃圾转运方式落后、收集和转运设施配套不够、转运站的作用没有有效发挥、运力不足、机械化程度不高、转运速度慢、工人劳动强度大、缺乏必要的污染控制措施、环境影响严重等方面。垃圾转运系统对环境的影响主要来自垃圾漏撒和暴露、污水滴漏、垃圾散发恶臭、机械作业噪声和尾气排放等方面。因此，尽快向社会资本开放垃圾处理的收集与转运环节，构建高效的城市垃圾物流系统对垃圾处理环节非常有必要。

3．垃圾处理终端

垃圾处理终端的主要问题已在第二节讨论，此处不再赘述。

① 张兴容，王小群．城市水路运输生活垃圾的人机因素分析与改进设计．上海应用技术学院学报（自然科学版）．2005，1．

四、 杭州市城市生活垃圾处理案例分析①②③

2013年，杭州市生活垃圾清运量为264.21万吨，无害化处理量264.21万吨，垃圾无害化处理率达到100%，但是垃圾减量化率和资源化率仍旧较低。作为2000年就被设为垃圾分类试点的城市，杭州市目前遵循减量化、资源化、无害化和“谁产生，谁付费”的原则，对城市生活垃圾的处理主要采用分类投放、分类收集、以直运为主结合部分区域中转运输、末端卫生填埋与焚烧相结合的流程。各流程具体介绍如下。

1. 垃圾分类与收集

2010年杭州市委、市政府颁布了《杭州市区生活垃圾分类收集处置工作实施方案》【市委办发〔2010〕22号】，根据杭州城市生活垃圾特性，正式推出生活垃圾源头分类处理体系。杭州将生活垃圾分为四大类：可回收物（纸类、金属、玻璃、除塑料袋外的塑料制品、橡胶及橡胶制品、牛奶盒等利乐包装、饮料瓶等）、有害垃圾（电池、废旧电子产品、废旧灯管灯泡、过期药品、过期日用化妆品、染发剂、杀虫剂容器、除草剂容器、废弃水银温度计、废油漆桶、废打印机墨盒、硒鼓等）、厨房垃圾（主要包括剩菜剩饭与西餐糕点等食物残余、菜梗菜叶、动物骨骼内脏、茶叶渣、水果残余、果壳瓜皮、盆景等植物的残枝落叶、废弃食用油等）、其他垃圾（受污染与无法再生的纸张、受污染或其他不可回收的玻璃、塑料袋与其他受污染的塑料制品、废旧衣物与其他纺织品、破旧陶瓷品、妇女卫生用品、一次性餐具、贝壳、烟头、灰土等）。该方案在于推动垃圾源头分类，减轻垃圾处理压力。截至2014年11月，杭州市区已经共有1516个小区实施了垃圾分类，大部分社区免费向居民发放有分类作用的垃圾袋。

杭州市于2011年2月26日采购了第一批分类试点小区所需的标准垃圾桶，并分发到各主城区。这次采购的标准垃圾桶共900个，分厨房、其他、可回收、有害垃圾共4种款式，分别为绿色、黄色、蓝色和红色，每个桶上除印有每种分类垃圾的大标识外，还印有4种小标识，以方便市民参照投放。2011年3月25日，杭州市生活垃圾分类收运处置工作正式启动。2012年2月，市区领导小组办公室对各城（管委会）垃圾分类的长效管理和年度目标完成情况进行了考核，结果显示分类小区的平均投放准确率为81.2%，分类准确率为78%，小区的达

① 杭州市生活垃圾分类网（http：//www.hzljfl.com/index.jhtml）。

② 佚名. 杭州：为何要新建垃圾焚烧厂. 浙江日报，2014年4月18日，http：//www.zj.xinhuanet.com/dfnews/2014-04/28/c_1110441737.htm。

③ 杭州市城市管理委员会官网，http：//www.zfj.gov.cn/hw/index.jhtml。

标率为 81.1%，小区的分类质量不断提高。垃圾分类所带来的减量化、资源化、无害化效果逐渐显现。生活垃圾物化成分调查显示：厨房垃圾中厨余成分占 82.14%，较未分类前提升约 30%；其他垃圾低位热值达到甚至超过 10000kJ/kg，是混合垃圾热值 2 倍以上，更利于焚烧发电。主城区垃圾量增长速率明显下降，2010 年增长 4.76%，2011 年增长率为 3.3%，增速下降 1.46%。2014 年 5 月，杭州市区推进生活垃圾分类收集处置工作协调小组进行垃圾分类抽查，市区共抽查垃圾分类生活小区 96 个，平均投放准确率为 73.2%，平均分类准确率为 71.5%，分类小区达标率为 83.3%。

2. 垃圾运输

杭州从 2009 年 9 月开始在钱江新城的 101 个清运点和江干区的 5 个中转站开展清洁直运试点工作，利用装备有密闭、压缩设备的作业车辆，将生活垃圾从投放点、收集容器集置场所分类收集后，通过将垃圾直接运送或通过密闭接驳运送到预定的垃圾处理场后进行无害化处理。垃圾的清洁直运通过“桶车对接、车车对接”等办法，可以破解垃圾清运过程中存在的“跑冒滴漏”等问题，从而美化城市环境，提高居民生活品质。2010 年国庆节前，上城区、下城区、江干区、拱墅区和西湖区也开始实施垃圾清洁直运工作，杭州高新开发区（滨江）则是在 2011 年启动了垃圾清洁直运工作。同时，上城区、下城区、江干区、拱墅区、西湖区、杭州高新开发区（滨江）（以下简称六城区）范围内所有新小区不再新建垃圾中转站，通过“桶车直运”、“车车直运”等方式，做到“垃圾不落地、垃圾不外露，沿途不渗漏”。此外，为了不打扰居民的正常休息，杭州一改原来凌晨统一进行垃圾收集的模式，垃圾收集时间应居民要求进行个性化定制，形成了垃圾错时直运的新模式。截至到 2014 年 6 月，杭州主城区已开通直运线路 294 条，清洁直运车 378 辆，设置桶车集置点 6941 个，在 5 年间共清运垃圾 494.57 万吨，实现二氧化碳减排 3.71 万吨，COD（化学需氧量）减排 5884.02 吨，日均垃圾清运量已达 3856 吨，清洁直运的占比已从 5 年前的 5%上升至 78%，使 450 余万杭州市民受益。目前清洁直运工作已向城郊推进并将新增清洁直运车 100 辆以弥补垃圾运力不足的问题。

3. 垃圾处理

杭州的有害垃圾会定期收集，集中储存，达到一定数量后，由专业公司负责集中收运，进行无害化处理；可回收物由环卫作业单位定期收集，集中储存，由专业公司集中收运，进行资源化处理；厨房垃圾划定专门区域，进行生态填埋，并收集利用产生的沼气；其他垃圾进行焚烧发电处理。杭州市目前共有 36 个垃圾中转站，生活垃圾处理设施 6 座，其中 4 座垃圾焚烧厂分别位于滨江浦沿、余杭乔司、余杭仓前、萧山犁头金；另 2 座填埋场分别位于拱墅区天子岭、萧山外六工段。表 6-11 所示为杭州市垃圾焚烧厂。

杭州市的垃圾焚烧厂　　表 6-11

垃圾焚烧厂	焚烧炉炉型	设计生产能力(t/d)	投资日期	实际处理能力(t/d)	服务区域
杭州绿能环保发电有限公司	日本三菱马丁逆向推饲式炉排炉	450	2003-07	603	上城、滨江、西湖、江干、之江等区域
杭州能达绿色能源有限公司	异重流化床焚烧炉	800	2002-06	624	江干、上城、下城、下沙、余杭等区域
余杭锦江绿色能源有限公司	异重流化床焚烧炉	800	2007-01（技改）	415	余杭及西部乡镇、西湖、风景区
萧山锦江卢瑟能源有限公司	异重流化床焚烧炉	800	2007-08	876	萧山城区及其南部乡镇

资料来源：唐伟，何平，余世清等. 杭州市生活垃圾焚烧处理现状及对策. 环境卫生工程，2009，S1.

虽然杭州目前已经拥有 6 处垃圾处理设施，不过面对日渐增长的城市生活垃圾量，其垃圾处理能力还是显得不足。2013 年，杭州市区生活垃圾处理量达 308.7 万吨，日均 8456 吨。据杭州市城市管理委员会统计，近年来，杭州市区垃圾年增长率在 10%左右。2014 年《杭州市生活固体废弃物处置监管报告》显示，2014 年 3 月单日生活垃圾最高处理量已达 10959 吨。虽然杭州目前的垃圾处理方式仍以卫生填埋为主，焚烧为辅，但近年垃圾焚烧的数量和比例均有较大幅度的增长，垃圾焚烧将成为杭州市垃圾处理的重要组成部分。2013 年，杭州市城市垃圾卫生填埋量为 173.58 万吨，垃圾焚烧量为 90.63 万吨，焚烧处理率为 34.3%。焚烧处理率不高直接带来的后果是填埋场的运行压力增大，以天子岭为例，当年设计规划是每天填埋 2671 吨垃圾，而今年最高日填埋量已达 5408 吨，比设计能力翻了一番。萧山外六工段填埋场已经填满，相关的应急处理工作正在开展。

总体而言，杭州市垃圾分类工作任重而道远，终端的垃圾处理设施处理能力越来越难追赶上垃圾量的增长速度。此外，杭州目前每户每年仅征收 20 元/户的垃圾清运费，并且征收率很低，特别是社区代缴的那部分，收取率只有 50%左右。从 2015 年开始，杭州将以上年度生活垃圾总量为基数，实施“增量控制、超量加价”的阶梯式支付模式，以实现垃圾减量。杭州各城区垃圾量超过控制目标 2%的，超量部分按照垃圾处理费结算价的 1.5 倍支付；垃圾量超过 4%的，超量部分按照 2 倍支付；超过 6%的，按照 3 倍支付。加价征收的垃圾处理费就纳入了分类减量专项激励经费。阶梯式支付模式后，各个城区环卫部门为了不多缴纳垃圾处理费，将更有动力督促好居民做好垃圾处置的前端工作——垃圾分类；其次是监督做好垃圾处置的终端工作——垃圾清运，推行生活垃圾定时定点不落地清运模式，提升分类质量促进源头减量。

第四节　垃圾处理行业结构

一、概况

目前，中国垃圾处理行业的产业链构成主体主要包括垃圾源、设备供应商、工程企业和运营企业等。从细分市场上看，我国的垃圾处理行业已分为道路清扫保洁市场、垃圾收运市场、大型垃圾处理转运站建设与运营市场、垃圾焚烧发电厂建设与运营市场和卫生填埋场建设与运营市场等。各个细分市场的特征分析如表 6-12 所示。

城市生活垃圾处理行业细分市场的特征分析　　表 6-12

服务环节	竞争性	排他性	沉没程度	经济规模	合作程度
垃圾收集	中	中	低	低	中
垃圾运输	高	高	低	高	高
回收利用	高	高	低	低	高
填埋处理	低	中	中	高	高
焚烧处理	中	高	中	高	低

资料来源：Christine Kessides. Institutional Options for the Provision of Infrastructure. World Bank Discussion Papers，Washington，D. C：October 1，1993.

从垃圾处理行业的投资方来看，它们可以被分为三大类①：第一大类是政府主导型的运营公司，由地方政府出资建立垃圾发电项目，公司作为政府建设这一项目的平台，如上海环境集团、泰达股份、中国环境保护公司、北京市环卫集团、上海浦东发展集团。第二大类是专业投资运营公司，引进其他人的技术、专注于 BOT 模式建设运营垃圾发电项目的企业，以运营管理为主，如法国威立雅、金州环境、光大国际、合加资源等。第三大类是工程投资运营公司，使用自

① 高广阔，曾晓莹. 中国垃圾发电产业竞争力分析. 商业经济，2012，2.

已开发的技术，并以此为基础，对垃圾发电项目提供从工程建设到运营管理服务的企业，以工程建设为主，如北京中科通用、重庆三峰卡万塔、清华同方、绿色动力、锦江集团、伟明集团等。

从企业规模与技术来看，我国垃圾处理行业以大型国有企业和外资企业为龙头，属于第一梯队，如上海环境集团、法国威立雅、杭州锦江集团、中国光大国际；第二梯队则以民营企业为主，凭借自有或引进技术和垃圾处理经验逐步发展起来，如中科通用、桑德环境等。随着垃圾处理行业的市场化进程加速，非国有资本进入该行业的现象越来越普遍，以江苏省为例，2010 年底 79 座垃圾处理设施中有 19 座实现了市场化改革，占设施总数的 24%。

从垃圾处理行业相关企业的上市情况来看，截至 2014 年底 A 股上市企业已有 24 家，其市值约 2753 亿元；H 股上市企业有 4 家，其市值 1029.42 亿港币（约合 823 亿元人民币），如表 6-13 所示。

垃圾处理行业上市企业 **表 6-13**

A 股市场				
序号	企业名称	股票代码	市值（亿元）	性质
1	兴蓉投资	000598	179.77	国有控股
2	瀚蓝环境	600323	72.35	国有控股
3	深圳能源	000027	262.98	国有控股
4	桑德环境	000826	210.31	民营相对控股
5	城投控股	600649	216.00	国有控股
6	维尔利	300190	43.06	民营相对控股
7	盛运股份	300090	87.37	民营相对控股
8	东江环保	002672	114.24	民营相对控股
9	天壕节能	300332	46.26	民营企业
10	龙源技术	300105	64.77	国有控股
11	国电清新	002573	117.27	民营相对控股
12	碧水源	300070	341.45	民营企业
13	万邦达	300055	105.87	民营企业
14	永清环保	300187	60.9	民营企业
15	国中水务	600187	89.67	港资
16	富春环保	002479	65.24	民营相对控股
17	首创股份	600008	199.54	国有控股
18	龙净环保	600388	115.63	民营相对控股
19	雪迪龙	002658	66.81	民营企业

续表

A股市场				
序号	企业名称	股票代码	市值（亿元）	性质
20	科林环保	002499	28.73	民营企业
21	先河环保	300137	50.26	民营相对控股
22	菲达环保	600526	55.3	国有控股
23	雪浪环境	300385	38.04	民营企业
24	格林美	002340	121.67	民营相对控股
市值合计		2753.49		

H股市场					
序号	企业名称	股票代码	市值（亿港元）	市值（亿人民币）	性质
1	中国光大国际	00257	510.25	408.20	国有控股
2	北控水务集团	00371	458.88	367.10	国有控股
3	首创环境	03989	19.16	15.33	国有控股
4	绿色动力环保	01130	41.13	32.90	国有控股
	市值合计		1029.42	823.54	

资料来源：作者整理。

垃圾处理行业上市公司的市值与个数对比如图6-50所示。从该图可以看出，国有控股上市公司的数量虽然少于民营控股的上市公司数，但其市值却明显高于民营公司。

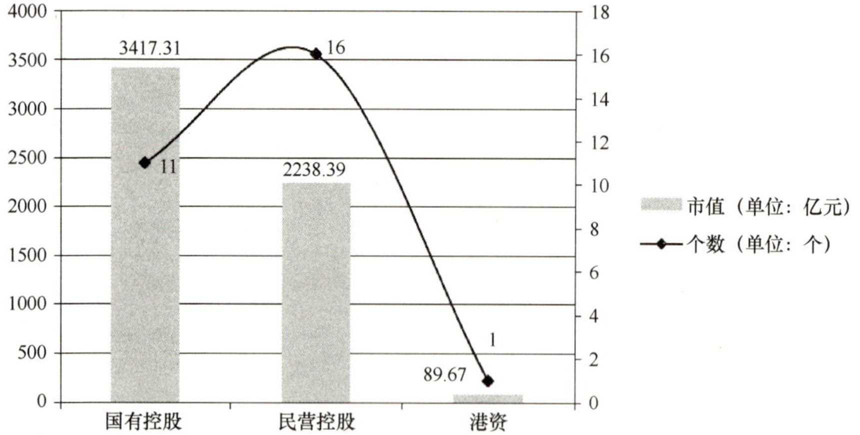

图6-50　垃圾处理行业上市公司对比

资料来源：作者整理。

对于垃圾处理行业非上市企业，本报告以垃圾处理行业门户性网站——中国固废网（http：//www.solidwaste.com.cn/）当中截至2015年3月15日的会员企业信息进行深入分析。

从主营业务分类来看，有近1/2（43%）的企业从事垃圾处理设备生产，其次是从事工程技术的企业，占所有企业数量的23%，具体如图6-51所示。

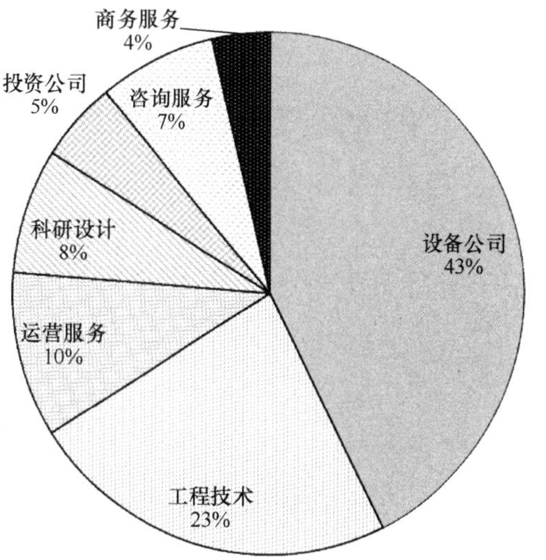

图6-51　垃圾处理行业主营业务分类的企业数量分布情况

资料来源：中国固废网（http：//www.solidwaste.com.cn/）。

从主营领域来看，污泥处理领域的企业数量最多，占到调查企业总数的17%；其次是生活垃圾领域的企业和工业固体废物处理企业，分别占比11%和10%，具体如图6-52所示。

从地域分布来看，垃圾处理行业的企业主要分布在中国东部，占所有企业数量的53%。如图6-53所示，企业数量最多的前五个省份依次为江苏省、北京市、福建省、广东省和上海市，这五个省份的企业数之和占全部企业总数的59.6%，由此看出垃圾处理企业的地域集中度是比较高的。

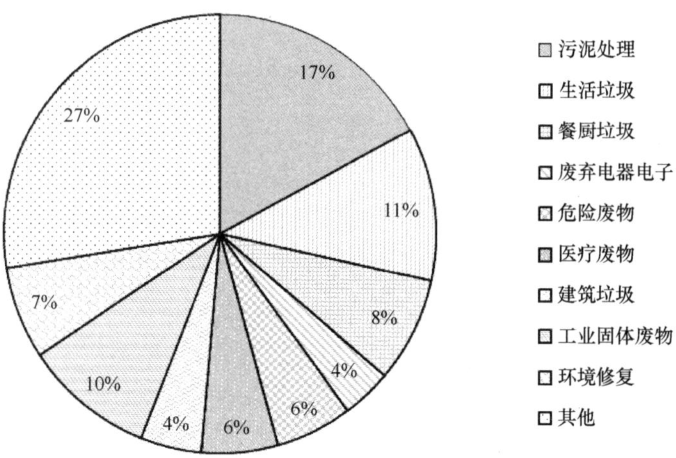

图6-52　垃圾处理行业各领域的企业数量分布情况

资料来源：中国固废网（http：//www.solidwaste.com.cn/）。

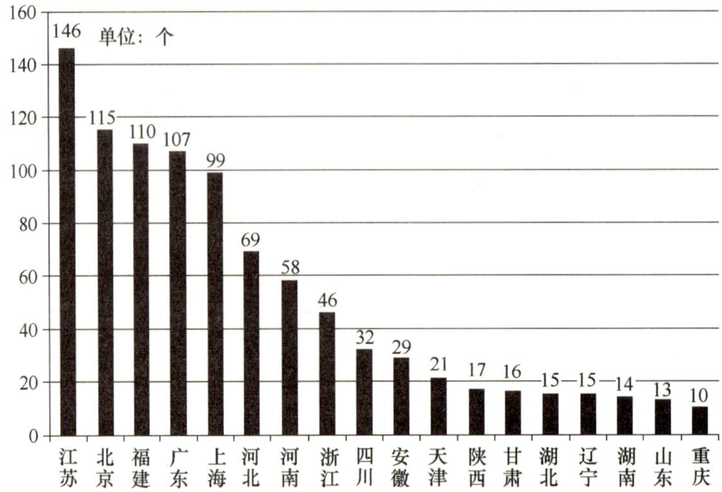

图 6-53　垃圾处理行业相关企业的地域分布

资料来源：中国固废网，http://www.solidwaste.com.cn/。

二、 道路清扫保洁和垃圾收运

大部分从事道路清扫保洁的公司也提供垃圾收运服务，这两个细分市场的营运项目金额相对垃圾焚烧厂、大型垃圾填埋场小很多，企业规模大多在百万元或千万元级别。例如福州市在 2013 年 8 月，将市区三环路和五城区 43 个街（镇）道路清扫保洁作业进行市场化招投标工作，总面积共 3272.86 万平方米，分成 27 个合同包，分别由 13 家保洁企业中标，中标总金额为 23153.2 万元，平均每个合同包只有 800 多万元，平均每家企业的中标金额也仅有 1700 多万元。因此该细分市场内的资本布局较为分散，单个企业的总资产相对较小，没有出现几家独大的情况。以深圳桑德丰采环卫工程有限公司为例，该公司的前身是深圳市丰采长波市政工程有限公司，成立于 2005 年 5 月，注册资本 3680 万元，具有独立法人资格的企业，是道路清扫保洁服务领域中规模较大的企业之一，业务范围不但包括路清扫保洁服务，还包括垃圾收集、运输和再生资源回收等等。该公司是桑德环境资源股份有限公司的子公司，拥有 5300 多名员工，配备有高压清洗扫路车、机扫车、洒水车和各种环卫车辆及设备。桑德丰采从 2012 年至 2015 年初的道路清扫保洁和垃圾收运中标项目如表 6-14 所示。从该表可发现，100 万以下项目有 10 个，占中标项目总数的 48%；100 万～500 万的项目有 6 个，占中标项目总数的 29%；500 万～1000 万的项目有 4 个，占中标项目总数的 19%；

1000万以上的项目有1个，占中标项目总数的5%。因此，道路清扫市场和垃圾转运的营运项目大多在500万以下。

深圳桑德丰采环卫工程有限公司近年道路清扫保洁中标项目　　表6-14

中标年份	项目名称	中标金额（元）
2012	深圳市龙岗区城市管理局坪地街道清理乱张贴、乱涂写管理服务项目	294152
2012	深圳市南山区粤海办事处后海村清扫保洁	461793
2012	深圳市龙岗区龙城街道办事处中心城市政道路及城中村清扫保洁项目采购	1135764
2012	湖南省邵阳市大祥区主街干道清扫保洁服务项目二标段	3610000
2012	深圳市宝安区石岩街道垃圾清运服务	4008576
2012	深圳市龙岗区布吉街道城中村清扫保洁采购	4522644
2013	深圳市南山区前海深港合作区道路清洁项目B包项目	204000
2013	深圳市龙岗区布吉街道余泥渣土清理清运项目	400000
2013	深圳市龙岗区布吉街道余泥渣土清理清运项目采购	400000
2013	深圳市龙华新区大浪街道清扫保洁服务	434338
2013	深圳市宝安区石岩街道余泥渣土清理外包服务采购	479948
2013	深圳市南山区环境卫生管理总站妈湾大道污染源头路口清洁	483852
2013	深圳市南山区南山街道办事处城中村清扫保洁服务采购	841435
2013	深圳市龙华新区龙华街道清扫保洁服务	5294751
2013	深圳市南山区环境卫生管理总站南山区道路、绿地清扫保洁	6554506
2014	深圳市南山区蛇口街道办事处城中村环卫清扫保洁服务	988347
2014	分宜县城市管理执法局城区道路清扫保洁承包项目	2783472
2014	广东省惠州博罗县公共资源交易中心政府采购部采购项目	7278083.87
2014	大祥区环卫局小街小巷清扫保洁服务招标采购项目	7485003
2014	2014年南山区市政道路、绿地清扫保洁服务项目	7552545
2014	福田区深南路清扫保洁服务项目	14394156
2015	南山区南山街道城中村（向南村）清扫保洁项目	1093745.90

资料来源：深圳桑德丰采环卫工程有限公司官方网站——http：//www.fccbsz.com/。

三、 垃圾处理转运站

垃圾处理转运站亦被称为垃圾中转站，大型垃圾中转站日转运量可达150～450吨，例如莱芜市钢城区垃圾中转站、南京市江北生活垃圾中转站、大连市城市中心区梭鱼湾生活垃圾压缩转运站等。垃圾处理转运站的营运项目金额较垃圾焚烧发电项目小很多，企业规模相对垃圾焚烧发电厂也较小，细分市场资本分布较零散。例如 2014 年 1 月平度市通过公开招标的方式确定由上海天慧环保科技有限公司进行特许经营，该公司一次性投资约 6000 万元，按照规划建设 15 座垃圾中转站，配备垃圾桶、密闭式垃圾运输和转运车辆，平均每个垃圾中转站分到的金额不足 400 万元①。从总体发展趋势来看，垃圾中转站的数量将越来越少、体量将越来越大，直到最终被垃圾清洁直运彻底替代。例如，南京市主城 120 多个小型垃圾中转站在 2014 年内均被逐步取消、转型，社区垃圾将实现就地收集，集中到江南、江北的二级中转站处理，这两个中转站的承载量在 3000 吨/天②。因此，长远来看，垃圾处理转运站的营运企业数量将呈下降趋势，但单个企业的规模将逐渐增长，细分市场集中度越来越高。

四、 垃圾焚烧发电厂和填埋场

由于大型垃圾焚烧发电厂的投资规模大、建设周期长，且焚烧厂的注册资本不得少于人民币 1 亿元，因此几乎所有新建的大型垃圾焚烧发电厂均引入了社会资本以减轻政府的财政压力，并且大部分垃圾焚烧发电项目都被少数企业承接运营，市场集中度较高，如图 6-54 所示，截至 2013 年底，中国垃圾焚烧发电市场共有 15 家日处理能力超过 5000 吨的垃圾处理企业，按照项目数量和处理能力衡量在市场中占比分别为 66.7%和 78.1%。锦江、光大和深圳能源是行业前三甲，市场占有率分别为 11%、9%和 7%。行业前五和前十分别占到整体设计处理能力的 41%和 62%。

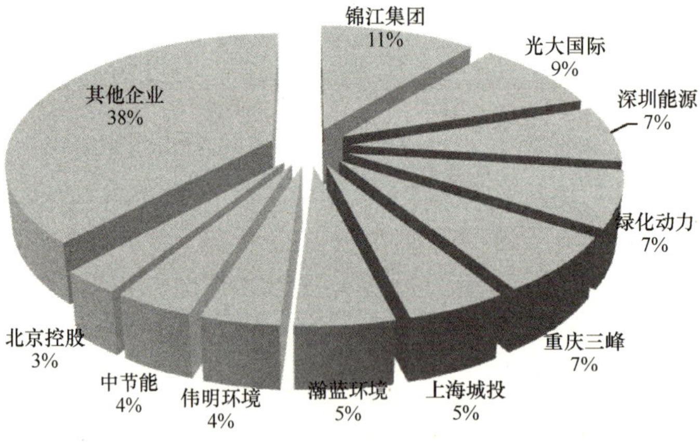

图 6-54 垃圾发电行业竞争格局（基于 2013 年设计处理能力）

资料来源：中金公司．相对污水处理，我们更看好垃圾发电，2015 年 3 月 9 日。

① 官印浩．15 座垃圾中转站 7 月运营．半岛都市报，2014 年 5 月 6 日 P1 版。

② 刘有仪．南京主城 120 多个垃圾中转站年内取消．南京日报，2014 年 4 月 29 日 A07 版。

此外，由中国名企排行网（中国第一个专业招标采购评价网站）和中国采购与招标网（国家发改委四号令授权中国政府唯一指定发布招标公告网站）发布的2014年第三届中国垃圾焚烧发电项目投资人评价榜单列出了目前规模与技术较为出色的垃圾焚烧发电厂企业，如表6-15所示。

2014年第三届中国垃圾焚烧发电项目投资人评价榜单　　表6-15

中国垃圾焚烧发电产业领军企业	中国垃圾焚烧发电项目十大投资人	中国最具社会责任感垃圾焚烧发电投资人	中国垃圾焚烧发电明星企业
杭州锦江集团有限公司	杭州锦江集团有限公司	杭州锦江集团有限公司	杭州锦江集团有限公司
中国光大国际有限公司	中国光大国际有限公司	中国光大国际有限公司	中国光大国际有限公司
重庆三峰环境产业集团有限公司	重庆三峰环境产业集团有限公司	重庆三峰环境产业集团有限公司	重庆三峰环境产业集团有限公司
绿色动力环保集团股份有限公司	绿色动力环保集团股份有限公司	绿色动力环保集团股份有限公司	绿色动力环保集团股份有限公司
深圳市能源环保有限公司	深圳市能源环保有限公司	深圳市能源环保有限公司	深圳市能源环保有限公司
	上海环境集团有限公司	北京北控环保工程技术有限公司	北京北控环保工程技术有限公司
	首创环境控股有限公司		
	浙江伟明环保股份有限公司		
	中国天楹股份有限公司		
	中科实业集团（控股）有限公司		

资料来源：中国名企排行网，中国采购与招标网．2014第三届中国垃圾焚烧发电项目投资人评价榜单．2014，9.

垃圾填埋场也主要采用公开招标的形式交由企业来运营，根据《城市生活垃圾管理办法》规定，要求投标的企业必须具备企业法人资格，规模小于100吨/日的卫生填埋场和堆肥厂的注册资本不少于人民币500万元，规模大于100吨/

日的卫生填埋场和堆肥厂的注册资本不少于人民币 5000 万元。因此该市场的营运企业规模较大。此外，涉足垃圾焚烧发电市场的上市公司均在卫生填埋场市场上有一定的业务量。例如桑德环境（原合加资源），该公司专注于生活垃圾堆肥、生活垃圾卫生掩埋及工业危废焚烧领域的开拓。由于其处于环保产业的上游，受益于中国环保产业的发展，公司所处的固废处理子行业投资主要来源于政府财政支出。它是中国固体废弃物处理行业的先锋，在技术、项目经验等方面都处于行业领先地位。公司全面掌握综合处理、卫生填埋、焚烧发电三种处理工艺，并拥有多项示范工程。公司目前业务涵盖设计—咨询—工程总包—系统集成—安装调试等多个环节，属于全产业链覆盖型公司。

第五节　垃圾处理行业需求与预测

一、 垃圾产生量与处理量预测

2014 年 12 月 9～11 日中央经济工作会议指出："中国环境承载力已达到或接近上限，必须推动形成绿色低碳循环发展新方式"。根据《2014～2018 年中国垃圾处理器行业市场需求与投资规划分析报告》的数据显示，2013 年全国 600 多个市级城市中，城市生活垃圾已将 2/3 的城市包围，1/4 的城市已经没有垃圾填埋、堆放场地，而全国城市垃圾堆存已累计侵占土地超过 5 亿平方米，每年的经济损失高达 300 亿元。截止 2013 年底，环保固定资产投资仅占到中国 GDP 的 1.6％，而在欧盟和美国在该方面的占比分别为 2.25％和 2.45％。因此，在中国现代化进程不断推进、环境问题日益严重、政府大力解决环境污染的背景下，中国的环保固定资产投资将继续稳步增长，垃圾处理行业的固定资产投资额在未来五年内的将保持年均 20％的复合增长速率，即 2019 年底将达到 400 亿左右的固定资产投资规模。

其次，中国人均垃圾产生量目前为 1.1KG/人，明显低于发达国家（图 6-55），还有较大上升空间，因此对垃圾处理行业的垃圾处理能力会有更高的要求。

由于生活垃圾清运量有明显的稳步上升趋势，所以本报告基于 2006 年至 2013 年城市生活垃圾清运量的历史数据，通过 SPSS 22.0 运用指数平滑法对 2015 至 2019 年城市生活垃圾清运量进行预测。指数平滑法的数学模型为：

$$Y_t = X_t + \alpha(1-\alpha)X_{t-1} + \alpha(1-\alpha)^2 X_{t-2} + \cdots + \alpha(1-\alpha)^{t-1} X_1$$

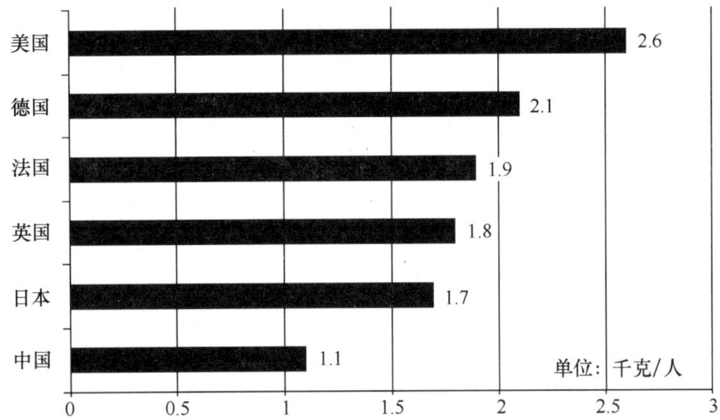

图 6-55　2013 年各国人均垃圾产生量

资料来源：E20 环境平台。

其中 X_t 是时刻 t 的观测值，Y_t 是时刻 t 的指数平滑值，α 是权重指数且 $0<\alpha<1$。α 越大，表示在加权时给予当前观测值的权重越大，相应地，α 越小，给予过去观测值的权重就越小。将上述数据输入 SPSS 22.0 进行预测分析后，2015 至 2019 年的城市生活垃圾清运量如图 6-56 所示。从该图中我们可以看出，我国 2019 年的城市生活垃圾清运量将突破 1.9 亿吨。

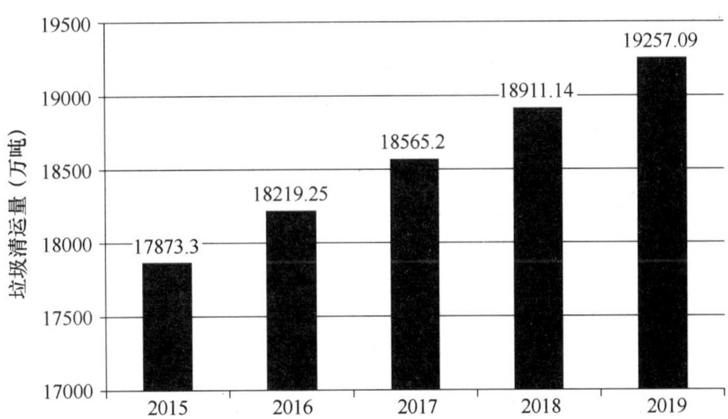

图 6-56　未来 5 年城市生活垃圾清运量预测

本报告再基于 2006 年～2013 年城市生活垃圾无害化处理设施数量和处理能力的历史数据，通过 SPSS 22.0 运用指数平滑法对 2015 年～2019 年城市生活垃圾无害化处理设施数量和处理能力的预测，如图 6-57 所示，2019 年全国无害化处理设施接近 1100 座，无害化处理能力接近 70 万吨/日。

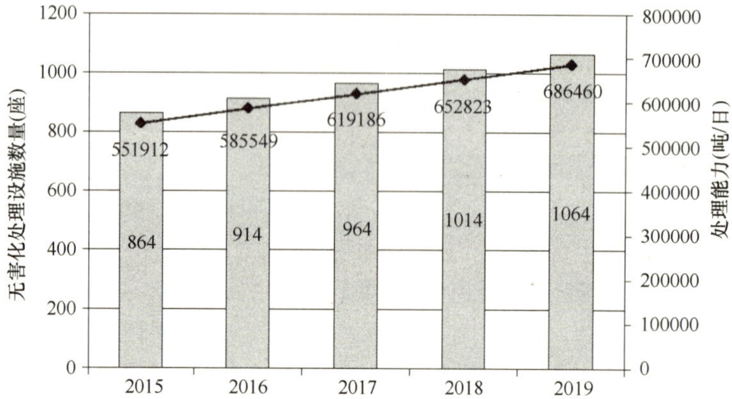

图 6-57　未来 5 年城市生活垃圾无害化处理设施数量和处理能力预测

二、 行业发展趋势

（一）填埋场比例下降乃大势所趋，但近年仍将是主流

回顾全球固体废物处理行业的发展历程，随着垃圾产生量的不断增长和垃圾处理技术的成熟，垃圾的简单填埋所占比例必然逐渐缩小，而垃圾焚烧（能源回收）、垃圾回收等所占比例明显将逐渐增加。以美国为例，美国整体上来讲是一个地大物博的国家，但近年的统计数据显示，全美国的垃圾填埋设施数量在 20 世纪末期呈现显著的下降趋势，由 1990 年的 6326 个减少至 2001 年的 1858 个，再到 2010 年的 1200 个。但由于目前中国公众对垃圾焚烧还有较强的抵制心理，而垃圾填埋场基数大，有管理难度相对低、操作简单、工程投资和运行成本较低等优点，再加上各省市由于新建垃圾处理设施的进度不如预期，导致原有垃圾填埋场不得不超期服役，为此甚至不得不把原先的绿化带都挖掉，以作为新的垃圾堆放地，垃圾填埋场仍将是未来数年内的主流垃圾处理方式。

（二）垃圾焚烧是必然的选择，但成为主流为时尚早

由于和其他垃圾处理方式相比，垃圾焚烧存在很大优势，例如焚烧处理后固体废物大幅下降 80%～90%，极大地减少了垃圾填埋对土地的消耗，部分细菌被有效杀死，减小了垃圾对居民生活环境的负面影响，而且垃圾燃烧过程中会产生其他有用的物质（蒸汽、电和飞灰）。但垃圾焚烧也存在对企业的技术水平和运营管理水平的要求较高，投入资金更多等缺点。因此，城市生活垃圾的处理方式的选择与一个地方的土地资源禀赋、市政机构的财政实力、垃圾处理技术水

平、企业运营管理实力具有一定的关系。因此，在各种城市生活垃圾处理方式的选择上，世界各国的情况互有差异。例如，澳大利亚作为全球面积第六大国家，其人口总数仅为2233万人，该国各类资源尤其是土地资源丰富，因此垃圾填埋方式无疑是其首选的垃圾处理方式。而大部分欧洲国家和日本，由于国土面积狭小、自然资源相对其需求量显得非常贫乏，因此这些国家首选资源回收利用、垃圾焚烧、堆肥等垃圾处理方式，垃圾填埋显而易见是这些国家最不情愿运用的方式。表6-16总结了2011年主要发达国家垃圾处理方式的比例。中国人口众多，尤其中东部地区，人口稠密，人均土地面积处于较低水平。因此，借鉴各国在生活垃圾处理领域的经验，中国在现有基础上减少垃圾填埋所占比例，提高垃圾焚烧处理方式所占的比例势在必行。

2011年主要发达国家垃圾处理方式比例　　表6-16

国家	焚烧（单位：%）	填埋（单位：%）	堆肥（单位：%）
美国	14	56	30
日本	73	23	4
德国	21	46	3
英国	11	88	1
法国	38	40	22
荷兰	51	45	4
比利时	29	62	9
瑞士	80	20	—
丹麦	70	18	12
瑞典	55	35	10
澳大利亚	24	62	11

资料来源：作者整理。

（三）垃圾分类依然任重而道远

2013年，中国生活垃圾分类试点工作有序推进，北京、上海、广州、南京、杭州、青岛、宁波等城市继续推进垃圾分类的扩大试点。以上海为例，截至2013年底，全市累计推进生活垃圾分类减量场所11383个，其中居住区5099个，机关625家，企事业单位2660家、菜场765个、学校2053所、公园181座，覆盖居民超过205万户。与此同时，全国多个中小城市和地区也在新增试点来探索垃圾分类收集处理有效方法，以期建立各地各具特色的生活垃圾分类工作。然而，截至2013年底，上海市除了几个示范小区外，大多数小区的正确投放率仅有10%～20%，广州市约有30%，南京市也仅有20%。大多数社区非常依赖保洁员的二次分拣，在保洁员没有进行二次分拣的区域，垃圾在进入处理设施后还需进行再次分拣后才能处理。再反观垃圾分类非试点城市，垃圾分类情况更不容乐观。

出现这些情况的原因有多个。第一个原因是政府部门、企业和公众等各个层面对垃圾分类中的“分什么”、“怎么分”、“分类之后怎么处理”的路径和技术问题还没有达成共识；第二个原因是市民长期以来的生活习惯难以改变，环保意识转化为行动还需要较长时间；第三个原因是垃圾管理是一项系统工程，具有很强的专业性、社会性和广泛性，涉及部门多、人员杂，处于经济社会发展的末端环节。目前垃圾分类管理的各环节责任主体还不够明确；第四个原因是垃圾处理行业的市场化还不成熟，垃圾分类工作需要投入大量的资金进行设施、设备、人员的配置，并且要持续的开展宣传，无论哪个环节都需要增加资金投入，而资金短缺必将影响垃圾分类工作的开展。

（四）餐厨垃圾的单独回收处理市场将加速发展

由于中国独特的饮食习惯和文化，在我国经济发达城市或者生活品质比较高的地区，平均每人每天产生餐厨垃圾高达 1 千克，而现阶段中国餐厨垃圾日产量超过 50 吨的就有 512 个城市餐厨垃圾成了中国非常严重的一个问题①。由于富含水、有机物、油脂和蛋白质的成分，营养丰富的餐厨垃圾是宝贵的可再生资源。但由于餐厨垃圾处理市场的体制不健全，垃圾处置方法不当，“地沟油”和“垃圾猪”继而出现，它已成为影响食品安全和生态安全的潜在危险源。

2010 年，中国启动餐厨垃圾处理试点工作，第一批、第二批和第三批试点城市分别为 33 个、16 个和 17 个，2014 年 7 月 2 日又公布了第四批餐厨废弃物资源化利用和无害化处理试点预备名单（表 6-17）。这四批试点城市基本覆盖了国内主要的一线、二线城市。根据政策安排，试点城市将获得中央财政的专项资助金，作为示范项目的启动资金。

关于第四批餐厨废弃物资源化利用和无害化处理试点城市名单　　表 6-17

1. 浙江省衢州市	10. 山东省聊城市
2. 江苏省镇江市	11. 四川省绵阳市
3. 陕西省西安市	12. 吉林省吉林市
4. 湖北省黄石市	13. 安徽省淮北市
5. 湖南省娄底市	14. 重庆市綦江区
6. 上海市浦东新区	15. 河北省承德市
7. 内蒙古自治区呼伦贝尔市	16. 山西省晋中市
8. 宁夏回族自治区吴忠市	17. 广东省东莞市
9. 黑龙江省齐齐哈尔市	

资料来源：国家发展改革委环资司、财政部经建司、住房城乡建设部城建司《关于第四批餐厨废弃物资源化利用和无害化处理试点拟选城市名单的公示》，2014 年 7 月。

① 王开亮．餐厨垃圾的国内外处理现状研究［J］．城市建设理论研究（电子版）．2013，23．

《“十二五”全国城镇生活垃圾无害化处理设施建设规划》列明的全国餐厨垃圾投资约为 109 亿元，2015 年国内餐厨垃圾处理设施数量达到 242 座，处理能力达到 3 万吨/日以上，而各省的“十二五”规划实际投资总和远高于国家的“十二五”规划额。截至 2013 年 9 月份，全国实际餐厨垃圾处理能力只有 8200 吨/日，不足规划处理能力的 30%。按照 2013 年颁布的《餐厨垃圾管理办法》，餐厨垃圾总产生量大于 50 吨/日的城市宜建设餐厨垃圾集中处理设施，据统计全国现有城市有 500 多个，按照平均每个项目 200 吨/日，每个城市 1 个点，市场容量 500 亿～600 亿元。

最后，从目前的趋势来看，在全国范围内推广餐厨垃圾处理收费机制是餐厨垃圾处理行业发展的必由之路。目前全国已有包括京、沪、渝在内的 14 个城市执行了餐厨垃圾收费政策，另有 5 个城市已颁布了未来的收费规划。此外，随着餐厨垃圾处理市场化进程的推进，东江环保、维尔利和桑德环境均已涉足餐厨垃圾处理市场，连续中标餐厨垃圾处理项目，投资额达到数十亿元，使得地方政府无论在建设期和运营期的负担都将大为下降，因此未来数年内餐厨垃圾处理市场将会加速发展。

第七章　供热行业发展报告

城镇集中供热行业是城市公用事业重要的组成部分，是中国北方寒冷地区居民重要的生活必需品。在计划经济体制下，中国供热行业采取了以苏联为代表的供热行业体制，主要表现为政府将供热作为重要的福利性产品，实行政府或企事业单位自己投资和运营，本单位员工则根据单位的福利性住房来享受福利性供热。改革开放以来，国家开始逐步对供热行业的计划体制进行改革，但是改革总体进展缓慢，并带来诸多的问题。本章首先分析了供热行业的技术经济特征并重点分析了城镇供热行业的市场化改革进程及其成效；其次，重点分析了城镇供热行业的供给发展情况，分析了城镇供热行业快速发展的基本态势；再次，分析了城镇供热行业的投融资政策及供热行业投融资的发展状况；复次，基于课题组与住建部、中国城镇供热协会的联合调查数据，重点分析了目前城镇供热行业的价格成本情况；最后，针对城镇供热行业存在的诸多问题，重点探讨了深化行业监管体制、供热价格机制和居民补贴机制改革政策。

第一节 供热行业市场化改革

城镇供热是指在城镇地区，通过必要的设备和一定技术手段，把热能输送到各用热单位和居民用户，以保证其生产生活需要。城市供热行业是寒冷地区重要的城市公用事业。城市供热系统一般由三部分组成，即热源、热网和热用户。热源又称热力的生产，主要是指生产和制备一定参数（温度、压力）热媒的锅炉房或热电厂。热网是输送热媒的室外供热管路系统，是热源与热用户连接的纽带，起着输送和分配热源的作用。热用户是指直接使用或消耗热能的室内采暖、热水供应和生产用热等。城市供热系统可以按照不同的分类标准分为不同的种类，见表 7-1：

供热系统分类　　表 7-1

分类标准	主要系统
热媒	热水供热系统，蒸汽供热系统
热源	热电联产系统，锅炉供热系统，以地源热泵、水源热泵、工业余热、核能、太阳能为热源的供热系统
供热管道	单管制供热系统，双管制供热系统，多管制供热系统

一、供热行业的经济性质

集中供热作为市政公用事业的重要组成部分，既有和其他公用事业类似的特性，也具有本身独有的特征，主要表现为以下几个方面。

（一）商品属性

沿袭着计划经济时代的思维习惯，人们一直以来并没有把集中供热关系当作经营者和消费者之间的一种合同买卖关系，而是认为供热是政府的一项福利事业。就经济属性来说，热力同电力等能源一样，本质上是一种可以通过市场进行交易的商品。事实上，我国早就在《合同法》中把“供用热力合同”和用水、电、气的合同视为同一种性质的合同。在“供用热力合同”中法律关系的主体是作为经营者的供热方和作为消费者的取暖方，客体是热能；内容是供热方拥有收取取暖方的权利，承担着提供符合标准的热能的义务和作为经营者所应承担的其他义务，供热方与取暖方所交易的是热能这一特殊商品。

（二）热消费的季节性

自来水、电、燃气等其他公用事业不同，供热行业具有一定的季节性，供热时间主要集中在冬季，而且不同地区所处纬度不同，供热时间也是不一样的，比如黑龙江的供热时间为6～7个月，吉林为5～6个月，内蒙古为5～7个月，甘肃为4～5个月，山东为3～4个月。每当供热季节来临，热源厂和管道运输任务繁重，供热行业面临较大的工作压力，而在其他季节，供热行业的工作压力则比较小，主要是进行设施的维护和检修等工作。热消费的季节性明显降低了设备的利用率，相对提高了供热成本。

（三）地域垄断性

集中供热和水、电、气一样是属于网络型的公用事业，输送过程必须通过管网进行，而且随着服务网络的不断发展，供热企业的平均成本有不断降低的趋势。为了避免重复建设，每个供热区域往往都是只设一个主要热源，另外热电项目的投资属于大型的基础设施项目，项目的投资大、回收期长、中小投资者很难能够自由地进入和退出，这也在一定程度上强化了供热行业的自然垄断特性。另外，由于集中供热是通过管网输送的，受到这种输送方式的限制，集中供热管网只能以单个城市为其基本的输送网络。

（四）资源环境约束性

供热行业主要是以煤炭、燃气、水电等原料进行热量的生产，而这些原料都主要是属于不可再生能源，供热行业在很大程度上依赖于稀缺资源的开采和供给。据统计全国供热采暖耗能全年约为1.3亿吨标准煤，占全社会总能耗的10%，而北方地区约占总能耗的20%，平均耗能是气候相近的发达国家的2～3倍，供热系统热损失约15%～30%。供热行业在产生热量的同时，向空气中释放出大量的有害气体和固体颗粒。在我国，大量规模较小的燃煤和燃气锅炉房的存在，许多有害物质不经过处理就直接排放，加剧了环境污染。因此，供热行业也是节能减排、环保监管的重要对象，环保约束性较强。这就要求供热行业走“绿色供热，环保供热”的路子。

二、中国供热行业的基本特征

中国供热行业是在计划经济体制下形成的，在渐进的市场化改革过程中，供热行业既具有供热行业一般的技术经济特征，同时也具有独特的制度特点。

（一）计划福利供热体制仍然是中国供热体制的主要制度特征

长期以来，中国城镇供热采暖一直采用计划经济的福利供热体制，职工用热、单位付费。在计划经济体制下，城市供热由国营供热企业、房产部门供热事业单位、大型工厂企业锅炉房连片供热和机关、学校、部队等自行管理锅炉房供热等多种供热经营管理方式。随着中国经济市场化改革的逐步推进和供热行业改革的逐步深入，供热行业运行和管理体制也发生了重大的变化，运营主体逐步多元化，供热逐步实现商品化，供热交易逐步实现货币化，但是福利性供热付费体制、政府严格的价格管制、政企不分等问题仍然十分突出，滞后的行业计划体制严重影响供热行业持续高效绿色发展。

（二）城镇集中供热主要分布在三北（东北、西北、华北）地区

由于建国初期能源短缺，国家制定了集中供暖南北供暖线，即累年日平均气温稳定低于或等于5℃的日数大于或等于90天，才能集中供暖。具体到执行中，这条线以秦岭、淮河为准，原则上以中国南北方分界线——秦岭淮河为标准，以北地区应集中供暖，以南地区则不推行集中供暖。具体要求在集中供暖地区，累年日平均温度低于或等于5℃的天气超过90天。由此，中国集中供热地区主要是东北、西北、华北的三北寒冷地区，具体包括黑龙江、吉林、辽宁、北京、天津、河北、山西、内蒙古、山东、江苏、安徽、河南、宁夏、甘肃、青海、新疆等省份。由于城镇集中供热完全是基于计划行政规定的结果，其是否科学，城镇集中供热是否应该在南方实行，近年来引起较大的争议。

（三）热电联产日益成为城镇集中供热的主要形式

供热方式主要包括热电联产、区域锅炉、分散锅炉、电热地膜、热泵技术等。据不完全统计，我国供热产业热源总热量中，热电联产占62.90%、区域锅炉房占35.75%、其他占1.35%。工业用热的热源以热电联产机组为主，区域锅炉房为辅；而集中供热（居民采暖）的热源则以区域锅炉房为主。随着节能减排淘汰落后产能政策在全国的推广，近年来各级地方政府加快了拆除高耗能、高污染、低热效率的区域小锅炉的步伐，而热电联产机组及大吨位锅炉具有节约燃料和减少环境污染的特点，正成为中国北方地区集中供热的主体。

（四）燃料价格成为影响行业各方利益平衡的重要影响因素

我国供热所用能源包括煤炭、燃油、天然气、电能、核能、太阳能、地热

等，但是集中供热所用能源仍以煤炭为主，煤炭占供热成本的60%以上。因此，煤炭价格的波动对企业的成本有显著影响，并在很大程度上决定了供热企业的盈利能力。同时，近年来随着节能减排目标的硬约束压力，北京等城市开始大量使用天然气、轻油或电等清洁替代能源来向城镇居民供热，由于天然气、石油等能源的价格明显高于煤炭价格，因此，燃气、燃油供热明显推高了城镇供热成本，对企业、用户和政府之间的成本分担产生重要的影响。

（五）供热行业面临巨大的发展机遇和供给压力

随着中国城市化进程的加快，居民热力消费呈快速增长的态势。按供热消费市场的终端客户划分，热力供应行业可划分为工商业用户和居民用户两大类。目前工商业用户是中国热力消费的主体，占全国热力消费总量的比重超过70%，但是居民采暖的热力消费增速高于工业领域，占全国热力消费总量约30%且比例不断提高。因此，中国供热行业面临巨大的市场需求和供给保障压力。

三、 中国城镇供热行业市场化改革进程

（一）城镇供热行业改革动因

1. 提高城镇供热企业效率

民间资本进入城镇供热行业对效率的促进作用，一是表现在民营化促使城镇供热行业的管理体制从政企合一的体制转变为政企分离的体制，从而解决政企合一体制下的低效率率问题；二是通过国有企业与民营企业的效率比较，论证至少在竞争性领域，民营企业的效率高于国有企业的效率，因而，民营化能提高城镇供热行业的效率。

首先，民间资本进入倒逼城镇供热行业实现政企分离的管理体制。目前，由于许多城镇供热行业实质上还是实行政企合一的管理体制，企业的主要生产经营活动，特别是较大的投资项目一般都由政府计划安排，企业没有实质性的生产经营决策权；企业的生产经营成果与企业自身物质利益没有密切联系；如果企业发生亏损，则由政府财政进行填补，企业感受不到经营风险。这使企业缺乏有效地开展市场经营活动的活力、动力和压力，而必然存在体制性低效率问题。要使城镇供热企业具有适应市场经济特点的经营机制，一个重要的前提条件就是把政企合一的管理体制改革成为政企分离的体制。在政企分离的管理体制下，企业才能形成作为市场主体所必需的经营机制，政府则从城镇供热行业的垄断经营者转变为竞争性经营的组织者，从而提高政府管理的效率。因此，为彻底转变政府职能

和企业经营机制，应允许民营企业进入城镇供热行业，民营化改革的结果是，一些民营企业进入城镇供热行业，原有的国有企业也改造成为股份制企业，形成多种所有制并存的企业经营主体。这使政府不能像以前管理国有企业那样直接管理民营企业和股份制企业，从而倒逼城镇供热行业从政企合一的体制改革成为政企分离的管理体制，减少政府对企业的干预，企业也才能真正成为市场竞争的主体，从而提高城镇供热行业的体制性效率。

其次，民间资本在竞争性领域比国有企业具有更高的效率。改革开放以来的实践证明，在竞争性产业，民营企业的效率通常高于国有企业。但城镇供热行业在传统体制下，其主要业务通常是由国有企业经营的，因此，在研究国有企业与民营企业的比较效率时，在同一领域就缺乏被比较的对象。在经济发达国家的城镇公用事业在内，国有企业与民营企业是并存的。经济发达国家的学者对国有企业与民营企业的效率比较问题已作了大量的研究。但对于国有企业与民营企业的相对效率，不仅在不同的研究领域有相异的结论，在同一领域，不同的研究者也有不同的结论。国际上已有的研究结果基本上支持民营企业比国有企业具有较高的效率这一观点，这也是英国等发达国家从 20 世纪 80 年代以来，对垄断性产业纷纷实行民营化改革的一个重要理论依据。但应当认识到，国有企业与民营企业有许多不可比的因素，特别是国有企业要比民营企业承担更多的社会责任，因此，从成本、利润等容易观察的指标看，国有企业的效率低于民营企业，这完全是可以理解的。因此，如果要公平地客观评价国有企业与民营企业的效率，就应该剔除那些不可比因素。目前已有研究成果得出的普遍结论是：在垄断性环境中，国有企业与民营企业的整体效率（生产效率与社会分配效率的综合）不存在多大的差别，而在竞争性环境中，民营企业通常比国有企业具有较高的效率。因此，在垄断性产业的竞争性业务领域实行民营化改革，允许部分民营企业进入；而在竞争机制难以发挥作用的自然垄断性业务领域，则应由国有企业为经营主体，以保证国有经济对整个城镇公用事业的控制力。总体而言，民间资本进入城镇供热行业能够增强经营主体的活力，提高供热行业的经营效率。

2. 减轻政府对城镇供热行业的财政负担

从政府的认识上，减少了城镇供热产品的公益性而增加其商品性因素，政府财政又从建设性财政转变为公共财政，这两者相结合，既为民间资本进入城镇供热行业创造了经济基础，民营化结果又反过来减轻政府对城镇供热行业的财政负担。这是因为，只有当城镇供热产品和服务的价格能使经营者补偿成本，并能取得预期的利润时，才能吸引民营企业进入城镇供热行业。而政府对城镇供热产品增强了商品性的认识，并较大幅度提高了城镇供热产品和服务的管制价格，这无疑为吸引民营企业进入创造了经济基础。同时，民营企业进入城镇供热行业后，进行必要的投资和技术创新，并随着经营规模的扩大不断增加投资，在管制价格约束下，以实现利润最大化为目标，优化生产要素组合，努力降低成本。这大大减少了政府对城镇供热行业的投资和价格补贴，从而减轻了政府对城镇供热行业的财政负担，有利于实现由建设性财政转变为公共财政，将更多的财政支出用于公共服务和社会管理，逐步实现公共福利均等化，提高全社会的福利水平。

3. 增强城镇供热行业的供给能力

按照联合国开发计划署推荐的标准，发展中国家城镇基础设施（城镇供热等市政公用事业）投资应占 GDP 的 3%～5%，或占固定资产投资的 9%～15%。而我国在 1952 年～2000 年的 49 年里，城镇基础设施投资占 GDP 的比例平均只有 1.37%，仅为联合国推荐指标的 27%～46%；占固定资产投资比例只有 4.3%，仅为联合国推荐指标的 29%～48%。可见，城镇基础设施领域历史欠账巨大。

中国城镇基础设施的投资会伴随城镇化而不断扩大。据有关专家测算，城镇化每提高 1 个百分点，城镇基础设施投资约需增加 2600 亿元。2003 年城镇化率为 40.5%，城镇基础设施投资约为 3200 亿元；“十二五”期间城镇化水平将超过 50%，到 2020 年，城镇化率将提高到 60%左右，按上述比例估算，城镇基础设施投资将增至 27900 亿元（经 CPI 调整后的 2000 年价格为 27600 亿元）。根据国家 2020 年 GDP 比 2000 年翻两番的目标，那时中国 GDP 将达约 40 万亿（2000 年价格），如果财政收入占 GDP 的比例保持目前 20%的水平，可达 8 万亿元左右。届时，如果社会事业支出占 GDP 的比例达到 15%，行政管理支出占 GDP 的比例从 2006 年的 2.6%下降 2%，国防支出占 GDP 的比例维持 1.5%左右的较低水平，那么这三项支出就将达到 7.4 万亿元，剩下的 6000 亿元只及城镇基础设施所需投资的 21.7%，存在至少 2.16 万亿元的资金缺口。诚然，政府可以通过发行市政债券等形式融资以填补资金缺口，但这要以政府财政作担保，最终还是政府财政支出。民间资本的进入和投资主体多元化则可以弥补供热行业资金缺口，增强供热行业供给能力。

（二）供热行业市场化改革的主要历程

中国城镇供热行业改革可追溯到 1978 年，早期尽管在经营方式和融资体制方面均作了改革的尝试，就城镇供热行业总体格局而言，真正意义上的市场化改革始于 20 世纪 90 年代初。从城镇供热行业改革历程看，呈现渐进性，逐步深化的特点。根据制度创新的历程，可大致分为三个阶段。

1. 引入民间资本和建立现代企业制度（1993 年～2001 年）

20 世纪 90 年代初，城镇供热行业开始进行市场化改革。一批城镇供热企业按照《公司法》的要求初步实现了改组和改制，成立了有限责任公司。进入 20 世纪 90 年代，中国加快了包括价格管理体制在内的各种经济体制改革步伐，但城镇供热行业的价格改革相对于其他公用事业价格改革缓慢。虽然供热企业在积极探索现代经营机制，但总体上管理体制上没有实质性的变化，产权关系仍然不够清晰，政企未能完全放开，机制没有完全创新，只在经营上减少了一些政府部门的干预，在一定程度上刺激了企业加强经营管理的积极性，但距离真正意义上的现代企业制度仍有较大差距。

这个阶段的主要特征和实践内容是，以市场为导向、招商为主导、项目融资为载体。由于在中国改革开放初期，招商引资是经济建设和发展的主流思路，以项目为依托的招商引资活动是经济发展的总体思路。因此，在城镇供热行业投融资的模式上，也是沿袭这个思路，主要是以项目为载体，招商引资为主导。由于这个时期在城镇供热行业还是以国有经济为主导，而且资本存量规模小，部分城镇开始打破了国有经济包揽城镇供热行业的格局，但这个时期的城镇供热行业投融资改革活动，仍然是零星式、探索性的。

这一时期城镇供热行业，除少数几个企业按照现代企业制度要求进行了改革外，大多数国有供热企业改革严重滞后，在产权制度、经营机制、用工制度等诸多方面都还没有实现根本性改变，造成企业产权不明晰、经营机制僵化，严重制约了企业经营管理效率的提高。一方面加重了人民群众的负担，另一方面愿意投资城镇供热的单位和企业又很难进入这个行业，进一步造成供热成本居高不下。

2. 政企分开和产权多元化改革（2002 年～2005 年）

到 21 世纪初，在中国国城镇供热行业，除少数几个企业按照现代企业制度要求进行了改革改制外，大多数国有供热企业改革严重滞后，在产权制度、经营机制、用工制度等诸多方面都还没有实现根本性改变，造成了企业的产权不明晰、经营机制僵化，严重制约了企业经营管理效率的提高。

2003 年建设部等部门在《关于城镇供热体制改革试点工作的指导意见》中指出城镇供热行业要实行特许经营制度，引用竞争机制，深化供热企业改革，培育和规范城镇供热市场。引导和鼓励各种所有制企业参与城镇供热采暖设施的建设、运营和改造。进一步深化国有供热企业产权制度改革，加快建立现代企业制度。国有供热企业可以通过吸收多种经济成分，改制为多元投资主体的有限责任公司或股份有限公司；鼓励国有大中型供热企业以参股、控股、兼并等形式跨地区经营城镇供热企业，推动供热企业的规模化、集约化经营。同时建立严格的供热价格听证会制度，按照保本微利的原则合理确定供热价格。要通过改革最终实现城镇供热行业政企分开、政事分开，使城镇供热企业成为符合现代企业制度要求的市场主体；建立起适应市场经济发展需要的竞争机制、企业经营机制和政府监管机制。如2004年10月太原首次在供热行业引入民间资本——中创集团公司负责建设和运营尖草坪北部地区集中供热工程管线，以太原第二热电厂南围墙为起点，中北大学内新建供热站为终点，全长9.4公里，沿途新建两座总面积为3000多平方米的现代化换热站，建造钢筋混凝土供热室120多个，顶管穿越铁路2处，规划供热面积达到150万平方米。尖草坪北部地区集中供热工程的建成，一来将彻底改善太原市上风向大气环境质量及中北大学校园环境，节约能源，对太原市为改善大气环境而实施的蓝天环境保护工程十分有利；二来也可以优化省城投资环境，推动尖草坪区及全市旅游业的发展。

又如，2002年10月捷能热力电站有限公司开始进入黑龙江省哈尔滨市供热行业，经过10余年的发展，已成长为哈尔滨市最大的民营供热企业。目前，捷能热力电站有限公司在哈尔滨市松北区拥有3处热源车间、2个供热管理所、102个供热管理站，现有大型供热锅炉12台，新（扩）建锅炉4台，承担着松北区60个居民小区、5万多热用户的供热任务。10年间，捷能热电人奋斗的脚步还遍及牡丹江、鹤岗等城镇，总供热面积已达到1000多万平方米。

3. 推进市场化运营方式和加强政府监管（2006年至今）

随着2005年国务院出台《关于鼓励支持和引导个体私营等非公有制经济发展的若干意见》，并指出允许非公有资本进入公用事业和基础设施领域。加快完善政府特许经营制度，规范招投标行为，支持非公有资本积极参与城镇供水、供气、供热、公共交通、污水垃圾处理等市政公用事业和基础设施的投资、建设与运营。在规范转让行为的前提下，具备条件的公用事业和基础设施项目，可向非公有制企业转让产权或经营权。鼓励非公有制企业参与市政公用企业、事业单位的产权制度和经营方式改革。在相关政策的支持和指导下，供热行业市场化改革项目开始有所增多，如北京华通热力集团较早地将BOT、TOT引入到城镇供热行业，截至2010年，华通热力已于保利地产、龙湖地产、珠江地产、鲁能地产、金隅集团、建工集团、住总集团、光大地产等开发商合作，采取BOT和TOT模式投资运营的项目近30个，供热面积超过1200万平方米，总投资额近2亿元；主要项目有融科橄榄城、沙河大学城等。BOT供热模式对于开发商而言，最大的好处是节省锅炉等供暖设备的投资，减轻设备招标、安装、施工的压力，实现系统、设备的最优化配置。对于物业管理方，BOT可以形成建造、运营的延续性，避免供暖产生的负面影响，把物业管理费用产生盈亏的可能性结果转化为预定量化指标。业主在按时、按质地得到供暖、卫生热水服务的同时不再支付供暖设备的维修费用，供热公司在承包期限到期后全套设备无偿转让给业主。

自2002年以来，中央政府推动进行城镇供热等市政公用事业市场化改革，让民营经济全面渗透城镇供热等市政公用事业领域。在这个过程中，逐渐暴露出由于民营经济的进入而出现的市场失灵问题。中国在城镇供热行业上欠账太多，而面对公众对城镇公用产品在数量和质量上不断增长的要求，政府财政显得力不从心，资金短缺问题显得非常紧迫。这种局面的出现，资金短缺是一个方面，而更为重要的是由于城镇政府部门主导下的市政公用事业效率低下，正是这种低效率才导致了公用事业难以为继。在城镇供热行业市场化改革过程中，部分政府因为急于将现有资产套现，为新建项目筹集资金，而采取了协议方式实施产权转让和特许经营权的授予，没有经过公开的招投标，以致于难以实现合理的资产或经营权价格。同时，这种理念上的错位，还导致了许多政府行为的短期化，对许多城镇供热行业的资产一卖了之，当成包袱甩掉，没有承担起相应的政府责任。这种做法的后果是，一方面政府缺乏与私人部门长期合作的精神，在公私合作的过程中对私人投资者支持、协调和监督不足，不利于公用事业的稳定发展。另一方面，公众的利益被忽视了，甚至有的政府与投资者合谋，通过提高价格、无偿划拨土地等来维持投资者的不合理回报，却将风险或债务负担转嫁给了公众。这种理念下的市场化还会导致政府监管不到位，政府责任范围之内的控制力减弱，从而危及公共安全。尤其是城镇供热行业运营涉及安全问题，在民营经济进入后，追逐利润的民营经济，可能会忽视对安全的投入，这种情况下，如果政府监管不到位，就会直接危害公众的财产和生命安全。鉴于此，2005年10月建设部发布了《关于加强市政公用事业监管的意见》的通知，各城镇主管部门开始注重对城镇供热等市政公用事业领域的监管。进入该时期，市政公用事业市场化改革以完善法律法规为依托，重点放在推动市政公用事业监管体制建立与完善方面。

（三）城镇供热行业市场化改革评价

第一，城镇供热行业市场化程度整体偏低，改革严重滞后。据不完全统计，中国城市供热行业市场化改革程度低于20%，同时存在少部分省市通过引入民营和外资，提升市场化程度，如山西、内蒙古、吉林、黑龙江等省份，而陕西、青海等省份引入市场机制，进行城镇供热行业市场化改革尝试还不多见。相对于供水等城市公用事业的改革，供热行业改革严重滞后，并且停滞不前。

第二，供热价格市场化改革进程缓慢。供热价格形成机制仍然处于不合理状态。虽然在2003年启动的供热体制改革中已明确提出要建立原料价格与供热价格的联动机制，但是煤炭与供热价格联动机制，并没有真正付诸实施。由于中国供热价格调整的法定程序较多且供热行业“市场煤、计划热”的特点决定了供热价格的变动具有明显的滞后性。供热定价机制具有明显的行政色彩，供热企业仍只能被动地承受上游原料价格波动的影响，政府补贴是主要的补偿机制。供热价格制定机制不合理，供热成本不透明，供热成本核算不规范，缺乏与定价政策相配套的企业成本约束与激励机制。

第三，城镇供热行业缺乏有效的管理体制。随着城镇化快速发展和群众生活质量的提高，要求供热行业供热规模扩大和服务质量的提高，但目前城镇供热行业面临的供热成本与收益倒挂，企业长期亏损运行，管网老化现象普遍，事故频发等情况，是市场化改革过程中城镇供热保障的挑战之一。同时，政府监管法律不完善、监管机构不合理、监管手段缺乏问题突出，而且城镇供热市场运作不规范，缺乏有效的准入机制，热源、热网、热用户不协调和缺乏有效衔接机制等问题亟待解决。

第四，城镇供热企业市场化运营方式不规范。政府指定企业或单位机构运营方式依然是目前城镇供热行业选择运营企业的主要方式。特许经营开始在较大范围内应用，但目前在合同、运营与到期移交等方面规范的特许经营企业还较少。因此，未来一段时间内，规范特许经营企业进入与运营，仍然是未来一段时间内提升供热企业效率的重要任务。同时，在特许经营期的选择上还不太规范，多数选择 20 年或 30 年作为特许经营期，缺乏依据企业特征和预期回报合理选择特许经营期的过程。

第二节　供热行业投资与建设

一、 供热行业建设发展情况

（一）供热能力迅速增长

改革以来，我国蒸汽和热水供热能力呈现加速增长的态势。蒸汽供热能力从 1981 的 754 吨/小时上升到 2013 年的 84362 吨/小时，2013 年是 1981 年的 112 倍。中国热水供应能力从 1981 年的 440 兆瓦，上升到 2013 年的 403542 兆瓦，2013 年是 1981 年的 917 倍。

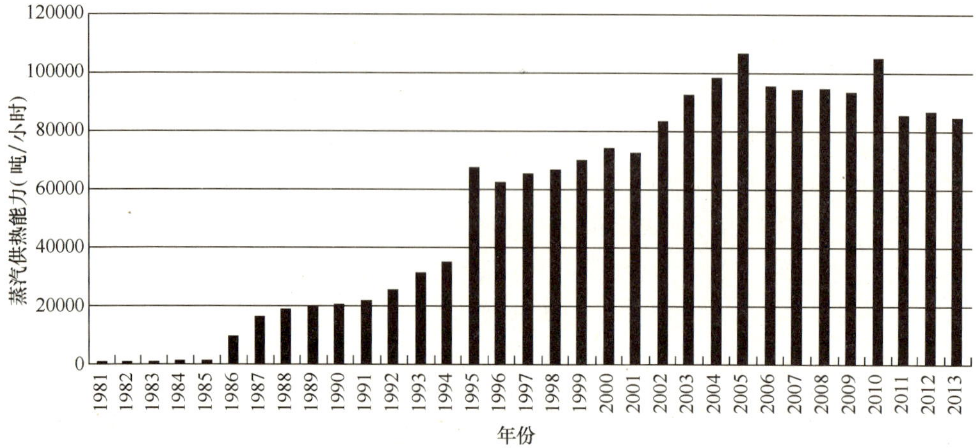

图 7-1 蒸汽供热能力增长

数据来源：根据《中国城市建设统计年鉴》计算得到。

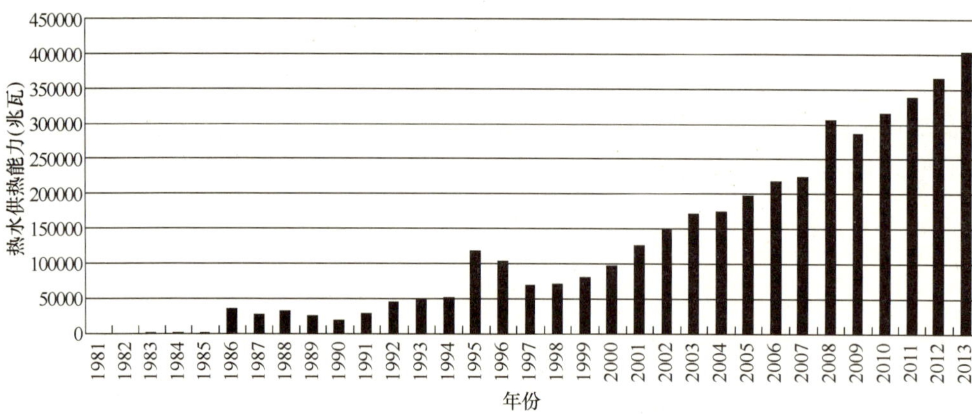

图 7-2 热水供热能力增长

数据来源：根据《中国城市建设统计年鉴》计算得到。

（二）城镇集中供热总量不断增加

中国城镇供热总量不断增加，供热总量总体上呈现不断增长的趋势。全国供热行业供热总量由 1981 年的 824 万吉焦上升到 2013 年的 319704 万吉焦，2013 年是 1981 年的 388 倍，1981 年到 2013 年的年均供热增长率为 58%。1981 年以来，供热总量增长速度越来越快，供热总量的增速大体分为三个阶段：1981 年～1989 年的低速增长阶段，1990 年～2001 年中速增长阶段，2002 年～2013 年的高速增长阶段。

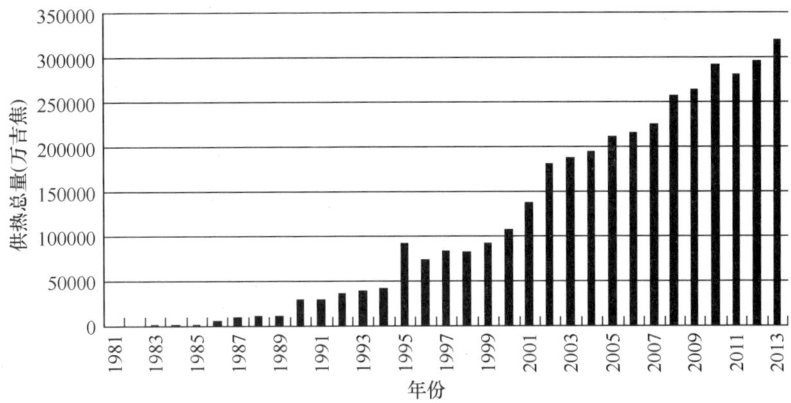

图 7-3　1981 年～2013 年城市产热总量变化情况

数据来源：《中国城市建设统计年鉴》。

（三）供热主干管长度增长迅速

供热管道根据管道内流动介质的不同可以分为蒸汽管道和热水管道，中国的供热管道主要以蒸汽管道为主，热水管道为辅。中国气候严寒和寒冷地区的 19 个省、直辖市、自治区的 134 个地级以上的大、中城市都有集中供热热力网设施，并正在向大型化发展，从 2005 年到 2013 年供热管道长度以每年 1～2 万公里增长，截至 2013 年中国集中供热主干管长达 16.59 万公里。

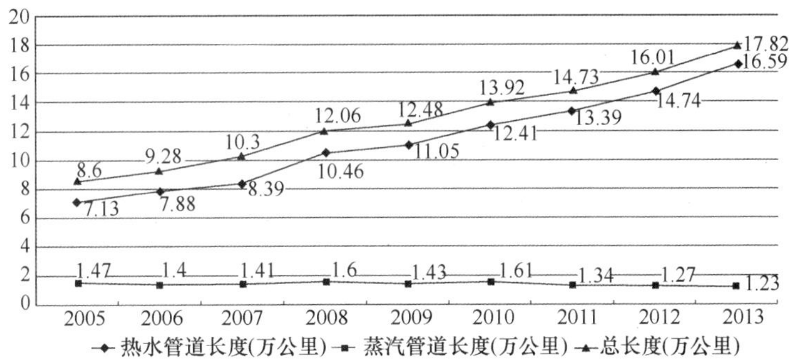

图 7-4　全国集中供热管道长度增长

数据来源：《中国城市建设统计年鉴》。

（四）供热面积快速增长

随着中国城市化进程的加快，城镇集中供热面积快速增长。2005 年以来全国城镇集中供热面积以每年 3 亿～4 亿平方米的速度增长，住宅供热面积以每年2 亿～3 亿平方米的速度增长。2013 年全国集中供热面积达 57.17 亿平方米，住宅供热面积达 42.08 亿平方米，住宅供热面积占总供热面积的 73.66%。

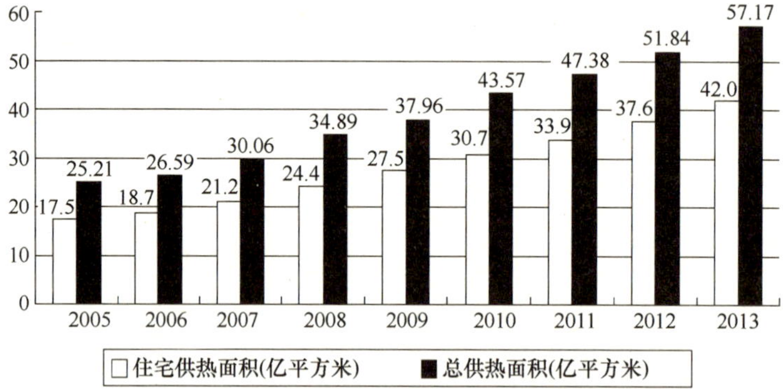

图 7-5　2005～2013 年城市集中供热面积增长

数据来源：《中国城市建设统计年鉴》。

（五）热电联产供热总量所占比重不断上升

“十一五”期间，全国新增供热组装机容量约 6000 万千瓦，2011 年中国热电联产装机规模为 141.30GW，2012 年供热机组装总容量达到 156.93GW，约占同期全国火电机组装机总容量的 19.16%。到 2012 年底，6000 千瓦及以上热电联产装机已超过 2.2 亿千瓦，达到 22075 万千瓦，占同口径火电装机容量的 27.49%，占全国发电机组总容量的 19.25%，居世界第一。

进入 20 世纪 90 年代，在国家大力支持和推动下，中国城市热电联产集中供热迅速的发展了起来。黑龙江的齐齐哈尔、牡丹江、佳木斯，吉林省的长春和吉林，辽宁的抚顺、阜新、大连、锦州，内蒙古的呼和浩特、包头，河北的唐山、邯郸、邢台、承德，新疆的乌鲁木齐、石河子，山西的太原、大同，山东的济南、青岛、淄博、烟台、泰安和河南的郑州，相继建设了大批热电厂，向城市集中供热。到 2013 年，城市集中供热热源总量中，热电联产占了 50%。其中河北、山西、内蒙古、安徽、山东、河南等省份热电联产供热总量所占的比重已超过 50%。

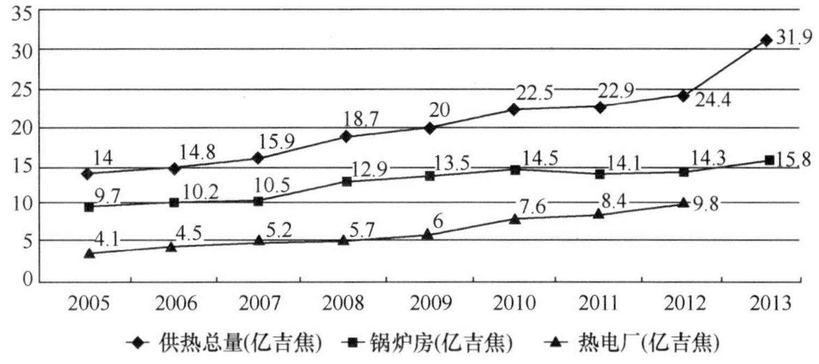

图 7-6　2005 年～2013 年热电厂和锅炉房供热总量增长

数据来源：根据《中国城市建设统计年鉴》计算得到。

二、 2013 年供热行业热力供应情况

（一）热力供应基本情况

2013 年全国供热管道长度为 8.67 万公里，服务人口为 5879 万，“十一五”期间固定资产投资额为 4802443 万元，供热天数为 151 天，燃煤用量为 715 万吨，天然气用量为 6.2 亿立方米，如表 7-2 所示。

2013 年全国供热基本情况　　表 7-2

省(区、市)	供热管道长度(公里)	服务人口(万人)	供热天数(天)	燃煤用量(万吨)	天然气用量(万立方米)
北京	1946.97	85.19	133	68.16	3965.05
天津	3968.52	270.96	133	106.92	1732.03
河北	8203.68	554.47	134	293.443	1269.65
山西	4517.72	543.7	154	216.3806	1.00
内蒙古	4747.71	445.59	185	308.97	996.50
辽宁	21990.17	1002.83	153	3593.59	0
吉林	11749.59	896.18	170	574.41	1.40
黑龙江	1927.93	134.4	183	148.28	0
山东	8595.79	581.36	129	970.04	4014.30
河南	2144.70	153.5	120	35.28	159.16
陕西	6838.61	137.5	123	134.51	0
甘肃	1314.32	207.79	142	141.83	1365.00
青海	36.00	3.16	196	0	3030.00
宁夏	3869.07	197.32	157	133.79	542.00
新疆	4933.48	665.88	164	427.58	44915.98

1. 供热管道长度

2013 年全国供热管道长度最长的省份为辽宁省，最短的为青海省。供热管道长度在 1000～2000 公里的省份有甘肃、黑龙江、北京；2000～4000 公里的省份有河南、宁夏、天津；4000～7000 公里的省份有山西、内蒙古、新疆、山西；7000 公里以上的省份有河北、吉林、山东、辽宁。

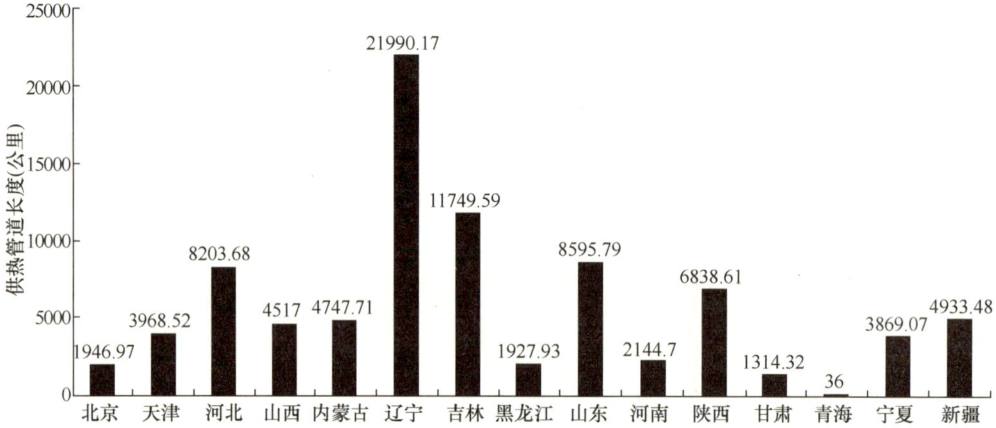

图 7-7　2013 年各省（区、市）供热管道长度基本情况

数据来源：根据课题组调研数据。

2. 服务人口

2013 年全国供热服务人口最多的省份为辽宁省，最少的为青海省。供热服务人口在 3～100 万人口的省（区、市）有青海、北京；供热服务人口在 100～200 万的省市有黑龙江、河南、陕西、宁夏；供热服务人口在 200～400 万的省市有甘肃、天津；供热服务人口在 400～800 万的省市有内蒙古、河北、山西、山东、新疆；供热服务人口在 800 万以上的省（区、市）有吉林、辽宁。

3. 居民和非居民供热面积

从供热省份调查数据来看，2013 年，除北京居民供热面积占总供热面积的 31％、新疆占 61％外，其他省份的居民供热面积均在 70％以上。从居民供热面积与非居民供热面积比较来看，2013 年全国中居民供热面积为 16.4 亿平方米，非居民供热面积为 5.7 万平方米；居民供热面积是非居民供热面积的 3 倍。从具体省份居民供热和非居民供热面积比来看，山东、河南、山西这一比例达到了 5 倍左右，其中居民用户供热面积最大的省份为山东，最小的省份为青海；非居民用户供热面积最大的省份为辽宁，最小的省份为青海。

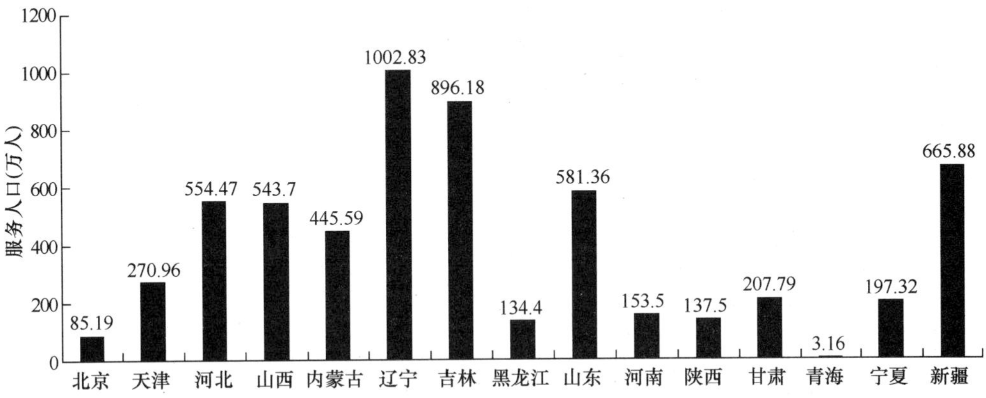

图 7-8　2013 年各省（区、市）供热服务人口基本情况

数据来源：根据课题组调研数据。

2013 年主要供热省（区、市）居民和非居民用户供热面积基本情况　表 7-3

省（区、市）	居民		非居民	
	供热面积（平方米）	比例（%）	供热面积（平方米）	比例（%）
北京	3275.21	31	7352.04	69
天津	6327.00	77	1922.14	23
河北	22451.53	75	7314.99	25
山西	15559.97	78	4376.53	22
内蒙古	9116.75	70	3946.31	30
辽宁	29015.54	78	8301.33	22
吉林	16475.88	70	6924.67	30
黑龙江	5953.00	74	2115.00	26
山东	29864.06	80	7261.99	20
河南	3815.80	84	728.00	16
陕西	7431.34	87	1103.10	13
甘肃	3302.43	76	1071.11	24
青海	144.30	72	57.10	28
宁夏	4844.18	78	1357.93	22
新疆	6564.67	61	4113.09	39

数据来源：根据课题组调研数据。

从具体省份居民供热面积占总供热面积比重来看，居民供热面积所占比重最大的省份为陕西，最小的省份为北京。居民供热面积所占比重在50%以下的只有北京市，50%～70%的省份有新疆、内蒙古、吉林，70%～80%的省份有天津、河北、山西、辽宁、黑龙江、山东、甘肃、青海、宁夏，80%以上的省份有河南、陕西。

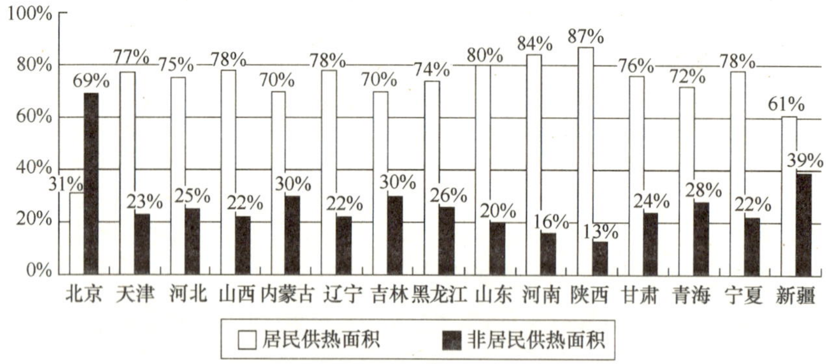

图 7-9　2013 年主要供热省（区、市）居民和非居民供热面积所占比重

数据来源：根据课题组调研数据。

4. 供热天数

2013 年供热天数最多的省份为青海，最少的为河南。供热天数在 120～130 天的省份为山东、河南、山西；供热天数在 130～140 天的省份为北京、天津、河北；供热天数在 140～180 天的省份为山西、辽宁、吉林、宁夏、新疆；供热天数在 180～200 天的省份为内蒙古、黑龙江、青海。

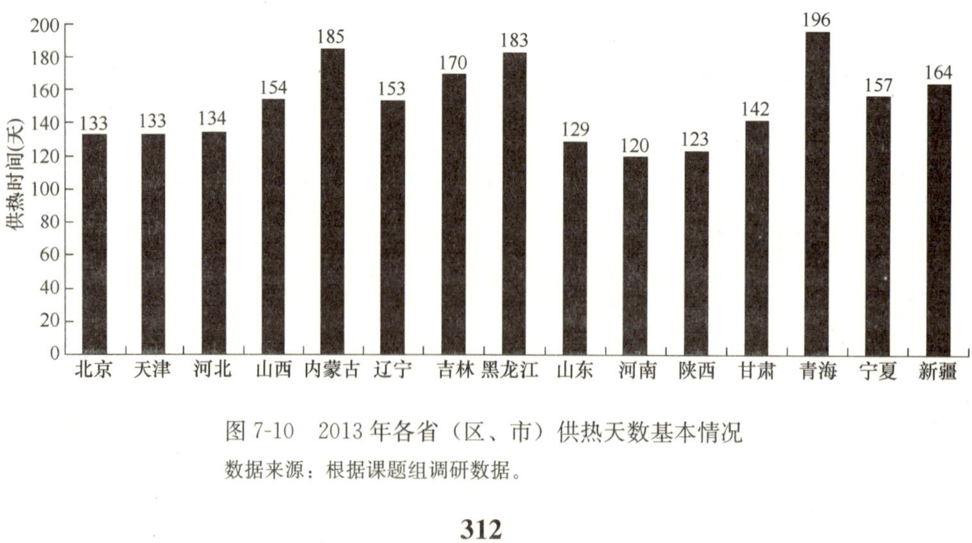

图 7-10　2013 年各省（区、市）供热天数基本情况

数据来源：根据课题组调研数据。

5. 燃煤用量

2013 年供热燃煤用量最多的省份为辽宁，最少的为青海。燃煤用量在 100 万吨以下的省份为青海、河南、北京；燃煤用量在 100 万～200 万吨的省市为天津、黑龙江、陕西、甘肃、宁夏；燃煤用量在 200 万～600 万吨的省份为河北、山西、内蒙古、吉林、新疆；燃煤用量在 900 万吨以上的省份为山东、辽宁。

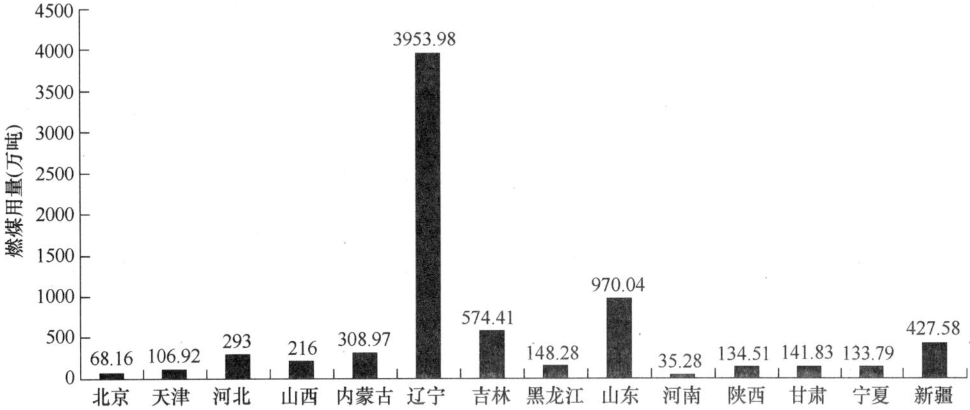

图 7-11 2013 年各省（区、市）燃煤用量基本情况

数据来源：根据课题组调研数据。

6. 天然气用量

2013 年供热天然气用量最多的省份为新疆，最少的为辽宁、黑龙江、陕西。天然气用量在 100～1500 万立方米的省份有吉林、山西、河南、河北、内蒙古、甘肃、宁夏；天然气用量在 1500～4000 万立方米的省份有天津、北京、青海；天然气用量在 4000 万立方米以上的省份有山东、新疆。

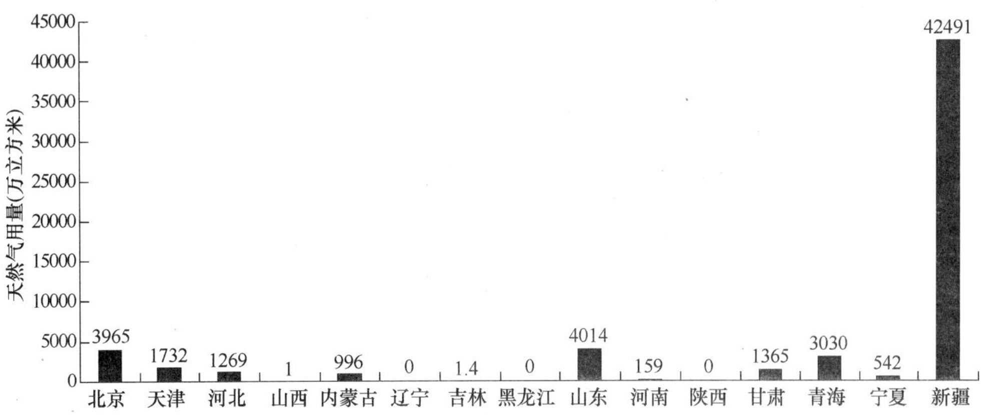

图 7-12 2013 年各省（区、市）天然气用量基本情况

数据来源：根据课题组调研数据。

（二）供热结构逐步优化

从北方供热地区的供热面积结构分析来看，2013 年供热行业体现出明显的结构优化趋势，供热行业技术效率稳步提高，行业发展体现出明显的节能减排和绿色发展趋势。

1. 目前热电联产供热和燃煤锅炉供热是主体，同时燃气、燃油锅炉供热面积快速上升

从供热总面积来看，2013 年全国热电联产供热面积为 12.7 亿平方米，所占比重为 49%，燃煤锅炉供热面积为 12.4 亿万平方米，所占比重为 48%，燃气锅炉供热面积为 0.6 亿平方米，所占比重为 2%，燃油锅炉面积为 0.03 亿平方米，所占比重为 1%。中国供热主要以热电联产供热和燃煤锅炉供热，两者所占的比重达到了 97%。

从不同形式供热面积比例来看（表 7-4），2013 年以热电联产供热为主的省（区、市）主要有河北、山西、内蒙古、黑龙江、山东、河南，北京、甘肃、青海没有采用热电联产供热方式；以燃煤锅炉供热为主的省（区、市）有北京、天津、辽宁、吉林、陕西、甘肃、宁夏；以燃气锅炉供热为主的省（区、市）只有青海，山西、辽宁、黑龙江、山东、陕西均没有采用燃气锅炉供热方式；燃油锅炉全国仅有黑龙江和宁夏两省采用，并且所占比例仅为 1%。比较来看，热电联产供热面积最大的省份为河北，燃煤锅炉供热面积最大的省份为辽宁，燃气锅炉供热面积最大的省份为青海，燃油锅炉供热面积最大的省份为黑龙江和宁夏。

2013 年全国不同形式供热的供热面积基本情况　　表 7-4

省（区、市）	热电联产（万平方米）		燃煤锅炉（万平方米）		燃气锅炉（万平方米）		燃油锅炉（万平方米）	
	总计	比例	总计	比例	总计	比例	总计	比例
北京	0	0	3458	88%	456	12%	4.45	0
天津	2491	30%	5423	64%	500	6%	0	0
河北	29519	73%	10282	26%	477	1%	2.89	0
山西	12590	62%	7236	36%	428	2%	0	0
内蒙古	7172	57%	5369	43%	0	0	0	0
辽宁	18345	37%	31405	63%	101	0	0	0
吉林	12677	42%	16872	56%	360	1%	0	0
黑龙江	4728	64%	2605	36%	0	0	0	0
山东	22513	52%	20129	47%	75	0	300	1%

续表

省（区、市）	热电联产（万平方米）		燃煤锅炉（万平方米）		燃气锅炉（万平方米）		燃油锅炉（万平方米）	
	总计	比重	总计	比重	总计	比重	总计	比重
河南	5893	88%	452	7%	330	5%	0	0
陕西	3470	34%	6850	66%	0	0	0	0
甘肃	0	0	4589	98%	98	2%	0	0
青海	0	0	0	0	110	100%	0	0
宁夏	2281	32%	4720	66%	100	1%	59	1%
新疆	5811	41%	5157	37%	3150	22%	1	0

数据来源：根据课题组调研数据。

2. 热电联产供热面积

2013 年热电联产供热面积占总供热面积的比例为 49%，2013 年热电联产供热面积最大的省份为河北，最小的省份为甘肃、青海等。热电联产供热面积比例超过 50%的省份有河北、山西、黑龙江、河南。

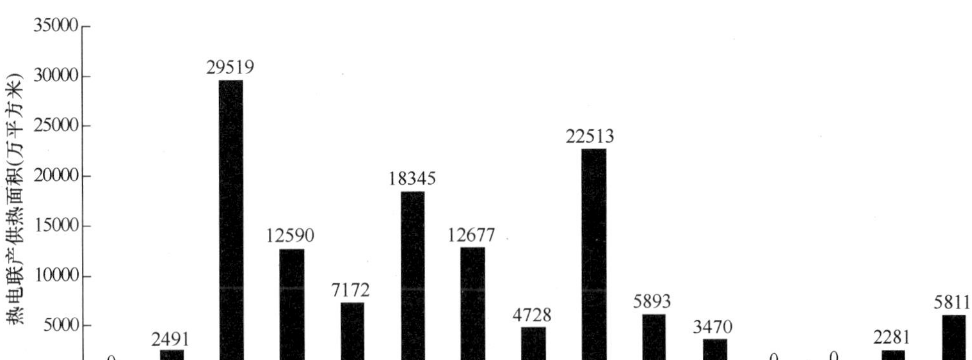

图 7-13　2013 年各省市热电联产供热面积基本情况

数据来源：根据课题组调研数据。

3. 燃煤锅炉供热面积

2013 年热电联产供热面积占总供热面积的比重为 48%，2013 年燃煤锅炉供热面积最大的省份为辽宁，最小的省份为青海。燃煤锅炉供热面积比重超过 50%的省（区、市）有北京、天津、辽宁、吉林、陕西、甘肃、宁夏。

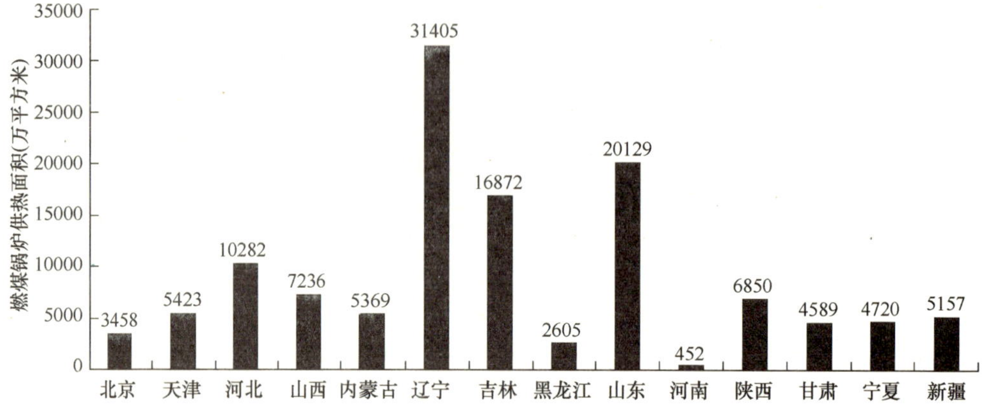

图 7-14　2013 年各省（区、市）燃煤锅炉供热面积基本情况

数据来源：根据课题组调研数据。

4. 燃气、燃油锅炉供热面积

2013 年燃气锅炉供热面积占总供热面积的比例为 2%，2013 年燃气锅炉供热面积最大的省份为新疆，最小的省份为内蒙古、陕西、黑龙江，燃气锅炉供热面积比例超过 50%的省份有新疆。2013 年燃油锅炉供热面积占总供热面积的比例为 1%，2013 年燃油锅炉供热面积最大的省份为山东，最小的省份为天津、山西、内蒙古、辽宁、吉林、黑龙江、河南、陕西、甘肃、青海。

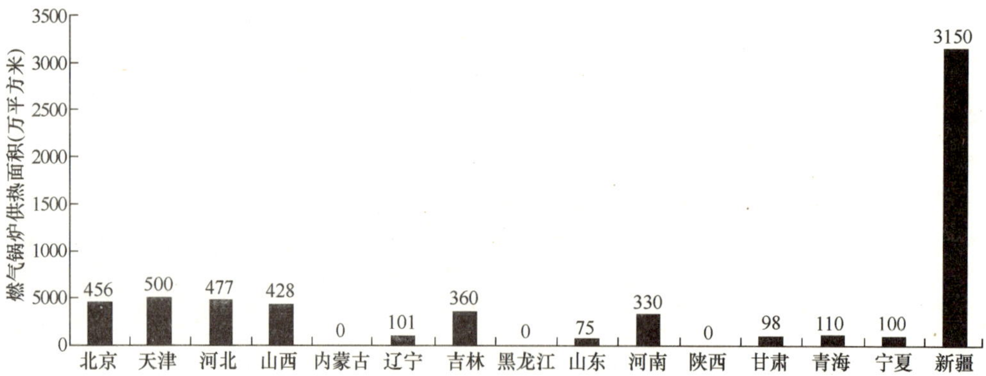

图 7-15　2013 年各省（区、市）燃气锅炉供热面积基本情况

数据来源：根据课题组调研数据。

三、 供热行业投融资

供热基础设施投资规模大、周期长、回收慢，建成后正常的维护均需要大量

稳定的资金投入。所以，稳定的投资是保证供热行业可持续发展的基础，有效的投资激励是确保有效投资的关键。

近年来，伴随着城镇化进程的加快，供热需求随之上升。但是，供热产品的供给明显不足，供热普及率不高，地域间供给能力也存有较大差距。尽管供热行业投资总体上呈历年上升趋势，增长幅度较大，然而，相对于社会需求而言仍然不足。

（一）供热行业投资政策

城镇集中供热行业投资政策主要体现在一系列文件和规章上。

2000 年建设部印发《城市市政公用事业利用外资暂行规定》第二条中规定，“本规定所称城市市政公用事业包括城市供水、供热供气、公共交通、排水、污水处理、道路与桥梁、市容环境卫生、垃圾处置和园林绿化等”，这意味着外资可进入供热行业。

2002 年建设部发布的《关于加快市政公用行业市场化进程的意见》，这是国家第一次以文件的形式确定了市政公用事业民营化的改革方向，对市政公用事业改革具有重要的意义。

2003 年国家多部委颁发的《关于城镇供热体制改革试点工作的指导意见》提出，“改革单位统包的用热制度，停止福利供热，实行用热商品化、货币化；加大新型墙体材料、建筑节能技术的推广应用和供热采暖设施的技术改造力度，提高热能利用效率，改善城镇大气环境质量；继续发展和完善以集中供热为主导、多种方式相结合的经济、安全、清洁、高效的城镇供热采暖系统；加快供热企业改革，引入竞争机制，培育和规范城镇供热市场”。这标志着供热商品化，集中供热成为主要的供热方式。

2004 年国务院颁布《国务院关于投资体制改革的决定》提出，“鼓励社会投资。放宽社会资本投资领域，允许社会资本进入法律法规未禁入的公用事业领域。”和“进一步拓宽企业投资项目的融资渠道。允许各类企业以股权融资方式筹集投资资金，逐步建立起多种募集方式相互补充的多层次资本市场。”

2005 年国务院发布的《关于鼓励支持和引导个体私营等非公用制经济发展的若干意见》（简称“非公 36 条”），明确提出“加快完善政府特许经营制度，规范招标行为，支持非公有资本积极参与城市供热等市政事业和基础设施的投资、建设与运营。”

2010 年国务院发布的《关于鼓励和引导民间投资健康发展的若干意见》（简称“新 36 条”），提出：“鼓励民间资本积极参与市政公用企事业单位的改组改制，具备条件的市政公用事业项目可以采取市场化的经营方式，向民间资本转让产权或经营权。”与“旧 36 条”相比，“新 36 条”的准入范围更为细化，投资方式更具体，操作也很明确。

2014年财政部发布的《政府和社会资本合作模式操作指南》中第六条规定，“投资规模较大、需求长期稳定、价格调整机制灵活、市场化程度较高的基础设施及公共服务类项目，适宜采用政府和社会资本合作模式。”供热行业基础设施建设投资规模较大、需求具有季节性、市场化程度也逐步深化。这项文件的出台，对供热行业引入PPP模式提供了政策支持，对供热行业引入社会资本具有重要的指导作用。

2015年《外商投资产业指导目录（2015年修订）》中规定，限制外商对“城市人口50万以上的城市燃气、热力和供排水管网的建设、经营（中方控股）”的投资。允许外商对“采用背压（抽背）型热电联产、热电冷多联产、30万千瓦及以上热电联产机组电站的建设、经营”进行投资。

（二）供热行业投资现状

1. 固定资产投资总额呈逐年上升趋势

在城镇化的带动下，供热产品需求量不断增加，这使得供热行业的投资逐年增加。集中供热作为主要的供热方式，其投资情况对于了解供热行业投资情况具有重要作用。我国集中供热固定资产投资从2004年的173.4亿元上升到2012年的630.3亿元，2012年集中供热固定资产投资金额大约是2004年的3.6倍。2004年以来，集中供热固定资产投资处于一直增长期。

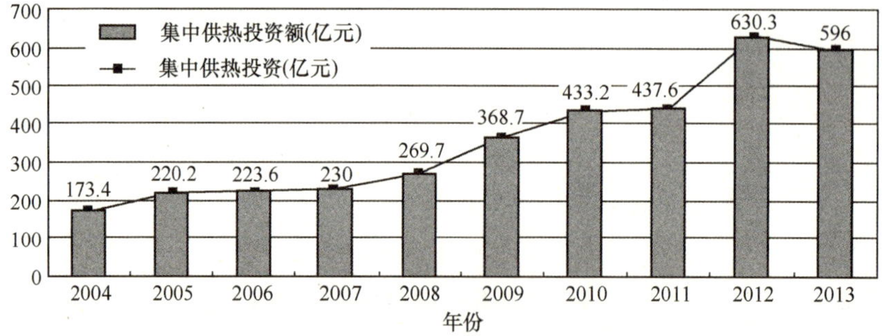

图7-16　2004年～2014年城镇集中供热固定资产投资额

数据来源：根据《中国城市建设统计年鉴》计算得到。

2. 投资增长率呈现波动性

在2006年～2013年间，集中供热固定资产投资的年均增长率为14.7%。相对于年均增长率，2006年、2007年、2011年的环比增长率均较低；2004年、2008年、2010年的环比增长率较为接近，处于10%到20%区间内；2009年和2012年的环比增长率较高，均高于30%水平。2009年的环比增长率高于40%，这也导致2013年的环比增长率出现负数。从图中可以看出，供热行业固定资产投资环比增长率围绕着年均增长率周期性波动，且近年来波动幅度有扩大的趋势。在城镇化进程中，供热需求增长的波动会影响供热投资的波动。此外，宏观经济的投资政策环境以及煤价的波动都会影响供热投资的波动。

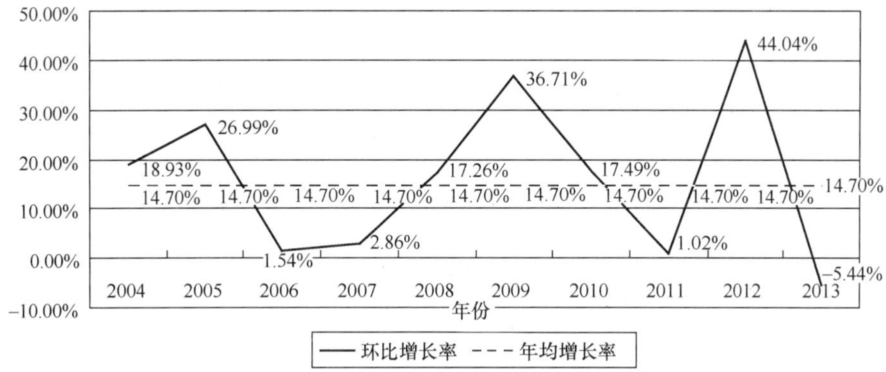

图7-17 2004年～2014年城镇集中供热行业固定资产投资增长率变动

资料来源：根据《中国城市建设统计年鉴》计算得到。

3. 地区供热投资比例具有差异

从供热行业地域分布看，2013年，山东是供热投资大省，其投资金额达到907551万元，位居各省（区、市）供热投资之首。供热投资居于前5名的山东、黑龙江、辽宁、山西和北京其供热投资占全国供热行业投资的比例分别为15.23%、13.81%、12.56%、11.53%和10.17%。其中东北地区的供热投资比重占全国的30%左右。

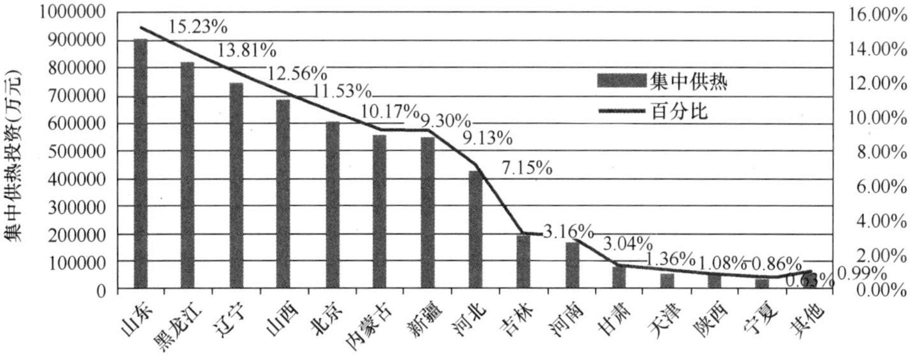

图7-18 2013年不同省集中供热投资分布表

数据来源：根据《中国城市建设统计年鉴》计算得出。

4. 供热行业投资资金来源主要是国有资本

从投资资本占有比例看，我国供热行业的投资呈现民营企业投资额占重与企业数量占重不匹配的现象。具体而言，民营企业的数量在供热行业中占有很高的比例，但是投资额所占的比例却很小。外资投资在供热行业所占的比重是微乎其微。“十一五”期间供热行业中国有资本投资所占的比例达到86.41%，而民营企业所占的比例为13.21%，外资投资占到比例不足0.4%。供热行业投资中，国有资本所占的比例大约是民营资本和外资资本之和的6.3倍，国有资本在供热行业固定资产投资中占有很大比重。现有供热投资政策以及行政审批导致非国有资本难以大规模进入供热行业，民营资本进入主要是中小规模供热企业，国有资本主导的单一投资结构特征非常显著。

5. 供热行业投资来源以自有资金为主

供热行业中融资方式有自有资金投资、财政拨款、商业贷款、政策性贷款、企业债券、资产证券化、信托资金、上市融资和其他融资方式。采用自由资金投资的企业占有的比例为60.57%，采用商业贷款的企业占有的比例为19.53%，采用财政拨款/补贴的企业占有的比例为13.46%。所以，自由资金投资、商业银行贷款和财政拨款/补贴是主要的投资方式，这三种投资方式的比例之和为93.56%。目前，面对供热行业融资困难和城镇化对供热产品的需求日益增长，需要创新和完善投融资方式，实现城镇供热行业发展的可持续性。

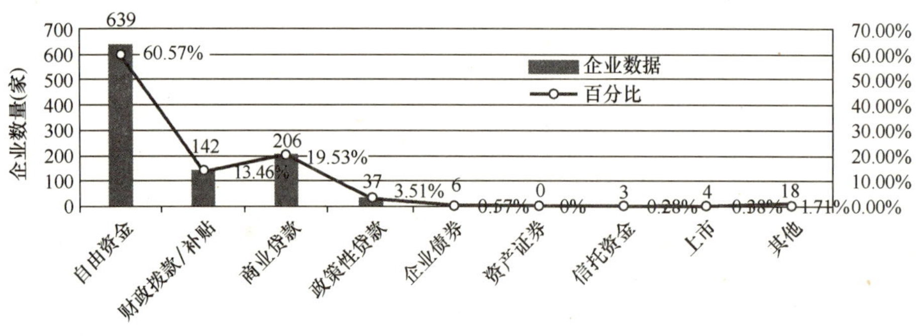

图7-19 城镇供热行业不同融资方式的企业分布表

数据来源：根据调查数据计算绘制。

（三）供热行业投资展望

供热行业中供热需求远大于供给，这迫切需要增加对供热投资的需求。城镇化、供热行业技术改造加剧这一需求程度。所以，供热行业仍有很大的投资空间。同时，体制改革也将为供热行业可持续发展开拓新方向，提供新动力。

1. 城镇化将带动供热行业投资增长

城镇化带来大量人口涌入城镇，对城市供热的需求也会增加，这就需要对供热进行投资。从供热投资增长率和城镇化率的增量上看，城镇化对集中供热投资有积极带动作用。在2005年～2013年间，中国城镇化率由42.99%上升到53.73%，上升了10个百分点左右，与此同时，城镇集中供热行业的投资总额由220.2亿元上升到596亿元，投资总额增长了2.7倍。

2005年以来供热投资和城镇化率 **表7-5**

年份	集中供热投资额（亿元）	集中供热投资增长率（%）	城镇化率（%）	城镇化率增量（%）
2005	220.2	26.99	42.99	1.19
2006	223.6	1.54	44.34	1.35
2007	230.0	2.86	45.89	1.55
2008	269.7	17.26	46.99	1.10
2009	368.7	36.71	48.34	1.35
2010	433.2	17.49	49.95	1.61
2011	437.6	1.02	51.27	1.32
2012	630.3	44.04	52.57	1.30
2013	596.0	−5.44	53.73	1.16

数据来源：根据《中国城市建设统计年鉴》计算得出。

2. 提高集中供热普及率将增加投资需求

我国供热地区分布不均衡，呈现“北多南少、城市多和农村少”的格局。受地理环境的影响，冬季北方过于严寒，而南方相对暖和些。事实上，江浙沪这带的冬季也较为严寒，却没有集中供热，这严重影响人们的生活质量。城乡差距也较为突出。即使是北方供热大城市，城乡之间的供热服务水平差距也非常明显。城市中心主要是采用集中供热，而城郊接合部和乡村采用小型锅炉供热。在同一城市内部，受传统体制的影响，还存在大量的分散供热，一些县级城市的集中供热普及率还比较低。由于集中供热具有较高的热效率和节能减排效果，将来以热电联产为核心的城市集中供热仍将大幅发展。同时，市场化分散供热也将在江浙沪地区获得快速发展。

3. 供热行业节能技术改造将引导投资走向

近年来出现的雾霾对人们的生活水平和健康质量造成了严重的影响，而燃煤是造成雾霾的元凶之一。为此，国家出台了节能减排淘汰落后产能政策，加快拆除高耗能、高污染、低热效率的区域小锅炉房。热电联产是使用发电剩余的热能用于供热的综合利用能源的技术。热电联产可以提高燃煤的利用效率，通过联产产生范围经济，产生可观的经济效益。此外，热电联产便于集中供热，可整合资源和改善环境。这些优势使得热电联产未来成为我国主要集中供热主体，它将会吸引更多的投资资金。同时，处于更高的节能减排压力，现有的热力企业也需要持续进行投资，进行技术改造，降低能耗和污染物排放，这都需要大量的资金投入，使节能改造成为新的投资热点。

4. 投融资体制改革将拓宽供热行业投融资领域

长期以来，供热的投资主要依赖于政府的财政，投资主体单一成为制约供热行业发展的重要因素。体制改革给供热行业发展开拓了引入外资、民营化改革、转让产权和经营权、政府和社会资本合作模式等几个方向。在2014年，财政部发布的《政府和社会资本合作模式操作指南》开拓了行业发展新方向。公私合作模式（简称PPP）是指公私合作模式，政府部门和民营机构签署合同，明确双方的权利和义务，旨在共同完成某些有关的基础设施项目的投资、建设及运营任务。公私合作模式对完善供热行业融资机制，提高融资效率具有重要意义，对各种投资主体进入供热行业提供了诸多新的渠道。

第三节　供热行业营利性

一、不同燃料供热成本与价格

集中供热方式按热源具体来说可以分为热电联产、燃煤、燃气、燃油等形式。城市集中供热主要包括热电联产和锅炉房供热，锅炉房又可以分为燃煤锅炉、燃气锅炉、燃油锅炉。

（一）热电联产供热

热电联产是一种既产电又产热的先进能源利用方式，热电联产锅炉容量大、热效率高、除尘效果显著，并且能高空排放，因此能有效改善环境质量并节省大量燃料，是推进节能减排的重要供热形式。

1. 供热成本

热电联产供热企业一般有自己生产热源和外部购买热源2种，由于热电联产自己生产的热源成本要考虑到供电和供热业务的分配问题，在这里我们仅考虑外购热源的价格及成本。外购热源全国平均价格为31.02元/吉焦，有一半省份的热源购入平均价格高于全国平均水平，最高的为山东，达到了47元/吉焦；最低的为新疆的13.79元/吉焦。

2013年，中国北方各供热省份热源购入量达到了3.5亿吉焦，热源购入总

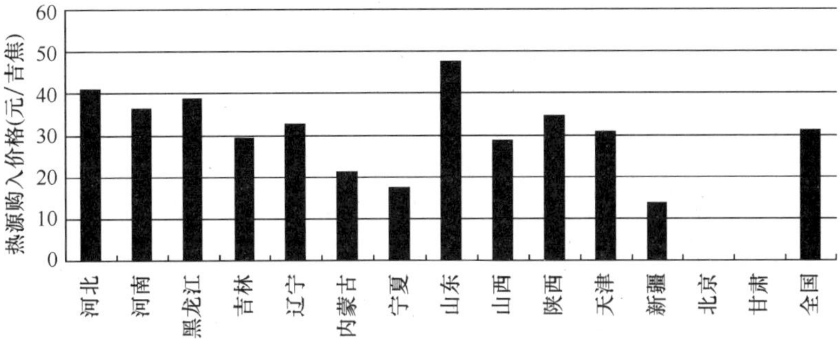

图 7-20 2013 年北方供热省份热电联产热源购入价格

数据来源：根据住建部和中国供热协会调研数据测得。

支出达到了 119 亿元。其中热源购入量最高的省份为吉林省和山东省，这两个省合计热源购入达 1.3 亿吉焦，占全国热源购入量的 37%。山东省的热源购入支出突破了 30 亿元，吉林省的热源支出也达到了 20 亿元，占全国热源购入总支出的 4 成。

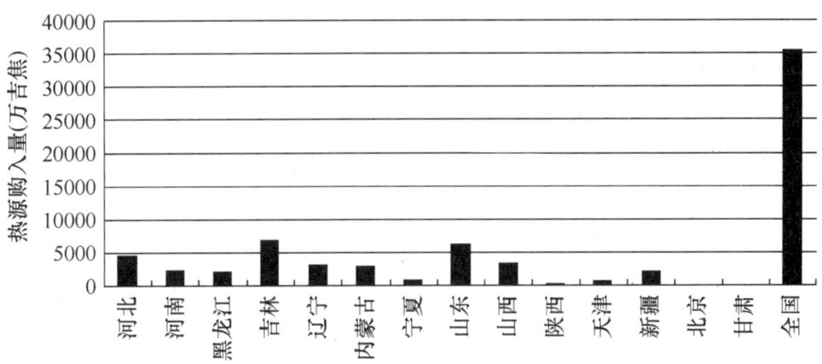

图 7-21 2013 年北方供热省份热电联产热源购入支出

数据来源：根据住房城乡建设部和中国供热协会调研数据测得。

2013 年中国北方各省市热电联产热源购入总支出要占总成本的 34%，加上热电联产企业自己生产的热源成本，热源成本占总成本比例将达到 5 成。热源购入支出占总成本比例最高的省份为吉林省，达到了 59%；河南、黑龙江、山东三省热源购入支出也超过了 40%；热源购入支出较低的省份有辽宁、陕西，这些省份热源购入支出不足 20%。

2. 居民供热存在成本价格倒挂

全国平均供热成本为 24.80 元/平方米，大部分省份供热成本在 20～30 元/平方米之间。其中单位供热成本最高的为黑龙江省的 31.01 元/平方米，最低的

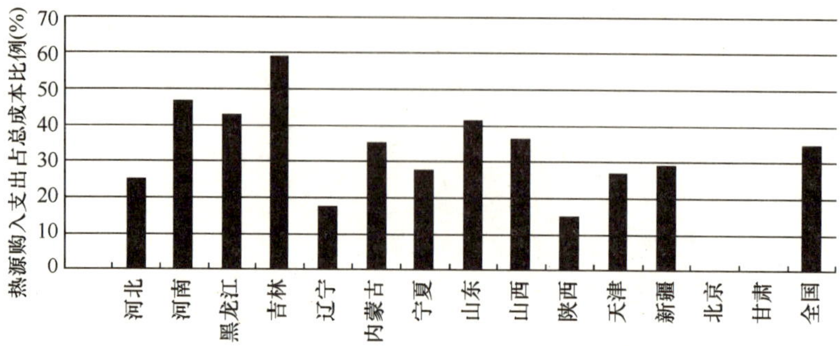

图 7-22　2013 年北方各省市热电联产热源购入支出占总成本比例

数据来源：根据住建部和中国供热协会调研数据测得。

为陕西省的 12.58 元/平方米。

从全国范围来说，居民供热平均价格为 22.45 元/平方米，由于纬度较高，气候寒冷，供热期长，黑龙江省的平均居民供热价格要远远高于其他省份，为 33.52 元/平方米，吉林、辽宁省的平均居民供热价格分别为 28 元每平方米和 26 元每平方米，也要高于全国平均水平。

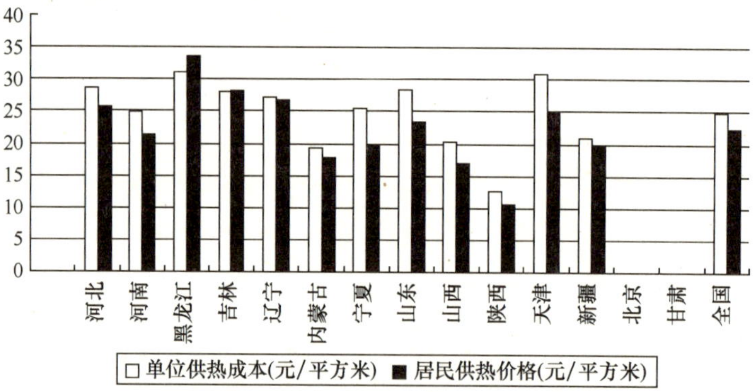

图 7-23　2013 年北方供热省份热电联产单位供热成本及价格

数据来源：根据住建部和中国供热协会调研数据测得。

除黑龙江和吉林省不存在供热成本价格倒挂以外，其他省份都存在不同程度的价格成本倒挂现象。供热价格和成本倒挂金额最高的三个省份为宁夏、山东、天津，倒挂金额均超过了 5 元每平方米，这三个省份热价倒挂比例都超过了 20%。从全部省份加权平均来看，全国平均热价倒挂金额为 2.35 元/平方米，倒挂比例达 10.48%。居民供热的价格成本倒挂问题是政府严格的价格管制造成的，是供热价格市场化改革需要面对的突出问题。

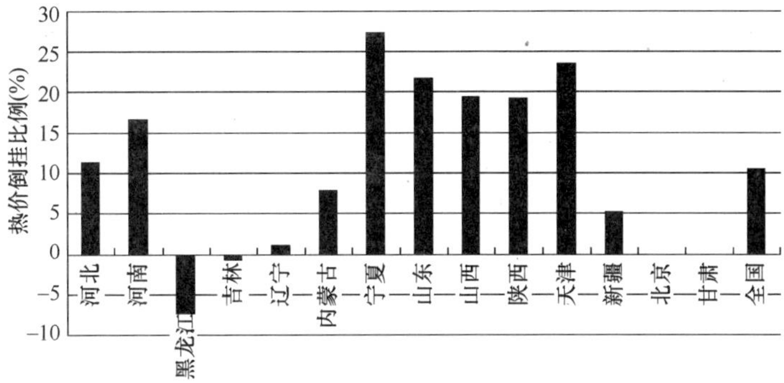

图 7-24 2013 年北方供热省份热电联产热价倒挂比例

数据来源：根据住建部和中国供热协会调研数据测得。

3. 非居民供热不存在价格成本倒挂问题

从全国平均水平来看，非居民供热价格要比供热成本高出 7 元/平方米，供热企业向非居民供热是能获得利润的，不存在价格成本倒挂问题。这主要是因为国家对非居民供热价格的管制比较宽松，供需双方具有一定的谈判定价空间，价格体现了市场化的规律。对于供热企业来说，如果企业同时供应居民用户和非居民用户，则非居民用户比重越高，企业的效益则会相对越好，供热企业内部实际存在非居民供热交叉补贴居民供热。由于中国城镇集中供热主要以居民供热为主，非居民供热为辅，对于大多数供热企业来说，仍然很难获得利润，由此造成供热企业对向居民供热的热情不高，政府只能通过管制要求供热企业履行保障供热的义务，在多供热多亏损的情况下，降低供热质量将成为企业的重要机会主义行为，由此增加了政府监管供热质量的负担。

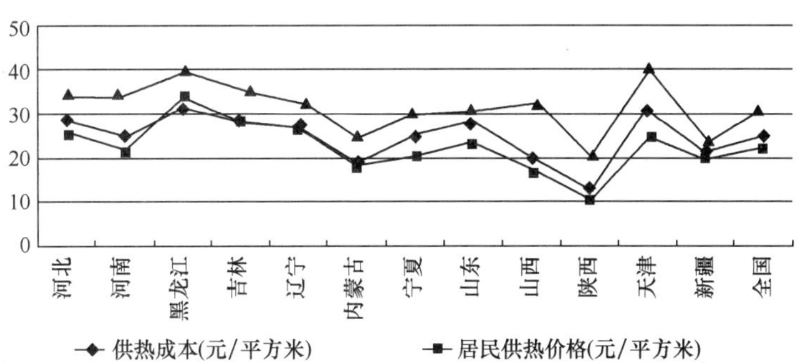

图 7-25 2013 年北方供热省份热电联产成本和价格比较

数据来源：根据住房城乡建设部和中国供热协会调研数据测得。

（二）燃煤锅炉供热

对燃煤锅炉供热来说，煤炭价格对供热成本具有重要影响，根据调查数据，我们总结燃煤锅炉供热成本有如下的特点。

1. 燃煤价格对供热企业成本和利润具有重要影响

供热企业采用燃煤锅炉形式进行供热，燃煤购入价格影响着供热的成本。2013 年，全国燃煤购入平均价格为 505.74 元/吨。各省供热企业燃煤购入价格差异较大，最高的为河南省，达到了 699 元/吨，北京、山东、天津等省市燃煤价格均超过了 600 元/吨。燃煤购入价格较低的省份有内蒙古、山西以及新疆，分别为 305 元/吨、380 元/吨及 233 元/吨。

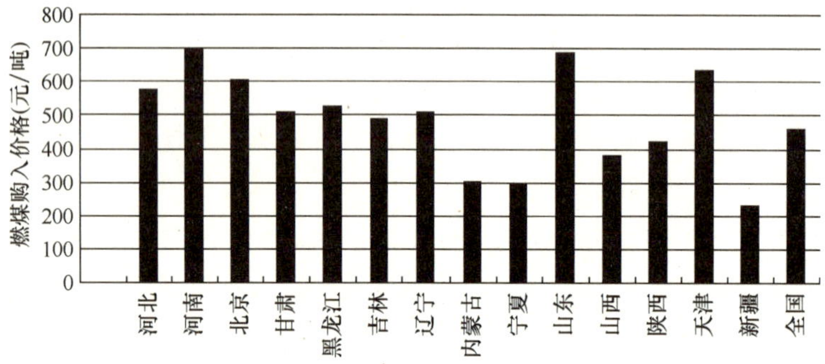

图 7-26　2013 年北方供热省份燃煤锅炉供热燃煤购入价格

数据来源：根据住建部和中国供热协会调研数据测得。

2. 燃煤购入量和燃煤支出费用较大

2013 年中国北方各省燃煤购入量达到了 3185 万吨，燃煤购入支出达到了 162 亿元。其中吉林省和山东省的燃煤购入量超过了 600 万吨，辽宁省的燃煤购入量也突破了 400 万吨，河南、北京和黑龙江省的燃煤购入量较少，不足百万吨。山东省燃煤购入支出最高达 46 亿元；吉林省和辽宁省的燃煤购入支出均超过了 20 亿元。

3. 燃煤成本占供热总成本一半以上

2013 年我国北方各省市燃煤锅炉供热燃煤购入支出占总成本的 53%。内蒙古和山东省这一比例更是高达 60%以上，河南和吉林省占比分别为 59%及 58%。燃煤购入支出占总成本比例最低的为北京市，这与北京市大力减少燃煤形式供热，降低环境污染有较大的关系。

4. 燃煤成本差异是造成北方各省平均供热成本差异的主要原因

供热成本最高的省份为山东省，为 38 元每平方米；其次为吉林、河北、天

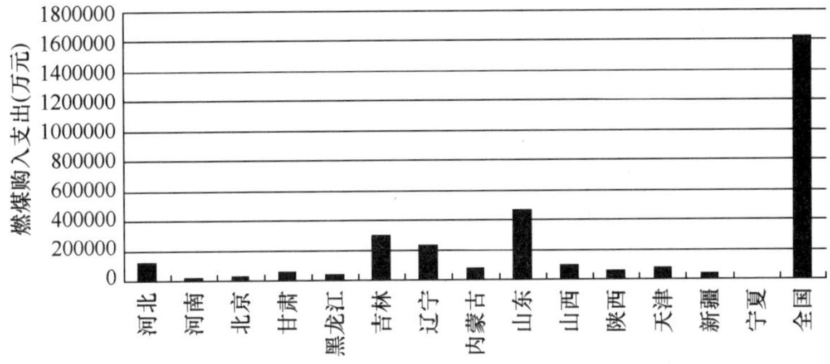

图 7-27　2013 年北方供热省份燃煤锅炉供热燃煤购入支出

数据来源：根据住建部和中国供热协会调研数据测得。

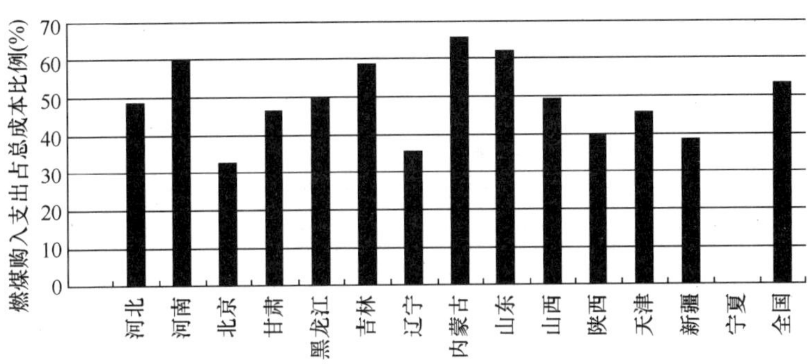

图 7-28　2013 年北方供热省份燃煤锅炉供热燃煤购入支出占总成本比例

数据来源：根据住房城乡建设部和中国供热协会调研数据测得。

津单位供热成本均突破了 30 元每平方米；供热成本最低的为新疆，为 21 元每平方米。北方供热省份供热成本的加权平均数据显示，全国平均单位供热成本为 28 元每平方米。

5. 燃煤锅炉供热价格倒挂较严重

除了黑龙江和新疆两省由于供热燃煤成本较低导致不存在热价倒挂现象外，其余北方供热省（区、市）的热价都存在不同程度的倒挂现象。热价倒挂最严重有山东省、山西省、河北省和北京市，每平方米热价倒挂金额分别达到了 12.69 元、9.41 元、9.19 元、8.42 元，热价倒挂比突破了 40%。从全国平均水平来看，全国平均单位热价倒挂金额为 5.37 元/平方米，热价倒挂比为 23%。因此，采用燃煤锅炉供热使企业盈利可能性较小，大部分企业是处于亏损状态的，政府一般会对供热企业的供热亏损部分予以不同程度的补贴。

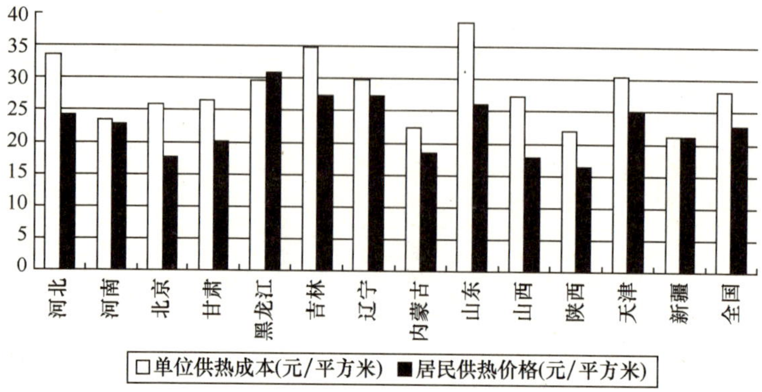

图 7-29　2013 年北方供热省（区、市）燃煤锅炉供热单位成本及价格

数据来源：根据住房城乡建设部和中国供热协会调研数据测得。

2013 年北方各省（区、市）燃煤锅炉供热单位供热成本及供热价格　表 7-6

省份	单位供热成本（元/平方米）	居民供热价格（元/平方米）	热价倒挂金额（元/平方米）	热价倒挂比（%）
河北	33.45	24.26	9.19	37.86
河南	23.35	22.80	0.55	2.41
北京	25.99	17.57	8.42	47.92
甘肃	26.45	20.14	6.32	31.37
黑龙江	29.65	30.89	−1.25	−4.03
吉林	34.76	27.42	7.34	26.75
辽宁	29.77	27.32	2.44	8.95
内蒙古	22.43	18.55	3.88	20.90
山东	38.71	26.02	12.69	48.75
山西	27.35	17.94	9.41	52.45
陕西	21.94	16.38	5.56	33.92
天津	30.42	25.00	5.42	21.69
新疆	21.10	21.24	−0.14	−0.67
宁夏	—	—	—	—
全国	28.10	22.73	5.37	23.63

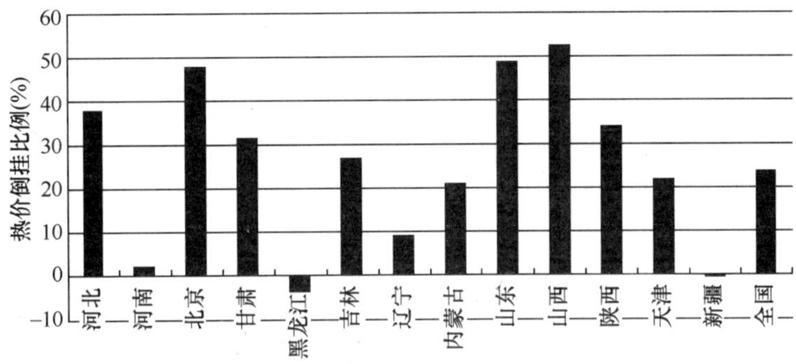

图 7-30 2013 北方各供热省（区、市）燃煤锅炉供热价格倒挂情况

数据来源：根据住建部和中国供热协会调研数据测得。

6. 非居民供热价格略高于供热成本

总体来说，非居民热价普遍高于居民热价，并且非居民热价高于供热成本。从全国平均水平来看，非居民供热价格要比供热成本高 1.2 元/平方米，居民供热价格要比供热成本低上 5.3 元/平方米。因此，非居民供热不存在价格倒挂现象。

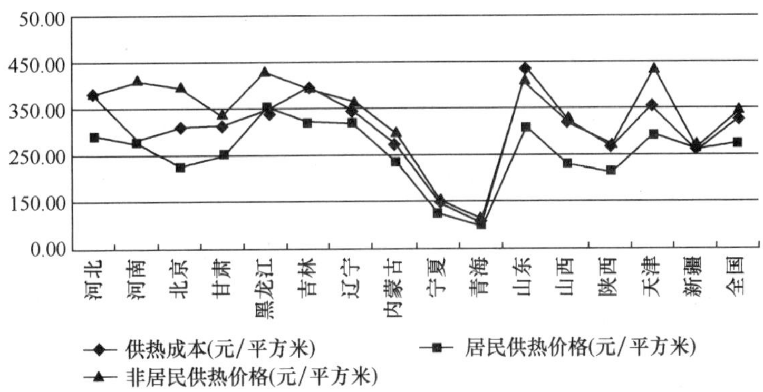

图 7-31 2013 年北方供热省（区、市）燃煤锅炉供热成本和价格比较

数据来源：根据住房城乡建设部和中国供热协会调研数据测得。

（三）燃气供热

近年来，为了应对大气污染问题，北京等城市实施了“煤改气”政策，淘汰高污染的燃煤锅炉，大力发展清洁的燃气、燃油锅炉，由于天然气和石油的价格高于煤炭，这不仅增加了企业的设备改造成本和供热成本，也对供热价格上涨带来巨大的压力。

1. 不同省（区、市）燃气供热成本差异较大

全国燃气供热平均成本为32元/平方米，远远高于热电联产的24元/平方米和燃煤供热的28元/平方米。其中燃气供热成本最高的山东省高达50元/平方米，山西为41元/平方米，河北省、天津市、北京的燃气价格接近，供热单位成本在35～38元/平方米，宁夏的燃气供热成本最低，为14.6元/平方米。

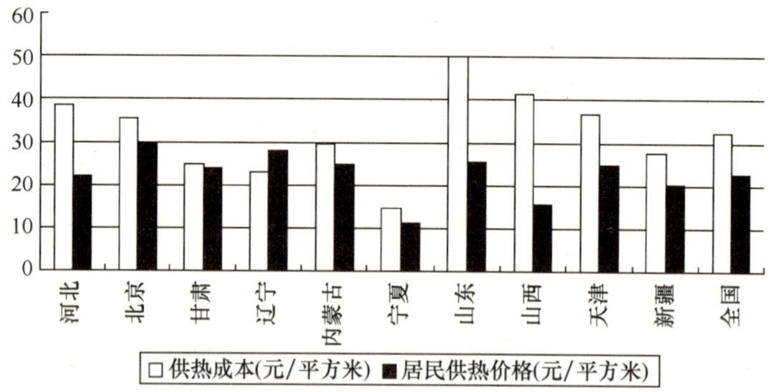

图7-32　2013年北方供热省（区、市）燃气锅炉供热单位成本及价格

数据来源：根据住房城乡建设部和中国供热协会调研数据测得。

2. 燃气供热显著推高供热成本

相对于热电联产和燃煤锅炉供热来说，燃气及燃油供热企业较少，成本也比较高。燃气供热成本要比燃煤供热成本高8%，比热电联产成本高22%，燃气供热成本远高于热电联产及燃煤供热成本。造成燃煤和燃气供热成本差距较大的一个重要原因是现有的供热价格没有反映供热的环境成本，具有较大的成本劣势，也导致企业自身缺乏采用替代清洁能源供热的激励，只能依赖政府补贴，但这是一个不断增长的巨大财政负担。从长期来看，在我国环境污染严重和节能减排目标约束日益严格的情形下，如果将环境成本一并考虑，最终实行充分反映供热资源环境成本的“全成本定价”，则清洁能源供热方式才会有较大的发展空间，并有一定的价格竞争力。

3. 燃气供热的价格成本热价倒挂现象十分严重

由于燃气成本过高，供热价格又是受政府的严格管制，城市供热价格一直是依据燃煤供热成本来制定的，供热价格没有反映天然气价格带来的高成本，因此燃气供热价格倒挂幅度较大。山东、山西、河北等省份热价倒挂金额较高，热价倒挂比例均突破了70%。全国热价倒挂金额为9.53元/平方米，热价倒挂比例达到了41.97元/平方米。由于燃气供热成本较高，热价倒挂又比较严重，因此只有少数地区的企业采用这种方法，随着技术的改进及环保政策的推进，这种供热方式的前景较大。

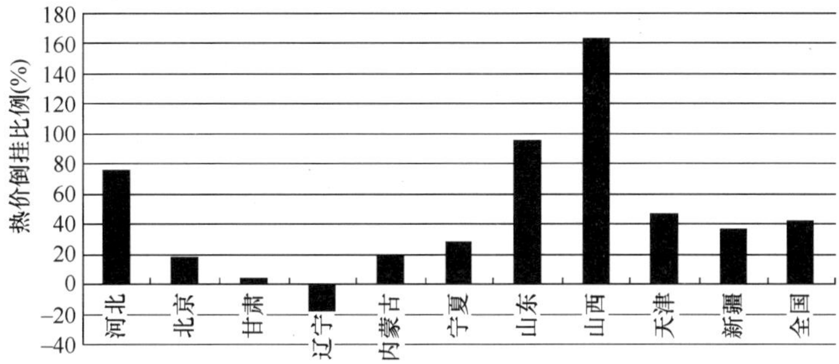

图 7-33 2013 北方各省市燃气锅炉供热价格倒挂比

数据来源：根据住建部和中国供热协会调研数据测得。

(四) 热计量价格

从 2005 年开始，国家一直在大力推进供热计量改革，根据相关热计量价格计算办法，用户热费为基本热费和计量热费之和。基础热费是由于建筑的自身特点，不管用户是否用热都必须收取的费用，因为建筑物本事吸热，同时建筑公共部分也要吸热等。根据调查数据，我们得出如下发现：

2013 北方部分省市平均热计量价格 **表 7-7**

省份	居民供热计量基价（元/m²）	居民供热计量（元/吉焦）	非居民供热计量基价（元/m²）	非居民供热计量（元/吉焦）
河北	8.59	34.93	13.21	53.75
北京	7.00	44.45	18.00	69.45
甘肃	6.15	36.75	9.88	61.06
吉林	14.89	33.33	18.09	41.66
内蒙古	10.50	17.80	13.20	22.76
山东	10.19	28.95	12.52	48.14
山西	6.40	45.17	12.40	68.47
陕西	1.62	31.75	2.58	50.57
宁夏	5.55	36.00	—	—
天津	12.50	31.57	—	—
全国	8.34	34.07	12.48	51.98

1. 北方各省份供热计量价格差异较大

吉林、天津、山东、内蒙古等省市居民供热计量基价较高，突破了 10 元每平方米；山西、宁夏、陕西等省市居民供热计量基价较低；全国平均居民供热计量基价为 8.34 元/吉焦，为不实行热计量时居民供热价格的 30%左右。在计量热费部分，山西省的计量热价最高，达到了 45 元/吉焦，其次为北京市的 44.45 元/吉焦。全国平均居民计量热价为 34 元/吉焦。

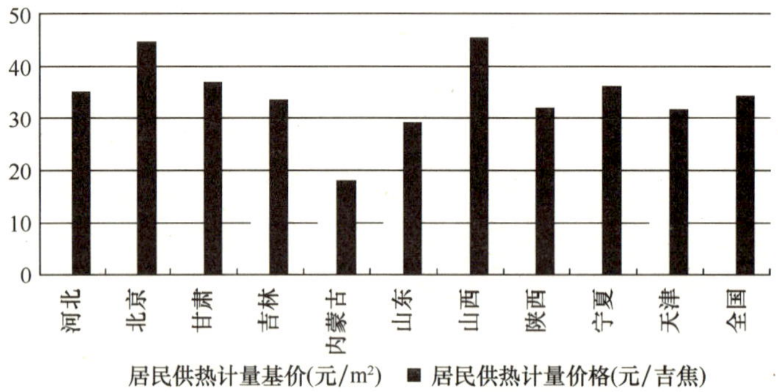

图 7-34　2013 北方各省（区、市）居民热计量价格

数据来源：根据住建部和中国供热协会调研数据测得。

2. 非居民供热计量基本热费普遍高于居民

调查数据显示，非居民供热计量基本热费要比居民供热计量基本热费高上 3－4元/平方米，全国平均非居民计量基本热费为 12.48 元/平方米。非居民计量热价普遍比居民计量热价高上 50%左右，全国平均非居民供热计量价格为 51.98 元/吉焦，比全国平均居民供热计量热价高上 17 元/吉焦。其中北京市的平均非居民供热计量价格较高，达到了 69.45 元/吉焦，其次为山西省的 68.47 元/吉焦。

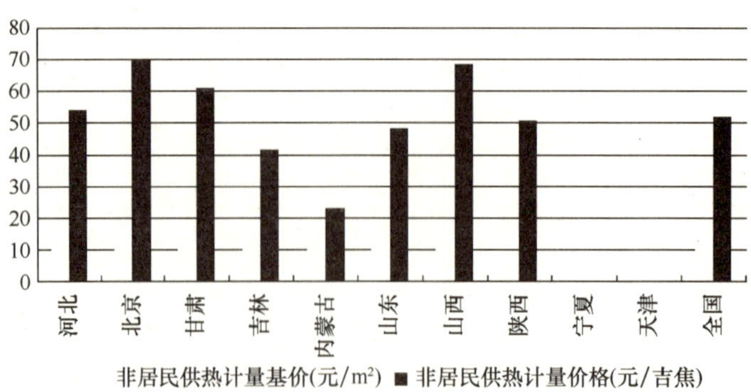

图 7-35　2013 北方各省（区、市）非居民热计量价格

数据来源：根据住建部和中国供热协会调研数据测得。

二、 不同燃料供热形式成本与价格比较

我国是以燃煤为主的能源消费结构，煤炭在一次能源结构中占70%左右。我国严寒和寒冷地区供热主要是以燃煤为主，山西、陕西、黑龙江、内蒙古和新疆是中国五大产煤省份，辽宁、山东、河南和河北等省煤的产量也很大。因此，燃煤效率对热电联产、燃煤锅炉供热的成本具有较大的影响。同时，随着近年来燃气供热的发展，燃气高成本对供热价格调整提出了新的要求。通过对热电联产、燃煤锅炉、燃气三种供热方式的成本与价格数据的比较分析，我们得出如下的结论：

（一）热电联产具有更高的燃煤效率

热电联产燃煤效率高达70%左右，远远优于区域锅炉房和分散小锅炉房的燃煤效率。目前，我国城市集中供热运行方式主要是热电联产和区域锅炉房，两种运行方式煤耗量悬殊，热电联产煤耗9.6KG/(m^2·供暖期)，区域锅炉房煤耗高达24KG/(m^2·供暖期)。

热电联产、区域锅炉房运行耗煤情况 表7-8

运行方式	运行名称	耗煤KG/(m^2·供暖期)
单独运行	热电联产	9.4
	区域锅炉房	2.4
联合运行	热电联产70% 区域锅炉房30%	14
	热电联产50% 区域锅炉房50%	19

（二）燃气供热单位成本显著高于热电联产和燃煤供热

调查数据显示，热电联产的单位供热成本最低，燃气供热的单位成本最高。从全国加权平均来看，就全国平均水平来说，每单位热电联产成本为24.8元/平方米，燃煤成本为28.1元/平方米，燃气成本为32.2元/平方米。每单位热电联产成本要比燃煤成本小3.3元/平方米，比燃气成本小7.4元/平方米。由于供热价格是受到政府管制的，热电联产和燃煤供热的价格差异不大，因此，热电联产成本更低，能给供热企业带来显著的优势。同时，由于燃气锅炉供热成本较高，除非有政府的大力支持和相应理顺热价，否则环保的燃气供热方式将增加企业亏损和政府补贴负担。

热电联产和燃煤、燃气锅炉供热单位供热成本比较　　表 7-9

省（区、市）	热电联产供热成本（元/平方米）	燃煤供热成本（元/平方米）	燃气供热成本（元/平方米）
河北	28.56	33.45	38.63
河南	24.85	23.35	—
北京	—	25.99	35.38
甘肃	—	26.45	25.00
黑龙江	31.01	29.65	—
吉林	28.05	34.76	—
辽宁	27.15	29.77	23.00
内蒙古	19.29	22.43	29.59
宁夏	25.40	—	14.66
山东	28.44	38.71	50.00
山西	20.39	27.35	41.44
陕西	12.58	21.94	—
天津	30.89	30.42	36.72
新疆	21.03	21.10	27.78
全国	24.80	28.10	32.22

数据来源：根据住建部和中国供热协会调研数据测得。

（三）热电联产价格成本倒挂程度普遍要小于燃煤锅炉

除河南、天津、新疆三省、市燃煤锅炉热价倒挂比重小于热电联产热价倒挂之外，其余省份热电联产热价倒挂比重较小。以全国平均水平来说，热电联产热价倒挂比重要比燃煤锅炉小 12%。可见，采用高效率的热电联产供热方式，降低供热燃料消耗，不仅有利于节能减排，而且也有利于企业提高效益，是一个双赢的政策。

（四）热电联产的发展仍面临很多制度障碍

热电联产集中供热，不仅具有节约能源、保护环境的优势，同时也能降低企业供热成本和提高企业收益。在燃气、燃油资源紧张和供热价格短期不太可能大幅调整的情况下，近期大力发展热电联产是重要的政策选择。但是，目前热电联

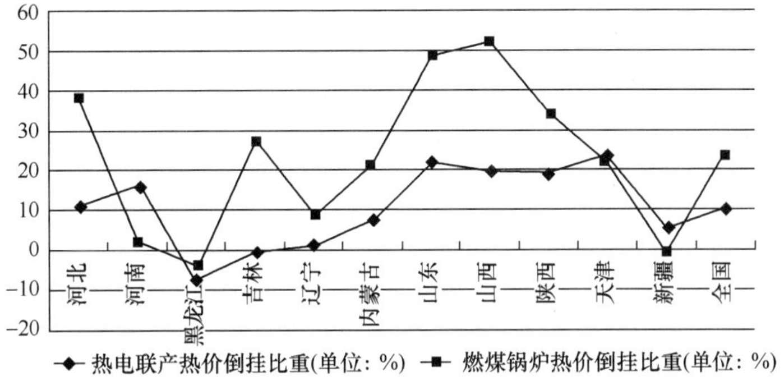

图 7-36 热电联产和燃煤锅炉供热价格倒挂比较（单位：%）

数据来源：根据住建部和中国供热协会调研数据测得。

产集中供热的发展仍面临以下障碍：

一是体制问题。绝大部分热电厂都是中央直属企业，城市热力网供热企业由城市政府管理。城市供热系统的热源、热力网和热用户三个有机的、不可分割的整体，体制不顺，条块分割，体制矛盾严重影响城市供热正常运行。如，热电厂不执行国家规定的“以热定电”的原则，城市政府市长为了社会稳定、保一方平安，到热电厂请求增加供热量。因此 20 纪末，中国三北采暖地区的哈尔滨、长春、沈阳、呼和浩特、西安、兰州和乌鲁木齐等许多城市，建设了大批大型区域锅炉房，集中供热。

二是机制问题。热电联产集中供热是节约能源的有效途径，有十分明显的节能效益。但是，节约能源经济效益的好处都归了热电厂。国家计委、经贸委、环保总局、建设部（2000）1268 号文件《关于发展热电联产的规定》第二十一条明确规定，“热电联产热价、电价的制定应充分考虑热电厂节约能源、保护环节的效益，在兼顾用户承受能力的前提下，本着热、电共享的原则合理分摊，制定公平合理的价格。”然而，这条政策根本没有落到实处，热价的制定也根本没有依据热电共享的原则，热电联产节约能源的效益全部归了热电厂，城市政府没有发展热电联产的积极性。

三是政策问题。国家“上大压小”的政策，严重的限制和阻挠了热电联产集中供热的建设与发展，大开了锅炉房建设与发展的方便之门，也有热电联产建设投资大，审批困难等原因。随着中国城市化进程的加快，房地产建设快速增长。除了大中城市集中供热发展很快，县级市和小城镇集中供热发展也很快。从促进节能减排的要求来说，国家应该进一步完善政策，推进热电联产供热的发展，限制燃煤锅炉的扩张。

三、供热行业盈利状况

（一）总体盈亏情况

1. 北方各省（区、市）供热行业总成本大于总收入

2013年北方各省（区、市）供热总成本达到了592亿元，总收入达到了562亿元，总收入要比总成本小30亿元。供热规模较大的省份有辽宁、山东省，这些省（区、市）的供热行业总收入及总成本均超过了100亿元。除辽宁、吉林、黑龙江等省份外，大多数省份供热行业都是总收入低于总成本。

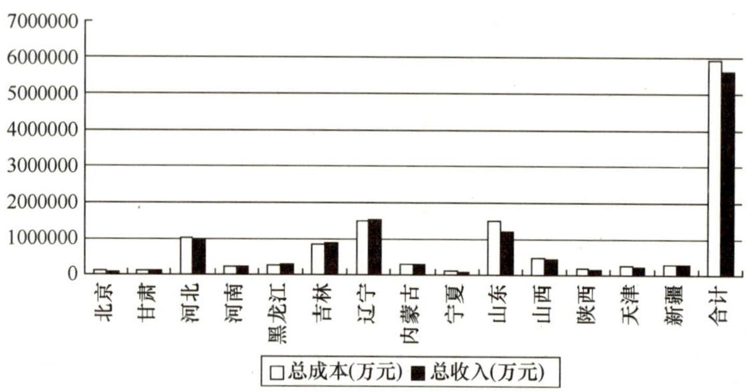

图 7-37　2013北方各省（区、市）供热行业总收入及总成本

数据来源：根据住建部和中国供热协会调研数据测得。

2. 北方各省（区、市）供热行业亏损额普遍较高

2013年北方供热省（区、市）总体亏损达30亿元。其中山东省的亏损较大，亏损额达到了27亿元；其次河北省亏损达6.7亿元，山西省亏损达4.6亿元。内蒙古、河南、河北等11个省（区、市）供热行业普遍处于亏损状态，各个省（市）亏损程度也有不同。根据亏损严重程度可以分为三组：一是轻微亏损的省份，河南、河北、山西、陕西、天津等省供热行业的利润率在－10％以内；二是中度亏损的省份，宁夏、北京、山东等省供热行业的亏损率－10％至－20％之间；三是严重亏损的省份，甘肃省供热行业的利润率达到了－23％。

3. 黑龙江、吉林、辽宁、新疆供热行业体现为盈利

黑龙江供热企业利润率为5.61％，这是因为黑龙江省天气寒冷，供暖期长，供热需求大，企业的暖气销售较好。东北三省是盈利的，黑龙江省盈利达4.3亿元，辽宁和吉林盈利分别为2.3亿元和1.1亿元，这三个省份盈利达到了7.7亿

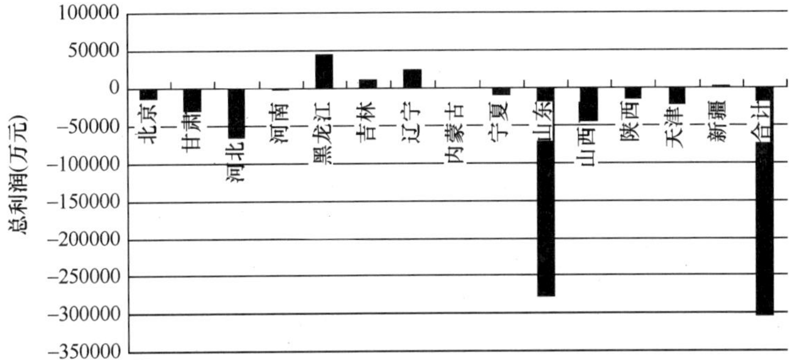

图 7-38 2013 北方各省（区、市）供热行业总利润

数据来源：根据住建部和中国供热协会调研数据测得。

元。辽宁、吉林、新疆三省的供热行业平均利润率分别为 1.54%、1.30%、0.6%。这些省（区、市）之所以盈利的主要原因为：一是供热燃煤价格相对较低；二是近年来大力推进热电联产供热，燃煤效率获得很大提高；三是供热价格与成本的扭曲程度相对较低，如黑龙江供热价格始终高于成本。

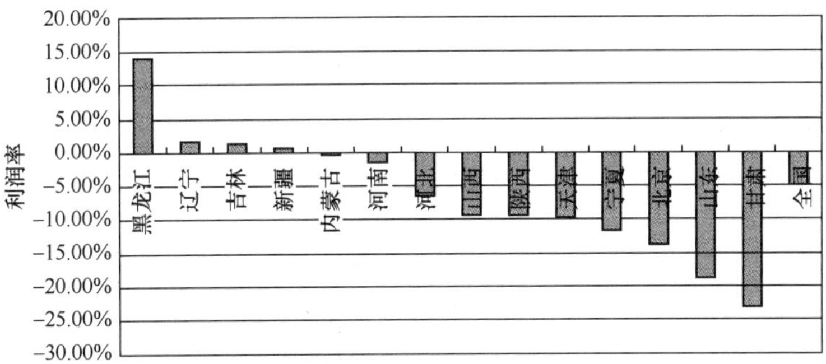

图 7-39 2013 年北方供热省（区、市）供热行业利润率

数据来源：根据住房城乡建设部和中国供热协会调研数据测得。

（二）供热上市公司的营利性分析

为了更深入分析供热企业的成本收益情况，弥补调查数据的非连续性和不细致的缺陷，我们选取典型供热上市公司，并基于其 2009 年以来的财务报告数据，对上市供热公司的成本利润情况进行探讨分析。

中国目前有 30 余家提供供热业务的上市公司。在城市供热行业上市公司中，很少有仅提供供热业务的上市公司，绝大部分公司是热电联产公司或者以电力为主业，热力为副业的公司，比如大唐发电、粤电力 A、国电电力、华电国际、上海电力、长源电力、吉电股份、京能电力、天富热电、大连热电、宁波热电、惠天热电、漳泽电力、东方热电、内蒙华电等上市公司。也有一些是燃煤、燃气、燃油一体化经营并提供供热业务的上市公司，比如红阳能源、建投能源、滨海能源、华电能源等上市公司。还有一些是进行多产品经营的上市公司，投资房地产、矿业、金融证券、资源开发等业务，比如哈投股份、万泽股份、穗恒运A、兴业矿业等上市公司。

我们根据供热企业财务报表供热业务数据的连续性及完整性，选取了大连热电、东方热电、国电电力、哈投股份、华电能源、惠天热电、吉电股份、京能电力、内蒙华电、天富能源、通宝能源、漳泽电力等12家典型的供热上市公司进行分析。

1. 典型上市公司供热业务收入增长迅速

在2009年～2013年期间，上市供热公司供热业务收入由2009年的42.31亿元上升到了71.58亿元，5年间增加了近70%，年均增长14.05%，相对于同期国内生产总值增长率来说增长较快。上市供热公司供热业务增长迅速一方面是因为供热业务的持续发展，通过对多家公司财务报表的分析可以发现这部分年均增长率在10%左右。另一方面是因为上市供热公司兼并了许多中小供热企业使企业规模不断扩大，如国电电力、通宝能源、漳泽电力等上市公司的供热业务收入都出现了高速增长，年均增长率在均超过了30%。

由于城市集中供热业务是关系到民生的行业，销售价格受政府管制，供热业务盈利能力较差，以东方热电和内蒙华电为代表的热电企业缩减了供热企业。东方热电的供热业务收入由2009年的9亿元下降到了4亿元，内蒙华电的供热业务由2009年的1.4亿元下降到了4千万元，供热业务呈现负增长状态。

2009年～2013年城镇供热上市公司供热业务收入分析（单位：万元）表7-10

企业＼年份	2009	2010	2011	2012	2013	年均增长率（%）
国电电力	34633	71533.43	99100.25	130921.2	156043.6	45.69
惠天热电	107486.6	102761.4	110810.5	150579.6	134998.8	5.86
华电能源	55976.53	77296.28	106066.3	129284.6	134538.7	24.51
哈投股份	35498.86	38622.43	43932.71	55986.42	70673.74	18.78
大连热电	33498.11	37129.87	38399.05	43093.01	46247.08	8.40
吉电股份	21317.38	23686.09	30396.87	36123.8	40840.24	17.65
东方热电	60932.98	60189.94	58253.12	44720.26	40263.75	−9.84

续表

年份 企业	2009	2010	2011	2012	2013	年均增长率（%）
京能电力	29982.57	33817.92	37449.92	38799.72	34227.02	3.37
天富能源	24581.54	27223.98	29207.65	31615.05	30930.89	5.91
漳泽电力	4462.11	4093.39	9992.78	10137.9	16702.43	39.09
通宝能源	679.62	1976.24	4024.33	5617.29	5882.47	71.52
内蒙华电	14004.3	4782.41	3998.61	3713.73	4454.84	−24.90
合计	423053.6	483113.4	571632.1	680592.6	715803.6	14.05

数据来源：根据 iFinD 客户端数据和财务报表数据计算测得。

2. 典型上市企业供热业务成本增长速度高于供热收入的增速

12 家典型供热上市公司供热业务成本由 2009 年的 43.2 亿元上升到了 76.03 亿元，5 年间增加了近 75.67%，年均增长 15.13%，超过了同期收入的增长率。国电电力、华电能源、漳泽电力和通宝能源供热业务成本增长较快，年均增长率均超过了 30%，其中通宝能源成本由 2009 年的 600 万元上升到了 2013 年的 6400 万元，年均增长 80%，这与公司供热业务的快速扩张有一定关系。

2009 年～2013 年城镇供热产业上市公司供热业务成本（单位：万元）表 7-11

年份 企业	2009	2010	2011	2012	2013	年均增长率（%）
国电电力	53110.92	93598.22	133764.20	161459.00	181539.18	35.97
华电能源	53567.36	94826.96	131768.00	158978.50	153561.56	30.12
惠天热电	94379.62	105355.90	108419.20	135649.80	131493.37	8.64
哈投股份	26870.12	29560.13	32584.27	43323.92	55169.00	19.70
吉电股份	25011.76	29199.46	39342.53	57548.10	54142.77	21.30
京能电力	40835.49	43054.85	45725.46	55662.74	42904.79	1.24
东方热电	60285.99	66055.20	61915.89	46506.32	39071.37	−10.28
大连热电	27600.73	30573.92	31661.78	34647.50	35139.73	6.22
天富能源	21969.12	22287.51	26088.77	29378.97	31538.67	9.46
漳泽电力	7436.85	7762.71	19059.11	17608.00	21588.58	30.53
内蒙华电	21146.30	9131.17	8406.42	7369.21	7748.68	−22.20
通宝能源	609.21	1788.13	3740.07	4982.37	6481.63	80.60
合计	432823.50	533194.10	642475.7	753114.40	760379.30	15.13

数据来源：根据 iFinD 客户端数据和财务报表数据计算测得。

企业人工费用增长较快。以哈投股份为例，哈尔滨哈投投资股份有限公司是一家以热电为主业，多产品经营的股份制企业，成立于1994年。在当地供热行业中，公司在规模化经营中具有比较优势，技术管理水平高、资金实力充足，具有很强的竞争力。但是由于供热价格受到管制，整个行业盈利能力不强，公司主营业务回报不高。2013年，在哈投股份的供热业务成本中，燃料成本支出超过4.1亿元，占总成本的66%，这一比重较2011年下降了2%左右。人工费用增长较快，由2011年的1327万元上升到2013年的5078万元，在总成本中的比重由3.58%上升到了8.26%。

2011年～2013年哈投股份供热成本结构　　表7-12

	2011		2012		2013	
	支出额（万元）	比例（%）	支出额（万元）	比例（%）	支出额（万元）	比例（%）
燃料费	25327	68.34	34202	70.11	41104	66.83
人工费	1327	3.58	3915	8.03	5078	8.26
制造费用	10403	28.07	10668	21.87	15319	24.91
合计	37058	100	48787	100	61502	100

数据来源：根据公司年报计算整理。

3. 大多数供热上市公司的供热业务体现为亏损

在2013年，12家供热上市公司中有8家企业是亏损的，占全部企业的2/3。盈利企业只有哈投股份、大连热电、惠天热电、内蒙华电；在亏损企业中，吉电股份、华电能源、国电电力的亏损额都超过了亿元。12家典型上市供热企业2009年的亏损额为−0.97亿元，在2013年亏损额达到了4.45亿元，年均负增长为−46.15%。负增长最快的公司为通宝能源和华电能源，分别达到了−70.80%及−67.63%。

2009年～2013年城镇供热行业上市公司供热业务利润额（单位：万元）　　表7-13

企业＼年份	2009	2010	2011	2012	2013	年均增长率（%）
哈投股份	8628.73	9062.29	11348.44	12662.5	15504.74	15.78
大连热电	5897.38	6555.94	6737.27	8445.52	11107.35	17.15
惠天热电	13106.93	−2594.47	2391.3	14929.8	3505.47	−28.09
东方热电	646.99	−5865.27	−3662.77	−1786.07	1192.38	16.51
通宝能源	70.41	188.11	284.26	634.92	−599.17	−70.80
天富能源	2612.41	4936.47	3118.88	2236.08	−607.78	−30.55

续表

企业＼年份	2009	2010	2011	2012	2013	年均增长率（%）
内蒙华电	−7142.00	−4348.76	−4407.81	−3655.47	−3293.84	17.59
漳泽电力	−2974.74	−3669.31	−9066.33	−7470.1	−4886.16	−13.21
京能电力	−10852.92	−9236.92	−8275.54	−16863.01	−8677.77	5.44
吉电股份	−3694.38	−5513.37	−8945.66	−21424.3	−13302.52	−37.75
华电能源	2409.17	−17530.68	−25701.66	−29693.87	−19022.9	−67.63
国电电力	−18477.93	−22064.79	−34663.91	−30537.86	−25495.59	−8.38
合计	−9769.95	−50080.76	−70843.53	−72521.86	−44575.79	−46.15

数据来源：根据 iFinD 客户端数据和财务报表数据计算测得。

4. 分析结论

第一，供热企业总体是亏损的。不管是行业总体调查数据，还是供热上市公司的数据，都显示供热行业企业大部分是亏损的。个别供热上市公司不亏损主要是两个原因：一是供热上市公司实行多元化经营，其他业务的盈利交叉补贴了供热业务的亏损，因此，公司财务总体上体现为盈利；二是供热上市公司主营业务盈利的企业往往是下列因素造成的，如具有较高的燃煤技术效率、较低的企业运营成本、政策支持下的低燃料价格、非居民供热带来的收入贡献较高等。

第二，近年来的煤炭价格下降尚不足以实现供热企业盈利。煤炭燃料成本在供热企业成本中占据一半以上，2011 年以来，煤炭价格持续下降，年均降幅超过 20%，供热企业的成本也随之降低，但是供热价格却未发生相应的调整，热价“只涨不跌”成为社会各界关注的焦点。调查数据显示，近年来，煤炭价格下降尽管部分缓解了供热企业的亏损，但由于人工成本、资本成本等的较快增长，煤炭价格下降不足以保证供热企业盈利。

第三，僵化的供热价格是造成供热行业企业亏损的根本原因。由于政府基于政治目标来对供热行业的价格实行管制，因此，供热价格变化并不反映供热成本变化，燃料价格的市场化导致燃料价格始终是变动的，但是供热价格的调整则严重滞后于燃料价格变动的幅度和频率，政府管制下的僵化价格体制是造成供热行业企业普遍亏损的主要原因。为了理顺煤热价格，尽管 2005 年国家发改委、建设部印发的《关于建立煤热价格联动机制的指导意见的通知》，决定建立煤热价格联动机制，但是该政策并没有得到有效实施。虽然由于煤炭价格上涨过猛，导致供热企业大幅亏损，政府出于社会稳定和政绩，并不愿意充分实施实行煤热价格联动政策，而是对供热企业的亏损给予财政补贴，只有在煤价上涨带来供热企业亏损巨大，导致财政无法弥补，政府才会召开听证会部分提高供热价格。在煤价下跌时，政府出于减少财政补贴的激励，也没有激励降低供热价格。这种僵化的供热价格形成机制导致了企业亏损、百姓也不满意的尴尬局面。

第四，合理的价格机制是实现供热行业持续高效发展的关键。数据显示，随着中国城市化进程的加快，中国供热行业是一个高增长和需求巨大的行业，具有巨大的发展前景，供热企业的供热业务收入呈现高增长的态势，但是由于政府不合理价格管制造成的行业普遍亏损，供热行业企业缺乏大规模投资的激励，民间资本等非公经济也缺乏进入城镇供热行业的激励，因此，不改变不合理的供热价格机制，将无法保证供热行业的持续高效发展，也无法实现民营资本进入、PPP等投资主体多元化的目标。如果供热行业能形成合理的价格机制，供热行业将成为各类投资主体的投资热点，供热行业将成为促进中国经济增长的重要动力，供热行业将成为重要的高成长行业。因此，价格机制改革是供热行业改革和发展的关键。

第四节　供热行业监管体制及其改革

一、 供热行业体制的缺陷

由于我国特有的能源结构，尚不具备供热行业完全通过市场竞争机制来实现以合理价格向社会稳定可靠供应的条件，在一定时期内，供热市场竞争往往是有限的，供热管网往往具有自然垄断性，城市供热仍将是区域垄断行业。因此，有效的政府监管是促进供热行业改革和高效发展的保证。但是，长期计划体制下形成的行业管理体制无法适应供热行业改革和发展的需要，迫切需要建立新的与市场化和城市化相适应的供热行业监管体制。

（一）计划供热体制

第一，供热行业市场化改革严重滞后。供热行业是中国公用事业领域改革最滞后的行业，被称为“计划经济的最后堡垒”。传统的计划管制体制下，国家主要是出于政治目标对供热行业实行福利性供应，供热由各个单位来供应或替职工买单，供热企业往往是各个单位的附属部门或地方政府的公用事业单位，政企不分，价格机制缺乏，供热非市场化福利配给，成为其典型的制度特征。

第二，计划体制仍然是供热行业的基本制度特征。改革开放以来，随着整个国家的市场化改革和住建部的推动，供热行业的体制也在发生变化。住建部先后推行了供热商品化、货币化改革；供热单位由原来的企业自供和公用事业单位逐步转变为多种所有制形式并存，供热企业具有明显的盈利目标；面对煤炭价格放开后对企业盈亏的影响，为了理顺煤热价格关系，国家实行了煤热价格联动机制。但由于供热改革严重滞后，传统的计划体制仍然供热行业的基本制度形式。

第三，计划体制体现在多个方面并严重制约行业的发展。供热行业的计划体制体现在多个方面：供热商品化、货币化仍未完全实现，福利供热仍然大量存在，机关事业单位和国有企业仍单位承担职工大部分采暖费，大多数居民供热仍然由单位买单并享受政府的补贴；供热价格仍然受到政府的严格管制，价格调整严重滞后于供热成本变化，价格成本倒挂问题突出；供热企业的政企不分依然存在，政府每年都要对供热企业由于政策性原因造成的亏损给予补贴，供热行业市场竞争和投资主体多元化仍明显不足。总体来说，相对于充分市场化供热体制来说，供热行业市场化严重不足，现有的不完全市场化的供热体制仍存在诸多问题，并使政府承担了过多的经济和社会责任。

（二）行业管理体制严重滞后

第一，供热行业监管法律缺失。目前供热行业监管的法律法规严重不健全，以及缺乏保证改革和有效监管的全国统一和规范执法。目前，国家层面的法规尚属空白，仅有北京、山东、天津、辽宁等部分地区制定了地方性《供热管理办法（条例）》。国家层面的供热法规缺失，导致地方改革和监管缺乏明确的上位法支持。

第二，供热行业监管职权分散且协调困难。从监管职权横向配置来看，国家层面的供热行业监管涉及住建部、发改委、财政部、环保部等部门，地方层面的供热监管涉及发改委、物价局、供热办（隶属市建委）、财政局、环保局、民政局等多个部门。在国家层面，住建部是行业主管部门，国家发改委则主要负责价格政策与能源政策制定；在地方政府（市级）层面，市供热办负责规划许可、质量监管，物价局负责价格制定，发改委负责投资审批，财政局负责供热补贴政策。供热行业监管机构职能交叉，责权关系不清问题突出，政府监管的职能分割严重，政府监管具有明显的“多头管理”和“碎片化管理”的现象。由于职权分散，各自为政，每个部门具有不同的政策目标和利益诉求，增加了协调的难度，在缺乏有效的横向部门协调机制下，改革政策实施和有效监管受到机构体制的束缚。

第三，供热行业监管的中央与地方职责权限没有理顺。中央层面行业监管部门缺乏有效监管所必需的监管能力、职权配置和监管手段，改革和监管政策无法得到有效贯彻。供热行业总体监管是由住房和城乡建设部负责，具体实施由各个地方市级政府负责，省级政府的住建厅所起的作用基本不大，由于省级城建管理部门缺乏相应的监管职权，城市供热行业的监管权实际由市级政府所掌控。各地对供热企业的监管主要由各地的市政和建设部门负责，具体的行业监管由下设的供热管理办公室（供热办）负责。由于纵向监管职权配置不合理，国家行业监管机构无法有效监督各地方的改革政策实施和监管成效，供热行业缺乏有效的纵向监管政策贯彻、执行和监督体制，出现政策实施和监管中的“弱中央、强地方”的格局。在财政分权体制下，为了追求地方经济利益和社会稳定，① 地方政府往往缺乏推进改革和市场化监管的激励，国家统一的改革政策和监管政策得不到有效贯彻执行。

（三）僵化的价格监管体制

供热价格形成机制仍然处于不合理状态，缺乏合理反映供热成本、用热需求和节能环保的供热价格机制。

第一，价格成本倒挂问题突出。现行价格与成本倒挂普遍。根据对 2013 年北方供热省（区、市）的调查，除了黑龙江和新疆两省由于燃煤成本较低导致不存在热价倒挂现象外，其余北方供热省份的热价都存在不同程度的倒挂现象。热价倒挂最严重的省份有山东、山西、河北省和北京市，每平方米热价分别低于成本 12.69 元、9.41 元、9.19 元、8.42 元，热价倒挂超过 40%。由于价格成本倒挂，造成供热行业企业长期普遍亏损，供热行业体现出明显的“政策性亏损掩盖经营性亏损”的现象。

第二，供热企业成本不透明。供热价格没有形成科学的供热成本监审机制，各地政府的热价制定主要是依据供热企业上报的成本费用为依据，在供热成本缺乏统一规范的会计核算体制，缺乏与定价政策相配套的企业成本约束机制下，供热企业往往有激励虚报供热成本。在此背景下，政府价格管制必然会在企业上报的成本价格基础上砍掉一定比例的“水分”，企业则以政策性亏损为由要求政府补贴，从而陷入彼此不信任的每年讨价还价当中。

第三，热计量改革进展缓慢。热计量改革进展缓慢，影响了价格机制促进节能的作用机制。供热采暖是建筑能耗的大户，中国北方地区冬季供热采暖每年消耗煤炭 1.5 亿多吨标煤，占北方地区建筑能耗 50%以上。热计量是运用市场机制促进供热节能的有效手段。自原国家建设部（住建部前身）1996 年颁布《建筑节能“九五”计划和 2010 年规划》，规定了供热计量收费以来，至今已经 16 年过去，中国北方绝大多数城市的供热计量收费改革并未见到明显成效。根据住

① 在某些地区，供热行业改制导致地方政府在供热行业过多关注商业利益，被企业利益集团所俘获。

建部2012年5月发布的《"十二五"建筑节能专项规划》，截至2010年底，中国完成北方采暖地区既有居住建筑供热计量及节能改造1.82亿平方米。粗略估算，实施供热计量收费的面积仅占中国总供热面积5%。在供热收费主要依据面积而非用热量的情况下，价格机制将失去调整供求和促进节能的作用。

第四，供热价格缺乏动态调整灵活性。国家发改委推出的煤炭与供热价格联动机制，并没有真正付诸实施，煤炭价格上涨时企业亏损，煤炭价格下降时消费者不满。长期的僵化的供热价格管制带来供热价格背离成本，这既不利于消费者节能，也不利于激励企业进行提高效率的投资和技术改造，并且成为供热企业、政府与居民矛盾的重要诱发因素。定价机制不合理，调价机制不健全，各地普遍存在定价低、调价难的问题，供热价格倒挂现象普遍，供热企业亏损严重，百姓不满意，政府负担重。

（四）缺乏公平的居民供热补贴

在计划福利供热体制下，国家实行了适用于所有居民的低供热价格，并对城镇五保户等低收入群体给予一定的供暖补贴。总体来说，中国居民供热补贴是一种歧视性隐性补贴制度。

第一，供热补贴有违公平。目前，供热补贴主要适用于城镇机关、事业单位、国有企业等"泛公务员"群体，非公经济企业员工、自由职业者、农民则享受不到该补贴，而且"泛公务员"群体的补贴标准明显高于低收入特困家庭，在"泛公务员群体"内部，行政级别越高的员工获得的供热补贴额越高。现有的供热补贴方式是计划福利体制和特权福利的重要体现，有违社会公共基础产品分配的社会公平原则，加剧了不同社会群体之间的利益矛盾和社会割裂。

第二，供热补贴是一种扭曲价格的隐性补贴。地方政府通过人为压低供热价格，长期使价格低于成本来向消费者供热，然后政府通过财政补贴向供热企业的供热亏损提供补贴。典型的如沈阳市，2008年10月供暖价格听证会决定，居民住宅供热价格由22元/平方米上调至28元/平方米，没有单位报销采暖费的居民个人支付25.3元/平方米，供热企业的差价损失由市财政给予补贴。这种以价格背离成本为基础并适用于所有居民的补贴机制存在的问题是扭曲了价格机制优化资源配置的基础性作用，并且家庭用热量越高（住房面积越大），享受的补贴额则越大。由于供热补贴以扭曲价格机制来实现社会福利目标，低于成本供热价格的主要受益者是居住面积大的高收入家庭，并且供热补贴主要提供给了收入相对高的"泛公务员"群体，因此，扭曲价格机制的居民供热补贴，既无效率有无公平。

二、 供热监管体制的改革

由于我国供热行业具有明显的自然垄断性，还不具备多种供热方式之间的替代竞争，因此有效的政府监管就成为保证供热行业高效绿色发展、实现效率与公平的兼容，平衡各方利益的重要制度选择。因此需要建立有效的监管体制。

（一）供热监管的目标

从监管体制设计的角度来说，供热行业监管主要基于四个目标（图 7-40）：

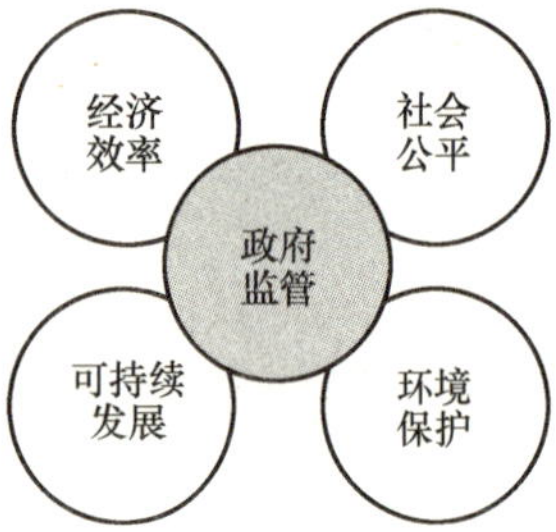

图 7-40　供热监管的四维目标

首先，经济效率目标。激励企业高效率运营和进行技术创新投资。供热行业监管效率目标的实现主要是通过两种机制，一是对能够市场化的领域积极推进市场化，让市场机制成为激励有关运营主体加强管理、改进技术和提高效率的基础动力；二是对不能市场化的领域实行有效的激励性管制，通过机制设计来促使企业不断改进效率，消除企业通过虚报成本和利润来获取不合理利润的机会主义行为。

其次，社会公平目标。对于寒冷地区城镇居民来说，不同消费者群体具有支付能力，在不同消费者群体之间合理分配，消费者公平合理地支付价格。这要求政府通过监管确保消费者支付合理的价格，并对支付能力较弱的低收入群体实行有效的补贴和社会救助政策，确保低收入群体的供热需求和支付能力。

再次，可持续发展目标。热力是北方寒冷地区居民重要的生活必需品，供热是北方寒冷地区重要的城镇基础设施，是居民身体健康和社会稳定的重要基础性保障，因此需要通过监管确保安全可靠供应。这要求政府监管应确保投资主体和运营主体有稳定的利润回报，因此行业企业具有有效的投资激励，并有激励不断提高供应的安全性和可靠性。

最后，环保目标。供热是高能耗和高排放部门，是世界各国实现节能减排的重点行业。因此，政府监管需要促进供热行业减少能源消耗和污染物排放，实现绿色发展，促进国家的环境保护。在实践当中，一般包括政府实施的节能减排的奖励性政策、差别化供热价格和税收政策、有效的热力消费需求侧管理等。

（二）中国供热监管体制改革重点

根据中国供热体制市场化改革要求和有效供热监管体制的目标，供热监管体制改革和完善应该重点围绕以下几个方面：

1. 完备供热法律体系实现依法监管

第一，“立法先行、依法监管”是供热行业改革和监管的基本原则。立法推进改革和实行依法监管是世界各国供热监管的普遍经验。目前中国供热行业监管还缺乏统一的国家层面的法律框架，尽管一些地方政府已经制定颁布了地方性《供热管理条例》，但是由于缺乏全国性的法律规定，在供热体制的一些基本问题上没有做出统一的规定，对行业运行体制、监管的职权配置、中央和地方的监管体制关系、供热所有权、供热行业准入条件等一些重大基础性问题还没有做出明确的规定，这严重影响了供热行业的有效监管和体制改革。

第二，分步推进供热行业立法工作。根据中国的现实，供热行业法律体系建设可以分两步走，近期由住建部牵头着手制定《城镇集中供热管理条例》，对供热行业规划管理、所有权安排、市场准入规则、价格监管、服务质量、行业技术标准、节能减排、政府与企业的责任等重要的现实问题做出相对明确的规定；长期来看，随着供热行业市场化改革的推进和政府管理体制改革的深入，在适当时机由全国人大制定颁布《供热法》，对供热行业的监管体制、监管机构职权配置、行业运行体制等问题做出更高层次的法律规定。

2. 继续推进供热行业的市场化改革

第一，继续推进供热价格体制改革。供热价格市场化改革的目标是，实现成本补偿、使用者付费，逐步提高供热价格以实现通过收费补偿成本，从而逐步渐进理顺价格倒挂现象，促进消费者节约和节能减排。为此，将继续推进供热的商品化、货币化改革，实现供热补贴由“暗”补变“明补”，付费主体由单位变为个人；充分实施煤热价格联动政策，建立燃料价格、热价和政府补贴的涉及“企业、用户、政府”的三方联动机制，逐步过渡到燃料价格和热价的涉及“企业、用户”的两方联动机制，政府逐步取消对企业的补贴。

第二，继续推进供热计量收费改革和实施两部制热价。按用热量收费是实现供热商品化和市场化，促进节能减排的重要基础，把按用热量计费作为一项硬性规定来执行，并结合两部制热价，实现“用多少热，付多少费”，形成用户按需使用和自觉节能的激励相容机制，并保证企业合理回收成本和进行投资维护的积极性。

第三，继续推进供热行业市场化开放，实现投资主体和运营主体的多元化。面对中国城市化进程加快带来的巨大城镇供热需求，传统的投资和经营主体单一，供热企业区域垄断带来的竞争缺乏问题，供热行业应该积极放松政府进入管制，降低非公经济进入供热行业的门槛，大力发展 PPP 方式，从而实现市场化供热。

图 7-41 指出了市场化供热体制六要素。

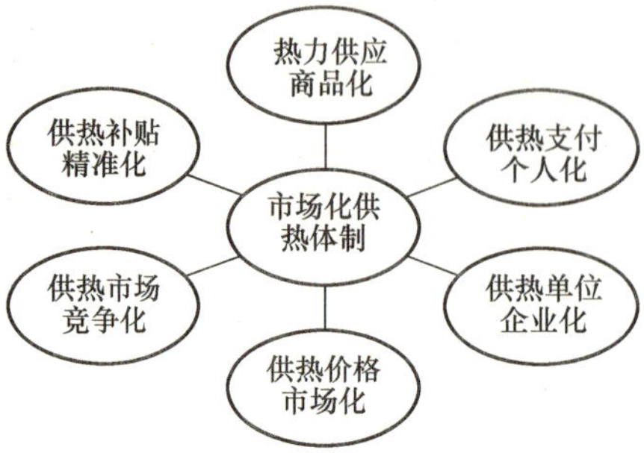

图 7-41 市场化供热体制六要素

3. 建立运行有效的监管机构体制

第一，科学配置监管机构的职权。首先，根据新一轮行政体制改革的要求，在积极推进供热行业市场化改革的同时要进一步强化对供热行业的监管。在市场机制发挥决定性作用的情况下，科学的监管机构职权配置就成为保证监管有效的重要条件。其次，重点强化监管机构的市场准入监管职权。根据国际经验，供热行业监管机构的监管职权一般包括：供热规划、市场准入、供热价格、供热质量以及纠纷处理、行政裁决等，其中市场准入许可是监管机构主要的监管工具。再次，实现供热行业监管职权的适当集中。由于中国供热行业监管职权分散在不同的主管部门，任何一个单一部分都无法实现有效的监管，从有效发挥监管职能的角度来说，需要适当集中供热行业监管职权，发挥职权集中配置的整体效力，提高监管的有效性。

第二，建立有效的横向部门间协调机制。针对目前中国供热行业监管多头管理的问题，从实现政府监管有效性的目的出发，整体政府的一个核心内容是行政系统内部各部门之间基于业务流程所形成的政务协同，实现了跨部门的网络化政务协同与无缝隙衔接。根据整体政府的理念，监管机构与政策部门之间的组织协调关系主要体现在以下几个方面：首先，组织再造的核心是打破城市公用事业原有的行业分割和业务分段的监管模式，依据行业纵向产业链条和监管业务流程，对各个部门的资源和职能有机整合和有效协调，实现政府部门之间的无缝隙衔接，实现政府监管的最大效能。其次，建立新的职权配置和绩效考核体制。通过任务分解，明确各个机构的职责权限，通过立法对各个机构的职责权限做出了明确的规定，明确各个部门的职责权限，并将有关部门的协调配合和监管网络中的绩效等跨部门目标作为重要的考核内容，并对重大监管失灵事件实行相关部门整体问责，从而建立促进和保证跨部门合作的激励和约束机制，实现纵向合作和跨部门、跨环节横向合作的有机统一，实现部门独立性与合作性的统一。再次，建立必要的跨部门协调机制。部门之间的协调机制主要有：一是建立部门之间的程序合作和沟通协调机制，如信息互享、人员流动、协商咨询等；二是通过组建跨部门的协调组织来加强协调，如建立跨部门的协调委员会或联席会议制度，来对涉及部门职能交叉的事项进行综合协调；三是打破信息孤岛，建立横向信息共享和纵向双向流动的信息体制，实现信息共享。

第三，理顺国家与地方监管机构之间的关系。纵向权力配置的基本思路是：

从原则性到具体性、从政策制定到政策执行、从业务指导到信息反馈。国家城市公用事业监管机构是住房和城乡建设部，其基本职能是“定规则、当裁判、业务指导、绩效考评”；省级市政公用事业监管机构的基本职能是“承上启下”；城市市政公用事业监管机构的基本职能是具体实施各项监管职能，是城市公用事业政府监管的实施主体和第一责任主体。近期供热行业监管需要很好协调改革政策实施与行业具体监管的职责分工，实现集权与分权的有机结合。国家行业主管部门主要是负责改革政策的制定、组织实施，有权对地方政府的改革政策执行和监管成效进行监督，对重大安全事故具有行政问责的权力。地方城市政府负责具体的改革政策实施，并对改革政策实施负有责任；在具体的供热行业日常监管过程中，要重点明确城市地方政府的职责，重点是强化国家和省级行业主管部门对城市政府的改革和监管绩效进行监督检查的能力。

三、　供热行业价格监管体制

（一）供热价格监管政策

1. 供热商品化和热计量改革

2003 年 7 月，建设部、国家发展改革委等八部委联合发出了《关于城镇供热体制改革试点工作的指导意见》，第一次全面地提出了供热体制改革的基本原则、方针与政策措施，并决定在全国 43 个城市开展供热体制改革试点。随着体制改革工作的推进，2005 年 12 月，八部委再次联合下文《关于进一步推动城镇供热体制改革的意见》，明确了改革的指导思想、基本原则和近期工作重点。

《关于城镇供热体制改革试点工作的指导意见》提出城镇供热体制改革试点的主要内容是：改革单位统包的用热制度，停止福利供热，实行用热商品化、货币化；加大新型墙体材料、建筑节能技术的推广应用和供热采暖设施的技术改造力度，提高热能利用效率，改善城镇大气环境质量；继续发展和完善以集中供热为主导、多种方式相结合的经济、安全、清洁、高效的城镇供热采暖系统；加快供热企业改革，引入竞争机制，培育和规范城镇供热市场。

根据《意见》，供热改革的重点是停止福利供热，实行用热商品化、货币化，并实行计量收费。具体来说：一是停止由房屋产权单位或职工所在单位统包的职工用热制度，改为由居民家庭（用热户）直接向供热企业缴费采暖，实行用热商品化。二是停止福利供热后，采暖费用采取多渠道筹集，由政府、单位、个人共同负担；各级财政、单位用于职工供热采暖的费用作为供热采暖补贴由单位直接向职工和离退休人员发放，变“暗补”为“明补”，采暖补贴可在成本费用中列支。三是改革现行热费计算方式，逐步取消按面积计收热费，积极推行按用热量分户计量收费办法。

2005年住建部又联合相关部门联合发布了《关于进一步推进城镇供热体制改革的意见》，对完善供热价格形成机制、逐步推进供热商品化、货币化培育和完善供热市场、切实保障低收入困难群体采暖、优化配置城镇供热资源、促进供热采暖节能工作、加强供热市场监管和应急保障、改革组织领导等做出了更完善和具体的改革规定。

2. 供热价格改革政策

在计划经济福利性供热体制的情况下，供热是职工所在单位提供的一种福利，整个社会并不存在调整供需的供热价格机制，供热价格由各个地方价格主管部门根据本地实际情况实行政府定价。建设部、国家发改委等部门在推进城镇供热体制改革过程中，也适时推进供热价格的市场化，这主要体现在实行煤热价格联动机制改革和制定了《城市供热价格管理暂行办法》。

（1）煤热价格联动机制。为了理顺煤炭、热力价格关系，2005年10月，国家发展改革委与建设部联合印发了《关于建立煤热价格联动机制的指导意见》（发改价格〔2005〕2200号），决定建立煤热价格联动机制。根据该规定，热价分为热力出厂价格、管网输送价格和销售价格。其中，热力出厂价格是指热源生产企业向热力输送企业销售热力的价格；管网输送价格是指热力输送企业输送热力的价格；热力销售价格是指热力输送企业向终端用户销售热力的价格。根据《关于建立煤热价格联动机制的指导意见》，煤热价格联动涉及两个层次：一是热力出厂价格与煤炭价格联动。当煤炭到厂价格变化超过10%后，相应调整热力出厂价格。为促进热源企业降低成本、提高效率，热源生产企业要消化10%～30%的煤价上涨因素，具体消化比例由各省级价格主管部门根据本地区具体情况确定；当煤价下降时，按热源生产企业消化上涨因素的同等比例核减热价下调幅度。二是销售价格与出厂价格联动。热力出厂价格调整后，按照热力管网输送价格保持相对稳定的原则，相应调整热力输送企业对用户的热力销售价格。其中，上调居民采暖用热价格应依法召开听证会，并对低收入居民采暖采取适当的保障措施。根据《关于建立煤热价格联动机制的指导意见》，煤热价格联动以不少于一年为一个联动周期。若周期内煤价变化达到或超过10%后，相应调整热价；如本周期内煤价变动未达到10%，则下一周期累计计算，直到累计变化幅度达到或超过10%，进行热价调整。

（2）完善热价形成机制。2007年国家发改委、建设部制定了《城市供热价格管理暂行办法》对供热价格监管体制做出了相对具体的规定：一是明确了热价定价原则。第十条规定“热价的制定和调整应当遵循合理补偿成本、促进节约用热、坚持公平负担的原则。”二是提出两部制热价改革政策。第十五条规定“热力销售价格要逐步实行基本热价和计量热价相结合的两部制热价。基本热价主要反映固定成本；计量热价主要反映变动成本。基本热价可以按照总热价 30%—60%的标准确定。”三是确定了热价制定和调整的依据和程序。第十九条规定“符合以下条件的热力企业（单位）可以向政府价格主管部门提出制定或调整热价的书面建议，同时抄送城市供热行政主管部门：按照国家法律、法规合法经营，热价不足以补偿供热成本致使热力企业（单位）经营亏损的；燃料到厂价格变化超过 10%的。”第二十一条 政府价格主管部门商供热行政主管部门对调价建议进行统筹研究，拟定调价方案。因燃料价格下跌、热力生产企业利润明显高于规定利润率时，价格主管部门可以直接提出降价方案报当地人民政府审批。四是明确了价格监管制度。第二十二条规定“政府价格主管部门受理热力企业（单位）关于制定和调整热价的建议后，要按规定进行成本监审。”第二十三条规定“制定和调整热价的方案经人民政府批准后，由政府价格主管部门向社会公告，并报上级人民政府价格主管部门和供热行政主管部门备案。”第二十七条规定“价格主管部门应当建立供热成本监审制度，促进热力企业（单位）建立有效的成本约束机制。”

3. 热计量改革政策

在中国原有的供热体制下，供热是一种福利而不是一种商品，采用统一的、不能反映供热数量和质量的“平米热价”进行收费，无法体现“用多少热、付多少费”的商品计价规则。城市集中供热基本上都是按热用户的采暖面积收费，缺乏计量设备和调节手段。热计量改革不仅是供热商品化和市场化的重要举措，也是促进节能减排的重要措施。供热采暖是建筑能耗的大户，中国北方地区冬季供热采暖每年消耗煤炭 1.5 亿多吨标煤，占北方地区建筑能耗 50%以上。供热计量改革是运用市场机制促进供热节能和建筑节能的有效手段。住建部 1996 年颁布《建筑节能“九五”计划和 2010 年规划》就对供热计量收费做出了规定。2006 年住建部发布的《关于推进供热计量的实施意见》对热计量改革的目标做出了明确的规定，具体为：新建供热系统必须满足热计量技术要求，既有供热系统原则上应在 2～4 年内通过技术改造达到热计量要求。2006 年采暖季前各地应选择一定数量的政府机构办公楼等建筑进行供热计量改造；2008 年采暖季前，政府机构办公楼等建筑原则上应全部完成供热计量改造，达到热计量的要求。新建建筑的热计量设施必须达到工程建设强制性标准规定要求，不符合相关供热计量标准规定要求的不得验收和交付使用。2006 年开展既有非节能建筑节能和采暖系统热计量改造试点，“十一五”期间大城市要完成热计量改造的 35%，中等城市完成 25%，小城市完成 15%。2010 年 2 月，住建部会同国家发展改革委、财政部、质监总局印发《关于进一步推进供热计量改革工作的意见》，要求各地积极推进供热计量收费，并对推进改革的保障措施。该意见规定，“从2010年开始，北方采暖地区新竣工建筑及完成供热计量改造的既有居住建筑，取消以面积计价收费方式，实行按用热量计价收费方式。用两年时间，既有大型公共建筑全部完成供热计量改造并实行按用热量计价收费。”

4. 供热财税政策

（1）供热企业补贴政策。2007年国家发改委、建设部制定了《城市供热价格管理暂行办法》第二十五条 热价不足以补偿正常的供热成本但又不能及时调整热价的地区，省级人民政府和城市人民政府可以对热力企业（单位）实行临时性补贴。2008年国家发改委、住建部、财政部联合下发的《关于做好冬季供热采暖工作有关问题的指导意见的通知（发改价格〔2008〕2415号）》指出，“加大财政补贴力度。一是加大对困难地区转移支付力度。中央财政将考虑煤炭价格上涨等客观因素，进一步完善一般性转移支付测算办法，加大对相关采暖困难地区转移支付力度。省级财政也要筹集资金，增加财政补助，提高基层政府供热采暖相关支出需求的保障程度。二是增加地方财政对供热专项补贴资金。地方政府应在维持现有供热财政补贴水平基础上，增加供热专项补贴资金，加大对供热企业补贴力度。”

（2）供热税收政策。2008年国家发改委、住建部、财政部联合下发的《关于做好冬季供热采暖工作有关问题的指导意见的通知（发改价格〔2008〕2415号）》指出，“继续对供热企业实行税收优惠。为保障三北地区居民供热采暖，继续给予供热企业相关税收优惠政策，具体办法由财政部会同国家税务总局另行制定。”2011年经国务院批准，财政部和国家税务总局下发《财政部、国家税务总局关于继续执行供热企业增值税、房产税、城镇土地使用税优惠政策的通知》规定“自2011年供暖期至2015年12月31日，对供热企业向居民个人（以下称居民）供热而取得的采暖费收入继续免征增值税；对向居民供热而收取采暖费的供热企业，为居民供热所使用的厂房及土地继续免征房产税、城镇土地使用税。”

（3）居民供热补贴政策。2008年国家发改委、住建部、财政部联合下发的《关于做好冬季供热采暖工作有关问题的指导意见的通知（发改价格〔2008〕2415号）》指出，“对低收入家庭给予适当照顾。为避免因供热价格调整给低收入家庭生活带来较大影响，各地要充分考虑低收入家庭的承受能力，在制定补贴或调价方案时对低收入家庭给予适当照顾，保证低收入家庭生活水平不因价格调整而降低。已经出台的对低收入家庭的采暖照顾政策，要继续完善并抓好落实；尚未出台的，要连同调价方案同步出台。”

（二）供热价格体制存在的问题

1. 供热价格市场化改革进程缓慢

福利型供热体制的改革遇到较大的困难。改革福利型供热的基本原则，是把供热费用由国家财政或企业一家负担，改为由国家、企业与用户共同分担。实现这一目标的具体手段，是把国家与企业的暗补改为对用户的明补。但是，大部分地区还没有启动具体的暗补改明补政策，行政事业单位与经济效益较好的企业，仍然沿袭原来的供热缴费办法；即使推行改革的地区，困难企业与无相应单位用户，也无法获得政策性供热补贴。“暗补变明补”工作在艰难推进，以北京市为例，北京市发改委早在《2007 年北京市国民经济和社会发展报告》中明确提出，热费补贴“暗补变明补”方案将于当年年内出台，但是，迄今“暗补变明补”政策在北京还尚未出台。

供热价格形成机制仍然处于不合理状态。虽然在 2003 年启动的供热体制改革中已明确提出要建立原料价格与供热价格的联动机制，但是煤炭与供热价格联动机制，并没有真正付诸实施。由于中国供热价格调整的法定程序较多且供热行业“市场煤、计划热”的特点决定了供热价格的变动具有明显的滞后性。供热定价机制具有明显的行政色彩，供热企业仍只能被动地承受上游原料价格波动的影响，政府补贴是主要的补偿机制。供热价格制定机制不合理，供热成本不透明，供热成本核算不规范，缺乏与定价政策相配套的企业成本约束与激励机制。

价格机制无法发挥促进企业提高效率的资源优化配置作用。中国供热行业长期以来都是由政府企业垄断经营，政府既是供热企业的出资人，又是行业规制者，甚至是直接经营管理者，企业缺乏真正的经营决策权。供热行业的垄断性经营使企业缺乏创新意识和激励机制，存在着政企不分、权责不明、管理粗放等诸多问题，严重制约了企业经营管理效率的提高。供热价格等诸多方面都要受到政府的管制，政府定价主要是基于供热成本。由于信息不对称，企业真实的成本往往是由企业说了算的，因此企业有激励通过虚报成本来争取更多的政府补贴。

2. 热计量改革进展缓慢

多年来，尽管住建部积极推动热计量改革，将其作为进一步推进供热市场化和促进节能减排的重要政策措施，但是中国北方绝大多数城市的供热计量收费改革并未见到明显成效，许多城市地方政府、供热企业和居民用户都缺乏积极性。在 2008－2010 年间，北方采暖地区新增面积 11 亿平方米，安装计量表的面积仅为 4.6 亿平方米占 42％；2010 年新增面积 3.14 亿平方米，安装计量表的 1.6 亿平方米，占 52％。截至 2010 年底，中国完成北方采暖地区既有居住建筑供热计量及节能改造 1.82 亿平方米。粗略估算，实施供热计量收费的面积仅占中国总供热面积5%。到2013年北方采暖地区15个省（区、市）已经全部实现了热计量试点，但是现在中国供热行业按量收费改革的效果仍然不够理想，大部分城市仍然主要以供热面积来进行计量收费，甚至出现了热计量设备不合格或者安装了热计量设备但仍然按照面积收费的现象，这不仅造成供热能源的浪费，还使得居民不能自主调节温度，用不用热都得交费。居民热计量改革进展缓慢的原因主要是以下价格方面：

供热行业的历史遗留问题影响了热计量改革的推进。由于中国供热一是原有城市供热系统包括热源、热网、热用户等，不适应供热计量的要求，必须进行改造。二是原有供热系统运行年久、设备陈旧、技术落后、跑冒滴漏严重、热能浪费损耗大，根本不适应供热计量。三是供热企业供热价格扭曲，亏损严重，无力承担改造资金。四是水质较差，无法实施计量。

缺乏保证改革有效推进的配套政策。一是供热价格机制改革严重滞后。热计量改革要取得成效需要以市场化价格机制为前提，目前大部分城市的供暖费主要是单位报销，价格支付变化与居民无切身利害关系；二是缺乏合理分担改革成本的利益平衡机制。各供热企业承担既有建筑供热计量改造工作，政府给予一定的财政补贴，但实际改造费用大于财政补贴标准，增加企业负担，一些试点企业推行热计量收费后出现亏损，供暖企业缺乏动力。计量改革会增加居民用户成本，普通家庭至少需要2～3个热表，一些城市户均增加成本2000元，仪表设备年限6年，到期就需要重新更换，居民也不愿意安装。三是热计量与建筑节能没有很好结合并进行统一规划。热计量改革应该渐进分布进行，配套措施及改革要跟进。

热计量改革缺乏有力的政策实施体制。一是住建部缺乏保证改革政策得到贯彻的权威。供热行业的中央和地方分权的管理体制由于在供热管理体制中，地方政府拥有较大的管理权限，住建部往往缺乏监督地方政府贯彻执行改革政策的监督和问责手段，无法保证改革政策目标的实现。二是热计量改革政策执行不力。《关于进一步推进供热计量改革工作的意见》中规定，要进一步明确奖惩制度，“既有居住建筑节能改造不同步实施供热分户计量改造的，不得通过验收，不得拨付中央财政既有居住建筑供热计量及节能改造奖励资金，”这个规定的执行效果不明显。

3. 煤热价格联动机制没有得到有效贯彻实施

尽管2005年国家发改委与建设部联合发布的《关于建立煤热联动机制的指导意见》中即已规定实施煤热联动机制，煤热价格联动以不少于一年为一个联动周期，若周期内煤价变化达到或超过10%后，相应调整热价。但是2005年来以来，煤热联动机制并未得到各地方的有效贯彻实施，一是煤价上涨超过10%没有及时上调热价，多数城市仅在2008年煤炭价格大幅上涨的情况下才对供热价格进行了相应的调整；二是热价只能上不能下，当煤价下降超过10%时也没有及时地下调热价。自2012年以来，受煤炭行业整合产能、国内外需求减弱等影响，煤价持续下跌，与2008年煤价高企时相比，跌幅已达一半。秦皇岛煤炭网环渤海动力煤价格指数显示，2013年发热量5500大卡的动力煤报收533元/吨，比2012年同期下降17%，与2010年10月的最高价格855元/吨相比，下跌幅度更达37.7%。但是，北方各地取暖费价格都是在2008年煤炭价格处于高位时制定的，面对煤炭价格下跌，供暖费价格并没有相应作出调整。热价“只管涨、不管跌”成为社会各界关注和质疑的焦点。

地方政府缺乏实施煤热价格联动的激励。地方政府关注社会目标，热价由地方政府发改委和物价局决定。地方政府将热价作为重要的经济调控和追求任期政绩的重要政策手段，为了保物价、保民生、保稳定，在煤炭价格持续上升的背景下，由于供热价格调整会影响地方物价水平和招致百姓的反对，因此地方在政府不愿意上调热价，更愿意保持供热价格的稳定，并通过政府财政来补贴企业的亏损。当煤炭价格下跌时，政府的财政补贴也自然取消，所以热价也就无法“联下来”。

4. 价格成本倒挂和成本不透明问题仍十分突出

各地方政府出于保民生的政策目标，长期对供热价格实行低价格管制，各地政府部门定价时并没有完全涵盖成本，造成居民供热价格不能合理反映供热成本。根据呼和浩特市发展和改革委员的调查，呼和浩特市煤炭价格从2006年的每吨210元上涨至2008年的每吨500元，当时供热企业的供热成本为5.18/(月·平方米）元。2008年，居民用户供热价格从每月每平方米2.95元调整到3.68元，非居民用户供热价格从每月每平方米3.4元调整到5.03元，按照当时7成居民用户和3成非居民用户的供热比例加权计算，供热企业每平方米供热收取的平均费用为每月每平方米4.085元，也就是说，即使上调了供热价格，按照当时的成本来计算，供热企业仍然在亏损经营。根据供热协会对2013年北方供热省份的调查，除了黑龙江和新疆两省由于燃煤成本较低导致不存在热价倒挂现象外，其余北方供热省份的热价都存在不同程度的倒挂现象。热价倒挂最严重的省份有山东、山西、河北省和北京市，每平方米热价分别低于成本12.69元、9.41元、9.19元、8.42元，热价倒挂超过40%。根据兰州市成本监审局对供热企业2009年～2012年供暖期供热成本监审显示：2012年，供热成本为4.64元/(月·平方米)，供热成本倒挂1.19元/（月·平方米）；燃气供热成本3.78元/(月·平方米)，成本价格倒挂1.14元/（月·平方米）。

节能减排带来的供热燃料结构变化推高供热成本。面对日益严峻的减排压力，北京等省份开始实施供热“煤改气”政策，到2017年，北京市将全面关停燃煤电厂，代之以燃气热电中心。“煤改气”需要将原来的供暖锅炉全部换掉，上马新锅炉，采用更昂贵的燃气作为燃料。北京市近1/3的供热由北京热力集团提供，冬季热源来自于该集团发电厂热电联产余热，余热不足或者天气持续低温时，则启用尖峰燃气供热厂，后者采用燃烧天然气供热。北京热力集团承受的巨大减排压力，主要来自于接收的11个区域自营供热厂，供热量占集团总量的10%。这些厂本来为大型公司、机关等自主运行的供热厂，通过各种形式被“收编”到北京热力集团。这些供热厂的锅炉都是烧煤的，北京热力集团需要为一台大型锅炉投入100多万元进行改造。为了缓解“煤改气”给供热企业带来的成本压力，北京市从2013年供暖季开始对烧天然气的独立供暖区域调整供暖价格，其中居民从每平方米19元提到30元，公共建筑从每平方米30元提到46元。

供热企业成本信息严重不透明。企业成本信息透明是监管机构实行有效价格监管的重要基础，也是保证政府价格监管获得社会认同的重要保证。长期以来，由于供热行业的企业制度和管理体制原因，供热企业的成本信息严重不透明，供热企业财务制度不完善、不统一、不透明，缺乏有效的企业财务申报和披露制度，监管和被监管方存在严重信息不对称，监管方很难掌握供热企业的真实成本，政府主管部门对企业供热成本信息无从知晓，监管决策制定无法建立在准确的成本信息基础上，政府对企业供热亏损补贴额的确定也含糊不清，社会各界对供热企业是否真的亏损也一直存有诸多疑问。供热行业迫切需要建立起规范严格的企业信息申报和披露制度。

5. 尚未形成与市场化相适应的供热补贴机制

现有的政府补贴主要是针对企业供热燃料成本。煤炭价格涨了，政府财政就要多补助一些，煤炭价格降了，政府财政就少补贴一些。多地热力公司也表示，一直以来经营基本靠的就是政府的补助，但政府的补助目前只针对于燃料价格浮动，对于其他成本的变化则无补贴。近年来，劳动成本、资本成本等其他成本都明显上涨，这些成本上涨带来的企业亏损则得不到政府的补贴。

补贴地区差距大，补贴不及时不充分，不能完全解决经营亏损。现有的供热企业补贴额度的确定没有明确的供热成本分摊和补贴额确定规则，补贴政策缺乏明确性和一致性，往往需要企业和政府的谈判来确定。由于受地方财力和燃料价格等因素的影响，各地的补贴标准存在较大的差异。如在2011年北京燃煤锅炉每平方米的补贴额为11元，山西则为1元。另外，政府补贴额通常无法完全弥补企业的亏损，补贴不及时、不充分问题十分突出。

节能减排是地方政府的供热补贴负担加重。在实际补贴过程中，还存在其他的补贴方式，如国家奖励基金、政府供暖保证金、政府煤炭价格调节基金等。供暖补贴资金的主要来源仍然是政府财政。随着城市人口的增加和供暖面积的快速增长，地方财政负担将日益严重。在2013年，北京供暖补贴为30亿，如果全部实现“煤改气”后，北京每年需要的补贴将为100亿，政府财政将面临将越来越大的压力。

典型城市2011年供热补贴标准　　表7-14

供热单位	供热方式	补贴方式	补贴额度
北京	燃煤	财政补贴	11元/平方米
	燃气	财政补贴	5.04元/平方米
哈尔滨	各类	财政补贴	1.34元/平方米
天津	热电联产	财政补贴	1.66元/平方米
山西	各类	财政补贴	1元/平方米

税收优惠政策具有不确定性。尽管税收优惠政策在一定程度上减轻了企业负担，但是该政策仍存在诸多问题：第一，对企业减少亏损作用非常有限。如北京热力集团享受的税收优惠金额占企业成本比重不大，近三年平均为1.6%左右。第二，根据财税〔2011〕118号文件规定，供热企业向居民供热而取得的采暖费收入免征增值税，但是企业的销项税和进项税税率不同，加之销售热价一般执行政府定价，向居民供热的售价偏低，部分供热企业享受免税反而使进项税转出大于免税的销项税，导致多缴纳税款。第三，在执行优惠政策的文件过程中，部分税务征收机关只对在供暖期间收取的居民供暖收入执行优惠政策，在“非供暖期”收取的居民“供暖期”的供暖收入不免征增值税。希望税收优惠政策更加明确，以免仅仅因为居民缴费时间不在“供暖期”，而影响免征增值税优惠政策的落实。第四，目前，财政拨付的供暖补贴在税收上仅能列为不征税收入，在计算应纳税所得额时不征税收入对应支出所形成的费用，不得在计算应纳税所得额时扣除，实质上未能带给企业所得税方面的税收优惠。

居民供热补贴缺乏公平性。福利供热是计划经济时期职工居民福利分配住房的产物，即是供热费用由职工居民分配住房的产权单位缴纳，职工个人不缴纳供热费。现行的供热补贴制度还存在很大问题，社会公平得不到保证。目前改革方案中的“暗补变明补”是将供暖福利心理渐进割断的一种过渡性政策。但其中关键问题是，这种“暖补”仍然是以国家机关和国有单位职工早就享有的供暖福利为基础，它最严重的弊端是补贴按照百姓的身份分配，根据百姓的单位类型实施，这就不可能保障公共福利惠及全体纳税人，更不可能保障它的公平性。由于收入最稳定的泛公务员、部分大型国有企业员工所享受的供暖福利在改革后仍然变相存在，而那些民营企事业员工、自由职业者却拿不到任何补贴。这种政策明显背离了社会福利的基准起点和精神本质。应对传统的福利供暖补贴政策进行改革，除了向低收入群体发放“采暖券”之类的补贴以外，每个人自行承担自己的采暖费用。

（三）供热价格改革政策建议

1. 完善供热行业价格监管的立法

立法推进改革和实行依法监管是世界各国供热监管的普遍经验。目前中国供热行业监管还缺乏统一的国家层面的法律框架，尽管一些地方政府已经制定颁布了地方性《供热管理条例》，但是由于缺乏全国性的法律规定，在供热体制的一些基本问题上没有做出统一的规定，对行业运行体制、监管的职权配置、中央和地方的监管体制关系、供热所有权、供热行业准入条件等一些重大基础性问题还没有做出明确的规定，这严重影响了供热行业的有效监管和体制改革。

根据中国的现实，供热行业法律体系建设可以分两步走，近期由住建部牵头着手制定《国家集中供热管理条例》，对供热行业规划管理、所有权安排、市场准入规则、价格监管、服务质量、行业技术标准、节能减排、政府与企业的责任等重要的现实问题做出相对明确的规定；长期来看，随着供热行业市场化改革的推进和政府管理体制改革的深入，在适当时机由全国人大制定颁布《供热法》，对供热行业的监管体制、监管机构职权配置、行业运行体制、价格监管职权等问题做出更高层次的法律规定，并由价格主管部门制定更具体的规章进一步明确价格监管方式、价格调整程序、价格调整的依据和成本计算方法、企业成本信息公开义务等问题。

2. 建立燃料价格、供热价格、财政补贴的“三联动机制”

第一，继续推进热价联动机制。煤热价格联动机制改革可以分两步走：第一步，不完全煤热价格联动，建立煤炭价格、热价和政府补贴的联动机制；第二步，完全价格联动，建立煤炭价格与热价的联动机制，取消政府补贴，建立只针对低收入群体的补贴机制。

第二，建立规则明确的燃料价格、供热价格和财政补贴的“三联动机制”。在供暖价格充分市场化之前，建议实行居民供暖价格调整、财政补贴与热源、天然气、煤、电等原材料价格联动机制，当供热原材料价格上升时，及时调整供热收费价格。当收费价格调整不到位时，相应调整财政补贴标准，由财政及时给予供暖企业补贴，保障供热企业的正常生产经营，提高供热企业的城市保障能力。

第三，建立与价格调整及供热成本变化相适应的规则透明的财政补贴政策。建议调整现行财政补贴定额，考虑温度、热源结构、热源价格、投资、财务费用、折旧等因素的变化，重新核定热源综合成本和各项固定成本，及时调整补贴标准。同时，考虑居民供热价格的调整幅度，将供热价格不足以覆盖供热成本的部分，由财政补贴予以补偿。

第四，政府补贴应充分考虑供热企业对老旧供热管网等设施的维护成本。为了保证供热安全，消除供热隐患，需要投入资金进行管网更新改造，目前的投资力度并不能使老旧供热管网得到根本性的改观，管网跑冒滴漏严重，能源损失巨大，安全生产隐患突出。继续加大老旧供热管网改造，希望财政补贴中能考虑老旧供热管网等设施的维护成本。

3. 继续推进供热价格机制改革

第一，继续推进供热价格体制市场化改革。供热行业价格改革的方向是，居民供热价格实行政府定价，非居民价格实行政府指导价，并逐步放开对非居民供热价格管制，实现非居民供热价格由市场决定。

第二，建立合理的价格形成机制。供热价格市场化应遵循的基本原则是“成本补偿、使用者付费、按量付费”，逐步渐进理顺价格倒挂现象，促进消费者节约和节能减排。为此，将继续推进供热补贴由“暗”补变“明补”，付费主体由单位变为个人；继续推进实施煤热价格联动机制，建立燃料价格、热价和政府补贴的三方联动机制，逐步过渡到燃料价格和热价两方联动机制，政府逐步取消对企业的补贴。

第三，继续推进供热计量收费改革和实施两部制热价。按用热量收费是实现供热商品化和市场化，促进节能减排的重要基础，把按用热量计费作为一项硬性规定来执行，并结合两部制热价，实现“用多少热，付多少费”，形成用户按需使用和自觉节能的激励相容机制，并保证企业合理回收成本和进行投资维护的积极性。

第四，适时推进阶梯热价。在条件成熟时，可推行阶梯热价，从而促进资源节约和节能减排。

4. 加强价格与成本监管

第一，改革供热价格监管方式。供热价格监管应由低效率的成本加成定价向以绩效为基础的激励性定价方式转变。近期，供热价格形成体制应该重点推进“区域标杆热价”，以3～5年为一个周期，采用经营条件相同地区供热企业效率较高的前几家企业的平均成本指标作为基准，依据燃料价格变动和行业技术效率发展，来制定区域标杆热价，从而形成对低效率高能耗企业的市场压力，形成准市场的竞争淘汰机制，促进供热企业提高效率、节能减排和行业企业组织结构优化重组。长期来看，随着市场化改革的深入和市场竞争程度的提高，采用价格上限热价。

第二，加强供热企业成本监管。完善供热企业财务制度和成本监管。由于信息不对称，企业具有虚报成本的激励，获取准确的企业成本信息，实现规范严格的成本监管是确保价格监管有效的重要基础。为此，应该制定统一的供热企业财务会计制度，制定成本构成计算项目和具体的成本计算公式，明确成本标杆，加强供热行业信息收集和监管工作。

第三，强化企业信息披露义务。以许可证为手段强化企业信息披露义务。将供热市场许可证发放和企业成本信息监管有机结合起来，在发放许可证的同时明确要求被许可企业负有按照统一标准及时向监管机构提供企业运营有关信息的义务。为了更进一步强化企业真实报告成本信息，应该强化供热企业成本审计与监管，并建立供热企业第三方审计制度。

5. *改革居民供热补贴方式*

第一，始终明确政府的供给保障责任。保障低收入群体的采暖需求是政府不可推卸的责任，也是促进社会公平的重要政府公共政策。因此，在供热行业改革和发展的过程中，必须始终明确政府保障低收入群体采暖的责任。

第二，建立公平导向的居民用热补贴制度。居民供热补贴政策的改革方向是建立公平导向的居民供热补贴机制。改革措施是，将企事业单位用于职工采暖的各种隐性供热福利补贴，转变为以货币工资形式直接向职工发放，在职工工资内明确采暖费补贴科目，补贴的基数参照职工住房标准，按照国家、集体、个人分担的原则实施补贴，超出标准面积部分全部由个人自行负担，从而实现供暖费由“暗补”变为“明补”。采暖费补贴应该实现所有人的平等对待，职业身份不应成为采暖费付费水平高低的依据。

第三，建立只针对特定群体的目标针对性补贴。政府保障居民供热需求的补贴政策主要是针对低收入群体，政府不应向所有城镇居民提供低廉的热力供应。对于那些具有较高收入水平的中高收入群体来说，应该实行“使用者付费、按量付费”的原则，他们不应成为政府补贴的对象，从而提高政府补贴的针对性和精准性，更好地体现社会公平。

第八章 电力行业发展报告

电力作为最重要的基础性能源之一，其行业发展与国民经济息息相关，全社会用电量指标也常常被视为经济发展的替代性指标，用电量上升往往意味着经济向上发展。世界各国电力行业发展一般经历严格管制到适度放松的过程，这与电力行业地位及其行业结构相关，中国也不例外。新中国成立初期，电力行业实行严格的计划经济，20世纪80年代初开始实行市场化改革，经过三十年的发展，基本改变电力短缺的局面，行业一体化结构也被打破，在发电市场基本实现市场化竞争，但输电和配电环节仍然是区域垄断。本章首先介绍电力行业改革历程，并分析不同阶段电力行业结构特征及其对行业发展的影响；其次，整理了新中国成立至今电力行业投融资、行业建设、生产与供应以及行业结构状况；最后，结合经济发展与电力行业近几年的需求情况，对电力需求进行预测。

第一节　电力行业市场化改革

我国的电力产业市场化改革始于1985年，之前电力行业一直是计划经济下的行政垄断，政府扮演着行政管理、行业监管和企业经营三位一体的角色，电力产业链呈现纵向一体化的结构。1985年，国家放开了发电侧的投资权，允许更多的投资者进入发电市场，电力产业渐渐迈入市场化改革的进程。因此，1985年是电力改革的重要一年，是中国电力行业改革的第一个里程碑。在市场化改革之前，虽然电力产业纵向结构没有太大化变化，但是，也存在电力改革的初步尝试，基本上可以分为两个阶段，而市场化改革之后，依据结构的转变以及行为主体的改变，又可以分为三个阶段。

一、　电力行业计划经济体制

计划体制下电力产业实为一体化，而与一般一体化经济不同的是政府为一体化的执行主体，因此，电力产业表现为高度集中的行业管理模式。这实质上与电力行业本身特性相关，电力行业一直被认为具有高技术经济特性，因此，中国的电力产业之初如国外众多国家一样，采取国家垄断，行政管理与生产一体的经营模式。

（一）严格计划经济时期

新中国成立初期到1978年，是电力行业计划经济体制第一个阶段，为严格的计划经济时期，电力作为关系国计民生的基础能源行业，必然为国家所高度关注。这30年中，电力产业的结构变动只与政府机构改革有关，每一次的变动都伴随着部门的调整，而在权力的表现上则为中央集权和放权地方的试验，20世纪50年代初、中期加强中央集权，20世纪50年代末期的放权地方，到20世纪60年代中央重新收回下放地方的权利。电力行业管理的政府部门也经历了燃料工业部、电力工业部和水利电力部三个时期，燃料工业部和电力工业部时期，电力行业实行中央集中管理；而水利电力部时期，则经历了两次分散、两次集中管理；此外，一些特殊政治因素也影响了电力行业的管理，如“文革”时期间，电力行业是进行军事管制。由于电力行业是基础能源产业，当时，电力的发展也被视为国家进步的指标，因此，电力建设计划由政府统一规划，实行行政审批，建设资金则由财政部拨款，经营利润直接上缴。电力行业的进入受到严格规制，中央政府控制着电力行业投资权，是电力行业的唯一的投资人和所有者，政府一方面负责电力的生产、传输和销售，实行产业的纵向一体化垄断经营，另一方面承担了电力行业的管理职能，因此，体现为政企合一管理模式。

（二）电改初探时期

从1979年开始，电力行业进入计划经济体制第二个阶段，国家开始进行电力体制改革的初步探索，表现为扩大企业的自主权，建立经济责任制，企业在生产、原料选购以其他生产相关的环节获得了自主权，使得企业能较为灵敏地反映市场的需求。

由于电力建设资金长期不足，发电装机增长缓慢，引发了电力工业与国民经济的发展严重失调，全国经历了长期的缺电局面。1978年，全国缺电在1000万kW左右。为了促进电力发展，改变电力短缺的局面，解决电力建设资金投入的“瓶颈”，实行集资办电、多家办电、多渠道办电和利用外资办电的政策，改变了“电厂一家办，电网一家管”的局面。率先使用银行贷款，走出拓宽建设资金渠道的第一步。从1980年起，为了解决建设资金瓶颈，随着国家“拨改贷”的实施，电力行业率先使用银行贷款，走出拓宽建设资金渠道的第一步，改变了过去因电力建设资金全部依靠国家财政拨款而制约电力发展的问题。

打破电力部门独家办电，调动地方和各部门办电的积极性，走多家办电、集资办电的道路。1980年，电力部在《电力工业十年计划回报提纲》中提出了利用部门和地方、部门和部门联合办电、集资办电、利用外资办电等办法来解决电力建设资金不足的思路。1981年12月由中央和地方合资建设的山东龙口电厂一期2台10万kW机组开工。中央投资从国家计划内解决，地方投资从地方全民企业、乡镇集体企业、生产大队分年集资。这是中国电力工业发展史上具有开创性的一件大事，它打破了电力部门独家办电的局面，是实行中央和地方合作办电的第1个电厂。随后该模式很快在全国推广，逐步从火电项目（如上海闵行、浙江台州、河北邢台等）扩大到水电项目（如云南漫湾）、送变电项目（如葛洲坝—常德—株洲500kV工程）和核电项目（如广东大亚湾）。

1983年产生了改革电力投资体制的设想，中央指出必须从电力部门一家办电的传统做法中解脱出来，充分调动和发挥各地区、各部门、各单位办电的积极性，这是加快电力工业发展的根本方针。

1984年5月，水利电力部颁发了《关于筹集电力建设资金的暂行规定》，欢迎中央各部门、地方政府、国营和集体企业等对电站工程投资，并对工程建成后的经营方式、分电、分利润、分担亏损办法以及资金来源、投资安排、资金拨付方法等做出了规定。利用外资是电力行业集资办电、拓宽资金渠道的重要举措。中国电力建设利用外资的主要渠道是国外政府贷款、国际金融机构贷款、出口信贷、商业信贷、补偿贸易、中外合资（作）等。国际资金市场成为中国电力建设资金的又一大来源。1984 年 3 月，利用世界银行贷款兴建的鲁布革电站正式签署贷款协议，这是中国第 1 个利用外资兴建的电力工程项目，率先实行了国际招标、项目管理等国际工程管理机制，引发了“鲁布革冲击”。国务院向全国基本建设战线推广了鲁布革经验。此后，世行贷款、亚行贷款、外国政府贷款、外商直接投资涉及了众多的电力项目。

1979～1984 年间，虽然电力体制已有一些市场化改革的初步举措，但是并未得到切实地执行，一家办电并为得到实质改变。因此，这一时期仍然只能算是过渡时期，电力行业国家垄断，纵向一体的结构并未改变。

二、 电力行业市场化体制

从 1985 年开始实行电力市场化改革，时至今日，将近三十年，电力产业链结构较计划体制下有了较大的变化，这一市场化历程大致可以分为三个阶段。

（一）集资办电，政企合一

国家于 1985 年放开了发电侧的投资权，吸引多渠道的投资者，期望改变长期电力短缺和电力行业效率低下的局面，当时确定的基本改革方针是“政企分开，省为实体，联合电网，统一调度，集资办电”以及“因地因网制宜”。电厂投资审批权从中央下放到省级政府，中央只保留大型项目及国外直接投资的审批权，并且对新集资办电企业实行电价优惠措施，而对国有企业则赋予其自主经营权，尝试了全面包干经济责任制、简政放权、自负盈亏、以电养电等方案。

打破单一电价模式，制定新电新价、多种电价政策，是集资办电的重要保证。1985 年 5 月国务院批转国家经委等部门“关于鼓励集资办电和实行多种电价的暂时规定”的通知，对集资新建的电力项目按还本付息的原则核定电价水平，打破了单一的电价模式，培育了按照市场规律定价的机制。1985 年 7 月，水电部颁发了《关于通过用电加价收取煤炭加价和运输加价款的实施细则》，随着燃料、运输价格上升相应提高发电上网电价。

一系列的改革，有效地缓解了电力市场供需矛盾，到 1997 年，全国性的严重缺电局面基本得到缓解。此外电力产业链结构也发生了变化，独立发电企业（IPP）的出现改变了发电部门中央垄断的局面。原来由政府一家拥有和控制的电力行业演变为一个双轨体系，即国有企业为主导，发电端同时并存多种所有制投资主体，如地方政府企业、地方国有企业、外资企业和私营企业。到1996年，发电侧企业所有制比例中央仅占54%，其他所有制占46%；然而输配电环节改革仍比较迟缓中央占输配电资产90%，地方配电资产仅占10%①。由于政府对电力行业的管理并没有随新市场结构的出现而相应调整，仍沿用计划经济的行政和经济管理模式。因此，这一时期，电力产业表现为“集资办电，政企合一”的局面。

（二）解决“政企合一”问题

1997年开始，电力市场化改革进入第二个阶段，这一阶段主要解决“政企合一”的问题，主要标志是1998年3月，九届人大一次会议批准国务院机构改革方案，决定撤销电力工业部，其经营职能由新成立的国家电力公司接管，而行政职能则划归国家经济贸易委员会。

包括原电力工业部下属的华北、东北、华东、华中、西北5大区域集团公司、7个省公司和华能、葛洲坝2个直属集团，总资产达到7582亿元，拥有当时全国约48.3%的发电资产、90%以上的电网资产以及77%的销售电量。初步形成国家经贸委、国家计委等部门行使政府管电职能，国家电力公司等电力企业自主经营，中国电力企业联合会等行业协会自律服务的产业结构。各省、自治区、直辖市电力局（公司）原来承担的行政管理职能由地方政府综合经济管理部门承担，同时接受地方政府的指导和监督，地方各级政府不再单独设立电力专业管理部门，行业管理职能则移交中国电力企业联合会，经营职能则通过组建省级电力公司来实现，即“省为实体”。然而，这一改革并未实现其初衷，“省为实体”渐渐演变为“省为壁垒”。如1998年，东北三省首率先成立省级电力公司，变成三个省电网，各省实行电力供需内部平衡，层层实行实体，形成了严重的地方保护主义，跨省电量交换减少，此外，具名的“二滩事件”也说明“省为实体”实际上加强了地方保护，变成名副其实的“省为壁垒”。

1987年11月，水利电力部、国家经委、国家物价局联合发出《关于多种电价实施办法的通知》，这期间出台了以个别机组成本为基础的还本付息上网电价，反映燃运成本的燃运加价以及峰谷电价等。1987年12月，国务院办法〔1987〕111号文件，在全国范围内向工业用户用电收取每千瓦时2分钱的电力建设基金。这些政策措施的出台保证了各种投资的回报，充分调动了各方面办电的积极性，实施促进了电源建设的发展。

这一时期，电力行业管理机构发生了几次重大调整：1979年2月，国务院

---

① 数据来源：Chi Zhang and Thomas C. Heller (2004)。

决定撤销水利电力部，成立电力工业部和水利部；1982年3月，电力部和水利部又合并为水利电力部。20世纪80年代开始，在投融资体制改革的同时，电力主管部门对电力企业实行简政放权政策，扩大了企业经营自主权，实行厂长负责制和“三定、三包、三保”的全面包干经济责任制。

这一阶段还实施了另一项改革措施，即“厂网分开、竞价上网”改革试点。1999年国家电力公司在浙江、上海、山东、吉林、辽宁、黑龙江“五省一市”率先这项试点工作，开始探索打破垂直一体化垄断的可行性。由于亚洲金融危机的爆发，经济衰退，导致中国长期的电力短缺现象迅速地转变为电力过剩。竞价上网实则是为了解决供大于求的矛盾，然而，到2000年底，国务院办公厅正式下发《关于电力工业体制改革有关问题的通知》，明确要求“厂网分开，竞价上网”的试点不再扩大。意味着刚刚起步的打破纵向一化垄断的试点工作被扼杀在萌芽之中。国务院发展研究中心的一项研究报告就竞价试点失败分析了原因，主要是因为各省市电力公司同时拥有电网和发电公司，厂网分开在产权关系没有彻底分离，独立发电企业在竞价上网的过程中很难与其保持公平竞争；其次，由于政企分离尚在初期，省市一级电力局撤销工作进展缓慢，难以建立规范有序的市场竞争环境；最重的是，国民经济形势发生转变，到2001年迅速增加的电力需求吸收了过剩的容量，因此，发电侧引入竞争的压力随之消失。

虽然1997～2001年，这一阶段改革并不彻底，“省为实体”演变为“省为壁垒”，但是基本上改变了“政企合一”的局面，而竞价上网试点的失败实际上为后来的改革积累了一些经验。

（三）厂网分开，竞价上网

2002年至今可被认为是电力市场化改革的第三个阶段。这一阶段明确的指导方针是“厂网分开，竞价上网”，主要标志是国家电力公司的分拆，打破了国家电力公司垂直一体化垄断，从而在本质上改变了电力产业链纵向结构，在电力改革进程中具有里程碑意义。2002年2月，国务院下发《国务院关于印发电力体制改革方案的通知》（国发〔2002〕5号文件，下简称“5号文件”），决定对电力工业实施以“厂网分开、竞价上网、打破垄断、引入竞争”为主要内容的新一轮电力体制改革，其总体目标是“打破垄断，引入竞争，提高效率，降低成本，健全电价机制，优化资源配置，促进电力发展，推进全国联网，构建政府监督下的政企分开、公平竞争、开放有序、健康发展的电力市场体系”，这标志着中国电力工业全面进入了改革的新时期。5号文件还规定了改革的主要内容和“十五”期间的主要任务。

具体表现为，国家电力公司被拆分为5家发电集团、2家电网以及4家辅业公司，原国家电力公司发电资产直接改组或重组为规模大致相当的5个全国性的独立发电企，分别是中国华能集团公司、中国大唐集团公司、中国华电集团公司、中国国电集团公司以及中国电力投资集团公司，5家发电集团的资产规模、装机容量大致相当，平均装机容量为3200万千瓦，而且在各自区域电力市场中的份额不超过20%，与各独立发电公司处在同等竞争地位，逐步实行“竞价上网”。

原国家电力公司资产分拆重组形成两家电网公司，即中国国家电网公司和南方电网有限责任公司。但是两家电网公司资产分配并不均匀，国家电网作为原国家电力公司管理的电网资产出资人代表，按国有独资形式设置，在国家计划中实行单列。与南方电网相比，国家电网不仅在管理区域上大得多，而且资本也占绝对优势。国家电网公司下设华北、东北、华东、华中和西北5个区域电网有限责任公司或股份有限公司，并代管西藏电力公司。南方电网则负责广东、广西、云南、贵州和海南五省的电力输送和调配。因此，输配电环节基本上形成南北分立，两家国家级电网垄断经营的局面。

国家电公司的分拆，标志着厂、网的分开，而厂、网的分开实际上为“竞价上网”提供了相对公平的基础，意味着原来与电网同属一家的发电企业不再拥有竞价上的特权，因此，随着厂网的分开，“竞价上网”也逐步启动。2003年6月，东北、华东区域电力市场开始竞价试点，随后是南方、华中电力市场。东北电力市场采取的是“两部制电价、全电量竞争”的市场模式。发电企业竞争上网、电网单一购买，竞价机组的所有电量均在区域电力交易平台进行集中竞价、统一出清；华东电力市场选择了“全电量竞争、差价合约”的竞争模式。发电企业竞争上网、省市电力公司分别购买，竞价机组的大部分电量先与所在省市电力公司签订年度差价合约，然后再到区域交易平台进行全电量集中竞争优化；南方电力市场针对区域内部“西电东送”的特点，实行“单一电价、部分电量竞争”的市场模式，选择了部分电厂、电网公司参与，开展了部分电量单边市场模拟运行；华中电力市场以“双边交易为主，竞价交易为辅”。

2003年，国家电力监管委员会成立。国家电监会为国务院直属事业单位，根据国务院授权，行使行政执法职能，并按照法律法规履行全国电力监管指责。2003年，国家经贸委撤销，其原来承担的行业管理、技改投资等职能移交给国家发展和改革委员会，电力监管职能移交给电监会。至此，政府宏观调控、监管机构依法监管、电力行业自主经营、行业协会自律管理和服务的电力工业管理新格局开始形成。自2003年以来，电监会先后出台了一系列电力市场建设的指导性文件，包括电力市场建设的指导意见、市场运营的基本规则、市场监管办法以及技术支持系统建设方面的原则要求等。在此基础上，区域电力市场的建设和试点工作开始启动。东北、华东区域电力市场进行模拟运行和试运行，南方电力市场进行了模拟运行。伴随区域电力市场建设和试点，与之配套的市场运营规则和制度也相继推出，为这三个区域的电力市场建设运营提供了规范性的指导意见。在区域电力市场建设中发挥了作用。东北、华东和南方区域电力市场的试点工作，结合各地的实际，对竞价上网分别进行了不同模式的探索，为进一步改革积累了经验。

2003 年，国发办〔2003〕62 号《国务院办公厅关于印发电价改革方案的通知》发布，方案提出了电价改革的指导思想和原则、近期目标、长期目标，对上网电价、输配电价和销售电价的改革和电价管理提出了明确的改革意见。2005 年 3 月，国家发改委和电监会等部门联合下发了《上网电价管理暂行办法》《输配电价管理暂行办法》《销售电价管理暂行办法》等配套实施办法，对电价改革措施进行细化，电价市场化改革逐步深入。

各区域竞价上网机制并不相同，这也意味当前的上网电价竞价模式是区域竞价模式，在一定程度上加强了区域电力调配效率，并实际上也形成了区域壁垒，如某个区域电力过剩，由于各区域的竞价模式不同，因此，过剩电力难以向其他区域调配。同时，在各区域也并未实现真正意义的上竞价上网，国家仍然保留标杆电价的设定，区域内发电企业只能在标杆电价以下竞价。电力紧缺的区域由于区域壁垒的存在，难以从电力富余区域调配电力，因此，常常上网电价就是标杆电价。

2007 年 4 月，国务院办公厅转发电力体制改革工作小组国发办〔2007〕19 号《关于“十一五”深化电力体制改革的实施意见》的通知，其总体思路是：“十一五”期间，深化电力体制改革要针对解决电源结构不合理、电网建设相对滞后、市场在电力资源配置中的基础性作用发挥不够等突出问题，全面贯彻落实科学发展观，着力转变电力工业增长方式，按照《国务院关于印发电力体制改革方案的通知》（国发〔2002〕5 号文件）确定的改革方向和总体目标，巩固厂网分开，逐步推进主辅分离，改进发电调度方式，加快电力市场建设，创造条件稳步实行输配分开试点和深化农村电力体制改革试点，积极培育市场主体，全面推进电价改革，加快政府职能转变，初步形成政府宏观调控和有效监管下的公平竞争、开放有序、健康发展的电力市场体系。

2008 年 3 月，第十一届全国人民代表大会第一次会议进一步对能源管理体制进行调整。会议通过了《国务院机构改革方案》，决定成立能源局。根据该方案，能源局主要负责拟订并组织实施能源行业规划、产业政策和标准，发展新能源，促进能源节约等。根据第十一届全国人民代表大会第一次会议审议批准的国务院机构改革方案和《国务院关于议事协调机构设置的通知》（国发〔2008〕13

号）精神，为加强能源战略决策和统筹协调，国务院决定成立国家能源委员会，国务院总理温家宝出任主任。国家能源委员会的主要职责是，负责研究拟订国家能源发展战略，审议能源安全和能源发展中的重大问题，统筹协调国内能源开发和能源国际合作的重大事项。

综上所述，中国电力改革从1985开始一改过去计划模式下国家垄断一体的局面，逐步走上市场化改革的道路，时至今日，市场化改革将近三十年，形成当下发电企业与输配电分离，而输配电仍为一体，自然垄断的产业链纵向结构。为限制处在自然垄断地位的输电企业通过损害消费者利益攫取垄断利润，政府对消费电价实行规制，以保障消费者的利益，同时希望以规制价格的形式迫使处在垄断地位的输配电企业改进生产效率，降低成本。

（四）电力行业管理体制改革

随着电力市场化改革逐步推行，相应的市场监管模式也在探索之中。在借鉴国外监管经验基础上，根据5号文件，成立了国家电力监管委员会。随后，成立了隶属国家发改委的国家能源局以及国家能源委员会。

1. 国家电监会成立

根据5号文件要求成立了专门的监管机构——国家电力监管委员会（正部级），由国务院直接管理。文件规定，电监会的主要职责是制定电力市场运行规则，监管市场运行，维护公平竞争；根据市场情况，向政府价格主管部门提出调整电价建议；监督检查电力企业生产质量标准，颁发和管理电力业务许可证；处理电力市场纠纷；负责监督社会普遍服务政策的实施。成立以来，国家电监会在规定职权范围内展开了一系列工作，对电力安全监管，电力交易秩序构建与维护以及电价监测等进行了颇有成效的工作，电力市场日常运行监管体系基本确立。

2. 国家能源局成立

2008年，根据十一届全国人大一次会议批准的国务院机构改革方案，成立了隶属发改委的副部级机构——国家能源局。国家能源局的前身是发改委能源局与国务院能源办公室，随着能源问题日益引起国家重视，新的国家能源局地位有明显提升。根据国务院批准的“三定”方案，国家能源局具有包括电力在内的能源管理职责，在授权范围内按规定权限核准、审核国家规划内和年度计划规模内能源投资项目，其中重大项目报发改委核准或经发改委审核后报国务院核准。这样，国家能源局成为电力投资核准的直接管理部门。

3. 成立了国家能源委员会

2010年成立了国家能源委员会。国家能源委员会的主要职责是，负责研究拟订国家能源发展战略，审议能源安全和能源发展中的重大问题，统筹协调国内能源开发和能源国际合作的重大事项。为了强化国家能源战略，国家能源委员会的组织设置达到较高级别。国家能源委员会主任与副主任分别由总理、副总理担任，21 位委员分别由发改委、科技部、电监会等各部委负责人担任。这样，一个跨越部门分割与部门职责界限的统一国家能源战略组织机构正式成立。这对于正处于关键时刻的国家电力体制改革统一推进可能具有一定的现实意义。

第二节　电力行业投资与建设

改革开放后，电力行业以前所未有的速度发展，电力投资力度持续加大，电源建设不断迈上新台阶，电网建设速度逐年加快。与此同时，电力行业的发展和增长方式也在不断转变，电源和电网结构不断优化，工程造价持续下降，长期形成的电力供需矛盾得到逐步缓解，供需形势出现了根本的好转。

一、 电力行业投资情况

早些年，为填补电力供求缺口，2003 年～2007 年，曾形成超大规模的电力投资建设浪潮，电力累计投入 20595 亿元，至 2008 年，全国电力基本建设投资规模继续增加，总投资额达 5763.29 亿元，同比增长 1.52%。2009 年～2010 年仍保持增长，但此后，电源投资却呈下降的趋势。

（一）电源投资总额先升后降

发电资产重组后，发电市场竞争效果初步显现，电源建设投资迅速增加，电力供应不足的问题很快得到解决。图 8-1 与图 8-2 表明，2001 年到 2009 年间，全国火电装机容量增加迅猛，从 2001 年的 25301 万千瓦增加到 2009 年的 65108 万千瓦，年增长率基本保持在 10%以上，2008 年以后由于经济波动，增长率有所下降。

2011 年～2013 年电源投资总额同比均呈小幅下降的趋势，其中，2013 年水电和风电投资完成额均较上年小幅增长，火电投资完成额同比下降，核电投资完成额下降较多。2013 年，电源工程投资完成额为 3717 亿元，同比降低 0.40%。基中，水电和风电投资完成额上升，分别完成 1246 和 631 亿元，同比分别增长 0.59%和 3.87%；火电和核电投资完成额下降，分别完成 928 和 609 亿元，同比分别下降 7.41%和 22.38%。2008～2013 年间电源投资在 2010 年达到峰值后

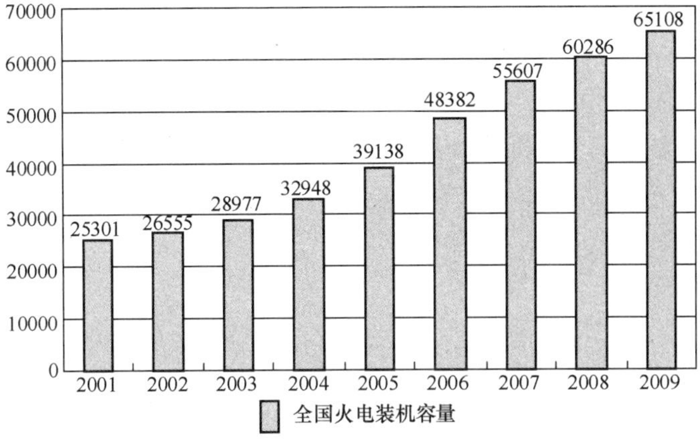

图 8-1 2001 年～2009 年全国火电装机容量（单位：万千瓦）

数据来源：2010 中国电力行业年度报告。

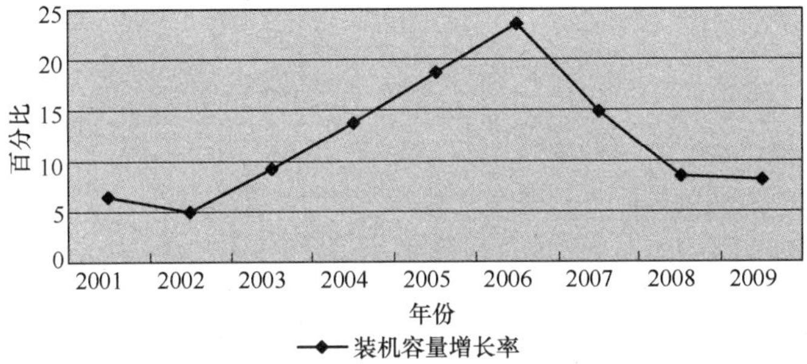

图 8-2 2001 年～2009 年全国火电装机容量增长率（%）

数据来源：2010 中国电力行业年度报告。

连续三年下降。水电投资保持在高位；火电投资不断收缩；核电投资在连续扩张后 2013 年出现收缩；风电投资连续收缩后出现小幅增长。①

2004 年国务院关于投资体制改革的决定（国发〔2004〕20 号）文件扩大了企业尤其是大型企业集团的固定资产投资的自主权，弱化了投资的抑制机制，在国有资产管理注重规模导向下，5 家发电集团具有很强的投资冲动，竞相扩张，力求挤入行业前三家，以免被其他发电集团兼并，从而出现了盲目投资与过度竞争的问题，造成发电行业普遍存在发电能力严重过剩，发电量利用不足的问题。1999 年～2001 年，装机容量增长率均低于 10%。2002 年～2006 年，装机容量增长率逐年上升，从 2002 年的 5%一直上升至 2006 年最高的 20%，兴起了一股电力投资的热潮。在“上大压小”以及“关停小锅炉”等电力投资控制加强的背

① 本段原始数据来自中国电力企业联合会，经笔者整理而得。

景下，2007 年以来，装机容量年增长率才开始有所下降。在此期间，装机容量迅猛增加的同时，发电利用率却在下降，很多发电企业盲目上大项目，特别是西部一些负荷比较小的地区，大容量机组的发电能力往往无法得到充分发挥。

（二）清洁能源投资比重继续提升，但受定价机制制约

图 8-3 显示，从比重看，2013 年火电工程投资完成额占全部电源投资完成额的比重为 25%，较上年下降 1.9 个百分点；水电比重为 33.5%，较上年上升 0.3 个百分点；核电比重为 16.4%，较上年下降 4.6 个百分点；风电比重为 17%，较上年上升 0.7 个百分点。

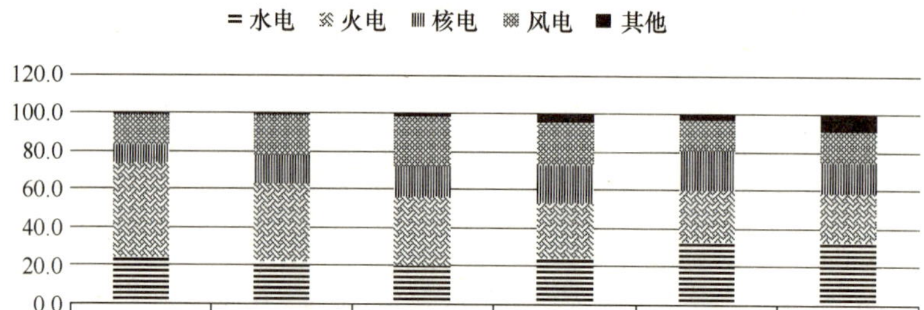

	2008	2009	2010	2011	2012	2013
■ 其他	0.7	0.7	1.0	3.9	26	8.1
▩ 风电	15.5	20.6	26.2	23.0	16.3	17.0
Ⅲ 核电	9.7	15.4	16.3	19.5	21.0	16.4
※ 火电	49.3	40.6	35.9	28.9	26.9	25.0
≡ 水电	24.9	22.8	20.6	24.7	33.2	33.5

图 8-3　2008～2013 年各类电源投资所占比重统计图

数据来源：中国电力企业联合会。

2002 年电力改革 5 号文件没有对新能源电价给予充分关注。从 2007 年中国电力体制改革工作小组下发《关于"十一五"深化电力体制改革的实施意见》开始特别重视新能源电价政策及其机制改革，"意见"指出，要实行有利于节能、环保的电价政策，全面实施激励清洁能源发展的电价机制，大力推行需求侧电价管理制度，研究制定发电排放的环保折价标准。目前已完成的主要工作是修订了《可再生能源法》，于 2009 年通过了《可再生能源法修正案》。新法对新能源电力价格补贴与经济激励做出了详细规定。《修正案》规定获得许可项目的新能源上网电价，按照中标价格执行，与常规能源发电平均上网电价之间的差额，由在全国范围对销售电量征收可再生能源电价附加以及可再生能源发展基金加以补偿。但该办法仍有以下几个不足：

第一，可再生能源电价补贴结算周期较长，影响发电企业资金周转。从现在

执行来看，新能源电价补贴周期为6～12个月，这个周期对于新能源发电企业而言太长，影响企业资金周转。

第二，对中标价与常规上网电价差价进行补贴的机制有待改进。现行机制可能有两个方面的问题：一是导致投标者价格竞争。为了中标，企业可能在投标价格上有非常剧烈的竞争，导致收益下降，影响中标企业的长期发展潜力与创新能力。就风电的实际情况来看，一些投产风电场不能并网，并网风电场发电量未能全额上网，间接导致运营成本提高，使风电场实际盈利水平与规划水平相去甚远。二是可能发生套取补贴的行为。就光伏发电而言，不同发电方式的成本受可利用的光热资源、土地、税收、人工等的综合影响，其成本也就是投标价格（即上网电价）是事实上的“一机一价”。一些新能源项目可能通过特定手段在抬高报价的情形下中标，获取更高补贴，使新能源发电项目沦为获取政府补贴的手段。

第三，新能源发电上网存在外在技术困难，致使价格补贴机制可能部分失灵。就风电而言，风电并网会引起电网电能质量下降、谐波污染，大型风电场并网时会引起电网电压、频率的不稳定，并且为保证电网安全稳定运行，电网需要保留2%～3%的机组旋转备用容量，如果满足风电并网要求，必须降低网内其他电厂和整个电网运行的经济性。这些新能源发电对并网以及电网运行方面会造成额外成本，使电网投资效益不高，导致某些偏远风电场的电网建设由发电企业自行承担，从而限制偏远地区的风电场建设开发。以蒙西地区为例，其电网15个风电项目中，仅5个项目的接入电网工程由电网公司负责建设和管理。这些问题很大程度上会制约新能源电力的发展。

当前电价机制有诸多问题，较突出的是水电与火电不同价的问题。水电是低碳的，但一直没有获得与火电同等的价格条件。目前水电的上网电价执行“一户一价”的政策，远低于火电上网价格，没有体现国家发展清洁能源的要求。由于水电价格核算时，低估了移民与生态方面的成本，导致水电建设迟缓与困难。在保证节能减排与实现经济稳定增长的双重压力下，电力增长的可利用空间主要应该是水电等清洁能源。但目前的水火不同价影响水电开发，进而影响节能减排的大局。

（三）电网基本建设投资累计完成额平稳增长

在电源建设实现新跨越的同时，中国的电网建设也取得新的进展。1978～1995年，受解决缺电、加快电源建设工作的影响，电网基本建设投资占全部电力基本建设投资比重平均只有25.34%。进入“九五”以后，全国长期严重缺电的局面逐步缓解，电力部门开始注意同步发展电网、调整电力工业产业结构。

1998年7月，国务院决定大规模推行城乡电网建设与改造工程，使电网基本建设投资占全部电力基本建设投资的平均比重在“九五”上升到29.38%。“十五”期间，是中国省内或省间、区域内或区域间以500kV联网、城乡电网建设与改造工程、“西电东送”三大通道工程大力推进时期，电网基本建设投资占全部电力基本建设投资的平均比重又上升到35.05%。“十一五”前2年，电网基本建设投资占全部电力基本建设投资的平均比重又上升到39%，电源、电网的投资结构处于不断地改善之中。

1999年～2002年，电网投资增速相对缓慢，2002年以来电网投资增长较快。表8-1给出了部分年份新增输电线路长度数据。2004与2009年，输电线路新增速度明显加快，其中，2009年330千伏输电线路几乎等于1999年，2002年与2004年三个年份总的新增输电线路长度。2009年，500千伏以上与220千伏输电线路均有大幅增长。随着电网建设加快，输电效率也有提高，输电线路损失率从1999年的8.1%下降到6.72%。

部分年份新增输电线路长度（单位：千米） **表8-1**

	500kV及以上线路	330kV线路	220kV线路	110kV线路	线路损失率
1999	3057	757	6912	2743	8.1%
2002	5728	537	7385	4147	7.52%
2004	11149	547	14033	28594	7.55%
2009	15046	1766	22697	27759	6.72%

数据来源：作者整理。

截至2007年年底，220千伏及以上输电线路回路长度达到328367千米，220千伏及以上变电设备容量达到122983万千伏安。

2008年，电网投资首超电源投资。全国电力基本建设投资完成额达到5763亿元，同比增长1.52%。其中，电源电网分别完成投资2879亿元和2885亿元，同比分别下降10.78%和增长17.69%，电网基本建设投资占电力基本建设投资的50.05%，近几年首次超过电源投资。

十六大以来，“西电东送”规模不断扩大。至2007年年底，“西电东送”的北、中、南三大通道已形成47500兆瓦的输送能力。输送规模不断扩大，将西部能源源源不断地输送到东部负荷中心，实现了能源资源在更大范围内的优化配置。

区域内西电东送增长较快。2008年，南方电网西电东送完成1057亿千瓦时，分别增长17.84%和70.95%。京津唐电网受电电量这223亿千瓦时，增工22.88%；由于山西电网缺煤停机严重，全年从山西受入电39.72%。由于前三个季度山西、山东电力紧张及其他因素，上半年京津唐电网向山西电网送电 7.66 亿千瓦时，6 月份以后向山东电网送电 29.54 亿千瓦时。

随后几年，电网基本投资仍保持平稳增长，图 8-4 及图 8-5 所示，至 2013 年，全国电网基本建设投资累计完成额为 3894 亿元，同比增长 6.37%，占电力基本建设投资累计完成额比重为 51.17%，比 2012 年提高 1.64 个百分点。

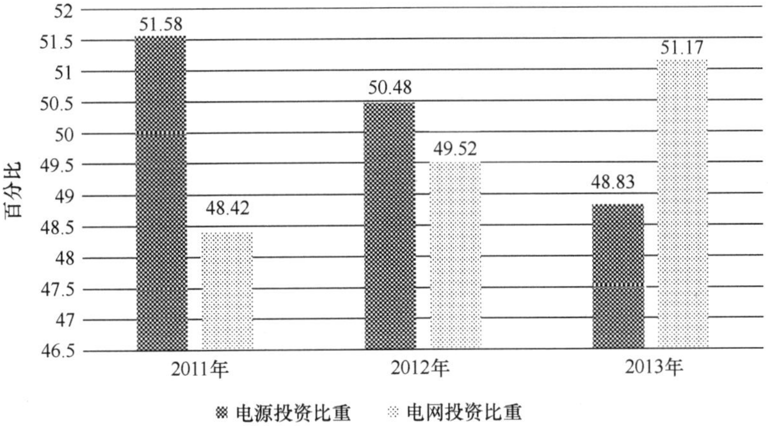

图 8-4 2011 年～2013 年电力基本建设投资完成情况统计图

资料来源：中国电力企业联合会。

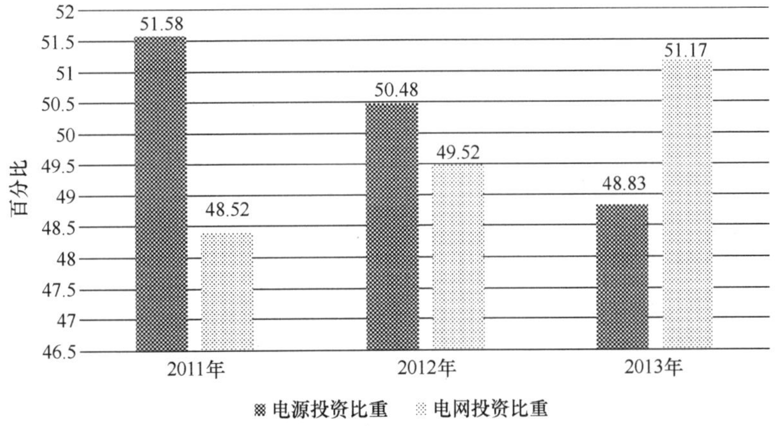

图 8-5 2011 年～2013 年电源和电网基本建设投资完成额所占比重统计图

资料来源：中国电力企业联合会。

（四）农网改造

城农网改造工程成效卓著。1998 年开始，中国对城乡电网进行大规模的建设改进，共投资 5200 多亿元，对 269 个城市电网和 2500 个农村电网及其相应配套设施进行改造，农村居民生活电价平均降低 0.23 元/千瓦时，每年为农民减低电费负担 420 亿元，惠及 1759 个县、27068 个乡、2.2 亿农户。

1998 年～2002 年间，共出台相关配套文件十多部，对农网改造的资金、人员、技术等做了非常具体的部署，积极有效地开展了农村电网改造工程。这一阶段改造完成后，农村电网技术装备水平上一个台阶，损耗降到合理水平，实现了农村的安全可靠供电。2002 年以来，农网改造继续深入开展。2004 年，国家发改委发布《关于完善西部地区农网改造投资规模及有关要求的通知》（1740 号文件）。2007 年，国家发改委发布《关于做好“十一五”农村电网完善和无电地区电力建设工作的通知》（421 号文件）。从 2002 年至今，国家发改委实施中西部农网完善工程和无电地区电力建设，先后共安排中西部地区农网完善化工程投资 760 亿元，无电地区电力建设投资 148 亿元，解决 152 万户、593 万人的用电问题。2008 年以来，为应对国际金融危机，积极扩大内需，加大新农村建设步伐，中央政府又加大了农村电网投入，使农村电网尤其是西部农村电网又取得了新的发展。

二、 电力行业投融资分析

电力行业是资本密集型行业，发展需要强大的资金支持。电力行业投融资具有建设周期长、投资额大、现金流稳定、资产流动缺乏等特征。长期以来，中国电力行业的投融资体制受计划经济的影响比较严重，政府是重要的投资主体。近几年，政府鼓励民间资本进入电力行业，但规模还比较小。

（一）电力行业投资政策

《国务院关于鼓励和引导民间投资健康发展的若干意见》（2010 年）提出，鼓励民间资本参与电力建设。鼓励民间资本参与风能、太阳能、地热能、生物质能等新能源产业建设。支持民间资本以独资、控股或参股形式参与水电站、火电站建设，参股建设核电站。进一步放开电力市场，积极推进电价改革，加快推行竞价上网，推行项目业主招标，完善电力监管制度，为民营发电企业平等参与竞争创造良好环境。

《国家能源局关于鼓励和引导民间资本进一步扩大能源领域投资的实施意见》（2012 年）提出，鼓励民间资本参与电力建设。支持民间资本扩大投资，以多种形式参与水电站、火电站、余热余压和综合利用电站以及风电、太阳能、生物质能等新能源发电项目建设，参股建设核电站。鼓励民营企业参与火电站脱硫、脱硝装置的建设、改造和运营。鼓励民间资本参与电网建设。

《意见》还提出，鼓励民间资本在新能源领域发挥更大作用。继续支持民间资本全面进入新能源和可再生能源产业，鼓励民营资本扩大风能、太阳能、地热能、生物质能领域投资，开发储能技术、材料和装备，参与新能源汽车供能设施建设，参与新能源示范城市、绿色能源示范县和太阳能示范村建设。

（二）发电领域形成了多元化投资主体

电力行业改革的起点是从投资体制改革开始的。从20世纪80年代的“集资办电”开始，电力投资开始陆续开放，1996年《关于外商投资电力项目的若干规定》放宽了外资准入。2002年以来，电力投资体制改革逐步深入，企业投资自主权不断扩大。根据《国务院关于投资体制改革的决定》，《政府核准的投资项目目录》（简称目录）范围内的投资项目实行核准制，《目录》外项目按属地原则实行地方政府备案制。对大型企业集团，《目录》内项目既可单独申报核准，也可在统一的长期发展规划中统一提交国务院投资主管部门批准，不必另行申报核准，只需办理备案。随着投资自主权不断放开，发电领域多元化投资模式初步形成。电力投资体制改革与发电领域重组改革极大地促进了电源领域投资的多元化特征。

1. 投资主体多元化

单一的中央政府投资格局已被突破，中央和地方各级政府、国有和集体企业、公民和外国投资者都参与了电力项目的投资，电源投资主体多元化格局已基本形成。电力企业投融资自主权进一步扩大，投资功能不断加强。在发电环节，中国已基本实现市场投资主体多元化，初步形成竞争格局。

2. 资金来源多元化

早期电力建设资金主要来源于中央财政拨款，现在电力建设资金渠道有商业银行贷款、企业自有资金、利用外资、证券融资、国债、民营资本等，资金来源渠道日益多元化。特别地，5号文件规定，“在厂网分开的重组完成以后，允许发电和电网企业通过资本市场上市融资，进一步实施股份制改造。”目前，五大发电集团部分业务相继上市，融资功能得到实现，进一步拓展了电力发展的融资渠道。

3. 投资方式多样化

完全由中央政府独家投资的电力项目已很少，中央与地方、地方与地方、政府与企业、企业与企业联合投资、跨行业投资的电力项目比较普遍，中外合资、合作和外商独资的发电项目也有所发展。

4. 投资方向多元化

中国的能源资源特点决定了电力发展在相当长的时期内，仍将以煤电为主，但近年来，电力投资方向多元化特征明显，电力能源结构得到优化。水电、核电、气电和可再生能源发电等清洁能源发电能力大幅提高。五大电力集团中有的新能源发电项目完成上市。

（三）电源投资情况

随着改革的推进，在电源环节呈现投资多元化的局面，投资主体多元化、投资方式多元化、融资渠道多源化，国有资本、民间资本、外资均参与到电源建设中来。但近几年，由于电厂营利性差，外资不断退出电力领域。

投资主体多元化。到目前为止，发电环节电力投资主体包括：五大国有发电集团；国字号的三峡总公司、国投电力公司和国华电力公司；地方国有能源投资集团；外商直接投资项目；民间投资电站共五方投资主体，多元化格局已基本形成。可再生能源领域是民间资本投资重点，目前，民营水电站装机约占全国的26%，民营风电装机约占全国的20%，火电、水电领域已经涌现出一批非公有制骨干企业。

融资渠道多元化。资金渠道已扩展到国内外银行贷款、企业自有资金、利用外资、证券融资等，融资渠道日益多元化。《能源“十二五”规划》提出，加强信贷政策和能源产业政策的衔接配合，创新金融产品和服务，为能源投资多元化提供便利；拓宽企业投融资渠道，提高能源企业直接融资比重。

投资方式多样化。现在完全由中央政府投资的电力项目已很少，中央与地方、地方与地方、政府与企业、企业与企业联合投资很普遍，中外合资合作和外商独资的电力项目发展迅速，项目融资和BOT（建设—经营—转让）等投资方式也正在有序进行。

（四）电网投资情况

在电网建投资方面，投资主体仍是电网公司，2012年国家能源局发布的《关于鼓励和引导民间资本进一步扩大能源领域投资的实施意见》提出，鼓励民间资本参与电网建设。民间资本参与电力建设，有利于推动电力体制改革，但目前还缺乏具体的操作方法。

2014年初，国家电网公司基本确定在直流特高压、电动车充换电设施和抽水蓄能电站三个领域推行混合所有制改革，目前正在制定具体的操作方案。

（五）电力企业融资渠道

电力企业的资金来源主要有三个渠道：一是股东权益性资金；二是内部留存收益；三是债权人资金。此外，由于大型发电集团均为中央企业，且近几年盈利较差，国资委注资也是其资金来源方式之一。

1. 内部留存收益

在各种渠道中，公司倾向于首先选择内部融资，内部融资的最大优点就是具有无偿性。同时，这种筹资渠道的财务风险也比较小，还能使公司的实力增加并相应增加公司的信用度，从而能增强公司的融资能力。只有在挖掘了公司内部的资金潜力后，公司才考虑向外部融资。对于多数发电企业来讲，由于近年电力行业营利性不佳，内部融资的能力很弱。

2. 股东权益性资金

在资本市场上发行股票是实现资本聚集最常用和最有效的方式。发行股票的好处是把经济风险分散给股东，但同时也分散了一部分利润。目前，国内大型发电企业优质资产已基本全部上市，上市融资的能力也比较弱，部分电力上市公司通过增发股票获得资金。

近年来，私募股权投资基金发展迅速，资金总量在迅速增加，对于技术进步和经济发展起到了很大的推动作用。目前，国际私募资本高度关注中国新兴资本市场发展和产业发展，新能源产业是它们重点投资的领域，股权投资基金可能成为发电行业特别是可再生能源发电行业的资金来源之一。

3. 债权人资金

负债发展，一般是银行贷款和债券。向商业银行借款依然是电力行业最主要的外部融资渠道，与其他融资方式相比，银行贷款的优势主要在于程序相对简单、获取资金的时间短；所需费用少、资金成本相对较低；灵活性较大，可以发挥财务杠杆的作用。银行贷款的缺点是企业还款付息压力大，存在财务风险，一般要提供抵押或者担保且筹资数额有限，还款时间受限制，不能根据企业资金需求的实际情况进行调整。

此外，发行债券正在成为电力企业重要的融资方式，债券融资成本相对较低，筹集资金规模大、期限长，有利于调整和优化债务结构。

目前，大量的负债使发电企业财务费用负担很重，企业财务杠杆系数很高，各大发电集团均把降低资产负债率作为经营目标。

4. 国资委注资

中电投总经理陆启洲在全国“两会”期间证实，2012 年度国资委向中电投的注资已经完成，金额为 12 亿元。他表示，五大发电集团获得注资的金额相同。照此计算，2012 年国资委向五大发电集团注资总额为 60 亿元。另外，据报道，针对五大发电集团的注资计划持续三年。

在 2008 年，国资也曾向电力企业注资。国资委在 2008 年国有资本经营预算中向部分中央电力企业提供了 126.7 亿元灾后重建资本性支出，其中：向国家电网公司注资 87.3 亿元、向中国南方电网有限责任公司注资 33.4 亿元、向中国华电集团公司注资 2.5 亿元、向中国华能集团公司注资 2.5 亿元、向中国大唐集团公司注资 1 亿元，以上合计 126.7 亿元。主要用于受灾地区中央电力企业恢复生产。

（六）电力投融资体制存在的问题

1. 可再生能源的投融资激励政策不足

为了逐渐改善能源结构，支持可再生能源的发展，国家和地方政府已制定了一系列与投融资相关的激励政策（如中央与地方部门补贴、税收、价格、低息贷款等政策），虽然为再生能源的发展创造了条件和机会，但是对可再生能源的优惠政策支持力度还是有限的，只能起一定的扶贫、示范或扶助作用。

2. 企业治理结构不完善影响投融资

股份制企业治理结构有待改进。在改制改组过程中，股权结构大多数是人为地界定的，实际运营中，股东会或董事会往往形同虚设。更严重的问题是，各股东既不能按比例增加投资，又不能改变股权结构，这种僵化的股权结构会制约企业的投资激励。

3. 电网投资主体单一

目前，电网投资主体是管理电网的电力企业，即电网公司，在现阶段仍是单一化主体。而且，由于一些地方政府往往不能按所持股比与省网等比例追加电网投资，影响了电网建设。应在配电侧进行股份制改造，向社会融资。此外，新能源发电对并网以及电网运行方面会造成额外成本，使电网投资效益不高，导致某些偏远风电场的电网建设由发电企业自行承担，从而限制偏远地区的风电场建设开发。

4. 农电投资不足

从总体看，中国农村电网投资仍然不足，尚不能满足现代农业发展与新农村建设提出的新要求。国家电网公司还有 182 个县域电网只有一条输电线路与主网相连，约 29%的 66 千伏变电站和 32%的 35 千伏变电站为单电源供电，农网主网架结构薄弱，抵御事故能力较差。一、二期农网改造面仅 80%左右，许多地区中低压供电设备陈旧、线路老化、供电半径过长，导致用户端电压低、电能损耗高。随着现代农业发展以及新农村建设的推行，农村用电需求正迅速增长，部分地区增长速度高达 20%～30%。农网设备满载与超载问题突出，过负荷、低压电等故障时有发生。特别是西部部分省区，一些边远的少数民族地区尚未通电。

“代管”企业与省级电网企业没有建立资产纽带联系，不能很好地反映责、权、利关系，难以真正调动各方面积极性。“代管”是在1998年启动农电“两改一同价”时建立的运营模式，意在实行政企分开，规范农村电力市场。在改革初期，“代管”模式一定程度上提高了地方电力企业的技术、管理水平。但由于资产关系不明确，导致农电企业投资缺乏明确的投资主体，也使得农电投资与农电企业资产相互脱离，不能反映企业资产的真实状况。由于资产关系存在纠纷、管理职能不清晰，造成了管理越位或缺位现象，在位的管理者没有得到充分的激励。体制不顺严重影响到农电的长远发展。

三、电力行业建设

(一) 电力行业建设改革

中国的电力体制改革以投融资体制改革为先导。由于电力建设资金长期不足，发电装机增长缓慢，引发了电力工业与国民经济的发展严重失调，全国经历了长期的缺电局面。在1978年，全国缺电在1000万kW左右。在1978年～1988年间，为了促进电力发展，改变电力短缺的局面，解决电力建设资金投入的“瓶颈”，实行集资办电、多家办电、多渠道办电和利用外资办电的政策，改变了“电厂一家办，电网一家管”的局面。率先使用银行贷款，走出拓宽建设资金渠道的第一步。从1980年起，为了解决建设资金瓶颈，随着国家“拨改贷”的实施，电力行业率先使用银行贷款，走出拓宽建设资金渠道的第一步，改变了过去因电力建设资金全部依靠国家财政拨款而制约电力发展的问题。

为了保证各种投资主体的投资回报，国家还实行了征收电力建设基金、还本付息电价等政策。1984年9月，国务院批准从1985年起在江苏、浙江、安徽和上海试行在工业用电中征收2分钱的电力建设资金。这个政策大大调动了地方办电的积极性，各省（自治区、直辖市）陆续建立地方电力、能源、建设投资公司，形成地方办电的生力军，加快了电力工业发展的速度。1985年5月，国务院批准国家经委等部门《关于鼓励集资办电和实行多种电价的暂行规定》的通知，集资办电电价政策正式出台。1987年9月，国务院提出“政企分开，省为实体，联合电网，统一调度，集资办电”和“因地因网制宜”的电力改革和发展方针。

利用外资是电力行业集资办电、拓宽资金渠道的重要举措。中国电力建设利用外资的主要渠道是国外政府贷款、国际金融机构贷款、出口信贷、商业信贷、补偿贸易、中外合资（作）等。国际资金市场成为中国电力建设资金的又一大来源。1984年3月，利用世界银行贷款兴建的鲁布革电站正式签署贷款协议，这是中国第1个利用外资兴建的电力工程项目，率先实行了国际招标、项目管理等国际工程管理机制，引发了“鲁布革冲击”。国务院向全国基本建设战线推广了鲁布革经验。此后，世行贷款、亚行贷款、外国政府贷款、外商直接投资涉及了众多的电力项目。

自2003年以来，电监会先后出台了一系列电力市场建设的指导性文件，包括电力市场建设的指导意见、市场运营的基本规则、市场监管办法以及技术支持系统建设方面的原则要求等。在此基础上，区域电力市场的建设和试点工作开始启动。东北、华东区域电力市场进行模拟运行和试运行，南方电力市场进行了模拟运行。伴随区域电力市场建设和试点，与之配套的市场运营规则和制度也相继推出，为这三个区域的电力市场建设运营提供了规范性的指导意见。在区域电力市场建设中发挥了作用。

1. 集资办电

从1980年起，为了解决建设资金瓶颈，随着国家“拨改贷”的实施，电力行业率先使用银行贷款，走出拓宽建设资金渠道的第一步，还调动地方和各部门办电的积极性。同时，多种形式利用外资是电力工业集资办电、拓宽投融资渠道的重要举措。

2. 投资活动市场化

在电力投资项目的前期工作、施工、工程监理、技术引进、物资供应、设备制造等方面，逐步引入了竞争机制，实行了招投标。

3. 规范电力市场秩序

国家发展改革委发布《电力建设项目公告》，国务院批转发展改革委关于制止电站项目无序建设意见的紧急通知，国家发展改革委关于加强电力建设管理，促进电力工业有序健康发展的通知，国家发展改革委关于燃煤电站项目规划和建设有关要求的通知，以引导投资行为、规范市场秩序。

4. 促进可再生能源发电

通过总量目标制度、强制上网制度、分类电价制度、费用分摊制度和专项资金制度，促进了水电、风电、生物质能发电等可再生能源发电的快速发展。

5. 增加电网投入

1978年～1995年，受解决缺电、加快电源建设工作的影响，电网基本建设投资占全部电力基本建设投资比重平均只有25.34％。进入“九五”以后，全国长期严重缺电的局面逐步缓解，电力部门开始注意同步发展电网、调整电力工业产业结构。1998年7月，国务院决定大规模推行城乡电网建设与改造工程，使电网基本建设投资占全部电力基本建设投资的平均比重在“九五”上升到29.38％。“十五”期间，是中国省内或省间、区域内或区域间以500kV联网、城乡电网建设与改造工程、“西电东送”三大通道工程大力推进时期，电网基本建设投资占全部电力基本建设投资的平均比重又上升到35.05%。“十一五”前2年，电网基本建设投资占全部电力基本建设投资的平均比重又上升到39%，电源、电网的投资结构处于不断地改善之中。

(二) 电力行业建设成效

1. 发电装机容量

2002年，实行厂网分开，打破了电力行业原来高度一体化的垄断体系，调动了各方办电的积极性，电源建设速度进一步加快，成为新中国成立以来电源发展最快的一段时期。与改革开放初期相比，发电装机容量增长了10倍。自1996年起，中国发电装机容量一直位居世界第二位。截至2007年年底，全国发电装机容量已达到7.18亿千瓦。

2008年年底，全国发电设备容量为792530兆瓦，增长10.34%，水、火电占总容量的比例同比分别上升1个百分点和下降1.55个百分点，核电装机容量未有增长，风电装机容量已连续两年实现翻一番增长。广东、山东、江苏、浙江四省发电设备容量突破50000兆瓦，内蒙古、河南和湖北装机容量突破40000兆瓦。由于“关小”力度较大，江苏省发电设备容量甚至下降了2.9%，广东、浙江也仅增长1.9%和3.9%。

2008年，发电企业生产集中度进一步提高。纳入行业直报统计体系的部分大型独立发电公司（共28家）发电设备容量达到545350兆瓦，占全国总容量的68.81%，增长16.5%，比全国发电设备容量增长率高6.2个百分点。其中，火电450060兆瓦，占全国火电设备容量的74.85%，增长14.5%，比全国火电设备容量增长率高6.3个百分点。其次，发电量增速回落明显，火电尤为明显。2008年，全国全口径发电量为34334亿千瓦时，同比增长5.18%，增速比上年回落10.32个百分点。其中，水电增长19.50%、火电增长2.17%、核电增长8.79%、风电增长126.79%。水电、核电发电量占全部发电量的比重比上年同期分别提高1.97和0.07个百分点，火电发电量比重则回落2.40个百分点，风电等新能源发电量比重也有一定程度的提高。

电源结构不断继续优化。电源建设贯彻了“优化发展火电，有序发展水电，积极发展核电和大力发展可再生能源发电”的方针，加快了水电、核电和可再生能源等清洁能源发电的建设步伐。截至2007年年底，火电、核电、风电、生物质能等其他能源装机容量分别占总装机容量的77.4%、20.6%、1.2%、0.58%、0.22%。

新增能力保持较大规模，电源结构继续优化。2008年，全国电源新增生产能力 90510 兆瓦，仍保持在较高的水平。其中，三峡电站最后 7 台机组等一大批水电机组投产，是投产水电机组最多的一年，全年共投产 20100 兆瓦，占全部新投产机组的 22.21%；风电新增 4660 兆瓦，实现了年新投产风电装机容量翻倍增长。火电新增规模比重持续降低，新投产百万千瓦机组 4 台，新投产单机容量 600 兆瓦及以上火电机组容量比重高达 63.11%。又有一批生物质发电厂建成投产。

此后，电力行业装机仍保持平稳增长，并网太阳能装机迅猛增长。至 2013 年 12 月，全国全口径发电装机容量 124738 万千瓦，同比增长 9.25%。其中，水电设备容量 28002 万千瓦，同比增长 12.26%；火电设备容量 86238 万千瓦，同比增长 5.74%，其中煤电装机 78621 万千瓦，同比增长 4.86%，气电装机 4309 万千瓦，同比增长 15.91%；核电设备容量 1461 万千瓦，同比增长 16.19%；并网风电设备容量 7548 万千瓦，同比增长 24.50%；并网太阳能发电设备容量 1479 万千瓦，同比增长 335.05%。

装机增速仍超用电增速。2013 年新增发电装机容量高于上年，发电装机的同比增速超过了全社会用电量的同比增速。发电装机中，利用效率最高的核电装机较快增长，水电装机增速也较快增长，火电装机增速低于用电增速，整体电力生产能力提高较快。

清洁能源装机比重提升，电源结构继续优化。图 8-6 所示，至 2013 年底，电力装机构成中，火电装机占比 69.1%，同比降低 2.4 个百分点；水电装机占比 22.4%，同比提高 0.7 个百分点；核电装机占比 1.1%，同比有所提高；风电装机占比 6.1%，同比提高 0.8 个百分点；太阳能发电装机占比 1.2%。

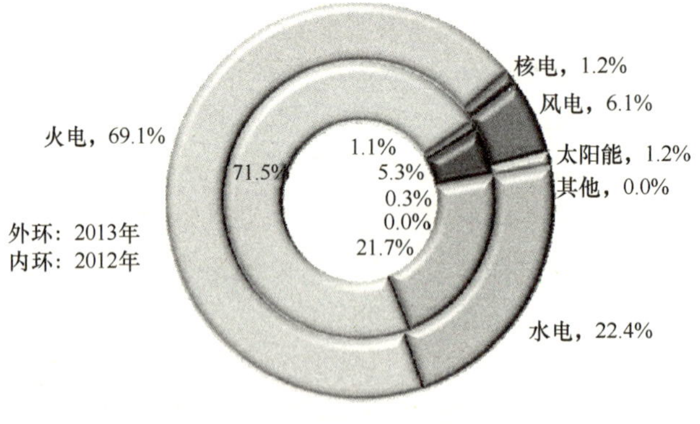

图 8-6　2012、2013 年电力装机构成图

数据来源：中国电力企业联合会。

2. 新增装机

新增装机高于上年，多增部分主要为水电和太阳能发电。2013 年，全国发

电新增设备容量 9400 万千瓦，同比多增 1085 万千瓦。分电源类型看，水电新增容量 2993 万千瓦，同比多增 1317 万千瓦；火电新增容量 3650 万千瓦，同比少增 1586 万千瓦；核电新增 221 万元千瓦；风电新增容量 1406 万千瓦，同比多增 110 万千瓦；太阳能发电新增 1130 万千瓦，同比多增 1023 万千瓦。

根据吴新雄在 2014 年全国能源工作会议上的讲话，2014 年，新核准水电装机 2000 万千瓦，新增风电装机 1800 万千瓦，新增光伏发电装机 1400 万千瓦（其中分布式占 60%），新增核电装机 864 万千瓦。另外，2014 年煤电新增可望达到 3000 万千瓦左右，全年新增发电装机 9500 万千瓦左右。

第三节　电力行业生产与供应

一、　电力生产

虽然电力行业厂网分开重组后，发电市场有 5 家大型发电集团，但由于国有寡头企业之间的国有产权特征和企业之间经理人员的交叉任职，导致企业之间并未形成有效的竞争行为，带来充分的竞争绩效结果。在特定的国有资产管理体制下，做大做强的企业目标激励导致国有发电企业具有强烈的投资扩张冲动，存在过度的投资竞争。

2004 年国务院关于投资体制改革的决定（国发〔2004〕20 号）文件扩大了企业尤其是大型企业集团的固定资产投资的自主权，弱化了投资的抑制机制，在国有资产管理注重规模导向下，5 家发电集团具有很强的投资冲动，竞相扩张，力求挤入行业前三家，以免被其他发电集团兼并，从而出现了盲目投资与过度竞争的问题，造成发电行业普遍存在发电能力严重过剩，发电量利用不足的问题。1999 年～2001 年，装机容量增长率均低于 10%。2002 年～2006 年，装机容量增长率逐年上升，从 2002 年的 5%一直上升至 2006 年最高的 20%，兴起了一股电力投资的热潮。在“上大压小”以及“关停小锅炉”等电力投资控制加强的背景下，2007 年以来，装机容量年增长率才开始有所下降。在此期间，装机容量迅猛增加的同时，发电利用率却在下降，很多发电企业盲目上大项目，特别是西部一些负荷比较小的地区，大容量机组的发电能力往往无法得到充分发挥。

（一）发电量及增长情况

如图 8-7～图 8-10 所示，1990 年～2014 年间，发电量逐年增加。其中 2014 年，全国全口径发电量为 54638 亿 kWh，同比增长 3.19%，低于 2012 年同比增长率。其中，水电发电量 9440 亿 kWh，同比增长 18.04%，增速较 2013 年大幅上升，也高于全国发电量平均增速；火电发电量 42049 亿 kWh，同比下降 0.41%，增速远低于 2013 年；其他如核电、风电等清洁能源发电量 3149，同比增长 30.76%，增速远高于 2013 年。

清洁能源电量比重上升。图 8-11，2013 年，全国发电量构成为：水电 16.8%，较 2012 年降低 0.4 个百分点；火电 78.4%，比 2012 年降低 0.3 个百分点；核电 2.1%，较 2012 年上升 0.1 个百分点；风电 2.6%，较 2012 年上升 0.5 个百分点；太阳能发电 0.2%。风电电量比重有明显上升，主要由于装机较快增长和消费形势的好转。

2013 年有大量水电机组投产，水电装机增长较快，若 2014 年来水情况较好，全国发电量构成中水电比重将上升，从而挤压火电出力，火电比重可能将下降较多。

气电电量比重略有下降。图 8-12，2013 年火电发电量增速较上年提升，从内部结构看，煤电发电量为 39474 亿 kWh，同比增长 6.70%；气电发电量 1143 亿 kWh，同比增长 4.72%。煤电发电量占全部发电量的比重为 73.82%，基本与 2012 年持平，气电电量比重 2.14%，较 2012 年略有下降。

（二）分区域发电情况分析

三省市发电量同比为负。如图 8-13 所示，分省份 2013 年发电量增速在 10% 以上的省市有 7 个，新疆（34.66%）、四川（22.89%）、云南（22.50%）、北京（14.76%）发电量增长较快；发电量负增长的地区有 3 个：湖北（−0.44%）、上海（−0.14%）、青海（−0.13%）；其余地区发电量增速在 0～10%区间。

与用电量增长情况相比，发电量增速的地区差异更大，图 8-14 所示，因为发电量不仅受地区用电需求的影响，还受装机增速等其他因素影响，未来，随着发电装机向资源禀赋丰富地区转移，跨区输电比例扩大，发电量增速的区域性差异将愈加明显。

分地区看，2013 年，西北地区发电量 5582 亿 kWh，同比增长 9.95%，增速在各地区中最高；华东地区发电量 12085 亿 kWh，同比增长 4.76%，增速在各地区中最低。

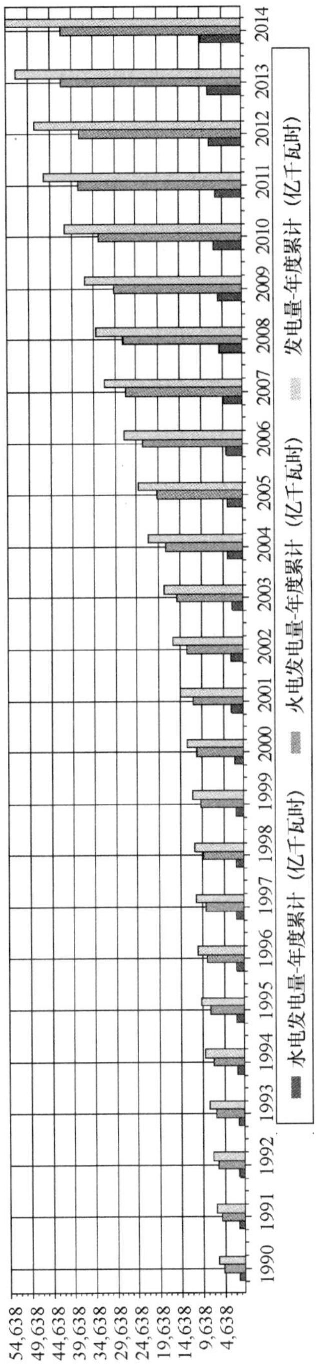

图 8-7 1990～2014 年全国发电量统计图

数据来源：同花顺 iFinD.

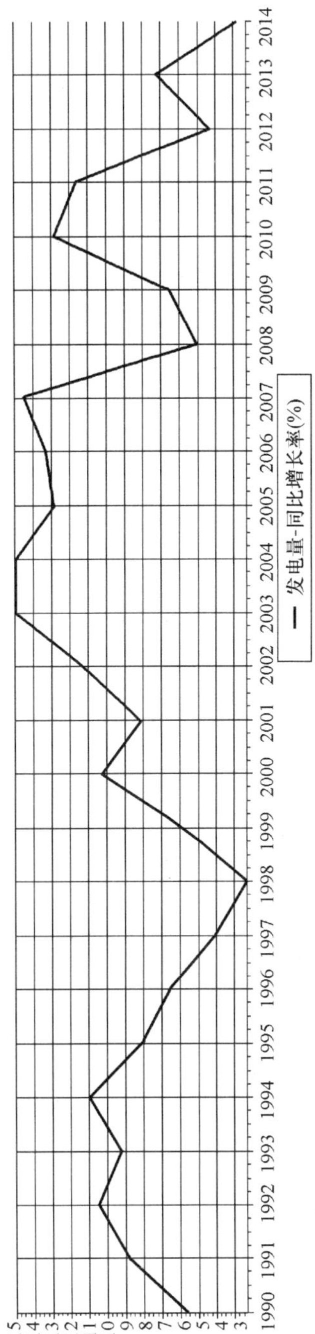

图 8-8 1990～2014 年全国发电量同比增长率

数据来源：同花顺 iFinD.

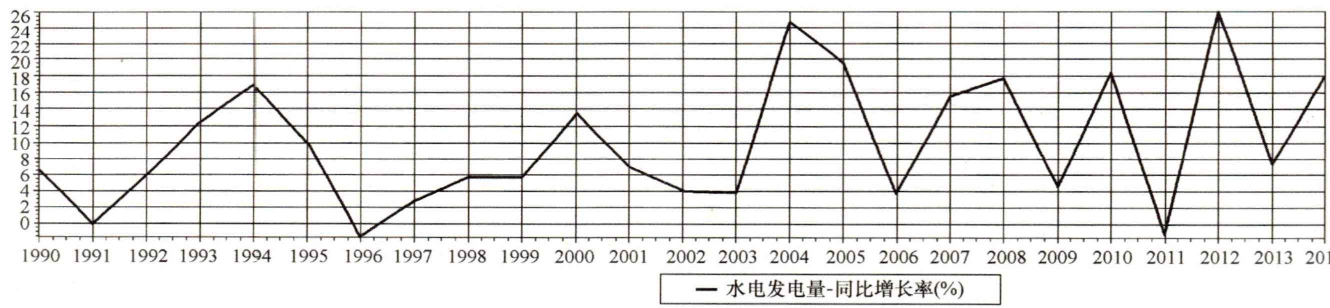

图 8-9　1990～2014 年全国水电发电量同比增长率

数据来源：同花顺 iFinD.

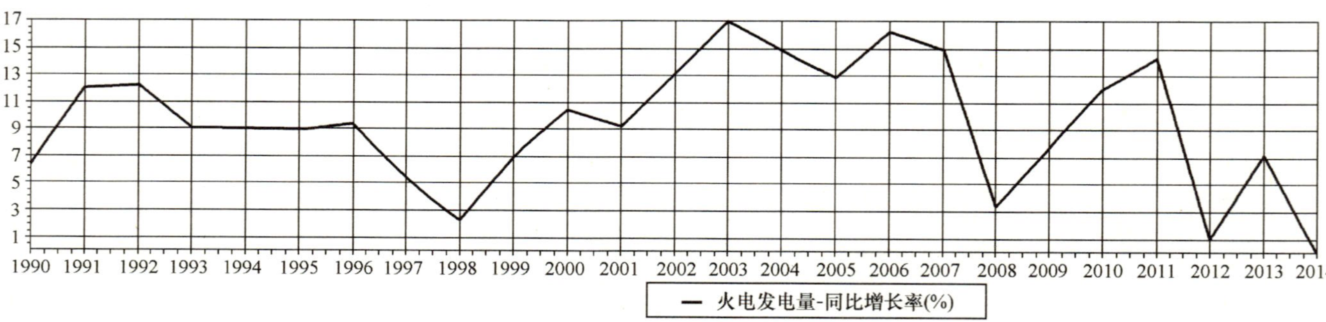

图 8-10　1990～2014 年全国火电发电量同比增长率

数据来源：同花顺 iFinD.

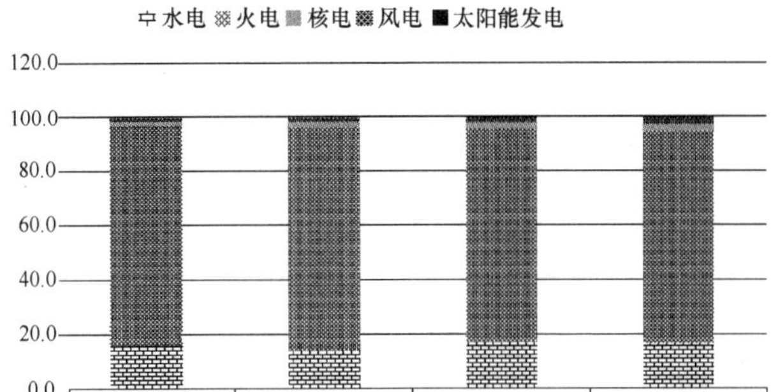

	2010	2011	2012	2013
太阳能发电	0.0	0.0	0.1	0.2
风电	1.2	1.6	2.1	2.6
核电	1.8	1.8	2.0	2.1
火电	80.8	82.4	78.7	78.4
水电	16.2	14.1	17.2	16.8

图 8-11　2010 年～2013 年中国发电量构成

数据来源：中国电力企业联合会。

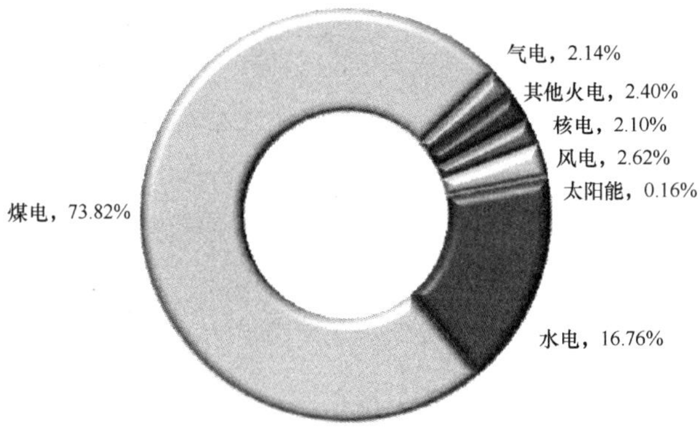

图 8-12　2013 年各电源类型发电量比重图

数据来源：中国电力企业联合会。

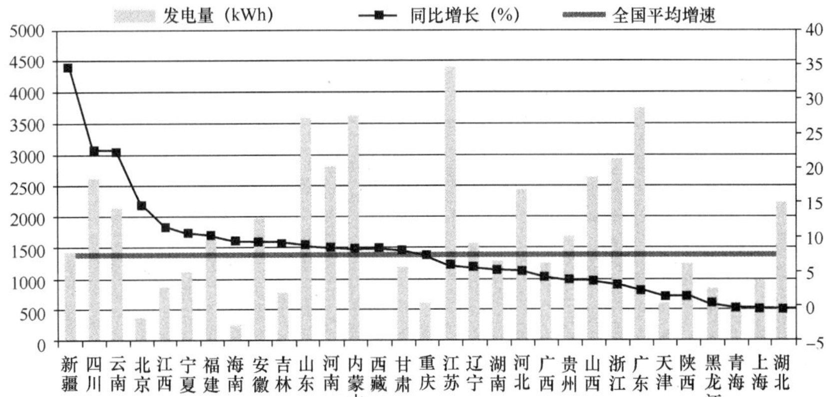

图 8-13　2013 年全国分地区发电量趋势图

数据来源：国家统计局。

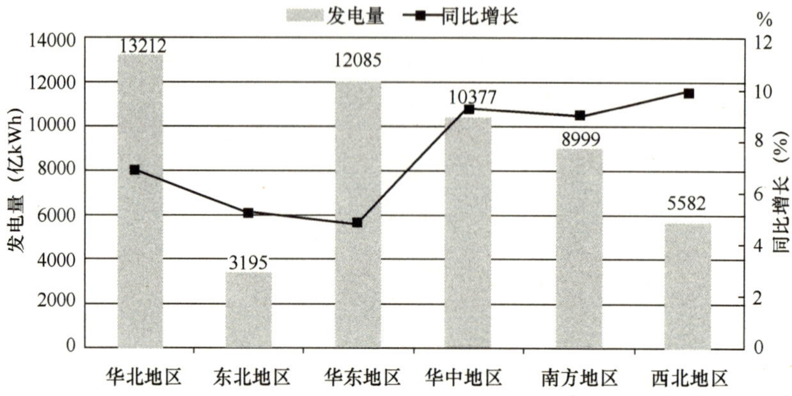

图 8-14　2013 年分地区发电量及增长情况

数据来源：国家统计局。

二、电力供应

（一）发电效率分析

1. 设备利用小时分析

如图 8-15 所示，2001 年～2013 年期间发电设备平均利用小时继续下降。2013 年，全国 6000 千瓦及以上电厂发电设备利用小时为 4511 小时，较上年降低 68 小时，主要由于水电设备累计平均利用小时大幅下降。

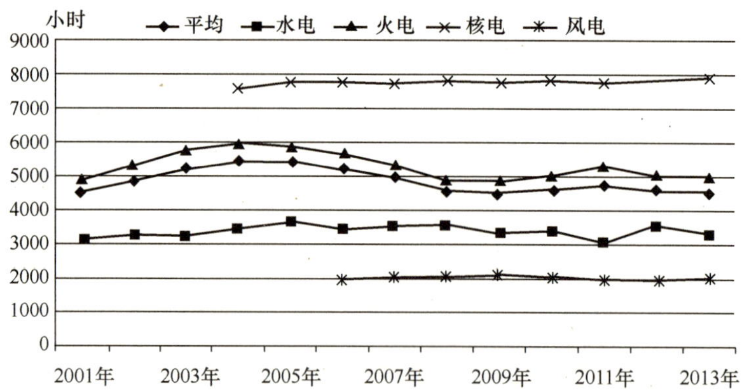

图 8-15　2001 年～2013 年全国发电设备累计平均利用小时变动趋势图

数据来源：中国电力企业联合会。

火电设备利用小时同比提升。2013 年，全国火电设备累计平均利用小时为 5012 小时，较 2012 年提高 30 小时，但低于 2011 年和 2010 年。火电机组利用小时提升主要是因为 2013 年用电形势好转和水电来水不佳。

2014 年火电设备利用小时下降风险较大，主要由于 2013 年水电和核电机组投产较多，风电消纳的好转对火电出力也有挤压。从长期看，用电量增速由高速向中速转变，电力系统中水电、风电等具有明显季节性的低利用率电源比重越来越高，整体的发电设备利用小时和火电利用小时都难有恢复性提升，火电企业对电量的竞争将更加激烈。

核电和风电设备利用小时均同比提升。2013 年，全国核电设备累计平均利用小时为 7893 小时，同比提高 38 小时；全国风电设备累计平均利用小时为 2080 小时，同比提高 151 小时，风电设备利用小时为近四年最高。

风电行业受消纳制约，但风电行业整体销售利润率高于火电和太阳能发电，风电利用小时的提升将提高风电场的盈利能力，有利于风电企业沉淀资产，提高建设扩张的能力。

2013 年，全国水电设备累计平均利用小时为 3318 小时，低于 2012 年 273 小时，但仍高于 2011 年。水电设备利用小时下降是由于来水相对偏少，2013 年水电利用小时相对往年平均值并不低。

2. 供电煤耗水平分析

如图 8-16 所示，2006～2013 年期间，供电煤耗水平逐步下降。其中 2013 年，全国 6000 千瓦及以上电厂供电标准煤耗为 321 克/千瓦时，较 2012 年下降 4 克/千瓦时，《节能减排十二五规划》提出的目标为，到 2015 年达到 325 克/千瓦时，目前该指标已降至预期值以下。

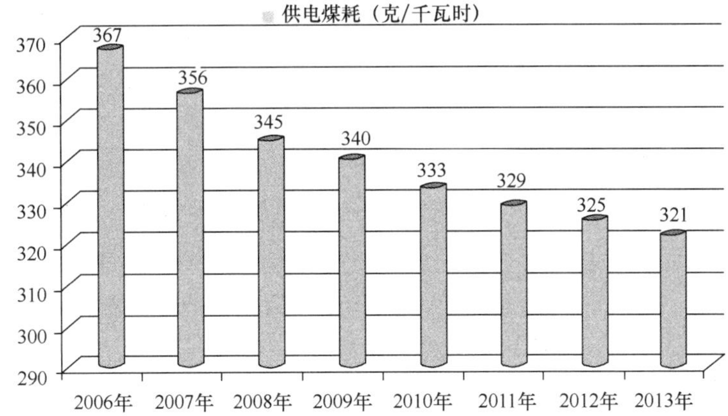

图 8-16 2006 年～2013 年供电煤耗趋势图

数据来源：中国电力企业联合会。

（二）电网运行状况

1. 发用电负荷变化情况

如图 8-17 所示，全国主要电网最高发电负荷增速高于装机增速。据国家电力调度通信中心数据显示，2013 年 1～11 月份，全国主要电网最高发电负荷为 77636 万 kW，同比增长 14.26%，高于发电装机增速。分区域看，华中电网区域最高发电负荷为 17309 万 kW，同比增长 14.73%，保持了较快增长速度；东北电网区域最高发电负荷为 5513 万 kW，同比增长 4.68%，增速较低。

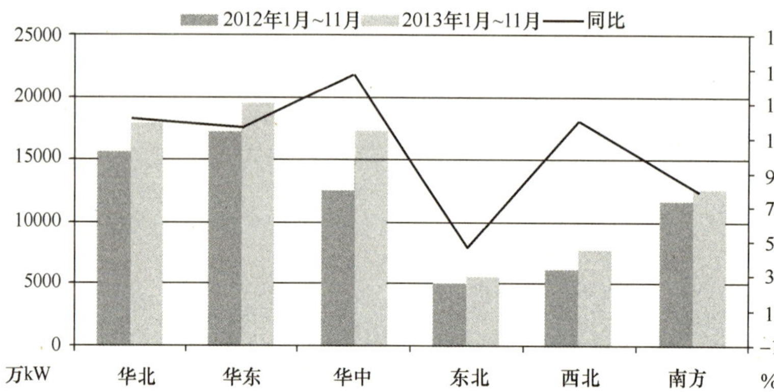

图 8-17　2012 年～2013 年 1～11 月全国主要电网最高发电负荷统计图

资料来源：国家电力调度通信中心。

如图 8-18 所示，据国家电力调度通信中心数据显示，1～11 月份，全国主要电网最高用电负荷为 77536 万 kW，同比增长 14.2%。分区域看，华中电网区域最高用电负荷为 14915 万 kW，同比增长 13.05%；西北电网区域最高用电负荷为 6801 万 kW，同比增长 12.56%；华北电网区域最高用电负荷为 18620 万 kW，同比增长 12.42%，在各区域电网中保持了较快增长。

2. 线路损失率及变化情况

图 8-19 显示，2008～2013 年线路损失率呈先降后升再降的趋势，其中 2010 年和 2011 年最低，其他年份线路损失率均在 6.5%以上，线损相当严重。

3. 跨区输电完成情况

5 号文件提出要建立竞争、开放的区域电力市场。但到目前为止，全国统一的电力市场尚未形成，东北区域电力市场试点也不太成功。地区壁垒严重影响电力资源的有效配置。典型的例子是南方电网与国家电网之间电力调剂输送受到制

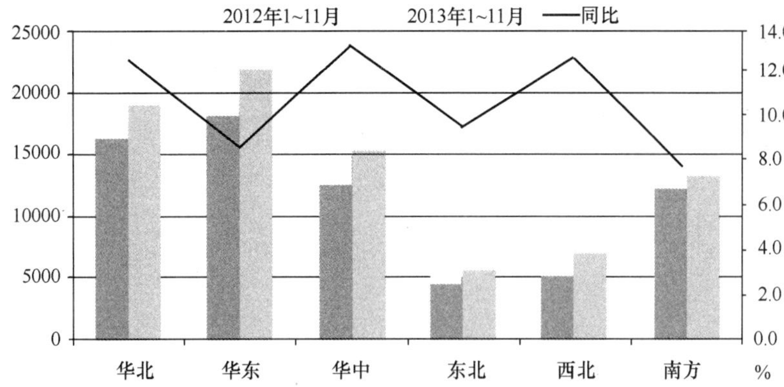

图 8-18　2012 年～2013 年 1 月～11 月全国主要电网最高用电负荷趋势图

资料来源：国家电力调度通信中心。

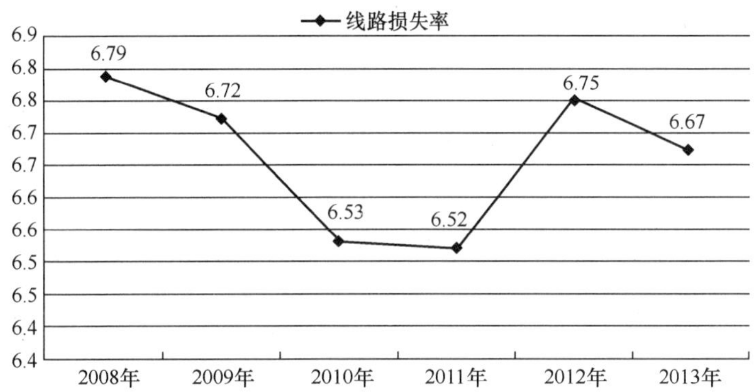

图 8-19　2008 年～2013 年线路损失率情况

数据来源：中国电力企业联合会。

约。比如福建出现电力剩余常常不是输送到邻近的广东，而是更远的长三角。表 8-2 给出了近年来跨区域与区域内跨省输电量及其占总全国总发电量比例。从表中可以看出，从 2003 年到 2009 年，跨区域与区域内跨省输电量都在增长。但是，相对来说，跨区域输电比例很小，仅仅占总发电量的 1%～3%。这在一定程度上反映了不同区域电力输送的壁垒可能仍然存在。当然，同一区域内跨省输电量所占比例增长较快，从 5%上升到约 15%，这表明地区内部壁垒在逐步破除。

2003 年～2009 年省间输出电量与省跨区域输出电量数据　　表 8-2

年份	发电总量（亿 kWh）	省间输出电量（亿 kWh）	省间输出电量占总发电量比例	跨区电网电量交换（亿 kWh）	跨区电网电量交换所占比例
2003	19106	1081	0.057	260.4	0.014
2004	22033	2256	0.102	262.2	0.012
2007	32815	3834.2	0.117	949	0.029
2008	34669	4473	0.129	1069	0.031
2009	36812	5245	0.142	1213	0.033

数据来源：中国电力行业年度报告 2010 等。

图 8-20 显示，2013 年 1～11 月份，全国完成跨区送电量 2187 亿 kWh，同比增长 17.49%，保持了较快增长速度。全国跨区输电比例（跨区输电量占全社会用电量的比重）为 4.53%，较上年同期提高 0.39 个百分点。各区域电网中，东北、华中和南方电网区域完成送电量同比增长较快，分别比上年同期增长 68.57%、28.22%和 15.91%。

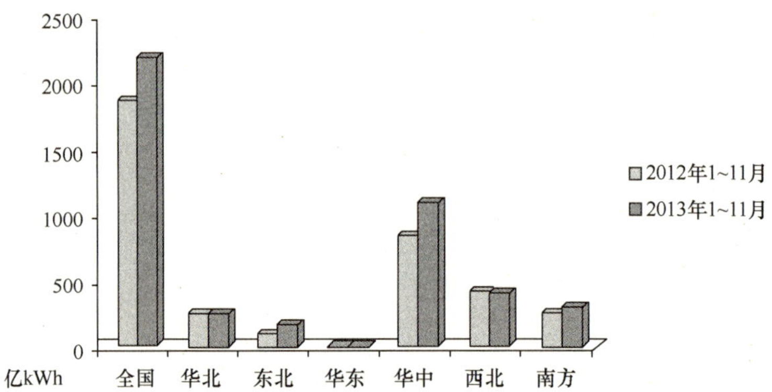

图 8-20　2012 年～2013 年 1～11 月全国跨区送电增长情况统计图

资料来源：国家电力调度通信中心。

4. 售电总量

图 8-21 显示 2005 年～2015 年中国售电总量呈上升趋势，其中 2010 年较以往增长幅度，但近年来受宏观经济转型的影响，售电量整体上有所减缓，2014 年增长率较 2013 下降，放缓明显。

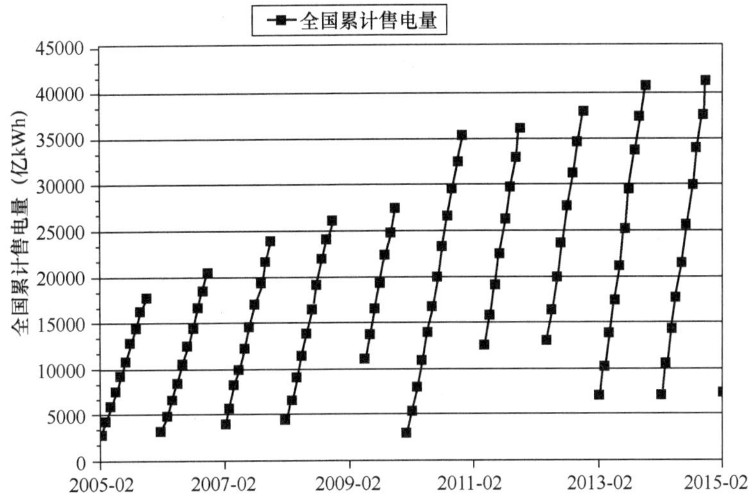

图 8-21　2005 年～2014 年全国售电量统计图

数据来源：中经网统计数据库。

第四节　电力行业结构

自 1985 年电力行业市场化改革以来，经历三个主要的行业改革阶段，尤其是 2002 年，国家电力公司的分拆，中国电力市场由传统垂直一体化垄断模式逐步过渡到现阶段的部分开放竞争模式。目前中国电力市场中，“厂网分开 ”已经基本实现，“竞价上网 ” 在少数试点地区行，市场竞争只对发电侧开放。在中国电力市场结构中，是由各类发电企业、输电企业和供电企业承担着基本的运营业务。

一、 发电企业

(一) 发电行业构成

目前，中国发电行业已形成中央发电企业、地方发电企业和民营及外资发电企业并存的竞争格局，投资经营共有四大主体。

(国务院关于印发电力体质改革方案的通知（国发〔2002〕5 号）规定，重组国家电力公司管理的发电资产，按照建立现代企业制度要求组建若干个独立的发电企业。每个发电企业在各电力市场中的份额原则上不超过20%。根据国家发改委2704号文件精神，国家组建了华能、华电、大唐、国电、中电投等五大电力集团，每个集团拥有的发电资产可控容量均达3000万kW以上，实力相当。经过几年的发电市场竞争，市场结构发生了一定变化，但结构的竞争性没有改变。

2006年，全国6000千瓦及以上各类发电企业4000余家。其中国有及国有控股企业约占90%。中国华能集团公司、中国大唐集团公司、中国华电集团公司、中国国电集团公司和中国电力投资集团公司等中央直属5大发电集团约占装机总量的38.79%；国家开发投资公司、中国神华能源股份有限公司、中国长江三峡工程开发总公司、中国核工业集团公司、广东核电集团有限公司、华润电力控股有限公司等其他中央发电企业约占总装机容量的10%；地方发电企业占总装机容量的45%；民营和外资发电企业占总装机容量的6.21%。

2008年，全国有6000千瓦及以上各类发电企业4300余家，国有及国有控股企业约占90%，有一定的产业集中趋势。其中，华能、大唐、国电、华电、中电投等中央直属5大发电集团装机容量占全国总装机容量比重44.9%，与2006年相比有一定上升。国家开发投资公司、神华集团、三峡工程开发总公司、华润电力控股、核电集团等央企占10.5%，17家地方国有发电企业占总装机容量的13.3%。以上28家大型发电集团装机容量占全国总装机容量的68.3%。①

发电行业投资经营主体及其发展特征　　表8-3

经营主体	五大发电集团	其他中央发电企业	地方国有发电企业	外商、港澳台资和民营资本参股、控股的发电企业
代表企业	华能集团 国电集团 大唐集团 华电集团 中电投集团	中国核工业集团 长江三峡集团 中国广东核电集团有限公司 神华集团 华润电力	粤电集团 浙能集团 申能集团 京能集团等	中国风电集团 格盟国际能源 （香港）中华电力等
发展特征	发电资产分布广泛；电源结构呈多样化，均有多元化、国际化发展趋势	其中中核工业、三峡集团、中广核均定位清洁能源集团，也在向其主业之外的其他电源形式发展	发电资产主要分布于所在区域内，电源结构呈多样化。但是，目前，浙能等企业也在向全国范围拓展经营	近几年发电行业营利性较差，外资不断退出，民营资本的规模和实力发展较快

资料来源：科莫迪.

① 数据来自2009年中国电力行业年度报告。

截至 2013 年底，全国全口径装机容量为 12.47 亿 kW，其中中央直属 5 大发电集团（中国华能集团公司、中国大唐集团公司、中国华电集团公司、中国国电集团公司、中国电力投资集团公司）年末总装机容量 58278 万 kW，约占全国全口径装机容量的 46.72%。

中国现行发电侧电力市场的模式是以单一购买者的形式为主，即参与市场竞争的各独立发电企业将电能提供给电网经营企业，用户不能与发电厂签订购电合同，只能由电网经营企业采用趸售或零售的方式供电。在电力市场引入市场竞争的初期，中国采用双轨制竞争体系，即通过部分电量竞价上网的方式，一般安排当年市场用电需求的 10%～20%作为竞争电量，其余作为基本电量（合同电量）。双轨制体系采用差价合约的结算方式，基本电量部分按国家批准的合同电价结算，竞争电量部分按竞价电价结算，未完成的合同电量部分给予一定的经济补偿。

目前，发电环节的市场结构在一定程度上呈现出多元格局。如图 8-22 所示，截至 2011 年底，全国累计已有 20299 家发电企业获颁发电许可证，另有 8365 家 1000kW 以下的小水电被豁免持证。全国全口径装机容量为 10.6 亿 kW，其中中央直属的 5 大发电集团（中国华能集团公司、中国大唐集团公司、中国华电集团公司、中国国电集团公司、中国电力投资集团公司）总装机容量 51472 万 kW，约占全国全口径装机容量的 48.75%。另外 7 家中央发电企业（神华集团有限责任公司、中国长江三峡集团公司、华润电力控股有限责任公司、国家开发投资公司、中国核电集团公司、中国广东核电集团有限责任公司、新力能源开发有限公司）总装机容量 13301 万 kW，约占全国全口径装机容量的 12.60%。15 家规模较大的地方国有发电企业总装机容量 10615 万 kW，约占全国全口径装机容量的

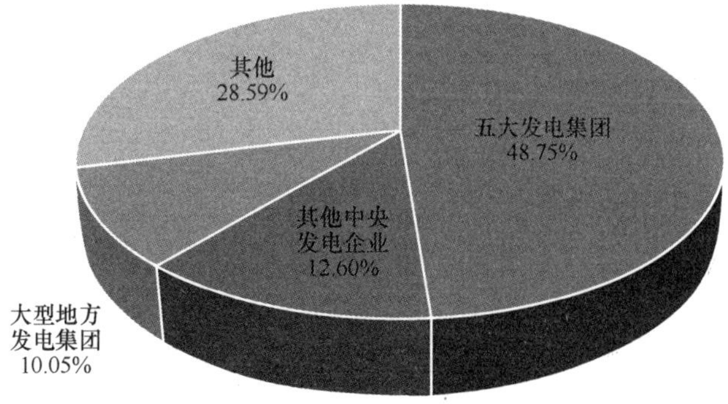

图 8-22 各类发电企业装机容量在全国总装机容量中占比

数据来源：国家电监会. 电力监管年度报告（2011）。

10.05%。以上27家大型发电集团的装机容量占全国总装机容量的71.41%。① 目前发电侧的市场结构中仍以国有资本为主，非公有制发电企业装机容量占全国总装机容量的比例不足5%。②

（二）集中度分析

在发电环节，电力行业重组后，发电业务领域组建了五个大型的发电企业集团，分别是华能电力集团、大堂电力集团、华电电力集团、国电电力集团和中国电力投资集团。这五大集团公司控制的发电能力约达40%左右，其余的掌握在40多家地方政府的发电投资公司、30多家上市公司以及外国投资公司和私营公司的手中。电力法规定，政府鼓励和引导国内外经济组织和个人依法投资发电，建立发电公司。目前，非国有公司拥有的发电能力占总量的8%左右。在发电领域，无论从全国来看还是从区域来看，寡头垄断是基本的市场结构特征，国有企业是发电行业的主体，在此市场结构下，国有企业为了维护企业利益容易形成价格合谋，从而滥用市场势力。

如表8-4所示，2003年～2013年，五大发电集团以装机容量为基准的市场集中度呈现先升后降的趋势，从2003年的33.99%持续增长到2010年的49.39%，之后连续三年下降，2013年降至46.72%。从装机集中度变化情况看，2005年～2009年，五大发电集团以装机容量为基准的市场集中度快速提升，也印证了此期间五大发电集团规模的快速扩张。随着新企业的加入以及五大发电发展方式的转变，装机增速逐步放慢，装机集中度也出现下降。

五大发电集团总体市场集中度测算结果　　表8-4

年份	装机容量（万kW）	集中度（%）	环比（%）	发电量（亿kWh）	集中度（%）
2003年	13304.55	33.99		7017.09	36.83
2004年	15158.20	34.26	0.27	8053.01	36.70
2005年	18820.48	36.39	2.13	9633.43	38.57
2006年	24124.36	38.79	2.39	11315.43	39.70
2007年	30247.93	42.41	3.62	13432.35	41.15
2008年	35958.78	45.37	2.97	15149.00	44.12
2009年	42238.20	47.64	2.27	17086.95	47.63
2010年	47527.22	49.39	1.75	20830.44	49.27
2011年	51406.01	48.38	－1.01	23409.31	49.48
2012年	55183.00	48.20	－0.18	23917.00	48.05
2013年	58278.49	46.72	－1.48	25298.00	47.31

数据来源：科莫迪整理。

① 数据来源：国家电监会．电力监管年度报告（2011）．

② 姜毅君．中国电价改革中若干问题探讨［J］．能源技术经济，2012，7．

图 8-23，2003 年～2013 年，五大发电集团以发电量为基准的市场集中度也呈先升后降趋势，与以装机容量为基准测度的市场集中度变化趋势一致。2003 年为 36.83%，2011 年达到最高 49.48%，2013 年快速下降至 47.31%。

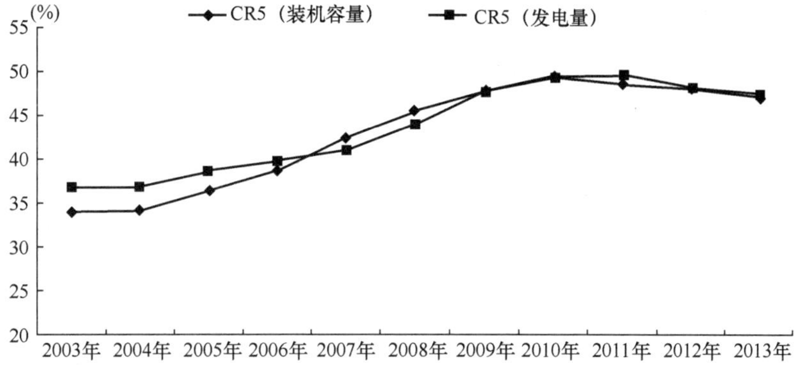

图 8-23　2003 年～2013 年五大发电集团市场集中度趋势图

数据来源：科莫迪整理。

五大发电集团装机集中度和发电量集中度比较分析，2003 年～2006 年四年间，发电量集中度高于装机集中度，表明在此期间五大发电集团发电机组利用效率高于平均水平。2012 年～2013 年，两个基准的集中度均下降，发电量集中度下降更多，主要因为在电量增速下滑背景下，五大发电集团发电量增速下滑更多。

整体看，发电产业市场集中度较高，但没有一家企业处于绝对的垄断地位，华能集团装机容量、发电量最大，2013 年华能集团发电量占全国发电量的比重为 11.96%。

在经历多年行业景气低估之后，大型电力集团主动扩张的顾忌增多，预计未来不会再次大比例扩产。近年来，清洁能源投资在电源项目投资中的比重不断上升，清洁能源投资具有单个项目装机容量小、投资主体多元化的特征，不断有新企业参与进来，与五大发电集团形成竞争。所以，从主观动因和客观条件上五大发电集团都不会再次大规模的扩张，发电行业趋于分散化。

如图 8-24 所示，装机容量方面，华能装机容量占全国比重 2004 年比 2003 年下降，2005 年～2011 年直线上升，2013 年出现下降，但仍位居五大发电集团之首；国电集团装机占比在 2012 年以前总体呈上升趋势，2013 年出现下降；大唐集团装机比重 2009 年达到最高值后连续下降，2013 年降至 9.25%，居第三位；华电集团装机比重在 2003～2007 年间不断提升，2007 后基本平稳，2013 年装机比重为 9.03%，居第四位；中电投装机比重大致呈现先升后降趋势，2013 年有小幅上升，装机容量占全国比重位于五大最末。

如图 8-25 所示，发电量方面，五大发电集团发电量占全国比重基本上均呈

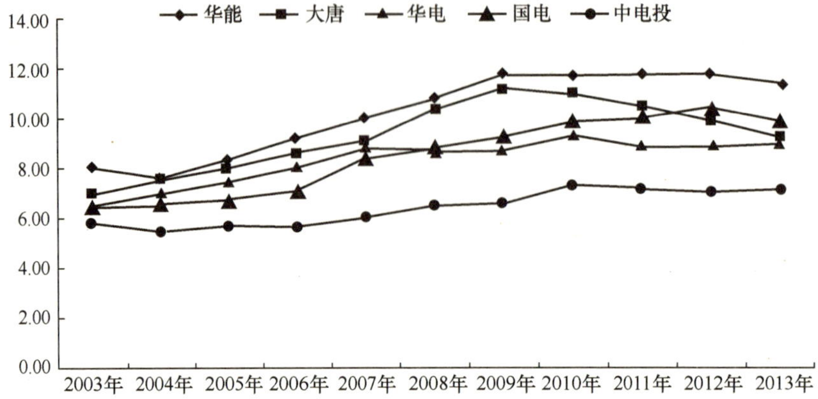

图 8-24　2003 年～2013 年五大发电集团装机容量占全国比重

数据来源：科莫迪整理。

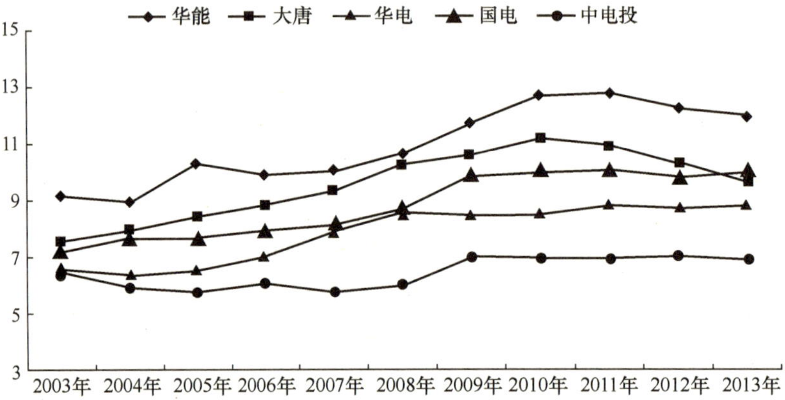

图 8-25　2003 年～2013 年五大发电集团发电量占全国比重

数据来源：科莫迪整理。

先升后降趋势。华能集团发电量比重居首位，国电集团居第二位，大唐集团和华电集团位列其次，中电投集团居最末位。

综上所述，发电行业内几家大型企业集团占据了大部分市场，行业市场结构在一定程度上具有寡头垄断特征，不过同时行业内还有很多小企业占有小部分市场，尤其是可再生能源发电市场。

按理论分析，寡头垄断市场内的企业应该能够获得超额利润，但是发电行业的经营情况与理论之间存在明显差异。之所以存在这种差异，主要是因为：一是定价受到政府管制，二是大型发电集团电源分布广泛，与一般性的产品生产企业不同，大型发电集团虽然总的发电装机规模很大，但其电源点分布在不同的区域，电厂在所属区域内与其他发电企业电厂形成竞争。

对于传统的生产型产业而言，企业规模过小，有可能导致过度竞争和资源浪费，不利于规模效应的发挥，规模过大则会因内部交易成本提高而损害企业生产效率。

电力生产企业的特点是投资规模大，沉淀成本高，进入壁垒高，存在一定的规模经济效益。但由于电站的分散化特征，如果仅规模扩大，而集中规模化管理不到位，也不能达到规模经济下经营效益的提升。

目前中国发电侧的市场集中度是中（低）集中度寡占，根据行业发展形势，未来发电侧市场集中度可能将下降。

二、 输电企业

在输电环节，分别成立了国家电网公司和中国南方电网有限责任公司。国家电网公司下设5家区域电网公司，分别是：华北电网公司、东北电网公司、华东电网公司、华中电网公司和西北电网公司。国家电网公司主要负责区域间的电力交易、调度，跨区域的投资和建设；区域电网公司负责经营管理电网，规划区域电网发展，培育区域电力市场，管理电力调度交易中心。在每家区域电网公司之下（并由该地区电网公司拥有和控制），都有几家省电力公司，拥有和经营输电线路。中国南方电网有限公司的经营范围为云南、贵州、广西、广东和海南。由于输电网络具有强自然垄断性，不适于采用多家竞争的格局，适于采用激励性管制。

电力行业的输电环节具有自然垄断性质。现今中国电力系统中形成了六个区域性电网（华北电网、东北电网、华东电网、华中电网、西北电网和南方电网）和一个由国家电网公司代管的省级电网（西藏电网），国家电网公司和南方电网公司这两家国有企业及其下属各地方子公司负责经营全国电网的输电业务。截至2011年底，全国从事省级及以上输电业务的企业共计39家，其中省级输电企业有32家。① 输电企业可以按照规模划分为超大型输电企业、区域性输电企业、省级输电企业三个级别。国家电网公司为跨区域的超大型输电企业，业务范围涉及26个省级行政单位；中国南方电网有限责任公司为跨省的区域性输电企业，业务范围覆盖5个南方地区的省、自治区；内蒙古电力集团有限责任公司等多家省级输电企业，在一个省级单位内独立经营业务。

输电企业可以凭借其拥有的输电网络，影响交易电量、交易价格或者拒绝互联互通等，阻碍市场的正常运转。在政企不分、产权不清的背景下，企业的滥用行为受罚的成本较小，垄断企业滥用支配地位的激励较高，这些行为都将会伤害

---

① 数据来源：国家电监会．电力监管年度报告（2011）．

市场竞争和降低社会福利。

三、 供电企业

供电企业是在一个特定区域内从事售电业务的企业，这些企业数量众多，类型和规模不一。如表 8-5 所示，目前，全国供电企业共计 3171 家，其中地（市）级供电企业 431 家、县级供电企业 2740 家。[①] 供电企业经营形态多样，按所有制划分涵括中央国有、地方国有、私营、股份制等多种类型；按经营管理形式可划分为直管、代管、独立经营等类型，同时还存在“自发自供”以及“转供电”等特殊业务类型。

全国供电企业数量统计表（截至 2011 年底） （单位：家） **表 8-5**

供电企业	地市级	县级	合计
国家电网公司	316	1924	2240
南方电网公司	63	338	401
新疆生产建设兵团	—	30	30
地方水电	—	231	231
内蒙古电力公司	10	73	83
陕西地方电力集团公司	1	66	67
山西国际电力集团公司	2	12	14
广西水利电力集团	—	43	43
其　他	39	23	62
合　计	431	2740	3171

注：国家电网公司和南方电网公司统计数据中包含其代管的县级供电企业.

数据来源：国家电监会．电力监管年度报告（2011）．

其次，国家电网依靠强势垄断地位购并一些地方性发电与供电企业。由于电网企业的完全垄断地位，一些地方发电企业在竞争中处于非常不利的位置，客观上导致国家电网与小发电、供电企业之间的“再一体化”。5 号文件指出要继续推进农村电力管理体制的改革，但 1998 年颁发的 2 号文件精神是将一些地方供电企业委托省电力公司管理，以解决农电的“三乱”现象，因此 5 号文件的精神被理解为继续加强国家电网公司对地方供电企业的管理与一体化控制。这样，国家电网公司和南方电网公司通过“代管”、“上划”、“控股”等方式控制了原属地方的趸售县及自管自供县供电企业，进一步强化了电网公司的输配电一体化特征，导致一些原有辅业被剥离之后，一些新的辅业进入国家电网集团。

① 数据来源：国家电监会．电力监管年度报告（2011）．

四、 重点企业分析

(一) 中国国电集团公司

1. 市场地位

截至 2013 年 12 月底，中国国电集团公司（以下简称“国电集团”）可控装机容量 1.22 亿 kW，资产总额接近 7780 亿元，产业遍布全国 31 个省、市、自治区。煤炭产量达到 6885 万吨。新能源发展独具特色，风电装机达到 1732.5 万 kW，位居世界第一。

2. 业务构成

中国国电集团公司是经国务院批准，于 2002 年 12 月 29 日成立的以发电为主的综合性电力集团，主要从事电源的开发、投资、建设、经营和管理，组织电力（热力）生产和销售；从事煤炭、发电设施、新能源、交通、高新技术、环保产业、技术服务、信息咨询等电力业务相关的投资、建设、经营和管理；从事国内外投融资业务，自主开展外贸流通经营、国际合作、对外工程承包和对外劳务合作等业务。

3. 公司发展战略分析

（1）资源能力分析

1）发电装机规模

至 2013 年底，国电集团可控装机容量达到 1.23 亿 kW，装机规模仅次于华能集团。2013 年，集团加大结构调整和优化，清洁可再生能源占电源总投资的 72%，截至 2013 年底，清洁可再生装机比重达 25%，同比增加 2.5 个百分点。煤炭资源，2013 年，公司煤炭年产量达 6885 万吨。

2）技术方面

国电集团全年新增专利近 400 项，累计拥有专利 1100 项。组织实施重大科技项目 10 个，重点项目 57 个，其中国家级 5 项。世界先进的百万千瓦超超临界二次再热技术进入工程化实施阶段。大型火电辅机单系列布置技术在布连电厂成功应用。脱硝催化剂国产化项目达到国际先进水平。江苏如东海上风电场成功吊装世界最大风机叶片，国内首艘海上风电专业运维船下水试航。自主研发的高效砷化镓电池转化效率达 33%。烟气余热深度利用高效节能技术已在多个电厂实施。

3）资本运营

国电集团不断加大低成本债券融资力度，2013 年融资成本较年初下降 0.17 个百分点。强化资金集中管理，全口径资金归集率较年初提高 20 个百分点。国电电力成为永续中票和优先股融资的首批试点发行单位。龙源电力完成3亿美元高级债券发行。推进低效无效资产处置，完成长治、榆次等资产重组，与中电投股权置换和蒙能投、益阳等重组取得重大进展。完成杨家坪煤矿等股权转让。

（2）公司发展战略分析

1）转型战略

国电集团提出要坚定不移地以大力发展新能源引领企业转型，在建设一流综合性电力集团的基点上，坚持效益优先原则，实现发展方式从规模质量并重向以效益为主的转变。要坚持优化调整电源结构，大力发展清洁可再生能源，不断巩固发电核心竞争优势，保持全国10%装机份额，保证国民经济电力需求。

发电行业已从快速增长期进入平稳增长期，新增发电装机中，风电、太阳能发电等新能源形式占比逐步提高，在这些发电形式中，新企业不断加入抢占市场份额。大型电力集团再如前几年那样快速扩张规模，提高市场份额已经比较困难。因此，大型发电集团在客观和主观上都应转变发展方式，从规模质量并重向以效益为主转变，巩固在行业内的竞争优势。

2）创新驱动发展战略

国电集团2014年工作会议提出，要以科技创新引领和支撑企业转型发展，抢占未来制高点。依托现有科研院所和国家级研发机构，充分发挥新能源研究院创新平台作用，促进内部科技资源优化配置和开放共享，持续提升自主创新能力。加大科技投入力度，多渠道筹措研发资金，全年确保筹集内部科技创新资金1.5亿元，大力争取国家科技资金支持。围绕集团战略确定研发方向，下大力气突破一批核心关键技术，以提升火电厂性能指标和推进能源清洁高效利用为主战场，重点加强火电深度节能减排、海上风电、新能源装备、褐煤转化、燃气发电、高海拔水电开发等领域的研发，组织实施好泰州二次再热示范工程。

（二）华能集团公司

1. 市场地位

华能集团公司（以下简称“华能集团”）致力于建设具有国际竞争力的大企业集团，电力装机规模在五大发电集团中持续领先，截至2013年底，公司在国内及海外拥有全资及控股装机容量1.43亿kW，同时为电力主业发展服务的煤炭、金融、科技研发、交通运输等产业也初具规模。

华能集团2013年发电量为6493亿kWh，其中国内发电量同比增长7%，供电煤耗降为312.89g/kWh。

公司在中国发电企业中率先进入世界企业500强，2013年排名由2012年的第246位上升至第231位。

2. 业务构成

华能集团主营业务为：电源开发、投资、建设、经营和管理，电力（热力）生产和销售，金融、煤炭、交通运输、新能源、环保相关产业及产品的开发、投资、建设、生产、销售，实业投资经营及管理。

3. 公司战略分析

（1）资源能力分析

1）发电装机规模

至2013年底，华能集团发电装机规模14329万千瓦，为国内第一，对国内第二国电集团的领先优势进一步扩大。同时，集团清洁能源装机在五大发电集团中提高最多，电源转型意图明显。

2）煤炭资源

至2013年，华能集团煤炭生产能力已达8465万吨/年，在国内发电集团中居首位，但随着煤价下行，这种优势会减弱，甚至影响集团整体利润。

3）技术实力

华能集团洁净煤发电技术方面处于领先地位，2009年，华能集团主导推进的中国首座自主开发、设计、制造并建设的整体煤气化联合循环发电技术即IGCC示范工程项目——华能天津IGCC示范电站，在天津临港工业区开工建设，目前该项目已投产。2012年，由华能自主研发的中国第一个1.5兆瓦菲涅尔式太阳能热发电科技示范装置在海南三亚华能南山电厂投产。2012年12月中旬，国家科技重大专项、世界首台模块式高温气冷堆核电站——华能山东石岛湾高温气冷堆核电站示范工程开工建设，华能正式成为中国第四个拥有核电开发资质的中央企业。华能集团还提出，要跟踪研究页岩气开发利用、储能、分布式能源等技术。

4）资本运营

资本公司资本金从成立时的10亿增至60亿，综合实力和行业地位明显提升。财务公司主要指标在全行业中进入前10；长城证券、永诚保险在同行业中保持中上游排名；贵诚信托从恢复营业时的行业末位跻身前10。

5）核电项目

参股建设海南昌江核电站，参股比例49%；与中核集团、清华大学共同组建山东石岛湾高温气冷堆核电项目，出资比例47.5%。

（2）公司战略分析

1）总体战略

成长型战略（一体化战略、多元化战略），坚持“电为核心，煤为基础、金融支持、科技引领、产业协同，把华能建设成为具有国际竞争力的综合能源集团”。

2）产业协同战略

坚持“电为核心、煤为基础、金融支持、科技引领、产业协同，建设具有国际竞争力的世界一流企业”的战略定位，实现电力主业与支撑产业协调发展。

因为煤炭等其他产业并不是华能集团的强项，所以华能集团的产业协同战略中提出“电力核心”。华能还提出近期看“三西”，中期看新疆，远期看西藏。希望在“三西”（山西、陕西、蒙西）做大，同时加大在新疆的投资，把开发西藏水电定为远期目标。

3）“走出去”战略

加强国际交流与合作，提高国际化经营程度，扩大国际市场份额，拓宽发展空间，利用好国际国内两个市场、两种资源，发展壮大华能事业。

近年来，华能集团积极实施“走出去”战略，电力经营业务扩展到四大洲七个国家，成功进入发达国家市场，是中国电源分布范围最广、业务涉及国家最多的全球化发电集团。发达国家电价已市场化，一般情况下企业会盈利，可以部分缓解国内企业经营困难。

第五节　电力行业需求与预测

一、 电力行业需求

（一）全社会用电量及增长情况

如图 8-26 所示，从 1990 年～2013 年用电量增速数据看，用电最高增速出在 2004 年，最低增速出现在 1998 年，分别为 2.79%和 15.46%。电力消费增速与经济周期高度相关，2003 年～2007 年是中国经济的高速增长期，电力消费也高速增长，2008 年金融危机爆发，用电增速也随着经济的回落而快速回落。而后，随着政策刺激效应的显现，2010 年、2011 年全国全社会用电量再次迎来高速增长，但 2012 年，随着经济增速的回落，用电量增速也再次回落，2013 年用电增速有所回升，但仍为较低增速。

电力消费已由高速增长转为中速增长。2013 年全年用电增速 7.5%，预计未来几年电力需求将保持在 7%左右，电力需求已由高速增长转为中速增长，电力行业的发展速度也将由快速转为中速。

电能替代是大气污染防治的重要举措，从长期看，这将提高电能占终端能源

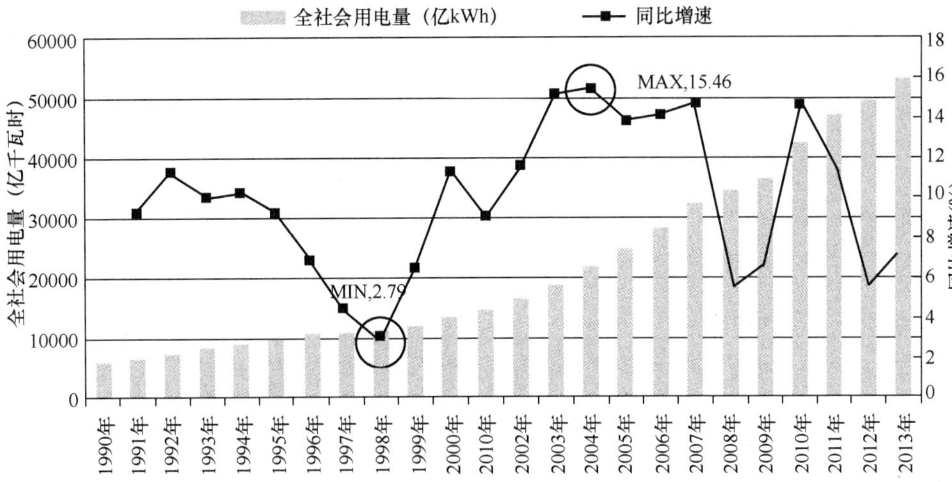

图 8-26　1990 年～2013 年全社会用电量及增长情况

数据来源：中国电力企业联合会。

消费比重，扩大了电力消费市场，促进电力消费增长。

（二）分产业用电结构分析

第一产业、第二产业用电比重下降，第三产业和居民用电比重上升。2013 年，第一产业和第二产业用电量占全社会用电量的比重分别为 1.9％和 73.5％，分别比 2012 年下降 0.13 和 0.37 个百分点，第三产业和城乡居民用电量占全社会用电量的比重分别为 11.8％和 12.8％，分别比 2012 年提高 0.30 和 0.19 个百分点。

如图 8-27 所示，2005 年～2013 年，各产业用电量比重呈现明显趋势性变化，第一产业、第二产业用电量占比呈下降趋势，第三产业和城乡居民用电量占比呈上升趋势。

第一产业和第二产业用电增速低于平均增速，第三产业和城乡居民用电增速高于平均增速，中长期看，这种趋势还将保持，第三产业和城乡居民用电比重将继续上升。第三产业和居民用电比重的上升，将加大全社会用电的季节差异和峰谷差距，对电力系统调峰提出更高要求。

发达国家第二产业用电量比重平均为 45％左右，美国为 30％，但美国是由于制造业迁移导致第二产业用电比重很低，未来中国不可能走美国的道路，中国还需发展制造业，所以，第二产业用电量会降低，但也不会低至如美国的水平。

发达国家居民生活用电比重一般都较高，大致占总用电量的 15％～30％左右，人均居民生活用电量大致在 1000～3000 千瓦时/（人·年），中国目前人均生活用电量远低于发达国家水平。所以，预计未来中国居民生活用电比重将逐步上升。

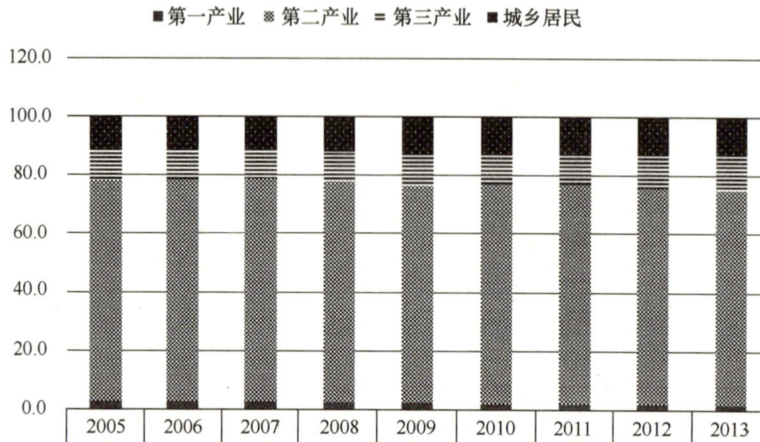

	2005	2006	2007	2008	2009	2010	2011	2012	2013
城乡居民	11.4	11.4	11.1	11.9	12.5	12.1	12.0	12.6	12.8
第三产业	10.2	9.9	9.8	10.2	10.8	10.7	10.8	11.5	11.8
第二产业	75.4	75.7	76.5	75.3	74.2	74.9	75.0	73.9	73.5
第一产业	3.0	2.9	2.7	2.6	2.6	2.3	2.2	2.0	1.9

图 8-27　2005 年～2013 年各产业用电量百分比堆积图

数据来源：中国电力企业联合会。

不同产业用电的负荷特性不同，各产业用电比重的变化将对电力系统的生产与分配产生重要影响。

重工业主导的用电格局未变。2013 年，全年重工业用电量 32092 亿 kWh，占全社会用电量的比重为 60%，轻工业用电量占全社会用电量的比重为 12%，第二产业中除工业用电外其他部分占 1%。

第三产业和城乡居民用电增速保持领先。如图 8-28 所示，从增速看，第三

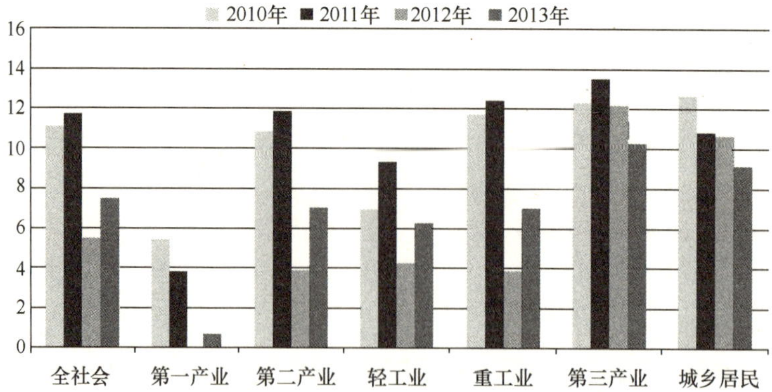

图 8-28　2010 年～2013 年各产业用电增速统计图

数据来源：中国电力企业联合会。

产业和城乡居民生活用电量增速相对稳定，基本保持在10%左右，但也呈下降趋势；第二产业用电增速波动较大，第一产业用电增速最低。

用电增长仍主要依靠工业拉动。如图8-29所示，第三产业和城乡居民用电增速较高，但由于其用电量占总用电量比重较低，对全社会用电增长的贡献率仍比较低；2013年，第二产业中工业用电增长贡献率最高，是拉动用电增长的主要力量。

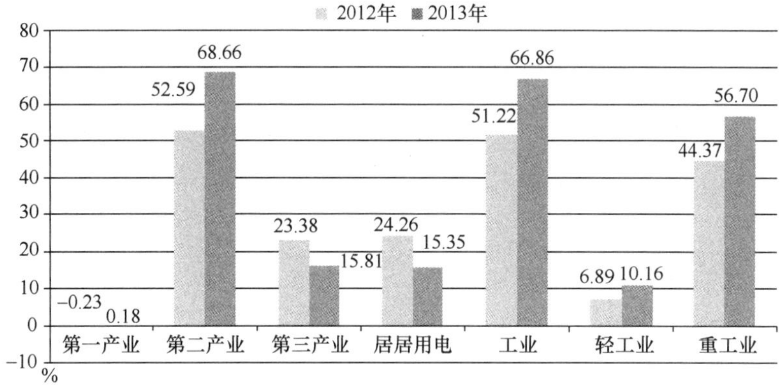

图8-29 2012年～2013年各产业用电增长贡献率对比图

数据来源：中国电力企业联合会。

第二产业用电增长贡献率提升显著。分产业看，2013年，第一产业用电量为1014亿kWh，同比增长0.66%，用电增长贡献率为0.18%，比上年高0.41个百分点；第二产业用电量为39143亿kWh，同比增长6.96%，用电增长贡献率为68.66%，比上年上升16.07个百分点；第三产业用电量为6273亿kWh，同比增长10.31%，用电增长贡献率为15.81%，比上年下降7.57个百分点。

工业用电增长贡献率显著上升。2013年，工业用电量38471亿kWh，同比增长6.89%，用电增长贡献率为66.86%，较上年上升16.06个百分点。其中，轻工业和重工业用电量分别为6379和32092亿kWh，同比分别增长6.28%和7.01%，用电增长贡献率分别为10.16%和56.70%，分别比上年上升3.27和12.33个百分点。

居民用电增长贡献率明显下降。2013年，城乡居民生活用电量为6793亿kWh，同比增长9.15%，用电增长贡献率为15.35%，比上年下降8.90个百分点。

（三）主要耗能行业用电情况分析

四大高耗能行业用电量比重低于上年同期。2013年1月～11月份，主要耗能行业（有色、钢铁、化工和建材）合计用电量为15094亿kWh，同比增长5.6%，增速较上年同期上升。主要耗能行业的用电增长贡献率为24.52%，比上年同期上升 11.17 个百分点；主要耗能行业用电量占全社会用电量比重为 31.24%，低于上年同期。

如图 8-30 所示，具体分行业看，1～11 月份，钢铁和建材行业的用电量分别为 4986 和 2858 亿 kWh，同比分别增长 7.06%和 5.96%；用电增长贡献率分别为 10.34%和 4.87%，分别比上年同期提高 20.05 和 4.66 个百分点。

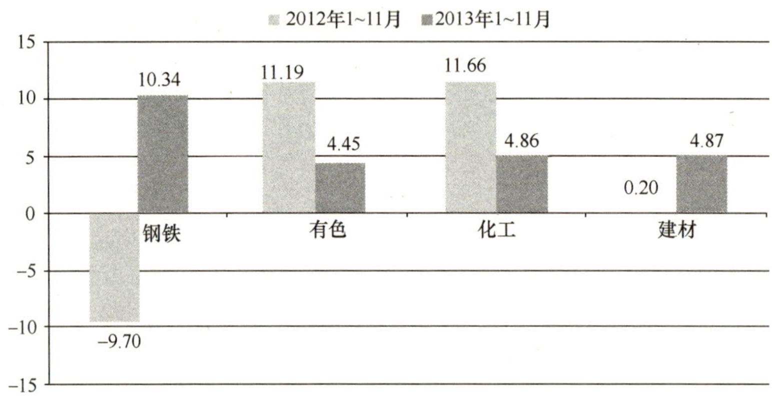

图 8-30　2012 年～2013 年 1 月～11 月主要耗能行业用电增长贡献率趋势图

数据来源：中国电力企业联合会。

1 月～11 月份，化工和有色行业的用电量分别为 3632 亿 kWh 和 3619 亿 kWh，同比分别增长 5.19% 和 4.53%；用电增长贡献率分别为 4.86% 和 4.45%，分别比上年同期降低 6.79 和 6.75 个百分点。

主要耗能行业用电增长贡献将弱化。2013 年，主要耗能行业（有色、钢铁、化工和建材）用电增长贡献率较上年有所回升，但其用电增速低于全社会用电增速，其用电量占全社会用电量的比重继续下降，未来主要耗能行业对用电增长的贡献将逐渐弱化。

（四）分地区用电情况分析

西北地区用电比重继续上升，东北、华北地区用电比重下降。如图 8-31 所示，2013 年，西北地区用电比重继续上升，由 2012 年的 9.1%上升至 9.5%；南方、华中和华东地区用电比重基本保持稳定；东北和华北地区用电比重继续下降，分别由 2012 年的 6.8%和 24.7%下降至 6.6%和 24.5%。

2014 年，预计全国电力供需总体平衡，东北区域电力供应能力富余较多，西北区域电力供应能力有一定富余，华北区域电力供需平衡偏紧，华东、华中、南方区域电力供需总体平衡。

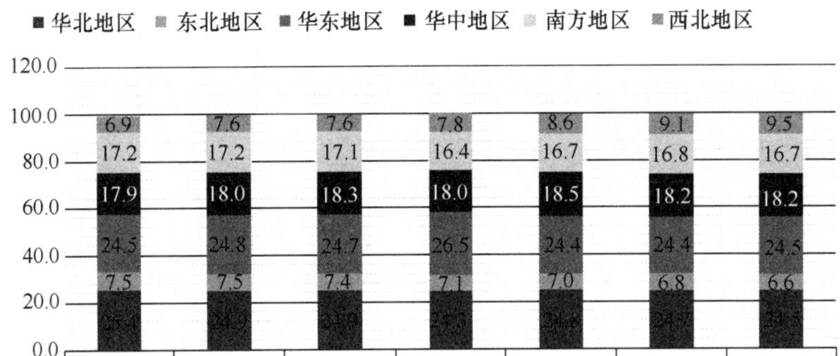

	2007	2008	2009	2010	2011	2012	2013
西北地区	6.9	7.6	7.6	7.8	8.6	9.1	9.5
南方地区	17.2	17.2	17.1	16.4	16.7	16.8	16.7
华中地区	17.9	18.0	18.3	18.0	18.5	18.2	18.2
华东地区	24.5	24.8	24.7	26.5	24.4	24.4	24.5
东北地区	7.5	7.5	7.5	7.1	7.0	6.8	6.6
华北地区	25.4	24.9	24.9	24.3	24.8	24.7	24.5

图 8-31 2007 年～2013 年各地区用电量比重统计图

数据来源：中国电力企业联合会。

二、 电力行业需求预测

(一) 全国经济增速将略有下降，电力消费增速小幅回落

未来 5 年中国经济增速略有下降，但仍将保持“中高速”增长。尽管世界经济复苏步伐缓慢，外需环境仍面临较大不确定性，但随着《关于促进进出口稳增长、调结构的若干意见》实施效果的逐步显现，中国外贸市场将进一步好转，外贸结构进一步优化，预计未来 5 年中国出口增速为 9%～10%。随着政府职能的转变、投资体制改革的不断深入，以及新型城镇化建设的推进，基建投资将成为拉动投资增长的主力，而受中央经济工作会议关于调整经济结构等方面的要求，房地产和制造业投资增速总体呈现回落态势，预计中国投资增速为 18%～20%。随着信息消费逐渐升温，加之形成合理有序的收入分配格局，预期使得居民消费意愿和能力得到释放，预计中国消费增速为 13%～14%。综合判断，预计未来 5 年中国 GDP 增速为 7.2%～8.1%，中间方案的增速为 7.6%。

从具体产业看，未来 5 年第一产业用电增速依然较低，预计为 3.1%～4.7%；受经济转型深入推进、大气污染防治行动计划逐步落实等因素影响，第二产业用电量增长较慢，预计增速为 4.6%～6.8%；随着行政审批权简化和下降，加之大力发展服务业的政策推动，第三产业用电量仍将保持较快增长，预计增速为10.8%～12.3%；由于执行阶梯电价以及取消家电下乡政策的影响明显减弱，居民生活用电将保持较快增长，预计增速为10.2%～11.5%。

综合判断，预计未来5年中国全社会用电量每年将达到5.66～5.77×10¹² kWh，同比增长6.0%～8.0%，中间方案下，中国全社会用电量约为5.71kWh，同比增长7.0%。其中，三次产业和居民生活用电量增速分别为3.5%、5.6%、11.7%和11.0%，第二产业用电量比重下降0.94个百分点，对全社会用电量增长的贡献率将下降4.1%，第三产业和居民生活用电比重分别上升0.52%和0.48%，对全社会用电量的贡献率分别上升1.6%和1.8%。

（二）电力需求结构改善，电力经济效率将持续提高

如图8-32所示，近年来，中国用电增速水平保持低于国内生产总值增速水平，电力消费弹性系数明显低于1，表明中国单位GDP电耗保持下降势头，经济发展效率和质量在提高，资源和环境压力增量在减少。从分产业用电数据情况看，中国经济和产业结构中，电耗高的重工业用电增长势头开始减弱，而服务业等电耗低的部门用电保持高增长势头，用电比重持续提高。未来这一趋势将进一步延续，中国用电需求增速仍将低于经济增长速度，电力弹性系数还将有所降低。

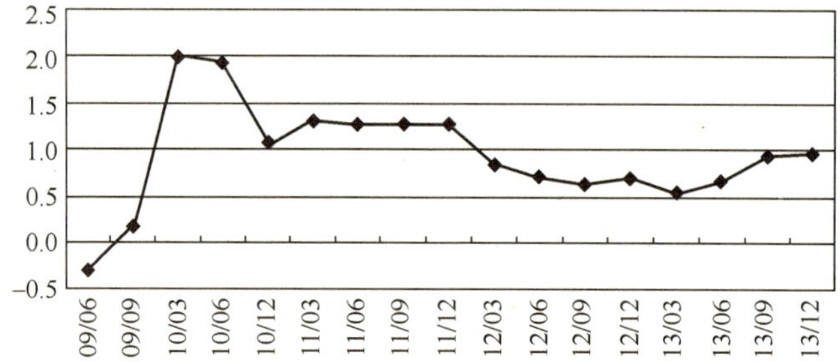

图8-32　2009～2013年中国电力消费弹性系数走势

数据来源：中国电力企业联合会，中经网整理。

（三）实施大气污染防治行动计划和推进电能替代将影响电力消费增长

国务院出台的《大气污染防治行动计划》，提出了2017年大气污染治理目标和具体治理路径。国家有关部门和各省区已经或将相继研究制定和公布有关实施细则，以京津冀、长三角和珠三角经济带为重点，各区域内产业结构及布局将加快调整，落后及过剩产能将加快淘汰，产业准入条件将更为严格，这些政策将提高电能使用效率和效益，降低产值电能消费强度。电能替代作为大气污染防治的

重要举措，通过不断提高电能占终端能源消费比重，有利于推进社会节能减排，客观上扩大了电力消费市场，促进了电力消费增长。

综上所述，展望未来 5 年，中国经济仍将继续保持平稳较快增长态势，对电力需求产生带动作用。但是，随着未来环保压力的加大，同时在加快结构调整、化解过剩产能背景下，中国淘汰落后产能步伐将会加快，必将对用电需求增长产生一定抑制，而第二产业用电量仍将保持低速增长，也对全社会用电量增速产生影响。预计未来 5 年中国全社会用电量较 2014 年略有回落，同比增长 7.0%左右。

第九章 政策解读

政革开放以来，城市公用事业的发展十分迅速，其中相关的法律法规和政策文件为城市公用事业的改革与发展发挥了重要作用。为了更好地梳理和理解城市公用事业的典型法规政策，本章将对2000年以来城市公用事业的综合性（跨行业）法规政策以及六大重要行业的法规政策进行解读，从而明确城市公用事业法规政策的基本内涵、政策导向与发展趋势。同时，为了方便读者了解和查阅相关的法规政策，本章最后列出了城市公用事业的综合性（跨行业）法规政策和六大重要行业的法规政策名称。

第一节　综合性法规政策解读

《基础设施和公用事业特许经营管理办法》解读

一、出台背景

为促进民间资本投资基础设施领域，党的十八届三中全会明确要求“制定非公有制企业进入特许经营领域具体办法”，要求推广项目融资、特许经营等模式，吸引更多社会资本参与建设运营，积极推动相关立法，为鼓励民间资本进入相关领域提供法治保障。2015年4月21日，国务院常务会议通过《基础设施和公用事业特许经营管理办法》（国发〔2015〕25号）（以下简称《办法》），该《办法》由国家发展和改革委员会、财政部、住房和城乡建设部、交通运输部、水利部、中国人民银行等相关部委共同起草制定，并在2015年6月1日开始执行。《办法》替代了原建设部2004年颁布的《市政公用事业特许经营管理办法》（建设部第126号令），旨在引导和规范能源、交通、水利、环保、市政等基础设施和公用事业特许经营，是推进政府和社会资本合作的重要举措，有利于保障社会资本投资权益，促进政府职能转变，提高公共服务质量效率。

二、核心内容

《办法》共包括八章六十项条款，以特许经营协议的订立、履行、变更和终止为核心，对基础设施和公用事业特许经营的适用范围、实施程序、监督管理、公共利益保障、争议解决等作了较为全面、详细的规定。《办法》适用于能源、交通、水利、环保、市政等基础设施和公用事业领域的特许经营活动，明确了特许经营活动须由政府通过竞争方式授权，并约定一定的期限和范围，且特许经营期一般不超过30年。主要内容体现在以下方面：

（1）在政府和社会资本的合作与支持方面。《办法》将“转变政府职能，强化政府与社会资本的协商合作”作为特许经营实施的一项原则，要求政府应当与特许经营者签订特许经营协议，通过协议来约定各方的权利义务，如果协议内容确实需要变更的，应当在协商一致的基础上签订补充协议，发生争议时，也强调双方平等协商，发挥专家和第三方机构的调解作用。为解决社会资本参与基础设施和公用事业特许经营积极性不够、融资难等问题，《办法》强化了社会资本合法权益的保护，要求保证特许经营者合法的经营活动，保证特许经营的持续性和稳定性，并规定特许经营者有获得补偿权和优先续约权。同时，《办法》鼓励创新金融服务、信贷方式和信贷政策，要求给予特许经营项目差异化的信贷支持，探索利用项目预期收益质押贷款，支持特许经营项目采用证券融资、设立产业基金、成立私募基金、引入战略投资者、发行企业债券、项目收益债券、公司债券、非金融企业债券融资工具等。为了充分发挥政府的投资引导作用，《办法》还规定县级以上人民政府有关部门可以探索与金融机构设立基础设施和公用事业特许经营的引导基金，并通过投资补助、财政补贴、贷款贴息等不同方式来支持特许经营项目的建设运营。

（2）在政府的履约义务和违约责任方面。《办法》规定政府可以就防止同类竞争、财政补贴、配套基础设施提供等做出承诺，并应按照协议严格履行有关义务，为特许经营者提供便利和支持，且行政区划的调整、政府的换届、部门调整和负责人的变更都不得影响特许经营协议的履行。如果政府不履行特许经营协议约定义务或者履行义务不符合约定要求的，则政府应当根据协议继续履行、采取补救措施或者赔偿损失。

（3）在多部门协调与审批程序方面。针对特许经营监管职能分散、条块分割严重的问题，《办法》规定地方政府应当建立各部门参加的特许经营部门协调机制，负责统筹有关政策措施，并组织协调特许经营项目的实施和监督管理工作。且项目提出部门应当会同其他部门对实施方案进行联合审查，各部门则应给与支持和配合。为防止地方政府以实施特许经营为名非法增加行政审批，《办法》明确不新增任何针对市场主体的行政审批程序或者审批环节，对需要依法办理核准审批手续的，有关部门应该简化审核内容，优化办理流程，缩短办理时限，且对于已经出具书面审查意见的事项，不再做重复审查。

三、主要评价

在《办法》出台以前，特许经营活动或是依据地方立法实施，或是依据原建设部 2004 年颁布的《市政公用事业特许经营管理办法》（建设部第 126 号令）实施。由于地方立法和部门规章的权威性和力度不够，加之对特许经营实施过程中具体问题的把握和考虑不足，严重影响了特许经营的规范运作。

《办法》由国家发改委会同住房和城乡建设部等相关部委联合制定，并以国务院文件的方式发布，一定程度上提高了《办法》的法规层级，扩大了适用的范围和领域，同时体现了特许经营涉及多部门协调的特点，进一步完善了特许经营制度，并通过顶层设计，对政府与社会资本合作起到了规范化和有序化实施的制度保障作用。

《关于在公共服务领域推广政府和社会资本合作模式的指导意见》解读

一、出台背景

2014年，中国经济持续走缓，中央一方面大力推进“大众创业、万众创新”，充分激发社会资本活力；另一方面明确持续加大力度实施积极的财政政策，增加公共产品、公共服务。为改革公共服务供给机制，2014年下半年开始，国家连续出台了系列文件明确要积极发展PPP模式，并从操作层面对PPP工作进行指导。在现有关于PPP系列文件的基础上，2015年5月22日，国务院第92次常务会议审议通过并转发了由财政部牵头，会同发展改革委、中国人民银行联合制定的《关于在公共服务领域推广政府和社会资本合作模式的指导意见》（国办发〔2015〕42号，以下简称《意见》），决定围绕增加公共产品和公共服务供给，在能源、交通运输、水利、农业、科技、医疗、卫生、养老等公共服务领域，广泛采用政府和社会资本合作模式。本次《意见》的出台，是国务院首次专题成文对推广PPP模式进行表态，文件阐释了推广PPP工作的基本原则，指明了推动PPP工作的具体路径，标志着中国PPP发展进入有章可循、有据可依的新阶段。

二、主要内容

《意见》主要分为六大部分25项条款。具体内容为：

（1）阐述推广PPP模式的重大意义。文中主要从三个方面阐述重大意义，即PPP模式有利于转变政府职能、有利于激发经济活力和有利于完善财政投入和管理方式。其中，转变政府职能实质上是强调了政府在发展战略制定、社会管理、市场监管、绩效考核等方面的职责，将政府定位为监督者和合作者，并把PPP模式提高到“推进国家治理体系和能力现代化”的高度。激发经济活力主要是指PPP模式可以有效打破社会资本进入公共服务领域的各种不合理限制，盘活社会存量资本，拓展社会资本的发展空间。完善财政投入和管理方式是指PPP模式能够以政府的运营补贴等保障社会资本收益，但以绩效评价结果作为支付依据，并纳入预算管理、财政中期规划和政府财务报告。

（2）明确工作原则和目标。《意见》首次明确提出PPP推进工作的五项原则和两大目标，奠定了项目规范化运作的基础。

五项原则，即依法合规、重诺履约、公开透明、公众受益、积极稳妥。需要特别指出的是“重诺履约”和“公开透明”两项原则。一些地方政府缺乏契约精神，不签合同或签署合同过于简单，或者政府换届后不履约，导致社会资本遇到争议或政府方违约则蒙受巨大损失。而一些 PPP 项目的暗箱操作和公众参与不足则屡受诟病，严重影响了 PPP 项目的公平、规范。《意见》此次突出强调了“重诺履约”和“公开透明”两项原则，将有助于各级政府树立契约理念，增强社会资本信心，强化公开透明的约束。

两个目标，一是培育市场，即改革创新公共服务供给机制，形成有效促进 PPP 规范健康发展的制度体系，培育统一规范、公开透明、竞争有序、监管有力的 PPP 市场。二是化解债务，对存量项目积极进行 PPP 模式改造，在新建项目中逐步增加使用 PPP 模式的比例。其中，化解债务目标更是直指地方融资平台的存量债务，这与以往仅将 PPP 模式作为地方政府举债融资举措的提法有所突破。

（3）指导制度体系建设。《意见》从项目实施管理、财政管理、多层次监管、调价机制和完善立法 5 个方面，指导政府与社会资本合作模式制度体系建设，而且多层次监管体系和调价机制的建立体现了各部门的协调与合作。

项目实施管理方面。实质上指明了针对项目应该形成的管理框架，即制定操作指南，针对项目的识别、准备、采购等关键环节明确操作要求；依据操作指南制定合同指南，提供范式合同文本，推动共性问题处理方式的标准化；再横向分行业制定标准化合同文本、纵向围绕政府采购、预算管理、特许经营等制定管理办法。目前，财政部已经制定操作指南和合同指南，并在财政可承受能力、政府采购等方面制定了管理办法，下一步会在本《意见》的指导下，分行业领域、按关键环节会同各部门陆续出台细则，将制度建设向纵深推进。

财政管理方面。《意见》提出三点要求，一是强调 PPP 项目开展财政可承受能力论证（部分公共项目由政府付费或进行可行性缺口补贴），以保障财政中长期可持续发展；二是要求与项目相关的政府收支应统一纳入年度预算、中期财政规划，并报本级人大或其常委会；三是要在项目运作中防止国有资产流失，具体应做好资产评估、约定运营收益分成收缴等工作。

多层次监管方面。主要强调发挥行业主管部门在技术标准、质量、价格等方面的监管作用，建立绩效评价与政府付费的挂钩机制。

调价机制方面。主要强调积极推进公共服务领域价格改革，依据项目运行情况和绩效评价结果，健全公共服务价格调整机制，并及时披露成本变化、公共服务质量等信息，确保定价调价科学、透明。

完善立法方面。主要是鼓励有条件的地方立足当地实际，依据《立法法》相关规定，出台地方性法规或规章。

（4）强调项目规范实施。本部分内容按照PPP工作推进的基本步骤推进展开，并强调相关注意事项。

首先，点明交通、水利、卫生等13个行业领域当前鼓励开展PPP模式提供公共服务，同时强调对交通、能源等5个特定领域需要特许经营的，必须按照2015年6月1日实施的《基础设施和公用事业特许经营管理办法》相关要求推进工作，这也反映了法规政策间的协调衔接。

其次，明确了现有的融资平台公司作为社会资本参与当地政府和社会资本合作项目的前提条件和注意事项。此条款的重要性在于，与财政部2014年底印发的《政府和社会资本合作模式操作指南（试行）》（财金〔2014〕113号）相比，放宽了对地方融资平台公司参与PPP项目的限制，为融资平台公司改革，提出了切实可行的操作办法，有助于缓解地方政府存量债务压力，腾出资金用于重点民生项目建设。为了控制财政风险，此条款明确严禁融资平台公司通过保底承诺等方式参与政府和社会资本合作项目，进行变相融资。

第三，在遴选PPP项目时，主要进行两项科学决策，一是进行物有所值分析和财政可承受能力论证，统筹论证项目的经济效益、社会效益和当地的财政收支平衡状况；二是合理选择BOT、BOO等具体的运作方式，其决策依据主要是项目实施周期、收费定价机制、投资收益水平、风险分配基本框架和所需要的政府投入等因素。

第四，在项目决策之后，强调优选合作伙伴。要根据预算法、合同法、政府采购法及其实施条例等法律法规规定，综合评估项目合作伙伴的专业资质、技术能力、管理经验、财务实力和信用状况等因素，择优选择项目合作伙伴。

第五，在项目实现合作之后，强调合同条款设计。在合同条款中，要明确项目的产出说明和绩效要求、收益回报机制、退出安排、应急和临时接管预案等关键环节，建立投资、补贴与价格的协同机制，保障社会资本获得合理回报。如单方面构成违约的，违约方应当给予对方相应赔偿。

第六，在项目签订合同后，强调合同履约和服务持续有效。由于公共服务涉及广大民众的公共利益，要增强社会资本的社会责任意识，并要从工程承包商、建设施工方向运营商转变，不断提升企业运营实力和管理经验，增强企业履约能力。同时，为保障公共服务的持续有效，要强化建设和服务质量验收、资产转移的评估与核算，并要健全合同争议解决机制。

（5）指导强化政策保障。《意见》主要从简化项目审核流程、实行多样化土地供应、完善财税支持政策和鼓励做好金融服务等方面构建政策保障。其中，项目审核方面要建立项目实施方案联评联审机制，简化办理手续；项目用地方面指明可以采用土地划拨、抵押、租赁等多种方式保障土地供应；财税支持方面可以设立 PPP 融资支持基金、探索以奖代补鼓励存量项目运作、落实并完善国家税收优惠政策等；金融支持方面应引导金融机构拓宽项目融资渠道，鼓励通过中长期贷款、企业债券、中期票据、债权投资计划、股权投资计划等方式积极融资。

（6）明确 PPP 工作组织和实施路径。从加强组织领导、人才培养和搭建信息平台等角度指导地方加强 PPP 推广应用工作的组织实施路径。其中，在加强组织领导方面要求财政部门要会同相关部门，加强政策沟通协调和信息交流；在人才培养方面，加大人才培训力度，鼓励地方结合机构改革需要，整合专门力量提升专业水平和能力。

三、主要评价

《意见》以国办名义转发，提升了政策级别，将 PPP 工作从部门推动转化为国家推动，表明顶层已经从国家治理层面推进 PPP 模式。同时 PPP 适用领域进一步拓宽，涵盖能源、交通运输、水利、环保、农业、林业、科技、保障性安居工程、医疗、卫生、养老、教育、文化等公共服务领域；PPP 概念进一步明晰，明确了“竞争性方式、平等协商、绩效评价、社会资本获利”等关键要素，与转变政府职能、政府购买公共服务联系更加紧密。再者，《意见》的灵活性和操作性增强，不仅放宽了地方融资平台参与 PPP 运作的限制，而且对 PPP 运作的项目遴选、合作伙伴优选、合同设计、履约、争议解决等步骤都有规定和指导。因此，《意见》是中央政府关于 PPP 推广应用的一份阶段性的重要文件，将对推广和规范 PPP 项目产生广泛而深远的影响。

《关于加强城市基础设施建设的意见》解读

一、出台背景

城市基础设施是城市正常运行和健康发展的物质基础，当前，中国城市基础设施仍存在总量不足、标准不高、运行管理粗放等问题。2012 年以来中国经济增速放缓，投资与消费明显不足。因此为加强和改进城市基础设施建设，推动经济结构调整和发展方式转变，拉动投资和消费增长，2013 年 9 月 6 日，国务院以国发〔2013〕36 号印发《关于加强城市基础设施建设的意见》（以下简称《意见》），围绕十八大提出的充分发挥市场配置资源的基础性作用，结合投融资体制改革，以重点基础设施项目建设为抓手，强化规划的调控引导作用，强调了政府投入和协调配合。

二、核心内容

《意见》明确指出加强城市基础设施建设，要围绕推进新型城镇化的重大战略部署，切实加强规划的科学性、权威性和严肃性，坚持先地下、后地上，提高建设质量、运营标准和管理水平。要深化投融资体制改革，在确保政府投入的基础上，充分发挥市场机制作用，吸引民间资本参与经营性项目建设与运营，改善城市人居生态环境，保障城市运行安全。

（1）按照先地下、后地上的原则，围绕改善民生、保障城市安全、投资拉动效应明显的特点，《意见》明确了四类十项基础设施重点建设领域，以加快城市基础设施转型升级，全面提升城市基础设施水平。主要包括：城市道路交通基础设施建设、城市管网建设和改造、污水和垃圾处理设施建设、生态园林建设四大类，具体涵盖公共交通、城市道路和桥梁、城市步行和自行车交通系统、市政地下管网、城市供水、排水防涝和防洪设施、城市电网、城市污水处理设施、城市生活垃圾处理设施、城市公园和城市绿地等十大项。这些设施的建设与民生密切相关，特别是加强老旧基础设施的改造，对于保障城市基础设施和公共服务设施供给，提高设施水平和服务质量，满足居民基本生活需求具有重要意义。为使设施建设落到实处，《意见》根据各类设施“十二五”规划，结合集约、智能、绿色、低碳等生态文明理念，对各类设施建设还提出了具体量化目标和约束指标。

（2）按照先规划、后建设的原则，由于中国城市规划工作起步较晚，规划管理体制尚不完善，导致了许多城市的盲目建设和重复建设，造成了极大的浪费，制约了基础设施服务功能的发挥。《意见》要求切实加强规划的科学性、权威性和严肃性。发挥规划的控制和引领作用，严格依据城市总体规划和土地利用总体规划，统筹安排城市基础设施建设。特别强调了城市地下空间开发利用规划，要求开展地下空间资源调查与评估，制定统筹地下各类设施、管线布局，实现合理开发利用。此外，意见明确要求完善和落实城市基础设施建设各项专项规划，涉及：城市综合交通、电力、排水防涝和集中供热老旧管网改造、污水处理及再生利用、生活垃圾处理设施建设、城镇供水、城镇燃气等。

（3）按照市场机制在资源配置中起决定性作用的要求，《意见》立足于基础设施投融资体制和运营机制改革，在基础设施建设环节，强调政府应集中财力建设非经营性基础设施项目。对于有合理回报或一定投资回收能力的可经营性城市基础设施项目，则要通过特许经营、投资补助、政府购买服务等多种形式，吸引包括民间资本在内的社会资金参与。在基础设施运营环节，要将投资、建设、运营和监管分开，形成权责明确、制约有效、管理专业的市场化管理体制和运行机制。作为配套措施，要进一步完善城市公用事业服务价格形成、调整和补偿机制，创新金融产品和业务，落实税收优惠政策。

(4) 在强调引入社会资本的同时，《意见》也特别强调确保政府投入，明确中央财政通过中央预算内投资等渠道支持城市基础设施建设，地方政府要确保对城市基础设施建设的资金投入力度，同时对于符合《划拨用地目录》的项目，应当以划拨方式供应建设用地。

三、主要评价

《意见》是中国改革开放以来首次以国务院的名义就城市基础设施建设发文，具备较强的标志性意义，为破解中国城市建设质量不高的难题指明了方向：加强城市基础设施建设要秉持规划引领、民生优先、安全为重、机制创新和绿色优质的原则。同时，《意见》进一步明确了当前加快城市基础设施升级改造的重点任务：一是加强城市供水、污水、雨水、燃气、供热、通信等各类地下管网建设和改造；二是加强城市排水防涝防洪设施建设，解决城市积水内涝问题；三是加强城市污水和生活垃圾处理设施建设；四是加强城市道路交通基础设施建设；五是加强城市电网建设；六是加强生态园林建设。

《关于进一步鼓励和引导民间资本进入市政公用事业领域的实施意见》解读

一、出台背景

为贯彻落实《国务院关于鼓励和引导民间投资健康发展的若干意见》(国发〔2010〕13号)要求，支持民间资本参与市政公用事业建设，深化市政公用事业改革，促进市政公用事业又好又快发展；2012年6月8日，住房和城乡建设部以建城〔2012〕89号印发《关于进一步鼓励和引导民间资本进入市政公用事业领域的实施意见》(以下简称为《意见》)。该《意见》旨在落实《国务院关于鼓励和引导民间投资健康发展的若干意见》(国发〔2010〕13号)(简称“新36条”)要求，为民间资本参与市政公用事业建设进一步扫清制度障碍，并就民间资本进入市政公用事业领域的范围、方式等提出更具操作性的指导意见。

二、核心内容

该《意见》分三部分共十四项条款，一是充分认识民间资本进入市政公用事业的重要意义；二是鼓励引导民间资本参与市政公用事业建设的具体举措；三是落实政府责任。

（1）对于民间资本的进入范围和方式，《意见》不仅提出了独资、合资合作、资产收购等直接投资方式参与市政公用设施的建设和运营，而且提出了购买地方政府债券、投资基金、股票等间接参与方式，并特别突出强调了通过政府购买服务的模式，进入城镇供水、污水处理、中水回用、雨水收集、环卫保洁、垃圾清运、道路、桥梁、园林绿化等市政公用事业领域的运营和养护。

（2）对于深化市政公用事业体制改革，《意见》在价格机制、补贴机制、投融资机制等方面都提出了具体举措。对于城镇供水、供气行业，要求建立上下游价格联动机制；对于供热行业，要求实行煤热联动机制，推行按用热量计价收费；对于污水处理和生活垃圾处理行业，要求规范按月核拨制度。在拓宽投融资渠道方面，《意见》指出要积极利用地方政府债券并支持发行企业债券。对于财税、土地等补贴和扶持政策，要求民营企业与国有企业享有同样的优惠政策，不允许差别对待。

（3）对于落实政府责任，《意见》明确了完善法规政策、加强政府投入与监管等方面的政府责任。在完善法规政策方面，特别提出要积极研究《市政公用事业特许经营条例》等立法工作，将特许经营制度上升为国家法规层级给予保障。在政府投入方面，要加大对市政公用事业的必要投入，并可采取补助、贴息或参股等形式发挥政府投资的导向作用。对涉及转让、出让市政公用企业国有资产的价款，明确要求专款专用，除用于原有职工的安置和社会保障费用外，应主要用于市政公用事业的发展。同时在普遍服务方面，政府要采取必要措施，保障城市低收入家庭和特殊困难群体享用基本的市政公用产品和服务。在政府监管方面，《意见》重申了要严格贯彻执行《关于加强市政公用事业监管的意见》（建城〔2005〕154号），强调了政府在规划、质量、价格、安全、特许经营等方面的监管，要求组织编制和监督实施市政公用事业近、远期发展规划和市政公用基础设施年度投资建设计划；健全市政公用产品、服务质量和工程验收等标准规范，并按标准规范定点、定时监测；实施市政公用产品和服务成本定期监审制度，防止成本和价格不合理上涨；监督企业建立和完善各项安全保障制度，严格执行安全操作规程；规范市场准入，完善退出机制，认真签订和执行特许经营项目协议，加强合同管理和过程管理。

三、主要评价

在“新36条”鼓励民间资本参与市政公用事业建设和进一步深化市政公用事业体制改革的基础上，《意见》明确提出了鼓励和引导民间资本进入市政公用事业领域的基本原则：坚持公平竞争、实行分类指导和强化政府责任，要求民间资本参与市政公用事业建设，应与其他投资主体同等对待，不对民间投资另设附加条件。

《意见》明确了民间资本享有与其他投资主体的同等待遇，指出了地方政府债券、投资基金、股票、企业债券、政府购买服务等多种进入方式。由于市政公用事业涉及国计民生，针对民间资本进入后出现的一系列问题，《意见》特别强调并细化了政府责任，避免政府通过引入民间资本"甩包袱"，反映了政府从"事前监管"向"事中、事后监管"职能转变的改革思路。

第二节 供水行业法规政策解读

《水污染防治行动规划》 解读

一、出台背景

为应对水污染防治的紧迫性、复杂性、艰巨性、长期性，2015 年 4 月 16 日，国务院正式印发《水污染防治行动计划》（国发〔2015〕17 号）。该计划的总体要求是：大力推进生态文明建设，以改善水环境质量为核心，按照"节水优先、空间均衡、系统治理、两手发力"原则，贯彻"安全、清洁、健康"方针，强化源头控制，水陆统筹、河海兼顾，对江河湖海实施分流域、分区域、分阶段科学治理，系统推进水污染防治、水生态保护和水资源管理。坚持政府市场协同，注重改革创新；坚持全面依法推进，实行最严格的环保制度；坚持落实各方责任，严格考核问责；坚持全民参与，推动节水洁水人人有责，形成"政府统领、企业施治、市场驱动、公众参与"的水污染防治新机制，实现环境效益、经济效益与社会效益多赢。按照"节水优先、空间均衡、系统治理、两手发力"的原则，突出重点污染物、重点行业和重点区域，注重发挥市场机制的决定性作用、科技的支撑作用和法规标准的引领作用，加快推进水环境质量改善。

行动计划 238 项具体治理措施中，除了 136 项改进强化措施、12 项研究探索性措施外，重点提出了 90 项改革创新措施。在自然资源用途管制、水节约集约使用、生态保护红线、资源环境承载能力监测预警机制、资源有偿使用、生态补偿、环保市场、社会资本投入、环境信息公开、社会监督等方面体现了改革创新的新要求。

二、核心内容

《水污染防治行动规划》的核心内容如下：

（1）加速取缔小型污染型企业，实现企业转型升级。“水十条”明确规定“2016年底前依据水污染防治法律法规，全部取缔不符合国家产业政策的小型造纸、制革、印染、染料、炼焦、炼硫、炼砷、炼油、电镀、农药等严重污染水环境的生产项目”。在国家日益重视水污染的背景下，取缔污染型企业、实现企业转型升级，体现了国家对水污染的高度重视。这是有史以来对污染型企业规定最严的法规，通过污染型企业的转型升级，有助于提升企业的竞争力，改善城市的生态品质。

（2）加快城市内河污染治理，提升城市品质。近年来城市内河污染问题愈发突出，严重影响着城市水环境、生态平衡和居民幸福，“水十条”中明确提出“地级及以上城市建成区应在2015年底前完成水体排查，公布黑臭水体名称、责任人及达标期限；于2017年底前实现河面无大面积漂浮物，河岸无垃圾，无违法排污口；于2020年底前完成黑臭水体治理目标”。这说明国家已将城市内河污染作为治理的重点内容，但当前治理城市内河污染的主体一般是政府，政府的财政资金有限，技术、管理等方面存在劣势，在治理城市内河污染过程中常常出现反复性、效果差等问题，为此亟须创新城市内河污染治理体制，从而在较短时间内将城市内河变干净，提升城市的生活品质。

（3）全面推进居民阶梯水价，提升居民节水意识。“水十条”中明确规定“县级及以上城市应于2015年底前全面实行居民阶梯水价制度。2020年底前，全面实行非居民用水超定额、超计划累进加价制度”。当前中国供水定价与调价机制还不健全，亟须完善的阶梯水价定价与调价机制，明确阶梯的级数、不同阶梯间的价格比例和水量范围、确定影响调价的主要因素，从而使得供水价格反映供水成本和资源稀缺，提升居民的节约用水效果。

（4）对排污企业实施较为严格的警示制度，将有助于提升污染治理效果。“水十条”中规定逐一排查工业企业排污情况，对超标和超总量的企业予以“黄牌”警示，一律限制生产或停产整治，从而做到了“零容忍”；对整治仍不能达到要求且情节严重的企业予以“红牌”处罚，一律停业、关闭。自2016年起，定期公布环保“黄牌”、“红牌”企业名单。在综合考虑水环境质量及达标等因素的基础上，国家每年公布最差、最好的10个城市名单和各省区市水环境状况，强化公众参与和社会监督。由此可见，“水十条”通过“红黄牌制度”、“社会监督体制”能够有效提升污染企业违法成本和监管部门惩治污染企业的效果。

（5）发挥市场机制在资源配置中的决定性作用，提升水环境质量。长期以来在水污染防治与治理过程中，缺乏有效的市场机制，从而产生当前水污染较为严重、治理效果不明显的后果。“水十条”中提出通过水价制度、收费政策、税收政策改革，来理顺价格税费机制；通过引导社会资本投入、增加政府财政资金投入，来促进多元融资；通过健全环保“领跑者”制度、推行绿色信贷、实施跨界水环境补偿，来建立激励机制。由此可见，市场机制的引入与创新为水污染治理提供重要的政策保障。

三、主要评价

《水污染防治行动计划》的出台，将有助于改善全国水环境的质量，有助于减少污染严重水体的比重，有助于提升饮用水安全水平，有助于控制地下水超采现象的发生，有助于遏制地下水污染。同时，通过《水污染防治行动计划》的实施，进一步恢复水生态系统，改善全国生态环境质量，实现生态系统的良性循环。

《水污染防治行动计划》的出台为全国各级部门改善所辖区域的水污染问题提供行动指南，由于中国不同省际水污染状况差异较大，制度体系和职权配置不尽相同，为此，各地需要参照《水污染防治行动计划》制定适宜本地需求的实施细则。强化国家主管部门对省际主管部门的有效监管，从而保障《水污染防治行动计划》目标得以顺利实施。

《生活饮用水卫生标准》解读

一、出台背景

中国政府一向十分关心和重视饮用水卫生工作，多次发布和修改饮用水卫生标准。1985 年卫生部组织饮水卫生专家结合国情，吸取了世界卫生组织（WHO）《饮用水质量标准》和发达国家饮用水卫生标准中的先进部分，制定了《生活饮用水卫生标准》，将水质指标由 23 项增至 35 项，由卫生部以国家强制性卫生标准发布（GB 5749—85），增加了饮用水卫生标准的法律效力。该标准于 1985 年 8 月 16 日发布，1986 年 10 月 10 日实施，共五章 22 条。2001 年 6 月，卫生部颁布了《生活饮用水卫生标准》GB 5749—2006，自 2007 年 7 月 1 日起实施。《生活饮用水卫生标准》GB 5749—2006 是在《生活饮用水卫生标准》GB 5749—85 的基础上修改而成，该规范共包括生活饮用水水质卫生规范、生活饮用水输配水设备及防护材料卫生安全评价规范、生活饮用水化学处理剂卫生安全评价规范、生活饮用水水质处理器卫生安全与功能评价规范、生活饮用水集中式供水单位卫生规范、涉及饮用水卫生安全产品生产企业卫生规范和生活饮用水检验规范。《生活饮用水水质卫生规范》中水质指标共 96 项，常规检测项目 34 项，非常规检测项目 62 项，与《生活饮用水卫生标准》GB 5749—85 相比，增加和修改了某些指标，加强了对有机污染的监测，对人体健康危害大的指标限值更加严格。基本上是一个既符合国情，又与国际接轨的生活饮用水卫生规范。通过卫生部和各级卫生行政部门的宣传贯彻，已在全国范围内得到较好的落实。

2006 年，GB 5749—85 修订为《生活饮用水卫生标准》GB 5749—2006，2006 年 12 月 29 日由国家标准委和卫生部联合发布。同时发布的还有 13 项生活饮用水卫生检验方法国家标准。经过修订，标准中的指标数量不仅由 35 项增至 106 项，还对原标准的 8 项指标进行了修订，指标限量也与发达国家的饮用水标准具有可比性。该标准属于国家标准，具有强制性，自 2007 年 7 月 1 日起实施。

二、核心内容

1. 新国标的范围和内容

新国标适用于城乡各类集中式供水的生活饮用水，也适用于分散式供水的生活饮用水。新国标规定了生活饮用水水质卫生要求、生活饮用水水源水质卫生要求、集中式供水单位卫生要求、二次供水卫生要求、涉及生活饮用水卫生安全产品卫生要求、水质监测和水质检验方法。新国标的指标分为水质常规指标 42 项、水质非常规指标 64 项，总共 106 项指标。新国标中消毒剂由 1 项增至 4 项，加入了对用氯胺、二氧化氯和臭氧消毒的规定，同时第一次对消毒剂的余量做出了上限的要求，并对它们的消毒副产物在常规项目中做出了要求。新国标修订的 8 项指标，都是将限值下调得更严格。其中，浑浊度下调的力度最大。

2. 新国标与国际标准的比较

新国标的修订是参考世界卫生组织《饮用水水质准则》和其他发达国家的水质标准，并结合中国的国情的基础上制定的，符合社会发展的需要，在整体指标结构和数量上，已基本接近世界先进水平。

3. 水质监测管理

新国标规定城市集中式供水单位水质检测的采样点选择，检验项目和频率，合格率的计算按照 CJ/T 206 执行；村镇集中式供水单位水质检测的采样点选择、检验项目和频率、合格率的计算按照 SL 308 执行。新国标的实施为分步走。第一步，在 2007 年 7 月 1 日执行常规项目 42 项；第二步，“水质非常规指标及限值”所规定指标的实施项目和日期由省级人民政府根据当地的实际情况确定，但必须报卫生部、住房和城乡建设部和国家标准委备案；第三步，全部指标最迟于 2012 年 7 月 1 日实施。

三、主要评价

新国标的出台推动了中国饮用水水质的提高，促进了供水行业净水工艺的改进，对管网系统和水质管理提出更高要求。尽管新国标要求 2012 年 7 月 1 日全面实施，但目前一些中小城市、村镇供水厂出厂水质仍存在不达标的情况。此外，由于管网设施老化，出厂水可能符合 106 项标准，但到户水往往难以保证 106 项标准完全达标。为此，在未来一段时间内应该积极推进老旧供水管网设施改造，强化城市供水水质监管，对到户水质进行不定期抽查，切实保障居民饮用水水质安全。

第三节 排水与污水处理行业法规政策解读

《城镇排水与污水处理条例》解读

一、出台背景

排水与污水处理是维系城镇“生命体”健康循环的重要环节，是提高新型城镇化质量的要件。与民生改善、环境保护和公共安全密切相关。近年来，中国城镇排水与污水处理事业取得较大发展，但也存在一些突出问题。一方面，城镇化速度过快，“重地上、轻地下”；城镇排水设施建设滞后，城市排水不畅。一下雨就“水漫金山”，屡次出现“城市海景”，城市暴雨内涝灾害频发。另一方面，城镇污水处理设施建设滞后，排放污水行为不规范，设施运行安全得不到保障，污水处理厂运营管理水平不高，污水污泥处理处置达标率低，影响城镇公共安全，城市水环境污染严重。为此，2013 年 9 月 18 日国务院第 24 次常务会议上通过，并于 10 月 2 号颁布《城镇排水与污水处理条例》（国务院第 641 号令）（以下简称为《条例》），自 2014 年 1 月 1 日起施行。首次将城镇排水与污水处理纳入法制轨道，从制度层面为防治城镇水污染和内涝灾害，加强对城镇排水与污水处理的管理，保障城镇排水与污水处理设施安全运行提供了立法保障。

二、核心内容

《条例》明确提出城镇排水与污水处理工作原则、工作机制，强调城镇内涝防治专项规划和管网许可制度。主要总结如下：

（1）提出了城镇排水与污水处理工作要遵循的原则：尊重自然、统筹规划、配套建设、保障安全、综合利用。其中，“尊重自然”原则体现在城市建设要推行“低影响开发建设模式”，不能只着眼于建排水管网，更要着眼于雨水源头收集与贮蓄，应当采用“源头削减、过程控制、调蓄处理”进行城镇雨水系统的规划、设计和建设。“统筹规划、配套建设”原则要求制定建立排水规划制度，并确保两个配套：一个是城市开发与城镇排水与污水处理设施建设配套，另一个是城镇排水与污水处理各项子系统配套。“保障安全”原则表明保障排水与污水处理设施的安全稳定运行，是实现水的社会循环的基础。“综合利用”原则提出了城市综合治水的对策和理念，从规划、设施建设及政策鼓励等方面制定了一系列促进雨水的资源化利用、污水的再生利用的制度措施，不再坚持雨水越快排入河道越好，而是千方百计采取洪水分滞、雨水蓄留、雨水渗透等措施，减轻防汛压力，提高城市雨洪利用的程度，增强城市防洪排涝减灾能力。

（2）规定了城镇排水与污水处理工作的多种制度建设和机制建设。其中包括规划制度、审批和配套建设制度、特许经营制度、内涝综合防治制度、污水排入排水管网许可制度、污水处理费和运营服务费制度、污泥处置监管制度、监督监测报告制度、安全生产管理制度、排涝评估制度等。其中，规定排水主管部门采用招标投标、委托等方式确定城镇排水与污水处理设施的维护运营单位明确鼓励实施城镇污水处理特许经营制度：一方面，在鼓励社会资本开放的同时，明确要通过招标投标、委托等方式确定设施的维护运营单位，规范运营单位的进入方式和进入条件，对维护运营单位的法人资格、资金和设备、管理制度、人员配置、业绩和运营经验等提出了具体标准和要求；另一方面，明确由国务院住房城乡建设主管部门牵头制定特许经营的具体办法。以进一步强化合同管理、规范特许经营协议、加强协议双方的权利义务、服务质量、政府监管和各方责任等，更好地指导地方政府和企业的实际操作，最大程度降低特许经营风险。

（3）规定易发生内涝的城镇，应当编制城镇内涝防治专项规划。政府应当按照先规划后建设的原则以及城镇排涝要求，加强雨水管网、泵站以及雨水调蓄、超标雨水径流排放等设施建设和改造积极推行低影响开发建设模式，因地制宜配套建设雨水滞渗、收集利用等削峰调蓄设施，发挥城市河湖水系的行洪能力和调蓄洪水功能，加强排水设施管理和河道整治。同时要加快雨水、污水分流管网改造，明确雨水的排放分区和排水出路，合理控制雨水径流。在内涝防治管理上，要求政府建立城镇内涝防治预警、会商、联动机制，加强排水设施的防汛检查，健全应急抢险等措施。

（4）建立了污水排入排水管网许可制度。为规范排水行为，保护城镇排水与污水处理设施安全运行，《条例》专门建立了污水排入排水管网许可制度，规定从事工业、建筑、餐饮、医疗等活动的企业事业单位、排水户向城镇排水设施排放污水的，应当向城镇排水主管部门申请领取污水排入排水管网许可证，明确核发污水排入排水管网许可证的具体条件，而且具体办法由国务院住房城乡建设主管部门制定。

三、主要评价

《条例》在“排水”、“污水处理”、“设施维护与保护”三个方面，对保障设施安全远行的各方责任主体，即政府、排水主管部门、排水与污水处理设施维护运营单位、排水户及个人，涉及管理职责和责任，保障措施、权利和义务等内容作了规定，并制定了监管制度、安全生产管理制度等。针对全国各大中城市普遍发生内涝的严峻形势，《条例》规定易发生内涝的城镇，应当编制城镇内涝防治专项规划充分利用自然生态系统，提高雨水滞渗、调蓄和排放能力。在运营管理方面，《条例》明确了国家鼓励采取特许经营、政府购买服务等多种形式，吸引社会资金参与投资、建设和运营城镇排水与污水处理设施。

《污水处理费征收使用管理办法》解读

一、出台背景

中国的污水处理费一直较低，2013 年全国城市居民污水处理均价仅为 0.81 元/吨，污水处理费长期不能弥补处理成本，政府对污水处理厂的补贴高达处理成本的 30％～40％以上，导致全国大部分污水处理厂的运营处于亏损或者微利状况，增加污水的处理量或改善水质面临较大的资金约束。当前中国污水处理费的征收是各地进行没有统一的规范，同时中国正在推进的污水处理和再生水利用设施建设是由地方进行筹措资金。在此背景下，2014 年 12 月 31 日，财政部、发展改革委与住房和城乡建部联合发布了《污水处理费征收使用管理办法》（下称《办法》），就污水的征收缴库、使用管理、法律责任等条款作出规定，办法自 2015 年 3 月 1 日起施行。

二、核心内容

该《办法》的出台主要是以“规范污水处理费征收使用管理，保障城镇污水处理设施运行维护和建设，防止水污染，保护环境”为目的。根据《办法》污水处理费用的征收、使用和管理是按照以下原则：“谁排污水、谁来付费”，“按量计费、盈利标准”，“专款专用、创新管理”，“信息公开、监督评估”，“依法执行、违者必究”。

首先，“谁排污水、谁来付费”是征收原则，明确了征收对象。该《办法》第三条明确提出了“污染者付费”原则，即只要单位或个人向污染处理设施排放了污水，就要对其按照规定征收污水处理费；第七条明确了征收对象，凡是已建、在建、已批的污水处理厂所在市、县和建制镇均应当征收污水处理费；第八条和第九条进一步规定了如果已缴纳过污水处理费的单位和个人不再征收，以及有自行污水处理不向城镇污水处理设施排放污水的不征收。

其次，“按量计费、盈利标准”是征收标准，明确了如何收费标准和原则。《办法》规定污水处理费是按照用水量征收（第十条），同时提出如果排水量明显低于用水量的单位在通过计量认证后可根据实际排水量进行征收（第十一条），没有计量设施的排水则按定额征收。在物价局制定每单位污水处理费标准时，《办法》提出污水处理设施“合理盈利”原则（第十二条），即这些费用在保障基本运行之后可以有所盈利，这有利于民营资本进入到污水处理设施建设投资中。

第三，“专款专用、创新管理”是使用原则，明确了如何使用污水处理费用。《办法》第四条明确提出污水处理费是“专款专用”；在征收缴库和使用管理中提出具体规定：公共供水的由供水企业代收，自备水源的由城镇排水主管部门或其委托的单位征收；每月征收，每年结算；全部上缴国库；污水处理费资金只能用于城镇污水处理设施的建设、运行和污泥处理处置，不得挪为他用。同时《办法》提出在污水处理项目中可以采取多种服务方式（第二十九条），除污水处理费之后还鼓励引入民间资本，拓宽融资渠道，创新了污水处理服务和运营的管理机制，提高污水处理运营效率。

第四，“信息公开、监督评估”是管理原则，明确了污水处理费管理规范。《办法》第二十六条明确提出城镇排水与污水处理服务单位要定期公布污水处理相关信息，比如“污水处理量”、“主要污染物削减量”、“污水处理设施出水水质状况”等，让付费者及政府管理部门看到污水处理运行情况，进行时时监督，有利于提高污水处理运行效率；第三十二条提出“城镇排水主管部门和财政部门应当每年向社会公布污水处理费的征收、使用情况”。第六条明确规定污水处理费征收、使用和管理应当接受相关部门监督；第二十八条提出“城镇排水主管部门、财政部门可以委托第三方评估机构，对城镇排水与污水处理服务绩效进行评估，绩效评估结果应当与服务费支付相挂钩并向社会公开”。以上这些都体现了信息公开原则以及对污水处理服务的监督评估原则。

第五，“依法执行、违者必究”是执行原则，明确了该办法的执行实施保障。《办法》多次提到如违反办法要“依法”进行处罚或处分，而且专门有一小章节进行“法律责任”的阐述。无论污水排放、征收还是提供污水处理服务方面都要遵守本办法规定，如果违反需要追究法律责任。《办法》对排放污水者和提高污水处理服务者都作了处罚规定，排放超出国家标准、擅自停运污水处理设施的都要进行处罚；第三十三条明确规定了个人或单位的违规行为，如有违规则追究法律责任，涉嫌犯罪的要依法移送司法机关处理；第三十四条强调了不缴纳污水处理费的处罚及金额；第三十五条则是对于本办法相关工作人员的违法处罚规定。

三、主要评价

《办法》是为了规范污水处理费征收使用管理、保障城镇污水处理设施运行维护和建设而出台，规定了全国的污水处理费的征收、使用和管理等办法，污水处理费各地方进行自行征收使用管理，各地经济水平、用水情况等都不同，因而没有针对污水类型、具体单位污水处理费金额等方面进行详细说明。

《“十二五”全国城镇污水处理及再生利用设施建设规划》政策解读

一、出台背景

根据《中华人民共和国国民经济和社会发展第十二个五年规划纲要》和《“十二五”节能减排综合性工作方案》，为加快建设全国城镇污水处理及再生利用设施，提升基本环境公共服务水平、促进主要污染物减排、改善水环境质量，国务院办公厅于 2012 年 4 月 19 日印发了，发展改革委、住房城乡建设部、环境保护部共同编制的《“十二五”全国城镇污水处理及再生利用设施建设规划》（国法办〔24〕号）（以下简称《规划》）。

二、核心内容

《规划》主要涉及“城镇污水配套管网建设、污水处理设施建设、污水处理厂升级改造建设、污泥处理处置设施建设、再生水利用设施建设以及设施运营监管”等六个方面规划建设内容。

第一，尽快完善污水配套管网，做到覆盖区域污水全部纳管。《规划》强调优先重点建设已有污水处理设施的污水配套管网，补齐整个污水处理设施系统，尽可能地发挥污水处理设施最大功能。在全国规划期间新增城镇建设污水管网 15.9 万公里，其中约 1/3 是补充已建污水处理设施的管网。这就要求目前已有污水处理设施的城镇，在规划期间要建立完善的污水处理基础设施系统，尽快完成所有污水纳管；从全国城镇新增污水配套管网规模数据来看，重点是中西部地区设市城市以及东部发达地区的县城和建制镇。《规划》要求新建污水处理设施和其配套管网要同步建设，管网一定是雨污分流；部分地区要进行雨污分流改造；有条件地区要建立雨水收集管道设施。

第二，全面建设污水处理设施，达到县县具有污水处理能力。《规划》针对全国城镇污水处理设施建设不平衡发展，提出全国范围内建设污水处理设施，要求每个县城都有污水处理设施，特别是目前没有污水处理设施的城镇，一定要建污水处理设施，加快全国的污水处理设施建设步伐；同时对经济发达、污染严重区域提出更高目标，适当增加污水处理设施规模。全国规划范围内的城镇新增污水处理规模 4569 万立方米/日，重点在中西部地区的设市城市、县及东部省份的建制镇；环境敏感区域一定要根据水质目标和排污总量控制要求，选择具备除磷脱氮能力的工艺技术。

第三，加速污水处理厂的升级改造，提升污水处理标准。《规划》提出对已建污水处理厂进行升级改造，主要是以下范围，第一是处理标准低的污水处理厂，比如不具备生物处理能力的、不能同时除磷脱氨的，针对这些污水处理厂进行改造升级使其达到标准功能；第二是在敏感水域的污水处理厂，如污染严重的大城市，位于水污染治理的重点流域，或者位于水源地的，这些污水处理厂的排放标准比普通污水厂要高，水质要求更严格，针对这些污水处理厂进行改造升级使其符合当地水质要求。本规划主要针对城市的污水处理厂进行改造，全国范围内十二五期间升级改造污水处理规模 2611 万立方米/日，其中设市城市 2038 万立方米/日。

第四，加快污泥处置设施建设，逐步实现污泥无害化。《规划》在污泥处置设施建设过程中提出在“安全环保、节能省地、循环利用、经济合理”原则下，优先解决产生量大、污染隐患严重地区的污泥处理处置问题，率先启动经济发达、建设条件较好区域的设施建设。首先，发达地区污水排放量大，污水处理规模也大，污泥问题较为严重、隐患也较多，其次污泥处置设施建设需要较高地环保技术要求，第三污泥处置设施建设资金投入也大；因而很难全面要求污泥无害化处置，在经济发达地区启动建设是符合中国实际的做法，同时推动污泥处置设施建设，推进逐步污泥无害化进程。

第五，积极推进再生水设施建设，促进节水减排。《规划》提出“积极稳妥地推进再生水利用设施建设”，“在人均水资源占有量低、单位国内生产总值用水量和水资源开发利用率高的地区要加快建设”。污水再生利用一定要有大量的潜在用户，基于当前居民、企业、市政等用水习惯，需要先开拓用水市场，要在有再生水用户的基础上建设基础设施，不能贸然建设造成浪费，因此需要先进行再生水市场开拓，积极稳妥地推进再生水设施建设；但是在一些水资源开发利用率高、水短缺地区需要根据实际情况，尽快建立再生水系统。根据用户需要，确定再生水利用途径，优先选择用水量大、水质要求相对不高、技术可行、综合成本低、经济和社会效益显著的用水途径。

第六，加强实施运营监管能力建设，提高设施运行负荷率。运营监管是设施功能全面实现的关键环节，是提高整个设施运行负率的保障。《规划》提出“加强排水监测能力建设，完善国家、省、市三级监测体系，为有关部门监管城镇污水处理设施运行提供支撑。”这要求从国家到省、市三级都要积极配合污水处理及再生利用设施运营监管，在各地建立相应地监管机构，引入专业监管人才，并加强相关人员这方面的知识培训；制定奖罚政策体系，切实增强监管能力；针对污水处理和再生利用设施建成后的运行情况进行监督与管理，特别是只建不用的情况进行严惩，切实提供设施运行负荷率。

三、主要评价

《规划》以提升中国城镇生活污水处理及再生利用能力和水平为总体目标，确立“政府主导，社会参与；统筹规划，合理布局；突出重点，科学引导，加强监督，促进运行”四项基本原则，针对我城镇污水处理和再生利用设施建设提出了“十二五”期间的明确目标和要求，并且明晰了投资路径、保障措施和规划实施方案。《规划》的出台加快了中国污水处理和再生利用基础设施建设，从而提升了中国环境公共服务水平，进而改善了环境质量。

《规划》针对“城镇污水配套管网建设、污水处理设施建设、污水处理厂升级改造建设、污泥处理处置设施建设、再生水利用设施建设以及设施运营监管”等六个方面提出了详细的规划目标和具体的建设规模，加快了中国城镇污水处理及再生基础设施建设，提升环境公共服务水平；但是在不同的功能区，排放到水环境中的水质要求不同，而不同水质标准，污水处理设施要求也会不同；污水处理和再生水利用设施建设过程中水质标准可能是规划需要进一步考虑的一个问题。

第四节 燃气行业法规政策解读

《关于理顺非居民用天然气价格的通知》解读

一、出台背景

近10年来，中国天然气消费快速增长，对外依存度逐年提高，2014年已达32%左右。为发挥价格杠杆作用，充分利用国际国内两个市场、两种资源，保障市场供应，引导资源合理配置，近年来国家加快了天然气价格改革步伐。2013

年 7 月，实施了天然气价格调整方案，区分存量气和增量气，增量气门站价格一步调整到与可替代能源价格保持合理比价的水平，存量气价格分 3 年实施，计划 2015 年调整到位。按既定目标，2013 年、2014 年国家连续两次较大幅度调整非居民用存量天然气门站价格。

同时，通过前期的天然气改革和发展，已经具有了试点条件：一是天然气可替代性很强，其他能源产品均可与之形成竞争；二是近年来海上天然气、页岩气、煤层气、煤制气和液化天然气产能逐步增加，上游气源已形成竞争格局；三是预计今后一段时间国际国内天然气市场供需相对宽松；四是直供用户用气量较大，具备较强的价格谈判能力。

二、核心内容

根据发展改革委通知规定，自 2015 年 4 月 1 日供暖基本结束后将存量气与增量气门站价格并轨，全面理顺非居民用天然气价格。在 2015 年初，存量气与增量气最高门站价格每立方米相差 0.48 元左右。从 2014 年下半年开始，国际市场油价持续大幅下降，燃料油和液化石油气等可替代能源价格也相应回落，存量气与增量气价差大幅缩小，这为实现价格并轨创造了难得的有利时机。在 2015 年初的价格形势下，增量气最高门站价格每立方米降低 0.44 元，存量气最高门站价格每立方米提高 0.04 元，先期开展改革试点的个别省份只需提高 0.02 元，即可实现并轨，理顺非居民用气价格。

通知还提出试点放开直供用户门站价格，是推进天然气价格市场化改革的又一次有益尝试。国家在试点放开直供用户用气门站价格的同时，积极推进天然气交易市场建设。2014 年底，上海市政府批准组建上海石油天然气交易中心，开展天然气现货交易。直供用户用气门站价格放开后，国家将引导这部分气量进入交易中心进行交易，逐步形成中国天然气市场价格。试点放开直供用户用气门站价格，将为深化天然气价格改革、全面放开非居民用气价格积累宝贵的经验。

这次居民用气门站价格仍不作调整，对居民生活和价格总水平没有直接影响。非居民用气价格并轨，存量气全年提价总额和增量气降价总额基本相当，社会负担总体持平。对用户来说，增量气比重大的，用气负担将大幅减轻；存量气比重大的，用气成本虽有所增加，但由于价格涨幅不大，影响有限。

三、主要评价

实施存量气与增量气价格并轨，不仅有利于创建公平的市场竞争环境，促进企业平等竞争，也为推进天然气价格市场化奠定良好基础。价格并轨后，非居民用气价格基本理顺，意味着天然气价格改革完成“破冰之旅”。

近年来，国家始终按照市场化的方向，不断推进天然气价格改革，陆续放开了海上天然气、页岩气、煤层气、煤制气出厂价格和液化天然气（LNG）气源价格。价格放开后，对调动企业生产和进口积极性，释放非常规天然气产能，吸引民间资本进入天然气领域，发挥了积极作用。

天然气价格改革的最终目标是完全放开气源价格，政府只监管具有自然垄断性质的管道运输价格和配气价格。还需要努力开展以下几项工作：一是总结放开直供用户用气门站价格的经验，继续推动天然气交易市场建设，完善相关配套措施，为最终全面放开非居民用气价格创造条件。二是逐步理顺居民用气价格。三是完善管道运输价格形成机制，合理制定管道运输价格，同时加强配气价格监管，促进天然气行业健康发展。

《油气管网设施公平开放监管办法（试行）》解读

一、出台背景

中国油气管网设施在近10年取得跨越式发展的同时，也出现了这样那样的问题。一是重复建设问题，由于都追求上中下游一体化和输油输气动员能力，“三桶油”等大型石油企业始终积极开展管网设施竞赛，在一些地方已经出现了重复建设现象。二是不执行国家有关价格规定现象时有发生。按照现行政策，跨省油气管道，特别是天然气（煤层气）管道应执行国家发展改革委确定或批准的输送价格。但是通过各种方式逃避、抵制国家价格管理部门价格政策的现象，已经严重损害了天然气（煤层气）市场合理流动。三是管道输送企业和销售一体化，容易减少国家合理税收。销售环节增值税率为13%，管输环节征收率约为3%，一体化管输、销售企业很容易将部分收益转向管输环节，从而转移了应上交国家和地方政府的财政收入。

目前为止，油气管网设施仍由“三桶油”等少数具有垄断地位的大公司所有，加强对油气管网设施有效监管，限制垄断，提高市场效率，已经成为构建统一开发油气市场的现实的、急迫的需要。

2014年2月24日，国家能源局公布《油气管网设施公平开放监管办法（试行）》（国能监管〔2014〕84号，以下简称“84号文”），立即引起国内外、行业内外和社会各界的高度关注和热议，纷纷期望“84号文”的实施能够为油气市场繁荣和产业发展带来新机遇，为非常规油气发展，特别是新兴油气企业创造宽松条件，也翘首盼望油气管网设施分离工作脚步加快。

二、核心内容

“84 号文”表明，除城镇燃气设施外，其他所有油气管网设施，一律纳入了监管范围。各种投资主体的管网设施均须接受监管。无论是“三桶油”、地方国有企业、民营经济、外资机构，还是混合所有制企业投资建成的，只要是“中华人民共和国境内及其所管辖海域油气管网设施”，均须接受国家能源局的监管。

“84 号文”规定，国家能源局将监管油气管网设施规划、计划的落实和重大油气项目的实施，油气管网设施公平开放，输送（储存、气化、液化和压缩）能力和效率、价格与成本，接入申请和受理，合同签订与执行，信息公开与报送等油气管网设施公平开放相关事宜。确定这样的监管内容是在借鉴国外，特别是美国、加拿大和欧洲天然气管网设施监管内容，研究中国油气管网设施运行特点后提出的。

在“84 号文”中无歧视开放原则得以确认。“84 号文”第五条提出油气管网设施运营企业在油气管网设施有剩余能力的情况下，应向第三方市场主体平等开放管网设施，提供输送、储存、气化、液化和压缩等服务。这与电网管理模式有重大区别，电网要求发电企业竞价上网。而文件中规定油气管网设施运营企业应在互惠互利、充分利用设施能力并保障现有用户现有服务的前提下，按签订合同的先后次序向新增用户公平、无歧视地开放使用油气管网设施。

同时明确提出上游企业与下游用户直接签订购销合同的新型供气模式。中国油气管网设施对外提供服务的主导模式是管网设施方买断上游企业的油气，然后自行处置油气资源和调度，上游企业几乎没有选择下游用户的主动权。“84 号文”第九条提出了新模式，即鼓励以自行协商或委托代理等方式由不同市场主体的上游用户向下游用户直接销售油气，并由上下游用户与油气管网设施运营企业签订合同或协议。最近国家能源局发布的《天然气购销合同（标准文本）》（国能监管〔2014〕98 号）也呼应了这一购销模式。

监管工作程序较为明确。“84 号文”规定油气管网设施运营企业应每半年向国家能源局或其派出机构报送油气管网设施相关规定情况，包括建设情况、运营情况、限（停）产检修计划及执行情况、输送（储存、气化、液化和压缩）能力及开放情况等。国家能源局及其派出机构根据履行监管职责的需要，可以要求油气管网设施运营企业报送与监管事项相关的信息和资料。发现违规行为及时处理，还将定期编制并发布监管报告，公布油气管网设施公平开放相关情况。

三、主要评价

“84 号文”出台是油气产业深化改革的重要成果，是落实党的十八届三中全会精神的重要体现，将掀起2014年油气产业的一个新的热点。该政策的出台和实施，将有助于促进全国统一的油气市场早日形成、健康发展，并有助于打破地方保护主义对油气产业限制，有助于推动油气产业发展混合所有制，并最终促进煤层气、页岩气和石油、天然气等整个油气产业的发展和繁荣。

“84号文”在体制、机制改革上迈出了巨大的步伐，但是，这毕竟是第一个探索油气管网实施监管的规范性文件，难免还存在进一步完善的地方。

发文级别不高可能影响执行效果。为支持国有资产监督管理委员会有效开展工作，2003年5月27日通过国务院令的形式（第378号）发布了《企业国有资产监督管理暂行条例》。“84号文”主要讨论国家能源局对油气管网设施监管的相关职权等重大事宜，如果能由国家发展改革委、国务院办公厅甚至是国务院发布，将会对国家能源局的监管工作提供更有力的支持。

尚未禁止管网设施的销售行为。“84号文”第九条只是鼓励上游企业、下游用户直接签订购销协议，没能直截了当地提出管网设施只提供单纯的输送服务，不得开展销售业务。文件中并为提及此方面，或是因为油气管网设施尚未分离，油气产业尚未实现“网运分开”，出台规范性文件应照顾到现实情况。

地方管网实施改革方向尚不清晰。加强油气管网设施监管看似针对全国所有符合规定的油气管网设施，但是现在基本能够看得清晰的是中石油、中石化、中海油的油气管网设施的改革方向，并能够预测到这些管网设施接受监管的基本情形。而以山西省为例，山西东、中、西3条南北走向管道、多条东西走向管道构成产权关系复杂的油气管网设施，如何实现“网运分开”并有效接受国家能源局监管，尚没有得到很好讨论。

需要预防油气管网设施形成电网式垄断。讨论并预测较多的是国家将设立规格较高的油气管网设施国家公司，负责油气管网设施的投资、管理和运营。但是，电网改革之初的期望与后来的现实差距很大，因为电网企业具有自然垄断的优势，成为电力行业市场化发展的重大障碍。如何预防、避免预测中的油气管网设施国家公司形成新的垄断，是摆在油气行业和国家能源局面前的现实任务。

弹性处罚措施可能削弱监管效果。“84号文”规定了两种处理或处罚措施。一是国家能源局及其派出机构可以采取下列措施，进行现场检查。在检查的过程中，可以进入油气管网设施运营企业进行检查；询问油气管网设施运营企业的工作人员，要求其对有关检查事项作出说明；查阅、复制与检查事项有关的文件、资料；对检查中发现的违规行为，可以当场予以纠正或者要求限期改正。二是对相关市场主体违反本办法规定的，国家能源局及其派出机构可责令整改并视情况予以通报批评；造成重大损失或者严重社会影响的，国家能源局及其派出机构可对相关企业主管人员和其他直接责任人员提出处理意见和建议。这些措施缺乏强制性，很有可能会影响监管效果，特别是在“84 号文”实施之初。

《关于规范天然气发电上网电价管理有关问题的通知》解读

一、出台背景

近两年国内天然气发电项目气电价格矛盾开始凸显。一方面，自 2013 年以来，天然气价格不断提高，使得发电的燃料成本大幅攀升。而各地对天然气上网电价的调整较为滞后，且疏导程度不足，气电价格矛盾对现有天然气发电项目的正常运行产生了较为严重的影响。部分天然气电站被迫减少自身发电量，改由燃煤电站代替发电，造成了对清洁能源的“逆替代”现象。另一方面，随着国内外气源的逐步落实，未来天然气市场供需将逐渐由紧平衡向适度宽松转变，需要保证一定幅度的需求增长。《能源发展战略行动计划（2014～2020 年）》已经明确将发电作为天然气新增需求的重要部分。然而，气、电价矛盾将阻碍未来天然气发电的发展。

二、核心内容

国家发展改革委《关于规范天然气发电上网电价管理有关问题的通知》，核心内容是建立天然气发电的标杆电价政策以及气电联动机制，并规定气电标杆电价最高比当地燃煤标杆电价多 0.35 元/千瓦时。总体来看，其对天然气发电的发展起到了推动作用，可有效缓解天然气价格上涨给发电增加的成本，并进一步促进新项目的陆续投产，对未来天然气的需求起到支撑作用。

中国已经对天然气的存量气与增量气价格并轨，建立交易中心，同时还要更加开放上下游市场。这将会使天然气价格有所变化，天然气发电项目处于更加开放公平的市场环境中。但是仅规范上游，成本不能疏导，天然气发电项目也无法正常运行。《通知》出台对上网电价作出了规范，就使天然气发电项目的环境更加完善。

十八届三中全会指出，经济体制改革是全面深化改革的重点，核心问题是处理好政府和市场的关系，使市场在资源配置中起决定性作用和更好发挥政府作用。去年中央财经领导小组第六次会议提出要使能源回归商品的属性，市场配置资源起决定性作用。说到底，要有科学合理的价格机制。政府的手要逐渐放开对价格的直接管理，把更多的精力放到建立公平的市场环境，促进公平竞争上来。通过健康的市场发现真实的价格。《通知》正体现了十八届三中全会深化改革的精神。

三、主要评价

第一，标杆电价制度结束了此前天然气发电项目由价格主管部门“一事一议”的定价原则。通过明确电价水平，稳定了项目收益预期，减少了新项目经济可行性研究的不确定因素。同时，它还促使发电企业加强内部管理，降低运行成本以获取最大收益，促进了行业间的公平竞争。

第二，气电联动机制有助于通过电价疏导燃料价格波动对天然气发电企业成本的影响。中国已经明确未来天然气价格将逐步放开管制，由市场来决定价格，天然气价格将以更高频率跟随可替代能源价格波动以反映市场价值。燃料成本占天然气发电成本的比例超过 80%，因此气电联动机制对保证天然气发电项目的合理收益至关重要。通知为天然气发电标杆电价设定了“天花板”，即不能超过当地煤电标杆电价 0.35 元/千瓦时。以目前天然气发电项目较为集中的长三角和珠三角地区测算，天然气发电标杆上网电价约为 0.8 元/千瓦时。

对于大型天然气热电联产项目，发电收入可以基本覆盖燃料成本，而其他成本支出和利润要靠供热收入来实现。天然气热电联产发电机组上网实行标杆电价政策是第一次国家级文件明确提出。对于企业来说，投资天然气发电项目，有了计算项目经济效益的基础，有助于提升企业投资的积极性。

第三，鼓励通过地方财政和气价优惠来补贴气电，可以减轻电网的压力，但是要考虑补贴是否可行持续。如果这两类补贴能够落实，将减轻电网公司对于天然气发电的补贴压力，争取电网对天然气发电的支持。考虑到中国天然气的定价机制仍未理顺，存在着较为严重的交叉补贴，实现对天然气发电的气价优惠难度较大。而地方财政对天然气发电进行补贴，则需要考虑补贴的持续稳定来源，同时也意味着将天然气发电上网发电的定价权下放到各地方政府手中，或更加符合各地的实际情况。

第四，对于天然气分布式能源，继续鼓励探索直供电，有利于减少补贴压力。天然气分布式强调通过按需配置、提高能源效率来实现利润。这已经是发改委自《天然气分布式能源示范项目实施细则》后又一次明确提出探索天然气分布式能源项目的直供电商业模式，有可能成为未来对现有体制机制的突破口之一。

第五，允许对天然气发电调峰电价进一步调整对天然气调峰电源有促进作用，但未在两部制电价上做出突破。一定容量的调峰电源是满足未来越来越大的峰谷差以及更高的可再生能源电源接入比例的重要基础。天然气调峰电站的适用性较广，但是受制于调峰电价的制约而没有能够推广。此次对天然气发电调峰电价的调整有利于未来的推广。但是，此次调整仍然停留在一部制电价的基础上，没有在容量电价上做出突破。

第五节　垃圾处理行业法规政策解读

《生活垃圾焚烧污染控制标准》解读

一、出台背景

原先的《生活垃圾焚烧污染控制标准》（2001 年修订）对加强生活垃圾焚烧污染控制，防治二次污染发挥了重要作用。但随着社会各界环保意识的提高，以及大量新建生活垃圾焚烧设施建设运营，原标准已不能完全适应新时期的要求。

为贯彻《中华人民共和国环境保护法》《中华人民共和国固体废物污染环境防治法》《中华人民共和国大气污染防治法》《中华人民共和国水污染防治法》等法律，保护环境，防治污染，促进生活垃圾焚烧处理技术的进步，制定《生活垃圾焚烧污染控制标准》GB 18485—2014（以下简称《标准》）。本《标准》规定了生活垃圾焚烧厂的选址要求、技术要求、入炉废物要求、运行要求、排放控制要求、监测要求、实施与监督等内容。本标准首次发布于 2000 年，2001 年第一次修订，本次为第二次修订。

本标准由环境保护部科技标准司组织制订，主要起草单位有中国环境科学研究院、清华大学、城市建设研究院、国家环境分析测试中心、浙江大学。本标准由环境保护部 2014 年 4 月 28 日批准，由环境保护部解释。

二、核心内容

《标准》对垃圾焚烧厂污染物排放提出了更严格的要求，此次《标准》修订的主要内容：

（1）调整了标准的适用范围，将生活污水处理设施产生的污泥、一般工业固体废物的专用焚烧炉的污染控制纳入本标准；

（2）增加了生活垃圾焚烧炉启动、停炉、故障或事故等时段的污染物排放控制要求；

（3）提高了生活垃圾焚烧厂排放烟气中颗粒物、二氧化硫、氮氧化物、氯化氢、重金属及其化合物、二噁英类等污染物排放控制要求。

生活垃圾焚烧厂排放的水污染物、恶臭污染物、环境噪声适用相应的国家污染物排放标准，产生固体废物的鉴别、处理和处置适用国家固体废物鉴别与污染控制标准。

《标准》对垃圾焚烧厂污染物排放提出了更严格的要求，《标准》将促使生活垃圾焚烧炉的运行的调整做到更加严格，同时也进一步提高建设和运营成本。

《标准》明确指出，本标准规定的污染物排放限值为基本要求。地方省级人民政府对本标准未作规定的污染物控制项目，可以制定地方污染物排放标准；对本标准已作规定的污染物控制项目，可以制定严于本标准的地方污染物排放标准。环境影响评价批复的限值严于本标准或地方标准限值的，按环境影响评价批复的限值执行。

新建生活垃圾焚烧炉自 2014 年 7 月 1 日、现有生活垃圾焚烧炉自 2016 年 1 月 1 日起执行本标准，《生活垃圾焚烧污染控制标准》GB 18485—2001 自 2016 年 1 月 1 日废止。各地也可根据当地环境保护的需要和经济、技术条件，由省级人民政府批准提前实施本标准。

三、主要评价

在当前社会经济处于新常态情况下，垃圾焚烧产业发展也面临许多新形势、新问题和新机遇。总体看来，《标准》出台反映了政府更加注重控制有毒有害物质排放、保护公众健康的社会目标，同时也考虑了中国生活垃圾焚烧技术和焚烧规模的发展水平（新旧标准主要内容比较如表 9-1 所示）。

《生活垃圾焚烧污染控制标准》修订前后主要内容对比 **表 9-1**

类别	现行标准	修订标准
入炉废物要求	危险废物不得进入生活垃坡焚烧厂处理	生活污水处理厂污泥以及一般工业固体废物参照本标准执行，禁止将电子废物集气处理处置残余物、危险废物在生活垃坡焚烧厂中处置
技术要求	一氧化碳作为污染物指标	一氧化碳作为焚烧炉工况正常运行的监控指标，并需要连续监测
运行要求	未对启动、关闭和事故阶段进行规定	一氧化碳作为焚烧炉工况 E 常运行的监控指标，并需要连续监测
排放控制要求	NCx 为 400mg/Nm^3	变更为 300mg/Nm^3（小时均值），日均值 250mg/Nm^3
	颗粒物为 80mg/Nm^3	变更为 30mg/Nm^3（小时均值），日均值 20mg/Nm^3

续表

类　别	现　行　标　准	修　订　标　准
排放控制要求	二□恶英为 1.0ngTEQ/Nm³	变更为 0.1ngTEQ/Nm³，由于二□恶英监测费用很高，很难开展连续监测，可以通过颗粒物间接控制
监测要求	NCx、HCl、颗粒物、SO_2等未要求连续监测；对监测频次没有要求	其他大气污染物包括重金属类项目每季度监测一次，二□恶英每年监测一次

资料来源：中国城市环境卫生协会．2013 年中国城市环境卫生行业发展报告．2014 年 8 月．

《标准》的影响体现在如下几个方面：（1）污染监管和控制从末端控制转向过程控制。这其实也是全球环保监管的整体趋势。（2）污染监管和控制强调接受公众即时监督。通过公示牌、显示监测数据或者与政府环保部门联网等等方式接受公众即时监督。（3）污染监管和控制有利于行业健康发展，特别是对有实力和有责任的垃圾焚烧企业发展带来了新的机遇。

《关于加快发展节能环保产业的意见》解读

一、出台背景

资源环境制约是当前中国经济社会发展面临的突出矛盾。解决节能环保问题，是扩内需、稳增长、调结构，打造中国经济升级版的一项重要而紧迫的任务。加快发展节能环保产业，对拉动投资和消费，形成新的经济增长点，推动产业升级和发展方式转变，促进节能减排和民生改善，实现经济可持续发展和确保2020 年全面建成小康社会，具有十分重要的意义。为加快发展节能环保产业，国务院下发了《关于加快发展节能环保产业的意见》（国发〔2013〕30 号）（以下简称《意见》）。

二、核心内容

下面我们就涉及垃圾处理行业的内容总结如下：

（1）提升环保技术装备水平，治理突出环境问题。《意见》明确提出，推动垃圾处理技术装备成套化。采取开展示范应用、发布推荐目录、完善工程标准等多种手段，大力推广垃圾处理先进技术和装备。重点发展大型垃圾焚烧设施炉排及其传动系统、循环流化床预处理工艺技术、焚烧烟气净化技术和垃圾渗滤液处理技术等，重点推广 300 吨/日以上生活垃圾焚烧炉及烟气净化成套装备。

（2）深化废弃物综合利用。《意见》提出，加大废旧电池、荧光灯回收利用技术研发。支持大宗固体废物综合利用，提高资源综合利用产品的技术含量和附加值。推动粮棉主产区秸秆综合利用。加快建设餐厨废弃物无害化处理和资源化利用设施。

（3）培育再制造服务产业。支持专业化公司利用表面修复、激光等技术为工矿企业设备的高值易损部件提供个性化再制造服务，建立再制造旧件回收、产品营销、溯源等信息化管理系统。特别值得说明的是，《意见》明确提出推动构建废弃物逆向物流交易平台。

（4）扩大环保服务产业。在城镇污水处理、生活垃圾处理、烟气脱硫脱硝、工业污染治理等重点领域，鼓励发展包括系统设计、设备成套、工程施工、调试运行、维护管理的环保服务总承包和环境治理特许经营模式，专业化、社会化服务占全行业的比例大幅提高。

（5）加快城镇环境基础设施建设。《意见》明确要求探索城市垃圾处理新出路，实施协同资源化处理城市废弃物示范工程。到 2015 年，所有设市城市和县城具备污水集中处理能力和生活垃圾无害化处理能力，城镇污水处理规模达到 2 亿立方米/日以上；城镇生活垃圾无害化处理能力达到 87 万吨/日以上，生活垃圾焚烧处理设施能力达到无害化处理总能力的 35%以上。

（6）深化市政公用事业市场化改革，完善供热计量价格和收费管理办法，完善污水处理费和垃圾处理费政策，将污泥处理费用纳入污水处理成本，完善对自备水源用户征收污水处理费的制度。《意见》要求，改进垃圾处理费征收方式，合理确定收费载体和标准，提高收缴率和资金使用效率。

（7）加强节能环保宣传教育。《意见》要求，加强生态文明理念和资源环境国情教育，把节能环保、生态文明纳入社会主义核心价值观宣传教育体系以及基础教育、高等教育、职业教育体系。加强舆论监督和引导，宣传先进事例，曝光反面典型，普及节能环保知识和方法，倡导绿色消费新风尚，形成文明、节约、绿色、低碳的生产方式、消费模式和生活习惯。

三、主要评价

《意见》明确了今后 3 年的发展目标，包括节能环保产业产值年均增速 15%以上。到 2015 年，节能环保产业总产值达到 4.5 万亿元，成为国民经济新的支柱产业。通过推广节能环保产品，有效拉动消费需求；通过增强工程技术能力，拉动节能环保社会投资增长。

《意见》明确了加快节能环保产业发展的四项重点任务和约束激励措施，包括推广节能环保产品，扩大市场消费需求，制订、修订节能环保标准，加大对重点耗能企业的评价考核力度，加大中央预算内资金和中央节能减排的投入，拓展投融资渠道。加快发展节能环保产业需要扩大节能环保产品的市场推广力度，需要从经济激励、提供信息、技术革新、土地优惠等生产要素方面加强扶持，鼓励老百姓更多地选择使用节能环保产品，淘汰非节能环保产品。同时也需要鼓励各级政府部门或机构在政府采购中优先选择节能环保产品。《意见》还要求加强生态文明理念和资源环境国情教育，把节能环保、生态文明纳入社会主义核心价值观宣传教育体系以及基础教育、高等教育、职业教育体系。这对于倡导绿色消费新风尚，形成文明、节约、绿色、低碳的生产方式、消费模式和生活习惯具有深远的意义。这些意见对城市垃圾处理行业发展也具有积极深远的意义。

《旧电器电子产品流通管理办法》解读

一、出台背景

出台《旧电器电子产品流通管理办法》（以下简称《办法》）是为了加强对旧电器电子产品流通的管理，促进资源综合利用，保护环境。根据《中华人民共和国循环经济促进法》《废弃电器电子产品回收处理管理条例》等法律法规，《办法》经 2013 年 2 月 17 日商务部第 74 次部务会议审议通过，自 2013 年 5 月 1 日起施行。

《办法》中的旧电器电子产品，是指已进入消费领域，仍保持全部或者部分原有使用价值的电器电子产品。包括制冷空调器具、清洁器具、厨房器具、通风器具、取暖熨烫器具、个人护理器具、保健器具、娱乐器具等电器产品和音像娱乐类、信息技术类等电子产品。《办法》中的旧电器电子产品经营者是指从事旧电器电子产品收购或销售活动的法人、其他经济组织和个体工商户。

二、核心内容

根据《旧电器电子产品流通管理办法》，自 2013 年 5 月 1 日起，经营者收购旧电器电子产品时须对收购产品进行登记，向购买者出具销售凭证或发票，并提供不少于 3 个月的免费包修服务。

根据这一《办法》，经营者收购旧电器电子产品时应当对收购产品进行登记，登记信息应包括旧电器电子产品的品名、商标、型号、出售人原始购买凭证或出售人身份信息等。在流通环节，经营者须向购买者出具销售凭证或发票，而购买者自己也要记得及时索要，因为如果产品出现质量问题，凭销售凭证或发票市民可以享受经营者提供的包修服务。市场上流通的旧电器电子产品将获得不少于 3

个月免费包修服务，交易双方另有约定的除外。二手家电只要还在“三包”期内，购买者同样可依法获得免费维修服务。

三、主要评价

总体上，《办法》的实施能进一步规范电子产品回收市场，但距离现实需要依然存在明显不足。表现在如下几方面：

首先《办法》目前缺乏配套细则，这导致具体实施过程中仍有不少障碍和困难。例如，根据《办法》，经营者收购旧电器电子产品时应当对收购产品进行登记。登记信息应包括旧电器电子产品的品名、商标、型号、出售人原始购买凭证或者出售人身份信息等。根据对一些商户的调查，不少旧电器的来源、使用期限等无从查起，执行难度很大。再者，尽管《办法》规定，经营者不得将在流通过程中获得的机关、企（事）业单位及个人信息用于与旧电器电子产品流通活动无关的领域。但在目前网络时代，不少民众必然由于担心泄露个人信息而有所顾忌。因此，如果缺乏相应的实施细则，信息登记后的信息泄露也难以避免，信息登记实际上也就很难实行。

其次，对于很多电器电子产品而言，很多经营者并不愿意承担 3 个月的“包修”服务。根据《办法》，经营者应当向购买者出具销售凭证或发票，并应当提供不少于 3 个月的免费包修服务，交易双方另有约定的除外。经营者出于成本考虑等多方面原因，并不愿承担 3 个月的“包修”服务。据中国之声《新闻和报纸摘要》报道，《办法》5 月 1 号实施以来，个别地区的商家仍以各种理由拒绝执行。一家专门经营空调、洗衣机等二手电器的店主在接受调查时说，行业规定有时达不到这样的要求：“像这种小家电都是 1 个月，我们是一个月给你保修包换，空调都是三个月，大家电保的时间长一点。”

再次，按照《办法》规定，只有正规电子垃圾回收处置企业才能处理这些电子垃圾，但实际上，零散的垃圾集散中心和拆解户仍是电子垃圾收集处理产业的主力。在各城市各街道，各种开着摩托车或骑着电瓶三轮车的小贩出没于各类住宅小区，从居民手中回收废旧的物资，或者在大街上、垃圾箱、垃圾堆旁捡各种可回收的物资。正规的电子拆解企业收购价格低，通常还会收取一定的处理费，令不少回收经营者“避而远之”。

总的来看，目前虽然有相应的政策规范，但实施起来缺少细则划分，缺少持续性监督和管理，未必能从根本上解决电子垃圾回收处理问题。但不管怎么样，立法将为解决电子垃圾污染问题提供根本保障。许多发达国家都通过法律手段处理电子垃圾污染问题。中国应借鉴发达国家处理电子垃圾问题的法律与政策，结合本国国情，建立更具操作性的法规体系。

第六节　供热行业法规政策解读

《关于进一步推进供热计量改革工作的意见》解读

一、出台背景

计量供热作为一种新型的“商品”逐渐进入人们的生活。为了满足人们对住宅热舒适性要求的不断提高，同时落实中国节能环保的发展战略，计量供热改革势在必行。

首先，从供热行业市场化改革方面来说，热计量改革是供热商品化和市场化的重要基础。传统的按照用户供热面积来收费的方式，不论用户是否用热及用多少热，供热单位都是按照每平方米来向用户收缴热费，采用这种方式对热用户不能体现“用多少热，交多少费”的基本原则，违背了市场经济的客观规律。以往按面积收费的福利性的供热方式，无法使热商品进入市场，而供热交费主体的多元化，供需不见面，使得“谁用热，谁交费”的市场机制几近失灵。加上大多数企事业单位生产和经营不景气，形成了全国性的供热企业收费难的局面，很多供热单位都要依靠政府财政补贴来维持冬季供热的正常运行，严重抹杀了“热”作为商品的属性，阻碍了价格机制调节供需的作用。

其次，从节能降耗角度来看。中国地广人多，房屋建筑规模巨大。目前的供暖系统普遍存在着供热品质差，室温冷热不均，系统热效率低等缺陷，因此实施供暖计量收费由过去的按面积收费转向按实际用热量收费，将有助于提高住宅用户的舒适度，推动节能减排，实现社会可持续和谐发展。由于供热只按供热面积收费，与是否用热无关，用户对供暖量的多少不受经济利益的约束，因此，房中长期无人居住时不停暖气；暖气过热时宁可开窗，也不肯将阀门关小。这些因素引起的热能浪费高达总热能的 20%，造成了供热能量的极大浪费，致使中国单位面积耗能高于发达国家 2～3 倍。供热计量的改革对于促进建筑节能、完善供热体制改革、节约群众用热费用等意义重大。

热计量改革是中国供热行业市场化改革的重要举措，为此国家发布了一系列的文件来推进该项工作。2003 年，建设部、国家发改委等八部委联合下发了《关于城镇供热体制改革试点工作的指导意见》，2006 年建设部发布《关于推进供热计量的实施意见》，2010年建设部又发布了《关于进一步推进供热计量改革工作的意见》（建城〔2010〕14号）。

二、核心内容

2003年，建设部、国家发改委等八部委联合下发了《关于城镇供热体制改革试点工作的指导意见》，提出了“逐步实行按用热量计量收费制度，积极推进城镇现有住宅节能改造和供热供暖设施改造”，重点内容是：改革现行热费计算方式，逐步取消按面积计收热费，积极推行按用热量分户计量收费；按照民用建筑节能管理的有关规定，根据量力而行、分步实施的原则，对现有公共建筑和居民住宅实施节能改造；试点城市人民政府要把城镇住宅节能改造和供热供暖设施改造作为城市建设的重要组成部分，结合实际制定扶持政策，多渠道筹集资金。

2006年建设部发布《关于推进供热计量的实施意见》，进一步明确了热计量改革的目标、推进的技术措施和工作要求，重点内容是明确了推进供热计量改革的目标：要把“十一五”建筑节能指标细化到供热节能方面，并落到实处，全面实施供热计量工作，建立和完善供热计量收费机制；新建供热系统必须满足热计量技术要求，既有供热系统原则上应在2～4年内通过技术改造达到热计量要求；新建建筑的热计量设施必须达到工程建设强制性标准规定要求，不符合相关供热计量标准规定要求的不得验收和交付使用；2006年开展既有非节能建筑节能和采暖系统热计量改造试点，“十一五”期间大城市要完成热计量改造的35%，中等城市完成25%，小城市完成15%。

相对于热计量改革的前两份文件，2010年发布的《关于进一步推进供热计量改革工作的意见》重点对推进改革政策措施提出更具体的要求：

第一，大力推行按用热量计价收费。从2010年开始，北方供暖地区新竣工建筑及完成供热计量改造的既有居住建筑，取消以面积计价收费方式，实行按用热量计价收费方式。用两年时间，既有大型公共建筑全部完成供热计量改造并实行按用热量计价收费。“十二五”期间北方采暖地区地级以上城市达到节能50%强制性标准的既有建筑基本完成供热计量改造，实现按用热量计价收费。

第二，完善新建建筑供热计量的监管机制。切实加强新建建筑工程规划、设计、施工图审查、施工、监理、验收和销售等环节落实建筑节能标准和供热计量装置安装的监管，保证新建建筑达到建筑节能标准和分户计量收费的要求。

第三，保质保量完成既有居住建筑供热计量及节能改造工作。要将既有居住建筑供热计量及节能改造与老旧小区环境改造通盘考虑，进行综合改造。对已完成既有居住建筑供热计量及节能改造的项目要及时组织验收。

第四，强化供热单位计量收费实施主体责任。严格执行《民用建筑供热计量管理办法》，制定供热单位选型、购置、维护管理供热计量器具的实施细则。符合供热计量条件的建筑，供热单位必须实行供热计量收费，并负责供热计量器具的日常维护。

第五，建立健全供热计量技术体系。依据《建筑节能工程施工质量验收规范》、《供热计量技术规程》等国家现行标准，因地制宜地选择供热计量方式，制定相应的实施细则和供热计量材料设备技术要求，建立完善的地方供热计量设计、施工质量、验收、供热计量器具维护管理等技术标准体系。

第六，加强供热计量器具产品质量监督管理。各地质量技术监督部门要加强对本辖区内的供热计量器具生产企业的计量监督检查，建立企业监管档案，依法强化供热计量器具形式批准和制造许可监管，严厉查处无证生产、不按产品标准和已批准的型号进行生产以及将不合格产品出厂销售的行为。

三、主要评价

热计量改革是供热价格市场化的重要基础性工作。热计量改革是世界各国供热市场化的普遍做法，是实现“用多少热、付多少费”这一基本的市场化价格机制的基础。长期以来，中国实行计划经济的福利性供热体制，用户按面积付费，这既不利于价格机制调节供求作用的发挥，实际上也不利于节能。供热计量改革将有助于促进价格机制的理顺，发挥价格机制调节供需和促进节能减排的积极作用。因此，积极推进热计量改革必须成为改革的基本共识和推进供热行业市场化改革的重要政策措施。

热计量改革政策实施进展缓慢。自 2003 年改革以来，在各地财政，发改、质检等部门大力支持下，北方地区供热计量改革得以推行。到 2013 年底，北方供暖地区供热计量收费面积为 9.91 亿立方米，出台计量热价的地级以上城市也达到 117 个。但是总体来说，热计量改革仍存在大量省区市新建建筑没有安装热计量装置，或者即使安装了供热计量装置也有很多地区未实现供热计量收费的现象，造成了严重的资源浪费，改革进程相对缓慢。这主要是因为热计量改革政策的实施涉及比较高的实施成本，由于缺乏合理的成本分担机制，企业、用户和地方政府的积极性都不高以及改革主管部门缺乏有效的推进政策实施的手段，造成改革难以有效贯彻。

建立有效的改革政策实施机制是热计量改革政策的重点。热计量改革下一步的工作重点是完善热计量改革的管理体系和实施机制，完善技术支撑体系，尤其是资金投入保障体系和改革成本分担机制，充分调动地方政府、供热企业和热用户的改革积极性，从而保障热计量改革能够稳定持续地推行下去，取得较好的改革效果。

第七节 电力行业法规政策解读

《关于进一步深化电力体制改革的若干意见》解读

一、出台背景

2015年3月15日，中共中央、国务院《关于进一步深化电力体制改革的若干意见》（中发〔2015〕9号，以下简称“9号文”）下发至县团级。与2002年电改5号文由国务院下发相比，电改9号文由中共中央和国务院共同下发，规格之高，超出预期，显示了政府对此次电改的态度，也被学者及业界寄予厚望。电改5号文确立了“厂网分开、竞价上网”的市场化改革方针，但并不彻底，输、配电及辅业仍然一体，“竞价上网”也远未实现，自2002年至今，也有些相关政策出台，但均未触及电改核心，致使电改一直停滞不前。

二、核心内容

电改9号文则在内容上触及电力市场化改革的核心内容，主要包括“三放开”、“一独立”和“三强化”。“三放开”指有序放开输配以外的竞争性环节电价、有序向社会资本开放配售电业务、有序放开公益性和调节性以外的发用电计划；“一独立”指推进交易机构相对独立，规范运行；“三强化”则指进一步强化政府监管、进一步强化电力统筹规划、进一步强化电力安全高效运行和可靠供应。

“三放开”及“一独立”剑指电力行业纵向分拆不彻底的问题，遵循市场化改革“管住中间，放开两头”的方针，管住自然垄断的网输环节，其他环节充分引入竞争，放松规制。但电力作为最重要基础能源，对国民经济及居民生活影响深远，依然要强化政府宏观调控，“三强化”正体现了中国市场经济的特色。

三、主要评价

虽然9号文在内容上触及电改的核心环节，但与5号文的清晰分布指导相比，此番9号文大都是框架性的指导，对于具体如何执行和实施尚未明确，且市场化不够彻底，仍然留有很多问题。

首先，电价改革表现为输配电价定价不清晰，而售电价依然双轨制。电价改革是电改的核心，9 号文指出输配电价逐步过渡到“按准许成本加合理收益”原则，但怎样剔除不合理成本，确定“合理收益”，9 号文并未明确，事实上，以前的电改文件也强调要定输配电价，但是因为输、配电企业一体，加上其他辅业企业，使得输配电企业成本结构复杂，政府难以确定其成本，输配电价最终只能流于形式。此外，“合理收益”的说法也很模糊，多少才算合理。输电有自然垄断的特性，激励性电价规制一直是个难题，“合理收益”是要追求公平还是偏重激励，必须明确；此外，售电价部分，9 号文要求居民、农业、重要公用事业和公益性服务等用电继续执行政府定价，但占到全国用电量八成左右的工商业用电交易市场放开，意味着售电价依然是双轨制，这给输配电企业提高成本留下了借口。

其次，电力行业结构改革存隐忧。9 号文提出“鼓励社会资本投资配电业务”，但是配电拥有部分输电的特征，区域有垄断的要求，没有明确的引入竞争性资本的方式，很难奏效。此外，9 号文提出“允许符合条件的发电企业投资和组建售电主体进入售电市场，从事售电业务”，中国发电市场五大发电集团占据半壁江山，如果五大发电集团进入售电市场，无疑大大增强了其在产业链上的势力，关联交易有可能成未来电力行业发展的突出问题。

最后，改革没有时间路线图。9 号文缺乏一个明确的时间路线图，失去时间约束，改革可能无限期延后，如此，行业矛盾的加剧将严重制约电力行业的发展。

总之，电改 9 号文体现了政府坚定市场化改革的决心，也触及电力改革的核心环节，但是细节方面仍不到位，尚需出台更加细化的配套政策，解决输配电价、售电价以及行业竞争环节准入等问题，以保障市场化改革顺利进行。

《深圳市输配电价改革试点方案》解读

一、出台背景

2014 年 11 月初，国家发展改革委下发《关于深圳市开展输配电价改革试点的通知》，并出台《深圳市输配电价改革试点方案》，意味着新一轮的输配电价改革正式启动。不少学者和业内人士认为，此次试点改革标志着中国电力市场改革再次迈出实质性步伐，释放了继续深化电力市场化改革的积极信号。

事实上，早在 2002 年“厂网分开”之后，输配电价改革就一直被提及，但从未有过真正实质上的举措。从 2002 年至今，期间也发生过与输配电价改革相关的两件重大事件，一是 2008 年发改委首次确定省级电网输配电价标准，被认为下一步输配分开、大用户直接购电改革试点奠定基础；二是 2011 年 11 月由电监会颁布《输配电成本监管暂行办法》，被认为是解决输配电价制定过程中成本核算的重要依据，让公众一度认为输配电价改革即将到来，但一盼又是三年。

为何输配电价改革如此艰难？最直接的原因是输配电成本的核算，2002 年“厂网分开”仅仅剥离了发电资产，输电、配电以及各项辅业、多经和三产资产仍然一体，使得输配电企业成本结构复杂，电力市场化要求政府应放开上网电价和销售电价，仅控制中间的输配电价，但事实上，中国自 2002 年之后，政府控制的恰恰是两头价格，中间的输配电价难以控制，使得输配电企业长期通过买卖电价差获取收益，输配电企业的垄断地位使得电价格上升容易，下降难，电价难以反映真实的市场供需状况。

二、核心内容

《深圳市输配电价改革试点方案》指出输配电企业“有效资产指电网企业为提供输配电服务所必需的各项资产，不包括应与电网企业分离的辅业、多经及三产资产等”，虽然明确了输配电企业成本核算方法，但在利益驱使和信息不对称的情况下，政府期望有效地监管其成本，恐难如愿。按照《输配电成本核算办法》的规定，电网企业必须在“输配电成本”二级科目下设置材料费、工费、福利费、折旧费、修理费以及其他费用等三级科目，但事实上，由于监管困难，目前成本核算的上报仍停留在一级科目。

三、主要评价

因此，深圳市输配电价试点改革触及输配电企业核心利益，但实质上并未触动电力产业继续深化市场化改革的核心环节，解决输配电企业成本监管难才是输配电价改革的重点，市场信息的不对称必然使得监管成本复杂企业，尤其是垄断企业的成本所需花费的代价十分高昂，因而，剥离输配电企业非必须垄断资产，就成为简化其成本结构的理想措施，如辅业、多经及三产资产等，事实上配电在技术特性上也不要求垄断，若能剥离，引入竞争，则可以极大地简化输电企业的成本结构。现阶段，许多国家电力改革已形成呈输电和配电分离格局。例如英国英格兰和威尔士地区，20 世纪 90 年代以前电力行业由中央发电局（包括发电和输电）和 12 家地区供电局构成，改革后形成了发电、输电、配电分环节设立公司的局面；在北欧、北美一些国家和地区，传统上存在市政供电企业负责本地区供电，改革后这些公司自然而然成为独立的配电公司，与输电公司独立。虽然中国有自己独立的国情，但若坚持市场化改革，彻底解决输配电企业成本监管难的局面，“输配分离”势在必行。

《居民阶梯电价征求意见稿》解读

一、出台背景

国家发改委于2010年10月公布了《居民阶梯电价征求意见稿》，2012年上半年，阶梯电价在全国范围进入听证阶段，并于7月1日正式实施。居民阶梯电价的推进被认为是中国电力价格改革的重要步骤，其中首档电价的制定对于居民电价规制具有基础性和关键意义。

二、核心内容

阶梯电价的实施使得居民电价具有了结构特性，丰富了规制者可使用的规制工具，但其首档电价仍具有基准电价的特性。居民电价的阶梯结构作为一种规制工具，主要用于遏制电力过度消费和实现公平消费的目标，而首档电价这一规制工具的使用则更需兼顾包括居民生活、经济增长、节能减排和电力行业效率等多重目标。因此，首档电价规制政策的研究需要一个全面系统的分析框架，应覆盖需求侧和供给侧两个方面。

三、主要评价

对于阶梯电价设计及其实施之前中国终端电价中存在的问题，存有较多不同意见。一方面，中国的居民电价长期以来在国际上处于较低水平，不利于节能减排；另一方面，从电价结构来说，存在严重的交叉补贴，有违公平原则。相对于电力供应的成本来说，工业和商业的电力消费价格高于其长期边际成本，而居民、农业等的电价低于其长期边际成本，因此实际上电力行业是用工业和商业的收益来补贴居民和农村生产性用电等的亏损。对于居民用电来说，实行统一的较低价格且城乡同价，在考虑居民收入差异的情况下，这意味着其所享受的交叉补贴大部分被高收入群体所获得，因而是不公平的。基于此，居民阶梯电价的实施将在很大程度上改善这种状况。值得注意的是，电力终端价格的改革与电力行业整体改革的推进是密切相关的，按照工商业用户和居民用户进行区分，两者的价格形成机制在未来的改革目标模式下也将存在重要差异。就居民用电而言，其电价受规制是中国电力行业一个重要特性，且在电力行业改革的目标模式得以完全实现之前，这一特性不会改变。

纳入了经济发展水平和购买力平价因素之后，与国际比较分析表明，中国的居民电价并不低，其与人均GDP水平的比值反而处于较高水平。一个具有规律性的现象是，经济发展水平越高，其电价水平相对于人均 GDP 的比值就越低。可以理解，当经济发展水平不断提高，电力的绝对价格水平可能呈现上升趋势，但其相对价格水平却应是不断降低的。

研究还发现，居民人均用电量主要由实际居民电价和实际人均 GDP 所决定，其关于居民实际电价的弹性为－0.5，关于实际人均 GDP 的弹性为 1.12。由此可以得到的判断是，就其对价格的反应来说，电力消费具有较明显的必需品特性；而就其对于收入水平的反应来说，则具有一定的“奢侈品”特性。但从电价规制政策设计的角度来说，需要特别关注需求价格弹性及其收入弹性对不同收入水平的居民都应具有不同的含义。

总体而言，居民首档电价应在充分综合诸多因素的前提下加以制定。居民阶梯电价的实施有利于解决消费者支出公平的问题，面向未来，也需要在深入分析各项因素后选择适当时机进行调整。

第八节 综合性法规政策和主要行业法规政策列表

综合性法规政策列表 表 9-2

1. 建设部关于加快市政公用行业市场化进程的意见（建城〔2002〕272 号），2002 年 12 月 27 日
2. 市政公用事业特许经营管理办法（建城〔2004〕126 号），2004 年 3 月 19 日
3. 国务院关于鼓励支持和引导个体私营等非公有制经济发展的若干意见（国发〔2005〕3 号），2005 年 2 月 19 日
4. 建设部关于加强市政公用事业监管的意见（建城〔2005〕154 号），2005 年 10 月 27 日
5. 建设部关于严禁政府投资项目使用带资承包方式进行建设的通知（建市〔2006〕6 号），2006 年 1 月 4 日
6. 国务院关于鼓励和引导民间投资健康发展的若干意见（国发〔2010〕13 号），2010 年 5 月 13 日
7. 国务院关于加强地方政府融资平台公司管理有关问题的通知（国发〔2010〕19 号），2010 年 6 月 10 日
8. 发展改革委关于安排政府性资金对民间投资主体同等对待的通知（发改投资〔2012〕1580 号），2012 年 6 月 1 日
9. 住房城乡建设部关于进一步鼓励和引导民间资本进入市政公用事业领域的实施意见（建城〔2012〕89 号），2012 年 6 月 8 日
10. 住房城乡建设部关于加强城市市政公用行业安全管理的通知（建城〔2013〕91 号），2013 年 4 月 18 日
11. 国务院关于加强城市基础设施建设的意见（国发〔2013〕36 号），2013 年 9 月 16 日
12. 国务院办公厅关于政府向社会力量购买服务的指导意见（国办发〔2013〕96 号），2013 年 9 月 26 日

续表

13. 国务院办公厅关于加强城市地下管线建设管理的指导意见（国办发〔2014〕27号），2014年6月3日

14. 国务院关于创新重点领域投融资机制鼓励社会投资的指导意见（国发〔2014〕60号），2014年11月16日

15. 财政部、住房城乡建设部印发关于市政公用领域开展政府和社会资本合作项目推介工作的通知（财建〔2015〕29号），2015年2月13日

16. 基础设施和公用事业特许经营管理办法（国发〔2015〕25号），2015年4月25日

17. 财政部、发展改革委、人民银行关于在公共服务领域推广政府和社会资本合作模式的指导意见（国办发〔2015〕42号），2015年5月22日

主要行业法规政策列表 **表9-3**

供水行业法规政策列表

1. 国务院关于印发水污染防治行动计划的通知（国发〔2015〕17号），2015年4月2日

2. 国家发展改革委、住房和城乡建设部关于加快建立完善城镇居民用水阶梯价格制度的指导意见（发改价格〔2013〕2676号），2013年12月31日

3. 国家卫生计生委办公厅关于进一步加强涉及饮用水卫生安全产品监管工作的通知（国卫办监督发〔2013〕14号），2013年8月27日

4. 国务院办公厅关于印发实行最严格水资源管理制度考核办法的通知（国办发〔2013〕2号），2013年1月2日

5. 住房城乡建设部关于印发城镇供水规范化管理考核办法（试行）的通知（建城〔2013〕48号），2013年3月27日

6. 住房城乡建设部关于加强城镇供水设施改造建设和运行管理工作的通知（建城〔2012〕149号），2012年10月18日

7. 住房城乡建设部关于印发城镇供水设施建设与改造技术指南的通知（建科〔2012〕156号），2012年11月1日

8. 卫生部关于加强饮用水卫生监督监测工作的指导意见（卫监督发〔2012〕3号），2012年1月10日

9. 住房和城乡建设部关于开展城市供水水质专项调查的通知（建办城函〔2009〕503号），2009年6月4日

10. 财政部、国家发展改革委、水利部关于印发《水资源费征收使用管理办法》的通知（财综〔2008〕79号），2008年11月10日

11. 住房城乡建设部关于印发《城镇供水设施改造技术指南（试行）》的通知（建科〔2009〕149号），2009年9月10日

12. 住房和城乡建设部关于印发《供水、供气、供热等公用事业单位信息公开实施办法》的通知（建城〔2008〕213号），2008年11月12日

13. 城市供水水质管理规定（建设部令2007年156号），2007年3月1日

14. 取水许可和水资源费征收管理条例（国务院令2006年第460号），2006年2月21日

续表

供水行业法规政策列表
15. 国家发展改革委、水利部关于印发《水利工程供水定价成本监审办法（试行）》的通知（发改价格〔2006〕310号），2006年2月24日 16. 国务院办公厅关于加强饮用水安全保障工作的通知（国办发〔2005〕45号），2005年8月27日 17. 住房和城乡建设部关于印发城市供水、管道燃气、城市生活垃圾处理特许经营协议示范文本的通知（建城〔2004〕162号），2004年9月14日 18. 建设部、发展改革委、财政部关于加快城市供水管网改造的意见（建城〔2003〕188号），2003年9月14日 19. 中华人民共和国水法（中华人民共和国主席令2002年第74号），2002年8月29日

排水与污水处理行业法规政策列表
1. 国务院关于加强城市供水节水和水污染防治工作的通知（国发〔2000〕36号），2000年11月7日 2. 中华人民共和国水法（中华人民共和国主席令〔2002〕74号），2002年8月29日 3. 国家计委、建设部、国家环保总局关于印发推进城市污水、垃圾处理产业化发展意见的通知（计投资〔2002〕1591号），2002年9月10日 4. 国务院办公厅关于推进水价改革促进节约用水保护水资源的通知（国办发〔2004〕36号），2004年4月19日 5. 建设部关于加强城镇污水处理厂运行监管的意见（建城〔2004〕153号），2004年8月30日 6. 建设部办公厅关于加强城市排水设施安全管理工作的通知（建办城〔2005〕50号），2005年6月23日 7. 建设部关于印发城镇供热、城市污水处理特许经营协议示范文本的通知（建城〔2006〕126号），2006年5月22日 8. 城市排水许可管理办法（建设部令〔2006〕152号），2006年12月11日 9. 建设部关于印发《全国城镇污水处理信息报告、核查和评估办法》的通知（建城〔2007〕277号），2007年12月4日 10. 中华人民共和国水污染防治法（中华人民共和国主席令〔2008〕87号），2008年2月28日 11. 住房城乡建设部关于印发《城镇污水处理工作考核暂行办法》的通知（建城函〔2010〕166号），2010年7月2日 12. 国家发展改革委办公厅、住房城乡建设部办公厅关于进一步加强污泥处理处置工作组织实施示范项目的通知（发改办环资〔2011〕461号），2011年3月3日 13. 住房城乡建设部、国家发展改革委关于印发城镇污水处理厂污泥处理处置技术指南（试行）的通知（建科〔2011〕34号），2011年3月14日 14. 财政部、住房城乡建设部关于印发《“十二五”期间城镇污水处理设施配套管网建设项目资金管理办法》的通知（财建〔2011〕266号），2011年5月23日 15. 住房城乡建设部关于进一步加强城市排水监测体系建设工作的通知（建城〔2012〕62号），2012年4月20日

续表

排水与污水处理行业法规政策列表
16. 国务院办公厅关于印发“十二五”全国城镇污水处理及再生利用设施建设规划的通知（国办发〔2012〕24号），2012年4月29日 17. 住房城乡建设部关于印发城镇污水再生利用技术指南（试行）的通知（建城〔2012〕197号），2012年12月28日 18. 国务院办公厅关于做好城市排水防涝设施建设工作的通知（国办发〔2013〕23号），2013年3月25日 19. 住房城乡建设部关于印发城市排水（雨水）防涝综合规划编制大纲的通知（建城〔2013〕98号），2013年6月18日 20. 城镇排水与污水处理条例（国务院令〔2013〕641号），2013年10月2日 21. 住房城乡建设部关于印发海绵城市建设技术指南——低影响开发雨水系统构建（试行）的通知（建城函〔2014〕275号），2014年10月22日 22. 国务院办公厅关于推行环境污染第三方治理的意见（国办发〔2014〕69号），2014年12月27日 23. 污水处理费征收使用管理办法（财税〔2014〕151号），2014年12月31日 24. 财政部、住房城乡建设部、水利部关于开展中央财政支持海绵城市建设试点工作的通知（财建〔2014〕838号），2014年12月31日 25. 城镇污水排入排水管网许可管理办法（住建部令〔2015〕21号），2015年1月22日 26. 国务院关于印发水污染防治行动计划的通知（国发〔2015〕17号），2015年4月2日

燃气行业法规政策列表
1. 建设部、国家安全监管局加强城镇燃气安全管理工作（2004）（建城〔2004〕105号），2004年6月29日 2. 建设部城市供水、管道燃气、城市生活垃圾处理特许经营协议（建城〔2004〕162号），2004年9月14日 3. 国家发展改革委、财政部、住房城乡建设部、国家能源局关于发展天然气分布式能源的指导意见（发改能源〔2011〕2196号），2011年10月9日 4. 城镇燃气管理条例（国务院令〔2010〕583号），2010年11月19日 5. 国家发展改革委煤层气（煤矿瓦斯）开发利用“十二五”规划（发改能源〔2011〕3041号），2011年11月26日 6. 国家电力监管委员会印发《燃气发电机组运行安全专项监管工作方案》（办安全〔2013〕33号），2013年2月25日 7. 天然气基础设施建设与运营管理办法（发改委〔2014〕8号），2014年3月20日 8. 《油气管网设施公平开放监管办法（试行）》（国能监管〔2014〕84号），2014年2月24日 9. 国务院办公厅关于加强城市地下管线建设管理的指导意见（国办〔2014〕27号），2014年6月14日 10. 国家能源局关于规范煤制油、煤制天然气产业科学有序发展的通知（国能科技〔2014〕339号），2014年7月17日

续表

燃气行业法规政策列表
11. 国家发展改革委关于调整非居民用存量天然气价格的通知（发改价格〔2014〕1835号），2014年8月10日 12. 关于做好油气监管相关信息报送工作的通知（国能综监管〔2014〕701号），2014年9月5日 13. 住房和城乡建设部关于印发《燃气经营许可管理办法》和《燃气经营企业从业人员专业培训考核管理办法》的通知（建城〔2014〕167号），2014年11月19日 14. 国家发展和改革委员会关于规范天然气发电上网电价管理有关问题的通知（发改价格〔2014〕3009号），2014年12月31日 15. 关于发布行业产品标准《燃气热水器及采暖炉用热交换器》的公告（建城〔2015〕709号），2015年1月20日 16. 国家发展改革委关于理顺非居民用天然气价格的通知（发改价格〔2015〕351号），2015年2月26日

垃圾处理行业法规政策列表
1.《生活垃圾焚烧污染控制标准》GB 18485—2014，2014年7月11日 2.《城市环境卫生设施规划规范》GB 50337—2003，2003年10月10日 3.《生活垃圾卫生填埋技术规范》CJJ 17—2004，2004年2月19日 4. 关于加强城镇生活垃圾处理场站建设运营监管的意见（建城〔2004〕225号），2004年12月22日 5. 中国城市建筑垃圾管理规定（中华人民共和国建设部令第139号），2005年3月23日 6.《生活垃圾填埋场无害化评价标准》CJJ/T 107—2005，2005年9月16日 7.《生活垃圾卫生填埋场防渗系统工程技术规范》CJJ 113—2007，2007年1月17日 8.《生活垃圾卫生填埋场封场技术规程》CJJ 112—2007，2007年1月17日 9.《生活垃圾填埋场污染物控制标准》GB 16889—2008，2008年4月2日 10.《生活垃圾卫生填埋场环境监测技术要求》GB/T 18772—2008，2008年6月19日 11.《生活垃圾分类标志》GB/T 19095—2008，2008年8月7日 12.《生活垃圾焚烧厂运行维护与安全技术规程》CJJ 128—2009，2009年3月15日 13.《生活垃圾焚烧处理工程技术规范》CJJ 90—2009，2009年3月15日 14.《生活垃圾填埋场降解治理的监测与检测》GB/T 23857—2009，2009年5月27日 15.《生活垃圾采样和分析方法》CJ/T 313—2009，2009年8月10日 16.《建筑垃圾处理技术规范》CJJ 134—2009，2009年11月9日 17.《生活垃圾填埋场填埋气体收集处理及利用工程技术规范》CJJ 133—2009，2009年11月9日 18.《生活垃圾焚烧厂评价标准》CJJ/T 137—2010，2010年4月14日 19. 国务院办公厅关于加强地沟油整治和餐厨废弃物管理的意见（国办发〔2010〕36号），2010年7月13日 20.《大件垃圾收集和利用技术要求》GB/T 25175—2010，2010年9月26日 21.《生活垃圾转运站评价标准》CJJ/T 156—2010，2010年11月4日 22.《生活垃圾卫生填埋场运行维护技术规程》CJJ 93—2011，2011年4月6日 23.《生活垃圾产生源分类及其排放》CJ/T 368—2011，2011年5月17日

续表

垃圾处理行业法规政策列表
24.《生活垃圾堆肥厂评价标准》CJJ/T 172—2011，2011年12月6日
25.《生活垃圾收集站技术规程》CJJ 179—2012，2012年5月16日
26.《餐厨垃圾处理技术规范》CJJ 184—2012，2012年12月24日
27.《旧电器电子产品流通管理办法》（商务部令2013年第1号），2013年3月15日
28. 关于加快发展节能环保产业的意见（国发〔2013〕30号），2013年8月1日
29.《固体废物处理处置工程技术导则》HJ 2035—2013，2013年9月26日
30.《生活垃圾焚烧污染控制标准》GB 18485—2014，2014年4月28日
供热行业法规政策列表
1. 关于城镇供热体制改革试点工作指导意见（建城〔2003〕148号），2003年7月21日
2. 关于进一步推进城镇供热体制改革的意见（建城〔2005〕220号），2005年12月6日
3. 关于推进供热计量的实施意见（建城〔2006〕159号），2006年6月28日
4. 城市供热价格管理暂行办法（发改价格〔2007〕1195号），2007年10月1日
5. 关于组织开展供热计量改革示范城市工作的通知（建城函〔2008〕58号），2008年3月11日
6. 关于推进北方采暖地区既有居住建筑供热计量及节能改造工作的实施意见（建科〔2008〕95号），2008年5月21日
7. 民用建筑供热计量管理办法（建城〔2008〕106号），2008年6月10日
8. 北方采暖地区既有居住建筑供热计量及节能改造技术导则（试行）的通知（建科〔2008〕126号），2008年7月10日
9. 关于做好冬季供热采暖工作有关问题的指导意见的通知（发改价格〔2008〕2415号），2008年9月11日
10. 供水、供气、供热等公用事业单位信息公开实施办法（建城〔2008〕213号），2008年11月12日
11. 关于继续执行供热企业增值税、房产税、城镇土地使用税优惠政策的通知（财税〔2009〕11号），2009年2月2日
12. 关于进一步推进供热计量改革工作的意见（建城〔2010〕14号），2010年2月2日
13. 关于加大工作力度确保完成北方采暖地区既有居住建筑供热计量及节能改造工作任务的通知（建科〔2010〕84号），2010年6月1日
14. 关于切实加强政府办公和大型公共建筑节能管理工作的通知（建科〔2010〕90号），2010年6月10日
15. 关于进一步深入开展北方采暖地区既有居住建筑供热计量及节能改造工作的通知（财建〔2011〕12号），2011年1月21日
16. 关于继续执行供热企业增值税、房产税、城镇土地使用税优惠政策的通知（财税〔2011〕118号），2011年11月24日
17.“十二五”建筑节能专项规划（建科〔2012〕72号），2012年5月9日
18. 关于印发夏热冬冷地区既有居住建筑节能改造技术导则（试行）的通知（建科〔2012〕173号），2012年12月5日
19. 国务院办公厅关于转发发展改革委住房城乡建设部绿色建筑行动方案的通知（国办发〔2013〕1号），2013年1月1日

续表

电力行业法规政策列表
1. 中共中央国务院关于进一步深化电力体制改革的若干意见（中发〔2015年〕9号文），2015年3月15日 2. 国家发展改革委关于深圳市开展输配电价改革试点的通知（发改价格〔2014〕2379号），2014年10月23日 3. 煤电节能减排升级与改造行动计划（2014～2020年）（发改能源〔2014〕2093号），2014年9月12日 4. 电力监控系统安全防护规定（中华人民共和国国家发展和改革委员会令第14号），2014年8月1日 5. 电力行业网络与信息安全管理办法（国能安全〔2014〕317号），2014年7月2日 6. 国务院办公厅关于加强城市地下管线建设管理的指导意见（国办发〔2014〕27号），2014年6月14日 7. 供电企业信息公开实施办法（国能监管〔2014〕149号），2014年3月10日 8. 分布式光伏发电项目管理暂行办法（国能新能〔2013〕433号），2013年11月18日 9. 分布式发电管理暂行办法（发改能源〔2013〕1381号），2013年7月18日 10. 电力争议纠纷调解规定（国家电力监管委员会令第30号），2011年9月30日 11. 电力安全事故应急处置和调查处理条例2011年（中华人民共和国国务院令第599号），2011年7月7日 12. 电力设施保护条例（国务院令第588号），2011年1月8日 13. 供电监管办法（国家电力监管委员会令第27号），2009年11月26日 14. 关于修改部分法律的决定（主席令第18号），2009年8月27日 15. 电力市场监管办法（国家电力监管委员会令第11号），2005年10月13日 16. 销售电价管理暂行办法（发改价格〔2005〕514号），2005年3月28日 17. 输配电价管理暂行办法（发改价格〔2005〕514号），2005年3月28日 18. 上网电价管理暂行办法（发改价格〔2005〕514号），2005年3月28日 19. 关于印发电价改革实施办法的通知（发改价格〔2005〕514号），2005年3月28日 20. 电力监管条例（国务院令第432号），2005年2月15日 21. 电力用户向发电企业直接购电试点暂行办法（电监输电〔2004〕17号），2004年3月29日 22. 电力厂网价格分离实施办法（发改价格〔2003〕352号），2003年5月23日 23. 电力体制改革方案（国发〔2002〕5号），2002年4月11日 24. 中华人民共和国电力法（中华人民共和国主席令第60号），1995年12月28日

第十章　城市公用事业典型案例分析

本章是一个相对独立的部分，专题分析城市公用事业的典型案例，从六大行业各选取2个总共12个案例进行分析，根据具体案例的特点，重点分析案例（项目）的背景、特许经营过程、项目运行状况、政府监管的政策措施、经验借鉴（启示）以及存在的主要问题等内容。在这些案例中，多数属于公私合作制（PPP）项目案例，通过这些案例的分析将对我国当前和今后相当一段时期内推行PPP具有较好的参考与借鉴价值。

第一节　供水行业案例分析

案例一　成都自来水厂六厂 B 厂 BOT 项目

成都自来水厂六厂 B 厂是原国家计划委员会审批的首个城市供水行业 BOT 模式示范项目，该项目的实施对于推进西部地区城市供水行业市场化改革具有重要的意义和积极的影响，但该项目在特许经营权竞标实践中也存在一些问题，这在一定程度上导致了项目实施中成都自来水总公司出现亏损。本报告将对该项目的特许经营权竞标过程进行分析，研究其存在的主要问题。

一、项目背景

成都自来水厂六厂 B 厂 BOT 项目的特许经营是成都城市供水行业改革的重要事件之一。该项目的实施主要有两大目的：一是引入资金，解决基础设施建设资金不足的问题；二是引入国际先进管理经验，提高运营效率和服务水平。20 世纪 90 年代，随着城镇化和工业化进程的加快，成都城市供水供需矛盾日益突出，为了满足居民的城市供水需求，成都市政府于 1993 年开始启动筹建成都自来水厂四期项目（后称“成都自来水厂六厂 B 厂项目”），但由于资金短缺，该工程一直处于停滞状态。

当时国内投资资金相对匮乏，投资于城市供水等市政公用事业领域的资金十分有限，国家为了寻求新的融资方式，加快城市供水等基础设施建设，原国家计划委员会提出在 3 个市政公用事业项目中试行 BOT 模式。成都政府在争取国内银行贷款以及日元贷款失败后，开始向原国家计划委员会申请，希望通过 BOT 模式兴建成都自来水厂六厂 B 厂项目，最终得到原国家计委的批准。

成都自来水厂六厂 B 厂 BOT 项目主要包括建设 80 万立方米/日的取水工程、40 万立方米/日的净水厂工程以及 27 公里的输水管道工程三部分。该项目的最大设计供水能力为 46 万立方米/日，正常日供水能力为 40 万立方米/日。

二、项目竞标过程

成都市政府在原国家计划委员会允许成都自来水厂 B 厂六厂实施 BOT 模式后，开始委托招标代理人发布竞拍公告，整个招标过程是依照国际惯例规范化进行的，大致分为资格预审、投标、评标及确认谈判、审批及完成融资等四个主要阶段。具体过程如下：

（1）1996年初，成都市政府向原国家计划委员会申请采用BOT模式建设成都自来水厂六厂B厂项目。

（2）1997年1月，原国家计划委员会正式批准该项目作为中国第一个城市供水BOT模式试点项目。

（3）1997年4月至1997年8月，成都市政府在《人民日报》和《中国日报》上发布成都自来水厂六厂B厂的资格预审通告，共有29家境外公司（或联合体）购买资格预审文件，有10家境外公司（或联合体）向成都政府递交资格预审文件。项目评标委员会①通过对申请人资格、能力以及业绩等方面的综合审查，确定7家公司（或联合体）具备单独或联合竞拍资格，并发布竞拍邀请。

（4）1997年9月18日，成都市政府正式对外发售招标文件，通过预审资格的7家公司（或联合体）购买招标文件，成为潜在竞拍人。

（5）1997年10月20日至23日，成都市政府组织潜在投标人对项目现场进行实地考察，增加潜在投标人对项目的了解。

（6）1997年10月25日，成都市政府召开答疑会，对潜在竞拍企业的问题进行解答，并在投标截止日收到5个投标人递交的投标书。

（7）1998年2月27日至3月18日，成都市政府成立专家组对5个投标人递交的标书进行评估。

（8）1998年3月26日，专家组确定综合评分顺序依次为法国威望迪集团和日本丸红株式会社联合体、英国安格里昂有限公司和法国泰晤士水务集团。

（9）1998年4月27日，成都市政府与得分最高的法国威望迪集团和日本丸红株式会社联合体进行三轮谈判。

（10）1998年7月12日，成都市政府与法国威望迪集团和日本丸红株式会社联合体草签项目特许经营权协议和相关附件。该项目总投资为1.076亿美元，30%为资本金，约3200万美元，由项目公司股东投入，其中，法国威望迪集团占60%，日本丸红株式会社占40%，其余70%资本金由项目公司向亚洲开发银行和欧洲投资银行以及里昂信贷银行等5家商业银行融资，其中亚洲开发银行贷款2650万美元。

（11）1999年8月11日，成都市政府与法国威望迪集团和日本丸红株式会社联合体在北京正式签署《特许权协议》。特许经营期为18年，其中建设期2.5年，运营期15.5年，供水价格为0.96元/立方米，考虑价格上涨因素，整个特

① 由原国家计委、成都市政府和大地桥工咨询有限公司的官员和专家组成。

许经营期内的综合平均水价为1.27元/立方米。在18年的特许经营期内由项目公司负责项目的融资、设计、建设、运营和维护，并在特许经营期满后无偿移交给成都市政府或指定机构。该项目的实施标志着中国利用BOT模式吸引外资发展城市供水基础设施取得重要进展。

（12）2002年2月11日，成都通用水务——丸红城镇水务有限公司通过竣工验收，正式投入商业运营。

三、经验借鉴

成都自来水厂六厂B厂BOT项目通过公开拍卖，吸引国外多家供水企业参与竞拍，并选择出供水价格最低的企业——法国威望迪集团和日本丸红株式会社联合体获得该项目的特许经营权，这不仅解决项目的资金紧缺问题，还引进了先进技术和管理经验。因此，该项目的实施经验对于相关城市供水项目具有重要意义。下面本报告将对该项目的经验进行总结和分析，具体而言：

1. 具有规范公平的特许经营权拍卖程序

成都自来水厂六厂B厂BOT项目在特许经营权拍卖过程中，始终遵循公平、公正和公开原则，实行规范竞拍，保证相对较低的水价和高效的服务。具体而言，该项目从立项、审批、招投标、签约、建设、验收、移交到正式投入商业运营的过程，十分规范，同时通过公开拍卖特许经营权，最终将特许经营权分配给提供最低价格的法国威望迪集团和日本丸红株式会社的联合体。

2. 引进外国资本打破国有企业垄断经营

成都自来水厂六厂B厂是全国首批市政公用事业BOT模式试点项目，打破完全由地方政府垄断经营城市供水设施的传统模式，并通过特许经营权拍卖，吸引国际知名水务公司进行投资，有效解决政府投资不足的问题。该项目开创了外商投资城市供水的先例，对城市供水项目市场化改革具有重要的借鉴意义。

3. 产权改革试点提高项目的技术和管理水平

成都自来水厂六厂B厂BOT项目的实施不仅解决融资难题，也改善项目的运营效率和管理水平。该项目在建设过程中重视功能性、概念性和节约性，最大限度地实现工艺优化、土地面积优化和人员优化，降低投资和运营成本，提高项目的投资效益。

四、问题分析

尽管成都自来水厂六厂B厂项目解决融资难题，同时引进先进技术和管理经验，但该项目在特许经营权竞标过程中也存在一些问题，主要表现为：

1. 政府主管部门对供水需求量的预测存在偏差

在成都自来水厂六厂 B 厂建设期间，成都进行产业结构调整，推广城市节水，所以在该项目运营期间供水需求量并未大幅增加，相反由于耗水型企业的搬迁，节水器具的推广，居民节水意识的增强，成都实际供水需求量却有所下降。但是依据该项目的特许经营协议，成都政府指定成都自来水总公司每日向 B 厂购水 40 万立方米，即使需求量小于 40 万立方米也需按 40 万立方米来支付水费。由于预测偏差，成都自来水六厂 B 厂 BOT 项目正式运营后，成都自来水总公司开始由盈利转为亏损，这增加政府的经济负担。

2. 网络型与非网络型捆绑投资的不合理

由于供水涉及网络型投资和非网络型投资，一般需要“厂网分离”，政府负责管网投资建设，企业负责水厂的建设与运营。但该项目的特许经营企业负责厂和网的投资、建设与运营，其中 1.076 亿美元的总投资中的 60%用于管网建设，这增加项目公司的融资压力，同时也提高水价，降低消费者福利。

3. 特许经营协议的签约主体非直接监管部门

成都自来水厂六厂 B 厂 BOT 项目的签约主体为成都市人民政府，而非行业主管部门，这不利于项目实施、谈判以及运营监管，大大增加投资者与政府之间的信息不对称程度，也提高项目的融资难度以及项目实施中的不可抗拒风险。因此，对城市供水项目而言，应选择行业主管部门作为监管机构，这样才有助于特许经营权的分配与特许经营项目的监管。

案例二　马鞍山供水产权转让项目

马鞍山供水合资项目的资产重组、合资优良运营资产（水厂）与租赁管网资产相结合的改革模式十分新颖，同时其运营效率较高，管理水平较好，具有较强的社会影响力。

一、项目背景

马鞍山供水改革可以分为两个阶段：一是始于 2002 年的自来水厂合资改革；二是于 2004 年启动的供水系统全面合作。为引进先进的管理经验和新的管理机制，同时为企业筹集资金，促进该市城市供水事业的发展，同时也为了探索该市城市基础设施建设的新模式，马鞍山市政府决定尝试对马鞍山供水厂进行产权转让，并租赁管网的新模式探索。

2002 年 9 月最终选定北京首创，并签署自来水厂（马鞍山市第二水厂）的合资合同，成立马鞍山首创水务合资公司（北京首创股份有限公司持 60%股份），该合资公司与马鞍山自来水公司签订售水合同，不直接面对消费者。合同生效之后，合资公司在供水质量和管理效率方面都显现出明显优势，促进马鞍山市供水业的发展，供水销售量和利润都有所提升。

二、基本情况

2004 年，在与北京首创成功合资运作第二自来水厂的基础上，马鞍山市政府扩大合作范围，以马鞍山市的整个供水系统与北京首创展开全面合作。在新的合作关系中，供水企业的资产重组、合资优良运营资产（水厂）与租赁管网资产相结合的改革模式成为新的亮点。马鞍山供水资产（包括自来水厂、管网和其他资产）评估总价值为 4.8 亿元人民币，马鞍山市政府将其中的所有水厂进行整合，作为实物资产出资，以 4∶6 的股权比例，吸纳北京首创股份先进入，成立新的马鞍山首创水务有限责任公司，并由新的合资公司直接服务于消费者，并签署 30 年特许经营合同。马鞍山供水合资项目经营模式如图 10-1。

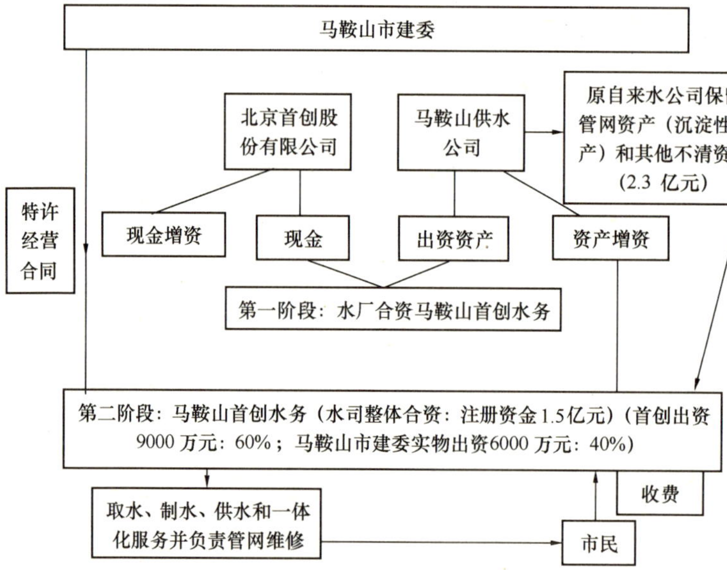

图 10-1 马鞍山供水合资项目经营模式图

与此同时，保留原马鞍山市自来水公司，由其持有原有的管网资产（沉淀性资产）。马鞍山首创水务有限责任公司与原马鞍山市自来水公司签署供水管网租赁合同，由合资公司租赁使用管网，并负责管网的维护和更新，以此确保供水管网与水厂的统一管理。根据合资合同规定，合资公司将负责新增管网的投资建设。

马鞍山供水资产的处置方式无疑是改革中的重要亮点，此外，马鞍山市的供水改革还具有其他特征，如：企业产权置换与职工身份置换；建立独立的专业化运营的董事会和现代企业制度；建立激励和考核机制；企业、政府、公众“三赢”理念等。

三、运作状况

首创股份的进入扩宽了马鞍山市供水企业的融资渠道。在马鞍山供水产权转让后，取得一定的效果，主要表现为硬件设施建设和技术改造、服务质量、企业的利润创收等方面，具体而言：

1. 技术改造与新增能力建设

通过合资投入资金 927 万余元，对重点设备以及工艺设施进行技术改造：2004 年共完成各类大小技改项目 44 项，设备完好率达 99.16%；通过对调度室 SCADA 系统的升级改造，加强生产调度能力；通过对水泵的改造，降低电耗。

投资 1800 多万元用于城区老管网改造与新管网建设：2004 年新开工管网 21 项，铺设管网 20.7 公里；两水分离改造工程 39 项，改造户数 7214 户；承接用户节水工程 325 项，完成水表改造 22290 户；启动满足城市经济发展需要的四水厂和向山镇供水工程的建设：从 2005 年 3 月开工至今，四水厂的主体工程已完成工作量 6200 多万元；投资 420 万元完成向山镇供水工程 *DN*100 以上的管线铺设；水表改造完成 2400 户。

2. 服务质量

在服务质量体系建设方面，目前投资 100 万建立客户服务中心，打造服务品牌，开通供水服务热线 247001 提供 24 小时服务，同时在马鞍山首创水务网站上公布最新的停水信息、月水质报告、水费查询以及各种客户关注的重要信息，建立客户服务中心，关心困难群众，逐步树立和培育“优质供水、诚挚服务”的理念，公众的满意度大大提高。

3. 利润创收

马鞍山供水产权转让后，净利润、主营业务收入和政府收入显著增加。政府补贴取消，营利增加，政府收入由无到有。同时，通过引进先进的管理理念和运营机制，将传统的自来水公司成功转变为现代化企业制运营公司，职工精神面貌有所改进，人均年收入由 1.2 万元提高到 2.2 万元。

四、经验借鉴

马鞍山市供水企业通过资产重组，促进了运营效率和管理水平的提高，同时也大大提升企业的社会知名度。以下方面值得其他水务企业借鉴，具体而言：

（1）提高管理水平。合资后的马鞍山首创水务有限公司聘请全国著名的专业咨询公司进行管理整合，构建起高效的组织机构框架；将二级机构编制数精简到31%，并重新优化业务流程；中层管理人员岗位编制数减少46%，中层管理人员全部竞聘上岗，一批优秀人才脱颖而出；推行全面绩效考评体系，提高工作效率。促进人力资源建设水平的提高，内容不断深化，各项体系建设有效推进，极大地提高该公司竞争力。

（2）提升服务水平。该公司成立伊始，提出“优质供水，至诚服务”的服务理念，改善和创新服务方式，深化优质供水服务，规范供水市场管理，先后投入100多万元建立客户服务中心，提供咨询、报装、报修、投诉、反馈为一体的“一站式”服务，增加客服人员力量配置，将供水服务延伸到自来水龙头；启动客户呼叫系统，开通24小时服务热线；抢修及时率维持100%。

（3）提供供水保障。合资后的三年内，该公司第四水厂、道路管网建设及技改方面累计投入资金近1.6亿元。目前城区供水覆盖面达到100%。同时，该公司建成第四水厂后使该市供水系统形成南北方向对置供水，大大提高供水能力。

（4）重视企业宣传。该公司自合资以来，不断加强企业文化建设和对外宣传力度，大力弘扬供水企业形象和精神，赢得较好的经济效益和社会效益，为社会各界和新闻媒体所关注，增加了企业的凝聚力、向心力和社会影响力。

第二节　排水与污水处理行业案例分析

案例一　江苏省常州市城北污水处理厂特许经营项目及其监管

一、项目背景

常州地处长江下游南岸，太湖流域水网平原，位于江苏省南部，长江三角洲中心地带，北携长江，南衔太湖，东望东海，与上海、南京、杭州皆等距相邻，扼江南地理要冲，与苏州、无锡联袂成片。其以“中吴要辅、八邑之都”的独特风韵，物华天宝，人文荟萃，既是一座历史文化名城，又是一座充满现代气息、经济发达的新兴工业城市。随着经济社会发展和人口大量增加，常州市水源危机和水质污染的问题开始凸显，城市生产、生活用水主要依靠河网水源，水质较差。同时，工业废水、生活污水及富含营养的农田排水直接进入河网，造成水体水质不断恶化。常州市城北污水处理厂始建于1995年，是常州市利用世界银行贷款建设的常州市污水治理一期工程的主体工程，隶属于常州市城市建设（集团）有限公司。该厂占地面积 5 公顷，设计处理能力达 15 万立方米/日，采用 A^2/O 工艺，是当时常州市规模最大的二级强化城市污水处理厂，分三期建成，每期各 5 万立方米/日的污水处理规模，服务范围覆盖常州市区中、北部、新北区及常州市高新技术工业园区，服务面积约 50 平方公里，服务人口约 60 万人，主要负责处理该市市区中、北部的生活污水和部分以印染废水为主的工业废水。因此，城北污水处理厂的安全、高效运行对保障常州市水质安全、改善水环境起到重要作用。

然而，常州市城北污水处理厂建成后由于受资金、体制等因素的困扰，传统的运营管理模式已难以满足城市发展的需要，加快引进外来投资者参与城北污水处理厂运营管理的需求十分迫切。2004 年初，常州市政府在总结 2003 年城市燃气合资项目成功经验的基础上，为盘活国有存量资产，加快市政公用事业市场化进程，多渠道筹集社会资金用于市政基础设施的建设与运营，根据国家及江苏省有关政策法规的要求，常州市政府决定采用 TOT（Transfer-Operation-Transfer）模式，向国内外的水务投资者公开招标转让常州市城北污水处理厂 20 年特许经营权。

二、特许经营过程

1. 招标程序

在城北污水处理厂项目招商的最初，常州市拟采用协议转让的方式引入一家环保投资公司，并已进入尽职调查阶段。然而，2004 年 3 月建设部颁布《市政公用事业特许经营管理办法》（建设部令 126 号），要求“政府按照有关法律、法规规定，通过市场竞争机制选择市政公用事业投资者或者经营者”，在综合分析利弊和听取招商顾问的建议下，城北污水处理厂主管部门常州市城乡建设局决定终止协议谈判的项目运作方式，并报请市政府批准采用公开招标的方式转让城北污水处理厂的特许经营权。2004 年 6 月 26 日，常州市政府作出同意批复，并由常州市城乡建设局作为行业主管部门会同市财政局、发改委、监察局组成项目领导小组，招标方为常州市城乡建设局、常州市城建集团、常州市排水管理处，分别代表行业主管部门、国有资产占有方和服务监管部门。2004 年 7 月，城北污水处理厂特许经营项目招标工作正式启动，整个招标过程主要经历了以下几个程序①。

① 黄坚，徐晓钟：《运用“TOT”方式转让城北污水处理厂特许经营权》，http://www.doc88.com/p-77632963856.html。

（1）招标信息发布。2004 年 7 月 23 日，招标方在包括《中国建设报》在内的各类媒体发布项目招商公告。公告发布后，该项目引起国内外多家水务公司的重视，包括法国通用水务、深圳水务、北京首创等近 20 家水务公司报名购买了资格预审文件。

（2）资格预审。招标方在发售资格预审文件的同时，设定了参加资格预审的主要条件。根据事先设定的资格预审主要条件，最终共有 12 家水务企业组成的 8 家投资者（或联合体）通过资格预审。

（3）招商文件编制。招标方事先编制了详细、完善的招商文件，在招商文件中同步提供了《特许经营协议》《经营权转让协议》和《污水处理服务协议》，对未来双方的权利义务、服务质量和政府监管等方面作了详细约定，明确了项目实施范围、土地使用、转让期限、污水处理量、转让价款支付、污水处理单价调整、污水处理费计价方式、水质标准、污泥处置、重置和大修、项目设施移交、税收、人员安置、提前终止补偿等 14 个项目转让的核心条件，并明确如果投标人对核心条件有实质性不响应，将作为废标处理。同时，招商文件详细描述了项目转让的法律、财务和程序要求，为投资人进行财务测算减少了许多不确定因素①。

（4）调查与释疑。招商文件发售后，招标方组织投资人进行尽职调查和现场勘看，并分四个阶段对项目进行澄清，针对投资人的提问发出 167 条答复，使得投资人对城北污水处理厂项目以及招商文件有全面、准确的了解和掌握。这是投资人按照招商文件要求撰写投资建议书的关键环节。

2. 评标程序

（1）投资建议书评审。2004 年 11 月 30 日，共有 5 家投资者按时递交项目投资建议书。招标方组织专家对投资建议书进行评审，评审分两个阶段进行：一是形式审查，主要审查投资建议书是否对招商文件有实质性不响应，如有即作为废标处理；二是专家评审，首先由抽签确定专家评审委员会，然后按照财务、技术、法律和报价等内容，由评审委员会进行综合评分并确定排名顺序。

（2）项目谈判与中标。2005 年 1 月，招标方组织投资建议书评审前 3 名的投资人进行项目谈判，谈判持续了 3 天。最终，深圳水务（集团）有限公司在商务报价排名第三、综合评审排名第二的情况下，在最后谈判阶段凭借其全面、详尽、可行的技术方案及规范的运营管理方案中标，并于 2005 年 2 月 3 日与招标方完成协议草签。

3. 特许经营协议签订

2005 年 4 月，深圳水务（集团）有限公司先后与常州市城乡建设局、常州

---

① 束惠萍．常州市城北污水处理厂经营权转让思考［J］．城市公用事业，2008，1.

市城市建设（集团）有限公司和常州市排水管理处分别签订了特许经营协议、经营权转让协议和污水处理服务协议，如图 10-2 所示。

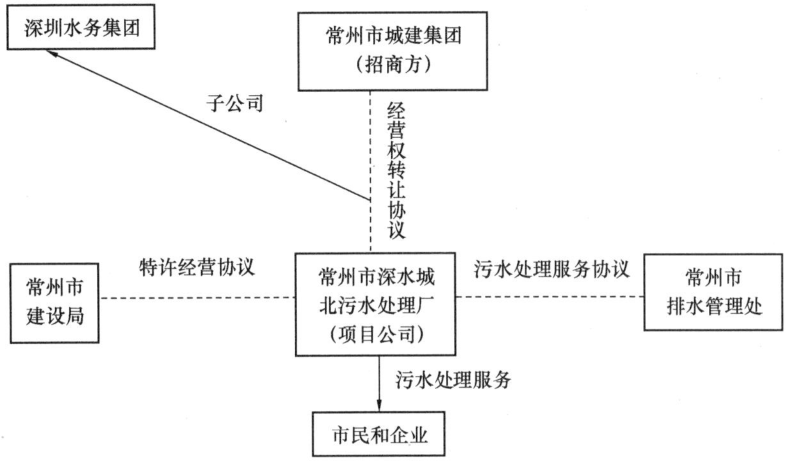

图 10-2　常州市城北污水处理厂的特许经营模式

其中，常州市城乡建设局作为行业主管部门，代表常州市政府与深圳市水务（集团）有限公司签署了《常州市城北污水处理厂经营权转让项目特许经营协议》，市建设局授予深圳水务集团（包括其依本协议的规定将成立的项目公司）本项目的 TOT 特许经营权。深圳水务（集团）有限公司成立项目公司，注册资本 5040 万元，按协议规定在特许经营期内经营城北污水处理厂的设施，从事污水处理并收取污水处理服务费，20 年特许经营期满后，项目公司将无偿移交城北污水处理厂给资产所有人。

常州市城市建设（集团）有限公司作为城北污水处理厂国有资产的授权管理单位，与项目公司签署了《常州市城北污水处理厂经营权转让协议》，将污水处理厂特许经营权转让给项目公司，转让总价为 1.68 亿元人民币。协议规定城建集团协助获得批准、移交公共设施、不干预运营以及项目公司对项目设施谨慎使用维护、环境保护、土地使用等义务和责任。

常州市排水管理处作为污水处理厂监管机构，与项目公司签署了《常州市城北污水处理厂污水处理服务协议》，规定了排水管理处免费供应进水、保证水量以及项目公司连续提供污水处理服务、污水达标排放等义务和责任。

三、特许经营项目的实施

1. 项目融资

根据《常州市城北污水处理厂经营权转让协议》规定，TOT 转让交易金额为1.68亿元，其中项目公司的自有资金占30%。项目最终实际投资总额17640万元，其中，深圳市水务投资公司直接贷款投入注册资本5040万元，向深圳市国开行贷款1800万元，项目公司经常州市城建集团书面同意，以常州市城北污水处理厂经营期内污水处理服务费收费权质押、并且由深圳市水务投资有限公司作全额连带责任保证，向建行深圳市分行申请固定资产贷款人民币10800万元。

2. 设施移交

特许经营协议草签后，由协议双方专门成立设施移交小组，并由常州市排水管理处负责制定详细的移交方案，确定移交清单，签订移交协议。其中移交清单的编制尤为重要，主要分为项目设施、公用设施、备品备件、技术资料、人员移交等五个方面，仅项目设施、设备移交清单就列了800多项。

3. 设施运营

（1）工艺技术。项目公司成立后，深圳水务集团根据投资建议书的承诺，采取了一系列有效措施提高污水处理厂的运行质量：一是对影响运行工艺的主要设备进行更新、改造，一期包括提升泵、鼓风机、脱水机等80多项内容，总投资近700万元。二是利用技术优势，安装开发MAXIMO设备管理系统，建立水质分析模型，改善工艺控制技术，提高出水水质保障。三是实现污泥无害化处置和资源化利用，通过与政府建立良好的伙伴关系，将污泥处置方式由原来的填埋变为焚烧发电，项目每天产生污泥约350吨，全部委托常州广源热电有限公司焚烧处理，少量的生活垃圾送环卫部门统一处理。四是节能降耗效果显著，项目公司与供电局签订大工业用电合同，使用电单耗大大降低，同时公司加强职工环保节能教育工作，使节能降耗真正落到实处。

（2）经营管理。项目公司购买了财产一切险、设备意外险、第三者责任险和员工人身安全险等4类保险，同时对厂区绿化管养、安全保卫和卫生工作等非主营业务采取社会化管理，项目公司将主要力量集中到设施和工艺运行上。在管理水平上，项目公司先后建立了ISO14001环境管理体系、ISO9001质量管理体系和OHSAS18001职业健康管理体系，并制订了绩效工资考核制度、污水运行班的考核细则、污泥脱水班的考核细则，每月组织考核，年底汇总考评。通过绩效考核，实现公司目标与部门目标、个人目标的统一，提高了工作执行力，也为公司的绩效分配、工资调档、评优评先、岗位调整及培训安排提供了依据，极大程度地促进职工的工作积极性。此外，项目公司自2012年起全面推行5S管理，成立了5S推行组织，制定5S活动的推行目标、指导方针及实施方案，通过定点摄影、定期检查、红牌作战等方式逐步推进5S活动，在提高员工自身素养的同时提高了工作效率和安全意识，提升了企业品质。

4. 协议变更与补充

(1) 项目公司变更。2006 年 9 月，深圳水务集团将其持有的项目股权全额转让给深圳市水务投资公司并办理了工商变更手续，变更后深圳市水务投资公司 100%持有项目股权，以 TOT 方式单独运作常州市城北污水处理厂。2008 年 6 月，经工商部门批准，项目主体名称由“常州市城北污水处理有限公司”变更为“常州市深水城北污水处理有限公司”。

(2) 项目提标改造。为控制太湖水质富营养化现象，2008 年江苏省政府要求对现有污水处理站一、二、三期进行一级 A 深度处理工艺的提标改造，使尾水中化学需氧量、氨氮、总磷、总氮等主要污染物的排放浓度符合《太湖地区城镇污水处理厂及重点工业行业主要水污染物排放限值》DB 32/1072—2007 的标准，悬浮物、五日生化需氧量、石油类、动植物油的排放浓度符合《城镇污水处理厂污染物排放标准》GB 18918—2002 的一级 A 标准，pH 值、色度亦符合该标准；挥发酚的排放浓度符合《污水综合排放标准》GB 8978—1996 的一级标准。提标改造工程总投资 1.3 亿元，历时一年半，在城北污水处理厂原厂址及东南侧新征用地上进行，与原城北污水处理厂 TOT 项目为同一个经营主体，同在一个厂区，工艺运行连贯不可分。但由于提标改造后的经营范围与特许经营协议签订之初的项目边界条件发生了变化，2012 年 12 月，常州市深水城北污水处理有限公司与常州市城乡建设局签订城北污水处理厂一级 A 委托运营协议。

四、特许经营项目的实施效果

在正式签订特许经营合同之后，深圳水务集团成立项目公司具体负责常州市城北污水处理厂的运营，把传统的污水处理厂转变成为现代企业运营的公司，污水处理运行情况良好，管理水平大幅提升，取得了良好的经济效益和环境效益。

从经济效益看，截至 2012 年 12 月 31 日，公司总资产 1.37 亿元，总负债 7147 万元；净资产从成立初期的 5160 万元增长到 2012 年末的 6520 万元，平均增幅 4.39%；营业收入从 2006 年的 3059 万元增至 2012 年的 5186 万元，平均增幅 11.59%；员工可支配收入年增长 5%～8%，股东投资多年综合年回报率达到 8%。

从环境效益看，随着常州市产业结构的调整，城北污水处理厂服务区域内的重污染工业企业越来越少，进厂污水中工业废水比例越来越低，进水污染物浓度也逐年下降，到 2011 年后逐步趋于平稳，目前项目公司出水水质已远远优于国家《城镇污水处理厂污染物排放标准》GB 18918—2002 的一级 A 标准最严格的排放标准 GB18918-2002 一级 A 标准，整体经营态势良好。

五、特许经营项目的政府监管与经验启示

常州市城北污水处理厂特许经营经营权转让项目是国内第一个公开招标成功的不转让资产的污水处理 TOT 项目。该项目的成功实施为地方政府实施水务特许经营改革提供了新的思路，尤其在特许经营模式、特许经营招投标监管、监管体制、运营监管等方面具有诸多优势和经验，促进了社会资源的合理配置，提高了资源利用效率，更重要的是促使政府转变观念和转变职能，对其他城市水务项目实施特许经营具有重要的借鉴意义和示范价值。

1. 特许经营模式的选择与政府责任

水务特许经营 TOT 项目中，常见的竞标方式有两种：一是固定经营权转让价，竞投污水处理服务初始单价，如常州市城北污水处理厂 TOT 项目；二是固定污水处理服务初始单价，竞投经营权转让价，如合肥市王小郢污水处理厂 TOT 项目。第一种竞投初始服务单价的方式，如果转让价设定合理，可以鼓励投资者通过各种方案优化、提高管理水平来降低污水处理成本，使政府和公众能花更少的钱来享受高质量的污水处理服务。而第二种竞投经营权转让价的方式，则鼓励投资者以高报价来获取项目经营权，其后通过提高污水处理服务费来收回高报价及利润，最终还是由政府和公众用更高的付费水平买单。第二种竞标方式往往会产生高溢价的现象，但项目的投资回报建立在日后支付较高污水处理服务费的基础上，实际上是政府将责任转嫁给了社会公众和下一届政府，而并非真正意义的投资增值溢价。

常州市政府在选择特许经营模式时，将城北污水处理厂 TOT 项目的基本目标定位为：促进市政公用行业管理机制的转换，改善设施运营管理水平，而将引进社会资金作为第二层次的目标。因此，城北污水处理厂 TOT 项目选用竞投初始服务单价的竞标方式，并不是一味追求资产转让价最大化，真正让老百姓成为项目特许经营后的最大受益者。同时，由于政府担心资产所有权被经营者用于抵押融资等其他用途，城北污水处理厂 TOT 项目仅转让资产运营权，不转让资产所有权，特许经营期满后，城北污水处理厂将无偿转移给资产所有者。因此。由于项目资产所有权未发生变更，避免了资产所有者与经营者之间因资产评估而发生的争议，减少了许多讨价还价的工作，同时也简化了移交手续。

2. 特许经营招投标监管

水务特许经营项目招投标不同于一般的工程招投标，对招商方案和项目结构设计尤为关键和特殊，不能简单地生搬硬套。常州市政府聘请了具有水务特许经营招投标经验的咨询公司提供了全过程的招商顾问服务，包括编制招商方案、综合评标、编制项目协议文本等。负责项目牵头运作的常州市城乡建设局始终坚信

“显失公平的合同是不长久的合同”的观点，主动换位思考，使项目招商文件及协议文本尽可能体现风险分担和权利义务平衡的原则，技术细节强调可操作性、政府监管较为明确，得到了参与项目竞标的投资者的好评。

在编制招标方案过程中，根据常州市政府确立的招商方案总体框架，在招商、法律和技术顾问的协助下，招标方先后向各政府部门发出政策征询确认函10余封，历时两个多月，反复修订、完善招标方案，包含了项目现状与招商目标的结合、招商重要边界条件的设置、交易结构设计及人员安置等重要内容，对一些招标条件尽量做到固化。正是由于前期细致的准备工作，很大程度上缩短了后期谈判周期，从而大大缩短签约时间。

在评标方面，城北污水处理厂TOT项目采用综合评审原则，即总评分中不但重视投资者的商务报价（60%），也综合考虑投资者在技术方案、财务方案、法律人事方案等其他方面的规划、说明与承诺，并通过在招商文件中事先规定综合评审原则和各方案的得分占比，引导投资人不是一味追求最具竞争性的商务报价（服务单价低或转让价高）。最终中标的深圳水务（集团）有限公司并不是商务报价最高者，而是凭借其具有吸引力的技术方案和运营管理方案中标。

在项目协议文本编制方面，充分考虑了协议文本的可操作性，同时体现合理的风险分担机制，按照“谁最有能力控制的风险由谁承担”的风险管理原则，平衡协议双方的权利义务，避免将大部分风险由政府或投资者单一方面承担的不合理情况。如在特许经营协议中设定调价公式和物价部门价格审核和听证方式，服务协议中明确服务质量标准，经营权转让协议明确了设备维护、经营计划、定期报告等内容。对一些不能细化的内容也保留相应的解决机制，并尝试解决了一些监管的技术难题，如用控制液位来监管项目公司最低污水处理义务、采用在线监控系统加强监管力度等。

3. 特许经营监管体制

为保证城北污水处理厂TOT项目的顺利推进和操作的公开、公平、公正，常州市城乡建设局作为行业主管部门会同市财政局、发改委、监察局组成项目领导小组，通过联席会议制度，及时对项目招商的重大问题做出决策并进行协调，对相关技术问题进行有效指导，对招标实行全过程监督。

根据常州市1993年出台的《城市排水管理办法》，常州市城乡建设局是城市污水处理的主管部门，其下属单位常州市排水管理处主要承担常州市区生活污水（含部分工业废水）的处理，全市市区污水处理设施的规划、建设、运行、监管和污水处理费征收等工作职能，现有职工200多人。为加强对城北污水处理厂的监管，常州市进一步明确了监管主体的职责和监管依据，建立了行政监管和合同监督两种机制：建设、国资、环保、物价等行业主管部门依其行政职权进行行业监管，经营权转让人和排水管理机构依据项目协议进行合同监督。同时，公众可以通过舆论媒体和举报等制度进行社会监督。

常州市城乡建设局作为行业主管部门，对城北污水处理厂 TOT 项目的监管思路主要体现在三方面。一是监管是手段不是目的，如设立特派员制度、年度考核加分并给予适当奖励，以及对于超过基本处理能力范围之外多处理的污水，提高价格补偿比例；二是过程监管和结果监管相结合，注重结果监管，以必要的资产监管和服务质量监管的过程来保证结果监管；三是依法监管，依合同监督，最大限度不干涉项目公司的正常运营管理。

4. 特许经营项目的运营监管

对城北污水处理厂 TOT 项目运营监管的主要依据是项目协议，主要由经营权转让人和排水管理机构负责实施。日常监管采取对监管方的检查、抽查、在线仪表的监控、服务的定期考核等方式，通过对运营商运营能力定期和不定期的评估，评判运营商的能力和运营的总体状况以及评价运营监管是否满足服务协议的要求。通过设立监督员、日常监测、不定期抽查、定期评估、专项调查和举报等方式，对项目公司的服务质量进行监管，设置了较为全面的违约处理机制，约束项目公司的行为。建立了每半年的综合考核机制，常州市排水管理处按照协议，根据考核结果向项目公司支付污水处理运营服务费，若项目公司运行质量较好或能积极履行和承担社会公共义务和责任的，政府将给予相应的奖励，若考核不合格，则核减部分运营服务费。污水处理运营服务费的价格调整由项目公司申请，常州市排水管理处和城乡建设局依据协议分别进行初审和审定。

案例二　池州污水处理公私合作（PPP）项目

一、项目背景

2014 年，中国经济下行压力严重，新型城镇化是稳增长、促改革、调结构、惠民生的重要抓手，在基础设施和公共服务领域推广政府与社会资本合作模式，可以拓宽城镇化建设融资渠道，形成多元化、可持续的资金投入机制，一方面有利于缓解地方政府的债务危机，同时有利于整合社会资源，盘活社会存量资本，激发民间投资活力，拓展企业发展空间，提升经济增长动力，促进经济结构调整和转型升级。为此，2014 年 9 月，财政部印发《关于推广运用政府和社会资本合作模式有关问题的通知》(财金〔2014〕76 号)，提出要探索运用规范的政府和社会资本合作模式新建或改造一批基础设施项目，并在全国范围内选择一批以“使用者付费”为基础的项目进行示范。示范项目要重点关注城市基础设施及公共服务领域，应当具有价格调整机制相对灵活、市场化程度相对较高、投资规模相对较大、需求长期稳定等特点。

池州市位于安徽省西南部，北临长江，南接黄山，西望庐山，东与芜湖相接，下辖贵池区、东至县、石台县和青阳县，池州市总面积8272平方公里，人口162万，是长江南岸重要的滨江港口城市，皖江城市带承接产业转移示范区城市。为解决不断增长的污水处理需求，池州市着力提高污水管网覆盖率，加快配套管网建设工程进度，提升污水处理厂总处理能力。2013年，池州市城市建成区污水处理厂集中处理率为91.26%，污水管网覆盖密度为每公里14.46公里，县级以上城市污水处理能力为11.3万吨/日，县城以上主城区基本实现雨污分流。2014年，池州市将进一步加强贵池中心区及中心镇污水管网建设，不断完善主城区雨污分流，主要是对老旧小区雨污分流进行改造；对城区排水管网进行改造，主要是对雨水管网进行改造，新建或改造雨水和污水管网20千米，开展墩上、马衙、秋江等中心镇（街）管网建设，新建污水管网18千米。

为盘活现有的存量资产，提高设施的管理水平和运营效率，解决设施建设资金来源不足的问题，结合财政部对PPP项目的要求和政策支持，池州市政府决定对污水处理设施实施“厂网一体、以市带县”的PPP模式。该项目特许经营期26年，包括已建污水处理厂2座、处理能力10万吨/日（清溪污水处理厂一期4万吨/日、二期4万吨/日，城东污水处理厂2万吨/日）；已建排水管网约750公里；已建污水泵站7座（合计10.45万吨/日污水提升能力）；规划新建污水处理厂3座（6.5万吨/日）、排水管网554公里等污水处理及市政排水设施。其中，存量设施即已建污水处理厂和管网，2005年起由深圳水务运营，至今运营十年，希望当地政府回购；增量设施是要在主城区和下辖县新建的污水处理厂和管网。项目计划分两期实施，一期项目以主城区为试点，采用“厂网一体”运营模式，将污水处理厂和排水管网项目整合。二期项目包括青阳、东至、石台三县及江南产业集中区。2014年11月，该项目经安徽省推荐，入选首批国家PPP示范项目，旨在形成可复制、可推广的实施范例。

二、PPP过程

1. 基础准备工作

（1）项目筛选。池州市根据城市总体规划及有关专项规划的要求，组织编制PPP项目库。结合池州的实际情况，当务之急是解决存量设施，因此市政府决定首先选择污水处理项目厂网一体（主城区）实施。

（2）资产评估。聘请业绩良好的资产评估公司对主城区已建污水处理厂及排水设施的资产进行合理评估，确定拟转让数额。经评估，将市区及各县区项目整体打捆，包括污水处理厂、市政排水管网、泵站，总投资约41.45亿元。

（3）制定实施方案。为加快推进PPP模式的实施，池州市政府聘请了专业的咨询机构专门制订了《池州市污水处理设施PPP工作实施方案》。咨询机构在详细调查的基础上制定可操作的实施工作方案，实施工作方案在市相关部门认真研究的基础上修改完善，报市政府批准后实施。其中重点确定好投资人选择方式、选择标准；项目结构和合同结构；主要项目条件；利益共享和风险责任分担原则；招标工作计划（包括人员组织、招标程序及相应时间安排）；财务测算和编制财务模型、主要的财务报表；《特许经营协议》等。其中，《特许经营协议》的主要内容包括项目结构和协议关系、特许经营公司负责的经营范围、经营期和经营区域、服务标准，购买服务收费标准和调价、特许经营期结束后的移交标准、项目公司的权力义务、违约责任、终止及补偿等。

根据实施方案的要求，池州市人民政府或授权主体将与选定的投资人按照80%和20%比例合资组建项目公司。污水处理厂的具体经营模式是TOT，管网的模式是政府购买服务，特许经营期为26年。期满终止时，项目公司将设施的所有权、使用权无偿交还政府。政府每年支付污水处理服务费和排水设施服务费。

2. 项目招投标

（1）招标准备。在资产评估的基础上，根据实施方案的要求，开始确定招标组织单位，合理安排招标工作协作和责任分工，并将需要在招标文件中体现的条件予以落实，据以编制资格预审文件和招标文件。为防止竞标企业良莠不齐，池州市政府最初对竞标企业的要求是：净资产2～3亿，具有污水处理5万吨以上的经验，污水管网100公里以上的管理经验。但为避免由于竞争不足（投标企业不足三家）导致流标，最终的资格预审条件在经验规定、资产规模等方面适当放宽了。

（2）资格预审。2014年7月，众多国内的环保水务公司受邀与招商部门进行了初步接触，但柏林水务、威立雅等跨国水务巨头没有参与接触，主要是由于该PPP项目要求设立的项目公司（SPV）须由社会资本控股，若是外资来控股，需要经过商务部的审核。最终，深圳水务集团、北京排水集团、国祯环保和首创集团四家公司受邀并符合投标条件。这四家公司仅有国祯环保为安徽的本土民营企业，其他三家均为安徽省外的国有控股企业。其中，深圳水务集团投资运营了深州市97%的供水业务及特区内99%的污水处理设施，而且过去十年一直负责运营池州已建污水处理厂；北京排水集团基本负责北京市主城区污水处理设施项目的投资建设和运营；首创集团则在全国16个地区的40个城市拥有参控股水务项目，特许经营项目运营经验十分丰富；国祯环保作为参加竞标的唯一一家民营企业，也是安徽当地的企业，尽管没有管网投资建设的经验，但也具备500多公里管网的运营经验。

(3) 招标与评标。编制完招标文件，发出投标邀请函之后，招标正式开始，接到邀请函的投标人决定是否参加投标，并在购买招标文件后准备相应的投标文件，最终四家公司全部参与投标。为保证评标的科学性与公正性，池州市聘请国内污水处理行业技术、财务和法律方面的资深专家组成评标委员会。值得一提的是，为防止恶意报价影响招标结果，招标单位与池州财政部门沟通设置了拦标价，通过成本测算，最终确定的拦标价是每吨污水处理费 0.89 元，变动幅度不超过 10%。设置拦标价，一方面避免投标报价太高，加重政府的财政负担，另一方面避免拦标价弹性太大，导致投标报价太低，利润空间过低难以保障服务质量。

为了在价格上避免恶性竞争，同时保证服务质量，评标过程中综合考虑投标人的技术、财务实力以及其投标报价等综合因素，评标采取的是合理价中标，而不是仅以投标报价确定中标人，以避免出现个别投标人利用恶意报价以谋取中标的情况。合理价中标包含成本、平均价下浮比例、技术实力、项目经验、融资能力、项目报价等要素，其中价格占比 50%。报价之后，项目主管方对投资商的相关成本数据和收益水平进行比较，并对价格进行了整体的比较分析和测算。经过综合评估之后，专家得出结论：深圳水务公司中标。其中就受让价格而言，在污水处理厂的报价中，首创集团最低，每吨 0.79 元，深圳水务是 0.81 元，北排集团是 0.82 元，国祯环保是 0.85 元，四家公司的报价距离政府拦标价每吨 0.89 元都还有一段距离。在污水管网的报价中，北排最低，每公里每年 8.8 万元，首创是 9.7 万元，深圳水务是 9.9 万元，国祯环保是 10 万元。

(4) 协议谈判。确定评标结果后，与《评标办法》中确定的谈判对象，即排名靠前的中标候选人——深圳水务集团就《特许经营协议》、《资产转让协议》等相关合作文件进行具体的谈判，直至双方达成一致意见。

3. 特许经营协议签订

根据招标文件，中标的深圳水务集团与池州市水业投资有限公司按 8∶2 的投资比例合作成立项目公司——池州市排水有限公司，并签订项目公司《合资协议》。

2014 年 12 月 29 日上午，池州市污水处理及市政排水设施购买服务项目签约暨项目公司揭牌仪式举行，成为财政部和住建部确立的 30 家首批 PPP 试点项目中第一个正式签约的项目，池州污水处理 PPP 模式如图 10-3 所示。

会上，池州市水业投资有限公司与池州市排水有限公司签署《资产转让协议》，将主城区已建的清溪污水处理厂（一期、二期）、城东污水处理厂、排水设施等转让给项目公司。同时，池州市人民政府授权市住建委与项目公司签署《特许经营协议》，授予项目公司对污水处理厂及排水设施的特许经营权，特许经营期 26 年。项目公司在特许期内投资建设规划中的污水处理厂及排水设施等，负

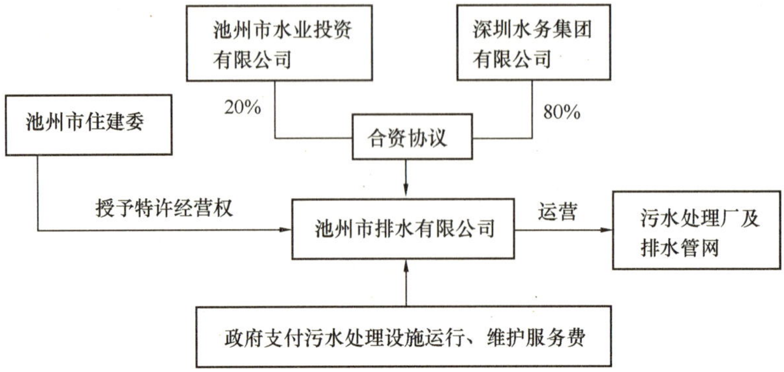

图 10-3　池州市污水处理 PPP 模式

责运营、维护和更新再有污水处理厂及排水设施，在特许经营期及购买服务合同期满后，将正常运行情况下的上述设施无偿、完好地移交给池州市人民政府或其指定机构。对于改扩建项目、新建项目，参照《特许经营协议》中约定的相关原则，另行签订补充实施协议。在付费方面，池州市人民政府或其授权主体根据项目公司提供服务情况，按照《特许经营协议》的规定，向项目公司支付污水处理设施运行、维护服务费。

三、项目的政府监管

1. 细化完善项目合同文本

按照国家现行法律法规的要求，行业主管部门、财政部门、专业技术机构及其他相关部门共同商议拟定《特许经营协议》、《资产转让协议》、《项目公司股东协议》三个规范性协议，对项目的功能和绩效要求、付款和调整机制、争议解决程序、退出安排等关键内容进行约定，明确投资人和政府的职责及权利。

2. 制定动态调价机制

池州市审计局牵头建立完善成本监审机制，加强价格监审；建立调价机制，根据运营质量情况、市场价格水平建立服务费调价机制。在特许经营期内，依据《特许经营协议》的基准价格及池州市统计部门公布的相关数据每满三年调整一次服务费单价。

3. 绩效考评

一是污水处理厂运营考核。根据《特许经营协议》对污水处理厂的进出水水质水量以及排水设施的维护进行监管，监管的数据作为财政部门支付购买服务费的依据。二是排水设施运营维护考核。池州市制订《池州市排水设施维护管理技术规程》、《排水管网维护管理质量季度考核表》和《排水管网维护管理质量日常考核表》。排水设施维护的考核以季度为单位进行，实行打分制并设定及格线为85分，考核结果与投资人收益挂钩。三是建立中期评估机制。特许经营期间每3～5年委托第三方机构进行一次中期评估，对合同双方履约情况进行综合评估，指导调整合同履行。

4. 明确项目退出机制

特许经营期满后，项目公司应向池州市政府或其指定机构完好移交项目设施的所有权益。在项目移交前，项目公司应对本项目设施进行彻底维修。池州市政府与项目公司签署的《特许经营协议》中明确了退出机制，项目公司或市政府如发生违约事件以及发生不可抗力等情况下，项目可提前终止，双方按照《特许经营协议》等的规定，履行相关退出程序和支付补偿等。

四、项目实施的经验启示

（1）建立多部门协调机制。在PPP项目实施启动时，成立以池州市政府主要领导为组长的工作领导小组，并从市发改委、财政局、国资委、金融办、住建委、审计局、环保局、城投公司、招标局等相关单位抽调专业技术人员组成各专项工作组。其中市财政局牵头负责资产评估、收益测算、融资成本等工作；市住建委牵头负责项目实施方案、综合单价测算、服务标准制定等工作；市财政局和住建委共同牵头负责招标谈判工作。

（2）项目的前期准备充分。池州市首先根据规划和当地的实际情况，编制了PPP项目库，对于主城区已建污水处理厂及排水设施，为防止公共资产流失和贱卖，聘请了业绩良好的资产评估公司对存量资产进行评估，合理确定了转让金额。为规范PPP模式的实施，池州市政府聘请了专业的咨询机构制订了《池州市污水处理设施PPP工作实施方案》，确定了投资人选择方式、选择标准，项目结构和合同结构，主要项目条件，利益共享和风险责任分担原则，招标工作计划，财务测算和编制财务模型、主要的财务报表，《特许经营协议》等。

（3）加强项目的事中事后监管。在平等协商的基础上，拟定并签订了《特许经营协议》《资产转让协议》《项目公司股东协议》三个规范性协议，对项目的功能和绩效要求、付款和调整机制、争议解决程序、退出安排等关键内容进行约定，明确投资人和政府的职责及权利。为保障社会资本的合理回报和提升服务绩效，建立了与绩效相挂钩的计付费制度，要求对污水处理厂运营和排水设施维护进行考核，考核结果与投资人收益挂钩。同时建立中期评估机制，每3～5年委托第三方机构对履约情况进行综合评估，指导调整合同履行，如项目公司发生违约事件，项目甚至可提前终止。

（4）改革融资与价格机制。为节约项目融资成本，池州市政府组织了银行招标，最终中国银行以贷款时间 15 年、利率下浮 10%的条件中标，不仅延长了项目贷款的期限，更符合污水 PPP 项目周期长、初期投资高的特点，而且直接降低了融资成本。在价格机制上，建立并完善了服务费调价机制和成本监审机制，根据项目运营质量情况和相关数据，每三年调整一次服务费单价。

（5）完善招投标制度。一是明确投资人准入条件。通过前期调查和分析，结合国内行业发展情况和项目特点，合理确定了投资人投标资格和准入条件。二是投资人选择方式，采用公开邀请招标的方式确定投资人。三是标的设定。在明确限定内部收益率≤8.0%、融资成本（贷款利率）≤6.55%、综合费率≤7.0%等指标的基础上，设定资产转让价格、特许经营期和基本水量等边界条件，把服务费单价作为主要标的。四是设置拦标价。为防止恶意报价，通过成本测算，最终确定拦标价是每吨污水处理费 0.89 元，变动幅度上下不超过 10%。五是综合评标。着重对投标人财务实力、资质荣誉、业绩经验、技术能力、财务方案、人员配置方案、技术方案和法律方案等综合能力的审核和评估。

（6）政府参与组建项目公司（SPV）。以往一般采用的 TOT、BT 等方式，大都由社会资本完全出资，而政府不出资或仅以其他资产来担保。但池州项目为加强政府和社会资本的合作，池州自来水公司出资 20%股份，社会资本出资 80%股份，双方合作成立合资项目公司，即特殊目的机构（SPV），并由政府提供财政补贴。

（7）探索厂网一体化的 PPP 模式。污水处理厂和排水管网共同组成了完整的排水系统，而以往单厂特许经营的模式人为割裂了排水设施的系统性和整体性，为提升排水设施的整体效率，池州项目采取了厂网一体化的 PPP 模式，将污水处理厂和排水管网打包整体招标。

第三节　燃气行业案例分析

案例一　广东省管道燃气价格改革试点及思考[①]

自 1987 年中国开始出台天然气价格管理政策以来，至今已走过了近 30 个年

① 本案例参考了以下文献：戴国军：《广东省管道燃气价格管理的实践与思考》；汤斌：《关于管道燃气价格体系的探讨》；姜润宇主编：《城市燃气》；王晋：《关于管道燃气初装费与价格机制问题的探讨》；《完善价格管理促进能源节约广东省出台管道燃气价格管理办法》，《市场经济与价格》2013（01）。

头。天然气定价机制随着市场的发展不断与时俱进，由政府定价逐渐向市场化定价过渡。截至目前，天然气价格改革已经到了市场化定价的关键阶段。特别是随着2013年市场净回值法向全国的推广以及2014年的上调存量气门站价，中国天然气市场化定价进程已然迈出了最为关键的两步。

一、广东省管道燃气价格改革试点的背景

中国天然气价格机制共经历了政府定价、“双轨制”、政府指导价以及市场化定价四个阶段，广东省的价格试点是中国天然气价格市场化的尝试和起点。

1. 政府定价为主阶段（1993年以前）

在1993年以前，天然气勘探量少且受到管道的限制，天然气分为计划内和计划外两种类型，天然气定价基本上以政府定价为主。在这个阶段，天然气占能源消费比例很低，采取成本加成的定价方法为主，总的来说天然气价格水平很低。

2. “双轨制”价格阶段（1993年～2002年）

1994年5月1日，国家对自销天然气井口价格管理采取国家指导价，即计划内采用国家定价和计划外采用国家计划指导价并存的天然气价格管理格局。自此开始了新的价格管理阶段。

1997年3月，国家计委对四川天然气价格计划内用气价格计划内气价和自销气价格“并轨”，对用户实行综合结算价，其他油田依然保留自销气价格。

2002年1月，国家计委对天然气价格结构进行改革，将天然气净化费与天然气井口价合并，统称为天然气出厂价。中国天然气价格链上便只剩下出厂价、管输费和配送气服务费，天然气出厂价和城市配送气价采取的是用户结构价，即分为居民和非居民。

3. 政府统一指导价阶段（2003年～2010年）

2003年9月28日，国家发改委发布关于西气东输天然气有关价格的通知，核定西气东输出厂基准价为0.48元/m^3，明确提出试行政府指导价，具体价格可在上下10%的浮动范围内协商确定，并将干线分输站以下的输配气价以及销售价格交由省级物价部门确定。随后，在忠武线、陕京线的定价问题上均采用这种价格管理方式。

2005年12月26日，国家发改委在价格文件中提出，为增加政府定价的灵活性，更好地反映市场供求，决定将天然气出厂价改为统一实行国家指导价，其中一档气出厂价可以在国家规定的基准价基础上，在上下10%的范围内浮动，由供需双方协商确定；二档气出厂价在国家规定的基准基础上上浮20%，下浮幅度不限（川渝气田、长庆油田、青海油田、新疆油田的全部天然气及大港、辽

河、中原等油田计划内天然气为一档价格气，除此之外的其他天然气为二档价格气）。同时，国家发改委还决定，天然气出厂基准价每年调整一次，调整系数根据原油、液化石油气、煤炭五年移动平均变化情况，分别按照40%、20%和40%加权平均确定，相邻年度的调整幅度最大不超过8%；在3～5年内将一档气出厂基准价逐步调整到二档气出厂基准价水平。

随后几年，国家发改委逐步上调天然气价格。2007年11月8日，国家发改委出台《国家发改委关于调整成品油价格的通知》，提高了工业用天然气出厂基准价：各陆上油气田（包括西气东输、忠武线、陕京输气系统等）供工业用户天然气的出厂基价提高0.4元/立方米，2010年4月15日，天然气管道运输价格在1997年的价格基础上调整，将执行国家统一运价的天然气管道运输价格每立方米提高0.08元。2010年6月1日，国家发改委又上调了0.23元/立方米的天然气出厂价格，并合并了一档气和二档气，彻底结束了价格双轨制的历史。

4. 基于市场的天然气价格形成机制（2011年～）

2011年12月26日，国家颁布《国家发改委关于在广东省、广西壮族自治区开展天然气价格形成机制改革试点的通知》。通知规定，天然气门站及以上价格由国务院价格主管部门管理，门站价格不再进行分类，实行政府指导价，供需双方可在不超过最高门站价格的范围内协商确定具体门站价格；门站价格以下销售价格由地方价格主管部门管理，地方可建立上下游价格联动机制并对机制进行听证，门站价格管理适用于国产陆上和进口管道天然气，进入长输管道混合输送并一起销售的页岩气、煤层气、煤制气等非常规天然气执行统一门站价。

总的来看，随着中国天然气价格形成机制改革不断深入，中国天然气价格水平在不断提高，非居民气价逐步理顺，居民气价的经济合理性增强，天然气定价方法更科学。

二、广东省管道燃气价格政策实践及现状

为加强广东省管道燃气价格管理，规范管道燃气价格行为，维护消费者和经营者的合法权益，促进管道燃气行业健康发展，按照国务院批准的《国家发展改革委关于在广东省、广西壮族自治区开展天然气价格形成机制改革试点的通知》（以下简称《通知》）和广东省政府《印发广东省天然气主干管网建设运营模式方案的通知》精神，根据《中华人民共和国价格法》《广东省燃气管理条例》，经广泛征求意见，广东省物价局正式出台《管道燃气价格的管理办法（试行）》（以下简称《办法》）。该《办法》自2013年1月1日起施行。基于此，广东省将现行以“成本加成”为主的政府指导定价方法，改为按“市场净回值法”定价。

1. 天然气定价方法比较

一是“成本加成”法。成本加成法即政府通过核定天然气经营商（或输送商）生产运行成本，并在核定成本的基础上增加合理回报来确定销售（管输）价格的定价方法。目前国家级天然气主干管道、地方长输管道管输价格以及城市燃气公司天然气销售价格的定价方式大多采取成本加成方法核定价格。

成本加成法定价能够使企业在一定程度上实现财务平衡，保证企业全部成本得到补偿后仍有一定利润空间；产品价格水平在一定时间内波动较小或没有波动，从而能够稳定地提供产品；在天然气产业培育阶段能够刺激投资；定价方法简便易行。

与此同时，成本加成法定价也有不足之处，主要体现在：没有考虑资金的时间价值，在资金周转率较低的情况下，企业的资金投入很难获得完全合理的回报；只考虑了经营商（或输送商）的成本及回报，无法反映市场供求及竞争关系，无法反映资源的稀缺程度；由于企业成本由政府核定，且核定价格在长时间内是静态不变的，无法反映市场变化，导致企业无须参与市场竞争；由于成本定价法以个别成本为基础，成本越大获得的利润额越大，因此容易导致企业经营中非正常费用的支出，致使成本虚高，企业主动降低成本、提高效率的动力不足，造成了中国天然气生产工艺的改进周期和创新周期大大长于其他国家，以致在国际天然气价格定制上长期缺乏话语权。

二是“市场净回值”法。市场净回值法首先将同热值的天然气和替代能源按照一定比价关系来确定天然气终端销售价格，然后在终端销售价格的基础上扣除各个环节的管输价格（或配气价格）回推确定各个销售环节的价格。

由于采用该方法核定的价格是基于天然气的市场价值而不是生产商的生产成本，有利于生产商之间开展竞争，降低成本，提高效率；市场供求状况可以及时有效地通过价格反馈到天然气生产销售的各个环节，有利于提高生产商对天然气资源生产开发的积极性，进而达到供求平衡；市场净回值法可以作为天然气产业发展期和稳定期的定价方法，而成本加成法适用于天然气产业发展的初级阶段。

市场净回值法核价的不足之处在于：区域经济发展的不均衡或地理条件的差异会使不同气源的供气价格产生相当大的差异；由于不同气源之间的开发和生产难度有较大差异，由此造成的供应成本差异会对不同气源的盈利水平造成巨大差异；竞争性燃料的价格的变化可能使天然气价格出现价格“倒挂”的现象，不一定能满足天然气产业发展的需要。

2. 广东省“市场净回值”定价法改革的核心内容

“市场净回值法”以商品的市场价值为基础，确定上游供货价格。而商品的市场价值按照竞争性替代商品的当量价格决定，最终用户价格按市场价值确定。

以此法确定天然气价格，可让市场需求对价格的影响迅速传导至供应链各环节。由于中国燃料油和液化石油气（LPG）大量依靠进口，其价格基本与国际接轨。因此，选取这两种可替代能源价格与天然气价格挂钩，通过挂靠，国内天然气价格与国际市场形成一定程度上的联动。

在《通知》中，广东省门站价格的确定包含以下几个主要步骤：

第一，确定计价基准点（中心市场）。综合考虑中国天然气市场资源流向、消费和管道分布现状，选取上海市场（中心市场）作为计价基准点。

第二，建立中心市场门站价格与可替代能源价格挂钩机制。中心市场天然气门站价格按照略低于等热值可替代能源价格的原则确定。可替代能源品种选择燃料油和液化石油气（LPG），权重分别为60%和40%。等热值可替代能源价格按照燃料油和液化石油气（LPG）单位热值价格加权平均计算。同时，为保持天然气与可替代能源的竞争优势，鼓励用户合理使用天然气，天然气价格暂按可替代能源价格的90%测算，中心市场（上海）门站价格计算公式如下：

$$P_{天然气} = K \times \left(\alpha \times P_{燃料油} \times \frac{H_{天然气}}{P_{燃料油}} + \beta \times P_{LPG} \times \frac{H_{天然气}}{H_{LPG}}\right) \times (1+R)$$

上式中，$P_{天然气}$为中心市场门站价格（含税），元/m^3；K为折价系数，暂定为0.9；α、β为燃料油和液化石油气的权重，分别为60%和40%；$P_{燃料油}$、P_{LPG}为计价周期内海关统计进口燃料油和液化石油气的价格，元/kg；$H_{燃料油}$、H_{LPG}、$H_{天然气}$为燃料油、液化石油气和天然气的净热值（低位热值），分别取41868kJ/kg、50241.6kJ/kg和33494KJ/m^3；R为天然气增值税税率，目前为13%。

第三，确定广东省天然气门站价格。以中心市场天然气门站价格为基础，考虑天然气市场资源主体流向和管输费用，并兼顾广东省经济社会发展水平，确定其门站价格。

在《办法》中规定，门站价格调整的依据为当气源价格波动超过8%且距离上次调价时间达到或超过6个月时，由省人民政府价格主管部门根据有关规定制定和调整；如气源价格连续两年未调整的，管网企业应提出方案报省人民政府价格主管部门校核。管输价格每年校核一次。省人民政府价格主管部门应根据管网企业实际发生的合理运行成本、投资等情况变化，对管输价格进行校核。

三、广东省实行“市场净回值”的机遇与挑战

由于中国新的天然气价格形成机制还处于试点初期，没有形成一个有效成熟的价格形成机制，在天然气市场的实际运作中还是面临着诸多挑战。

1．“市场净回值”定价面临的挑战

第一，天然气价格传导机制不畅。《通知》中天然气价格改革局限于井口价，

价格链条传递受阻。中国天然气终端的销售价格是由天然气的出厂价格、长输管道的管输价格和城市配送价格三部分组成。天然气定价试点只局限于井口价，即出厂价格，这可能会导致上游价格变化不能及时反映到下游价格水平中，而致使城市配送价格与市场的供需关系产生偏离。同时，由于城市配送价格是由地方物价管理部门负责，其往往考虑国民经济与社会发展要求和社会承受能力，对销售价格特别是居民用气价格定得较保守，从而造成价格调整不协调，燃气企业利益受损。

第二，天然气价格波动大。国际油价的异动会对天然气定价产生影响。从国际油价变化趋势看，近年来国际油价的变化幅度较大，预计未来还将保持此态势，甚至在局部时段，还有可能出现突破状态。在天然气定价试点中，其完全与油价挂钩的天然气定价公式，使得天然气的门站价格有可能在短时间内产生较大的变化。因此，在天然气定价公式的实际执行过程中，下游市场对此变化的敏感性和接受程度将是一个考验。对于国家价格主管部门来说，何时推广或调整天然气定价试点方案以及确定或改变调价频率，民众反响与市场因素是不得不平衡的两个因素。

2. “市场净回值”定价法的优点

第一，有利于缓解广东省近年来天然气供应的紧张局面。随着“两广”价改试点方案的实施，一方面在一定程度上增加了天然气生产商的利润空间，从而刺激企业从事天然气资源开发和投资，增加天然气的供给以缓解长期以来困扰我国的天然气供需矛盾；另一方面，提高了终端销售价格，通过价格杠杆调整天然气用户结构，抑制高耗能产业的天然气需求。而以市场净回值法为基础的价改试点方案将在一定程度上削弱天然气同替代能源的价格优势，从而抑制天然气需求。因此，广东省实行“市场净回值”定价法，一方面刺激上游增加供给，另一方面又一定程度上抑制了天然气需求，调整天然气消费结构，从而近年来持续困扰广东省的天然气供应紧张局面有望得到进一步缓解。

第二，广东省天然气价改将促使定价机制向市场化迈进，并进一步优化广东省能源消费结构。2013 年 11 月召开的中共十八届三中全会提出要完善主要由市场决定价格的机制，即“凡是能由市场形成价格的都交给市场，政府不进行不当干预”。预计未来政府对天然气价格的管制将主要集中在天然气长输管线管输价格和涉及民生的城市燃气居民终端价格等领域，天然气产业的上游气源生产以及下游城市燃气终端销售价格（除居民）将交给市场定价，即由供需双方按照市场行情自主决定，一定程度上可以通过市场形成的价格杠杆来调节天然气的供应和需求。

通过对广东省实行天然气“市场净回值”定价法的剖析可以看出，该《通知》的推出是合乎时宜的，虽然在实行中仍是有其局限所在，但其所采用的市场净回值法却更符合中国天然气市场发展阶段，也更有益于中国天然气产业的健康发展。因此，要加快出台完备的价格联动措施，使上下游价格联动保持时间上的一致性，费用上的全额联动，价税上的共同联动，并在顾及价格的维稳要求上选择合适的联动频率，进一步推进价改的效果，以实现价改的最终目的——理顺天然气与可替代能源比价关系，引导天然气资源合理配置，实现天然气价格形成机制的市场化。

四、加快天然气价格改革的制度建设

广东天然气价格试点改革的意义是为全国价格改革提供经验，价格改革是天然气整体市场化改革中的最重要内容之一，除此之外，还需要进行相关的制度建设。

1. 建立健全相关法律法规

价格改革要立法先行。由于天然气行业的特殊性，天然气行业要尽快出台一部包括上、中、下游各个领域，面向全行业的统一立法。天然气法应整理归纳不同参与方的职能、权利和义务以及该行业的监管规则和价格规则，以此来减少利益冲突，并为所有利益参与方提供一个公平竞争的环境。

2. 加快推进天然气生产市场化改革

通过上游逐步开放为先导，逐渐实现气源的多元化竞争，促进管网公平开放，为上下游直接交易创造市场条件。

3. 建立健全完整高效的监管体制

科学的天然气行业监管体制要求必须改变目前天然气监管权力分散的现状，政府宏观管理要与微观监管实现“政监分离”，并通过法律的形式明确监管机构的基本职能，形成相对集权和统一的天然气监管机构。随着油气行业体制改革的深入，应逐步将准入、价格、质量、安全、标准等监管职能集中到监管部门，同时加强监管部门和其他政府职能部门的协调配合。

4. 改革天然气计价标准

当前，中国天然气以体积计价，缺乏经济性。在天然气市场上，由于不同气源的单位体积热值有差异，应尽快以热值作为天然气计价单位，建立统一规范的天然气市场。

案例二　南京中燃特许经营权的困惑①

一、案例背景

在2002年，南京市政府将市政工程项目——江北区燃气以“特许经营”模式，公开招标，希望以一次尝试探索一条公用事业市场化运作的新模式和思路。

据了解，当时，参加此次南京市江北地区管道燃气特许经营权招标项目的企业有12家。经过层层筛选剩下4家，分别是中华煤气、中国燃气、华润、新奥。经过再次的招标，剩下中国燃气和中华煤气。南京市市政公用局对每一家参与竞标的企业都进行了全面地衡量评估，最终确定中燃公司作为中标公司，负责江北管道液化气改造工程。

2005年1月20日，南京中燃接到江苏省国际招标公司的《中标通知书》，《通知书》中约定，南京中燃对南京市江北地区管道燃气特许经营权招标项目招标，燃气设施工程安装费每户2280元人民币，用户户外小区规划红线内地下共用低压管长度平均每户超出1米的部分，按每米200元人民币收费。

中燃公司的经营区域为包括化工园在内的整个江北地区。之后，经过7年的发展，南京中燃城市燃气发展有限公司已经投资4亿多元，建成并投运管道500多公里，并建成投运了1座天然气接收门站和3座高中压调压站，签约用户18万户。根据《江苏省燃气管理条例》规定：管道燃气经营实行特许经营制度，从事管道燃气经营的企业，必须取得所在地区市、县人民政府授予的特许经营权，并与所在地区的市、县人民政府或者其授权的建设主管部门签订特许经营协议。

二、特许权独有性的争端

南京中燃城市燃气发展有限公司从2005年起取得了江北地区天然气特许经营权，但是在2012年，在其拥有独家特许经营权的南京化工园内，南京化工园区却引进另一个供气方南京星桐中石油昆仑燃气公司，合作经营园区天然气。星桐中石油昆仑燃气公司的私人企业，在没有燃气运营资质和任何合法手续的情况下，擅自修建燃气设施，铺设高压燃气管道。其铺设的高压燃气管线与中燃为江北供气的已运营管线有多处交叉，最近距离不到3米，非常危险。并在接到南京市有关部门发出停工通知书的情况下，继续施工，存在引发重大安全事故风险。

① 南京中燃：燃气特许经营权的困惑，央视网，2012-7-11.

南京星桐昆仑公司是一家私人控股的公司，中石油昆仑燃气仅占股45%，办公地点是一间长期无人居住的民房。该公司在南京市工商局化工园分局登记的经营范围是：天然气利用开发，燃气器具的批发兼零售，燃气输气设备、材料供应，自有设备的租赁服务，并没有管道燃气的销售资质，且从业人数为0。

据南京中燃城市燃气发展有限公司方面介绍，2011年11月，南京星桐中石油昆仑燃气公司（下称“星桐昆仑”）与蓝星安迪苏和江苏金桐化工达成供气协议，并于2012年3月14日在无任何许可和手续的情况下开始施工，而园区内已通气管道的所有方中燃公司得知后，立刻派人阻止。此后，南京中燃将情况通报南京市有关部门。南京市政公用局、发改委向南京市政府发出紧急请示，在宁建工字〔2011〕877号文中说明：“南京化工园以中燃公司无法保证企业用气需求、价格过高影响招商引资为由，一直有意引其他供气方入园，不支持中燃公司为蓝星安迪苏、金桐化工等企业供应天然气。该文明确，管道燃气属政府监管行业，统一经营有利于安全保供和调峰调度，特许经营权应受到法律保护。”2012年4月，南京市住建委再次向星桐昆仑公司下达停工通知时，竟然无法送达，最后只好将停工通知书贴在了其租赁民房的门上。南京中燃公司办公室负责人告诉媒体说，2012年4月10日，星桐昆仑公司迫于多方压力，暂停施工近两个月，2012年6月初又卷土重来。南京中燃工作人员拿皮尺测量发现，星桐昆仑的管线铺设位置离中燃为江北供气的已通气管线不足3米，严重超出了燃气管道设施的最低安全保护范围要求，且两家公司的管线有多处交叉。星桐昆仑在未进行施工交底的情况下，采用大型挖机野蛮施工，极易造成带气管线破裂，引发燃气爆炸事故。

根据《江苏省燃气管理条例》规定，管道燃气经营实行特许经营制度。从事管道燃气经营的企业，必须取得所在地区市、县人民政府授予的特许经营权，并与所在地区的市、县人民政府或者其授权的建设主管部门签订特许经营协议。根据特许经营协议，南京中燃有普遍供气的义务，化工园是江北地区的一部分，不能引入其他企业供应天然气。这一方面涉及企业特许经营权权益。另外一方面，也是为了避免安全事故隐患。如果很多类似的企业效仿，最终造成整个地区的管线铺设与管理的混乱，一旦发生事故，就可能引发交叉爆炸，公共安全将受到严重威胁。

星桐昆仑面对南京市政府方面屡次叫停置之不理的原因是施工所在地南京化工园管委会默许。南京化工园管委会的利益取向跟南京市政府方面并不完全一致，因此产生了不动声色的博弈。而产出这个博弈的原因是南京化工园觉得南京中燃影响招商引资，并且经营地不在园区内，收不到南京中燃应该交给园区的税。

三、燃气特许经营企业被侵权的形式及其原因

自2002年率先引入市场竞争机制以来，城市燃气行业被看作改革最为彻底的公用事业之一。在燃气行业的市场化改革过程中，各地政府通过整体改制、引资改制、切块改制、国有股部分出让等多种形式，积极推进原有国有燃气企业的改制。由此，大量民营和外资企业通过控股、收购、参股等多种方式开始进入城市燃气行业，打破原有地方垄断经营格局，形成了国资、民资、外资三分天下的竞争态势。但是在燃气特许经营发展过程中，特许经营企业被侵权的事件层出不穷。

1. 特许经营企业被侵权的形式

特许经营企业被侵权的形式很多，但是大多经由各级政府允许或默许。

（1）政府部门虽未取消先进入公司的特许经营权，却不批准该公司开发新项目，但允许竞争对手入住该区域开发新项目。

（2）政府部门将已经被授予特许经营权的区域重新进行招投标。

（3）政府以梳理完善特许经营权的形式达到整合市场的目的，限制或逐步取消已授予的特许经营权。

（4）政府利用监管的行政职权，人为夸大经营中的不利因素或事故的不利影响，干扰正常的特许经营权经营，甚至直接取消已授予的特许经营权。

（5）燃气经营的竞争对手和政府均欲整合市场，政府通过寻找先进入公司缺陷或瑕疵的方法对其施以行政处罚，限制其进一步发展或削弱其特许经营权，直至其经营陷于困境，达到取消其特许经营权的目的。

（6）竞争对手寻找机会采取实际占有、渗透的方式侵犯先进入公司的特许经营权。

（7）竞争对手利用在行政资源的优势，对先进入公司新建项目建设的审批制造诸多困难。

（8）竞争对手通过参与当地政府制定加气站规划的编制和审批工作的方式，大幅抬高加气站市场的准入门槛，造成先进入公司难以介入该区域。

2. 特许经营权企业被侵权的原因

根据原建设部《市政公用事业特许经营管理办法》（以下简称“《办法》”）第二条和第四条规定：“国务院建设主管部门负责全国市政公用事业特许经营活动的指导和监督工作。省、自治区人民政府建设主管部门负责本行政区域内的市政公用事业特许经营活动的指导和监督工作。直辖市、市、县人民政府市政公用事业主管部门依据人民政府的授权，负责本行政区域内的市政公用事业特许经营的具体实施”。根据上述规定特许经营许可机关应为：直辖市、市、自治州、县、

自治县人民政府。

地方政府依据《办法》出台了一些配套法规和政府规章，如地方性法规和政府规章规定其他行政机关有行政许可权的，也可以成为特许经营的行政许可机关。总体而言，特许经营权的授予主体是市或区（市）县人民政府，经济开发区管理委员会、高新区管理委员会一般不能成为特许经营协议的签约主体。

由于此前各地方政府在特许经营权授予和取消方面存在一定的自由裁量空间，导致燃气行业乱象丛生，国务院以 583 号令出台了《城镇燃气管理条例》（自 2011 年 3 月 1 日起实施）其中第十四条规定两种取得燃气经营权的类别：一是政府投资建设的燃气设施，应当通过招标投标方式选择燃气经营者；二是社会资金投资建设的燃气设施，投资方可以自行经营，也可以另行选择燃气经营者。

对特许经营的单方取消权，原建设部在《办法》的第十八条作了明确规定，获得特许经营权的企业在特许经营期间有下列行为之一的，主管部门应当依法终止特许经营协议，取消其特许经营权，并可以实施临时接管：（1）擅自转让、出租特许经营权的；（2）擅自将所经营的财产进行处置或者抵押的；（3）因管理不善，发生重大质量、生产安全事故的；（4）擅自停业、歇业，严重影响到社会公共利益和安全的；（5）法律、法规禁止的其他行为。

除此之外，运营企业与各级政府签订《特许经营协议》时，可以约定特别解除条款。

《办法》虽然对燃气特许经营权的取得程序、方式俱作了规定，但在实际执行当中，各地方政府在取得程序、方式等方面留有较大自主空间。于是，各种直接的、间接的侵权行为就在这些自主空间中蔓延和滋生。

近年来因上游油企大力推进“以资源换市场”的战略高调进入下游市场，甚至无视其他企业已获得的特许经营权，以资源优势或联合行政权力挤压市场先行者，不公平竞争的局面愈演愈烈。在此过程中，一度被城市燃气运营商视为“尚方宝剑”的特许经营权制度，在多种强大势力的围攻下，竟然成了第三方抢夺其既有市场的突破口之一。某些公司因为轻信没有行政权力的政府相关部门的文件或者承诺，在获取特许经营权获取程序上的存在瑕疵，就首当其冲地沦为了行政权力给市场重新洗牌的牺牲品。

客观层面主要是有些运营企业气源供应不足，无力开发或拓展新区域，致使政府部门不满意，而觊觎燃气特许经营权的第三方以解决气源问题为由进入，造成对运营企业的侵权。

四、规范特许经营权利的政策建议

特许经营是指特许经营权拥有者以合同约定的形式，允许被特许经营者有偿使用其名称、商标、专有技术、产品及运作管理经验等从事经营活动的商业经营模式。政府作为基础设施和公用事业的提供者和监管者，理应当将公平和信守承诺作为基本原则，创造条件让所有的市场主体都有机会参与竞争，才能激活源头活水，也才能让自己从市场的错位中抽身而出。中国在 2015 年 6 月 1 日开始实施《基础设施和公用事业特许经营管理办法》，为特许经营规范提供制度基础，用制度创新激发民间投资活力，为规范各级特许经营行为提供了制度保障，减少各类侵权行为。

（1）促进《基础设施和公用事业特许经营管理办法》的细化和落实。该办法颁布实施后既可以解决无法可依的现实性问题，又可以通过顶层设计，让特许经营逐入正规，并最终达到规范化和有序化的层次。但是需要进一步细化和落实，以解决一些实际问题。例如，在已经发放特许专营权的区域内，对于城区扩容所新增的燃气用户群，究竟是否还属于原来的特许专营权范围。或者，国家可以不做统一规定，但必须强制要求地方政府在发放特许经营权时在合同中将此点列出。

（2）明确规定在特许经营权有效期内，地方政府不得在某行政区域特许经营权重复授予多家企业。明确政府解除特许经营协议或者取消特许经营权后企业的救济途径。当然，类似问题尚需要针对实际情况，出台实施细则。

（3）明确政府违法违约成本。特许经营制度虽然规定了特许经营权获取的程序、方式、后果等内容，但对该制度的法律责任、违法处罚措施等方面缺乏详细说明。对于铤而走险、重复授予特许经营权以寻求利益的主体，必须明确追究主管部门及其负责人的民事、行政甚至刑事责任等相关法律责任，做到责任到人。各级政府应当明确本级政府之内究竟由哪个行政主管部门负责监管下级政府的特许专营权发放，并建立相应的责任追究制度。

（4）关于上游能源企业以自身资源优势争夺下游市场专营权的问题，国家相关部门应给出明确意见。例如，这是否属于不正当竞争行为，是否构成垄断侵权等等。

（5）加强对特许经营管理者的监管。在现行的法律法规中，不可能对特许经营的相关事务做出详尽的规定，即管理部门有一定的自由裁量权。如“因管理不善、发生重大质量、生产安全事故的”，“主管部门应当依法终止特许经营协议，取消其特许经营权”，但目前的法律法规中，并没有对“重大事故”做出具体规定，而特许经营权的授权人和监管人为同一主体，这种自由裁量弹性极大的行政执法方式对特许经营权的行使构成了巨大的潜在侵权风险。因此，就需要对自由裁量进行必要的监管。

第四节　垃圾处理行业案例分析

案例一　武汉市汉阳锅顶山生活垃圾焚烧厂市场化案例

一、项目基本情况

武汉市汉阳锅顶山生活垃圾焚烧厂是武汉市规划建设的“五焚烧、二填埋、一综合”项目之一，该项目包括5个垃圾焚烧发电厂：汉阳区锅顶山垃圾焚烧发电厂、黄陂区汉口北垃圾焚烧发电厂、东西湖区新沟垃圾焚烧发电厂、江夏区长山口垃圾焚烧发电厂和化工区星火垃圾焚烧发电厂；2个垃圾掩埋场：长山口和陈家冲垃圾掩埋场；1个垃圾综合处理场：千子山固体废弃物循环经济产业园。其中，5个垃圾焚烧发电厂日均发电量达到200万度①，是实现变废为能政策中的一大重要举措。

锅顶山生活垃圾焚烧厂位于武汉市汉阳区永丰乡何家湾，与汉氏环保工程有限公司运营的医废垃圾焚烧厂为一墙之隔。该项目设计单位是北京恩菲工程有限公司，施工单位是北京博朗工程技术有限公司和江苏省建工集团有限公司，监理单位包括中南电力监理公司和江苏省宏源电力建设监理有限责任公司。整个项目占地面积180亩，总投资4.59亿元，其中25%由企业自筹，75%来自财政融资②。垃圾焚烧厂设计规模为日处理生活垃圾1500吨，垃圾来源为武汉市汉阳区、武汉经济技术开发区（俗称沌口）、蔡甸区和硚口区部分生活垃圾。该厂使用金思维智能电厂管控系统，配备三台锅炉，采用循环流化床焚烧工艺，每台锅炉的垃圾处理量为500吨/日，另配置三台汽轮发电机组，每台发电能力为12兆瓦。目前，该垃圾焚烧厂由武汉市市政府授权民营机构武汉博瑞环保发展有限公司特许经营，经营期限28年，期满之后将所有设施移交给政府。由于武汉市汉阳区平均每天产生800吨生活垃圾，之前主要运送至长山口、汉口北、新沟垃圾焚烧厂和陈家冲垃圾掩埋场，平均距离达70公里，运距远、用时长，也造成了

① 彭岚．武汉5座垃圾焚烧发电厂日发电200万度照亮江城［N］．荆楚网，2014-11-13.（http://house.cnhubei.com/2014/1113/176311.shtml）

② 点绿中国案例库（http://www.greening-china.com/CaseCenter/show.php?itemid=154）

垃圾运力不足的问题。而锅顶山生活垃圾焚烧厂正式启用之后，该区域的生活垃圾运至锅顶山的平均距离不到7公里。按照武汉市目前平均每吨垃圾2元/公里的运费计算，每天仅垃圾的运输成本就可节省近10万元①。

二、项目的申报、建设与运营

(1) 2004年1月由国家发改委审批立项：《国家发展改革委关于湖北省武汉市锅顶山垃圾焚烧发电工程项目建议书的批复》【发改投资〔2004〕5号】

建设单位按照法定程序向原湖北省环境保护局报批，2005年4月，原湖北省环境保护局主持召开了《武汉市锅顶山生活垃圾焚烧发电工程环境影响报告书》专家评估会，2005年5月，原湖北省环保局批复该《报告书》。

(2) 2005年3月，建设单位依照国家有关规定，委托甲级环评单位中国电力工程顾问集团中南电力设计院编制项目环境影响报告书，随后按照法定程序向原湖北省环境保护局报批。

(3) 2005年4月，原湖北省环境保护局主持召开了《武汉市锅顶山生活垃圾焚烧发电工程环境影响报告书》专家评估会。

(4) 2005年5月，原湖北省环保局批复该《报告书》——《关于武汉市汉阳锅顶山生活垃圾焚烧发电工程环境影响报告书的批复》【鄂环函〔2005〕150号】。

(5) 2006年10月，武汉市市政府授权市建委与武汉博瑞环保能源发展有限公司签订了特许经营合同。

(6) 2006年12月26日武汉汉阳市锅顶山生活垃圾焚烧厂正式开始动工；2010年4月，汉阳锅顶山垃圾焚烧发电厂进入主体工程施工阶段；2011年8月中旬，联合主厂房结构封顶；2011年8月中旬，厂用电倒受电；2011年9月20日，完成三炉两机安装建设工作，年底投入试生产；2012年1月5日，湖北省经济和信息化委员会以鄂经信电力〔2012〕5号间件批复了汉阳市锅顶山生活垃圾焚烧厂发电机组并网运行；2013年初进入带料调试阶段。

(7) 2013年7月，湖北省环保厅环境违法监察通报显示，锅顶山垃圾焚烧存在未经环评验收擅自生产、治污设施未落实、擅自处置垃圾滤液、防护距离内居民未搬迁等严重违法问题。通报要求该厂立即停产整改，未经批准不得生产。

(8) 2013年10月12日，环保部公开通报了全国72家污染企业名单，锅顶

---

① 杨艳萍. 武汉锅顶山垃圾焚烧发电厂试运营-无害化处理达95%［N］. 凤凰网湖北频道，2014-11-5.（http://hb.ifeng.com/news/fygc/detail_2014_11/05/3110795_0.shtml）

山生活垃圾焚烧厂的运营方武汉博瑞能源环保有限公司名列其中。

（9）2013 年 11 月，武汉市环保局对博瑞能源做出行政处罚：锅顶山垃圾焚烧发电厂焚烧锅炉废气排放口排放的烟气中，烟尘、氮氧化物、一氧化碳浓度均超过了《生活垃圾焚烧污染控制标准》GB 18485—2001 标准限值，需缴纳 8 万元的罚单。

（10）2014 年 11 月 5 日，汉阳锅顶山垃圾焚烧发电项目正式恢复试运行，试运行期 3 个月。

三、项目建设运营过程中的突出问题

对于汉阳锅顶山垃圾焚烧发电厂在建设运营中可能产生的突出问题主要集中在：

（1）关于项目阻碍区域经济的健康发展问题。武汉市环保局认为：“项目选址市区政府和相关职能部门多次进行了论证，根据市政府办公厅 2005 年关于《武汉市环境卫生专项规划》的批复，汉阳区锅顶山地区定点规划为武汉市固体废物集中处置中心。2009 年 11 月 18 日市城管局还受政府委托再次就锅顶山生活垃圾焚烧厂选址问题召开专家和部门代表论证会，参加人员除汉阳区政府外也未明确提出不能实施该项目的意见。今年市人大三号议案续办工作要求各级政府和职能部门继续大力推进环卫基础设施建设，其中明确要求加快生活垃圾焚烧厂建设。至于项目审批时提出的 300 米环境防护区要求，但并不是说在 300 米范围内不得进行任何项目的建设，而是在此区域内控制环境敏感项目建设，如医院、学校、幼儿园、居民住宅和食品加工等有特殊环境要求的工业项目。黄金口工业园主要以现代制造业为主，上述敏感行业并不是其主导产业，应该说对黄金口工业园区按照规划产业方向的发展不会造成太大影响。”

（2）关于影响周边居民生活质量问题。武汉市环保局认为：“针对项目的特点，市政府在项目前期提出要求建设为国际一流、国内领先的示范工程，对于污染物排放必须全面达到或严于国家排放标准，其中对于公众关注的二噁英排放浓度执行目前世界上最为严格的欧盟标准。对于项目运行情况和污染排放情况将实现在线实时监控，并进行公示，确保其达标排放。技术单位还组织进行环境健康评价，评价认为该项目在严格落实污染防治措施的前提下，污染物排放可以控制在人群健康可接受范围。同时为保障群众切身利益，对于项目 300 米环境防护区内居民政府将斥资进行拆迁。对于米粮村、仙山村的居民还建工作，我局认为并非只能安排在控制区内，应该可以在项目规划控制区以外进行选点。对于《提案》中提及的赵章元教授所说垃圾焚烧产生的二噁英对人类将造成毁灭性灾难，我们无从知道赵章元教授得出该结论的依据，但有一点可以确认，我们生活的环境中二噁英无处不在，而规范建设的垃圾焚烧厂所排放的二噁英只占一个很小的比例，路边焚烧垃圾、烧烤摊等都会产生大量的二噁英。”

（3）关于造成该处环境的多层污染问题。武汉市环保局认为：“根据资料显示：二噁英在标准状态下呈固态，熔点约为 303～305℃，二噁英极难解溶于水，在常温情况下其溶解度在水中仅为 7.2×10^{-6}mg/L。由于二噁英的物理化学等特性，加上焚烧炉烟气经过多级污染措施处理，二噁英排放浓度将控制在一个极低的标准范围内，因此它对于饮用水源的安全不会构成较大影响和隐患。根据 2008 年 9 月 4 日环境保护部、国家发展和改革委员会、国家能源局《关于进一步加强生物质发电项目环境影响评价管理工作的通知》(下简称《通知》)，对于生活垃圾焚烧过程中掺烧比例《通知》做出了明确规定，允许掺烧常规燃料（含煤炭），其总量不得超过燃烧总质量的 20%。武汉市禁燃区并没有规定禁止在三环线以内所有项目不得燃烧原煤，电厂、热电联供锅炉除外。此外武汉市建委、城管局已启动蔡甸千子山卫生填埋场建设，武汉市所有垃圾焚烧后产生的飞灰和炉渣在固化后如不能综合利用将运至该场进行安全填埋。同时为解决该项目和锅顶山生活垃圾焚烧发电厂的污水排放问题，我局已于 2008 年底致函水务部门建议提前实施该区域污水收集管网并加快黄金口污水处理厂建设进程，市政府已召开专题会议并督办此事。”

（4）关于需要付出高昂的成本代价问题。环保局认为：“垃圾焚烧厂和危险废物处置中心均属于城市环境卫生基础设施，其建设意义毋庸置疑。但是在全国范围内，这类项目建设遭到当地居民反对屡有发生，造成的原因主要有以下几方面：一是群众对建设情况不甚了解；二是对于科学技术和处理水平宣传力度不够；三是需要协调好局部利益和整体利益关系。关于本项目选址市区政府和相关职能部门多次进行了论证，2009 年 11 月 18 日市城管局还受政府委托再次就锅顶山生活垃圾焚烧厂选址问题召开专家和部门代表论证会。今年市人大三号议案续办工作要求各级政府和职能部门继续大力推进环卫基础设施建设，目前汉阳区政府已表示将统一思想，围绕中心、服务大局，认真做好周边居民解释和维稳工作，推进锅顶山生活垃圾焚烧项目建设。”

根据上述项目规划的设计方案，汉阳锅顶山垃圾焚烧发电厂应是利民的一项工程，然而该厂在实际运营过程中却出现了如下突出问题：

（1）影响周边居民生活质量。其一是垃圾焚烧厂防护距离内的拆迁工作并未完全做到位，其二是焚烧厂臭味熏天，严重影响周边居民的生活质量。

（2）造成环境污染。焚烧厂在实际运营过程中并未做好垃圾焚烧治污工作，垃圾焚烧后排出的飞灰明显。

（3）周边居民多次向环保局、信访办和区政府反映上述问题，但相关部门并未采取实际行动进行解决。

四、项目建设运营的主要评价

综上所述，武汉市汉阳锅顶山垃圾焚烧发电厂的建设，一方面不仅提高了武汉市城市生活垃圾无害化处理能力，还降低了城市生活垃圾的运输费用，另一方面又将垃圾转化为热能，实现变废为能，利国利民。但这样一个从经济角度和环保角度看似都不错的项目，却招致社会的普遍抵制甚至还被 CCTV 曝光作为反面案例。原因何在？

反观整个项目的申报、建设和运营过程，我们可以发现该项目的规划上是不错的，然而在项目的实际运营过程中却并未受到足够的监管，导致焚烧厂未如规划建设期设计的方案运营，在实际运营过程中没有达到武汉市环保局的预期效果，而且诸多问题在发生后并未得到及时的处理。政府部门在整个过程中有些“管生不管养”的意味。具体而言，政府部门在对汉阳锅顶山垃圾焚烧发电厂的运营监管中出现了经济发展始终高于环境保护，多部门管辖领域模糊不清、互相推诿责任等问题，最终导致周边民众投诉不断，产生了不良的社会影响。根据湖北省环保厅环境违法监察的通报显示，锅顶山垃圾焚烧厂出现了没有经过环评验收就擅自生产、治污设施没有完全落实和防护距离内的居民未搬迁等严重问题。在此情况下，环保厅要求该垃圾焚烧厂立即停产整改，未经批准不得生产。但周边居民们均表示他们从没听到过类似信息，并且锅顶山垃圾焚烧厂的生产根本没有停止。对此，武汉市汉阳区环保局认为该项目的环评是由市环保部门负责，自身没有权限管辖；武汉市环保局认为这是省里的项目，自身没有让垃圾焚烧厂停产的职权，在行使完向武汉市政府提交报告后便不再关注；虽然省环保厅和国家环保部都对这家企业下发过停产整改通知，但并未有具体部门来实际承担该项指令；此外，武汉市城管委是垃圾焚烧厂的业务主管部门，但其在向武汉市政府提交相关报告后，也未采取任何实际行动；而武汉市政府一方面顾及当地经济发展和垃圾处理压力，未及时采取行动，另一方面其认为拆迁费已通过转移支付的方式给了汉阳区政府，则汉阳区政府就应该承担起推动焚烧厂周边综合配套改造拆迁的责任以清离焚烧厂防护距离内的居民。此外，政府相关部门未及时与社会民众沟通也是导致民众与该垃圾焚烧厂的矛盾愈演愈烈的原因之一。

由上可知，中国垃圾处理行业的监管体系尚未成熟，在监管过程中各部门的权责不到位、沟通不及时，还需与实践相结合，在制度体系建设与执法经验上进一步完备。

案例二　黄山市垃圾处理场特许经营项目及其监管[①]

黄山市为进一步加快创建国际旅游城市和国家环境保护模范城市的进程，广泛吸收社会资本进入黄山市垃圾处理领域，确保黄山市垃圾处理场能够正常运营，并实现垃圾处理场运营成本的最低化，根据《国家计委、建设部、国家环保总局关于推进城市污水、垃圾处理产业化发展的意见》（计投〔2002〕1591 号）精神，就黄山市垃圾处理场特许经营权转让的相关问题提出如下实施方案（修改稿）。

一、黄山市垃圾处理场的基本情况及现状

黄山市垃圾处理工程被列为省“861”和市“443”行动计划，是国家预算内的补助项目（国债），亚洲开发银行长江流域酸雨治理项目。该场选址于黄山市徽州区岩寺镇里石亭的废弃煤矿中，是一所区域性垃圾处理场，占地 415 亩，于 2004 年 8 月正式开工建设，一期填埋库容 72 万 m^3，将集中处理屯溪区、徽州区、休宁县、黄山风景区的生活垃圾，日处理量有望达 200 吨（暂定），使用年限为 14 年。二期填埋库容 621 万 m^3，集中处理歙县及周边 14 个集镇农村生活垃圾，使用年限为 32 年。黄山市垃圾处理场采用国际先进的改良型厌氧式卫生填埋工艺，渗沥液处理经国际招标后确定为生化加滤膜工艺，填埋区域的底部设置有防渗垫层 HDPE 膜、导气石笼，用于收集渗滤液和沼气，渗滤液处理后将达到一级水质标准后排放，各项指标均属国内、省内最先进工艺。

目前，垃圾处理场主体工程已全部完成，填埋场到黄山市经济开发区 640 米的进场道路已竣工，垃圾场渗沥液处理工程已基本完工。

二、黄山市垃圾处理场特许经营的方式

黄山市垃圾处理产业化（经营权转让）将采用 TOT 的模式，即移交—运营—移交，由市政府对已建成的垃圾处理场在资产评估的基础上通过公开招标向具备相关资格的社会投资者出租资产和转让特许经营权，投资者在租得设施并取得特许经营权后组建项目公司，项目公司在协议期内拥有并运营和维护该设施，该公司通过物价部门测算的每吨垃圾收费，再由政府组织专门机构征收垃圾处理费，该收费来源作为项目公司的投资回报。待协议期满后，投资者将运行良好的

① 本资料来源于环卫科技网，《黄山市垃圾填埋场初步设计》，2010 年 9 月，http://www.cn-hw.net/html/51/201009/18454.html。

设施无偿移交给政府。

三、采用TOT模式实施特许经营权转让的必要性和目标

（1）改变原垃圾处理事业由政府投资，政府或国有企业经营的单一模式，通过转换经营机制和加强政府监管，提高黄山市垃圾处理运营效率，减轻政府的财政负担，维持垃圾处理场的正常运营，提高垃圾处理场的服务质量。

（2）通过转让政府在垃圾处理企业中的经营权、引入国内外有实力的、有经验的投资人参与城市垃圾处理事业，实现黄山市城市垃圾处理市场化，投资主体多元化。

（3）通过对城市垃圾处理市场的管理体制进行改革，规范运作城市垃圾处理市场化项目并辅以适当的宣传手段，可以树立黄山市的良好形象，提高黄山市作为国际旅游城市的知名度和影响力，增强对国内外资本的吸引力，促进当地经济的发展。

四、特许经营权获得方和授予方可享受到的经济效益

（1）黄山市物价部门核定的每吨垃圾处理成本在40～60元之间，是国家核定的下限，且新建成的垃圾处理场没有建设风险和老企业留下来的后遗症，因此投资企业如能科学管理，将有很大的利润空间。

（2）在运营期内，投资企业可以根据实际情况，在不影响垃圾无害化处理的情况下，自行建设垃圾分拣设施，对于分拣出的可回收的资源归投资企业所有。

（3）政府通过转让黄山市垃圾处理场经营权，获得转让收入，但亚行贷款2500万元及国债1000万元仍由政府承担。（备注：亚行贷款和国债只有符合相关规定才能转移给民营企业。因此经营权利转让后其债务债权仍由市政府通过垃圾处理收费来承担。）

（4）特许经营期内，在不影响渗沥液处理效果并经环保部门许可，项目公司可从处理工业废水中获取利润。

（5）政府拥有垃圾处理场新科研项目的受益权。

五、特许经营转让的内容

1. 特许经营权转让的政策依据

中华人民共和国经济和社会发展第十一个五年规划纲要；

《国务院批转建设部等部门关于解决我国城市生活垃圾问题几点意见的通知》（国发〔1992〕39号）；

国家计委、建设部、国家环保总局《关于印发推进城市污水、垃圾处理产业

化发展意见的通知》(计投资〔2002〕1591 号);

中华人民共和国建设部第 126 号令《市政公用事业特许经营管理方法》(2004 年 5 月 1 日起施行);

安徽省计划委员会《关于〈黄山市垃圾处理工程可行性研究报告的批复〉》(计投资〔2003〕551 号);

市政府领导对市容局《关于黄山市垃圾处理场特许经营权实行 TOT 模式的请示》(黄城管执法〔2006〕42 号)的批示意见中明确提出“原则同意采取公开方式转让特许经营权”。

2. 特许经营权转让的范围

特许经营期限及范围：黄山市垃圾处理特许经营权，在黄山市范围内有效。特许经营期限设暂定为 14 年（以一期工程封场为期限）。特许经营的企业拥有垃圾处理场二期工程建设、经营的优先权。

特许经营权获得方所接收的资产，仅限于黄山市垃圾处理场场区之内（以地磅站入口开始）所有的设施，主要包括土地、建构筑物、机械设备、道路、存货等，含国债补助部分 1100 万元。

3. 相关资产的权属处置

场区占用的土地，仍保留划拨方式，由特许经营权获得方使用，不缴纳土地使用税费。未经政府批准，不得将该土地用于特许经营范围以外的其他项目建设或用途，不得转租、转让、抵押。具体事宜双方在转让协议中明确。

垃圾处理场的设施归黄山市政府所有。在特许经营期限内，特许经营权获得方有限拥有管理权、使用权、经营权、收益权和维护权，不得将设施出租、抵押。设备更新严格按照协议规定实施，项目公司不得擅自改变设备的权属关系。在特许经营期间，场区内垃圾处理设施的后续投资建设以及设备更新由特许经营权获得方承担，并在交付转让费的同时向政府递交维修保函；待特许经营期满时，需将各种设施完好无偿地交还给市政府。

4. 特许经营企业的资格要求

投资企业必须拥有垃圾处理专业及其他相关专业资质；注册资本不低于承包设施年运行总成本的 50%；拥有相应的管理和技术人员。

5. 特许经营企业提供服务水平的标准

按照建设部《城市生活垃圾填埋场运营维护技术规程》CJJ 93、J 252、《生活垃圾卫生填埋技术规范》CJJ 17、J 302、《生活垃圾填埋场无害化平件标准》CJJ/T 107 以及国家、省、市制定的生活垃圾无害化处理标准执行。

6. 特许经营收费价格的确认、调整和控制

特许经营权转让初始阶段保底垃圾处理量按 200 吨/天计算（暂定），并在此

基础上以每年不低于2.5%的增长率递增。进场垃圾量不足保底垃圾处理量时，以保底垃圾处理量计算；当垃圾处理量高于保底垃圾量时，以实际进场量计算。初始阶段收费按照45元/吨收取，在特许经营期内根据通货膨胀率、经济增长率、电费上涨率、水费上涨率、油料价格上涨率等调整通过召开收费协调会方式确定，收费协调会每2年召开一次。

黄山市政府委托市市容局根据每月实际处理量计算并按月支付给特许经营权获得方。其计算方法为：月垃圾处理费＝月垃圾处理量（吨）×每吨垃圾处理价。因此，市政府第一年须支付给项目公司垃圾处理费预计约为324万元（暂定，以后每年按垃圾处理量增长情况递增）。价格调整办法由双方在特许经营转让协议中约定。

7. 特许经营的支付形式和支付保证

黄山市财政局每月将垃圾处理费支付给项目公司，以保证垃圾处理场正常运营。

为保证市财政能按时足额支付项目公司垃圾处理费，黄山市财政应建立垃圾处理费的专项资金。垃圾处理费的资金来源主要是市政府、休宁县政府、徽州区政府、风景区管委会垃圾处理专项款及用户缴纳的垃圾费。该项费用应该专款专用，按时足额拨付。

8. 特许经营权的延长、转让、终止

特许经营权的延长、转让、终止可参照《城市生活垃圾特许经营协议示范文本》执行。双方可在特许经营转让协议中约定。

9. 特许经营权出让方与受让方的权利和义务

出让方的权利：(1) 特许经营权获得方应允许监督机构随时进入企业进行检查监督；(2) 项目公司违背协议的约定，政府有权发出终止意向的通知；(3) 项目公司在特许经营期有不当行为时，政府有权终止协议或取消其特许经营权。

出让方的义务：(1) 政府须创造条件，为项目公司提供配套优惠政策，并保证国家和市政府对垃圾处理行业的优惠政策能够落实到位；(2) 在经营权转让的初期，政府或指定代理人收取垃圾处理费，必须按协议约定支付给受让方，如果投资回报率（垃圾处理费）达不到招标应付费用，由市政府两级财政解决；(3) 在运营期间内，政府应协调相关部门向项目公司提供安全保障；(4) 项目公司在承担政府公益性指令任务造成经济损失的，政府有相应的补偿责任。

受让方的权利：(1) 项目公司在承担政府公益性指令任务造成经济损失的，有获得补偿的权利；(2) 项目公司在运营期间，根据双方商定，可以向政府申请垃圾处理场范围内的公共安全保障。

受让方的义务：(1) 遵守有关安全生产的相关法律、法规，制定相关管理办法；(2) 组织安全生产运行，确保人员、设施和环境安全，避免有毒有害物质泄漏，尽可能减少污水、气味对环境的影响；(3) 在特许经营期限内不得擅自停业、歇业；(4) 特许经营权获得方不得设置任何障碍阻拦监督部门进场进行检查监督，并且要提供便利条件积极配合监督部门；运营期限内接受主管部门的监督检查。

双方权利义务可在特许经营转让协议中约定。

六、特许经营权的管理

1. 转让途径

由市政府对已建成的垃圾处理场在资产评估的基础上经市级相关部门推荐的产权交易中心公开招标，向具备相关资格的社会投资者出租资产和转让特许经营权，投资者在租得设施并取得特许经营权后组建项目公司，实施转让后的组织管理工作。

2. 协议的签订和履行

首先，特许经营转让协议的签订

由黄山市政府授权市市容局与通过招标选定并经政府批准的特许经营权获得方签订特许经营转让协议。特许经营转让协议内容应当符合法律法规的规定。

在特许经营转让协议签订的同时，特许经营权获得方应向黄山市市容局提交履约保函。该函直至特许经营权获得方全额支付特许经营授让款后才可撤销。

其次，特许经营转让协议的履行

在特许经营转让协议上签字的双方，应严格按照协议规定的条款履行各自的义务。任何一方违约，要向守约方负违约责任。若一方违约，另一方可向违约方发出通知，要求在规定的期限内予以纠正。限期内不予纠正，守约方有权终止协议。

在协议履行过程中，双方如果发生争议，首先由本辖区的仲裁双方派员设立的运营协调委员会进行协商解决，或由专家小组调解。协商调解不成，双方可提交本辖区内仲裁委员会进行仲裁。仲裁不成，双方可向当地法院提起诉讼。

第三，资产的移交及移交费用的承担

黄山市市容局组织垃圾处理场筹建处人员按特许经营协议规定的时间和方式向特许经营权获得方组建的经营企业移交资产，并办理交接手续。移交的全部资产应在资产清单中写明资产的型号（规格）、数量、完好状况等。资产清单一式四份，由交接双方代表签字确认后，双方各持两份。资产移交过程不得影响垃圾处理场正常运行。移交期间所产生的费用由双方按照协议的规定各自承担。

第四，特许经营期限内的监督服务

黄山市市容局下设调度中心，经授权代表黄山市政府对特许经营权获得方及组建的项目公司履行特许经营协议情况实施监督和服务。

调度中心对特许经营实施监督的具体方法及服务内容，在黄山市市容局与特许经营权获得方共同签订的书面协议中规定。该协议应作为特许经营协议的附件，与特许经营协议具有同等法律效力。

监督服务所产生的费用由双方按照协议的规定各自承担。

第五，特许经营期满后的接收工作

特许经营期满前12个月，由黄山市市容局与特许经营权获得方共同组成移交委员会，办理交接事宜。交接前，特许经营权获得方应完成恢复性大修计划。

黄山市市政府授权黄山市市容局组建接收企业。接收企业通过调度中心了解、熟悉垃圾处理场的情况，组建接收组。

接收组以特许经营开始时的交接清单为基础，结合调度中心提出的特许经营期间所有的更新、改造项目的有关资产变化清单，生产设备、设施的型号（规格）、数量、状况和备件库存、供应商、承包商、制造商的担保和保证、设备更新维护测试的各种记录以及所有图纸资料进行核实，并对发现的问题做出明确记录，登记在册，经双方代表在交接清单上签字后通过媒体向社会公示，接收垃圾处理场资产。特许经营权获得方在移交设施后12个月内仍应承担设施非正常损坏的保修责任，到期后方能撤销维修保函。接收企业签字接收前，特许经营企业要负责垃圾处理场的正常运行。签字接收后则由接收企业负责。

资产移交时，对特许经营权获得方在特许经营期间发生的各项债务，由其自行承担。

七、工作流程

（1）成立领导组。为了加快经营权转让的进程，明确工作责任，加强对工作的领导，成立由分管副市长任组长的领导组，成员有市市容局、市财政局、市法制办、徽州区政府、休宁县政府、黄山风景区管委会、市公安局、市环保局等单位负责人，领导组下设办公室，设在市市容局。

（2）调查摸底。摸清黄山市垃圾场转让资产的详细清单、折旧年限、资产价，聘请中介机构进行资产评估，以确定转让产权的价值；

摸清各类负债的期限、迄止日期、利率、清偿情况。

（3）组织实施。将实施方案报市政府审批通过后，组织实施垃圾处理场经营权转让工作。国有产权转让将进入市级相关部门推荐的产权交易中心进行。在实施阶段完成寻找有实力的战略投资人、出资受让产权、组建项目公司以及完善新企业的组织管理等工作。

八、其他事项

本实施方案中未尽事宜转让、受让双方可在特许经营权转让实施过程中参照建设部《城市生活垃圾特许经营协议示范文本》执行。

九、案例分析

本案例详细介绍了黄山市垃圾处理场特许经营项目实施的基本情况和政府监督管理的主要内容，对我们具有一定的启发和借鉴意义。黄山市垃圾处理场采取公开招标方式转让特许经营权（即移交—运营—移交，TOT 模式），由黄山市政府对已建成的垃圾处理场进行资产评估的基础上通过公开招标向具备资格的社会投资者转让特许经营权，投资者在取得特许经营权后组建项目公司，项目公司在合同期内拥有并运营和维护垃圾处理设施，并获得垃圾处理费作为项目公司的投资回报。合同期满后，项目公司将运行良好的垃圾处理设施无偿移交给政府。黄山市垃圾处理场的特许经营权转让项目（TOT）在提高管理和技术水平、提高运营效率、引入社会资本、转变政府职能、促进国有企业改革等方面具有积极的社会意义。

第五节 供热行业案例分析

案例一 内蒙古的供暖价格是否合理

一、案例背景

2014 年 10 月，中国北方地区陆续开始收取住宅供暖费。尽管当时煤价下调，但在呼和浩特等地，供暖费的单位价格还跟 2013 年一样。一些市民质疑，当初 2008 年煤价上涨时，供暖部门以此为理由，上调了供暖费。如今煤价降了，为什么不能下调供暖费呢?

一些市民指出“希望相关部门关注一下！记得当初煤炭价格上涨时，供热公司大喊大叫吃不消，上调了供热费。今年煤炭价格大幅度下降，从 2013 年煤价七八百下降到今年煤价二百多，下降了 3 倍多，取暖费还是那么高，为什么价格不下调?”。甚至有网友在微信平台上发起了“支持供暖价格下调”的投票，得到了众多网友的支持。甚至假消息“内蒙古人民政府下发 201408223 号文件，2014～2015 年度供暖费调整，每平方米由 4.32 元调整为 3.30 元……”在微信朋友圈热传。

2014 年上半年，内蒙古煤炭价格总体呈小幅波动下降态势，煤炭月均销售价格 407 元/吨，同比下降 9.2%。煤价下降供热价格不变合理吗？不少市民针对今年的取暖费提出：“我认为供暖费下调的可能性不会太大，但还是希望会下调一些。虽然煤炭不占供热的主要成本，但煤炭价格上涨时上调了供暖费，现在煤炭价格下降了，为什么供暖费不可以相应下调呢？”

对此，供暖企业的回应是，煤价只占供暖成本的一部分，煤价下降，只能部分降低供暖成本，虽然当前供暖成本与热价严重倒挂的窘境能得到一定缓解，但倒挂问题并未完全消除。与此同时，一些供暖企业相继发出开始收取 2014 年供暖费的通知，收费标准仍与往年相同。但不少市民对缴费仍持“等降价”的观望态度。赤峰市翁牛特旗兴阳供热有限公司提出了鼓励尽快交费的优惠办法：2014 年 10 月 15 日前一次性交清供热费的，可享受减免 8%的优惠。

二、供暖价格没有降价空间

赤峰市发改委近日下发了《关于公开赤峰市中心城区供、用热价格与供热成本的通知》。根据通知中公开的内容，赤峰市中心城区供暖企业用煤价格水平仍然高于 2009 年一次热价调整时水平，企业供暖业务处于亏损状态，供暖价格没有降价空间。

2014 年 8 月 18 日，内蒙古自治区发改委下发了《关于做好供暖价格监管有关工作的紧急通知》（内发改价字〔2014〕1114 号），要求内蒙古各级发展改革部门要高度重视供热价格监管，维护广大人民群众和供热企业的合法利益，保障冬季正常有序供暖。《通知》指出，要认真组织开展供热企业成本监审工作。“由于我区地域辽阔，各地供暖情况差异较大，供热成本和煤价下降的幅度也有所不同，各盟市价格主管部门收到本通知后，要立即组织开展对当地供暖企业的成本监审工作，及时掌握供热企业由于煤价下降对供热成本影响情况，同时根据供热企业成本调查监审结果，采取不同方法进行解决，认真疏导供热价格矛盾。对由于煤价下降，供暖企业有降价空间的，经当地人民政府批准，按国家相关法定程序立即降低供热价格；对煤价下降供热企业仍处于亏损状态，或者没有降价空间的，要在今年供暖期之前通过媒体、官方网站向社会公开成本调查监审报告。价格主管部门组织开展供热成本调查监审，要严格按照国家有关规定执行，剔除供热企业不合理开支，做到公平、公正。供热企业也应当积极主动向社会公开供热成本。”自治区发改委价格处的一名负责人向记者解释：所谓有“降价空间”，是指煤炭价格下降，使供暖企业供热成本下降，并出现了一定的盈利。按照供热价格管理办法，供热利润率不得高于3%。

呼和浩特市城发供热有限责任公司在桥靠分公司的工作人员解释，虽然煤价下跌，但水、电费涨价，不具备降价条件。他指出“近几年，煤炭价格下降，的确降低了我们的部分成本。2008年，供暖价格从2.95元调整到3.68元，当时煤炭价格是每吨513元，2013年煤炭价格每吨降至321元；不过，电费从每度电0.51元涨到每度电0.63元；自来水也从每吨3.55元涨到了每吨4.51元。这样看来，我们的每平方米供热成本下降了0.93元。2008年调整供暖价格的时候，我们通过测算每平方米价格要达到5元才能有所盈利。现在成本虽然下降了，但是加上供暖费用每平方米相当于4.61元，刚刚达到不亏损。加上还要接收改造小锅炉，所以目前供暖费还不具备降价的条件。”

2014年8月28日，根据《通知》要求，呼和浩特市发改委组织呼和浩特市供暖企业召开了座谈会，就煤价下降供暖费是否下调的相关事宜进行了讨论。通过座谈会上的信息反馈，呼和浩特市发改委初步认为没有调价的空间。呼和浩特市成本调查队去年用半年时间对供热企业成本监审的结果显示，目前呼和浩特市平均供热成本是4.36元/平方米，其中，民用价格是3.68元/平方米，商用5.03元/平方米，根据城市中民用和商用两个热费的比例平均费用是3.99元/平方米。目前供热企业购买的煤炭价格是250元/吨，与去年相比下滑了70元，经核算，供热成本与之前相比下降了0.35元，因此，下降后的供热成本为4.01元/平方米，基本与平均供热费用3.99元/平方米持平。所以，座谈会上供热企业认为现在的煤炭价格下降仍然不足以补充供热成本。

呼和浩特市公用事业管理局管理二科副科长汤海峰说，“2008年，调整供热价格是根据2007年煤价大幅度上涨、供热企业成本增加为背景，但是当时的调价并没有调到位。2011年、2012年，煤炭价格仍在上涨，当时是要再次启动调价机制的，但后来经过调研发现，煤炭市场有降价的趋势，才没有启动调价机制。因此，通过座谈会的交流讨论，市发改委初步认为没有调价的空间。”

2014年8月22日，赤峰市发展改革委员会公开了赤峰市中心城区供暖价格与供暖成本，调查结果显示：一次热价自2009年起执行每吉焦21.28元；二次热价执行2009年民用热价每平方米3.6元；今年上半年入厂煤综合价格每吨223元，仍高于2009年一次热价调整时的水平，折标煤单价每吨469.72元；对该市3家供热企业供热成本监审结论为：3家供热企业供热经营业务均处于亏损状态，政府每年对各供热企业分别补贴450万至1000万元。

2014年12月28日，乌兰浩特市发展和改革委员会价格成本调查队公布了《对乌兰浩特市同泽热力有限责任公司供热成本的监审报告》，报告显示：乌兰浩特市同泽热力公司2011年～2013年成本核定数为单位供热成本建筑面积每平方米34.08元，2014年供热定价成本为建筑面积每平方米32.5元，供热价格已经不足以弥补生产经营成本。因此，根据《城市供热价格管理暂行办法》规定，供热价格存在上行压力，不会下调供热价格。报告的成本数据显示：（1）煤炭价格变化情况。2011年～2013年煤炭平均价格与2008年相比，由每吨279元增加到了320元，燃料到厂价格上涨了15%，按照2011年到2013年每取暖期平均用煤14万吨计算，企业年增加支出574万元。煤炭价格的上涨是影响企业成本上升的主导因素。（2）电力价格变化情况。2009年～2011年电费两次调价，平均每千瓦时上调0.127元，电费每年新增支出1282879（2011年～2013年年均耗电量10101412千瓦时）。（3）工资变化情况。2011年～2013年度人均月工资1749元比2008年度人均月工资775元增加974元，增加幅度超过了126%，翻了一番还多。（4）短途运费情况。2008年煤炭短途运输费为18元，2011年～2013年短途运输费为22元，增加幅度为22%。（5）铁路运费变化情况。2008年～2014年，全国铁路煤炭运输价格上调了6次，吨公里运费价格上涨了5.3分，乌兰浩特市同泽热力公司生产用煤以霍林河煤为主，霍林河到乌兰浩特市铁路里程775公里，2009年～2010年铁路运费为每吨51.84元，2014年为每吨76.24元，每吨上涨24.40元，比2008年每年新增铁路运费为342万元左右。

2014年7月4日二连浩特市发改委公布的《关于我市供热价格成本监审的通告》显示：在2010年～2013年供热期，供热成本中主要要素是煤炭价格、水费、电费、职工薪酬等，其中：（1）煤炭价格由270元/吨（含税39.23元/吨）下降到230元/吨（含税33.42元/吨），下降了15%；（2）运费由158元/吨（含税11.06元/吨）上涨到296元/吨（含税20.72元/吨），上涨了87%；其中燃油（运货大车用）价格由6.87元/公升上涨到8.32元/公升，上涨了21%；（3）电费由0.4804元/(kW·h)上涨到0.65元/(kW·h)，上涨了35.3%；（4）水费持平；（5）职工薪酬由2414元/(月·人)上涨到2965元/(月·人)，上涨了22.8%。在2013年度取暖期，供热面积321万平方米，单位供热成本5.51元/(平方米·月)，其中：煤炭费3.5元/(平方米·月)(平均煤炭价格为526元/吨)，及运费296元/吨(含税20.72元/吨)，占单位成本63.48%；水费0.04元/(平方米·月)，占单位成本0.69%；电费0.44元/(平方米·月)，占单位成本7.98%；人工成本0.21元/(平方米·月)，占单位成本3.74%；其他成本构成(包括折旧、维修、管理、财务等)1.33元/(平方米·月)，占单位成本24.11%。

三、供暖费与煤价联动机制有名无实

呼和浩特市现行的居民供暖价格为取暖期每月每平方米3.68元，该价格是在2008年举行听证会制定的，比此前采暖期每月每平方米的价格上涨0.73元，当时价格上调的主要理由就是煤炭价格上涨。

供暖费随煤价下跌而调低是有政策依据的。国家发改委早在2005年就发布了《关于建立煤热价格联动机制的指导意见》(下称《指导意见》)。按照《指导意见》，“热力出厂价格将与煤炭价格联动，当煤炭到厂价格变化超过10%后，相应调整热力出厂价格。”但9年过去了，全国大部分地方都没有建立煤热价格联动机制，供暖费与煤价联动机制有名无实。《指导意见》还指出，热源生产企业要消化10%～30%的煤价上涨因素；当煤价下降时，按热源生产企业消化上涨因素的同等比例核减热价下调幅度。热力出厂价格调整后，按照热力管网输送价格保持相对稳定的原则，相应调整热力输送企业对用户的热力销售价格。

2014年，中国北方绝大多数地区收费水平与往年持平。如内蒙古呼和浩特实行的居民用户供热价格是每平方米每月3.68元，宁夏银川居民用户供热价格为每平方米每月3.8元。各地价格大多是2008年由政府制定，沿用至今。2014年以来煤价持续下跌，内蒙古煤矿资讯网的信息显示，7月，煤炭市场行情仍维持供大于求局面，价格较去年同期下降两成多。

但是现实是，一边是居民抱怨取暖价格随煤炭价格上涨却不随之下降，另一边是供热企业称刚刚保本甚至是亏损经营。其实更值得追问的是，煤热价格联动机制出台9年，但在实施过程中，似乎成了一纸空文。由于煤热联动方案不细化，方案可操作性不强，“成本热价”无法联动。而且，热价升降问题更牵扯到民生的问题，尤其是热价成本提高时，政府部门为了稳定物价和怕百姓反对，往往不愿意调整热价，而是通过政府价格管制来限制价格上涨并对供热企业给予一定的财政补贴。

有供热企业提出，当前热计量没有真正有效实施，由于供热没有真正按照计量收费，所以煤热联动无法实现。2000年，国家发文提出将供热分户计量作为发展方向，至今10余年，安装供热计量装置面积约有9.5亿平方米，但实现供热计量收费面积仅有5.36亿平方米，大量供热计量装置安装后闲置。煤热联动的前提是供热成本测算的准确性、可靠性、合理性，要以量定价，如果总是按供热面积定价不可能实施联动。现在每公斤煤能够转化多少热没有固定的标准，煤热联动操作起来就很难。

政府有关部门要根据实际情况，制定一张科学地反映本地区供热价格调整的“晴雨表”。目前，要建立供需双方共同承担市场变化风险的煤热价格联动机制。煤价上升，为促进企业降低成本，供热企业要消化多少比例的上升因素？煤价下降，居民缴纳的采暖费应该下降多少？这些都要细化。

政府应该建立更加灵活的调价机制，同时加大对供热、水、电等公益事业的补贴力度，政府在制定水、电、暖等价格时应该建立更加灵活的调价机制，及时跟踪市场价格情况，减少调价迟缓的问题，理顺价格形成机制。

目前监管和被监管方信息不对称，监管方很难掌握供热企业的真实成本。煤炭价格下降，企业在信息不对称情况下有可能虚报其他成本，造成总成本虚高的假象。另外，煤热价格联动具体操作起来的话，由于热价的一半因素不由煤价决定，煤炭价格下降多少，热价应该下降多少测算是个难题；而企业供热成本增加，没有上限也不行。

四、案例评论

内蒙古供热行业价格争议具有非常的典型性，是 2013 年以来北方供热省份普遍面临的问题。供热行业僵化的价格形成机制是造成供热行业价格与成本背离、政府、企业、消费者都不满意的监管困局的根本原因。因此建立合理反应成本的市场化供热价格形成机制是解决供热行业价格成本背离困局，实现消费者、生产者和政府三方多赢格局的根本政策选择。具体来说：

一是要推进煤热价格联动机制改革。煤电价格联动政策应当采取企业和消费者合理分担的原则，根据不同省份行业情况由地方政策来明确企业与消费者分担燃料成本的比例，理顺企业和消费者的利益关系，使供热价格合理地反应成本，在企业成本不错和消费者支付能力之间寻求平衡。

二是加强供热行业成本监管和信息披露。完善供热企业财务制度和成本监管，制度统一的供热企业财务会计制度，制定成本构成计算项目和具体的成本计算公式，加强供热行业信息收集和监管工作。强化供热企业成本审计与监管，建立供热企业的第三方审计制度，提高成本监管信息的可信度。

三是推进供热行业价格改革和实行激励性价格监管。供热价格监管应从低效率的成本加成定价向激励性定价方式转变。近期内推进区域标杆热价方法，从而形成对低效率高耗能企业的竞争压力，形成市场的淘汰激烈，促进供热企业提高效率和行业组成结构优化。在长期来看，随着供热行业市场化改革的深入和竞争程度的增加，在适当的时候可以推进价格上限管制，采取价格上限热价。

案例二　供暖费价格为何不随煤炭价格不降

一、案例背景

2011 年～2014 年煤炭价格大幅下降，但供热价格却未发生变化。以内蒙古包头市为例，2014 年全市集中供热面积 7618 万平方米，集中供热普及率达

94.5%，其中，热电联产供热面积7447万平方米，热电联产比重达到97.7%，区域锅炉供热面积171万平方米。供暖价格主要由热力生产企业趸售热源价格和热力输配企到户采暖价格决定。其中，电厂趸售热价全部执行2008年自治区发改委批复的用于居民的趸售价格为17元/吉焦、工业蒸汽的趸售价格为22元/吉焦。2013年，因煤炭价格上涨，工业蒸汽趸售价格调整为28.6元/吉焦，但用户采暖价格仍维持2008年自治区发改委批复的居民热价3.5元/(平方米·月)、非居民4.4元/(平方米·月)标准。2014年11月供热企业开始相继发出开始收取供暖费的通知，收费标准仍与往年相同。这引起了公众的质疑。那么，究竟是什么原因导致煤价下降，供暖费却未降呢?

二、供暖费与煤价无是何关系?

理论上说，最有关系的应该是供热企业购买热源的“进价”，也就是说，只有购买热源价格下降了，供暖费才有可能下降。那么电厂给供热企业的“批发价”又是多少呢?

包头市现行热价是2008年调整的，供暖费为居民每月3.50元/平方米，非居民每月4.40元/平方米。因为当时燃煤供热在包头市所占比例较大，因而调整供热价格的初衷，就是为了缓解燃煤价格大幅上涨给供热造成的成本压力。同时，包头市发改委还调整了电厂热源的出厂价格，第一、二、三热电厂和包头东华热电公司供热出厂价格由12元/吉焦，调整为17元/吉焦。针对当年的调整，市热力总公司相关负责人说：“调整后，虽然我们收取的供暖费上涨了，但因为购买热源价格涨了5元/吉焦，而我们企业又是以热电联产为主要热源方式，相比较，我们仍处于热价倒挂、亏本经营的状态，企业只能通过内部挖潜维持正常经营。”

近几年，包头市的昆仑电厂、河西电厂（华电包头分公司）、希望铝业二期相继成为包头市新增的集中供热热源。与此同时，电厂给予各供热企业的“批发价”，也攀升到20～25元/吉焦不等。

2008年调整后，电厂按照17元/吉焦给予供热企业的热源，主要是由火电小机组等老旧设备提供的，随着火电小机组的相继关停，电厂按这个价格给供热企业的热源越来越少。以市热力总公司来说，目前执行17元/吉焦价格标准的热源，仅占该公司供热总面积的10%左右，如此一来，热电联产热源成本逐年增加，电厂“批发价”成为影响供热“零售价”的主要因素之一。由此可知，煤价和供热企业的生产成本关系不大，却和电厂的生产成本密切相关。

那么，煤价降了，电厂的热源批发价因何依然坚挺?原因主要有两个，一是煤价虽降低了，但电厂的人工、水、电、机组改造等成本却在不断增长；二是暂时获利的电厂还没走出“补亏”困境。煤价最高的2008年～2010年间，煤炭成本占到电厂总成本的80%以上。2013年，电企行业虽然实现了“大翻身”，但很多电厂赚的钱不够补以前亏损的。由此，也造成电厂出售热源的“批发价”居高不下。

煤价与热价关系程度大不大？包头市热力总公司责人说：“煤价下降，热价也得下调，这种逻辑听起来似乎挺合理，但对企业而言，这种逻辑其实不成立，因为二者并无多大关系，因为我们的主要供热方式不是燃煤供热，而是从电厂购买热源供热。”包头市市热力总公司现有供热面积2600多万平方米，主要热源是从几家电厂购买的，之后用热电联产方式集中供热。企业原有的自备燃煤锅炉房，在响应市政府治理大气污染，取缔燃煤锅炉的号召下，逐步改为清洁能源天然气供热。燃煤成本在该公司的生产成本中基本为零，因而煤价的下调与该公司的生产成本没有直接关系。事实上，不只是市热力总公司，全市各集中供热企业中，除了市房管经营管理处和包钢的少数供热站外，从2013年起，90%以上的集中供热热源都已从电厂购买。今年，包钢的所有燃煤锅炉也将被全部拆除。到明年供暖期开始时，包头市将彻底淘汰燃煤供热方式。

为了回应公众的质疑，包头市发改委根据包头市现有供热方式，选取了四家企业样本进行成本监审，其中一、二电厂作为热力生产企业样本，占全市热电联产总制热量的40%。市热力总公司、华融热力作为输配企业样本进行测算，市热力总公司供热面积2500万平方米，占集中供热面积的35.9%，华融热力（民营企业）供热面积334.86万平方米，占集中供热面积的4.8%。通过对四家企业的成本监审，电厂供热成本平均亏损19.23元/吉焦，供热公司平均亏损0.07元/(平方米·月)。通过调查得出的结论是：2014到2015采暖期，包头市供热维持现行价格不变。

据此，包头市发改委认为，包头市供热价格不具备下调空间。包头市发改委指出，综合国家和自治区有关政策法规及成本监审结论，目前无论是热力生产企业、还是热力输配企业均处于亏损状态。包头市供热总公司和华融热力两家供热企业加权平均后综合售热成本为每平方米每月3.84元，综合售热价格为每平方米每月3.77元，亏损0.07元。综合国家和自治区有关政策法规及成本监审结论，目前无论是热力生产企业、还是热力输配企业均处于亏损状态。据此，包头市供暖价格现仍没有下调的空间，建议维持现行的价格。包头市发改委价格部门称继续加强煤炭价格监测，积极与自治区发改委联系，合理维护消费者权益。

2005年发改委提出“煤热价格联动”政策失效是造成矛盾的主要原因。由于包头市热电联产供热方式不断增加，供热企业一般向电厂购入热源，燃煤成本在供热企业生产成本中所占比例不大，因而煤价的下调与供热企业的生产成本只存在间接关系。煤价与电厂的成本密切相关，由于电厂早期亏损较多，煤价下降只弥补了电厂的亏损，导致了电厂的热源批发价格居高不下。目前中国“三北”地区由于供热生产所投入的电、水管理成本等变动相对稳定，每年只有煤炭价格波动较大，所以煤热联动机制的实施有其必要性。供暖费支出又是居民日常生活的一项大支出，因此，北方大多数城市居民降热价的民生诉求比较强烈，政府应该针对热价提高宏观调控的能力，希望煤的成本能够及时准确地传导到热价上。

价格主管部门要加强供暖成本动态分析。有关部门应通过设置燃料、水、电单耗率以及劳动生产率等指标，规定供热能源消耗浮动范围，确定供热政策性补偿条件，增强对热价调控的科学性。当煤炭价格变化幅度达到一定水平时，要及时对供热成本进行监审，加大信息公开力度，召开相关的价格听证会，为老百姓答疑解惑，根据详细的监审结果适当调整供热价格。另外，不同的供热企业成本都不一样，热源不同，成本也有所差别，价格主管部门要加强供热价格调控的顶层设计。政府应规定企业供热成本增加的上限，通过设置成本下降率指标，把供热成本抑制在一定的限度内。此外，在煤价变动过大的情况下，也要确定供热政策性补偿的条件，不让公共产品价格坐“过山车”。

三、案例评论

目前，政府僵化的价格监管导致供热行业价格与成本背离，同时供热企业和监管机构之间存在严重的信息不对称，公众对政府的不调价理由持怀疑态度，政府、企业、消费者都不满意的监管困局。因此，建立合理反应成本的市场化供热价格形成机制是解决供热行业价格成本背离困局，实现消费者、生产者和政府三方多赢格局的根本政策选择。具体来说：

一是充分实施煤热价格联动政策。煤电价格联动政策应当采取企业和消费者合理分担的原则，根据不同省份行业情况由地方政策来明确企业与消费者分担燃料成本的比例，理顺企业和消费者的利益关系，使供热价格合理地反应成本，在企业成本和消费者支付能力之间寻求平衡。同时要细化煤热联动方案，由于热价的一半因素不由煤价决定，煤炭价格下降多少，热价应该下降多少测算是个难题；而企业供热成本增加，没有上限也不行。对于这些问题政府应该建立更加灵活的调价机制，及时跟踪市场价格情况，减少调价迟缓的问题，充分发挥宏观调控的作用，充分保障群众利益。

二是推进供热价格机制改革。供热行业价格改革的方向是，居民供热价格实行政府定价，非居民价格实行政府指导价，并逐步放松对非居民供热的价格管制，实行非居民供热由市场来决定。同时建立合理的价格形成机制，供热价格市场化应遵循的基本原则是“成本补偿、使用者付费、按量付费”，逐步渐进理顺价格倒挂现象，促进消费者节约和节能减排。按用热收费是实现供热商品化和市场化，促进节能减排的重要基础，把按用热量计费作为一项硬性规定，并结合两部制定价，形成用户按需使用和直觉节能的激励相容机制，并保证企业合理回收成本和进行生产投资的积极性。

三是加强供热企业成本监审。完善供热企业财务制度和成本监管，制度统一的供热企业财务会计制度，制定成本构成计算项目和具体的成本计算公式，加强供热行业信息收集和监管工作。强化供热企业成本审计与监管，建立供热企业的第三方审计制度。完善供热企业财务制度和成本监管，制度统一的供热企业财务会计制度，制定成本构成计算项目和具体的成本计算公式，加强供热行业信息收集和监管工作。强化供热企业成本审计与监管，建立供热企业的第三方审计制度。政府应该督促供热企业将供热费成本的构成情况及时向社会披露，比如说供热费由哪几部分组成、分别占多大的比例、政府的补贴额度是多少，煤炭原材料采购价格等。只有在供热企业各项开支公开透明和科学合理，老百姓才能信服。

第六节　电力行业案例分析

案例一　中国智能电网建设需求与监管

一、事件简述

自 2013 年 12 月初，国内众多媒体刊登国家电网公司董事长刘振亚的署名文章《智能电网与第三次工业革命》，文中提出“能源互联网”概念以来，“能源互联网”一词便屡次出现在主流媒体的头条。

全球能源互联网是以特高压和智能电网为主要载体，实现洲内联网、洲际联网和全球互联，连接“一极一道”（北极、赤道）大型能源基地，适应各种集中式、分布式电源，将风能、太阳能、海洋能等可再生能源输送到各类用户，构建服务范围广、配置能力强、安全可靠性高、绿色低碳的全球能源配置平台。国家电网公司在特高压和智能电网方面数年来的不懈探索与卓越实践，让“全球能源互联网”从概念变成现实，清晰地勾勒出人类未来能源发展之路。

2014 年 9 月 23 日，刘振亚在联合国气候峰会企业论坛上做主题发言，在发言中，刘振亚董事长指出，世界能源生产和消费总量持续增大，化石能源大量开发和使用导致资源紧张、环境污染、气候变化等问题突出，人类生存发展正面临严峻的挑战。2014 年 11 月 5 日，联合国秘书长潘基文致信刘振亚，感谢其在 2014 年联合国气候峰会上做出的宝贵贡献，并充分肯定了刘振亚“构建全球能源互联网、促进绿色低碳发展”的主题发言，认为其代表了能源企业为应对全球气候变化做出的前瞻性承诺。

2014 年总理政府工作报告中亦强调发展智能电网，国家电网公司在电网建设方式上一直有明主张，从 2007 年前后的“一特三大”到“一特四大”，到 2010 年前后的坚强智能电网，其核心的议题是特高压电网，同时“与时俱进”地考虑了大规模风电、核电基地等因素。现行智能电网框架，在已有的特高压之外，强调了配电网建设，讨论了电力市场构建，也对用户交互与用户能源管理进行了一些构想。

尽管特高压直流过去 7 年多存在审批与建设交替出现的“大”、“小”年，但大体维持了较平稳的发展，基本为 2 年 3 条线进度。其中有规划中现实需求的考虑，有设备供应、人员调试能力供应问题，可能也有与交流电网进度“协调”考量。考虑到新疆、内蒙古煤电与四川、云贵水电以及部分风电送出的现实需求，未来跨区特高压直流建设步伐有望加快，并逐步达到明年 3 条甚至更快的节奏；预计宁东-浙江、甘肃-湖南以及准东外送电力项目可能较快开动。目前跨区特高压交流电网的安全性仍有争议；印度大停电后，世界学术与工业界多表达了对大同步电网安全问题的担忧，但在华东、华中、华北区域网内的特高压交流面临的争议会小得多。国内已经进行了较多的特高压交流储备，预计“乐山-武汉”、华东北半环等区域网内交流示范线有可能较快核准。特高压产业技术门槛高，中国已基本完成主要环节的国产化；特高压产业有核心竞争力的企业有望保持较高的盈利水平；特、超高压直流产业，未来还有望向海外输出。

中国从“七五”到“十一五”，已经逐步完成了从发电到电网的重心转移。在当前的经济环境下，配用电环节的投入产出比在很长时期内都将最高（特高压直流除外）。未来配用电的占比可能逐步有所增加。考虑到配网建设的体量需求巨大，我们一直认为配电网的总体投入将更可能是长期温和增长而非爆发式。配网自动化建设较配网总体发展会更快，尽管配网自动化的经济性仍然很难得到验证，但由于分布式、微网的快速发展及未来的潜在市场需求，一些区域的配网自动化提前布局将逐步变得必要。但配网自动化的一次设备、终端、主子站、通信环节中，占比较大的一次设备与终端市场参与者众多，系统解决方案能力较强的企业才能在市场中占据优势。

2015 年 3 月 15 日，中共中央国务院下发电改 9 号文中强调在确保安全的前提下，积极发展融合先进储能技术、信息技术的微电网和智能电网技术，提高系统消纳能力和能源利用效率。

二、案例分析

1. 随着新电改方案的实施，电网面临售电放开，特高压、新能源并网，储能、新能源汽车等新形势，需要储能技术、信息技术作支撑

随着电改9号文下发与实施，电网垄断将进一步打破，符合条件的售电方不断涌现，企业、机构、社区、家庭不断建设分布式电源，特高压输送的电量越来越大，新能源装机量、发电量越来越大，储能技术快速发展，配网自动化快速发展，新能源汽车充电桩不断并网。在此种形势下，对电网智能化、电网承载力、电网快速调度运行检修故障处理的要求越来越高，而储能技术、信息技术与微电网、智能电网的融合将有效解决此类问题。

2. 电改文件要求通过信息技术实现需求响应，区域电网、新成立的售电配电公司需要配网自动化、能源互联网技术提供支持

电改之前，由电网公司负责电力的调度、运行、输送、配送、运行、检修、销售、故障处理，而电力设备公司仅负责提供一、二次设备，部分电力设备公司在电网公司的安排下负责设备的安装、调试、试运行，电网公司有能力处理几乎所有业务。

而随着电改的实施，多种售电主体将成立，供水供气公司、光伏发电企业、电力设备企业、高新技术开发区等都可能进入售电行业，而此部分公司不具备电力控制保护、调度、运行、检修、故障处理、配网建设的经验及能力。我们认为，此类售电主体，将需要专业的调度、运行、检修、控制保护、故障处理公司作为支持。

为解决此类问题，电该文件明确，积极开展电力侧需求和能效管理，通过运用现代信息技术、培育电能服务、实现需求响应。按照文件规划，当前中国的电力市场上，提供控制保护、调度运行、故障录波等二次设备的公司，将可能为新成立的小型电网公司提供相关技术支持，并从设备销售向技术支持、调度运行转型。二次设备公司甚至可能参与电力销售收入的分成。我们看好智能电网、配网自动化、电力电子龙头四方股份，未来可能成为专业的调度运营公司。

3. 电改文件明确，积极发展储能技术与微电网、智能电网融合

电改文件明确，积极发展融合先进储能技术、信息技术的微电网和智能电网技术，全面放开用户侧分布式电源市场，支持企业、机构、社区和家庭根据各自条件，因地制宜投资建设太阳能、风能、生物质能发电等各类分布式电源。

当前，在“互联网+”背景下，行业内部分企业不断扩大业务范围，从光

伏、储能、充电桩、新能源汽车领域中的一个切入另外一个或几个领域，希望实现电能表、光伏发电、储能、新能源汽车等融合运作，实现储能技术与微电网一体化融合。

在电网公司退出城市充换电网络建设的背景下，部分优质公司可能跟随“互联网+”的理念，跟随行业内发展潮流，充分利用自身技术优势，覆盖光伏发电、充电桩、储能，从而具备光伏发电、充电桩、储能一体化微网运作能力，打造新增长点。

4. 电改文件明确，支持分布式电源发展，支持组建售电主体直接售电

电改文件明确，建立分布式电源发展新机制，分布式电源主要采用“自发自用、余量上网、电网调节”的运营模式，完善并网运行服务，加强和规范自备电厂监督管理，全面放开用户侧分布式电源市场，支持企业、机构、社区和家庭根据各自条件，因地制宜投资建设太阳能、风能、生物质能发电等各类分布式电源；支持分布式电源建设与并网，允许符合条件的高新产业园区或经济技术开发区，组建售电主体直接购电。

此举将从制度上打破电网公司对光伏发电企业的限制，有效减少“弃光”现象，大幅提升光伏等新能源的建设热情，提高光伏运营企业的盈利。同时，光伏企业可以从电站运营向售电市场进军，并可以通过并购等方式完成售电市场的迅速扩大，成长为发电、售电一体化公司，分享售电市场的蛋糕；此类公司具有较强的光伏信息化运维能力，未来可能实现信息技术与智能电网的融合。

案例二　中国核电重启的需求与监管

一、事件简述

核电重启是2014年电力行业重大事件之一。自2011年日本福岛核电站泄漏事故后，原本高歌猛进的国内核电项目建设戛然而止。过去三年，中国暂停了核电项目的审批，但业界关于重启核电的呼声却从未停止。2015年作为“十二五”规划的最后一年，沿海核电站则有望再度掀起建设热潮。根据目前披露的规划，到2020年，中国核电装机容量将达到5800万千瓦，在建容量达到3000万千瓦以上。当进入“十三五”以后，内陆核电站何时启动也留给人们巨大的想象空间。今年以来，种种迹象表明，随着中国能源改革进入深水区，核电重启已悄然拉开序幕，中国各大核电企业也开始摩拳擦掌，通过各种途径增强实力，准备大干一番。

根据国际能源总署（IEA）在11月份最新的报告，至2040年，中国核能发电将占全球一半。不过，现状是，中国只占全球不到2%的比重，美国核电总量领先全球。在今年公布的《能源发展战略行动计划（2014～2020年）》中，重点描述了未来6年中国核电发展的前景，到2020年，核电装机容量达到5800万千瓦，在建容量达到3000万千瓦以上。该计划称，在采用国际最高安全标准、确保安全的前提下，适时在东部沿海地区启动新的核电项目建设，研究论证内陆核电建设，同时还要积极推进核电“走出去”。

国家核安全局副局长、环保部核设施安全监管司司长郭承站在解读会上指出，核能作为目前唯一可大规模利用的替代能源，已经成为中国能源战略的必然选择。

1. 红沿河核电站获准开工，中国核电正式重启

2014年2月17日，辽宁红沿河核电站5、6号机组正式在国务院办公厅会议上获得核准开工，国务院总理李克强最后圈批通过，这意味着红沿河核电二期工程走完了政府核准层面所有的程序，成为了2014年首个获批的核电项目。

获准开工的红沿河核电站由中广核、中电投和大连市建设投资公司分别按照45%∶45%∶10%的比例出资。按照协议，在建设期间，中广核为红沿河董事长单位，1号机组投运五年后（2013年6月7日，1号机组正式投入商业运行），中电投将成为红沿河核电的董事长单位。本次红沿河站获准开工或进一步提振市场对于中电投将核电资产注入上述平台的预期。但是由于目前中电投与国家核电合并工作仍在进行，预计集团未来核电资产注入的规划或将有待合并完成后方能出台。

2. 2015年起核电核准建设机组数量或迎爆发

近年来，中国三大核电集团和五大电力集团已为核电站建设储备了大量厂址，目前已获“路条”等待核准开工的厂址有近20处，多处厂址早已酝酿多年，准备工作充分，只等最后的核准开工信号。预计2015年伴随核电正式重启，核准建设的机组数量或迎来爆发。

根据2014年11月国务院印发的《能源发展战略行动计划（2014—2020年）》确定：到2020年，核电在运装机容量达到5800万千瓦，在建容量达到3000万千瓦以上。而截止2014年底，中国大陆在运核电机组22台，在运装机容量2028万千瓦；在建核电机组26台，在建装机容量2845万千瓦；这意味着核电2015到2020年复合增长率要达到18%。核电建设从开工到投产需要5～6年，如需完成2020年的8800万千瓦规划，未来6年，中国需要开工建设近40台核电机组，平均每年核准6台。

二、案例分析

1. 缓解能源不足的制约及推动清洁能源的发展

随着经济的快速发展，能源已经成为制约中国经济发展的瓶颈之一，在2020年全球应对气候变化合作的时间节点面前，中国的能源保障与质量提高已经相当急迫。目前，中国电力总装机容量中，核能机组仅占其中的1.8%，发电量仅占2.3%，排在所有核电使用国的最后。而按照规划，中国2020年非化石能源占比将为15%，形势严峻。核电作为一种清洁能源，发电成本低廉，零排放，将成为中国达成减排目标的必然选择。

2. 核电行业加速回暖

据统计，目前中国在运行和在建核电规模已超4000万千瓦，已经接近国家发改委2007年年底发布的《国家核电发展专题规划（2005～2020年）》设定的2020年的目标。

中国可再生能源学会理事长石定寰表示，2012年年底，中国清洁能源占发电装机比例可能再提高近1个百分点。核电在调整中国能源结构及碳减排战略下的地位无可取代，核电行业景气回暖，将逐步走出谷底。

作为典型的政策驱动型行业，政策走向是核电行业投资的风向标。中国2012年中共有28台核电机组在建，38台左右核电机组建设项目开展前期工作。按照目前国内主流机型100万千瓦的机组平均造价150亿元计算，意味着目前可预期的市场规模将达上万亿元，而28台在建机组计划“十二五”期间投运，未来4年内市场规模就将超过万亿元。

3. 推动监管机构建设

核能同时也属高放射污染能源，虽然在理论上新型反应堆能做到极其安全，但由于工程和自然条件，要做到在任何情况下万无一失，现阶段还难以实现。因此，从发电场选址到反应堆本性安全设计、核燃料降温能力、系统压力控制、蒸气安全循环、系统液气对外隔绝、外来电能的绝对保障供应等，都必须给予精心设计监管。对此，国家必须设立独立于核能发展部门的核安全监管机构国家核安全局，并在全国设立了6个地区核与辐射安全监督站，向各核电厂派驻现场监督人员，对核电厂的活动进行24小时现场监督。

4. 推动核安全技术的发展

核电安全事关重大，核电发展不仅要确保当代人的安全，还要保证子孙后代的安全。美国和日本核事故是前车之鉴，日本福岛核事故已经过去三年，至今也无法止住核污水以每天400吨的速度激增（目前厂区和机房核污水量已高达52万吨），31万难民无家可归。面对诸多难题，东电公司不得不坦承“处理核事故的核心工作至少要到2045年才可能完成（还不算反应堆机房和核废料的安全处置）”、“电站报废至少需要40年时间，今后任重而道远，将是一场终点遥远的马拉松”。

核电重启必将推动核安全技术的发展，主要表现在加强核安全可控技术、核废料处理技术、核电站退役安全技术及核运行技术等方面。核电是一把双刃剑，助力经济发展的同时，也威胁着人类的安全，因此，核电重启必须关注核安全，加速核安全技术的发展。